उत्तर हिमालय-चरित

सात पर्वतीय भूखंडों की यात्रा-कथा

[1928 से 1964 ई. तक]

प्रबोधकुमार सान्याल

बांग्ला से अनुवाद

हंसकुमार तिवारी

राजकमल पेपरबैक्स

पहला पुस्तकालय संस्करण
राजकमल प्रकाशन प्राइवेट लिमिटेड द्वारा
1978 में प्रकाशित

राजकमल पेपरबैक्स में
पहला संस्करण : 2020
दूसरा संस्करण : 2024

राजकमल पेपरबैक्स : उत्कृष्ट साहित्य के जनसुलभ संस्करण

राजकमल प्रकाशन प्रा. लि.
1-बी, नेताजी सुभाष मार्ग, दरियागंज
नई दिल्ली-110 002
द्वारा प्रकाशित

शाखाएँ : अशोक राजपथ, साइंस कॉलेज के सामने, पटना-800 006
पहली मंजिल, दरबारी बिल्डिंग, महात्मा गांधी मार्ग, प्रयागराज-211 001
1, अनमोल सोराबजी सन्तुक लेन, धोबी तलाव, मरीन लाइंस, मुम्बई-400 002
वेबसाइट : www.rajkamalprakashan.com
ई-मेल : info@rajkamalprakashan.com

विकास कंप्यूटर एंड प्रिंटर्स
ट्रॉनिका सिटी-201 102
द्वारा मुद्रित

मूल्य : ₹350

UTTAR HIMALAYA-CHARIT
Travelogue by Prabodh Kumar Sanyal
Translated by Hans Kumar Tiwari

ISBN : 978-93-89598-41-4

उत्तर हिमालय-चरित

प्रबोधकुमार सान्याल

प्रबोधकुमार सान्याल का जन्म 7 जुलाई, 1905 को कोलकाता के चोरबागान में हुआ था। 1937 से 1941 तक ये बांग्ला के मशहूर साप्ताहिक 'जुगांतर' के सम्पादक रहे। 'स्वदेश' के सम्पादक रहने के दौरान इन पर देशद्रोह का आरोप लगा। अपने घुमक्कड़ स्वभाव के कारण इन्होंने छह बार पूरे भारत की यात्रा की। इसी दौरान हिमालय के कई दुर्गम क्षेत्रों में भी गए। भारत और नेपाल के अलावा इन्होंने एशिया के कई अन्य देशों समेत यूरोप, अमेरिका और रूस की भी यात्राएँ कीं। *महाप्रस्थानेर पथे* (1937), *रसियार डायरी, देबतात्मा हिमालय* (2 भाग) और *उत्तर हिमालय-चरित* जैसी किताबें लिखकर इन्होंने बांग्ला के यात्रा-साहित्य को समृद्ध किया। 1960 में इन्होंने कोलकाता में हिमालयन एसोसिएशन की स्थापना की। 1968 में इन्हें हिमालयन फाउंडेशन का अध्यक्ष बनाया गया। 1978 में ये उत्तरी ध्रुव के रास्ते नॉर्वे गए।

प्रबोधकुमार का पहला उपन्यास *जाजाबार* 1928 में प्रकाशित हुआ था। इसके बाद *प्रियबांधबी* (1931), *अग्रगामी* (1936), *आँका-बाँका* (1939), *पुष्पधनु* (1956), *बिबागी भ्रमर, हासुबानु, बनहंसी, कांचकाटा हीरे, निशिपद्मा* जैसे उपन्यास प्रकाशित हुए।

साहित्यिक उपलब्धियों के लिए इन्हें कलकत्ता विश्वविद्यालय के *स्वर्ण पदक; शिशिर कुमार और मोतीलाल पुरस्कार; शरत* और *आनंद पुरस्कार* जैसे पुरस्कारों से सम्मानित किया गया था।

प्रबोधकुमार का देहावसान 17 अप्रैल, 1983 को हुआ।

क्रम

पूर्व-कथन

'उत्तर हिमालय-चरित' में मेरी सात पर्वतीय भूखंडों की यात्रा-कथा वर्णित हुई है। उत्तर हिमालय प्राचीन गान्धार और उरसा-सीमान्त तक फैला हुआ है। हिमालय का मूल मेरुदंड दक्षिण-पूर्व से उत्तर-पश्चिम तक कश्मीर के अन्तिम भाग में हिन्दूकुश के साथ मिला है। इसी मेरुदंड के दोनों ओर मेरी यात्रा का पथ था—गहन हिमालय के भीतर-ही-भीतर वह पथ बार-बार जैसे कहीं खो जाता है। उस पथ ने कितनी ही बार आनन्द और दुख से भर दिया है, कितनी ही बार मन को वह दुस्तर और दुस्साध्य लगा है—कहानी उस पथ की आरम्भ हुई थी सन् 1928 में और समाप्त हुई सन् 1964 में। ज्ञात और अज्ञात पार्वत्यलोक के प्रति मेरी अन्ध आसक्ति का खिंचाव ही इस यात्रा के मूल में था। मेरी स्वभावगत अस्थिरता केवल एकान्त हिमालय की गोद में ही स्थिरता पा सकी है। मेरा अस्थिपंजर हिमालय के साथ एकाकार हो चला है।

हिमालय एक महाकाय सरीसृप की भाँति उत्तरी भारत को आवेष्टित किए हुए है—शत-सहस्त्र उसकी बाहुएँ और शाखा-प्रशाखाएँ हैं। उसके स्तर-स्तर में लाख-लाख नर-नारी समाहित हैं—उनकी अलग-अलग जातियाँ और समाज हैं। उनकी अलग-अलग भाषाएँ और बोलियाँ हैं। प्राय: सभी क्षेत्रों में उनकी वेशभूषा, जीवन-पद्धति, आनुष्ठानिक क्रिया-कलाप, पारस्परिक सम्बन्ध आदि प्रबल उत्सुकता को जन्म देते हैं। इस यात्रा-कथा में उनकी उपेक्षा नहीं हो सकती थी।

पर्वतीय अभियान-पथ किसी-न-किसी नदी के प्रवाह-पथ का ही अनुसरण करते हैं। लद्दाख के यात्रा-पथ जैसे महासिन्धुनद और शियोक तथा नुवरा उपनदियों के; कश्मीर के यात्रा-पथ जैसे वितस्ता, कृष्णगंगा और उपसिन्धु के;

चित्राल जैसे यारकुन-कुनार के; जम्मू-हिमाचल-पंजाब जैसे चन्द्रभागा, इरावती, विपाशा और शतद्रु के प्रवाह-पथ हैं। शाणित तलवार की भाँति एक-एक धारा हजारों-हजार वर्ष से एक-एक पर्वत को काटती-चीरती जब नीचे की ओर उतरती है तब वह नद या नदी में परिणत होती है। किन्तु यह चीरना या तोड़ना क्रमश: बड़ी-बड़ी उपत्यकाओं की सृष्टि करता चलता है—यात्रा की दृष्टि से यही उपत्यकाएँ आनन्दप्रदायक होती हैं। नदी के दोनों तटों का पर्वतीय पथ कभी-कभी अभियानकारी को तुषार-शृंखलित जटिलताओं के बीच अपने गहन लोक में खींच ले जाता है। किन्तु यही नदी जब समतल की ओर उतर आती है तो इसके दोनों तटों पर संस्कृति और सभ्यता खड़ी हो जाती है। वितस्ता, इरावती, चन्द्रभागा, शतद्रु, विपाशा या महासिन्धु—कोई भी इसका अपवाद नहीं। नदी जहाँ सूख जाती है, वहाँ सभ्यता दम तोड़ने लगती है।

यात्रा-कथा में रचना की कोई निर्दिष्ट पद्धति नहीं। पैरों के साथ मन हो लेता है और मन की इच्छा के अनुसार विषयवस्तु चलती है। पूरे भ्रमण-वृत्तान्त में गतिमयता का भाव न रहे तो वह वस्तु प्राणचेतनाशून्य रहती है। 'उत्तर हिमालय-चरित' ग्रंथ में कई प्रकार के विषय-वैविध्य से होकर मन की आबद्धता का वर्णन किया गया है। किन्तु सबका सम्मिलन ही भ्रमण है, सारा पथ ही उसकी गति है, सभी उपकरण ही उसकी जिज्ञासा हैं। इस ग्रंथ की समूची कथा की पटभूमि विशाल हिमालय का अन्तहीन पर्वतलोक था। स्तब्ध महास्थविर-सी उस गिरिशृंगमाला के महामौन की छाया में चलते-चलते मूक मन कितनी ही बार नाना तथ्यों और तत्त्वों में मुखर हो उठा था।

यहाँ दो-एक व्यक्तिगत बातें स्पष्ट करने की आवश्यकता है। इस ग्रंथ की रचना में जिनका साहाय्य और सहयोग मिला था, उनमें 'आनन्द बाजार पत्रिका' के सर्वेसर्वा श्री अशोककुमार सरकार एवं उक्त प्रतिष्ठान के उन्नायक श्री कानाइलाल सरकार जैसे महानुभावों के नाम विशेष रूप से उल्लेखनीय हैं। इनके अतिरिक्त भारतीय प्रतिरक्षा कार्यालय के सूचनाधिकारी मि. मीरचन्दानी, सामरिक जनसम्पर्क के मुख्य अधिकारी ले. कर्नल बि. बि. मैत्र, कर्नल अग्निहोत्री, मेजर शर्मा, स्वर्गीय अश्विनी गुप्त और पत्रकार शैलेन चट्टोपाध्याय के आन्तरिक सहयोग अविस्मरणीय हैं। अनेक विषयों की प्रामाणिक पुस्तकें और पत्र-पत्रिकाएँ जुटाकर जिन्होंने मेरी सहायता की, उनमें प्रतुलचन्द्र गुप्त, नेशनल लाइब्रेरी के कई विद्वान कार्यकर्ता, एस.सी. सरकार एंड संस के सुप्रिय सरकार, अमिताभ दासगुप्त और अमरेन्द्रजित राय के नाम स्मरणीय हैं। उत्तर हिमालयी भू-भाग के भाषाप्रयोगात्मक तथ्यों की जानकारी देकर राष्ट्रस्तर के

आचार्य डॉ. सुनीतिकुमार चट्टोपाध्याय ने मुझे उपकृत किया है। अन्त में, इस ग्रंथ की रचना करते समय मेरे बचकाने जिज्ञासा-प्रश्न आदि का समाधान करते हुए इसकी भौगोलिक सीमा के निर्धारण में जिन्होंने सर्वदा मुझे अनुप्राणित रखा, उन श्रीमान् शान्तनु सान्याल का नाम भी इस ग्रंथ के साथ जुड़ा हुआ है। अनेक बार तुच्छ चम्पक ने वृहद् वनस्पति-विश्लेषण किया है।

प्रबोधकुमार सान्याल

शिवरात्रि
1372 (बंगाब्द)

सुलेमान-शिवालिक-पीरपंजाल

शिवलिंग पर्वतमाला ने अपनी जटाएँ प्राचीन गान्धारभूमि में फैला रखी हैं। उन्हीं बिखरी हुई जटाओं के नीचे-नीचे मैं हिमालय की प्रान्त-सीमा में चला जा रहा था। भारत के पुराणों, महाकाव्यों, इतिहास के आदिपर्व में इस राह का वर्णन तमाम है। गौतम बुद्ध के संघमित्र भारतीय संस्कृति की सनातन वाणी को इसी राह से महाप्राच्य की विभिन्न दिशाओं में ले गए। लेकिन शिवलिंग की गुफाएँ उस पुराने युग के गूँगे इतिहास की तरह मुँह बाए हुई हैं। मैं बगल से चला जा रहा था।

हेमन्त काल। तक्षशिला से सिन्धु की सीमा बड़ी रोमांचक है। दूर-दूर की हरी-भरी अधित्यकाओं के आसपास दिख रही थी छमछम अरण्यछाया—कहीं-कहीं झिलमिल-सी पहाड़ी नदी—जिसने दोनों किनारे हेमन्त की रंग-बिरंगी चिड़िया, उनके अगल-बगल बंजारे वन-हंस। पहाड़ी के ऊपर आसमान की ओर नजर उठाने से दिखाई देता है, चीर-जटाधारी संन्यासी हिमालय के माथे पर कनक-कान्त राजमुकुट-सा धूप से दमकता हिम-शिखर!

उसी सम्राट संन्यासी ने सारे गान्धार पर अपना आसन बिछाया है। तक्षशिला से उत्तर को चला गया है हैवेलियन का एक सुन्दर चौड़ा पहाड़ी रास्ता। रक्तिम वर्ण। दोनों ओर प्रान्तर, बीच-बीच में उपत्यका का फूल-कानन। हैवेलियन के बाद रेल की लाइन नहीं है। वहाँ से उत्तर और दक्षिण को मोटर का रास्ता है। इस दुर्गम पहाड़ी-इलाके में एक ओर शिवलिंग और दूसरी ओर पीरपंजाल—हिमालय की इन दो विशाल बाँहों ने मानो अनंत रहस्य-जाल की रचना की है।

प्राचीन तक्षशिला एक उपनगरी है। यह बहुत-कुछ गान्धार के फाटक-सा है। त्रेतायुग में सूर्यवंश के राजकुमार तक्ष यहाँ राज्य करते थे। परीक्षित के बेटे राजा जनमेजय का सर्पयज्ञ यहीं हुआ था। तक्षशिला का ऐतिहासिक युग उत्थान-

पतन की बहुतेरी कहानियों से भरा पड़ा है। ईसा के जन्म से पहले यहाँ शकों ने राज्य किया। उसके बाद आए कनिष्क, फिर भीक लोग। सम्राट सिकन्दर ने यहाँ अम्भीराज से मिताई की थी। उसके बाद बौद्धयुग। सर जॉन मार्शल की कोशिशों से उस बौद्धयुग को माटी के नीचे से निकाला गया। इस काम में बंगाली उनके सहायक हुए। तक्षशिला का जादूघर दुनिया में मशहूर है। यहाँ की माटी के नीचे बौद्ध-मन्दिर थे, बुद्ध मूर्तियाँ थीं, सोना-रूपा के तरह-तरह के अलंकार और स्फटिक सम्भार थे। यहाँ की दर्शनीय वस्तुओं में से नागराज एलापत्र का नाम खुदा हुआ कमल-सरोवर अनेक पर्यटकों को आकृष्ट करता है।

मैं तक्षशिला की राह से सिन्धु पार करके गान्धार के अन्त:पुर में जा रहा था। उत्तर हिमालय से बर्फीली हवा उतर रही थी।

शिवलिंग पर्वतमाला का इतिहास मुख्यतया तीन राज्यों में बिखरा हुआ है—उत्तर प्रदेश, हिमाचल प्रदेश और पंजाब में। लेकिन इसकी जटाएँ फैल गई हैं उत्तरी-पश्चिमी सरहद में, जहाँ पश्चिम कश्मीर में रावलपिंडी और हजारा जिले मिले हैं। लेकिन भूप्रकृति की ताड़ना भी गजब की है! जो वितस्ता कश्मीर की उपत्यका में मन्थर बहती थी, जिसका बहाव दक्षिण से उत्तर को था और उसके बाद श्रीनगर तथा बारामूला होकर पश्चिम को था, एकाएक 'दोमेल' और 'त्रेमेल' से उसने अपना रूप बदल लिया। जो शान्त, धीमे बहनेवाली और कमबोला थी, पीरपंजाल की वही वितस्ता यहाँ शिवलिंग की चट्टान-चट्टान से सिर ठोंकती हुई भयंकर छिन्नमस्ता हो उठी। जो म्यान में बन्द बाँकी तलवार-सी थी, वह मुजफ्फराबाद के दक्षिण की ओर उतरकर मानो भीमा भयंकरी बनकर चीखती हुई दौड़ पड़ी—'हे विधाता, रखो मत मुझे वाक्यहीना; मेरे लहू में जाग रही रुद्रवीणा!'

एक ओर कश्मीर, दूसरी ओर रावलपिंडी-हजारा—इन दो भूभागों के बीच शिवलिंग पर्वतमाला को वितस्ता चीरती है, जिसका प्राचीन नाम 'वेदस्ता' है—यह उत्तर से दक्षिण को चली गई है। यह पुण्यमयी 'वेदस्ता' जब पहले-पहल पश्चिम पंजाब में उतरी, तो उसके किनारे एक मन्दिरप्रधान नगर बना—झेलम। इस नगर के नदी किनारे के नहान-घाट, शंख और घंटा की ध्वनि से गूँजते हुए अनगिनत शिव और शक्ति-मन्दिर, साधु-संन्यासियों की धूनी, पूजा-पाठ, कथा-व्रत की भीड़, नहानेवालों के मंत्र-तंत्र, पानी में दीपक-प्रवाह—ये बातें गंगा के पश्चिम तटवर्ती वाराणसी, शिप्रा के किनारे की उज्जयिनी या गोदावरी-तट की नासिक नगरी की याद दिलाती थीं। झेलम के उत्तर पार में कश्मीर का मीरपुर इलाका है।

पंजाब के दूसरे शहरों की तरह पिंडी भी दो हिस्सों में बँटा है : एक—पुराना

शहर; दूसरा—छावनी। छावनी शहर सुन्दर और साफ-सुथरा है—चारों तरफ बाग-बगीचों और इमारतों से सजा-सजाया-सा। जितना सुन्दर, उतना ही समृद्ध। अमृतसर, लाहौर या पेशावर की नाईं यहाँ का बंगालीटोला भी 'बाबूमुहल्ला' के नाम से मशहूर था। बाबू यानी बंगाली, नौकरीपेशा—दूसरा कोई परिचय नहीं। उन्नीसवीं सदी के शुरू से अन्त तक बंगालियों ने सबसे ज्यादा लिखना-पढ़ना सीखा और बंगालियों में ही अँगरेजी जाननेवाले किरानी ज्यादा मिलते थे। इसीलिए ईस्ट इंडिया कम्पनी के जमाने से ही मध्यवित्त बंगाली अँगरेजों के साथ दूर-दूर निकल गए। उन्हीं के साथ गए डॉक्टर, अध्यापक, पोस्टमास्टर, वकील और फौजी लेखा-दफ्तर के 'बाबू'। महज पिंडी ही नहीं, पेशावर ही नहीं, कोहाट, बन्नू, मीरमशा, रजमक, डेरा गाजी खाँ, हिन्दूबाग, क्वेटा, यहाँ तक कि सुदूर बलूचिस्तान के कुन्दी और जाहिदान तक। इनमें से क्वेटा किसी हद तक निषिद्ध इलाका था, फिर भी बंगाली का प्रभाव वहाँ कम नहीं था। इन इलाकों में पहुँचने के लिए लोगों को मेरी ही तरह पंचनद का एक-एक दोआब, लवण पर्वत, सुलेमान गिरिशृंखला पार होना पड़ता था, यहाँ तक कि उपजाति अंचल को भी पार करके अफगान-बलूच सीमा तक जाना पड़ता था। अँगरेजों की हर छावनी के निर्माण में बंगालियों के दिमाग ने काफी कसरत की है।

लेकिन पांडववर्जित इन इलाकों में जाकर बंगाली सिर्फ 'पेरिमिटर' के घेरे में बँधे आत्मकेन्द्रित नहीं रहे। उन्होंने अपनी सांस्कृतिक जिम्मेदारी भी निबाही। उन्होंने आंचलिक भाषा और बोली में बातें कीं। पठान या पख्तूनों से हिले-मिले, उन्हें लिखना-पढ़ना सिखाया, क्लब और समितियाँ कायम कीं, चौतरफा जीवन-यात्रा में मन की उन्नति में मदद पहुँचाई। यह बात लोग शायद भूल चले हैं कि खैबर के दर्रे से अनगिनत सुरंगें और लूप पार करके पैंतीस मील लम्बी जो रेललाइन लैंडोखाना में अफगान सरहद तक गई है, वह बंगाली अभियन्ताओं की ही कृति है। ये सारे इलाके पख्तूनिस्तान में पड़ते हैं और इन्हीं के अन्दर गई है शिवलिंग की शाखा-प्रशाखा। यहाँ का पहाड़ी इलाका नीरस है, रूखा है, धूसर है—गोया किसी मरे हुए संन्यासी की हड्डी की माला तमाम बिखरी पड़ी हो!

अँगरेजों की सामरिक घाटियों में पिंडी ही सबसे प्रधान थी। यहाँ की विशाल छावनी में एक समय पचास हजार खास अँगरेजी फौज को नित्य सजग रखा जाता था। पठान, पख्तून, बलूच कौर ईपी के फकीर पर अँगरेजों को विश्वास नहीं था। यहीं से उनकी निगाहें दूर-दूर जाती थीं—अफगानिस्तान, ईरान, उत्तर कश्मीर, मध्य एशिया तथा सोवियत यूनियन आदि अंचलों में। चीन के लिए उस समय ऐसा सरदर्द नहीं था।

क्वेटा लगभग सामरिक शहर ही था। यह भी पहाड़ी इलाका है। वेस्टर्न कमांड का यही हेडक्वार्टर था। और, यहाँ चारों तरफ फैली 'तोवा काकार' और 'वाराहू' गिरिमालाएँ गरमी के दिनों आग बरसाती रहती थीं। मूल क्वेटा उपत्यकाओं से भरा है और बहुत हद तक मरी माटी जैसा है। उसके पश्चिम, दक्षिण और उत्तर के हिस्से रूखे पत्थरों और पहाड़ियों से घिरे हैं। अफगानिस्तान की मरुभूमि की जो भयंकर काली और दानवाकार आँधी पूर्वी हिस्से पर हमला करती है, उससे सिर बचाने की गुंजाइश कहीं नहीं। यह बालू की आँधी सुलेमान के ऊपर से पूरब के खुले मार्ग से आती है। उसके झपेटे शिकारपुर, जकोबाबाद, बहावलपुर, खैरपुर होते हुए राजस्थान की ओर दौड़ते हैं। बलूचिस्तान और अफगानिस्तान के इसी रूखे रेगिस्तान में लोगों की नजरों की ओट में तबाही लानेवाली टिड्डियाँ जन्म लेती हैं। न केवल गरमी के दिन, बल्कि भयंकर जाड़े की दोपहर भी प्रचंड उत्ताप से जलती रहती है। सबेरे जहाँ बर्तन का पानी जमकर बर्फ हो जाता है, दोपहर को वहीं चेहरे पर फफोले पड़ जाते हैं! हवा में नमी नाम को भी नहीं रहती, लिहाजा औरत या मर्द अपने सारे शरीर और चेहरे को मोटे कपड़े से ढके रखते हैं। पहाड़ी क्वेटा का अधिकांश अँगरेजों का सामरिक उपनिवेश था। लेकिन यहाँ के हाट-बाजार में लोग दिखाई देते थे, उनमें भारतीय मुसलमान या हिन्दुओं की संख्या बहुत कम ही होती। सिक्ख फौजी वर्दी में नजर आते थे। मैं खड़ा-खड़ा गौर किया करता था, इन इलाकों के साधारण लोग बन्दूक लिये चलते-फिरते हैं। ये पख्तून या बलूच होते। यही वजह है कि मामूली सामाजिक वाद-विवाद भी कभी-कभी हथियारों की लड़ाई में बदल जाता। सिन्धु राज्य के पूरब-पश्चिम की मरुभूमि के ओएसिसों में जो लोग रहते, वे मूलतया अरबी या हूण वंश के हैं। मैंने सुना है, पंजाब के सिक्खों का भी एक हिस्सा हूणीय है। इस विशाल मरुभूमि में रेल की लाइनें बहुत कम ही हैं—मेन लाइन महज तीन हैं। एक क्वेटा होकर जाहिदान गई है, दूसरी राजस्थान से हैदराबाद और कराची, और तीसरी पेशावर-रावलपिंडी से मुजफ्फरगढ़ तथा मुलतान होते हुए कराची। इसी रास्ते में 'हड़प्पा'-'मोहनजोदड़ो' मिलता है। यहाँ की मरुभूमि के भीतर से सक्कर बराज के द्वारा महासिन्धुनद (इन्दुम या इन्दास) के पानी ने हैदराबाद पार करके सिन्धुभूमि को द्वीप बनाया है। सिन्धुभूमि की उर्वरता प्रसिद्ध है। यहाँ का चावल, दूसरी फसलें और नमक देश में मशहूर हैं। बलूचिस्तान, सिन्धु का उत्तरी भाग, पूर्वी अफगानिस्तान, पश्चिमी राजस्थान—इनमें ऊँटों का कारवाँ सदा से चलता रहा है, जिनका असली पेशा पानी बेचना रहा है। इनसे उपमहादेश का सामाजिक सम्बन्ध नहीं-सा था और

किसी ने किसी की खबर नहीं रखी। ये सदा स्वच्छन्द रहे। जिस भारत से हमारा परिचय नितान्त छुटपन से रहा है, सुलेमान के आसप.स उस भारत को मैं ढूँढ़े नहीं पाता था। इस मरुलोक से बेदुइन-जैसे जो दैत्यकाय, भिन्नभाषी, भिन्नदेशी लोग आया-जाया करते, वे उपमहादेश के निरे अजाने होते।

सन् 1935 के भूकम्प में क्वेटा का बहुत बड़ा हिस्सा जमींदोज हो गया और लगभग पाँच हजार लोगों को जान से हाथ धोना पड़ा। उस भूकम्प के नतीजे ने कैसी घिनौनी शक्ल ली, इसका जिक्र मैंने अन्यत्र किया है। 'शिवि' से 'बोलन' के दर्रे के भीतर से रेल की लाइन माछ, स्पेजन्द और सरियब नदी के किनारे-किनारे क्वेटा चली गई है। और फिर रेल की यही लाइन क्वेटा के उत्तरी-पश्चिमी पहाड़ी रास्ते से बोस्ताँ और गुलिस्ताँ होते हुए अफगान-सीमा के 'चमन' नगर तक जाकर खत्म हो गई है। इसी के पास से गुजरती हुई मोटर की सड़क अफगानिस्तान में जा घुसी है।

बहुत लोगों का ऐसा खयाल है कि सुलेमान पर्वत-श्रेणी शिवलिंग की शाखा है। हिमालय के माथे की जटाएँ जिस प्रकार पूरब की ओर दक्षिण असम से परे बर्मा तक जा उतरी हैं, पश्चिम हिमालय की जटाएँ उसी प्रकार सुलेमान से आगे कार्थार मकरान के मिलन-स्थान कराची की सागर-सीमा तक लटक गई हैं। मुझे ठीक-ठीक पता नहीं, शायद गान्धार-सहित सुप्राचीन 'इन्दस' या 'इन्दुसस्तान' का मोटा-मोटी यही ढाँचा था।

दक्षिण से उत्तर हिमालय की ओर जाते हुए यह मुझे मालूम था, मैं प्राचीन गान्धार पार करके जा रहा था पश्चिमोत्तर कश्मीर की तरफ। तक्षशिला से आगे अटक पुल पार करके ग्रैंड ट्रंक सड़क पेशावर और अफगान मुल्क को गई है। लेकिन इसी सड़क के बीच से नौशेरा होकर एक अच्छी-सी भाखा-सड़क उत्तर की ओर मरदान के आगे मालाकन्द से सीधे सैदू तक चली गई है। मालाकन्द में दूसरी एक चौड़ी-चिकनी सड़क जंगल और पहाड़ी इलाके के भीतर से और भी उत्तर चित्राल राज्य पहुँची है। यहाँ हिन्दूकुश के क्रोड़-पर्वत हिन्दूराज से तीन प्रधान नदियाँ उतर आई हैं। एक का नाम है 'सोआत' या श्वेत, दूसरी का 'चारखून' और और तीसरी का 'कुनार', जो चित्राल से होती हुई अफगान नगरी जलालाबाद में जाकर काबुल नदी से मिल गई है। अटक के पास जा मिली है काबुल नदी और महासिन्धुनद। चित्राल सदा से कश्मीर की छत्रच्छाया में है।

साम्राज्य के बचाव के लिए अँगरेजों ने बड़े जतन से नये सिरे से उत्तर-पश्चिम सरहद की सृष्टि की थी। उपमहादेश के और किसी भी इलाके में साम्राज्य की सुरक्षा की ऐसी निर्दोष व्यवस्था नहीं है। इसके फलस्वरूप सैकड़ों मील में

फैली उपत्यका नये सिरे से गठित होकर नैसर्गिक सौन्दर्य का स्वप्नलोक बन गई है। ऐसी स्वास्थ्यप्रद और साफ-सुथरी उपत्यका सारे भारत में और नहीं है। दूसरी ओर, अँगरेज शासकों ने पड़ोसी स्वतंत्र राष्ट्रों पर कभी एतबार नहीं किया और मुगलों के हाथ से शासन की बागडोर छीन लेने के बाद से मुस्लिम राष्ट्रों से उन्हें डर और शंका बनी हुई थी। फलस्वरूप सामरिक तैयारी के लिहाज से उनके हाथ में रावलपिंडी का नार्दर्न कमांड और क्वेटा का वेस्टर्न कमांड खूब करीब थे। इस नार्दर्न कमांड के मातहत आउट पोस्ट, फॉरवर्ड पोस्ट या फ्रंटियर गार्ड की संख्या भी कम नहीं थी। ये सब हिन्दूकुश और हिन्दूराज पर्वतमाला के भीतर-भीतर पहरे में नित्य तत्पर रहते। ये ऐसे सुरक्षित और आंचलिक कौशल से कायम किए गए थे कि जब भी कमी और जैसी भी अवस्था में काम आते। उत्तर-पश्चिम सीमान्त में; जैसे—लैंडीकोटल, मालाकन्द, दीर, चित्राल या मास्तुज। रावलपिंडी के दक्षिण या उत्तर में; जैसे—चकलाला, कोमारी या अटक, हैवेलियन, अबोटाबाद, आदि-आदि। सर्वत्र वही एक ही घाटी। उत्तर में चित्राल और दक्षिण में बलूचिस्तान—इन दोनों के बीच एक हजार मील के भूभाग को अँगरेज लोहे की जंजीर और बारूद की ढेरी से सुरक्षित रख गए हैं। उत्तरी कश्मीर को पहरा देने का प्रधान फौजी अड्डा था गिलगित एजेंसी। हिन्दूराज गिरिमाला के अन्दर से चित्राल और मस्तूज से आगे एक पहाड़ी नदी के किनारे-किनारे पश्चिम से पूरब गिलगित जाने की राह थी। हिन्दूराज और कृष्णगिरि श्रेणी (काराकोरम)—दो तरफ की दो पर्वतमालाओं और हिमवाह से गिलगित के इलाके में बहुतेरी पहाड़ी नदियाँ आ मिली हैं। लेकिन जो भी हो, अँगरेज जिनसे सबसे ज्यादा चौकन्ने और सशंक थे, उनमें से किसी ने भारत के साथ दुश्मनी नहीं की। लेकिन उस समय ब्रिटिश भारत सबसे निश्चिन्त था चीन की ओर से! अफीमखोर चीन की कमजोर रीढ़ के बारे में जैसे अँगरेजों के मन में उस दिन कोई खतरा नहीं था, वैसे ही हमारे जैसे लाखों-लाख आधुनिक भारतीय चंडूखोर चीन की चारुकला और संस्कृति की वाहवाही में पंचमुख थे। खैर, अभी वह चर्चा छोड़िए।

कलकत्ते की ग्रैंड ट्रंक सड़क बंगाल, बिहार, उत्तर प्रदेश, पंजाब होती हुई उत्तर-पश्चिम सीमान्त पार करके अफगानिस्तान चली गई है। और फिर वही रास्ता हिन्दूकुश होकर 'तारमेज' चला गया है। नेताजी सुभाष शायद इसी रास्ते से आमू दरिया पार करके सोवियत 'तारमेज' पहुँचे थे। उजबेक सेनापति, बाद के सम्राट् बाबर शायद तारमेज से ही दक्षिण में मजार-ए-शरीफ आए थे। अशोक, कनिष्क, ललितादित्य के समय में बौद्ध भिक्खु लोग तारमेजवाले रास्ते से ही

आते-जाते थे। दूर तक गई इस ग्रैंड ट्रंक सड़क के दोनों किनारे पिछले पाँच सौ सालों के इतिहास में हिन्दू, मुसलमान और अँगरेजों के बहुत-सारे स्थापत्य और कहानियाँ जुड़ी हुई हैं। कहना फिजूल है, एक समय अफगानिस्तान का एक बहुत बड़ा हिस्सा भारत में शामिल था।

इस पार पश्चिम पंजाब, उस पार पश्चिम कश्मीर—बीच में बहती है झेलम या वितस्ता। झेलम के पार आने-जाने के लिए पिंडी जिले के बहुत-से प्रसिद्ध घाटों की मुझे जानकारी थी। उनमें से कटियाली, मीरपुर, दंगाली, सालग्राम, लछमन, चिराला देवल, कोहाला, रारू आदि स्मरणीय रहे हैं। लेकिन रावलपिंडी से कश्मीर जाने का सबसे अच्छा और नजदीक का रास्ता है—पिंडी, सनीबैंक, कोहाला। इसका नाम है झेलम वैली रोड। दूसरा है रेल का रास्ता—तक्षशिला से हरिपुर और हैवेलियन से मोटर द्वारा अबोटाबाद, उसके बाद मनसेरा, फिर पहाड़ी नदी को पार करके कश्मीर। ये सारे-के-सारे फौजी शहर या छावनी हैं। जो भी हो, इस अंचल में तीन प्रधान नदियाँ आकर मिली हैं—कंकातरी या प्राचीन सरस्वती, कृष्णगंगा और वितस्ता। इस इलाके का नाम पड़ा है त्रेमेल, दोलाई और दोमेल। यह कश्मीर में पड़ता है। तीसरे रास्ते की बात पहले कह चुका हूँ—मरदान, मालाकन्द, चित्राल और मास्तुज। चौथा रास्ता है—स्यालकोट से सुचेतगढ़ होकर जम्मू। आजकल एक रास्ता और खोला गया है—पठानकोट से जम्मू, और बनिहाल होकर। इस रास्ते को जिन लोगों ने देखा है, उन्हें मालूम है कि नीचे का यह सुरंग-पथ संसार का आठवाँ आश्चर्य है। इसका नाम दिया गया है—नेहरू टनेल। कश्मीर के भूतपूर्व मुख्यमंत्री बख्शी गुलाम मुहम्मद के समय में यह रास्ता बना। कुछ दिन पहले अपर मुंडा की पुरानी सुरंगवाली राह बन्द कर दी गई।

रावलपिंडी जिला बड़ा खुशहाल है। जलवायु और स्वास्थ्य के लिए बड़ा ही मनोरम! उत्तर में वन हैं हरे-भरे, दोनों तरफ के प्रान्तर फसलों से लदे—लेकिन दक्षिण में ठीक इसका उलटा। सिन्धुनद समेत पंजाब का जो पश्चिमी हिस्सा छह नद-नदियों से धुलता है, उसका विभिन्न इलाका सूखे पहाड़ों से भरा है। उत्तर-पश्चिम और पूरब के हिस्से ऊँचे पहाड़ों से घिरे होने के कारण रावलपिंडी सामरिक दृष्टि से बड़ा सुरक्षित है। इसकी विभिन्न घाटियों के अड्डों को लोगों की निगाहों से छिपाए रखने की खास व्यवस्था है। रावलपिंडी जिले के दक्षिण और झेलम शहर से पश्चिम की ओर से जाने से 'लवण पर्वत' मिलता है। यह सिन्धुसागर दोआब के अन्तर्गत है जो थलमरुभूमि को धारण किए हुए है। पश्चिम पंजाब की छह नद-नदियाँ रक्षा करती हैं।

रावलपिंडी से उत्तर की ओर अब शहर फैल गया है। यह रास्ता सनीबैंक से कोहाला की तरफ जाता है। इस मनोरम रास्ते से लोग बहुत अरसे तक कश्मीर जाते रहे हैं। सागौन, शीशम, ओक और चीड़-पाइन के पेड़ों से यह रास्ता भरा हुआ है। कभी मुगल बादशाह ठीक किस रास्ते से कश्मीर जाते थे, ठीक-ठीक बता सकना मुश्किल है...लेकिन यह रास्ता बना उन्नीसवीं सदी के अन्त में, कश्मीर के तत्कालीन महाराजा प्रतापसिंह की कोशिशों और खर्च से। उसी के बाद से थोड़ी-बहुत टूरिस्ट-ट्राफिक की शुरुआत हुई। स्वामी विवेकानन्द और रवीन्द्रनाथ इसी रास्ते से कश्मीर गए थे। रावलपिंडी से श्रीनगर मोटर से दो सौ मील का रास्ता है।

शुरू में कुछ मील तक समतल है। उसके बाद पहाड़ी रास्ते से जाने पर जहाँ-तहाँ छोटी-मोटी बस्तियाँ मिलती हैं। दो-चार दुकानें खुल गईं कि एक छोटी-सी बस्ती बस गई। सूने इलाकों में सिक्खों के गुरुद्वारे या शिवाले मिल जाते हैं। जो भी स्थान प्राकृतिक शोभा में मनोरम है, वहाँ एक-न-एक मन्दिर या गुरुद्वारा जरूर है। लेकिन काफी आबादीवाले स्थानों को छोड़कर मस्जिद सहज में नजर नहीं आती। हम लोग शिवलिंग पर्वतमाला की हरी वन-शोभा के पास से अपेक्षाकृत धूसर पीरपंजाल की ओर बढ़ रहे थे। एक समय था, जब रावलपिंडी की अर्थनीति पंजाब के सिक्खों और हिन्दुओं द्वारा नियंत्रित होती थी। मुसलमान समाज साधारण तौर पर दो श्रेणियों में बँटा था। एक श्रेणी थी जमींदार, जागीरदार या बड़े व्यवसायियों की। इनके विलास-वैभव की हद नहीं थी। दूसरी श्रेणी थी साधारण लोगों की—खेतिहर, मजदूर, फेरीवाले, दुकानदार, रोटीवाले, ताँगेवाले, मिस्त्री, कारीगर। मुसलमानों में तब तक मध्यवित्त सम्प्रदाय की सृष्टि नहीं हुई थी। दूसरी ओर थे शिक्षित हिन्दू या सिक्ख मध्यवित्त। सामाजिक या राजनीतिक नेतृत्व उन्हीं लोगों में से उदित होता था। जनसाधारण के मन की बात उन्हीं लोगों के मुँह से जाहिर होती थी। सिक्ख समाज के भी हाथों जमीन और हल था, वाणिज्य-व्यापार था, भू-सम्पत्ति थी। हिन्दू समाज की आबादी मुख्यतया शहरों में थी। उन्हें खेती बहुत मामूली-सी थी। वे सरकारी या गैरसरकारी नौकरियाँ करते। प्रशासन की जिम्मेदारी उन्हीं के हाथों होती। दायित्वपूर्ण फौजी ओहदों पर सिक्ख या हिन्दू ही ज्यादा होते। अफगान-युद्ध के बाद से अमीर अमानुल्ला के गद्दी से उतरने तक यानी सन् 1880 से 1928 तक खास-खास विषयों के सिवा अँगरेजों ने किसी मुसलमान को किसी बड़े सेनापति का पद नहीं दिया। यह बात मुसलमान समाज के लिए अगौरव की नहीं? हम लोगों की गाड़ी कुछ बैरकों को पार करके तीसरे पहर सनीबैंक बाजार के पास पहुँची।

काफी बड़ा बाजार। यहाँ के फल की दुकानों को देखने से कश्मीर का आभास मिलता है। चाँदी टोपीवाले अफ्रीदी या हजारा के जंगली पठान मजूरे, जो सबसे गरीब हैं। तमाम दिन सेब, अंगूर, बबूगोशा, अनार आदि चबाते रहते हैं। झाड़ूदारनी अपनी कमीज और ओढ़नी में ढेर-सी स्ट्राबेरी लेकर सड़क के किनारे ही बैठ गई है! मुसलमानों के काफीखाने में दुम्बा भेड़ का उबला मांस और मसालेदार सींक-कबाब खूब सजाया हुआ। घी से तली मुर्गी-बिरयानी की प्लेटें लेकर खरीदार बैठ गए हैं। गरीब अफ्रीदी मजूरे हसरत-भरी निगाह से ताकते हुए अपने कन्धे की डोरी झुलाते हुए गुजर जाते हैं। इसी डोरी के फीते को कपाल से लगाकर, झुककर वे तीन-चार मन का बोझा उठाए पहाड़ पर चढ़ जाते हैं। उस बलिष्ठता की दुबले और कमजोर बंगाली कल्पना भी नहीं कर सकते!

सनीबैंक से मरी कोई पाँच मील है। इसकी ऊँचाई लगभग सात हजार फीट है। पीरपंजाल की गगनचुम्बी पर्वतमाला नीलकान्त आकाश के नीचे मानो दीवार की तरह इस छोटे-से सुन्दर शहर को घेरे हुए है। उत्तर में 'छागला गल्ली' की चोटी पाइन के जंगल से भरी है। दूर पर नंगा पर्वत की चोटी, दूसरी ओर हरमुख—चारों ओर जैसे आदि-अन्तहीन। पर्वत-आकार के बीच में सघन देवदारु वन तपस्या के आसन में खड़ा ध्यान में मानो झीम रहा है। दूर से मन्दिर के घंटे की आती हुई आवाज। सिक्खों के गुरुद्वारे में साँझ की आरती की तैयारी हो रही थी। मरी शहर को आम लोग को-मारी कहते हैं। महाभारत-युग में पंचपांडवों ने कब तो इस पहाड़ को पार किया था, उनके नाम पर यहाँ का एक रास्ता है। रास्ते के उत्तरी छोर का नाम है कश्मीर पाइंट और दक्षिणी का पिंडी पाइंट।

जो रास्ता सबसे चौड़ा है, वह है माल। यह शहर अँगरेजों के फौजी विभाग ने बनाया था। यहाँ सामरिक विभाग का दफ्तर बहुत बड़ा है। सर्दियों में यह दफ्तर रावलपिंडी उतर जाता है। यहाँ शराब की एक बहुत बड़ी भट्ठी है। नाम है मरी ब्रुएरी। फौजी अफसरों के बाल-बच्चों के लिखने-पढ़ने के लिए सेंट लारेंस स्कूल और कॉलेज है। बिजलीघर है। जैसाकि हर पहाड़ी शहर में है, यहाँ भी एक गिरजाघर है। बहुत बड़ा। मरी पहाड़ में पानी का कोई स्रोत नहीं है, लिहाजा कोहाला से पम्प करके पानी लाकर रिजर्वायर में रखा जाता है। रावलपिंडी और को-मारी में मैंने काफी दिन बिताए हैं। यह जगह मेरे कामों का केन्द्रस्थल थी।

कार्ट रोड से उत्तर-पूरब की ओर कोई तीस मील की उतराई तय करके छोटा-सा लकड़ी का शहर कोहाला मिलता है। बाईं ओर आकाश-चूमती

चोटीवाले छांगला गल्ली की दीवार। इस अधित्यका में धूप बड़ी कड़ी होती है, लेकिन जंगल, पहाड़ तथा लाल तराइयों में वसन्त-बहार देखने ही लायक होता है! फूलों की शोभा से वनलक्ष्मी मानो अवनमित हो। रंग-बिरंगी चिड़ियों के साथ-साथ पाइन की कच्ची लकड़ी की वन-मधुर महक से आवेश-विह्वल हो जहाँ-तहाँ उड़ती फिरती हैं रंगीन तितलियाँ। उसी विह्वल मदिरता ने मानो श्रमिक कश्मीरी स्त्रियों की आँखों में छाया डाली हो। लाल गेरुआ रंग की वितस्ता यहाँ जितनी ही मुखर है, उतनी ही प्रखर। पास ही कश्मीर महाराजा की बनवाई हुई पुलिया। उस पार पीरपंजाल गिरिमाला सदा-सदा के पहरेदार की नाईं राजनीतिक सीमा जताने के लिए कतार में दैत्य-दानव-सी खड़ी-अड़ी है। रावलपिंडी जिला यहाँ खत्म होता है। दक्षिण में मीरपुर के दक्षिण-पश्चिम तक वितस्ता की धारा पूर्णतया कश्मीर के अधीन है।

कोहाला में काफी लोग जुटते हैं। आजकल बाजार वहाँ बड़ा है। जहाँ देखिए, लकड़ी का काम। जाड़ों में यहाँ रहने की आराम देनेवाली व्यवस्था बहुत है। समुद्र की सतह से यह जगह दो हजार फीट भी ऊँची नहीं है। पूनम की रात में मौज-मजे के लिए यहाँ बहुत लोग आते हैं। वह हँसी-खुशी कैसी रंगीन हो उठती है, इसका जिक्र मैंने अन्यत्र किया है।

कोहाला का पुल बहुत हद तक आधुनिक है। इस पुल को पार करते ही कश्मीर में कदम पड़ जाते हैं। लेकिन यह यात्रियों की खाना-तलाशी का प्रधान अड्डा है। नाम-परिचय यहाँ लिखाना ही पड़ता है, कश्मीर जाने की वजह, कब लौटना है, कहाँ-कहाँ जाना चाहते हैं, राजनीतिक छूत है या नहीं, क्या करते हैं—इन सारे सवालों का जवाब देना पड़ेगा। यह तरीका अँगरेजों के जमाने का है। अँगरेज रेसिडेंट ने कश्मीर में कभी राजनीति को प्रवेश नहीं करने दिया। अँगरेज यह नहीं चाहते थे कि कोई कृष्णगंगा के उत्तर पार को जाए, कोई जोषीला घाटी को, सिन्धु नदी को पार करे। यही कारण था कि बृहत्तर उत्तर कश्मीर से नहीं, दक्षिण-पश्चिम कश्मीर के एक खास हिस्से से ही लोगों का परिचय रहा। आजकल वह भी कम हो आया है। घूमनेवाले तमाम जम्मू में तब भी नहीं जाते थे और आज भी बहुत-कुछ मुमानियत है। और फिर जम्मू पहले पंजाब का ही हिस्सा था। लिहाजा असली कश्मीर का कितना हिस्सा पर्यटकों के लिए खुला है, सहज ही समझा जा सकता है।

कोहाला से रास्ता सीधे उत्तर को है। बाईं ओर चट्टानों से टकराती, पछाड़ें खाती वितस्ता लहरों में मुखरित है। दाईं ओर नदी के उस पार विशालकाय पीरपंजाल। अरण्य-अटवी की ध्यानगम्भीर शोभा मनुष्य की दोनों आँखों को

आश्चर्य से विमूढ़ किए देती है। चढ़ाई और उतराई पार करके प्रशस्त पथ दूर-दूर तक चला गया है। रास्ते के दोनों ओर सौन्दर्य से मानो महाकाव्य का आभास उमगता हो!

कोहाला से मुजफ्फराबाद कोई तीस मील है। लेकिन इस शहर में पहुँचने से पहले बड़ी-बड़ी दो नदियों का संगम पार करना पड़ता है। एक का नाम है : दो-लाई। वितस्ता से आकर मिली है प्राचीन कर्नाह, जो दक्षिण चिलास 'बेबूसायर' की घाटी के बगल से बेसल और कागन जनपद होकर उतर आई है। नंगा पर्वत के अन्दर-अन्दर इसकी पैदाइश हुई है। यहाँ के पुराने डाकबँगले के बरामदे पर खड़े होकर दोनों नदियों की शोभा और प्राकृतिक सौन्दर्य को देखने से देवप्रयाग की याद हो आती है। यहाँ से लगभग और दस मील मोटर से निकल जाने पर दूसरा संगम 'दोमेल' मिलता है। यहाँ कृष्णगंगा और वितस्ता गले-गले मिलती हैं। आसपास में आबादी कम नहीं है। ये दोनों ही संगम मुजफ्फराबाद के इलाके में पड़ते हैं। यहीं आकर वह दूसरा रास्ता मिलता है, जो तक्षशिला, हरिपुर, हैवेलियन और अबोटाबाद होकर आया है। यहाँ फिर से सामानों की तलाशी होती है, टोल-टैक्स वसूला जाता है। इस इलाके में विभिन्न सम्प्रदाय के लोग नजर आते हैं—साधारण तौर से जिन्हें हजारा पठान, अफ्रीदी, विलासी, चाक, दार्द, हूनजा इत्यादि कहते हैं। इनके स्वभाव की सरलता के साथ खूँखार जानवर की हिंसकता कार्पेट की बुनाई जैसी मिली होती है। यहाँ के पुरुषों के लम्बे-तगड़े बदन की बलिष्ठ-स्वस्थता देखकर गला सूख जाता है! अँगरेज टामी इनके डर के मारे चौकन्ने रहते और तरह-तरह से घूस देकर इन्हें वश में रखते थे। इनसे विवाद हो जाने पर बन्दूक की शरण लेने के सिवा कोई चारा नहीं रह जाता। जोर-जबर्दस्ती या डराकर काम लेना—ये दो बातें इन्हें हरगिज बरदाश्त नहीं। इन्हीं लोगों को असम्मान से उपजाति या ट्राइबल कहते हैं। इनके इलाके में औरतें बहुत कम होती हैं। इसीलिए किसी औरत या बालक के लिए जब आपस में झगड़ा हो जाता, तो लड़ते हुए हाथियों की तरह ये अपने आसपास की जीवन-यात्रा को मथ डालते, रौंद डालते। लगभग हर अड्डे पर इनके लिए हथियारबन्द सिपाही तैनात रहते हैं। पिछली शताब्दी में अफगान-युद्ध के समय लॉर्ड लिटन को इन जातियों की शक्ति, शौर्य और खूँखारपन का स्वाद मिला था। वह समय था 1879।

सच पूछिए तो मुजफ्फराबाद मानो पश्चिम कश्मीर का फाटक है। दूसरे, यह बहुत बड़ा फौजी अड्डा है—आधुनिक युग के अनोखे हथियारों का आर्सनल। इस इलाके और सोपोर के क्षेत्रों की बँवास नाम की एक पहाड़ी

जाति से लड़कर एक समय सिक्खों ने फतह हासिल की थी। इसलिए सिक्खों का किला यहाँ द्रष्टव्य है। ये बँवास लोग अनेक सदियों से खानाबदोश की जिन्दगी बसर करते थे। खैर, वह मलाल वे लोग भूले नहीं। सो कई साल बाद जब उपजातियों ने 'सोपोर' पर हमला किया तो सबसे पहले वे सिक्खों पर टूट पड़े। इस बार सिक्ख लोग शहर छोड़ झेलम नदी पार करके जंगल-पहाड़ों में भाग खड़े हुए। बहुत दिनों के बाद वे फिर से वहाँ लौटे।

प्राचीन 'उरसा' (हजारा) राज्य पार करके वितस्ता के किनारे-किनारे मैं 'द्वारवती' राज्य में पहुँचा। गर्ज कि आज के हजारा जिले को छोड़कर मुजफ्फराबाद में प्रवेश किया। उपत्यका से जब यह शहर दिखता है, तो लगता है, आँकी हुई कोई तसवीर है। चूँकि वितस्ता और कृष्णगंगा—इन दो नदियों का यहाँ संगम है, इसलिए वनराजि नील। इस पृष्ठभूमि में मन्दिर बनाने की ऐसी उमंग रही। मैं अभी नितान्त आधुनिक युग की नहीं कहता, लेकिन सारे कश्मीर में जहाँ जितनी भी पुरानी कीर्तियाँ और स्थापत्य आज भी कुछ-कुछ मौजूद हैं—उनके आधे में दिखाई देती है शिव, शक्ति और सरस्वती की उपासना; आधे में बौद्ध-कला के अवलोकितेश्वर, तारा, बोधिसत्त्व इत्यादि की पूजा। रावलपिंडी शहर की काली देवी से लेकर मुजफ्फराबाद तक लगभग सब जगह देव-देवियों के मन्दिर देखता आया और यहाँ से भी जब आगे बढ़ने लगा, तो रास्ते के एक ओर तथा वितस्ता के उस पार बहुतेरी जगहों में सिक्ख या हिन्दुओं के मन्दिर दिखाई देने लगे।

झेलम वैली रोड ऊपर को उठने लगी। उसके दोनों ओर की हरी-भरी उपत्यका जैसे छवि हो। बीच-बीच में गहरी खाई—अथाह गहराई में गेरुए रंग की वितस्ता का प्रवाह। पहाड़ों से आता है शीतल मन्द समीर। तीसरा पहर यह अभी तक मलिन नहीं हुआ—कश्मीरी औरतों के हाथ का काम अभी खत्म नहीं हुआ था। हम लोग मुजफ्फराबाद से गरही की ओर जा रहे थे। पुराने जमाने में इस अंचल को 'प्रस्तरतोरण' या द्वोवारा कहते थे। ऐसे बहुतेरे द्वोवारों ने कश्मीर को बाहरी दुनिया से सदा अलग रखा था।

धीरे-धीरे चढ़ाई बढ़ने लगी। दोनों पार की उपत्यका फैलने लगी। बीच-बीच में कश्मीर की विशेषता—चिनार पेड़ के दर्शन मिलने लगे। देवदारु-गोष्ठी में जो पेड़ चीड़ है, वह दो हजार फीट की ऊँचाई से ऊपर ही देखने को मिलता है। पाहन तो चार हजार फीट से नीचे मिलते ही नहीं। पाहन की सबसे अच्छी झलक, सबसे बड़ा समारोह पहलगाँव के इलाके में है। और दूसरी जो विशेषता नजर आने लगी, वह है माटी की प्रधानता। ऐसे बहुतेरे पहाड़ हैं, जो माटी-प्रधान

हैं। लगता है, ग्रेनाइट पत्थर के बड़े-बड़े ढोके माटी में गड़े हुए हैं! बरसात में गुजरते हुए खौफ खाना पड़ता है, मिट्टी धँसकर चट्टानें लुढ़क नहीं आएँ कहीं! झेलम वैली रोड में ऐसी दुर्घटनाएँ बहुत बार घट चुकी हैं। वर्षा और भूकम्प में पहाड़ी रास्ते बड़े खतरनाक होते हैं। 'हतियान गाँव' से कुछ दूर आगे चलने पर तारों की रस्सी का बना एक पुल मिला। उसे पार करके एक रास्ता करनाल वैली की तरफ चला गया है। यहाँ बँवासों की दूसरी भयंकर लड़ाई में सैकड़ों सिक्खों को जानें गँवानी पड़ी थीं। दोनों की निगाहें चनारी इलाके की उपजाऊ भूमि पर थी। क्योंकि ओर-छोर तक फैले पहाड़ों की गोद में समतल माटीवाली भूमि खास मिलती नहीं। मेरा खयाल है, दूसरे पहाड़ी इलाकों से कश्मीर में ही ऐसी भूमि ज्यादा पाई जाती है और इसीलिए धरती का यह छोटा-सा भूभाग सदा से अभिशापग्रस्त है। कश्मीर के लिए सदियों तक एक के बाद दूसरी भयंकर लड़ाई जो होती रही, उन सारी लड़ाइयों का मूल कारण है—कश्मीर की कुल ढाई हजार वर्गमील की समतल उपत्यका-भूमि पर अधिकार करना। शक, हूण, तातार, तुर्क, मुगल, पठान, अफगान, ईरानी—सबके-सबको बस वही एक लोभ था। कश्मीर के सिर्फ पहाड़ों को दखल करके कोई खुश नहीं, उसकी वन-सम्पदा पाकर भी कोई सन्तुष्ट नहीं—वह उपत्यका ही चाहिए! दुर्भाग्य से सदा-सदा का वह द्वन्द्व आज भी खत्म नहीं हुआ!

चनारी बाजार और बस्ती छोड़कर हम धीरे-धीरे दर्रे की ओर बढ़ने लगे। पहाड़ी रास्तों की शक्ल तमाम लगभग एक-सी। चढ़ाई पर चढ़ने में एक तरफ विशाल दीवार, दूसरी ओर गहरी गहराई। सरयू, शारदा, अलकनन्दा, भागीरथी—इनकी भयंकर गहराई के कगारों से जो कभी नहीं गुजरे हैं, उन्हें नहीं मालूम कि दरअसल मौत का डर क्या होता है! नेपाल में—अरुण-कोसी की नीची गहराई कहीं-कहीं पच्चीस हजार फीट है—यानी नदी साढ़े चार मील से भी ज्यादा नीचे बहती है!

चनारी इलाके से आगे एक बड़े जलप्रपात को पार करके हम 'चाकोठी' होते हुए 'उड़ी' की ओर चले। यहाँ से एक सुन्दर रास्ता पुंच की ओर गया है। दक्षिण-पश्चिम कश्मीर में वितस्ता और चन्द्रभागा नदियों के बीच कुछेक जो प्रसिद्ध जनपद पाए जाते हैं—उनमें से पुंच, पालेन्द्री, मेंढर, कोटली, रजौरी, मीरपुर, रियासी, भीमवार, अखनूर, मनवार इत्यादि प्रधान हैं। ये सारी जगहें मुख्यतया पीरपंजाल और शिवालिक गिरिमाला के आसपास हैं। इनमें से लगभग सभी उपत्यका-भूमि पर बसे हुए हैं और लगभग सभी के बगल से एक निर्मल जलवाली नदी बहती है। कश्मीर शुरू से अन्त तक नदीमातृक देश है। किसी

राज्य में कश्मीर जितनी नदियाँ नहीं हैं। यहाँ के लोग दोनों जून चावल खाते हैं, मगर अन्न का कभी अकाल नहीं पड़ा! मछली, मांस, शाक-सब्जी, दूध-मक्खन—आज के युग में जो चीजें रूपकथा की तरह विश्वास करने योग्य नहीं—आज भी कश्मीर में खूब मिलती हैं। लेकिन बाहरी लोगों के बढ़ जाने से वहाँ भी अब खाने की चीजों में मिलावट की गंध आने लगी है। दसेक साल पहले भी कश्मीर में 'वनस्पति' पर रोक थी।

सुल्तान उड़ी नाम के गोष्ठीपति ने जिस इलाके पर अपना आधिपत्य बढ़ाया था, उसका नाम पड़ा है उड़ी। ऊँची जगह पर बसा है। कुछ दूर पर पुराना किला आँकी हुई तसवीर-सा दिखता है। चारों तरफ आरण्यक पर्वतमालाओं के बीच इस जगह की श्री और शोभा मानो स्वर्गीय स्वाद की याद दिलाती है! किले के करीब ही एक पुल है। पैदल चलिए तो रामपुर यहाँ से चार घंटों का रास्ता है। और पैदल चले बिना जाने का कोई फल नहीं। देखना सार्थक नहीं, अगर पैदल न चले। चलते-चलते बीच में ठिठक नहीं गए, मखमली हरियाली पर बैठकर अलसित घड़ियाँ नहीं काटीं, चाँद की छिटकी हँसी में सारे पीरपंजाल को आलिंगन में लेकर बीतती रात के शुक्रतारा की ओर एकटक ताका नहीं तो घूमना ही बेकार है! चारों तरफ की यह प्राकृतिक शोभा—फूलों का ऐसा समारोह, पहाड़ से झरते झरने, वन के छोर की आड़ में चिड़ियों की आर्त पुकार—और इन्हीं सबों के बीच इस पारिजात कुंज-कानन की ओर पड़े हैं छार-खार हुए-से हिन्दू स्थापत्य तथा मन्दिरों के खँडहर!

रामपुर को पीछे छोड़ा। 'बनियार' नदी पार की। दूर-दूर पर बर्फीली चोटियाँ नजर आने लगीं। जैसे कुमायूँ में सोमेश्वर से आगे 'गरुड़' जाते हुए 'त्रिशूल' की चोटियाँ दिखाई पड़ती हैं। नदी पार करने के बाद थोड़ी ही दूर पर प्राचीन बनियार मन्दिर मिलता है। पता नहीं, यह शिव-स्थापना कब की है! बनियार से आगे भी चढ़ाई। लेकिन आखिरी चढ़ाई चढ़ने के पहले ही बड़ी दूर पर वितस्ता की उपत्यका कभी-कभी दिखाई पड़ जाती है। चारों तरफ क्षितिज के आसपास बर्फ की चोटी और चोटी। नंगा, हरमुख, जस्कर, कोलाहै, कोहीनूर—किसे छोड़ें, किसे देखें! इन्हीं की गोदी में दूर-दूर फैली हुई कुहरे-सी धुँधली कश्मीर की घाटी! बनिहाल के दर्रे की सुरंग से आते हुए नीचे ठीक ऐसे ही दृश्य दिखाई देते हैं। यह झेलम वैली रोड का प्राय: अन्त है। देखते-देखते बड़ी दूर निकल आए। पहाड़ों के ऊपर एक के बाद दूसरी किसानों की बस्तियाँ पार कर आए। अब उतराई। रामपुर से बारामूला पन्द्रह मील से कम नहीं है। बारामूला से दक्षिण टेढ़ी-मेढ़ी एक सुन्दर-सी राह गुलमर्ग के चौड़े रास्ते के मोड़ तक चली गई है,

जो चौड़ा रास्ता श्रीनगर से जाकर मिलता है। गुलमर्ग की यह सूनी सड़क काफी प्रशस्त नहीं है। यह बस के रास्ते से जा मिली है। वहाँ से टंगमर्ग। टंगमर्ग से दो रास्ते हैं—एक तो पैदल या घोड़े से जाने का, दूसरा मोटर का नया रास्ता। कश्मीर की घाटी में अब घूमनेवालों के लिए सुविधा, स्वच्छन्दता और ऐश में कहीं कंजूसी नहीं नजर आती। गुलमर्ग से खिलनमर्ग या तो पैदल जाना होता है या घोड़े से। बारामूला से यह रास्ता गुलमर्ग तक कमोबेश बीस मील होगा।

पीरपंजाल में जो बनिहाल पहाड़ की दीवार-सी है, जिसे अपर या लोअर गुंडा कहते हैं, उसके नीचे की दरार से पानी की जो कई धाराएँ निकली हैं, उन्हें 'वेरीनाग' कहते हैं। यह वितस्ता के निकलने की जगह है। यही नदी इधर-उधर से घूमती हुई जाकर ऊलर झील में गिरी है। ऊलर और डल एक ही-सी झीलें हैं—फर्क इतना ही है कि ऊलर में चारों ओर से छोटी-बड़ी पहाड़ी नदियाँ आकर गिरी हैं और डल को बाहर से पानी कम ही मिलता है। ऊलर के उस पार हरमुख की लम्बी-ऊँची गिरिमाला खड़ी है और उसकी तराई में झील के इस पार-उस पार ओर-छोरहीन समतल भूमि है। ऊलर के उत्तर-पश्चिम लोलाब की उपत्यका और दक्षिण-पश्चिम में 'सोपोर' नगर है।

बारामूला प्राकृतिक सौन्दर्य और शोभा में अनोखा ही है। सच पूछिए तो कश्मीर के किसी भी नगर का परिवेश प्राकृतिक सौन्दर्य को बाद देकर नहीं बना। कश्मीरियों का सहजात सौन्दर्यबोध प्रत्येक जनपद की रचना में काम करता रहा है और प्रकृतिदेवी कदम-कदम पर उसके विकास में मदद करती रही है। अपनी-अपनी सुविधा, सुख और स्वार्थ के लिए किसी जमाने में अँगरेज शासकों ने उत्तर तथा दक्षिण भारत में कहीं-कहीं बहुतेरे पहाड़ी जनपदों को शहर बना दिया था; जैसे—को-मारी, मनसेरा, मालाकन्द, हैवेलियन, हरिपुर आदि। उधर; जैसे—रानीखेत, लैंसडाउन, डलहौजी, शिमला, नैनीताल, अल्मोड़ा, मसूरी, दार्जिलिंग। वे गोरी चमड़ीवाले लोग बाहर से तो ऐसी जगहों में जलवायु-परिवर्तन के विलासकुंजों का निर्माण करते थे, लेकिन भीतर-भीतर वहाँ हथियारबन्द पहरेदार रखते या फौजी हेडक्वार्टर बना देते थे।

लेकिन बारामूला-जैसे मनोरम नगर का निर्माण जनसाधारण ने किया था। एक ओर वन की हरी-भरी शोभा और दूसरी तरफ उत्तर में वन से बहनेवाली लहर-चपल वितस्ता। वाराह अवतार ने कभी अपने दाँतों से नदी की राह बनाई थी या नहीं, इतिहास में इसका जिक्र नहीं मिलता। लेकिन राजा अवन्तीवर्मा के समय में इस अंचल में जिस नामी पुर्तविद् का जन्म हुआ था, उसका नाम था 'सूय्य' (Suyya)। बहुत-से लोग 'सुइया' कहते हैं। इसी 'सुइया' से बना 'सुइयापुर'

और उसी का अपभ्रंश है 'सोपोर'। बारामूला से सोपोर की दूरी पन्द्रह-सोलह मील के लगभग होगी। इधर आते समय झेलम वैली रोड से—रावलपिंडी से रामपुर तक जिस तरह भारतीय वास्तुकला के नमूने मन्दिर आदि देखता आया; यहाँ उड़ी, बारामूला, सोपोर में भी उसका व्यतिक्रम नहीं। खुशी और उत्सुकता की बात यही है कि ये मन्दिर हिन्दू, मुसलमान और सिक्ख श्रमिकों द्वारा मिलकर बनाए गए हैं। इनके निर्माण में अपने-अपने धर्म-विश्वास का कोई विवाद कभी नहीं खड़ा हुआ। बारामूला का रघुनाथजी का मन्दिर और सोपोर का शिवमन्दिर इसके प्रमाण हैं। गुरु नानक और गुरु गोबिन्द सिंह सिक्खों के पूज्य हैं। लेकिन सिक्ख लोग मन-ही-मन काली की पूजा करते हैं! उनके प्रधान शहरों के नाम हैं—कालिका या कालका, चंडीगढ़ (दुर्गा), तारा देवी हैं, इत्यादि। उनके दलपति ने तारासिंह नाम अपनाया था, जो कभी हिन्दू नानकचन्द थे।

आज के बारामूला की शक्ल और ही है। राजनीतिक विद्वेष और उसके चलते नित्य होनेवाली अशान्ति वहाँ के शान्त और निरीह जनजीवन को एक दिन के लिए भी स्थिर नहीं रहने देती। वहाँ की जीवन-यात्रा में गहरी अनिश्चितता दिखाई दे रही है। एक ही परिवार का एक आदमी दूसरे को सन्देह की नजर से देखता है। दिन तो काम-धन्धों में बीतता है, शाम को घर-घर राजनीतिक कानाफूसी और दलबन्दी की बातें शुरू हो जाती हैं। मुस्लिम महिला समाज में घोर अशान्ति है—सिक्ख या हिन्दू स्त्री समाज में अनिश्चितता की आशंका! लेकिन इन्हीं लोगों में से नये युग का कश्मीर निकलता आ रहा है, बनती आ रही है एक नई जाति—जो हिन्दू, मुसलमान या सिक्ख—इनमें से कोई नहीं। वे लोग आ रहे हैं, उनके पैरों की आहट सुनाई पड़ रही है! वे हैं कश्मीरी!

झेलम पार करके मैं सोपोर की तरफ जा रहा था।

सरस्वती-शारदास्थान

जैसाकि भारतीय पुराण में आया है, ऋषि पुलस्त्य एक बार उत्तर कश्मीर के 'सतीक्षेत्र' में तप कर रहे थे। उनके उस तप के प्रभाव से हिमवत पर्वत (हिमालय) में दरार पड़ गई और 'देवी गंगा' का आविर्भाव हुआ। ऋषि ने वहीं पर अपना यज्ञ पूरा किया। यज्ञ के बाद पुलस्त्य ने यह निर्देश दिया कि गंगा

देवी अपनी धारा को रोक लें। इसी समय आकाशवाणी से महाश्वेता सरस्वती ने ऋषि को बताया कि 'भेदवन' में, जहाँ पर पहाड़ में दरार पड़ गई है, ठीक वहीं पर 'गंगा-उद्भेद-तीर्थ' की प्रतिष्ठा हो। पुलस्त्य ने खुशी-खुशी महाश्वेता का कहा मान लिया, लेकिन चूँकि उनका देवी के दर्शन का मनोरथ पूरा नहीं हुआ, इसलिए वे फिर तपस्या पर बैठे। हजार साल निकल गए। आखिर एक दिन वाग्देवी अलौकिक राजहंस का रूप धरकर भेदवन में उपस्थित हुईं। वह चैत के अंजोरिया पाख की आठवीं-नवीं तिथि थी। उस मीठी चाँदनी रात के स्वप्न-छायामय भेदवन में खड़े होकर पुलस्त्य ने स्तवपाठ किया : 'यथा सद्भेदभिन्नसि तदा भेदसि भामिनी'। और देवी सरस्वती की वन्दना में उनका नया नामकरण हुआ—'हंस-भागीश्वरी भेदा'। आज तक वे इसी नाम से पूजी जाती हैं।

हरमुकुट पर्वत (11250 फीट) पर गंगाबल झील के बारे में यह प्राचीन उपकथा प्रचलित है। इसी झील के पूरब की तरफ जो पतली-सी नदी है, उसका नाम है : 'अभया'। 'कश्मीर माहात्म्य' में कहा गया है, मन के मैल को धोनेवाली यह धारा कभी कूलों से नहीं छलकेगी या समतल पर नहीं उतरेगी! 'गंगाबल तीर्थ' तक जाने का रास्ता बहुत ज्यादा बीहड़ नहीं है, क्योंकि मानसबल से आगे सोमबल पार करते हुए मोटर की राह बन्दीपुर तक चली गई है। वहाँ से गंगाबल है ही कितनी दूर! दसेक मील होगी। वहाँ गोवर्द्धनधारी विष्णु और आयुयश (यमराज) की मूर्ति है। वहाँ की दूसरी दर्शनीय वस्तुओं में है—रामाश्रम, रामसाय और सप्तर्षि आश्रम की बगल से बहनेवाली वैतरणी नदी। ये सारे ही स्थान गंगोद्भेद तीर्थ के अन्तर्गत हैं।

कश्मीर के प्राचीन ग्रंथों की संख्या थोड़ी नहीं है। वे सारे-के-सारे ग्रंथ माहात्म्य के नाम से परिचित हैं। इन सबमें 'नीलमत' सबसे ज्यादा प्रसिद्ध है। पौराणिक युग के बाद ऐतिहासिक काल की सातवीं सदी में कश्मीर का पूरा-पूरा इतिहास सबसे पहले चीनी यात्री ह्वेनसांग ने लिखा। कवि कल्हण के वर्णन के मुताबिक श्रीनगर तथा प्रवरपुरा के जिस बौद्धमठ में ह्वेनसांग काफी दिनों तक रहे थे, उस मठ का नाम था 'जयेन्द्र विहार'।

सोपोर की ओर जा रहा था। शारदातीर्थ की तरफ जाने का यह एक और रास्ता है।

मूल शारदातीर्थ के बारे में 'शारदा माहात्म्य' में काफी लिखा है। शारदातीर्थ बड़ा प्राचीन है। कवि कल्हण के बाद अकबर के सभासद अबुलफजल तक ने शारदातीर्थ की राह का निर्देश किया है। 'भृंगिसा संहिता' नाम के एक माहात्म्य में एक उपकथा आई है। मातंग मुनि के पुत्र शांडिल्य ने एक बार देवी शारदा

के दर्शन के लिए योग-साधना और याग-यज्ञ शुरू किया। शारदा देवी त्रिशक्ति की अभिव्यक्ति हैं। उस योग-साधना के फलस्वरूप मुनि को दैव का आदेश मिला कि आप तुरत 'श्यामला महाराष्ट्र' की ओर चले जाएँ।

उस राष्ट्र के 'घोष क्षेत्र' में शांडिल्य के सामने 'महादेवी' प्रकट हुईं और वचन दिया कि शारदा के पर्वतीय वन-प्रान्त में शक्तिस्वरूपिणी होकर मैं तुम्हें दर्शन दूँगी। इस वचन के बाद देवी जहाँ अन्तर्धान हुईं, उस स्थान का नाम है 'हयशिराश्रम'। कृष्णगंगा के दक्षिण लोलाब की तराई में (गुरेज जिला) उस जगह को आज भी 'हयहोम' कहते हैं। यह 'हयहोम' वर्तमान 'मूष' से चार मील है। शांडिल्य उसके बाद कृष्णगंगा के तट पर पहुँचे। उत्तर कश्मीर की देवशाही पर्वतमाला और हरमुकुट पर्वत की विभिन्न दिशाओं से जो नदियाँ पश्चिम की ओर बहती हैं, उनमें से कई में आज भी सोने के चूरे पाए जाते हैं। सोनमर्ग की ख्याति है भी इसीलिए। खैर, कृष्णगंगा में नहाने से शांडिल्य की आधी देह सोने की हो गई, मतलब कि उनके मन से अज्ञान का अँधेरा दूर हो गया। कृष्णगंगा के किनारे के इस अंचल का नाम आज भी 'सोनद्रांग' ही रह गया है। जो हो, नहाने के बाद कनककान्ति सुन्दर स्वरूप शांडिल्य कृष्णगंगा को पार करके उत्तर के पार्वत्यलोक की ओर चल पड़े। यह रास्ता बहुत दूर तक है और बड़ा ही बीहड़ तथा रहस्यमय है। जाते-जाते एक घने वन में उन्होंने नाचती हुई अप्सराओं को देखा। इस वन का नाम उस समय 'रंगवती' था। ठीक वहीं पर ऊँचे पहाड़ पर जो समतल भूमि दिखाई देती है, उसका आधुनिक नाम है—'रंगभोर'। यह स्थान भी उसी कृष्णगंगा के बहाव का छोर है। शांडिल्य ने इसके बाद एक-एक करके वनों को पार किया। उन वनों में किसी का नाम था 'गोस्तम् भान', किसी का 'तेजोवन'। आज तक आते-आते ये सारे ही नाम विकृत हो गए हैं!

और अन्त में शांडिल्य एक दिन 'शारदावन' में आ उपस्थित हुए। यहाँ बहुत-बहुत स्तव-स्तोत्र के बाद शारदा देवी त्रिशक्तिरूप में उनके सामने प्रकट हुईं। त्रिशक्ति यानी शारदा, नारदा या सरस्वती और वाग्देवी। देवी ने शांडिल्य मुनि को अपने विहार-क्षेत्र में आमंत्रित किया। यह क्षेत्र पहाड़ की काफी ऊँची चोटी पर है। इसका पुराना नाम है 'शिरहशीला'।

कृष्णगंगा का और एक नाम है 'सिन्धु'। नदी वही है, पर अलग-अलग इलाके में उसका नाम तो बदल ही सकता है। कर्नाली घर्घरा हो जाती है; काली शारदा, भागीरथी गंगा और ब्रह्मपुत्र हो जाती है डिहं। शिरहशीला के नीचे जिन दो नदियों का संगम दिखाई पड़ता है, वे दो नदियाँ हैं—यही 'कृष्णगंगा' और

'मधुमती'। शांडिल्य जब इस संगम पर पहुँचे, तो उनके पितृलोक से यह आदेश आया कि इस संगम पर तर्पण और श्राद्ध करो। शांडिल्य ने नदी के पानी को ज्योंही चुल्लू में उठाया कि उन्हें लगा कि समूची नदी ही शहद की धार हो गई है। उन्होंने आँसू भरी आँखों यह मंत्र पढ़ा—'मधुवाता ऋतायते मधुक्षरन्ति सिन्धव: ...ऊँ मधु, ऊँ मधु, ऊँ मधु।'

उत्तर कश्मीर की बीहड़, दुर्गम और सूनी पहाड़ी राहें तीर्थ-यात्रियों को सुदूर शारदापीठ तक खींच लिये जाती हैं। शारदा का आधुनिक नाम 'शार्दी' है। ईसा की बारहवीं सदी में कश्मीर के राजा जयसिंह के जमाने में शारदा के निकट एक महल-दुर्ग था। उसके खँडहर आज भी नजर आते हैं। शारदा का दूसरा नाम शक्ति है—इसलिए यहाँ वैष्णवों तक में पशुहोम या बलि का नियम प्रचलित है!

सोपोर से यदि ताँगे से जाइए तो त्रेगाँव उन्नीस मील या उससे कुछ ज्यादा पड़ता है। बसें हँदवारा होकर त्रेगाँव जाती हैं। लेकिन रास्ता कुछ इस तरह से घूमकर गया है कि बस की बजाय ताँगे से जाना ही सुविधाजनक है। लेकिन आम लोग, जो महज लक्ष्य तक पहुँचने को ही उतावले रहते हैं, उनके लिए कश्मीर और कालीघाट शायद एक ही है।

शारदातीर्थ एक तो यों ही कश्मीर-यात्रियों के लिए बहुत दूर और अजाने रास्ते में गुम-सा था, तिस पर आजकल भारतीयों के लिए उत्तर कश्मीर लगभग बन्द-सा है। भारतीयों के लिए यह कृष्णगंगावाली राह जाने कब गुम गई है! गुरेज तहसील इन दिनों खतरे से खाली नहीं है।

पिछले दिनों शारदा जाने का जो रास्ता 'घोष क्षेत्र' के चनार-अखरोट-वन के अन्दर से 'कामिल-काबेटी' नदी के पार मिलता था, जिस होकर ब्राह्मण-पुजारियों की जमात रंगवती की तराई से आगे अनेक गाँवों, शीतलवन को पार करके कृष्णगंगा के उपकूल पर 'दुधनियाल' जाती थी, वह रास्ता अब नहीं है। रंगवती और तेजोवन पुराण और इतिहास में ही रह गए! इस समय वहाँ सीज फायर लाइन है।

दुधनियाल जाने के लिए 1947 तक भी दूसरा रास्ता था। वह था—सोपोर से त्रेगाँव—त्रेगाँव से लोध्रवन। यहाँ की तराई पथरीली है। लेकिन पहाड़ी घेरा बड़ा मनोरम है। यह इलाका 'लोलाब' उपत्यका के अन्तर्गत आता है। हाँ, लोध्रवन के आगे बेहद चढ़ाई है। अगर सोपोर के रास्ते जाएँ, तो श्रीनगर से प्राचीन शारदा नब्बे मील के करीब पड़ेगा। लेकिन लोलाब में जा खड़े हों, तो जीवन-व्यवस्था की जो अनोखी विविधता नजर आती है, उसकी तुलना नहीं। मन्दिर के कारुकार्य, घर-गृहस्थी, औरतों की पोशाकें और गहने, घर-द्वार के

नक्शे जो 'कृष्टोवर', जम्मू या अनन्तनाग में नजर आते हैं, यहाँ वैसे लगभग नजर तो नहीं आते। लेकिन कश्मीर की मूल बात सदा और सर्वत्र एक ही है। और वह है—मछली, भात और मांस। कश्मीर के खान-पान की तालिका कभी नहीं बदली। जम्मू में थोड़ा व्यतिक्रम जरूर है, इसलिए कि वह पुराने पंजाब का ही एक हिस्सा है। महाराजा गुलाबसिंह, जो पंजाबी थे, उसकी उस पुरानी विशेषता को बरकरार रख गए हैं। दुर्भाग्य तो यह है कि विशेषता से ही अलगाव आता है। गुलाबसिंह जी डोगरा राजपूत गोष्ठी के थे और कश्मीर के महाराजा होने के पहले महाराजा रणजीतसिंह के अन्यतम सेनापति तथा जागीरदार थे। छोटा-मोटा सामन्त कहिए। खैर, यह बात अभी रहे।

मैं यह कह रहा था कि जम्मू के खान-पान की सूची कश्मीर से नहीं मिलती। सच पूछिए तो पीरपंजाल के इस पार-उस पार में बड़ा अन्तर है। इस पार नागरिक जीवन में जो सरगर्मी है, तेज कर्म-तत्परता है, जो प्रबल-प्रचंड आधुनिकता है, उस पार वह असीम शान्ति में जाकर खो जाती है! जम्मू मानो चीख-चीखकर कहता हो कि मुझे देखो, मेरे करतब पर ताली बजाते जाओ—मेरे रेडियो बजते होटलों में घुसकर शोर मचा जाओ! लेकिन कश्मीर मानो कानोंकान यह कहता है कि पाइनवन के एकान्त में बैठकर सिर्फ मेरा अनुभव करो! जाने से पहले मेरा वह रोना सुनते जाओ जो शताब्दियों से मेरी छाती के नीचे दबा पड़ा है। और अगर बन सके तो आसमान तक फैले मेरे महकते बालों में मुँह गाड़कर दिलासा के दो शब्द कहते जाना! कश्मीर विडम्बित रहा है।

लोलाब तराई में खड़े होकर एक बार मैं सोचने लगा, ग्रीकों के इतिहास में हेलेन का अभिशप्त रूप ट्राय के युद्ध की तबाही ले आया था! सीता के लिए सोने की लंका भस्म हुई थी!

शारदातीर्थ के पहाड़ी इलाकों में जो लोग बसते हैं, जहाँ तक समझ में आता है, वे लोग अनेक मिली-जुली जातियों के हैं। कुछ लोग पुराने पहाड़ी हैं, उन्हें 'कर्णाव' या 'कर्णाह' कहते हैं। दूसरे जो लोग सिन्धु की घाटी 'चिलास' या 'दार्द' से आए हैं, वे नंगा और देवशाही उपत्यका के लोग हैं। दूसरे प्रकार के लोगों में एक वर्ग के कश्मीरी पाए जाते हैं। और फिर इनसे तरह-तरह की उपजातियों के स्त्री-पुरुष मिल गए हैं। कोई-कोई ऐतिहासिक ऐसा भी कहते हैं, चारों तरफ की ऐसी पहाड़ी रोक और अलगाव के बावजूद कश्मीर में शारदा का अवस्थान विचित्र है। उससे भी विचित्र है, इस आसुरिक जगत के परिवेश में शारदातीर्थ की प्रतिष्ठा। इसमें शक नहीं कि इस अंचल में कभी छोटे-छोटे हिन्दू राजा थे, जिन्होंने कश्मीर-राज की अधीनता मान ली थी।

घोर और घना जंगल, उसके साथ भयावनी ऊसरता और उससे भी भयानक सूनापन—उन दिनों शारदातीर्थ तक पहुँचने की ये बड़ी बाधाएँ थीं। बीहड़, सँकरा और खड़ी चढ़ाई का रास्ता। पहाड़ी घोड़ा लेकर भी जाने की हिम्मत नहीं पड़ती, सामान ले जानेवाले लोग नहीं पाए जाते; गरजती हुई नदी को पार करने का पुल मिलना मुश्किल था—इन्हीं सब कारणों से बहुत पहले से ही कश्मीरी पंडितों ने शारदातीर्थ जाने की चिन्ता एक प्रकार से छोड़ ही रखी है। पुराण और इतिहास-प्रसिद्ध इस पीठस्थान ने मुगलों के जमाने तक भी समग्र भारत के यात्रियों को अपनी ओर आकृष्ट किया है। मुगल शासन का अन्त हो जाने पर अराजकता फैली और फिर से अफगानों के हमले हुए तथा साठ सालों तक उनके जुल्मो-सितम चलते रहे, फलस्वरूप किसी भी हिन्दू तीर्थ में जाना कश्मीरियों के लिए कठिन था। लेकिन भीरु और शान्तिप्रिय कश्मीरियों को महाराज गुलाबसिंह के जमाने में फिर से अपने को सँभालने का मौका मिला। फिर भी बहुत दिनों तक छोड़े हुए, भुलाए-से शारदातीर्थ को उनकी सारी कोशिशों के बावजूद पहले-जैसा जीवन नहीं मिल सका। इसका और भी कारण था, कश्मीर के पंडितों की पोंगापंथी मनोवृत्ति। क्योंकि लगभग सभी युग में शारदातीर्थ जाने के सभी रास्ते और उसके चारों तरफ के इलाके उन नये मुसलमानों द्वारा ही अध्यूषित होते रहे, जो ब्राह्मण-पंडित समाज के लहू से ही महज पिछले युग तक सम्बन्धित रहे।

शीतलवन के दर्रे को पार करने के बाद 'दुधनियाल' का रास्ता मिलता है। उसके बाद जो तराई पार करनी पड़ती है, वह लगभग सूनी-सी है। आबादी नहीं है। तराई के चारों तरफ ढलवाँ वनभूमि। वहाँ खूँखार भालू आजादी से घूमा करते हैं। निर्जनता के कारण खुले दिन की धूप में भी बदन छम-छम करता रहता है। प्रागैतिहासिक युग से ही पानी की धारा पहाड़ों को काट-काटकर सँकरे नाले बनाती चली आ रही है। ये नाले होते तो पतले हैं, पर बड़े गहरे और मुसाफिरों के लिए मुसीबत होते हैं।

लोध्रवन से 'जुमागन्द' की दूरी ठीक कितनी है, इसका हिसाब नहीं रख सका, क्योंकि रास्ते में कहीं उसका संकेत नहीं था। फिर भी मेरा खयाल है, दस-बारह मील के करीब होगी। यह रास्ता बड़ा ही बीहड़ और तकलीफदेह है। आसपास आबादी नहीं के बराबर है। हाँ, रोयेंदार भेड़ों या बकरियों को, या कभी-कभार दो-चार भैंसों को गूजर या दार्द जाति के लोग इधर आकर चरा ले जाया करते हैं। कश्मीर में जंगली और पानी-भरी ऐसी असंख्य उपत्यकाएँ हैं, जो शोभा-समृद्धि में अनन्य हैं, लेकिन वहाँ आदमी की बू-वास खोजे नहीं मिलती!

जुमागन्द से दुधनियाल भी लगभग दस मील है। किसी समय यहाँ भयावनी कृष्णगंगा को महज दो रस्सियों के सहारे पार करना पड़ता था—ठीक जैसे गर्वियाँग की राह में धारचूला में नेपाली मजूर रस्सी के नीचे झूलते हुए इस पार-उस पार आते-जाते हैं। मानता हूँ कि उनकी सख्त मुट्ठी कभी ढीली नहीं पड़ती, लेकिन इत्तफाक से कभी वैसा हो तो मौत निश्चित है। शारदा और धारचूला में ऐसी मौतें बहुत हो चुकी हैं। जो भी हो, महाराजा गुलाबसिंह के समय मन्दिर के संस्कार के साथ-साथ दुधनियाल में काठ का एक पुल भी बना। यह सिर्फ यात्रियों के लिए बना, ऐसी बात नहीं। यहाँ के बेहद पुराने किले की मरम्मत कराई गई और यहाँ पहाड़ी पहरेदार बैठाए गए, हथियारों से लैस। शारदा पहाड़ का वास्तविक नाम 'गणेशगिरि' या 'गणेश घाटी' है। घाट या घाटी का दूसरा अर्थ ही पहाड़ है; जैसे—पूजरघाटी, पश्चिम घाट, गिलगित के अन्तर्गत रामघाट इत्यादि।

कहते हैं, नदी पार होने से पहले 'तेजोवन' के छोर पर, जन-प्राणीहीन कृष्ण-गंगा के किनारे अशरीरी छाया की तरह पितृपुरुषगण यात्रियों के सामने प्रकट होते हैं। कश्मीरी पंडितों का कहना है—आत्मा अविनश्वर है। श्रद्धया देयम् इति श्राद्धम। लेकिन उससे पहले देह और मन की पवित्रता जरूरी है। मुनि शांडिल्य इसी कृष्णगंगा में नहाकर सोने के अंगवाले बन गए थे! हिमपिघला कठोर-शीतल पानी तरल तुहिन—मगर स्नान कीजिए, देखिएगा। मधुमान हैं आप! आपके तन-मन में मधु की मधुर उष्णता है। याद रखिए, देह अती के स्पर्श से क्लिष्ट होती है। साँप का विष और विरंसा देह में विकार लाता है। लेकिन आत्मा की विकृति नहीं होती। जरा, मृत्यु, क्लेश, दुष्कर्म, सर्दी-गर्मी—ये चीजें आत्मा को नहीं छूतीं। कृष्णगंगा में गोते लगाइए!

आत्मा निर्लिप्त है, निःस्पर्श है—आत्मा का दूसरा नाम शायद 'चैतन्य-बिन्दु' है। बौद्ध कश्मीर के अध्यात्म-चिन्तन को बदलने के लिए शंकराचार्य यहाँ आए थे। उस समय इस अंचल का नाम था सरस्वती-शारदा या शारदा-मंडल। यहीं से सारे कश्मीर, यहाँ तक कि कश्मीर से बाहर के बहुतेरे राज्यों में भी कश्मीरी बौद्ध-विद्वानों की विद्या, मनीषा, विद्धत्ता, अध्यात्म, दर्शन, साहित्य, काव्य, चित्रकला, मूर्तिकला, वास्तुकला आदि की समग्र देश में प्रसिद्धि थी, प्रभाव था। आचार्य शंकर को सबसे पहले बौद्ध-दर्शन के पीठस्थान इस शारदा-मंडल में ही आना पड़ा था। जीती-जागती देवी सरस्वती शारदा ने जब सुना कि आचार्य मन्दिर में आना चाहते हैं तो वे तुरत तुनक बैठीं—इस मन्दिर में आचार्य के लिए प्रवेश-निषेध है। देवी उन्हें दर्शन नहीं देना चाहतीं।

कारण?

शारदा-मंडल के पंडितों ने बताया, आचार्य की देह, मन और आत्मा निरी अपवित्र और नारकीय है। इसलिए कि किसी एक राजा के मृत शरीर में अपनी आत्मा का प्रवेश कराकर आचार्य शंकर ने नारी-सम्भोग के गहरे आनन्द का अनुभव किया था। लिहाजा उनकी आत्मा कलुषित है। शारदा के दर्शन का उन्हें अधिकार नहीं!

आचार्य ने बताया, मुझे यौन-विद्या की जानकारी जरूरी थी। जीवन में सभी विद्या, ज्ञान और तत्त्व को प्राप्त करना आवश्यक है। आत्मा को कलुष कभी नहीं छू सकता, क्योंकि आत्मा चैतन्यस्वरूप है, स्पर्श की चेतना से रहित है।

कश्मीरी पंडितों ने शारदा-मंडल में ही एक विराट तर्क-सभा का आयोजन किया। काशी और कांची के समान कश्मीर का पंडितसमाज भी शंकर के युक्ति-तर्कों से हार गया और इसी शारदातीर्थ में वेदान्त दर्शन के एक प्रधान केन्द्र की स्थापना करके शंकराचार्य विजयवैजयन्ती फहराते हुए लौट गए। उसी समय से कश्मीर में बौद्ध-दर्शन म्लान होने लगा!

'गणेशगिरि' का आकार बहुत-कुछ हाथी के माथे-सा है और यह इस पहाड़ के पीछे की ऊँची चोटी के क्रोड पर्वत-सा है। पिछली चोटी बारह हजार फीट से भी ज्यादा ऊँची है। शारदा या गणेशगिरि की ऊँचाई लगभग आठ हजार फीट है।

सिक्खों के हमले से पहले इस इलाके में आजाद मुसलमान राजा राज्य करते थे। उस समय 'किसनगंगा' उपत्यका में कई मुसलमान शासक थे। कश्मीर के लोग कहते हैं : उस समय शारदा मन्दिर को बारूदखाना बना दिया गया था। गफलत से कभी उस बारूदखाने में आग लग गई, जिससे मन्दिर की पुरानी छत और दीवार उड़ गई। महाराजा गुलाबसिंह ने उस खँडहर से कुछ पत्थरों को निकलवाकर मन्दिर को बनवाया और पुजारियों का वेतन बाँध दिया। अँगरेज ऐतिहासिकों के अनुसार, दूर की 'सर्गन' उपत्यका से चिलास के लुटेरे कृष्णगंगा की तराई में लूटपाट और खून-खराबी करने के लिए आया करते थे। इसीलिए महाराजा गुलाबसिंह वहाँ डोगरा फौज रखने को मजबूर हुए थे। भादों के शुक्लपक्ष में शारदा-यात्रा की विधि है। 'सर्गन' नदी ही पुरानी 'सरस्वती' या 'कंकातरी' है।

'गणेशगिरि' के ऊपर के हिस्से में बहुत बड़ा समतल है। दूर-दूर चारों ओर पर्वतों का आकार। नीचे कृष्णगंगा और मधुमती न जाने किधर खो गई हैं। लेकिन नीचे जिस पुराने पुल को पार करके जाना पड़ता है, वह पुल खतरे से बिलकुल खाली नहीं है।

कुमायूँ के केदारनाथ की याद हो आती है। यहाँ भी वैसी ही कुछ सीढ़ियाँ चढ़ने के बाद मन्दिर मिलता है। नीचे आसपास दो-एक दुकानें लग गई हैं। सारा-कुछ टूटी दीवार का भग्नावशेष है। सामने सिन्दूर-रँगा त्रिशूल। शारदा अब सरस्वती, शक्ति और दुर्गा का समन्वय है। मन्दिर के पास ही यात्रियों के विश्राम की जैसी-तैसी जगह। यहाँ आकर यह सोचना पड़ जाता है कि दुनिया और सभ्य संसार कितनी दूर छूट गया है! शारदा का मूल मन्दिर प्राकार से घिरा है। मन्दिर के पीछे ऊँचे पहाड़ के किनारे एक झरना बह निकला है। नाम है 'अमरकुंड'।

मन्दिर की जगह के चुनाव और निर्माण-योजना में एक ऐसी कुशलता ने रूप लिया था, जो आज भी आनन्द देती है। इस मन्दिर की सम्पूर्ण विशालता एक पर्वत-शिखर पर खड़ी होकर मानो दूर-दराज के पहाड़ों पर रोब गालिब करती हो। इसी के नीचे हैं मधुमती और कृष्णगंगा का संगम—पास के पहाड़ की गोदी से सरस्वती विराट नंगा और चिलास होती हुई उतर रही है। यहाँ पाइन तले पड़े-पड़े सपनों का जाल बुनते रहिए!

महाराजा गुलाबसिंह के समय में जितनी जरूरत थी, उतना ही संस्कार मन्दिर का किया गया था। बाकी सिर्फ खँडहर का ही इतिहास है। मन्दिर का प्रवेशद्वार पहले किस तरफ था, ठीक पता नहीं चलता। दक्षिण की मूल दीवार से टूटकर बड़े-बड़े पत्थर गिरे पड़े हैं। उसी के पास मधुमती का गहरा पाट। ऐतिहासिकों और कवि कल्हण ने बारहवीं सदी में शारदा मन्दिर का जिस ढंग से उल्लेख किया है, उससे ऐसा लगता है कि यह मन्दिर दो हजार साल से कम पुराना नहीं है। कश्मीर का एक अप्रचलित नाम 'शारदास्थान' भी है।

मूल मन्दिर का वर्तमान प्रवेशद्वार पश्चिम में है। अन्दर का भाग छोटा-सा है। अँधेरा। सोचता था, भीतर मूर्ति के दर्शन मिलेंगे, पर वहाँ मूर्ति नहीं थी। सिन्दूर से रँगा एक बहुत बड़ा चौकोर पत्थर था। पत्थर भी कसौटीवाला नहीं, रूखा और कई इंच मोटा। देख-सुनकर लगा, ग्रेनाइट पत्थर ही होगा!

आश्चर्य है, इसी पत्थर को केन्द्र मानकर कश्मीर के अगणित युगों का इतिहास रचा गया है। साहित्य, काव्य, गाथा, लोकगीत, दर्शन, इतिहास, राजनीति—सब-कुछ। आज जिसे 'कश्मीरी बोली' या कश्मीर की अपनी भाषा कहते हैं, उसका मूल नाम 'शारदी बोली' या शारदा-मंडल की भाषा है। इस भाषा की बुनियाद, निर्माण और गठन आदि से अन्त तक प्राचीन संस्कृत पर है। शारदा लिपि असल में ब्राह्मी से निकली और उसका अन्तिम रूप है आज के पंजाब की गुरुमुखी। कश्मीर का सारा काव्य, साहित्य, इतिहास संस्कृत में ही लिखा हुआ है। इस संस्कृत पर एक ओर पालि और दूसरी ओर फारसी आ

पड़ी है। अभी-अभी उस रोज तक भी कश्मीर-दरबार में फारसी में काम-काज होते देखा गया। हिन्दुस्तानी या उर्दू तो वहाँ बहुत बाद में पहुँची। कश्मीर के जो पंडित मुसलमान हैं, वे आज भी अपनी कश्मीरी बोली में संस्कृत के शुद्ध-शुद्ध शब्दों का व्यवहार करते हैं। फारसी संस्कृत से एकाकार हो गई है—कश्मीर की यह एक अन्यतम विशेषता है। अस्तु। शारदा के उस शिलाखंड के नीचे एक गड्ढा दिखाई पड़ता है। कहा जाता है, पौराणिक युग में इसी कुंड से निकलकर शारदा देवी मुनि शांडिल्य के सामने प्रकट हुई थीं और ऐतिहासिक युग में इसी कुंड के सामने सरस्वती, शक्ति और दुर्गा के समन्वित रूप में देवी शंकराचार्य के सामने साकार हुई थीं। बड़े पुराने युग से ही भारतभाग्यविधाता स्वयं महाकाल इस मन्दिर पर एक-एक करके क्षय की छाप छोड़ता गया है, लेकिन खँडहरों के इन पत्थरों की भीड़ में जाकर खड़े होइए तो हर पत्थर की छेद से एक जंगली, रहस्यमय और ऐसी गंध पाई जाती है, जो कभी सूँघी नहीं गई, जो अखंड और विशाल भारत के और किसी तीर्थ, मन्दिर अथवा स्थापत्य-कीर्ति में आज तक नहीं पाई जाती। इन अजीबोगरीब पत्थरों की वह वन्य गंध मानो प्रेत की छाया-सी प्रत्येक पर्यटक के पास चक्कर काटती है। चुपचाप जाने कब की, किस महत् अतीत की दुर्बोध्य रहस्यकथा कहती रहती है, जो उत्तर कश्मीर की बहुतेरी तराइयों, विभिन्न जनपदों, जंगलों, गिरि-मालाओं के आसपास, हिमालय की गुफाओं और जनजीवन-तृणविहीन भयावनी प्रकृति के ओने-कोने सुनाई पड़ती है।

हिन्दू पंडितों की छोड़िए, कश्मीर का शेख समाज जब प्राचीन शारदा तीर्थ का माहात्म्य बखानते हुए विभोर हो जाता है तो देखकर खुशी होती है।

लेकिन सरस्वती शारदा का परिचय इस शिलाखंड में ही खत्म नहीं होता। कश्मीर की समूची संस्कृति के प्रधानतम पीठ इस शारदा में देवी की जो मूर्ति थी, उसका वर्णन भारतयात्री अलबरूनी ने अपने विवरण में किया है। सोमनाथ के शिवलिंग, पश्चिम पंजाब के अन्तर्गत मुलतान की सूर्यनारायणमूर्ति, थानेश्वर के विष्णुचक्रस्वामी के साथ-साथ उसने महासिन्धु नद की राह में 'बोलर' गिरिमाला के एक विराट मन्दिर की दारुमूर्ति सरस्वती का जिक्र किया है! इस तीर्थ का माहात्म्य और विवरण अलबरूनी ने दिया है। कवि बरहन के पूर्ववर्ती कश्मीरी कवि विल्हण ने ग्यारहवीं सदी में शारदा मन्दिर के सम्बन्ध में कहा है : 'राजहंसेश्वरी-जैसी सुविशाल मूर्ति के पीछे का पूरा छत्र सोने से जड़ा है। वह मूर्ति मधुमती गंगा के सोने के कणों से धुली है! देवी विश्व-भुवन की ओर ज्योति बिखेर रही हैं—स्फटिक की स्वच्छता से नित्य उज्ज्वल हैं वे! उनके

उच्च मस्तक की महिमा देखकर स्वयं गौरीपति देवादिदेव हिमालय मानो चंचल होकर अपने गर्व को और भी ऊँचा उठा रहे हैं।'

कश्मीर के इतिहासप्रसिद्ध सुल्तान जयनुल अबदीन ने पन्द्रहवीं शताब्दी में पचास साल तक राज्य किया था। वे आदर्शवादी, धर्मनीतिपरायण और उदार चरित्र के थे। उनके राजत्वकाल में कश्मीर में शान्ति, सुख और न्याय की फिर से स्थापना हुई और उन्हीं के जमाने में कश्मीर में भारतीय संस्कृति पुनरुज्जीवित हुई। सन् 1422 ई. में भादों की शुक्ला सप्तमी के दिन सुल्तान जयनुल ने बड़े भक्ति-भाव से शारदा-तीर्थ की यात्रा की। शारदा देवी के अलौकिक माहात्म्य की उन्हें जानकारी थी। वहाँ जाकर तेजोवन की सीमा पर उन्होंने मधुमती में स्नान किया, चुल्लू से वहाँ के पवित्र पानी को पिया और उस पवित्र माटी पर पुरोहितों के बीच बैठे। लेकिन उस समय के एक वर्ग के पंडों की इतरता, असाधुता, पापाचार और काइयाँपना देखकर वे बड़े नाराज हुए और देवी-देवताओं पर से उनकी श्रद्धा उठ गई। लेकिन सुल्तान एक बार और उस सोना बहानेवाली मधुमती के तट पर बैठकर उन नीच पंडों के बारे में विचार करते, तो उन्हें इस बात का पता चलता कि उन गिरे हुए ब्राह्मणों के पीछे लम्बे सौ साल के अवर्णनीय अत्याचार की कहानी है! तातार योद्धा जुल्फी कादिर खाँ के ब्राह्मणों के सताने के विश्वास न करने योग्य किस्से, गजनी के महमूद का हमला, शाह मिर्जा की अराजकता, और जयनुल अबदीन से ठीक पहले सारे कश्मीर में जिसके जमाने में आगजनी, हिन्दू-हत्या, लूट-पाट, मन्दिर-विनाश और सब प्रकार की तबाही आई थी, उस बदनाम सिकन्दर ने तमाम देश में कैसी अधोगति और मूढ़ता लाई थी! जिन पंडों का ऊपर जिक्र किया गया है, वे पंडे उन्हीं दिनों के गए-बीते और रोगग्रस्त कश्मीर के कुछ विगलित विस्फोट थे। उन चतुर चाटुकारों ने सुल्तान से बख्शीश अदा करने के लालच में शायद यह कहा होगा कि दर्शन करने से ही देवी के चेहरे और कपाल पर पसीना झलकता है, उनके हाथ काँपने लगते हैं और छूने से देवी के चरण जलते हुए-से लगते हैं!

कहना फिजूल है कि इनमें से एक भी बात सही नहीं उतरी। यात्रीशाला में उस रात आराम करते समय सुल्तान ने मन में कामना की कि कम-से-कम स्वप्न में भी जाग्रत देवी के दर्शन मिले। सुल्तान की वह कामना भी पूरी नहीं हुई!

इस घटना के लिए ऐतिहासिकों ने उस समय के म्लेच्छ सहचर तथा एक वर्ग के असच्चरित्र पंडों की खासी निन्दा की है। कहा जाता है, सुनीतिपरायण सुल्तान की उस समय की उस असत संगति के कारण देवी उन्हें दर्शन नहीं देने

को विवश हुईं, लेकिन इसके लिए देवी को स्वयं भी क्षोभ और दु:ख था! शायद इसीलिए एक बार अपने हाथों ही उन्होंने अपनी मूर्ति को चूर-चूर कर दिया।

शारदा-माहात्म्य के सिलसिले में अलबरूनी ने देवी के अलौकिक क्रिया-कलापों का भी जिक्र किया है।

एक समय था, जब उत्तर भारत के लोग शारदा-मंडल को भारतीय संस्कृति और साहित्य का पीठस्थान मानते थे। हर साल तीर्थयात्रियों के साथ एक निश्चित समय में उत्तर भारत में उत्तर हिमालय के अन्तर्गत उत्तर कश्मीर के इस महापीठ को एक सांस्कृतिक दल जाया करता था। रास्ता वहाँ का बड़ा कठिन था, अनिश्चय की अनेक आशंकाएँ थीं; दार्द और चिलासी लुटेरों के हमलों का खतरा था। इतना होते हुए भी उन दिनों वहाँ का रास्ता कभी बन्द नहीं रहा। लुटेरों का डर होते हुए भी यात्री बड़े जोश के साथ उस बीहड़ रास्ते की ओर कदम बढ़ाते थे। वह चाहे तीर्थश्रेष्ठ कैलास ही हो या महापीठ शारदा-मंडल ही हो। उन दिनों आज-जैसी इतर अन्तर्जातीय राजनीतिक नीचता नहीं थी। कहना बेकार है, इस पार हो चाहे उस पार, लुटेरों की बजाय राजनीतिक क्रूरता आज की ज्यादा खतरनाक है। आजादी हासिल करने से पहले यह उपमहादेश, यहाँ का भद्र जीवन उदार और महत् आदर्शवाद पर टिका था और आज वहाँ भद्र जीवन के सर्वांगीण विनाश पर आजादी खड़ी है!

जो भी हो, शारदा-पीठ जाने की बाधा-विपदा हर युग में बढ़ती ही जा रही थी। ऊपर से लूट-पाट, खून-खराबा और अराजकता का डर। इन्हीं कारणों से मूल शारदा की हास्यकर नकल पर भारत के विभिन्न राज्यों में, यहाँ तक कि कश्मीर में श्रीनगर के आसपास भी एक-एक शारदापीठ का जन्म हुआ। गुजरात के द्वारकाधाम या पश्चिम बंगाल में जो शारदापीठ हैं, वे मूल शारदा के ही अनुकरण हैं।

उत्तर कश्मीर के कल्हण के बाद के कहानीकार जोनाराज और सोलहवीं शताब्दी के ऐतिहासिक अबुल फजल ने, जो सम्राट अकबर के एक सभासद तथा आईन-ए-अकबरी के रचयिता थे, शारदा-माहात्म्य का वर्णन किया है। अबुल फजल ने कहा है : 'सोने के कण बहानेवाली एक नदी पदमती (मधुमती का अपभ्रंश) के तट पर के पत्थर के एक मन्दिर का नाम शारदा है। यह मन्दिर दुर्गा देवी का है। यह देवी बड़ी भक्ति और श्रद्धा से पूजी जाती हैं। हर महीने के अंजोरिया पक्ष की आठवीं को देवी की मूर्ति में कम्पन होता है और उनका अलौकिक प्रभाव देखा जाता है।'

पहाड़ी नदी कभी भी कहीं दो किनारों में नहीं फैलती। समतल भूमि पर पहुँचे

बिना उसमें फैलाव नहीं आता। यह सत्य सब जगह समान है। इसका असली कारण यह है कि उसे अपनी ही चोट से नाला काटना पड़ता है। इसी नाले को 'गर्ज' कहते हैं। कृष्णगंगा की शक्ल भी वैसी ही है। उससे पुरानी मधुमती का योग है। कृष्णगंगा और मधुमती का उत्स एक ही पहाड़ी इलाके में है। इसीलिए बहुत बार दोनों की पहचान में कठिनाई होती है। इन दोनों ही धाराओं का जन्म उस 'दार्द' जाति के हलके में है, जिस जाति ने कभी कश्मीर-दरबार की अधीनता कबूल नहीं की। ये लोग हर राष्ट्रीय अराजकता के मौके से सिर उठाते हैं और मौके की ताक में रहते हैं। सभ्य जगत और समाज से इनका लगाव नहीं-सा ही है। ये उत्तर कश्मीर के टुकड़े सम्प्रदायों में से एक हैं। पर भाग्य-विधाता ने इन बिखरे हुए दार्दों के लिए एक अनोखी प्राकृतिक सुविधा दी है और वह है कृष्णगंगा की सहजात (Auriferous) सोने की कणिकाएँ! नदी की रेती के दाने बीच-बीच में सोने के दाने बन जाते हैं। वैसे में पीले रंग के बालूकण स्वभावतया सोने-से झलमला उठते हैं। एक ही पहाड़ से इस कृष्णगंगा की दूसरी शाखा-प्रशाखाएँ भी निकलती हैं। वहाँ उसे 'पाकली' गिरिमाला कहते हैं। 'पाकली' शब्द का अर्थ मुझे नहीं मालूम, मगर खींच-तानकर उसका अर्थ 'पवित्र पहाड़' निकाला जा सकता है।

अबुल फजल और जोनाराज के वर्णन में ऐसा मिलता है कि कृष्णगंगा उपत्यका की नदियों से स्वर्ण-कण चुनने पर जयनुल अबदीन ने एक कर बैठाया। 'सोनमर्ग' से लेकर सारा कृष्णगंगापथ विभिन्न नदियों, शाखानदियों को मिलाता हुआ पश्चिम और उत्तर को चला गया है। इनके आसपास जंगल और बर्फ से भरी गिरिमाला फैलती ही चली गई है। उनकी ऊँचाई दस से अट्ठारह हजार फीट तक की है। इन्हीं के भीतर से बहती गई है तुषार-पिघली नदी—बीच-बीच में भटके हुए मेघों का कहीं-कहीं बरस पड़ना। इस अंचल में सोने के कणवाली नदी से घिरी सैकड़ों छोटी-बड़ी उपत्यकाएँ हैं। लेकिन इन अनोखी अमरावतियों में मनुष्य की आबादी बेहद कम है। इन हलकों में ऐसी करारी सर्दी पड़ती है, इतनी कठोर मेरु-बयार बहती है कि जो यायावर जातियाँ एक से दूसरी जगह जा-जाकर डेरा बाँधा करती हैं, उनमें सूती कपड़े का प्रचलन ही नहीं है। पशुओं का चमड़ा, भेड़-बकरी का रोयाँ, कम्बल का वस्त्र, काठ और पत्थर का घर, चरबी की रोशनी, जौ की रोटी के साथ जला अथवा अधसीझा मांस, नाज की बनी एक तरह की महकती ताड़ी पर ही वे जीते हैं। अगर कभी उन्हें भोजन की कमी होती है, स्त्रियों की तादाद कम हो जाती है, यदि काफी बर्फ गिरने से जीवन संकट में पड़ जाता है, तो वे खूँखार हो उठते हैं।

'शारदाभूमि' कश्मीर की कृष्णगंगा उपत्यका में उस युग के बंगालियों के एक गौड़ीय शौर्य का इतिहास आज भी लहू के हरूफों में लिखा है। उसके कहे बिना उत्तर कश्मीर की कहानी अधूरी रहेगी।

सम्राट ललितादित्य-मुक्तापीड़ दिग्विजयी थे और थे दुर्धर्ष, गर्वीले, आत्माभिमानी। उन्होंने तुर्की, मंगोलिया और तिब्बत पर विजय पाई थी। तुर्की, यूनान, अरब, मिस्र, तिब्बत, चीन आदि देशों के प्राचीन इतिहास में ललितादित्य की राज्य-विजय की कहानी है। उनके समय में उनकी तुलना देवराज इन्द्र से की जाती थी। उन्होंने उत्तर भारत समेत अंग-बंग-कलिंग और दक्षिणात्य को जीता था। गौड़ और कलिंग से उनके लिए हाथी भेजे जाते थे। राजनीतिक या और जिस कारण से भी हो, बंग या गौड़ देश के राजा को एक बार उन्होंने शारदाभूमि में आमंत्रित किया। गौड़राज जब परशपुर परगने के त्रिगाँव या त्रिगम या त्रिगामी पहुँचे, तो ललितादित्य के निर्देश से विश्वासघात करके गौड़राज की हत्या कर दी गई। इतिहास ने इसके लिए ललितादित्य-मुक्तापीड़ को बार-बार धिक्कारा है। यह बात आठवीं शताब्दी की है।

उस युग में राजकीय आमंत्रण के साथ देवता का साक्ष्य या मध्यस्थता भेजी जाती थी यानी अमुक देवता को मध्यस्थ रखकर आपको यह निमंत्रण भेजा जाता है और उनका प्रसाद और आतिथ्य आकर ग्रहण करें तो मैं कृतार्थ होऊँ! संसार में एकमात्र भारतीय सभ्यता और संस्कृति में ही यह तरीका आज भी मौजूद है! सम्राट ललितादित्य ने अपने आराध्य देवता शारदापीठ के श्रीविष्णुपरिहासकेशव की शपथ लेकर गौड़राज को सुदूर बंग देश से बुलाया था!

बंगाल की तत्कालीन राजनीति इतर, चतुर, कपट और कुकर्म से भरी थी या नहीं, यह बात मुझे नहीं मालूम। लेकिन उग्र जातीयतावादी बंगाली के कलेजे का लहू बदले की भावना से खौल उठा था। उन दिनों हवाई जहाज, रेलगाड़ी, मोटर, साइकिल, घोड़ा या बैलगाड़ी—कुछ भी न थी। और घोड़ागाड़ी या बैलगाड़ी होती भी तो पीरपंजाल को उससे नहीं पार किया जा सकता था। उस समय गौड़ से कृष्ण-गंगा की दूरी लगभग दो हजार मील थी। इस लम्बी दूरी को उस समय के अपराजेय बंगालियों ने कैसे तय किया था, इसका किसी को पता नहीं, लेकिन जहाँ तक अनुमान है, तादाद में वे सात-आठ सौ थे। आज का जमाना होता तो उन्हें Suicide Squad यानी आत्महननकारियों की जमात कहा जाता।

ऐतिहासिकों को मालूम है कि इस पुरानी घटना का विवरण घटना घटने के बहुत दिनों बाद बारहवीं सदी में लिखा गया। इस अरसे में बहुत-सी बातें

भूल-भुला गईं। फिर भी उस निर्मूल विवरण का बाकी हिस्सा यहाँ पर उद्धृत किए देता हूँ :

'गौड़राज के 'सेवकदल' की वीरता उस ममय हैरतअंगेज थी। उन सबने अपने राजा के लिए अपनी जानें दी थीं। शारदा देवी के दर्शन के बहाने वे जुटकर कश्मीर आए थे, क्योंकि उनके आतिथ्य के लिए देवी को मध्यस्थ माना गया था। सम्राट ललितादित्य उस समय कश्मीर से बाहर थे। गौड़ से जानेवालों की वह जमात मन्दिर में घुसना चाहने लगी। यह देखकर पुरोहितों ने 'परिहासकेशव' विष्णु के मन्दिर का दरवाजा बन्द कर दिया। घमासान लड़ाई हुई। रामस्वामी विष्णु की चाँदी की प्रतिमा को परिहासकेशव की मूर्ति समझकर गौड़ के लोगों ने उसे चूर-चूर करके धूल में मिला दिया। श्रीनगर से वहाँ फौज पहुँच गई और उस भयंकर लड़ाई में एक-एक बंगाली के टुकड़े-टुकड़े कर दिये गए!'

ऐतिहासिकों ने लिखा है : 'ये काले-काले लोग तलवार के वार से कट-कटकर जब जमीन पर गिर रहे थे, तो लगता था, जैसे लहू से रँगे शिलाखंड हों! मानो स्फटिक के पहाड़ से चमकते काले और रक्त-रँगे सख्त पत्थर के टुकड़े चारों ओर बरस रहे हों! उनके कलेजे से बहते हुए लहू की उस धारा ने असाधारण राजभक्ति को ही आलोकित किया था, धरती को गौरवान्वित किया था! असाधारण शक्ति के ये अधिकारी मानवरत्न थे। ऐसे दुर्गम पथ से वे किस प्रकार इतनी दूर आए, कैसी थी उनकी राजभक्ति—यह आश्चर्यजनक है! गौड़ के लोगों ने उस दिन जो असाध्य-साधन किया था, स्वयं सृष्टिकर्ता के लिए भी वह सम्भव नहीं था। आज 'रामस्वामी' का मन्दिर सूना जरूर है, लेकिन गौड़ से जानेवाले उन वीरों की कथा-गाथा से पृथ्वी परिपूर्ण है!'

हिन्दूकुश-हूनजा-गिलगित-काराकोरम

उत्तर कश्मीर के उत्तरी हिस्से में महाऋषि हिमालय की सफेद जटा दो भागों में बँटकर पूरब और पश्चिम को फैल गई है। पूर्वी पर्वतश्रेणी का पुराना संस्कृत नाम कृष्णगिरि-लोक यानी काराकोरम है और पश्चिमी पर्वतश्रेणी हिन्दूराज धीरे-धीरे विशाल होते हुए हिन्दूकुश-गिरिलोक में बदल गई है। इन दो भागों में बँटने की माँग-सी सँकरी जगह यानी दर्रा उत्तर की ओर मध्य एशिया या

लिटल पामीर उपत्यका को चला गया है। कश्मीर में पड़नेवाले ऐसे कुछ दर्रों को अँगरेजों के जमाने में सुरक्षित रखा जाता था। उन दर्रों से चार राष्ट्रों की सरहदें मिली होती थीं—भारत, चीन, अफगानिस्तान और सोवियत तजाकिस्तान। इन राष्ट्रों के नाम अलग-अलग थे, पर चारों राष्ट्रों के मिले हुए सरहदी इलाके के आम लोगों की भाषा, धर्म, खान-पान, लोकाचार, शिक्षा-दीक्षा—सब कुछ लगभग एक-सी थी। हाँ, खानदानी लहू के नाते इसमें कुछ फर्क पाया जाता है; जैसे—मंगोलीय, इंडो-एरियन, इंडो बैक्ट्रियन, तुर्क-ईरानी, स्लाव-तातार आदि। उनकी तन्दुरुस्ती और मजबूत शरीर देखकर अँगरेज लोग सौ साल तक भीत-से रहे! इन दर्रों के नाम हैं—मिनताका, किलिकदावान, पार्पिक, खूनजेराब, द्वारकोट, बाराघिल, खुइयान आदि। समुद्री सतह से यह इलाका लगभग सभी क्षेत्र में 15 से 20 हजार फीट ऊँचा है। बड़ा ही निर्जन इलाका है यह। लेकिन यह तीन साम्राज्यों का मिलनस्थल था। रूस, ब्रिटिश भारत और चीन। पहले दो आपस में एक-दूसरे को सन्देह की नजर से देखनेवाले थे और तीसरा कुछ निष्क्रिय-सा था, अँगरेजों का मुँह जोहनेवाला। फिर भी अँगरेजों के राज्य बढ़ाने की साजिश और भारत-रक्षा के लिए कूटनीतिक फौजी घाटियाँ इधर कई थीं। उस समय के हेडक्वार्टर का नाम था—गिलगित एजेंसी। 19वीं शताब्दी के अन्त में इस एजेंसी के लिए एक बहुत बड़ा किला बना।

पुराने समय से लेकर आज तक कश्मीर की सीमा बहुत बार बदलती रही है उत्तर की सीमा सम्भवत: महाराजा गुलाबसिंह और उसके बाद अँगरेजों के जमाने में उत्तर को बड़ी है। कश्मीर की बागडोर जब महाराजा ने सँभाली, तो कश्मीर के सारे हिस्से पर उनका कब्जा नहीं था। उत्तर में हूनजा, उत्तर-पूर्व में दार्द, उत्तर-पश्चिम में बम्बा और चिलासो आदि स्वाधीन और स्वच्छन्द विचरनेवाली जातियों से उनकी सदा ठनती रही। सन् 1820 में मात्र उन्हें जम्मू का राजा घोषित किया गया था। इसके बाद सन् 1846 में जब यह देखा गया कि डोगरा सम्प्रदाय का प्रताप बड़ा प्रबल है और सिक्ख-अँगरेज की लड़ाई में गुलाबसिंह अलग हैं, तो इन्हें अँगरेजों की पूरी मदद मिली। सिक्ख-शासन का इतिहास कश्मीर में गौरवजनक नहीं है। बेबस और बेचारे कश्मीरी मुगलों के पहले और बाद में जिस तरह से लूटे और सताए जाते रहे थे, सिक्खों के जमाने में भी वैसे ही लूटे और सताए गए। महाराजा रणजीतसिंह से अँगरेजों की एक अजीब सुलह हुई। इस सुलह के मुताबिक एक करोड़ रुपये से अँगरेजों ने लाहौर नगर खरीद लिया। ठीक-ठीक पता नहीं लेकिन स्वर्णमुद्राएँ शायद तत्कालीन बंगाल की थीं। वह ईस्ट इंडिया कम्पनी का जमाना था।

जो भी हो, इसके बाद अँगरेजदलपति सर हेनरी लारेंस के बीच-बचाव से बम्बा जाति के पठान शासक इमामुद्दीन से गुलाबसिंह की पश्चिम कश्मीर में सन्धि हो गई, क्योंकि इसी बीच दोनों में संघर्ष शुरू हो गया था और गुलाबसिंह के मददगार अँगरेज थे। इस सन्धि से जम्मू के राजा गुलाबसिंह के हाथों कश्मीर का जो हिस्सा आया, वह था दक्षिण कश्मीर! यहीं से कश्मीर में डोगरा राजत्व की शुरुआत हुई। महाराजा गुलाबसिंह डोगरा सेनापति और डोगरा सम्प्रदाय के अधिनायक थे।

'डोगरा' शब्द से कोई दुर्भावना तो नहीं आती, लेकिन उस शब्द से गोरखा शब्द की धातु मानो मिलती है! 'डोगरा' शब्द मूल 'दुगड्डा' का तीसरा अपभ्रंश है। दुगड्डा नाम का पहाड़ी जनपद कोटद्वार से कालदंड (लैंसडाउन) पहाड़ जाने के रास्ते में कुमायूँ विभाग में पड़ता है। खैर! जम्मू से कुछ दूर दो झीलें हैं—सरईं सायर और मान सायर। इन दोनों के बीच की तराई का नाम है 'द्विगर्तदेश' यानी दो गड्ढोंवाला इलाका। इस इलाके में रहनेवाले सभी वर्ग के लोगों को डोगरा कहते हैं। डोगरों में राजपूतों का एक बहुत बड़ा अंश है। इनमें सिक्ख, मुसलमान, हिन्दू और ऊँच-नीच—सभी मौजूद हैं। डोगरे पहाड़ी इलाके के हैं, लिहाजा कष्ट झेलनेवाले और अध्यवसायी हैं। अँगरेजों के जमाने में इन्हें कश्मीर के राजा से काफी सुविधाएँ मिली थीं, इसलिए इनकी बहुत-कुछ ख्याति भी फैली थी। लेकिन अँगरेजों के समय में सिक्ख, राजपूत, पठान, बलूच, मराठा, कुमायूँ आदि रेजिमेंट डोगरा रेजिमेंट से शक्ति और साहस में बिलकुल कम नहीं थे। रावलपिंडी, उत्तर-पश्चिम सरहद, हजारा के दक्षिण में घूमते समय पठान, बलूच, पंजाब रेजिमेंट की असाधारण शक्तिमत्ता और असीम साहस को मैं गौर किया करता था। अफगानिस्तान के अमीर अमानुल्ला के गद्दी से उतरने या सरहद में अँगरेज अफसर की बेटी एलिस के अपहरण के समय अफरीदी-पख्तूनों से ऊपर बताई गई फौजों के संघर्ष की कहानी आज भी बहुतेरे लोग नहीं भूले हैं!

कश्मीर का इतिहास सम्भवत: भारत-भर के सभी राज्यों के आदि इतिहास से प्राचीन है। पौराणिक, प्रागैतिहासिक, प्राचीन, मध्य-युगीय, वर्तमान आदि अनेक भागों में कश्मीर को बाँटा जा सकता है। कश्मीर का भौगोलिक इतिहास भी लगभग वैसा ही है। ग्यारहवीं सदी के अरबी यात्री अलबरूनी—से सोलहवीं सदी के अबुल फजल तक—इन पाँच सौ वर्षों में ऐसा लगता है कि जो कश्मीर उनकी जानकारी का था, वह कतई बड़ा नहीं था! उसके उत्तर में हरमुख पहाड़ का इलाका था। पश्चिम में कृष्णगंगा घाटी, पूरब में जोषीला दर्रा, और दक्षिण

में पीरपंजाल की सीमा! गर्ज कि उस समय का कश्मीर चारों ओर से विराट पहाड़-प्राकारों से घिरा था और उसके ठीक बीचोबीच अपने नदी-नाले, झील-नहर लिये एक विशाल समतल उपत्यका थी, जो क्षेत्रफल में कमोबेश दो हजार वर्ग मील थी। ऐतिहासिक युग में दिखाई पड़ता है—तीन दिग्विजयी कश्मीर के आसपास घूमते रहे हैं, लेकिन गगनचुम्बी पर्वतचोटियों से घिरी उपत्यका पर उन्होंने हमला नहीं किया। और वही उपत्यका उस समय का वास्तविक कश्मीर थी। उन तीनों दिग्विजयों के नाम हैं—सिकन्दर, चंगेज खाँ और तैमूरलंग।

अलबरूनी से पहले हमें उत्तर कश्मीर के भौगोलिक इतिहास की जानकारी नहीं थी। कवि कल्हण ने अपने ग्रंथ में कहीं इसका उल्लेख नहीं किया है। जोनाराज के दिये गए तथ्यों में भी नहीं है। उसके बाद सोलहवीं शताब्दी में जब सम्राट अकबर के समय कश्मीर में शान्ति और न्याय-शासन की प्रतिष्ठा हुई, तब भी हमें इस बात का पता नहीं था कि हरमुख या हरमुकुट पर्वत के उत्तर में कितना-सा कश्मीर है। अबुल फजल ने अपनी किताब में बताया है, सम्राट ने 38 परगनों में जिस कश्मीर को बाँटा था, वह उपत्यका था और गिरिमालाएँ उसका घेरा थीं। उत्तर कश्मीर हमारे लिए आज ही अँधेरे में है, ऐसी बात नहीं। सम्राट अशोक के पहले से ही अँधेरे में रहा है। गुलाबसिंह से पहले सिक्खों के प्रभुत्व के दिनों नंगा पर्वत के उत्तर-पूरब 'अस्तारे' इलाके में हथियारबन्द पहरा तैनात किया गया था। दूसरा पहरा बैठा था गिजर और हूनजा नदियों के संगम के इलाके—गिलगित में। महाराजा की डोगरा फौज ने वहाँ जाकर सिक्ख कमांडर नत्थू शाह को हटा दिया। नत्थू शाह ने आकर महाराजा के मातहत नौकरी कर ली। परन्तु कुछ ही दिनों के अन्दर हूनजा के शासक ने डोगरों पर आक्रमण करके गिलगित एवं उसके साथ पुनियाला, यासीन, दरेल आदि इलाकों पर दखल कर लिया। इस पर आस्तोर और बालतिस्तान से महाराजा की दो सेनाएँ सँड़सी की तरह बढ़ीं और हूनजा शासक गौर रहमान की फौज पर धावा करके फिर से गिलगित पर कब्जा कर लिया। लेकिन दुर्दम पहाड़ी जाति का शासक इससे चुप बैठनेवाला न था। सन् 1852 में उसने अचानक हमला करके सारी डोगरा फौज का खात्मा कर दिया। महाराजा को गिलगित छोड़कर सिन्धु नदी के उस पार दक्षिण में अपने राज्य की सीमा कायम करनी पड़ी। इसके आठ साल बाद तक अस्तोर महाराजा की फौजी घाटी रहा। इसका मतलब यह हुआ कि सन् 1820 से 1860 तक यानी चालीस वर्षों तक उत्तर कश्मीर की उत्तरी सीमा सिन्धु नदी तक फैली हुई थी। सन् 1857 में गुलाबसिंह की मृत्यु हो गई। गुलाबसिंह का बेटा रणवीरसिंह गद्दी पर बैठे। उन्होंने अपने सेनापति

देवीसिंह को डोगरा सेना लेकर गिलगित जीतने के लिए भेजा। इस हमले को परोक्ष रूप से अँगरेजों की सहायता मिली। जब देवीसिंह की सेना सिन्धु पार कर रही थी तो खबर मिली कि गौर रहमान गुजर गया। डोगरा सेना नदी पार करके पहुँची और गिलगित पर अधिकार कर लिया। गिलगित जीत लेने के बाद उत्तरी सीमा पर महाराजा का कब्जा जरूर हो गया, पर हूनजा तथा पहाड़ी जाति से महाराजा की अनबन कभी नहीं मिटी। कागजात पर कश्मीर-राज का हकूक होते हुए भी छिपे तौर पर अँगरेजों ने अस्तोर, चिलास, बुनजी, दास, रन्दू, स्कार्दू आदि इलाकों और सिन्धु नदी के उत्तर गिलगित एजेंसी के मार्फत तेरु, यासीन इस्कूमान, गुपिस, शेरकिला तथा दूसरी उपजातियों के अंचल में कड़ा पहरा बैठा दिया। यही कड़ा पहरा आगे चलकर अन्तर्जातीय साजिशों का अड्डा बन गया, जिसका कि कश्मीर के महाराजा को भी खास पता नहीं रहा! इसी की वजह से कुछेक वर्षों में अफगान-युद्ध भयंकर हो उठा। इसी गिलगित एजेंसी से रूस के जार की साम्राज्य-सीमा पर नजर रखी जाती थी और जहाँ तक मेरा खयाल है, पामीर के इलाके में दो-एक बार संघर्ष भी शायद मचा! चीन साम्राज्य उस समय निष्क्रिय-सा था और पूरब में तकला मकान तथा सिनकियांग के रेगिस्तानी जगत में उस समय 'पीत आतंक' का जन्म नहीं हुआ था। इसीलिए पश्चिम और उत्तर की तरफ अँगरेजों की चौकन्नी निगाह और कड़ा पहरा रहता था। रूस के जार का अँगरेजों ने कभी विश्वास नहीं किया।

इसके बाद उत्तर कश्मीर पर से मोटा-मोटी पचास साल निकल गए। इस अरसे में अँगरेजों ने भारत में अपने साम्राज्य की नींव मजबूत कर ली। राजधानी कलकत्ते से दिल्ली उठ आई। धीरे-धीरे उत्तर-पश्चिम सरहद में, रावलपिंडी और हजारा जिले में, चित्राल और चिलास में यानी बलूचिस्तान से उत्तर कश्मीर के अन्तिम छोर तक—दक्षिण से दूर उत्तर से सैकड़ों मील व्यापी एक-एक फौजी घाटी कायम की गई और हर एक का नाम रखा गया कैंटोनमेंट। ये सारी फौजी घाटियाँ दो कमांड द्वारा परिचालित होती थीं—नार्दर्न और वेस्टर्न कमांड। इनका प्रधान कार्यालय शिमला के रास्ते में 'डोगसई' नाम की जगह में था। भारतीय मक्खी-मच्छर वहाँ नहीं घुस पाते थे।

रूस की बोलशेविक क्रान्ति के समय इन दोनों ही कमांडों में चंचलता आई। दुनिया की तेरह जातियों के साथ अँगरेज भी उस क्रान्ति के खिलाफ खड़े होने में सचेष्ट हुए। तमाम भारत में वे बोलशेविक विप्लव के खिलाफ कहते फिरने लगे और प्रचार से उन्होंने देश-भर में एक त्रास की सृष्टि कर दी। उत्तर कश्मीर और अफगान सीमा से उन्होंने रूसी क्रान्ति के रेडगार्डों के खिलाफ

छिटपुट सेनाएँ भेजीं, और छिपे-छिपे दुश्मनी के हर उपाय किए।

डेढ़ हजार साल पहले इस्लामी सभ्यता का जन्म नहीं हुआ था। ढाई हजार साल पहले भारत में 'हिन्दू' शब्द का जन्म हुआ था या नहीं, इसकी आलोचना मेरे लिए अनधिकार चेष्टा है। जिस प्रकार अरबी और फारसी लिपि देखकर सिर्फ मुसलमानों की ही याद आना उचित नहीं है, उसी प्रकार देवनागरी हरूफ में संस्कृत भाषा को देखकर सिर्फ 'हिन्दू' शब्द की नहीं सोचना चाहता! उत्तर कश्मीर में जिन उप-जातियों का निवास था, वे कौन-सी लिपि और भाषा का व्यवहार करती थीं, इसकी हमें जानकारी नहीं है। लेकिन इस बात का इतिहास और उदाहरण असंख्य हैं कि एक समय वे लोग बौद्ध धर्म से प्रभावित हुए थे। उत्तर कश्मीर के उत्तर-पश्चिम चिलास के 'दारिल' नामक स्थान में 'मैत्रेय' बुद्ध की जो विराट दारुमूर्ति है, वह दो हजार साल से भी पहले की बनी हुई है। जिस जमाने में छोटी-छोटी उपजातियों में किसी भी प्रकार का 'धर्ममत' प्रचलित नहीं था, उस जमाने में बौद्ध दर्शन या जातिनिर्विशेष समाज-व्यवस्था की रीति-नीतियों ने उत्तर कश्मीर के अनेक इलाकों में अपना प्रभाव बढ़ाया था। प्रसंगवश यह कहा जा सकता है कि इस्लाम से बौद्ध दर्शन का वैसा कोई बड़ा विरोध नहीं हुआ। बौद्ध और मुसलमानों के कायिक संघर्ष के बारे में बहुत कम ही सुना जाता है। सोवियत समाज-व्यवस्था चालू होने के पहले भी मध्य एशिया तथा सिनकियांग, मंगोलिया, चीन, बर्मा या इंडोनेशिया में कहीं भी मुसलमान-बौद्ध लड़ाई नहीं ठनी। जाति-अभिमान अथवा जाति-विषमता, कुसंस्कार, ऊँच-नीच के विचार की कठिनता, दूसरों के विचार को बर्दाश्त करने की क्षमता का अभाव, वर्ग-विचार आदि मूल विरोध के कारण दोनों जातियों में सामाजिक-भेदभाव कहीं उग्र नहीं हुए।

महाराजा गुलाबसिंह की सबसे बड़ी देन है कि उन्होंने कश्मीर की समग्रता में एक संहति की सृष्टि की थी। राज्य के फैलाव की कूट-भावना की बजाय कुछ बिखरे, उपेक्षित पड़े अराजकताग्रस्त इलाकों को एक करके एक राजनीतिक समन्वय लाना ही उनका लक्ष्य था। भारतीय सामन्त राजाओं में से उत्तर में कश्मीर के महाराजा और दक्षिण में हैदराबाद के निजाम-उल-मुल्क को अँगरेजों ने सबसे ज्यादा 'स्वाधीनता' दी थी। लेकिन उत्तर कश्मीर की राजनीतिक सीमा की रक्षा के मामले में अँगरेजों ने कश्मीर के महाराजा से कभी राय नहीं ली! गिलगित एजेंसी में अँगरेज सिर्फ कश्मीर पर पहरा देने के लिए नहीं बैठे थे, वहाँ बैठे थे वे भारत साम्राज्य को सुरक्षित रखकर निश्चिन्त होकर भोर करने के लिए। (Fredric Drew, 1875)

पता चलता है कि किसी भी समय के इतिहास में उत्तर कश्मीर की राजनीतिक सीमा का सही-सही निर्णय नहीं हुआ। लेकिन यह घटना मानने की नहीं कि सबसे पहले अँगरेजों की ही देखरेख में और उन्हीं के किए भारतराष्ट्र की उत्तर-पूरबी और पश्चिमी सीमा का सही-सही जरीब करके निर्णय किया गया। इस काम में रूस, फारस, अफगानिस्तान, बलूचिस्तान, चीन, तिब्बत, बर्मा आदि सभी देशों का समर्थन मिला। गिलगित तक का रास्ता जाना हुआ था, गिलगित के उत्तर का सब कुछ अजाना। पहाड़ों के सैकड़ों वर्गमील के इलाकों में, जहाँ मनुष्यों की आबादी नहीं थी, दक्षिण कश्मीर या भारत के किसी आदमी के कभी कदम नहीं पड़े। वहाँ कभी किसी ने राजनीतिक सीमा की लकीर नहीं खींची। वहाँ की खबर भी किसी ने नहीं रखी। उत्तर कश्मीर के उत्तर-पश्चिम प्रान्त में हूनजा नदी के दोनों पार का इलाका हिन्दूराज पर्वतमाला के अन्तर्गत था। लेकिन कौन-सा पार अफगान देश है और कौन-सा भारत का अभिन्न अंग कश्मीर है—यह बात उस समय की हूनजा जाति ने नहीं सोची थी। वे लोग आज भी दोनों ही पार में बसते हैं और सारे इलाके को ही हूनजा देश मानते हैं कश्मीर या अफगान देश—उन्होंने कभी किसी को कर नहीं दिया, न ही आज तक किसी की अधीनता मानी। गिलगित सहित उत्तर-दक्षिण सौ मील और पूरब-पश्चिम ढाई सौ मील के रकबे को ये लोग हूनजा देश मानते हैं, इसे कश्मीर नहीं कहते! मेरा यह हिसाब मोटा-मोटी है, कमोबेश। वर्गमील का लेखा मैंने नहीं लगाया। हूनजा की पहाड़ी जातियाँ हिन्दूराज और 'मस्ताग' गिरिमाला से ही जुड़ी हुई हैं। ये आज के मुसलमान हैं—अफगान मुल्लाओं ने इन्हें इस्लाम में शामिल किया! लेकिन इन्हीं के दो वर्ग हैं—सिया और इस्माइली। जैसे बंगाली मात्र एक हैं, मगर वर्ग दो हैं—शाक्त और वैष्णव! ये भेड़ें पालते हैं, कम्बल या जीव-जन्तुओं की खाल पहनते-ओढ़ते हैं, खलिहान मिलने पर भुट्टा उपजाते हैं, सिनकियांग के उस ओर से नमक मँगाते हैं, जीवों की खाल की छौनी करके पत्थर के घर में रहते हैं। पामीर की प्रचंड, रूखी-तीखी बर्फीली हवा के झोंके और उसके साथ अनावृष्टि, घास-लत्तड़ कुछ भी जनमने नहीं देती। शायद इसीलिए ये सहज ही खूँखार हो उठते हैं! ये कश्मीरियों पर एतबार नहीं करते और उसी तरह अविभक्त पंजाब के हिन्दू या मुसलमानों से अश्रद्धा रखते हैं! अबके बने पाकिस्तान से भी इनका अच्छा नाता नहीं कायम हुआ है। एक-न-एक विरोध दोनों में लगा ही रहता है। इस प्रसंग में कहा जाता है, नये चीन के शासकों को सन्देह है कि अँगरेजों की नाप-जोख की कारगुजारी से तागतुम्बस पामीर के कुछ हिस्से को हूनजा देश में खींच लिया गया है और

इसमें रूस और अफगानिस्तान की भी राय थी। जो भी हो, पामीरी पठान—जिन्हें चालीसवें दशक में कश्मीर में पनाह मिली थी, हजारा के पठान, अफरीदी पठान और दक्षिणी बलूच पठान—जो घोर जातीयतात्रादी हैं—से सब हिन्दू या मुसलमान, दो में से किसी को पसन्द नहीं करते और दोनों को 'हिन्दुस्तानी' कहते हैं। भारत में जिनकी मातृभाषा उर्दू है, अरबी लिपि जिनकी आरम्भिक शिक्षा का सोपान है, जैसे हमारे स्वर्गीय प्रधानमंत्री नेहरू जी, ये भी भारत को 'हिन्दुस्तान' कहते थे।

गिलगित एजेंसी के पश्चिम चिलास के इलाके में 'शिनाकी' नाम की एक पहाड़ी उपजाति का इलाका है। इसका एक हिस्सा सिन्धु-कोहिस्तान में पड़ता है। ये इलाके अजाने रहस्यों से घिरे पहाड़ी इलाके हैं—इनके आसपास सिन्धु घाटी ने जहाँ-तहाँ हरियाली की छाप डाल रखी है। बीच-बीच में निर्जन जंगली अंचल में महास्थविर जैसे खड़े वनस्पति मनमाने एक-एक भूस्वर्ग की रचना करते हैं। वहाँ अलौकिक चाँदनी रात में बड़े-बड़े जंगली जानवर आते हैं और अपना बदन घिसकर उन बूढ़े वनस्पतियों में एक प्रकार की गाढ़ी जंगली गंध छोड़ जाते हैं। चिलास की नैसर्गिक सुषमा से मोहित होकर एक बार संघमित्रों ने वहाँ मैत्रेय बुद्ध की मूर्ति की प्रतिष्ठा की थी।

महाराजा गुलाबसिंह ने पहाड़ी चिलास इलाके को 1851 में जीता था और उसे गिलगित में मिला दिया था। गिलगित में ब्रिटिश एजेंसी का किला 1889 में बना यानी तब, जब महाराजों के हाथों घरेलू लड़ाइयाँ, झगड़ा-झड़प बन्द होकर वहाँ शान्ति और सुरक्षा की व्यवस्था कायम हुई। कहना बेकार होगा कि अँगरेज और गुलाबसिंह लगभग चालीस साल तक एक प्रकार से मिल-जुलकर काम करते गए। उत्तर कश्मीर और लद्दाख की बाहरी सीमा के बचाव की जिम्मेदारी अँगरेजों ने अपने ऊपर ली थी।

राजा गुलाबसिंह के एक खूँखार अजेय, असम साहसिक और दानव के आकार के लम्बे-तगड़े वजीर सेनापति थे। जम्मू में वे भय और विस्मय के कारण थे। नाम था जोरावरसिंह। वे भी डोगरा थे। जोरावरसिंह की ख्याति जिन दिनों तमाम फैल चुकी थी, गुलाबसिंह उस समय तक भी कश्मीर की गद्दी पर नहीं बैठे थे—सिर्फ जम्मू के ही शासक थे। उपाधि राजा की थी। कश्मीर की गद्दी उन्हें 25 वर्षों तक जम्मू पर शासन करने के बाद मिली। इन पच्चीस वर्षों में उनके सेनापति और वजीर जोरावरसिंह ने महाराजा रणजीतसिंह के सहारे दो मुख्य भू-भागों को जीता था। 1834 में लद्दाख और 1840 में बालतिस्तान। ये दोनों भू-भाग भारतीय बौद्ध थे, फिर भी तिब्बत से उनका घनिष्ठ सांस्कृतिक

और सामाजिक योग था। सिक्किम और भूटान से भी तिब्बत का इसी तरह का सम्बन्ध बहुत दिनों से था।

पुराने इतिहास में बालतिस्तान ठीक-ठीक कश्मीर राज्य के अन्तर्गत नहीं था। लेकिन उसे उस समय के हिन्दुस्तान का एक सुदूर अवस्थित इलाका माना जाता था। आठवीं शताब्दी में चीन के एक तीर्थयात्री गान्धार (पेशावर) होकर भारत आए। चालीस वर्षों तक वे कश्मीर में रहे। उनका नाम 'औ-कांग' है। उन्होंने उस समय कश्मीर में तीन सौ बौद्ध गुफाएँ, काफी संख्या में मूर्तियाँ और मन्दिर देखे। जिस समय उन्होंने बालतिस्तान के बौद्ध विहारों के दर्शन किए, उस समय इस प्रदेश का आंचलिक नाम 'पोलिड' था। उस समय यहाँ बसनेवाले 'दार्द' लोग बौद्ध धर्म में दीक्षित थे। संसार में कुछ जो सिद्दत की सर्दीवाले स्थान हैं, जैसे—अलास्का, नवाजेम्ब्लिया, आइसलैंड—उनमें यह बालतिस्तान अन्यतम है। यही नहीं कि सदा बर्फ से ढकी रहनेवाली काराकोरम पर्वतमाला इसके सारे उत्तरी और पूरबी हिस्से को ढके हुए है, बल्कि यह भी कि संसार के किसी भी देश या पहाड़ी प्रदेश में इतना अधिक हिमवाह नहीं है। इस विशाल पर्वतश्रेणी का भारतीय नाम कृष्णगिरि श्रेणी है, लेकिन पता नहीं, सिनकियांग के लोगों ने कब से तो इसका नाम काराकोरम दे रखा है। बहरहाल यह इसी नाम से परिचित है। यह विशाल बर्फीला भू-भाग सैकड़ों वर्गमीलों में फैला है। मेघनाद की तरह यहाँ की घन-घन हिमवाह ध्वनि आकाश-वातास-पृथ्वी को मानो कुहरे के अँधेरे में महाप्रलय की विभीषिका से आतंकित करता है। पिघले पानी की धारा यहाँ कहीं ढूँढ़ लेना एक कठिन काम है। दैनन्दिन जीवन के नित्यकर्म यहाँ सदा एक समस्या है। लगता है, धरती के जन्म के आदिकाल से आज तक हिमवायु यहाँ की धुमैली जगह को निष्क्रिय किए हुए है। इसी पर से जब उत्तर मेरु की भयानक तुषार-वायु आँधी जैसे थपेड़े लगाने लगती है, तो लगता है, धरती रसातल को चली! इस प्रसंग में कृतज्ञता प्रकट करते हुए यह कह दूँ कि एक रूसी विमानचालक ने मुझे यह सब देखने का सुयोग दिया था। एक रूसी हवाई जहाज के काकपिट के आगे बिलकुल छोर पर बिठाकर उन्होंने मुझे हिन्दूकुश और काराकोरम की चोटी तथा इनके आसपास का रूप खूब अच्छी तरह से दिखाया था। यह भूभाग जीवन और घास-लता से बिलकुल रहित है। यहाँ के हजारों-हजार हिमवाहों में दुनिया के अनेक अभियात्री 'के-1' और 'के-2' की विजययात्रा में जाने कितनी बार अकाल ही काल के गाल में जा चुके हैं। अपनी आकाररक्षा (Configuration) के प्राकृतिक तकाजे से जब इन हिमवाहों में विदारण होता है और एक-एक दरार कराल मौत-सा मुँह

खोल देती है तो उनकी दिग्दिगंत को गुंजानेवाली वज्रध्वनि महातपा धरती के भी कलेजे को कँपा देती है!

यह कृष्णगिरि श्रेणी या काराकोरम सदा से सुदूर उत्तर-पूर्व भारत सीमान्त के रखवाले का काम करता आया है। इसके उत्तर 'साटीकोल' और 'मस्ताग माता' तथा पूरब में 'आधिल' पर्वतमाला है। यह सोवियत यूनियन और सिनकियांग के अन्तर्गत पड़ती है। कृष्णगिरि की पूर्वी पहाड़ियाँ उत्तर-दक्षिण में जहाँ आधिल से मिली हैं, वहाँ पर अन्दर-ही-अन्दर बहुतेरे दर्रे हैं। इन दर्रों के नाम हैं—आधिल, मार्पोला, शक्सगाँव, काराकोरम, करताग आदि। इन दर्रों के रास्ते सोलह से उन्नीस हजार फीट ऊँची उपत्यका को पार करते हैं। जिस समय राजनीतिक सीमाओं के लिए तू-तू, मैं-मैं नहीं थी, पूरब और पश्चिम एशिया में आने-जाने के लिए ये दर्रे सबके लिए खुले थे। विभिन्न सामग्रियाँ लिये व्यापारी सदा सें इन रास्तों से आते-जाते रहे हैं। रास्ते भी कुछ एकाध नहीं हैं—एक-एक दर्रा एक-एक रास्ता समझिए। मध्य एशिया के भीतर से उत्तर कश्मीर पार करके गिलगित-चिलास होकर दो हजार साल पहले से पण्य और बौद्ध भिक्षु गान्धार देश को आते रहे हैं। इन्हीं रास्तों से साहित्य, शिल्प और संस्कृति के प्रतिनिधि-दल आया किए हैं। जो लोग यों आते रहे, वे कवि, दार्शनिक, मनीषी, ऐतिहासिक और परिव्राजक थे। उस समय कृष्णगंगा, हरमुख और जोषिला के उत्तरी भाग को किसी ने कश्मीर नहीं कहा, जैसे—बालतिस्तान, लद्दाख, हूनजा, गिलगित—ये सब उस समय मध्य एशिया में भारत के एक-एक इलाके माने जाते थे। इन इलाकों में इंडोएरियन, इंडोवैक्ट्रियन, तुर्क-ईरानी आदि अनेक जातियों के लोगों का निवास था। आज भी इन सबका रंग, तन्दुरुस्ती, सुन्दरता, दैहिक बनावट, आकार की विशालता देखने योग्य है। जो भी हो, ऐतिहासिक युग में बाहरी-भीतरी सामाजिक सम्बन्ध के कारण हूनजा, तुर्क, अफगान, ताजिक, किरगिज, मंगोल आदि नाना सम्प्रदायों के मेल से हूनजा और दार्द लोग ही गिलगित तथा बालतिस्तान में अपना शासन गढ़ते रहे—जिनसे किसी युग में कश्मीर या हिन्दुस्तान का नाम का ही कायिक सम्बन्ध था। ऐसे समय में जब तुर्क-ईरानी-पठान लोग भारत के कश्मीरोत्तर इलाके में घुसकर बिना माँ-बाप के इन इलाकों में इस्लाम धर्म को फैलाते रहे, तो पहाड़ी दीवारों से घिरी कश्मीर उपत्यका के हिन्दुओं ने जरा उँगली भी नहीं हिलाई! हिन्दू लोग अपने-आपमें सीमित और कूटस्थ थे। सखाट अशोक के समय से बादशाह अकबर के समय तक ये घर के बाहर नहीं निकले या बाहर के हिन्दुओं का कभी विश्वास नहीं किया और निरे जाने-चीन्हे हिन्दू के सिवाय इन्होंने पीरपंजाल का दरवाजा नहीं खोला। प्रसंगवश यह कह दूँ,

'पंजाल' शब्द मूल 'पांचाल' का रूपान्तर है। यह पुराने युग का 'पांचालदेव' तीर्थ है। इसका और एक नाम है : 'पांचालधारा'। ठीक इसी तरह से 'बनिहाल' शब्द का भी मूल शब्द 'वनशाल' है, उससे 'वानशाल' बना। गर्ज कि 'श' 'ह' हो गया—जैसे सिन्धु (हिन्दू), मास (माह), सहस्र (हजार) आदि। स्थानीय लोग लेकिन अभी तक पांचाल और वान-हाल कहते हैं। पीर फारसी शब्द है। बहुत-बहुत पहले एक धार्मिक और तपस्वी फकीर ने इस दर्रे में अपना शरीर छोड़ा था। यह इलाका उन्हीं के नाम पर है। अब तो बहुत-से दर्रों से यह पीर शब्द जुड़ा हुआ है। यह महज नकल है।

तो कह रहा था कि एक अस्वाभाविक और बेबस आत्मसन्तोष के भाव ने कश्मीरी हिन्दुओं को सदा घिरे दायरे में रखा। बाहरी हवा अन्दर नहीं प्रवेश पा सकी। अन्दर की हवा बाहर नहीं निकल पाई। कश्मीर का वैसा विस्मयकर इतिहास, 'राजतरंगिणी'—जिस इतिहास ने आज सारी दुनिया के लोगों को मुग्ध किया है—भोजपत्र पर लिखी जिसकी पांडुलिपि जगह-जगह बिखरकर फैल गई थी। पंडितों का विश्वास है कि मूल 'राजतरंगिणी' शारदा लिपि में लिखी गई थी, जो कश्मीर की अपनी लिपि थी। उसी मूल से देवनागरी में उतारी गई राजतरंगिणी के जैसे-तैसे रखे गए पन्नों को एक तरुण अँगरेज विद्वान ने खोज निकाला। नाम उनका एम.ए. स्टीन है। सन् 1895 में वे लाहौर के एक कश्मीरी पंडित के यहाँ इतिहास-सम्बन्धी खोज के बारे में बातचीत करने गए थे। उन कश्मीरी पंडित का नाम है जगन्मोहन लाल हुन्द। इस देवनागरी लिपि की उम्र उस समय डेढ़ सौ साल से ज्यादा हो चुकी थी। एक दूसरे प्रसिद्ध और बहुतेरी विद्या में विशारद कश्मीरी पंडित गोविन्द कौल की मदद से स्टीन साहब ने उस पांडुलिपि के सिलसिलेवार पाठ का उद्धार किया। कवि कल्हण, जिनका मूल नाम कल्याणदेव था, और जो तत्कालीन ब्राह्मण समाज के चोटी के राजमंत्री चम्पक के बेटे थे—उन्होंने शारदा लिपि और संस्कृत भाषा में 'राजतरंगिणी' की रचना की थी (1148 ई.)। इसी सिलसिले में यह पता चला कि मूल संस्कृत से बंगला में 'राजतरंगिणी' का सबसे पहले श्री योगेशचन्द्र दत्त ने 1879-87 में अनुवाद किया। वह पोथी दो खंडों में छपी थी। पता नहीं, वह मूल्यवान पुस्तक अब प्राप्य भी है या नहीं।

कृष्णगंगा, हरमुकुट और जरूर—तीनों के उत्तर अगर पूरब से पश्चिम को एक सीधी रेखा खींचें तो इनके उत्तर में जो भूभाग पड़ेगा, उससे भारतवासियों का कभी कोई परिचय नहीं था। बिना 'अनुमतिपत्र' पाए भारतीयों को उधर जाने की बिलकुल मनाही थी। ऊँचे पदवाले अँगरेज या अँगरेजों के किसी अफसर

अथवा अँगरेज सेनापति के लिए इनके रास्ते बेरोक खुले थे। इन प्रदेशों में आनुमानिक 1870 से 1945 तक के अरसे में अँगरेजों ने दो प्रधान काम किए। ये दोनों ही काम उस समय तक भारतवासियों के लिए दुस्साध्य थे। पहला है जरीब। काराकोरम का सारा पर्वत-प्रदेश, पामीर और सिनकियांग का हिस्सा, बालतिस्तान का एक-एक विश्वप्रसिद्ध हिमवाह—जैसे दिस्तेघिल, कानजुत, वियाफो, हिस्पर, सियाचेन, बलतोरो, उर्दव, बटुरा, रिमो तथा इनके सिवाय ताग्दुम्बस पामीर का दक्षिणी अंश, दक्षिण में बालतिस्तान तथा हूनजा की दुर्गम पहाड़ी उपत्यका, नामहीन बड़ी-बड़ी नदियों की भयंकर गहराई, तुषार-ह्रद, अनेक पर्वतशिखरों की ठीक-ठीक ऊँचाई और सामग्रिक वर्गमील की सही माप—इन कामों को ठीक-ठीक करके अँगरेज अभियात्रियों के वैज्ञानिकों ने सदा-सदा के लिए बहुत बड़े एहसान का काम किया। मगर इन कामों में इन्हें इस बात का भी दिलासा था कि भारत साम्राज्य अनिश्चित काल तक उन्हीं के कब्जे में रहेगा।

कश्मीरोत्तर हिन्दुस्तान के इलाके में पहुँचने के तीन रास्ते सदा से प्रचलित हैं। उनमें से एक है हजारा और चिलास होकर गिलगित रोड। यह हूनजा इलाके से काराकोरम की ओर जाता है। दूसरा—श्रीनगर से उत्तर मिनीमर्ग से बुर्जिल दास, अस्तोर और बुंजी से सिन्धु पार करके गिलगित। ये रास्ते ओर-छोरहीन दुर्गम गिरिमालाओं से घिरे हैं। बीच-बीच में मनोरम उपत्यका। तीसरा रास्ता लद्दाख की राजधानी लेह से सीधे उत्तर चिररहस्यमय 'नुवरा' और 'शियोक' की उपत्यका से है। यों सुनने में 'उपत्यका' शब्द बड़ा अच्छा लगता है, लेकिन वह यदि 12 से 22 हजार फीट की ऊँचाई पर जाकर समतल होती हो, तो वह सहजसाध्य नहीं होती। यह जान रखना जरूरी है कि एवरेस्ट की चढ़ाई से काराकोरम का अभियान कहीं दुस्साध्य है। सबसे बड़ी चिन्ता की बात यह है कि प्रकृति यहाँ बड़ी खामखयाली, चंचल और अस्थिर है। पल-पल वातावरण बदलता रहता है। जिन अनगिनती हिमवाहों ने काराकोरम को भय-भीषण कर रखा है, उनकी प्रकृति बड़ी अनिश्चित है और वे 20, 30 या 50 मील से भी ज्यादा लम्बे हैं। तीसरे पहर जब उन हिमवाहों से राक्षसी-सी नीली बाढ़ उतरती रहती है, तो उस समय उनकी इस महिमा के सामने खड़े होकर पर्यटक अपने दिल की जोर-जोर धड़कन को साफ सुनने लगते हैं। कहना फिजूल होगा कि वीर, बलवान और लापरवाहों के कलेजे का लहू सदा उद्दाम हो उठता है। हिमालय और काराकोरम के पहले प्रेमी अँगरेज ही हैं। कश्मीर में सिन्धु की शाखा-प्रशाखा और उपनदियाँ बहुत हैं—इसीलिए सिन्धु एक साधारण नाम है। उसकी उलझन या शिरा-उपशिरा कहाँ कितनी-सी 'इन्दुस' से मिली है, यह

बता सकना आसान नहीं। लेकिन जो नदी 'इन्दस' या 'इन्दुस' के नाम से सर्वत्र प्रचलित है, मैं उसी को 'महासिन्धु' की व्याख्या दे रहा हूँ। सोवियत यूनियन के अन्तर्गत आमूदरिया बहुत बड़ी नदी है—सारे पामीर का पानी सँजोकर वह पूरब से दक्षिण और पश्चिम होकर 'तारमेज' नगर को पार करके उत्तर की ओर 'आरल ह्रद' को गई है। 'शिरदरिया' का भी यही हाल है। उसकी उत्पत्ति तिएनसान से हुई है और वह रेगिस्तान होकर आरल की ओर गई है। परन्तु महासिन्धु का इतिहास और ही तरह का है। ऐसी सर्वनाशी नदी एशिया में और कोई है ही नहीं, कहें तो अत्युक्ति नहीं होगी। इसका जन्म तिब्बत में हुआ है। यहाँ से दक्षिणी लद्दाख के अन्तर्गत रूपसू और उत्तर के देपसांग, अक्साई-चिन, चेंगचेनमो का पानी नुवरा और शियोक नदी से लेकर महासिन्धु खपालू और स्कार्दू के आसपास आकर यहाँ से गिलगित तक सैकड़ों उपनदियों के सहारे काराकोरम की सभी नदियों और भयंकर हिमवाहों को वह अपनी गोदी में खींच लेती है। यहाँ गिलगित, यासीन, हूनजा, नगार, थुइयान, इस्कुमान, नागित, बलतीत, शक्सगम आदि बहुतेरी नदियाँ उतरकर 'बुनजी' जनपद के पास महासिन्धु से मिलती हैं। उसके बाद यह गोर और चिलास होकर कोहिस्तान पहुँचती है। चित्राल और कोहिस्तान के बीचोबीच 'श्वेत' और 'दीर', चित्राल की 'यार खून', अफगानिस्तान की 'कुनार' और जलालाबाद की 'काबुल'—ये नदियाँ एक-एक करके पेशावर से आगे 'अटक' के पास मिल गई हैं। काबुल नदी अटक से लैंडीकोटल की पर्वतीय उपत्यका में बहती है। यह महासिन्धु से मिली है। महासिन्धु जब पश्चिम पंजाब में पहुँचती है, तो वहाँ अफगानिस्तान की 'खुरुम' नदी आकर उससे मिलती है। इसके बाद सुलेमान की पर्वतमाला से निकली हुई बहुतेरी नदियाँ एक-एक करके दाउदखेल, मियाँवाली, डेरा इस्माइल खाँ, सरिया खाँ आदि भिन्न-भिन्न नगरों के पास महासिन्धु से आ मिली हैं। अफगान सीमान्त के 'तोबाकाका' से निकली हुई 'झोर' नदी 'गुलिस्तान' और 'हिन्दूबाग' नगरों के किनारे से जाकर महासिन्धु से मिलती है। इसके आगे का इतिहास सबको मालूम है। समूचे कश्मीर, जम्मू और दोनों पंजाब की सारी नदियाँ एक-एक करके महासिन्धु के पेट में खो गई हैं। उस समय के एक अँगरेज पर्यटक ने कहा है : 'अपने बहाव-पथ में महासिन्धु नदी ने कम-से-कम दस हजार उपनदियों के पानी को ग्रसित किया है।' (Travels in Kashmir-Ladak, 1835-39, Vol. II–6. Vizige)

आधे चाँद के आकार की यह नदी कल्प-कल्पान्त से भारत के उत्तर-पूर्व और उत्तर की सीमा को मोटा-मोटी निर्धारित करती आई है। रोमन लिपि में इसका

हिज्जे हुए—Indu-stan या 'इन्दुस्तान' या 'हिन्दुस्तान'। मध्य एशिया, यूरोप और दूसरी बहुतेरी जगहों में भारत को 'इन्दे' या 'इन्देश' कहा जाता है। 'इन्दी' या 'सिन्धी' का अपभ्रंश है हिन्दी। खैर, जो लोग सिन्धु देश के मीरपुरखास, हैदराबाद, नवाबशाह या सक्कर बैरेज, रोरी और खैरपुर घूमे हैं, उन्हें पता है कि यह नदी कितनी उद्दाम और विपुल जल-राशि बहाती है! यह नदी मनुष्य की सारी कल्पनाओं को भी विभ्रान्त करती है। भारतीय वेदशास्त्र के आचमन-मंत्र का सिन्धु नद एक अपरिहार्य अंग है।

सन् 1913 में गिलगित के उत्तरी हिस्से में हूनजा इलाके के जो शासक थे, उन्होंने भारतीय जरीब विभाग के तत्कालीन अधिनायक (मिस्टर केनेथ मेसन) के सामने यह कबूल किया था कि वे दिग्विजयी वीर सिकन्दर के सीधे वंशधर (Direct descendentU) हैं। उन्होंने बताया कि हिन्दूकुश अंचल की अप्सरा-जैसी एक सुन्दरी के गर्भ और सिकन्दर के औरस से यहाँ के मीर वंश की पैदाइश हुई। अलेक्जेंडर के इस दूसरे नाम सिकन्दर की उत्पत्ति मध्य एशिया में हुई। हूनजा उपत्यका के एक प्राचीन गाँव का नाम 'सिकन्दराबाद' है। कश्मीर के उत्तरी भू-भाग में इन्दो-ग्रीक वंश-परम्परा अभी भी चल रही है।

जहाँ तक खयाल है, सिकन्दर के भारत पर हमला करने के समय से ही एक प्रकार से हिमालय का नाम यूरोप में फैला, ईसापूर्व 323 में। सोलहवीं सदी के अन्त में (1579 ई.) अकबर के समय में स्पेन से फादर ऐंटोनी मनसेरेट नाम के एक ईसाई मिशनरी हिमालय पार करके मध्य एशिया से यारकन्द जाने के लिए आए थे। अवश्य वे पामीर के रास्ते सिनकियांग गए थे। लेकिन 28 साल के बाद उसी इलाके में उनकी मृत्यु हो गई। इसके बाद 1624 में और दो पादरी आए। वे दोनों बद्रीनाथ और माना होकर तिब्बत पहुँचे। उनके हाथ-पाँव में बर्फ के जख्म हो गए। फिर भी वे तिब्बत के इतिहास में पहले गिरजाघर की स्थापना में समर्थ हुए (1626)। लेकिन चार साल के बाद राज्याभिषेक के समय वहाँ जो क्रान्ति हुई, उसमें उस गिरजाघर को तहस-नहस करके वहाँ के चार सौ ईसाई बने लोगों को फिर से भूमिदास बनाया गया। कहना व्यर्थ है कि लद्दाख होकर 'रूपसू' पार करके वे भाग आए। उन्हीं लोगों ने पहली बार बड़ालाचा (16200) और रोटांग (13050) पास को पार किया। उसके बाद दो-चार पादरी ईसाई धर्मप्रचार की कोशिश करते हुए फेरे में पड़े। जेल की सजा भोगी और फिर उनकी कोई खोज-खबर नहीं मिली। सत्रहवीं शताब्दी के बीच में मशहूर यात्री फ्रैंक बोर्निएर बादशाह अकबर के दरबार में आए। उस समय के कश्मीर के बारे में उनका वर्णन ऐतिहासिक दृष्टि से बड़ा मूल्यवान

है। अठारहवीं शताब्दी के दूसरे दशक में दूसरे एक यूरोपीय दिल्ली और लाहौर आए। वही सम्भवत: पहले यूरोपीय हैं, जो पीरपंजाल और जस्कर दर्रे को पार करके लद्दाख की राजधानी लेह पहुँचे थे (1714)। यह पोर्तुगीज यात्री दूसरे साल लासा पहुँचे। अठारहवीं सदी में उत्तर हिमालय के अभियान का मतलब था—ईसाई धर्म-प्रचार। इसके लिए बहुतेरे आदमियों ने बेहद तकलीफें, असम साहसिकता का परिचय दिया। एक विशेष आदर्श के लिए उनमें से बहुत को अपनी जानें देनी पड़ीं।

1808 में बंगाल के एक अफसर का ध्यान 'अनाविष्कृत' हिमालय की ओर आकृष्ट हुआ। अपने एक साथी के साथ भेस बदलकर वे कर्णप्रयाग, जोशीमठ, निति की घाटी होकर तिब्बत के मानसरोवर में जा पहुँचे। उन्होंने ही पहली बार यह घोषणा की कि गंगा से मानसरोवर का कोई सम्बन्ध नहीं है! इन सज्जन का नाम है विलियम मूरक्राफ्ट। इनके बारे में विशेष फिर बताऊँगा।

इन्होंने ही कश्मीर के एक उत्साही आदमी सैयदमीर इज्जतुल्ला को सन् 1812 में उत्तर कश्मीर होते हुए सिनकियांग की ओर भेजा। सैयद साहब हजारा की ओर से उत्तर कश्मीर गए। जोषीला दर्रा पार करके वे लेह पहुँचे। वहाँ से उत्तर लद्दाख की शियोक नदी के किनारे-किनारे 'दिगरोला' पहाड़ पार करके काराकोरम की घाटी। उसके बाद उनका रास्ता खुला था। वे यारकन्द और कासगढ़ पहुँचे। यह सिनकियांग यानी तकला मकान का मरु-पर्वतीय इलाका है। सैयद साहब ने वहाँ की राजनीतिक, सांस्कृतिक तथा सामाजिक—बहुत सारी बातों के तथ्य जुटाए। उसके बाद उस दुस्साहसिक यात्री ने भारत लौटकर फारसी में अपना यात्रा-वर्णन लिखा और उसका पहला अँगरेजी अनुवाद अँगरेजों के प्रधान अड्डे कलकत्ते से प्रकाशित हुआ (Calcutta Quarterly Magazine, 1823)।

चित्राल, पामीर-चिलास-बालतिस्तान

पामीर का प्लेटो मध्य एशिया का बहुत बड़ा पहाड़ी इलाका है। यह असमतल है और सदा बर्फ से ढका रहता है। समुद्र की सतह से इसकी ऊँचाई कहीं भी बीस हजार फीट से कम नहीं है। इसकी एक ऊँची चोटी सोवियत यूनियन के

ताजिकिस्तान में है। यह चोटी कुछ नहीं तो 24 हजार फीट ऊँची है। कुछ ही रोज पहले तक इस चोटी का नाम 'स्तालिन पीक' था। अब उसका बदला हुआ नाम है 'लेनिन पीक'। कुछ ही साल पहले एवरेस्ट-विजयी तेनसिंह कई सोवियत संगियों के साथ उस शिखर पर हो आए हैं।

सारे पामीर का पहाड़ी इलाका बहुत-से नामों से परिचित है। जैसे : ग्रेट पामीर, लिट्ल पामीर, अलीचूड़ पामीर, ताग्दुम्बस पामीर, दि पामीर आदि। दुनिया की चूँकि यह सबसे ऊँची मालभूमि है, इसलिए इसे 'पृथ्वी की छत' कहते हैं। सूरज के गोलक से जिस प्रकार सात रंग की किरणें फूटती हैं, उसी प्रकार पामीर से दुनिया की बड़ी-से-बड़ी पर्वतश्रेणियाँ निकली हैं, जैसे—हिन्दूकुश, हिमालय, काराकोरम, सारीकोल, मस्ताग आता, तिएनसान, कुनलुन आदि। पामीर की सबसे ऊँची चोटी सिनकियांग के मस्ताग आता पर्वतमाला में है। नाम उसका 'कुंगुर' है। ऊँचाई है करीब 25 हजार फीट। यह आज चीन साम्राज्य के अन्तर्गत है।

सारा पामीर बर्फ का साम्राज्य है। किन्तु दुनिया की इस छत से सैकड़ों धाराएँ और पहाड़ी नदियाँ निकली हैं। नीचे उतरकर उन जलधाराओं ने जहाँ-जहाँ माटी को छुआ है, वहाँ-वहाँ उन्होंने अपने आसपास को उपजाऊ कर दिया है। ये धाराएँ और नदियाँ पामीर में विभिन्न नामों से परिचित हैं, जैसे—आब, धारा, दरिया। आब-ए-पंजा (सोवियत-अफगान सीमान्त), आमूदरिया (सोवियत नदी), गजधारा (सोवियत और सिनकियांग की सीमा के आसपास)। इनके सिवाय पामीर में 'कोल' और 'सायर' हैं जिन्हें ह्रद, सरोवर या जलाशय कहते हैं; जैसे—'सार-इ-कोल' यानी 'लेक विक्टोरिया'—यहीं से पामीर नदी का जन्म हुआ है। एक और है 'शिवसायर' (उत्तर अफगानिस्तान के 'शिव' प्रदेश में)। यह शिव नदी का उत्स है। ऐसे ही और-और—चकमातीन कोल, जयशील कोल आदि।

बर्फ से ढके पामीर के अनगिनत हिमवाह और बर्फ की झीलों से निकली नदियाँ उत्तर, दक्षिण, पूरब, पश्चिम यानी चारों ही तरफ भिन्न-भिन्न नामों से विभिन्न राष्ट्रों को बह आई हैं। इस पानी को हिन्दुस्तान, अफगानिस्तान, तजाकिस्तान और चीन-तुर्किस्तान ने बाँट लिया है। दक्षिण पामीर के पहाड़ी इलाके से आकर कई नदियाँ उत्तर की ओर से सिन्धु नदी में मिल गई हैं। इन नदियों के नाम हैं—यासीन, इसकुमान, गिलगित, नागिर, हूनजा आदि। अफगानिस्तान में जो नदियाँ गई हैं, वे हैं—कुनार, कुन्दुज, कोकचा। चीन-तुर्किस्तान को गई हैं—तुमांचिस, गजधारा, यारकन्द, तिजनाफ तथा और भी

कई। जो नदियाँ सोवियत-उजबेक और ताजिक को गई हैं, उनमें से काफिरनिहन, सुधने, सुर्ख-आब, शिवदरिया, कोटा आदि के नाम लिये जा सकते हैं। ये अन्तिम नदियाँ सोवियत यूनियन में पहुँचकर सबसे ज्यादा उपयोग में आई हैं। इन सबने पामीर के पानी से एक-एक रेगिस्तानी इलाके को 'सुफलां' बनाया है। अन्दीजान, फरगना (सम्राट बाबर की जन्मभूमि; यहाँ वे बाबुर नाम से प्रसिद्ध हैं) आदि को जिन्होंने अपनी आँखों नहीं देखा है, उन्हें अविश्वसनीय लगेगा। नदी के पानी के लिए जिस मध्य एशिया में युग-युगान्त तक खून-खराबियाँ होती रहीं, मरुभूमि में पानी के लिए जहाँ रोज ही राजनीतिक संघर्ष चलता था और जहाँ जल पर अधिकार ही नेतृत्व का मानदंड था—वहाँ सोवियत वैज्ञानिकों ने जादूगर की नाईं सारे पश्चिम-मध्य एशिया की शक्ल एड़ी से चोटी तक बदल दी है। पामीर के इस पानी ने मध्य एशिया में शान्ति, स्वच्छन्दता और शृंखला-समृद्धि ला दी है। पिछले पैंतालीस वर्षों की अवधि में पामीर के इलाके में ऐसे बहुत-से अंचल तैयार हो गए हैं, जहाँ खड़े होने से नदीमातृक पूर्वी बंगाल के प्राकृतिक प्राचुर्य की याद आ जाएगी! पामीर के सोवियत इलाके के आसपास मैं काफी घूमा हूँ। 'रूस की डायरी' में वे सब बातें आई हैं।

इस पामीर के दक्षिण में उत्तर भारत का माथा पत्थर के फेम में कसा हुआ है। फ्रेम के इन पत्थरों को हिन्दूकुश और काराकोरम ने जुगाया है। ब्रिटिश भारत के अधिकारियों ने जब साम्राज्य के बचाव के लिए उत्तरी सीमा बनाई, तो माल रूसी अधिकारियों के सिवा वहाँ और कोई मौजूद नहीं था। न तो आजाद भारत, न स्वाधीन अफगानिस्तान और न ही लाल आँखोंवाला चीन! उस समय दो साम्राज्यों के रक्षक परस्पर आमने-सामने खड़े होकर वाद-विवाद और मनोमालिन्य बढ़ा रहे थे। इनमें से एक का साकिन था लंदन, दूसरे का सेंट पिट्सबर्ग। अर्थात् एक पाँच हजार मील से आया था, दूसरा ढाई हजार मील से! चीन का भी वही हाल था। वह भी दो हजार मील का। लेकिन उस समय चीनी ध्यानी बुद्ध-से आँखें मूँदे हुए थे! निष्क्रिय थे!

पामीर में रूसी सम्राट और ब्रिटिश सम्राज्ञी के बीच सीमा के लिए जो समझौता हुआ, उसे बाकी तीन का समर्थन मिला या नहीं, इसका पता नहीं चला। उस समय न तो लोक सभा थी, न विधान सभा और न ही थी कलकत्ते की यह भीड़-भाड़! उस समय भी अँगरेज बंगाल में बैठे कश्मीर, दिल्ली, पंजाब और चीन को भी निर्देश भेज रहे थे। अँगरेजों की व्यवस्था के खिलाफ कुछ बोलना राजद्रोह था! गर्ज कि भारतीय उत्तर कश्मीर की सीमा क्या हुई, इसे सिर्फ गिलगित एजेंसी के विराट किले ने जाना और कश्मीर के तत्कालीन महाराजा (1680

ई. के बाद से) ही अँगरेजों के खैरख्वाह बने रहे। लद्दाख और बालतिस्तान के लिए ब्रिटिश अधिकारियों ने वैसा सर नहीं खपाया क्योंकि उधर खास गूदा नहीं था। सिर्फ अँगरेज व्यवसायियों ने पशम के लोभ से लद्दाख का दक्षिणी भाग लाहौल और स्पीति उपत्यका को अपने कब्जे में रखा और सूखे पत्थरों का रूखा इलाका कश्मीर के राजा को दिया (Alexander Cuningham, 1854)। सारा लद्दाख-बालतिस्तान उस समय कश्मीर के राजा की सम्पत्ति था और गुलाबसिंह के समय तक (1857 ई.) कश्मीर का राजत्व और ईस्ट इंडिया कम्पनी का राजत्व समान मर्यादा का था। सो जो हो, पामीर के इलाके में तीन साम्राज्यों के संयोगस्थल में भारत की सही सीमा का विवरण 1947 ई. तक कागज-पत्तर में ही दबा पड़ा रहा।

कश्मीरोत्तर अंचल में सबसे ज्यादा घूमते रहे अँगरेज। साम्राज्य की सही सीमा निश्चित करने के लिए उन्होंने अनेक बार संघर्ष मचाया, खून-खराबा और मार-पीट में जुटे, हूनजा-पठानों द्वारा सताए गए, डकैतों और लुटेरों के खिलाफ खड़े हुए और नाप-जोख के काम में एक के बाद एक जीवन की बलि चढ़ाते रहे। सामरिक अफसर, राजकर्मचारी, वैज्ञानिक, चिकित्सक, मिशनरी, पर्यटक, पर्वतारोही—एक जमाने में लगभग सभी अँगरेज ही हुआ करते थे। इस बात पर यकीन करने की वजह है, कश्मीरोत्तर अंचलों पर अँगरेजों ने महाराजा गुलाबसिंह, रणवीरसिंह, प्रतापसिंह या हरिसिंह का कभी भी पूरा दखल नहीं होने दिया। इसलिए कि गिलगित एजेंसी द्वारा हूनजा, चिलास, बालतिस्तान में जो व्यवस्था होती थी, उसे श्रीनगर के अधिकारियों को मजबूर होकर मानना पड़ता था। गुलाबसिंह के बाद सभी महाराजे अँगरेजों के बड़े आज्ञाकारी थे। उपत्यकाओं से भरे सुदूर उत्तर कश्मीर में रोज-रोज क्या हो-हवा रहा है, उसका लेखा-जोखा शायद श्रीनगर के कागज-पत्तर की फाइलों में रहता था, पर वह फाइल गिलगित एजेंसी द्वारा ही तैयार होती थी। यह सब होते हुए भी सिक्ख शासन की अमानुषिक बर्बरता के बाद गुलाबसिंह के शासनकाल में अभागे गरीब और सताए हुए दक्षिण कश्मीर में नवजीवन की सूचना हुई। इसमें अँगरेजों की मदद काफी थी। डेढ़ सौ साल तक की अवर्णनीय दुर्दशा और अनाचार के बाद कश्मीर में फिर से शान्ति आई।

अँगरेज कर्मचारी आम तौर से पीरपंजाल पार करके कश्मीर नहीं जाते थे। यहाँ तक कि गिलगित जाने के लिए वे झेलम वैली कार्ट रोड छोड़कर मरदान, मालाकन्द होकर श्वेत नदी पार करके दीर, चित्राल और मास्तुज की राह जाते थे। चित्राल राज्य का उत्तरी सीमान्त द्वारकोट और बरघिल दर्रे तक

था। यहाँ पर लिट्ल पामीर में हिन्दुस्तान से अफगान-सीमा मिली है। अभी-अभी उस दिन तक भी चित्राल या चित्राली राज्य कश्मीर की छत्रच्छाया में था और सालाना नजराना दिया करता था। यह राज्य उपत्यकाओं से भरा है। यहाँ की प्राकृतिक शोभा संसार के किसी भी यात्री के लिए आश्चर्य की वस्तु है। यहाँ के मनोरम वन-जंगल, नदी-पर्वतों की श्री-सुन्दरता, झरनों की नित्य मुखर कल-तान, खाद्य-सामग्री का प्राचुर्य, नर-नारियों की बलिष्ठ देह-शोभा—ये चीजें मुग्ध विस्मय से देखने योग्य हैं। चित्राल के अधिवासी ज्यादातर इंडो-एरियन वंश के हैं। ये शान्तिप्रिय और कर्मठ हैं। बहुतेरे लोग लकड़ी के व्यवसायी हैं। तथाकथित सभ्यता से बहुत हद तक दूर रहने के कारण स्वभाव से सरल। यह हजारा जिले के उत्तर में है।

इंडो-ग्रीक, इंडो-वैक्ट्रीय या मूल आर्यवंश का एक अवशेष आज भी हिन्दूकुश के क्रोडपर्वत हिन्दूराज के आसपास धुक-धुक कर रहा है। इस वंश के लोग एक खास इलाके में बिखरे हुए हैं, जो इलाका उत्तर-पूर्व अफगानिस्तान तथा पाकिस्तान द्वारा दखल किए गए सामन्तराज्य चित्राल के पश्चिम में है। इस पहाड़ी और दुर्गम इलाके का नाम काफिरिस्तान है। यह काफिरिस्तान आज पूरब-पश्चिम में अफगानिस्तान और पाकिस्तान में बँट गया है, जैसे कि बंगाल में बालूरघाट, मालदह, नदिया आदि जिलों का हाल हुआ है।

पेशावर से उत्तर मरदान और मालाकन्द होकर जो रास्ता गया है, वह लगभग पौने दो सौ मील पर जाकर दीर पहुँचा है। यह रास्ता बड़ा चिकना और सुन्दर है। बीच-बीच में पख्तूनों की बस्तियाँ, बीच-बीच में देवदार और अखरोट के घने वन और उन्हीं के अन्दर बेहिफाजत पड़े श्याम अंगूर-वन। दोनों तरफ की तराई रंगीन फूलों की भीड़ से भरी। इन सबों की फाँकों में क्यारियों में जौ, गेहूँ, भुट्टा या दो-चार टुकड़ों में धान की खेती। दोनों ओर पहाड़ के नीचे-नीचे निर्मल पानी की पहाड़ी धाराएँ। इस इलाके के पख्तून बड़े गरीब हैं—बहुत-कुछ खानाबदोश-जैसे। कुछ उनमें से खेतिहर हैं, कुछ लोग मजदूरी खोजते फिरते हैं। कन्धों से झूलती देशी बन्दूकें, माथे पर पगड़ी या चाँदटोपी, बदन में लिपटी लोइयों के खोइंचे में सेब, मोटी-मोटी रोटियाँ और दुम्बा भेड़ का मांस। किसी-किसी के पास चरस या भूरे तम्बाकू की थैली। इनकी सरलता, चरित्र की सत्यता और सौजन्य मशहूर है। इन्हें सहज ही लुब्ध किया जा सकता है, पर उभारकर खूँखार अनायास ही बनाया जा सकता है। ये बड़े अस्थिर-चित्त होते हैं। भोजन, औरत और रुपये-पैसे का लोभ दिखाकर इनके एक वर्ग को जानमारू बना दिया जा सकता है। सच्चा स्नेह मिलने पर

ये मार भी सहने को तैयार रहते हैं। जिस औरत को ये भगा ले जाते हैं, उसके नोचने-काटने से जख्मी हो जाने के बावजूद उसका आदर करते रहते हैं। ये पठान हैं। ये अफगानों के कुटुम्ब हैं, पर पश्चिम पंजाब के रहनेवाले इनके कोई नहीं। पाकिस्तानी शासक चूँकि इन्हें निहत्था बनाकर काबू में लाना चाहते हैं, इसलिए बराबर इनसे झड़पें हो जाया करती हैं। ये उग्र जातीयतावादी, स्वच्छन्द और आत्मनियंत्रशील हैं। अपने इलाके को ये पख्तून या पख्तूनिस्तान कहते हैं। इनकी भाषा संस्कृत-फारसी मिली-जुली शारदी है, जिसमें प्रादेशिक बोली का मिश्रण है। एक शब्द में इसे पश्तो कहते हैं।

चित्राल से काफिरिस्तान अभिन्न रूप से जुड़ा हुआ है। लेकिन जो काफिर हैं, वे मूल आर्यवंश के हैं और शिव के उपासक हैं। इनका सामाजिक जीवन, लोकाचार, शिक्षा और संस्कृति—सब कुछ भारत जैसी है। औरतों के गहने, पोशाक, घर की साज-सज्जा और दारुशिल्प की विशिष्टता बहुत दिनों की है। पिछले पाँच हजार वर्षों में इनकी जीवन-यात्रा या धर्मविश्वास में किसी तरह का परिवर्तन लाना सम्भव नहीं हुआ, इसीलिए इस्लामवादियों की निगाह में ये काफिर या अ-मुसलमान हैं। इनका यह इलाका उत्तर और पश्चिम में विशाल 'तिरीचमीर' पर्वत-प्राकार से बन्द है। पूरब में 'सिन्दूर संकट' (12250 फीट) पार करने के बाद गिलगित का रास्ता पड़ता है और दक्षिण में 'लोआराइ संकट' (10250 फीट) पार करके चित्राल होकर दीर पहुँचने से तब सुदूर पेशावर का रास्ता मिलता है। चित्राल में मीर या मेहतार गोष्ठी का राजत्व लगभग चार सौ वर्षों का है और उसके अन्तिम नाबालिग मेहतार शुजाउलमुल्क के समय में इस छोटे-से राज्य को पाकिस्तान ने दखल कर लिया। हिन्दूकुश के इस जठर भूभाग में पुराने जमाने में सिकन्दर और मध्ययुग में परिव्राजक मार्कोपोलो ने अभियान किया था। तिरीचमीर शिखर के ठीक सामने एक और आकाशचुम्बी चोटी खड़ी है—सराघर। दोनों की ऊँचाई क्रमश: 25260 और 24111 फीट है।

काफिरिस्तान की उपत्यका चित्राल के ठीक दक्षिण 'द्रश' जनपद के पास है। काफिर लोग अफगानिस्तान से लगी तीन प्रधान उपत्यकाओं में बसते हैं—रामपुर, बेरेर और बसबेरेरे। ये इंडो-वैक्ट्रीय या आर्यवंश के हैं। प्राचीन यूनानियों की रक्त-धारा उनकी शक्ल और स्वभाव में एक अनन्य विशिष्टता की छाप छोड़ गई है। एक समय ये लोग तादाद में सिर्फ कुछ लाख थे। 19वीं शताब्दी के अन्त में इन विधर्मियों का नामोनिशान मिटा देने के लिए अफगान अमीर अब्दुर्रहमान खाँ ने फौज भेजी थी, लेकिन इस बुतपरस्त आर्यगोष्ठी का एक अंश जंगल-पहाड़ों में भागकर बच गया। अब इनकी संख्या बहुत ही कम

है। महज कुछ ही हजार होंगे। इस क्षुद्र और मरणासन्न जाति को आज भी बचाया जा सकता है, अगर भारत सरकार थोड़ी तत्पर हो।

सुदूर प्रदेश में बिखरी हुई इस छोटी-सी जाति के एक-एक नर-नारी का जन्म, मृत्यु, विवाह जिन विशेष अनुष्ठानों से नियंत्रित होता है, वे भारतीय हिन्दुओं जैसे होते हैं। इनकी अपनी भाषा नहीं है, लिपि नहीं है, लेकिन लौकिक संस्कृति है। उनकी दारुकला या खोदी हुई मूर्तियाँ एक अजीब डर का संचार करती हैं। उन कलाओं के कुछ नमूने काबुल और पेशावर के अजायबघर में सुरक्षित हैं।

अँगरेजों के हजारा और चित्राल होकर गिलगित जाने के कई कारण थे। पठान और अफगानी पठानों की घनिष्ठता या मिताई किसी तरह की विपदा का कारण होती है या नहीं, यह देखना था। दूसरे, गिलगित एजेंसी के लिए अस्त्र-शस्त्र और लाव-लश्कर महाराजा के इलाके से ले जाने में असुविधा थी और तीसरे कि साम्राज्य की भावी सीमा गुपचुप रहे!

श्रीनगर से हवाई जहाज द्वारा 175 मील उत्तर उड़कर जाने के बाद जो पर्वतघाटी मिलती है, उसका नाम है 'किलिकदावान'। यह प्राचीन भारत की सीमा है। यह सीमा पूरब में 'मिनताका', पार्पिक 'खूनजिराब' के दर्रे तक फैली है। पश्चिम में यह सीमारेखा बारघिल, द्वारकोट और थुइयान दर्रे से जा मिली है। अँगरेजों की कोशिश से ये सीमारेखाएँ इतनी साफ, सुनिश्चित और तयशुदा हैं कि इन पर किसी ने भी कभी भी कोई बात नहीं उठाई! पामीर के दक्षिण ये मानो सदा से तोरण-द्वार की तरह व्यवहार में आती रही हैं। लगता है, इन सबके मामलों में अँगरेजों ने गलती नहीं की। इन तोरणों में प्रवेश करने का मतलब ही है हिन्दुस्तान में कदम रखना। यारकन्दी, खुरासानी, इस्पहानी, आबी, तुर्क, ताजिक, किरगिज, उजबेक आदि पुराने व्यापारी कारवाँ लिये इसी रास्ते हिन्दुस्तान आते थे; या फिर पामीर पार करके आते-जाते थे। लूट-खसोट होती थी, तनातनी या दंगा-हंगामा होता था, लेकिन राजनीतिक सीमा के लिए कभी विवाद नहीं खड़ा होता था। अब सोवियत यूनियन की कृपा से वह परिवेश भी जाता रहा और आज मध्य एशिया के चरित्र में भी क्रान्तिकारी परिवर्तन हुआ है।

जो हो, उस समय अँगरेजों के पास न तो हवाई जहाज था, न मोटर, न ट्रक, न ही दूसरी कोई पहियेवाली गाड़ी थी। लिहाजा छोटे-छोटे पहाड़ी टट्टू ही सहारे थे, जो घंटे में तीन मील भी नहीं चल पाते। सैकड़ों मील पैदल चलना। आज की सुख-सुविधा के ये सामान उस समय सपने थे। बारिश और सर्दी में सिर्फ कम्बल, लकड़ी-काठी जलाकर मांस भून लेना, राह-बाट में विश्रामशाला की कमी, लोगों का शत्रुभाव, दवा-दारू का अभाव, ऑक्सीजन गैस के मुखौटे

की तो कल्पना ही नहीं की जा सकती—इन परिस्थितियों में पथरीले पथों से महीनों-बरसों आना-जाना! गिलगित के इलाके में, हजारा जिले में, हूनजा प्रदेशों में औरतों को छीन ले जाने का खतरा रहता था। इसलिए पेशावर से गिलगित तक तमाम यह सूचना दी होती थी : 'Non-family Station'। औरतों को ले जाना अगर निहायत जरूरी होता तो बड़े पहरे में ले जाना पड़ता। आज भी, इस आधुनिक वैज्ञानिक युग में भी ऐसे बहुतेरे इलाके हैं, जहाँ औरतों, बच्चे-बच्चियों को ले जाने या रात को रखने की सख्त मनाही है। एक मजबूत और तगड़ा पठान किसी भी अँगरेज टामी को दोनों हाथों से खिलौने की तरह उठाकर खेल सकता है!

ऐसे अजीब परिवेश और दुर्गम इलाकों में उन्नीसवीं शताब्दी में अँगरेज कर्मचारियों की जिस कर्मनिष्ठा और अध्यवसाय का परिचय मिला है, इतिहास में उसका दूसरा उदाहरण नहीं। आज सुनकर जरा आश्चर्य-सा लगता है : भारत, चीन, रूस—इन तीन विशाल राष्ट्रों के संगम पर खड़े होकर कमोबेश डेढ़ सौ वर्षों तक पामीर, काराकोरम, हिन्दूकुश, कुन-लुन आदि अजाने और तुषारमंडित पर्वतों में उन लोगों ने जो अतिमानविक और वैज्ञानिक काम किए, उनके लिए सारी दुनिया का पर्वतारोही समाज उनका सदा कृतज्ञ रहेगा। इसके लिए अवश्य उन्होंने सौभाग्य के हाथों अन्तिम पुरस्कार भी पाया है। 1953 में अँगरेज पर्वतारोही दल ने ही सर्वप्रथम गौरीशंकर की चोटी पर चढ़ने में सफलता पाई।

जो लोग हरमुख पर्वत या जोषीला की उत्तुंग चोटी पर चढ़ चुके हैं, वे ही इस बात को जानते हैं कि हिमालय, काराकोरम और हिन्दूकुश अविच्छिन्न हैं। किसकी सीमा और अन्त किस तरफ है, उनकी चोटियों के स्तर में अलगाव कहाँ हुआ है, उनसे उतरनेवाली जलधारा की गति कैसी है, किधर को है—इन बहुतेरे प्रश्नों का विचार और उत्तर खोजना पड़ा है। अँगरेजों के उदाहरण से अनुप्राणित होकर फ्रांस, इटली, आस्ट्रिया, स्विट्जरलैंड, अमरीका, हालैंड आदि अनेक देशों के लोग हिमालय की ओर आकृष्ट हुए।

काराकोरम के हिमशिखर महाकाल के प्रहरी की तरह सिर ऊँचा किए मध्य एशिया में सदा से खड़े हैं। काराकोरम की तुषार-विगलित अपार जलराशि एक ओर तो तकलामकान की विशाल पथरीली मरु-सीमा में खो जाती है और दूसरी ओर की जलधारा को महासिन्धु नदी सिन्धुप्रदेश के दक्षिण अरब सागर को ले आती है। दुर्भाग्य से एक बार इस महासिन्धु नदी का प्रवाह रुक गया था। यह जंगली, जबर्दस्त और भीषण नदी जब हजारों-हजार फीट की गहराई बनाती

हुई पश्चिम को ओर चली तो एक बार जोरों का भूकम्प आया। उस भूकम्प से गगनचुम्बी नंगा पर्वत की एक छोटी चोटी टूटकर पूरी-की-पूरी इस नदी में गिर पड़ी, जिससे इस इलाके में एक और भूकम्प-सा आ गया। उसकी गाज-आवाज से 25 मील दूरी तक के इलाके काँप उठे। यह सन् 1840 की बात है। इससे नदी का प्रवाह रुक जो गया, तो नदी की गहराई से पानी की जो दीवार उठ खड़ी हुई, वह लगभग आठ हजार फीट ऊँची हो गई और तटवर्ती जनपद गोर तथा चालीस मील दूर के गिलगित को केन्द्र करके उसने एक विशाल समुद्र बना दिया। लेकिन छह ही महीने के अन्दर काराकोरम के अनगिन हिमप्रवाहों के पानी के भयंकर आघातों से नदी-गर्भ में गिरी वह पर्वत-चोटी चूर-चूर होकर पश्चिम-दक्षिण के बहाव की ओर मेघनाद-सी भयंकर आवाज उठाती हुई बह गई! महासिन्धु नदी की उस भयंकर बाढ़ में पश्चिम पंजाब के बहुतेरे नगर और गाँव चिड़ियों के पखने-से बहते गए! एक तरफ उत्तर में स्कार्दू और दूसरी तरफ गिलगित—इन दो जनपदों के बीच उस दिन के उस जल-प्राचीर का इतिहास आज भी स्मरणीय है!

काराकोरम की उत्तरी सीमा हिन्दूकुश और ताग्दुम्बस पामीर पर्वतमाला में मिली है। काराकोरम का पश्चिम और दक्षिण अनगिनत हिमवाहों से बन्द-सा है। किन्तु हूनजा, बालतिस्तान के 'भुट्टा' (बड़ी प्राचीन जाति) और वे लोग, जो अब 'दार्द' नाम से परिचित हैं—ये सब मूल काराकोरम तक पहुँचने के तीन रास्तों का पता देते हैं। पहला रास्ता है—गिलगित से हूनजा के भीतर होकर। यह पश्चिमी रास्ता है। इसे अँगरेजों ने बहुत बार अपनाया। हूनजा नदी के किनारे-किनारे उत्तर की राह चालत हूनजा का मुख्य जनपद बालतित, हिस्कार और अस्कोल पार करके विभिन्न 'मुजताग' इनारे-किनारे यह पथ काराकोरम के मेरुदंड की ओर गया है। 'मुजताग' असंख्य हैं। पामीर, हिन्दुस्तान तथा आज के सोवियत यूनियन में बहुत-से हैं। जिन पहाड़ों में बर्फ की बढ़ती चिरस्थायी होती है, जो कठोर तुषार से सदा आच्छादित रहते हैं। उन्हें स्थानीय लोग 'मुजताग' या बर्फ पहाड़ कहते हैं। दूसरा और तीसरा रास्ता—एक सोनमर्ग से मिनिमर्ग पार करके बुर्जिल दर्रे की ओर गया है और दूसरा जोषीला पार करके कारगिल से स्कार्दू और वहाँ से सिन्धु नदी के पार। जो भी हो, बहुतेरे दुस्साहसिक यूरोपियों ने काराकोरम में मृत्यु को गले से लगाया है। एवरेस्ट के आसपास आदमी और नगर के चिह्न जिस प्रकार मिलते हैं, नजदीक में काठमांडू नगर के होने से जो सब सुविधाएँ मिलती हैं—काराकोरम में इनका नाम-निशान भी नहीं। इसके सिवाय नेपाल और दार्जिलिंग में जैसा एक शेरपा समाज मिलता है, जो शेरपा

संसार के सर्वश्रेष्ठ पर्वतारोहियों के समकक्ष हैं—हूनजा प्रदेश में वैसी मूल्यवान अभिज्ञता के अधिकारी आत्मविश्वासी हूनजा नहीं है। वे भार ढोनेवाले, बलवान, आदेश माननेवाले तो हैं—लेकिन शेरपाओं जैसे अनुभवी दुस्साहसिक, चढ़ाई के जानकार और कार्यक्षम नहीं हैं। इसी हूनजा के एक वर्ग को तैयार करके अँगरेजों ने उनसे काम लिया।

देवशाही पर्वतमाला के पश्चिम में चिलास एवं नंगा की उच्चतम चोटी—पूरब में स्कार्द्, और मसेरब्रूम पर्वतश्रेणी तथा उसका सर्वोच्च शिखर। इसी शिखरलोक के पीछे काराकोरम की सबसे ऊँची चोटी है, जिसका नाम है—'के-2' और ठीक उसी के नीचे है मसेरब्रूम की उत्तुंग चोटी। लेकिन इस विराट शिखर के द्वारपाल-से सदा खड़े हैं संसार-प्रसिद्ध अगणित हिमवाह। पश्चिम में नंगा पर्वत सदा का दुखदायी है। इसे जीतने की कोशिश में एक-एक करके इकतीस पर्वतारोहियों ने प्राण गँवाए। अन्त में ब्रहल नाम के एक असम साहसिक व्यक्ति अपने दूसरे साथियों को छोड़कर बर्फ की दीवार पर रेंगते हुए किसी एक साँझ को ऊपर चढ़ गए। इसी हालत में वे शिखर पर पहुँचे। उसी बर्फ में रात बिताई और दूसरे दिन शाम को 6 बजे भूखे-प्यासे, थके-हारे-से आकर कैम्प के पास गिर पड़े। उनके पाँव इतने में मौत-से सर्द हो गए थे। उनमें दिमाग खराब होने के लक्षण दिखाई पड़े। वे एक ही बात कहते रहे, कौन तो मेरे साथ-साथ था। जाने कौन तो भयावनी मौत में से मुझे यहाँ पहुँचा गया! कैम्प के साथी उनकी बात सुनकर सन्न और अवाक् रह गए। क्या यह सत्य है—उस दुर्गम दुस्तर, भीषण मार्ग में साथी साथ-साथ चलता है! मगर कौन? कहाँ? क्या वह मौत से भी बड़ा है?

मित्रों ने पिछले दिन निश्चित सोच लिया था कि ब्रहल जिन्दा नहीं हैं! लेकिन अब उन्हें चंगा करने की नौबत आई।

नंगा पर्वत की ऊँचाई 26,620 फीट है। इस नंगा पर्वत तथा कश्मीर भारत-सीमान्त के काराकोरम के सम्बन्ध में जिन लोगों ने सबसे ज्यादा तथ्यपूर्ण और वैज्ञानिक ढंग का काम किया है, उनमें सर फ्रांसिस यंग हसबैंड, जनरल कनिंघम, गार्डनर कैनिथ मेसन, स्ट्रैची, टामस टामसन प्रभृति हिमालय-विशारद व्यक्ति थे। उनमें से कोई-कोई आज भी जिन्दा हैं। चीन-भारत-पाकिस्तान की सीमा के संघर्ष में इनकी जिम्मेदारी कम नहीं है। डुरंड लाइन से मैकमोहन लाइन तक हिमालय के ऊपर जरीब का काम अँगरेज कर्मचारी और भारत की ब्रिटिश सरकार करती रही! यहाँ वास्तव में आंकिक, वैज्ञानिक और त्रिकोणमितिक सही सीमा-निर्धारण की बात ही उठती है। अँगरेजी साम्राज्यवाद की चर्चा यहाँ पर कतई अवान्तर

है। सन् 1907 में आंग्ल-रूसी सीमा-निर्धारण में त्रिकोणमितिक पर्यवेक्षण में दोनों की नाप-जोख में सिर्फ तीन फीट का फर्क पड़ा था। लिहाजा किसी पक्ष की जिद यदि सख्त बाधा ने डाले तो समस्या का समाधान सहज होता है।

तो, सर फ्रांसिस के प्रसंग पर लौटें। ये असाधारण शक्तिवाले व्यक्ति जब इंग्लैंड के 'किंग्स ड्रैगन गार्ड्स' के एक मामूली-से लेफ्टिनेंट थे, तो सुदूर मंगोलिया के पूरब-उत्तर के विशाल और घटाचिह्नहीन गोबि मरुभूमि के अन्दर से सैकड़ों मील की दूरी तय करके सिनकियांग पहुँचे थे (1885 ई.)। उस समय अनेक खूँखार जाति और वर्ग पूरब तथा मध्य एशिया के सूखे पथरीले कारवाँ-पथ में खून-खराबा, लूटपाट मचाया करते थे। वैसे खतरों में से डर-बाधा की परवाह न करनेवाले सर फ्रांसिस ने अपने नये आविष्कृत आघिल पर्वतमाला के भीतर से चलकर दर्रे को पार करके विशाल काराकोरम को पार किया। काराकोरम की सबसे ऊँची चोटी 'के-2' उन्हीं की खोज है। उनके इस अभियान में न तो उनके पास तम्बू था, न ही थे तब किसी तरह के वैज्ञानिक साज-सरंजाम। ऐसी ही दुस्साहसिक और लापरवाह स्थिति में आखिर वे 'मुजताग' गिरि-संकट (18,000 फीट) से होते हुए 'बालतोरो' हिमवाह पर पहुँचे और वहाँ से बालतिस्तान होते हुए कश्मीर जा निकले। उन दिनों डाकुओं और लुटेरों का खतरा इतना था कि उन्हें शाम के वक्त कभी किसी तरह का चिराग जलाने की हिम्मत नहीं पड़ी। कहीं लुटेरों की निगाह न पड़ जाए! दंग होकर जहानवालों ने यह सुना कि इतने बड़े उस अभियान के लम्बे पथ में सर फ्रांसिस को एक दिन के लिए भी कहीं सिर छिपाने की जगह नहीं मिली, यात्रा-काल की सभी रातें उन्हें खुली जगह में बितानी पड़ीं! (Kenneth Mason, 'Abode of Snow')

बाद में सर फ्रांसिस ने उसी मार्ग से दूसरी बार यात्रा की। इस बार उनके साथ एक गोरखा सिपाही था। उनकी इस बार की यात्रा का उद्देश्य इसका उपाय निकालना था कि काराकोरम के दर्रे से कारवाँ में गुजरनेवाले व्यवसायियों को हूनजा लुटेरों के हाथ से कैसे बचाया जा सकता है। इसमें उनका दूसरा उद्देश्य था—किन रास्तों से बाहरी दुश्मन भारतवर्ष पर हमला कर सकते हैं, उन रास्तों का अता-पता लेना। सर फ्रांसिस जैसे अँगरेज युद्ध-नेताओं के मन में उस समय रूस के प्रति शंका थी, लेकिन चीन के लिए वे बिलकुल निश्चिन्त थे! उनके दिमाग में यह बात नहीं आई कि इतिहास की गति जटिल और काल की गति कुटिल होती है! उस दिन से वे इस बात की कल्पना भी नहीं कर सके कि बाद के महज पचास साल के अरसे में दुनिया के इतिहास में दो परमाणविक व्यक्तित्व का आविर्भाव होगा, जिनके विस्फोट से एक तरफ एक अजीब और

आश्चर्यजनक सभ्यता की सृष्टि होगी और दूसरी ओर छह महादेश-व्यापी अँगरेजी साम्राज्य छार-खार होता रहेगा। ये दो व्यक्तित्व हुए—लेनिन और गांधी! उन्हें उस समय यह बात भी नहीं सूझी कि रूसी साम्राज्य एक रोज सोवियत यूनियन हो जाएगा और वह संसार में सर्वत्र शान्ति की स्थापना के लिए संग्राम करता रहेगा। उनके मन में यह आशंका भी नहीं जगी कि चीन कभी नया जीवन पाकर अँगड़ाई लेगा और सात सौ वर्ष के बाद फिर चंगेज खाँ के आदर्श से अनुप्राणित होकर चीनी लोग पूरब और पश्चिम की चिन्ता और खतरे के कारण बनेंगे।

यहाँ यह बता देना उचित होगा कि वीरश्रेष्ठ सर फ्रांसिस का इससे भिन्न भी एक परिचय है। वे भारतीय तथा बौद्ध या हिन्दू संस्कृति के प्रति बड़े श्रद्धालु थे। भारतीय योगशक्ति पर उन्हें विश्वास था और वे अध्यात्म जीवन के विशेष अनुरागी थे। इस सम्बन्ध में उनकी लिखी कई प्रसिद्ध पुस्तकें भी हैं। अपने जीवन के अन्तिम दिनों वे श्री अरविन्द के दर्शन से उद्‌बुद्ध हुए थे। सन् 1903-04 में सशस्त्र तिब्बत-अभियान के समय ल्हासा के 'जो-खांग' मन्दिर में घुसकर वे बुद्ध मूर्ति का दर्शन करके अभिभूत हो पड़े थे। उनके अभियान का सबसे बड़ा परिचय यह है कि उनमें ब्रिटिश साम्राज्यवाद की बुनियादी दुर्नीतियाँ नहीं थीं। उनके इस अभियान के फलस्वरूप तिब्बत और भारत के बीच एक स्थायी सामाजिक और सांस्कृतिक सम्बन्ध कायम हुआ। लेकिन 1954 में चीन-भारत समझौते के कारण भारत सरकार की अदूरदर्शिता से उस मिताई की प्राण-धारा धीरे-धीरे सूखने लगी। इस समझौते से न केवल तिब्बत के आत्मनियंत्रण के स्वाभाविक अधिकार का ही हरण हुआ, बल्कि तिब्बत पर चीन की प्रभुसत्ता को मान लेने के समय उसकी स्वतंत्रता तक की याद नहीं रखी गई!

बीसवीं सदी के आरम्भ में भारत की ब्रिटिश सरकार ने समूचे भारत की फिर से नाप-जोख का निश्चय किया। सबसे पहले उन्होंने कश्मीरोत्तर भारतीय प्रदेशों में काम शुरू कर दिया। इन प्रदेशों के अन्दर उस समय तक भी सुचारु रूप से राज-पाट नहीं कायम हो पाया था। बिखरे-बिखरे छोटे-छोटे इलाके अपने-अपने शासकों की मौज-मर्जी पर चलते थे। शिया और सुन्नियों में प्रभेद होते हुए भी यह सारा-का-सारा भूभाग मुसलमानों का ही इलाका था। इनके उत्तर में था पामीर, मध्य एशिया, काराकोरम, हिन्दूकुश; दक्षिण में था नंगा, हर महेश, देवशाही; पश्चिम में हिन्दूराज पर्वतमाला और पूरब में सैकड़ों हिमवाहों की दुर्भेद्य दीवार। इसी वजह से ये प्रागैतिहासिक युग से अलग-थलग और दूरक्षिप्त (Far-Flung) थे। भारत ने किसी भी जमाने में इनसे बातें नहीं कीं,

इन्हें अपने पास नहीं बुलाया, इनसे दोस्ती नहीं की, सुख-दुख में इनके सामने जाकर नहीं खड़ा हुआ, कोई वास्ता ही नहीं रखा। इसी का यह नतीजा हुआ कि इन्होंने सभ्यता की शक्ल नहीं देखी, लिखना-पढ़ना नहीं सीखा, विज्ञान का नाम नहीं सुना, वह विद्या भी नहीं सीखी कि गरीबी को दूर कैसे भगाया जा सकता है! इन्हीं के सहोदर लोग कुछ और दूरी पर ताजिक और किरगिज इलाके में हैं—जिन्होंने आधुनिक युग के सभी उपकरण और साधन पाकर अपनी खासी तरक्की की है।

जो भी हो, इस नये सिरे से जरीब का काम करते समय इस बात का विचार करना पड़ता है कि हिन्दुस्तान की सर्वोत्तर सीमा में उस समय तीन विशाल साम्राज्यों का संगम था। भारत के तत्कालीन ऊँचे अधिकारी तथा हिमालय के आग्रही सर सिडनी बुरार्ड की देखरेख में कश्मीर में नई नाप-जोख का काम सन् 1910 में शुरू हुआ। इस बीच 1907 में अँगरेजों से रूसी सरकार का एक विज्ञानसम्मत समझौता हुआ, जिसमें यह तय पाया कि मध्य एशिया के दक्षिण रूस-भारत की सीमा एवं त्रिकोणमितिक (Trigonometrical) पर्यवेक्षण का काम मिल-जुलकर करेंगे। भारत की ओर से डॉक्टर ग्राफहंटर रहे; रूस की ओर से रहे तचेकिन लेकिन चीन-सिनकियांग की ओर से कोई थे या नहीं, यह जानना हो तो 'Records of the survey of India, Vol vi (1914), नाम के विराट ग्रंथ के पन्ने उलटने पड़ेंगे। जहाँ तक सम्भव है, उन लोगों ने वहाँ मौजूद रहने की जरूरत नहीं समझी। खैर! ठीक इस इलाके में प्राकृतिक बँटवारे के कारण चीन-भारत के सीमा-विवाद की कोई गुंजाइश नहीं है। यह गौर करने की चीज है कि सोवियत यूनियन का जो सबसे आधुनिक मानचित्र है (Admininistrative Map of the U.S.S.R.), उसमें भारत से सोवियत यूनियन के मिलने का एक स्थान निर्देशित है—वह कोई पन्द्रह मील चौड़ा है। इस स्थान के दक्षिण में भारत, उत्तर में सोवियत ताजिक, पश्चिम में अफगान, हिन्दूकुश और पूरब में चीन का सिनकियांग इलाका है। यह मानचित्र मास्को से छपा है। इस अंचल में मुजताग आता और ताग्दुम्बस पामीर पर्वतमाला के जटा-जाल में रूस-चीन की सीमा कहाँ पर मिली है, यह हमारी आलोचना का विषय नहीं। लेकिन पामीर और तुर्किस्तान की राजनीतिक सीमा के लिए सोवियत यूनियन और चीन में मनमुटाव के समाचार बार-बार सुनने में आए थे! लेकिन खैर, पहले महायुद्ध के पहले आंग्ल-रूसी दल के मिले-जुले प्रयास से उस समय जो कुछ दुस्साध्य काम हुए, भौगोलिक इतिहास में उनका उदाहरण नहीं मिलता। सन् 1914 में यह अन्तर्जातीय प्रचेष्टा युद्ध के डंके की चोट से

बिखर गई। इस असाध्य-साधन में अँगरेजों की तरफ के बेल आदि कई लोगों को मौत का आलिंगन करना पड़ा।

जहाँ कभी किसी के कदम नहीं पड़े, ऐसी बर्फीली उपत्यका, भीषण पहाड़ी खन्दक, बर्फ की भयंकर आँधी, बर्फ पर पड़नेवाली धूप की सख्त गर्मी, पर्वतों से वेग से उतरनेवाले हिमवाहों की ताड़ना, तीसरे पहर की बाढ़ और तरंगों की उछाल—चीजें पर्यटकों को सदा सतर्क और चौकन्ना किए रहती हैं। लेकिन इन दुख-दुर्दशा, कष्ट-यातना, दुस्साहस और मौत के इतिहास ने सभी देशों के, सभी युगों के यौवन को उस उद्दाम जीवन की ओर ललकारा है। हिमालय की अजानी उपत्यका, पहाड़ी झरनों की पीड़ा, बलुआहे पत्थरों का पथविहीन सूनापन, मेघलोक को मचले हुए हरे-नीले महाअरण्य की रहस्यमयता, 'तिरीचमीर' के नीचे उमड़ती चाँदनीवाला वह सूना परीलोक—ये दिगंत के तारक-देश से बार-बार पुकारा करते हैं—सुख और आराम की सेज को ये अगम दुराशा से काँटों-भरी बना देते हैं! दुराशा का यही इशारा आज 'घरघुस' बंगालियों को भी थिर नहीं रहने दे रही है।

कश्मीरोत्तर प्रदेशों में विभिन्न उपजातियों के नाम से तरह-तरह के अपवाद प्रचलित हैं। नाना नाम से परिचित हैं वे—खख्खा या खासा, दम्बा, दार्द या दारद या दरद; भोटा या भोट्टा या भुट्टा या बुट्। और-और भी। इनमें तादाद में सबसे ज्यादा हैं दार्द या भोट्टा। ये आज भी मौजूद हैं और इसी नाम से परिचित हैं। ये दार्द पश्चिम के हैं। कृष्णगंगा के उत्तर-बुनजी, चिलास, गिलगित, यासीन, चित्राल—इसी भूभाग में ये बसते हैं। उत्तर हजारा में भी ये कहीं-कहीं बस गए हैं। जाति के नाते ये खानाबदोश हैं। समाज-व्यवस्था, पारिवारिक नेग-नियमादि, नैतिकता—इन बातों की बला इनमें नहीं। बड़े ही आजाद तबीयत के होते हैं ये। देखने में इनका शरीर बड़ा सुन्दर और बलिष्ठ होता, पर बड़े ही खूँखार होते हैं। अँगरेजों के जमाने में इनके एक वर्ग ने थोड़ी-बहुत अधीनता कबूल की थी। इन्होंने मजदूरों का काम काफी किया। लेकिन इनका खूँखारपन कश्मीर में आज भी मशहूर है। सच पूछिए तो कश्मीर के उत्तर के इलाकों में घूमती हुई उपजातियों के बीच आज के सभ्य लोग अपने को खतरे से खाली नहीं समझते! पाकिस्तान से भी इनकी नहीं पटती है। हाल अभी भी वही है, पर जो जगहें छोटी थीं, वे आबादी बढ़ जाने से काफी बड़ी हो गई हैं। दार्द इलाके में आधुनिक सामग्रियाँ पहुँच गई हैं। दूर तक फैले पहाड़ी इलाके में मोटर की राह बन गई है। बहुतेरी जगहों में काम-कारोबार की घाटियाँ बन गई हैं। बहुतेरे जनपदों में विदेशी शराब के साथ चिलासी और चित्राली औरतों के नाच की

महफिलें जम गई हैं। कई सैनिटोरियम बन गए हैं और कुछ पाकिस्तानी हवाई अड्डे बनने के साथ-साथ वहाँ अस्त्र-शस्त्रों का भी जमघट हो गया है। पीने की लत के लिए दार्द जाति काफी मशहूर है। सो जो भी हो, यान-वाहन और मिलने-जुलने की सुविधा से, अन्त:सामाजिक सम्बन्ध से दार्द जाति के एक वर्गविशेष के लोगों की माली हालत कुछ सुधरी है। दक्षिण में कृष्णगंगा की उपत्यका और उतर में गिलगित-हूनजा—इसके साथ सारा पश्चिमी इलाका अभी अनिश्चितताओं से भरा है, जो कि पाकिस्तान के सामरिक विभाग के निर्देश से इस हिस्से के बहुत-से इलाके—जैसे चिलास, चित्राल, गिलगित, अस्तोर, बुनजी, अस्कोल—इनके हेडक्वार्टर से लगी उपत्यका या पहाड़ी इलाके के अंशविशेष आजकल निषिद्ध इलाके के हैं। इस भूभाग की पहाड़ी उपत्यकाओं के भीतर-भीतर पर्वत-प्राचीरों से घिरे ऐसे रमणीक समतल बहुतेरे हैं जो आज अच्छे और सुरक्षित हवाई अड्डों में बदल रहे हैं। इस शताब्दी के चौथे दशक में अँगरेजों ने इस काम में गिलगित और चित्राल में हाथ लगाया था, लेकिन दूसरे विश्वयुद्ध में अँगरेजों के दुर्दिन आ जाने से वह काम आगे नहीं बढ़ा। पर चीन में नई कम्यूनिस्ट शासन-व्यवस्था के प्रवर्तन (1949) और चीन द्वारा भेजी हुई 'मुक्ति फौज' ने जब पहली बार तिब्बत का अवरोध किया (1950), तब से अमरीका की फौजी सहायता से इस इलाके में कुछ नये हवाई अड्डे तैयार हुए। इन्हीं अड्डों में से किसी एक से जब अमरीका का जासूसी विमान 'यू-2' सोवियत यूनियन के ऊपर से जा रहा था तो रॉकेट की गोली से 70 हजार फीट की ऊँचाई से नीचे गिर पड़ा था। सोवियत यूनियन के इस असाधारण करतब ने पश्चिमी देशों को अभिभूत कर दिया था!

दार्द जाति के सिवा दम्बा, बम्बा, खास आदि सम्प्रदाय धीरे-धीरे उत्तर और दक्षिण कश्मीर में चाक जाति-जैसे ही खो गए।

बालतिस्तान की कहानी जरा और तरह की है। उत्तर में काराकोरम और दक्षिण में मूल कश्मीर—इसके बीचोबीच खड़ा है बालतिस्तान। इस भूभाग को प्राचीन काल से आज तक बार-बार जीतना पड़ा है। इनकी बदनामी सदा की है—मुक्तापीड़ ललितादित्य से बहुत पहले की। बारहवीं शताब्दी के ऐतिहासिक कवि कल्हण ने इन चारों वर्णों—दार्द, दम्बा, चाक और भोट्टा—की बड़ी निन्दा की है। ये ही भोट्टा लोग बालतिस्तान के आदिम अधिवासी हैं। भोट्टा की मूल रक्तधारा मंगोलीय है। तिब्बतियों से लहू का घनिष्ठ सम्बन्ध रहने के कारण बालतिस्तान का दूसरा नाम 'लिट्ल टिबेट' यानी छोटा तिब्बत भी है। पुराने जमाने में इसे 'बूटभूमि' कहते थे। इनके एक वर्ग का रंग श्वेत-लाल है,

दूसरे वर्ग का पीत-श्याम। इनका जीवन करारी सर्दी और बर्फ में ही पलता है। समतल जमीन या नीची तराई किसे कहते हैं, इन्हें नहीं मालूम। अगर इनमें से कभी कोई कश्मीर की समतल नीची घाटी (5200 फीट) में उतर आता है तो गर्मी और रोग से मरने की नौबत आती है। सारे बालतिस्तान की शक्ल घुटे हुए सिर की तरह है। पेड़-पौधे, लता-तृण सहसा दिखाई नहीं पड़ते। जंगल की जो रहस्यमयता कश्मीर की प्रधान विशेषता है, उसकी झलक बालतिस्तान में कहीं भी दिखाई नहीं पड़ती। गाँव-घर के आसपास कहीं-कहीं, जहाँ पानी की कमी नहीं है, पेड़-पौधे, फल-फूल पैदा होते हैं। साल में महज 5 या 6 इंच बारिश होती है। प्रचंड सर्दी के मारे तमाम चीजें मृत्यु की तरह निर्जीव पड़ी हैं। बर्फ के पानी से सिंचाई का काम करना पड़ता है। अधिकांश नदियाँ बर्फ से भरी पड़ी रहती हैं, उन्हीं पर से आना-जाना होता है। घोड़ा, बकरी, भेड़ा या झब्बू उन नदियों में से ही अपनी राह चुन लेते हैं। डरावनी गिरि-कन्दराएँ, बर्फ की आँधी, रूखी-सूखी बर्फीली हवा—इसी परिस्थिति में भोट्टे आदमी जन्म लेते हैं और जानवर का जीवन बिताकर मर जाते हैं। चारों ओर की ऊँची सख्त पर्वतमाला के बीच में छाया-घिरे बालतिस्तान का चेहरा देखते ही लगेगा कि यह इलाका पृथ्वी से छूटा हुआ है और इस छोटी-सी दुनिया में बाहरी प्रकृति का आशा-आश्वासन कभी भी नहीं पहुँचता। ऐसी बस्तियाँ भी देखने को मिलती हैं, जहाँ पहाड़ों की आड़ में होने के कारण दिन-भर में घंटा-भर से ज्यादा धूप के दर्शन नहीं होते। सारा बालतिस्तान बड़े विराट और कठिन हिमवाहों से घिरा है; और विशेषज्ञों की राय है, उत्तर-पूरब के मेरु-समुद्र (Arctic) के सिवाय संसार के और किसी भी ठंडे हिस्से में ऐसा विशाल, व्यापक और विस्तृत हिमवाह नहीं पाया जाता! बालतिस्तान के चारों ओर जिन कई-एक आकाश चूमती नंगी चोटियों ने सारे प्रदेश को घेर रखा है। उनकी ऊँचाई सभी ओर 25, 26 और 28 हजार फीट है। उत्तर में मुजताग और नागर, पूरब में लद्दाख गिरिमाला, दक्षिण में जस्कर और पश्चिम में घेरे के उस पार अस्तोर तथा देवशाही की चोटियाँ हैं। इसी के नीचे अतल गहराई में प्राचीन ब्राह्मण के जनेऊ की तरह हिमशिला-भरी सिन्ध नदी दक्षिण-पूर्व से उत्तर-पश्चिम के जटिल गिरि-गर्भ के रहस्य में चली गई है। वह मानो असूर्यम्पश्या हो, छाया से घिरी, घनी, आदिम—जीव-जन्म के चिह्न से रहित शिला भरे गिर-गह्वर के नीचे बालतिस्तान के लोग प्रेतों की छाया देख पाते हैं, इसलिए इस अंचल का नाम पड़ा है—Devils Place यानी शैतानों का इलाका। कुसंस्कार से भरे, भूतों पर विश्वास रखनेवाले बालतिस्तानी पहाड़ों पर के निर्जन समतल में जान के डर से भेड़-बकरी चराने नहीं जाते हैं।

घाट-बाट वही आदिम पगडंडी। बीहड़ हो, चाहे दुर्गम—मनुष्य के पैरों के निशानों ने यहाँ-वहाँ मकड़ी के जाल की सृष्टि की है। अधमरे-से पहाड़ी घोड़े—यही यहाँ के वृद्ध अवस्थावाले लोगों के वाहन हैं। पीठ के दोनों ओर फल-पाकड़ का बोझा झुलाए या तो कहीं बदरंग घोड़े चलते हैं, या फिर धीमे-धीमे चलनेवाली चमरी—जिसे चंगर भी कहते हैं। हजार साल पहले जैसे लीक पकड़े लोग चलते थे, आज भी ठीक वैसे ही चलते हैं! कहीं काल की ताड़ना नहीं, जीवन की वैचित्र्य-कल्पना पैदा नहीं हुई, किसी सूत्र से आदिम के साथ आधुनिक का संयोग नहीं हुआ है। सिर्फ एक अविच्छिन्न, अभेद, अव्यय कुल मिलाकर जैसे वंश-परम्परागत जड़ जीवन की धारावाहिकता हो! सब कुछ पर नियंत्रण रखनेवाला महाकाल यहाँ स्तब्ध है—हिम-जड़ता में मृत्यु-जैसी कैसी तो एक व्यापक गतिहीनता, मानो जटाजूटधारी एक प्रागैतिहासिक संन्यासी अपने तप के आसन पर अडिग बैठा जाने कब से 'फॉसिल' में बदल गया है!

बालतिस्तान की पहाड़ी उलझनों के अन्दर से दुबली-पतली राह-रेखाएँ दिशा-दिशा को चली गई हैं। पूर्व-दक्षिण में लद्दाख को गई हैं; बड़ी ही खतरनाक कुछ पगडंडियाँ सुदूर गिलगित को गई हैं। उत्तर की दिशा हिमवाह से बन्द है—सिर्फ पश्चिम पर्वतमाला के अन्दर से कश्मीर उपत्यका की ओर जानेवाली वैसी ही कुछ पगडंडियाँ देवशाही की निर्जन उपत्यका की ओर गई हैं। फिर भी पाकल-फल के मौसम में पशुओं के साथ असाध्य-साधकों की जमात उन्हीं रास्तों से व्यापार के लिए आती है। अंगूर, तूत, खुबानी, सेब, बाबूगोशा आदि फलों के पकने पर बालतिस्तान के लोग माथे में रंगीन फूल खोंसकर विदेशी व्यवसायियों के साथ देशी शराब के फुहारे छोड़ने लगते हैं।

उत्तर कश्मीर

भारतवर्ष के इतिहास में विस्तारवाद नहीं है। इसीलिए जो इलाके भारतीय नहीं हैं, उन्हें छोड़ देने में भारत से कंजूसी नहीं हो सकी। पश्चिम में बलूचिस्तान में बहुत पहले भारतीय राजा था, लेकिन उस इतिहास को भारत ने खुद ही पोंछ डाला है। ठीक उसी तरह से इसने पूर्व-अफगानिस्तान, पश्चिम तिब्बत की 'पुरंग' उपत्यका, (जहाँ आज भी भारतीय और भूटानी इलाके काफी हैं), ब्रह्मदेश,

मलाया, सिंगापुर, सिंहल आदि को एक-एक करके छोड़ दिया। सिनकियांग के इलाके में आज भी एक हजार भारतीय भू-सम्पत्ति है, जैसे—वर्तमान याटुंग, ज्ञानत्सी, सिगत्सी (तिब्बती अंचल में)। वेदान्तिक उदासीनता, शान्तिप्रिय स्वभाव, खाद्य और सम्पदा की प्रचुरता तथा जलवायु का तारतम्य—इन बातों ने भारत को आत्मसन्तोषी बनाए रखा है। बाहर के लोगों ने सदा से यहाँ आकर जगह बनाई है, मगर भारत कभी बाहर नहीं गया। और गया भी है तो संस्कृति-प्रचार की कामना से। मात्र कश्मीर के मुक्तापीड़ ललितादित्य ही किन्हीं अंशों में इसके अपवाद हो उठे थे। और, दूसरा प्रधान व्यतिक्रम है अँगरेजों का जमाना।

जिस इलाके को मैंने कश्मीर की आज की उत्तर-सीमा कहा है, यह देखें कि वह किस तरह से भारतीय इलाके में आता है। जैसे, सन् 1875 तक कश्मीरोत्तर एक विशाल भूखंड में छोटे-छोटे कुछ पूर्णतया स्वाधीन (Sovereign) राज्य थे। इनके नाम हैं—यासीन, तागिर, सोआत, दारेल, चिलास, हूनदार, हूनजा और नागर। मूल कश्मीर से इनका कोई सम्पर्क नहीं था। (Frederic Drew : Jammu & Kashmir Territories-1875)। जिस काम के लिए भारत के मन ने कभी नहीं माना, अँगरेजों ने वही कश्मीर के राजा से करा लिया। ऊपर लिखे पहाड़ी राज्यों को, जो कश्मीर के राजा के नाम थे, अँगरेजों ने धीरे-धीरे ब्रिटिश भारत के अधिकार में शामिल कर लिया।

अँगरेजों के चले जाने के बाद से पाकिस्तान-अधिकृत पूर्वोक्त पुराने राज्य सब ऐंठे बैठे हैं। वे न तो पाकिस्तान का, न ही आजाद कश्मीर का आधिपत्य चाहते हैं। क्योंकि आजाद कश्मीर के जो कर्ताधर्ता हैं, वे मुख्यतया दक्षिण के हैं। उनके साथ उत्तर का कभी भी कोई सामाजिक या राजनीतिक सम्बन्ध नहीं था। इसीलिए उन राज्यों में बात-बात पर विद्रोह भड़क उठता है। बलूचिस्तान, पख्तूनिस्तान, हजारा, हूनजा, दार्दिस्तान—कहीं शान्ति नहीं है। पाकिस्तान के आज के जो अधिकारी हैं—वे जिन सैनिकों से आजाद कश्मीर के तथाकथित राज्यों पर शासन करते हैं, उनमें आजाद कश्मीर के आदमी नहीं के ही बराबर हैं।

एक समय अँगरेजों की मदद से डोगरों ने गिलगित पर फिर से कब्जा किया था। और गिलगित तक ही कश्मीर की उत्तरी सीमा थी। अँगरेजों को साम्राज्य बचाने की याद रहती थी, लिहाजा वे सभी बातों में तत्पर रहते थे। लेकिन जो सदा की खूँखार पहाड़ी जाति-उपजाति के हैं, वंशानुक्रम से जिन्होंने कभी बँधे नियमों की वश्यता नहीं मानी, जिन्होंने पामीर-हिन्दुस्तान, सिनकियांग, तुर्किस्तान-अफगानिस्तान आदि की सीमा के लिए कभी दिमाग नहीं खपाया—

जिनका सदा-सदा का व्यवसाय ही गुलामों को खरीदना-बेचना रहा—लूट, खून आदि में ही जिनके दिन बीते—उन्हें काबू में लाना उन दिनों वैसा आसान नहीं था। उन दिनों हवागाड़ी नहीं दौड़ी, हवाई जहाज नहीं उड़े, रेडियो नहीं बजा, दूरभाष पर बात का मौका नहीं मिला। उस समय का चेहरा ही और था। उस समय अमरीकी दूध की बुकनी या डिब्बे में बन्द खाद्य नहीं मिलता था! बहुत तो जैम-जैली, मक्खन-बिस्कुट और 'ग्वालिनी' मार्का जमा हुआ दूध था। जो भी हो, हिन्दूकुश और काराकोरम इलाके का जो मध्य एशिया था, वहाँ की भयानक अराजकता में अँगरेजों ने देखा कि मध्य एशिया के इस विशाल भूभाग में जिन चार राष्ट्रों के दर्शन होते हैं, उनमें आपस में कहीं राजनीतिक सीमा नहीं है। किसी को एक से दूसरे राष्ट्र में आने-जाने की जरा भी रोकथाम नहीं है। वहाँ आमूदरिया और विशदरिया का इस पार-उस पार एकाकार है; आघिल से अलीचूड़ गले-गले, चिलासी और यारकन्द में कोई फर्क ही नहीं!

लगातार पच्चीस वर्षों तक दल-के-दल अँगरेज हिन्दूकुश, पामीर, हूनजा, काराकोरम, सिनकियांग और चित्राल तथा हजारा में घूमते रहे। अँगरेजों के मानचित्र में इन्हें (Unexplored Territory, 1875) दिखाया गया। लेकिन 1885 में उनमें आपस में होड़ मच गई। उस समय बँटवारे के लिए अँगरेजों ने दो जातियों से कभी कारसाजी नहीं की। वे जातियाँ हैं रूसी और चीनी। चीन से उस समय अँगरेजों की पटती थी, बल्कि उस पर बहुत-कुछ प्रभाव भी था, इसलिए चीन के स्वार्थ का उन्हें ध्यान रहता था, लेकिन रूस से मन-ही-मन आशंका रहती थी, इसलिए हिन्दूकुश की सीमा के सम्बन्ध में उन्होंने एक समझौता किया (1885)। इस समझौते के अनुसार पामीर इलाके में भी रूस-भारत-चीन—इन तीन राष्ट्रों की एक राजनीतिक सीमा निश्चित और निर्धारित की गई। यह बात यहाँ फिर से एक बार स्मरण करने की जरूरत है कि इस समझौते के समय रूस के सामने खड़े होकर अँगरेजों ने तीन राष्ट्रों के मुख-पात्र का काम किया था—उन तीन में से पहला है अफगानिस्तान, दूसरा हूनजा-कश्मीर-भारत और तीसरा चीन साम्राज्य के अन्तर्गत चीनी तुर्किस्तान तथा सिनकियांग। इस समझौते के ग्यारह साल बाद यानी 1896 में एक विशेष नीति के मुताबिक दक्षिण पामीर में रूस-ब्रिटिश सीमा इस ढंग से तय हुई कि रूस और ब्रिटिश साम्राज्य में कहीं रत्ती-भर का भी स्थल-संयोग नहीं रहे। इसीलिए सर्वोत्तर अफगान इलाका 'वाखान' के साथ एक पतली-सी जमीन का हिस्सा (जहाँ तक खयाल होता है, यह भूभाग भारतीय है) खींचकर पूरब में सिनकियांग की सीमा के साथ जोड़ दिया गया। इस इलाके को 'ताग्दुम्बस पामीर' कहते हैं। गर्ज कि भारत और

रूस साम्राज्य के बीच एक नकली अफगान-दीवार खड़ी हो गई ["On the principle that the foundries of Russian and British interests should not touch, a small finger of Afgan territory in Wakhan was 'extended' eastwards to touch the province of Chinese Turkestan (sinkiyang) on the Tagdumbas Pamir"—Kenneth Mason, superintendent (formerly) Survey of India]।

पहले ही कह चुका हूँ, स्थलमार्ग से भारत से सोवियत यूनियन जाने के लिए 15 या 20 मील का भारतीय इलाका था। लेकिन स्वाधीन भारत सरकार 1947 के 30 अक्टूबर तक जिस प्रकार भारतीय फौज को गिलगित नहीं पहुँचा सकी, उसी प्रकार अफगान सरकार से मैत्री का समझौता करके उस जगह को भी वापस नहीं ले सकी।

जो हो, उसके बाद सीमा-अंचल का एक नया मानचित्र बना और उसी दिन से उधर-से-इधर और इधर-से उधर बेरोक आना-जाना भी बन्द हो गया। 1888 के ठीक बाद गिलगित एजेंसी में जो ब्रिटिश फौजी घाटी कायम हुई, वह मध्य एशिया में उस समय सबसे बड़ी फौजी घाटी के रूप में परिणत हुई, लेकिन अँगरेज अभियानकारियों को उस समझौते के बाद पामीर में प्रवेश करने की इजाजत नहीं मिली। मध्य एशिया में इन दो साम्राज्यों में विशेष सद्भाव बनाए रखने की गुंजाइश कम थी।

यहाँ यह बता रखना आवश्यक है कि कश्मीरोत्तर इन्दुस-स्तान पर कश्मीर या उपमहादेश भारतवर्ष के सर्वांगीण अधिकार की अपेक्षा उस इलाके में तत्कालीन ब्रिटिश सरकार का सार्वभौम अधिकार अधिक प्रबल था। सन् 1947 में विलायत में 'इंडियन इंडिपेंडेंट्स ऐक्ट' पास करके जब भारत पर अपने सार्वभौम अधिकार को ब्रिटिश सरकार ने भारत को सौंप दिया, उस समय भारत-वैरी चर्चिल तथा उनके रक्षणशील सहचरों ने जो साजिश की, उसे लॉर्ड इस्मे ढोकर ले आए और अफीम सेवन करनेवाले महाराजा हरिसिंह उससे प्रभावित हुए—ऐसा बहुतों का अनुमान है। ये अँगरेजों के खरीदे हुए गुलाम थे और कश्मीर में उन्होंने नियम कर रखा था कि भारतवर्ष का कोई भी आन्दोलन, कोई अखबार (उस समय के 'स्टेट्समैन' को छोड़कर), कोई राजनीतिक नेता, कोई राष्ट्रीय वक्ता कश्मीर में प्रवेश नहीं कर सकता। अँगरेजों की कृपा पर पलनेवाले इस महाराजा के शासन से दुर्गतिग्रस्त कश्मीर में इस शताब्दी के चौथे दशक में जिन्होंने खिलाफ में जोरदार जन-आन्दोलन खड़ा किया वे एक मामूली स्कूल मास्टर थे, जिनके पूर्वज पितृपुरुष जनेऊधारी हिन्दू कुलश्रेष्ठ कश्मीरी

ब्राह्मण थे और आज जिन्हें शेख मुहम्मद अब्दुल्ला कहते हैं! कभी उत्तर प्रदेश के वाराणसी तथा कश्मीर के मार्तंड (मटन) नगर के रक्षणशील हिन्दुओं के षड्यंत्र से जबर्दस्ती धर्मपरिवर्तन किए गए कश्मीरी ब्राह्मणों को हिन्दू समाज से निकाल बाहर किया गया था। कहना फिजूल है कि शेख सम्प्रदाय उन्नीसवीं सदी तक कश्मीरी ब्राह्मण था। पंडित जवाहरलाल नेहरू से शेख अब्दुल्ला की गहरी दोस्ती का यह अन्यतम कारण था या नहीं, यह मैं ठीक-ठीक नहीं जानता। प्रसंगवश यह भी कह दूँ, कि मिर्जा अफजल बेग मुगल वंश के हैं। राजनीतिक 'व्यंजन' के लिए चीनी और नमक एक साथ मिले हैं!

जो भी हो, 'इंडियन इंडिपेंडेंट्स ऐक्ट' ब्रिटिश भारत से ताल्लुक रखता था। इस कानून में सामन्त राज्यमय भारत को अलग रखने की कोशिश थी। लॉर्ड माउंटबेटन इसे निश्चय ही जानते थे। आज भी बहुतेरे भारतवासियों का ऐसा खयाल है कि कश्मीर पर हमले की बुनियाद में भारत-वैरी विलायत के रक्षणशील दल का अप्रत्यक्ष इशारा और षड्यंत्र था।

फिर से बालतिस्तान की आलोचना पर आएँ। ऊपर ये जो कुछ कड़वी बातें कहीं, उसकी वजह यह है कि आजादी पाने के बाद भी भारत से कश्मीरोत्तर 'इन्दुस-स्तान' का परिचय नहीं हो सका! वह हिस्सा वैसा ही रहस्यमय और अनाविष्कृत रह गया जैसाकि हजारों-हजार साल से रहा था। मुगल-अफगान या पठानों के जमाने में कश्मीर से दिल्ली-लाहौर का स्वाभाविक सम्पर्क था, लेकिन बृहत्तर भारत से पार्वत्य कश्मीर की नाड़ी का योग नहीं हुआ! इसका नतीजा यह हुआ कि हूनजा, बालतिस्तान, चिलास, शारदा या 'योगीस्तान'—ये सब सदा के लिए अजाने रह गए। वे नीचे नहीं उतरे गर्मी के डर से और ये ऊपर नहीं गए ठंड के डर से! सिर्फ अफगानों के समय और दुरानी हमले के समय जात जाने के डर से कुछ कश्मीरी पंडित भाग आए थे। उन्हीं के साथ-साथ पशमीना के कुछ कारीगर भी भाग आए थे। इन कारीगरों में जो मुसलमान थे, वे सिपाही-विद्रोह के समय अँगरेजों के खिलाफ खड़े हुए थे। इनमें से लगभग सभी उस समय पश्चिम पंजाब के बाशिन्दे हुए थे।

बालतिस्तान चूँकि चारों तरफ से पहाड़ों से घिरा था, इसलिए कश्मीर से अलग-थलग था। भारतीय जरीब विभाग के अँगरेज अधिनायक ने ही कहा है, कि गुलाब सिंह जिस समय महाराजा हुए, उस समय कश्मीरशासित इलाका कुल 25 हजार वर्गमील ही था। लेकिन 1845 से 120 वर्षों की अवधि में लद्दाख समेत कश्मीर भूखंड का आयतन 84 हजार वर्गमील हो गया! इस विस्तार का इतिहास अँगरेज जानते थे और अँगरेजों के सिवा भारत राष्ट्र की

राजनीतिक सीमा के लिए किसी ने कभी सिर भी नहीं खपाया।

बालतिस्तान में भी वही हुआ। वहाँ भी अँगरेजों का ही सिद्धान्त स्वीकृत हुआ। लद्दाख के राजा वजीर वजाहरत के हाथ अँगरेजों ने स्वाभाविक कारण से ही बालतिस्तान के शासन का भार छोड़ दिया था, क्योंकि लद्दाख और बालतिस्तान के एक ही अधिवासी थे। भाषा, संस्कृति, समाज, जनस्वभाव आदि से अन्त तक एक। लिहाजा अँगरेजों का वहाँ सुविचार था। लद्दाख के राजा को 'ग्यालपो' कहते थे। ग्यालपो वजीर वजारत के शासन की सुविधा के लिए अँगरेजों ने बालतिस्तान को दो तहसीलों में बाँट दिया। उत्तर के हिस्से का नाम हुआ 'स्कार्दू' और दक्षिणी हिस्से का 'कारगिल'। गरीब और दुरवस्थावाले बालतिस्तानियों ने इस व्यवस्था से थोड़ी सुविधा उठाई थी। कश्मीर की सदा की नीति के अनुसार उपज की एक-चौथाई राजस्व-स्वरूप सरकार को देनी होती!

लद्दाख को जैसे पश्चिमी तिब्बत कहते हैं, वैसे ही बालतिस्तान को 'छोटा तिब्बत' कहते हैं। ये दोनों ही नाम अलीक हैं। लेकिन ऐसे अँगरेजी नाम रखने का प्रधान कारण है, कि सामाजिक जीवन में भारतीय बौद्ध लामा लोग इन पर अपना आधिपत्य फैलाए रहते, और स्वयं ल्हासा के सांस्कृतिक अनुशासन पर चला करते थे।

खैर! बालतिस्तान के उत्तर के हिमवाह से अनेक नाले और नदियाँ दक्षिण और पश्चिम को उतरी हैं। जो चौड़ी और तेज प्रवाहवाली हैं, उनमें से महासिन्धु नदी, शियोक, शिगर, द्रास, सुरू, ब्रालदू, बशार, हुशे सालतरो आदि विशेष उल्लेख योग्य हैं। इन सबने सारे बालतिस्तान को टुकड़े-टुकड़े कर दिया है। अँगरेजी 'स्कार्दू' जनपद को वहाँ के लोग 'अस्कार्दू' कहते हैं। यह नगर बालतिस्तान का सबसे बड़ा नगर है। यह महासिन्धु नदी के पश्चिम में बसा है। यहाँ के कुछ हिस्सों में सिन्धु पूरब-उत्तर को बहती है। लेकिन नदी के उस पार दूर तक के भूभाग में आदमी की आबादी नहीं है। स्कार्दू के पश्चिम देवशाही पर्वतमाला है, उत्तर और पूरब में सिन्धु के उस पार हिमवाह; दक्षिण में लद्दाख और जस्कर की ऊँची चोटियाँ चारों तरफ ऊँची दीवार-सी खड़ी हैं और बीच में स्कार्दू मानो एक हौज में पड़ा है!

स्कार्दू तथा सुदूर का एक दूसरा जनपद है—'रन्दू'। सिन्धु की इन दोनों उपत्यकाओं का फैला हुआ मैदान बालू-कंकड़ से भरा हुआ है। उनके आसपास नदी से सटे जो गाँव नजर आते हैं, वे पथरीले मैदान में सेंवार के एक-एक धब्बे-से लगते हैं। गाय, बैल या भैंसों की जन्म-संख्या यहाँ बिलकुल कम है। इसीलिए अधिकांश खेतों में मानव-जन्तु को हल जोतना पड़ता है! बालतिस्तान

में मध्ययुग की कई व्यवस्थाएँ आज भी चलती हैं, जिनमें से एक है—जोर-जबर्दस्ती काम कराना, जिसका बदनाम अँगरेजी अनुवाद है forced labour। स्कार्दू तहसील में यह रिवाज बहुत ज्यादा चलता है, इसलिए खटकता है। बालतिस्तान लद्दाख के ही अन्तर्गत है, पर लद्दाख से बालतिस्तान का यही एक फर्क है कि उत्तर बालतिस्तान के लगभग सभी लोग धर्म में मुसलमान हैं! बौद्धों की संख्या बहुत ही कम है—उनमें से प्राय: सभी कारगिल के रहनेवाले हैं। मध्य बालतिस्तान में स्कार्दू तहसील में ही महासिन्धु की उपत्यका में—जहाँ दो हेमांगिनी नदियाँ आकर गले-गले मिलती हैं—सूखे, मरु-जैसे भू-भाग के बीच में आश्चर्यजनक सुन्दर-मनोरम और हरा-भरा जनपद है। इसका नाम 'खपालू' है। सारे बालतिस्तान में फल-फूलों से यह मोती की तरह टलमल करता है। सारे वर्ष में बारिश की मात्रा बहुत कम ही है, पर हर समय रात-दिन हवा के साथ साबू के दाने जैसे तुषार-कण मिले रहते हैं। माथे के ऊपर बड़ा ही निर्मल नील आकाश, धूप चमकती है—लेकिन उसी हालत में तुषार के कण वर्षा की बूँदों-से झरते रहते हैं! मेघों की सजलता शायद ही दिखती है। कभी-कभार दिखती भी हैं तो मेघों की टुकड़ियाँ। कभी दो-चार बूँदें टपक गईं। शायद कभी सहसा सुनाई पड़ गई मेघों की गरज—और फिर सब दुराशा में गायब! सो बारिश की बजाय बर्फ के वे कण ही पेड़-पौधों को जिलाए रहते हैं। यहाँ यह कह देना उचित होगा कि बर्फ गिरने का ढंग सब जगह समान नहीं। रुई के फाहे-सी हवा में उड़-उड़कर जो झरती है, वह एक प्रकार है, लेकिन जो साबू के दानों से कुछ वजनसहितकण गिरते हैं, वे और प्रकार के होते हैं। बालतिस्तान की आवह प्रकृति सब जगह ऐसी है।

चारों ओर की नंगी, धूसर और ऊसर पर्वतमालाओं के नीचे-नीचे निर्मल पानी की असंख्य धाराएँ अविराम कल-कल स्वर करती हुई दिखाई देती हैं। लेकिन जहाँ तक भी आँखें जाती हैं, विराट सूखे पत्थरों का नेहरहित, कीर्तिहीन, जनशून्य एक अकरुण और अर्थहीन संसार नजर आता है, जैसे सृष्टि का बहुत बड़ा अपचय हो! इसमें कहीं-कहीं सिन्धु के किनारे-किनारे सेंवार के गुच्छे-सी एक-एक बस्ती—और उस हरियाली की आबादी में किलबिल करती हैं सदा की भूखी नर-नारियाँ! ये लोग पुराने जंगली और पहाड़ी लोग थे। इतिहास के आरम्भिक दिनों में ये बौद्ध हुए, बाद में ये ही भोट्टा लोग इस्लाम में दीक्षित हुए। ये लोग जब शिया मुसलमान हुए, तभी से इनकी स्त्रियों ने एक ही साथ अनेक पति (Polyandry) वाले रिवाज को छोड़ना शुरू किया। लेकिन औरतों ने जब बहु-पतित्व छोड़ा तो मर्द बहुपत्नीवाले होने लगे। नतीजा यह हुआ कि

जनसंख्या बेहद बढ़ी। जनसंख्या की इस बढ़ती के कारण बालतिस्तान के थोड़े-बहुत खेत-खलिहानों में अब जनसंख्या का हिसाब करीब-करीब प्रति वर्गमील दो हजार हो गया है। फलस्वरूप बहुतों को मुल्क छोड़कर जहाँ-तहाँ बिखर जाना पड़ा। पेट की भूख धर्म नहीं मानती! वहाँ नाम को ही हिन्दू, मुसलमान, बौद्ध होते हैं। सिर्फ मजदूरी की तलाश में बालतिस्तानी गिलगित, चिलास, बालतित, अस्तोर, अस्कोल, यहाँ तक कि चित्राल और हजारा तक चले गए। बहरहाल इस स्थिति में कुछ अन्तर आया है। स्कार्दू तहसील के ब्रालदा, किरीस, परकुट्टा, तोलती, चोर्बत आदि इलाकों में फौजी चहल-पहल बढ़ने से हवाई अड्डा, राह-बाट, छोटे-मोटे काम-कारबार, मोटर-ट्रक-जीप आदि के आ जाने से बालतियों को काम काफी मिला है। सैकड़ों मील तक मोटर चलने लायक सड़क का निर्माण, पहाड़ काट-काटकर घर-द्वार बनाना, अफसरों के लिए बँगला-बगीचा तैयार करना, भेड़-बकरी की आपूर्ति के लिए ठेकेदारी, सब्जी की खेती, आदि बहुत तरह के कामों के लिए उनकी जरूरत पड़ी। स्कार्दू तहसील में जीवन-यात्रा की जो शक्ल आदिम थी, जैसे खाद के लिए वे गोबर ही नहीं, मनुष्य के मल को भी सदा जतन से रखा करते थे और खेतों में डालते वे—'As winter appproaches earth is stored on the house tops and mixed with the dung of cattle and human excrement. The latter is always collected in small walled enclosure...carried out in the spring in baskets and spread quickly over the land : imperial Gazzetteer of India, Oxford, 1908)—तब के उस जीवन का अब रूपान्तर हुआ है। इसमें अमरीकी दाक्षिण्य ने काम किया है। मगर दुर्भाग्य की बात यह यह है कि अमरीका की यह उदारता दुनिया के जिस हिस्से में भी गई, वहीं राजनीतिक दाँव-पेंच के साथ अन्तर्द्वन्द्व और दुर्योग शुरू हुआ।

बालतियों का मूल लहू दार्द और मंगोलीय का मिश्रण है। गाल के दोनों ओर की हड्डी जरा ऊँची, नाक दबी-सी, आँखें दोनों किनारे की तरफ। शुरू में एक बालती को देखकर मैं अवाक् रह गया था! सिर के सामने का हिस्सा छुटा हुआ—कनपटी के पास बाल के छोटे-छोटे गुच्छे—सुना, इन गुच्छों में वे फूल खोंसकर चलते हैं! तन्दुरुस्ती बहुत अच्छी, देखने से डर लगता है। खूँखार बिलकुल नहीं, बल्कि उसके उलटे। पैरों में कच्चे चमड़े के जूते, पहनावे में खुरदुरे कम्बल का कोट, पाजामा, सिर पर चाँद टोपी। टोपी के किनारे से बाल के गुच्छे निकले पड़ते हैं। यह किसी भी सदी के इतिहास में ढूँढ़े नहीं मिलता कि बालतिस्तानी ने कभी स्नान किया है या साफ-सुथरा चेहरा लिये आया है!

कहते हैं, जाने किस एक जमाने में किसी फकीर के प्रभाव से बालतियों ने इस्लाम कबूल किया। बालतिस्तान के सबसे प्रसिद्ध 'ग्यालपो' 19वीं शताब्दी के अन्तिम दिनों यहाँ राज करते थे और लद्दाख को जीतकर एक पहाड़ की गोद में उन्होंने एक किला बनवाया था। इस 'ग्यालपो' गोष्ठी के अन्तिम राजा थे अहमदशाह। बालतियों में सुल्तान, नवाब, अमीर आदि शब्दों का प्रचलन नहीं है।

इसमें सन्देह नहीं कि बालतिस्तान के लोग राजभक्त हैं। आज के राजा की शक्ति कितनी है, इसका हिसाब किए बिना ही वे उन पर श्रद्धा रखते हैं। राजपुरुष जुल्म भी ढाएँ तो भी वे श्रद्धा के पात्र हैं। इसमें भी श्रेणी-विचार है। राजगोष्ठी, सैयदगोष्ठी, ब्रुकपागोष्ठी, सबसे अन्त में जनसाधारण। जनसाधारण यानी वे लोग, जो भाषा के अभाव में बोले नहीं! ग्यालपो, सैयद, ब्रुकपा—ये लोग बालतियों को राह का भिखारी बना रहे हैं, और यही उनके मुखपात्र हैं। आज हालत कुछ सुधरी है। ऊपर लिखी तीनों गोष्ठियों ने गरचे खूब लूटा, लेकिन स्कार्दू तहसील में मजदूरी की कमी नहीं है। उत्तर बालतिस्तान के लोग इसी में खुश हैं।

कहा जाता है, आठवीं शताब्दी में, सम्राट मुक्तापीड़ ललितादित्य के जमाने में बालतिस्तान के भोट्टा लोगों का बड़ा प्रताप था। इतिहास के किसी एक समय में तिब्बतियों ने पश्चिम में साम्राज्य-विस्तार की कोशिश की थी। सम्राट ललितादित्य ने उस कोशिश को रोकने की कोशिश की। तत्कालीन मध्य-भारत के राजा यशोवर्मन की सहायता से उन्होंने तिब्बतियों के पाँच अभियानों के रास्ते को रोका। उसके बाद ललितादित्य ने अपना राजदूत चीन सम्राट के दरबार में भेजा। उस समय चीन में टाँग वंश का राज था। इस वंश के राजत्व-काल में बालतिस्तान के संलग्न प्रदेश (शायद लद्दाख) में चीन और तिब्बतियों के बीच जोरों का संघर्ष हुआ। उस संघर्ष में चीनियों की जीत हुई। उन्होंने तिब्बतियों को पीछे हटा दिया। चीनियों की इस जीत से गर्वित टाँग सम्राट से सम्राट ललितादित्य ने दो लाख सेना की माँग की और महापद्म सरोवर (ऊलर झील) के किनारे तम्बू डालने का प्रस्ताव किया। ऐसा समझ में आता है कि उस समय के विस्तारवादी तिब्बती टाँग वंश के चीन सम्राट और कर्कट वंश के सम्राट ललितादित्य दोनों के ही घोर राव थे! जो भी हो, टाँग सम्राट ने राजदूत की खातिरदारी की, पर सम्राट ललितादित्य के प्रस्ताव को मानने में असमर्थ रहे। ऐतिहासिक कल्हण ने अपने विवरण में लिखा है : 'छोटे तिब्बत के भोट्टे लोगों ने इसके बाद ललितादित्य के समय में या उसके बाद कश्मीर पर हमला नहीं किया!'

ठीक इसी तरह कश्मीरोत्तर प्रदेशों में दार्दों ने इतिहास के शुरू से अँगरेजों

के जमाने तक कश्मीरियों पर बराबर जोरदार हमले किए। आठवीं सदी में दिग्विजयी ललितादित्य ने ही सबसे पहले कश्मीरोत्तर प्रदेशों पर कब्जा करके खूँखार और अजेय दार्द एवं भोट्टा जातियों को हराकर झुकाया। ललितादित्य के राजत्वकाल के बाद देवशाही पर्वतमाला और उसकी विभिन्न उपत्यकाओं पर दार्द जाति का फिर उत्थान हुआ और बराबर कश्मीरियों से उनकी तनातनी चलती रही। बहुत-सारे दार्द लोग आज भी कश्मीर के उत्तर के पहाड़ों में रहते हैं, पर उनका स्वभाव बहुत-कुछ बदल गया है।

सन् 1834 में जोरावरसिंह ने जम्मू के राजा गुलाबसिंह की ओर से नये सिरे से लद्दाख को जीता। जस्कर और काराकोरम—इन दो विशाल गिरिमालाओं के बीच में जो भू-भाग है, जोरावरसिंह ने उसी को तत्कालीन लद्दाख माना था। इस भू-भाग के पूरब में काराकोरम लेह तहसील की दीवार का काम करता है। जो हो, लद्दाख-विजय के वक्त बालतिस्तान के राजा अहमदशाह ने लद्दाखियों का पक्ष लिया और सम्भवत: जोरावरसिंह से दुश्मनी की तथा लद्दाख का कुछ अंश छीन भी लिया। सन् 1840 में बालतिस्तान पर आक्रमण की जड़ में शायद यही बड़ा कारण था। जोरावर सिंह ने स्कार्दू के किले को घेर लिया। अहमदशाह उनके हाथों बन्दी हुए। 1841 में जब जोरावरसिंह ने तिब्बत पर हमला किया तो इसी अहमदशाह को मजबूरन उनके साथ जाना पड़ा। बाद की घटना कुछ शोक की है—तिब्बत की इस लड़ाई में तिब्बत की सबसे ज्यादा स्मरणीय घटना। इस लड़ाई में अहमदशाह चीनी और तिब्बतियों द्वारा पकड़ लिये गए और ल्हासा के पास एक कारागार में बुढ़ापा और हताशा के कारण उनकी मृत्यु हो गई। जोरावरसिंह के भाग्य ने भी साथ नहीं दिया। वे या उनके कोई सैनिक लौटकर फिर जम्मू नहीं पहुँचे।

आजकल कश्मीरोत्तर प्रदेशों से मोटर के कुछ रास्ते जगह-जगह से घूमते हुए बालतिस्तान से जा मिले हैं। पेशावर से निकलकर उत्तर में अबोटाबाद होकर जो मनोरम उपत्यका-पथ सीधे चिलास को गया है, वहाँ दोनों तरफ दो अमर्त्यलोक दिखाई देते हैं—एक तो पश्चिम का 'तिरीचमीर' और दूसरा नंगा का गगनविजयी शिखर—यह पूरब में है। यह कश्मीर की अजेय प्राकृतिक शोभा एक उदार-गम्भीर अनादिकाल के दो पहरेदार की तरह दोनों ओर खड़ी हैं। यहाँ के बड़े-बड़े देवदारों के वनों की कैसी तो एक त्रिकालजयी सुन्दरता सदा उच्छ्वसित होकर सभी देशों के परिव्राजकों को अपनी ओर खींचा करती है। महासिन्धु नद के दोनों किनारों के डरावने अरण्यलोक एवं विभीषिका-भरी गिरि-गहराइयों के नीचे-नीचे जंगली फूलों के मालंच के आसपास चिरकाल

का काव्य मानो विषाद-विधुर नि:श्वास छोड़ता रहता है। कभी-कभार दो-एक अफगान-स्त्री, कभी एकाध नाम परिचयविहीन यायावर, कभी मेषपालों के साथ पठान-पालक, कभी एकाध चिलासी 'व्योपारी'—उसके बाद वही पर्वतलोक, वही वन-प्रान्तर, वही चट्टानों में मुखरित निर्झरिणियाँ—सब जैसे सन्न! इन्हीं के अन्दर से मोटर की आँकी-बाँकी सड़क दूर-सुदूर के 'बाबूसर' में जाकर खो गई है! यह सड़क अस्तोर और बुनजी होकर महासिन्धु को पार करके गिलगित की ओर गई है। लेकिन उत्तर की तरफ गिलगित न जाकर कोई अगर दक्षिण-पूरबवाले रास्ते से बालतिस्तान जाना चाहे तो वह दार्द जाति के प्रधान केन्द्र में पहुँचेगा। अस्तोर से दक्षिण को जो पुरानी सड़क दास, मिनिमर्ग होकर ऊलर झील की ओर उतरी है, उस रास्ते में दास देवशाही उपत्यका के अन्तर्गत पड़ता है, इसलिए यह रास्ता दास पार करके इस उपत्यका के अन्दर से दूर पर्वत-शिखर बुर्जिल की तरफ चला गया है। बुर्जिल पर जाकर खड़े होने से (13690 फीट) यह प्राचीन पृथ्वी फिर मानो अपने अनोखे अभिनवत्व को प्रकट करती है! हिमालय पर खड़ा हूँ—पीछे देख रहा हूँ विशाल नंगा और दूर उत्तर में हिन्दूकुश। सामने काराकोरम के हिमवाह, जिनसे हिमालय का सम्पर्क कुछ कम है। देवशाही और काराकोरम के नीचे की ओर गौर करता हूँ, उस युग के चीनी परिव्राजक 'ओकुंग' द्वारा वर्णित 'पो-लिउ' प्रदेश—आज के इतिहास में जिसका नाम पड़ा है बालतिस्तान! बुर्जिल का दर्रा पार करके बालतिस्तान या स्कार्दू का रास्ता किसी समय बड़ा कठिन था और दार्द लोग यहाँ तरह-तरह के जुल्म करते आए थे। परन्तु अँगरेजों द्वारा गिलगित एजेंसी चलाए जाने से स्कार्दू का वह रास्ता प्रशस्त और खतरे से बहुत हद तक खाली हुआ। कहना न होगा, कश्मीरोत्तर प्रदेशों के सुशृंखल शासन से पहले अँगरेज चतुर्भुज थे। एक हाथ से जरीब और मानचित्र-रचना, दूसरे हाथ से हूनजा और दार्द लोगों पर काबू करना तथा घाट-बाट सुगम करना, तीसरे हाथ से नये जनपद बसाना और विभागीय शासन-व्यवस्था तथा चौथे हाथ से भारत साम्राज्य की सीमा-रक्षा के लिए तमाम फौजी घाटी का निर्माण और गिलगित एजेंसी के मार्फत बहुत बड़ी जासूसी सेना बनाने का काम किया। 1850 से 1940 तक उत्तर कश्मीर के लिए अँगरेजों की आँखों में नींद नहीं थी।

पेशावर से चीन-सिनकियांग के इलाके में पहुँचने का एक चौड़ा और सुन्दर रास्ता अँगरेजों ने बहुत पहले से बनवाकर रखा है, जो गिलगित और हूनजा बालतित होकर सीधे उत्तर 'किलिक दावान' तथा 'मिनटाका' दर्रे को गया है। यह रास्ता चीन-पामीर (ताग्दुम्बस) होकर सिनकियांग के अन्दर गया

है। बहरहाल सिनकियांग के पश्चिमी इलाके में सोवियत यूनियन की कृपा से काफी तरक्की और श्रीवृद्धि हुई है, अँगरेजों के जमाने में यह बात किसी भी प्रकार से विश्वासयोग्य नहीं थी।

उत्तर-पूरब पंजाब से एक बड़ा ही पुराना रास्ता 'लुहले' के अन्दर से 'केलंग' (16,500 फीट) पार करके लद्दाख गया है। यह रास्ता लेह तथा शियोक नदी और उत्तर में काराकोरम (18,000) के दर्रे को पार करके सिनकियांग के कुनलुन उपत्यका में उतरा है। मध्य एशिया से भारत आने का यही सबसे पुराना रास्ता है। अँगरेजों का खयाल है, चंगेज खाँ इसी रास्ते से आया था।

फिलहाल पाकिस्तान की मदद से चीन से बालतिस्तान जाने का एक और रास्ता बनने को है! यह स्कार्दू से खपालू, वहाँ से सास के दर्रे को पार करके 'देपसांग' उपत्यका के उत्तर में काराकोरम की घाटी से मिलेगा, ऐसी सम्भावना नजर आ रही है। लेकिन यह इलाका बड़ा बीहड़ और दुर्गम है। रोज-रोज बर्फ की अन्धी, गलित बर्फ की अजस्त्र धाराएँ, सब समय तेजी से उतरनेवाले हिमवाह का खतरा! न आदमी, न आदमजाद और फिर करारी सर्दी—रास्ता बनाने की ये बाधाएँ हैं। फिर भी इस रास्ते को जो लोग बनाएँगे, लगता है, उनके लिए भारत का शान्तिवाद, अहिंसा और वेदान्तिक उदासीनता काम आ सकती है!

बालतिस्तान की बहुतेरी नदियाँ सोने के कण बहाती हैं। इसकी मिट्टी-सी कँकरीली प्रकृति तिब्बत से मिलती है। तिब्बत का दूसरा नाम 'स्वर्णभूमि' है। वहाँ घूमते हुए सोने की कुछ खानों के चिह्न मैंने देखे। यह मानी हुई बात है कि चीन, सोवियत यूनियन और ब्रह्मदेश में सोना खूब सुलभ है। बालतिस्तान की नदियों से सोना बीनना भोट्टा लोगों का एक प्रधान पेशा है। इनके पास वैज्ञानिक साज-सामान कभी नहीं था। देशी तरीकों से ही नदी के बालू-पत्थरों से सोने के कण निकालना इनका प्रधान पेशा था। इसी सोने से वे सदा कर देते आए हैं। जिनका संग्रह ज्यादा था, वे एक समय महज दस रुपये का सालाना लाइसेंस लेकर ही काम कर सकते थे। नदी के दोनों किनारे बैठकर बालतिस्तान के लोग बालू का पहाड़ जमा करके उसमें से सोने के कण बीना करते थे। स्कार्दू की बनिस्बत बालतिस्तान के दूसरे तहसील कारगिल में इस प्रकार के सोना-संग्रह-शिल्प की प्रधानता ज्यादा रही। कारगिल से द्रास होकर सोनमर्ग तक जो छोटी-बड़ी पहाड़ी नदियाँ आई हैं, उनमें भी सोने के काफी कण बहते हैं, आज इसकी अनेक चेष्टाएँ चल रही हैं कि वैज्ञानिक उपायों से अधिक-से-अधिक सोना कैसे निकाला जा सकता है।

उत्तर बालतिस्तान मुख्यतया इस्लाम धर्म में दीक्षित है, लेकिन आनुष्ठानिकता

कभी कुछ नहीं थी। वे मात्र नाम और गिनती में मुसलमान हैं—लेकिन कुरान का एक रूप भी नहीं जानते। रमजान में वे फाका नहीं रखते। ईद की प्रार्थना क्या होती है, जश्न किसे कहते हैं, उन्हें नहीं मालूम। सौर-जगत में ईद का चाँद नाम की भी कोई चीज होती है, यह उन्होंने कभी आँखों नहीं देखा। नमाज उन्होंने वंशानुक्रम से नहीं पढ़ी। बालतियों के नामकरण में मुसलमान संज्ञा निहायत कम है। भाषा उनकी तुर्की, दार्दू और पहाड़ी मिली-जुली है। लेकिन कान लगाकर सुनिए तो उसमें अरबी-फारसी का फोड़न मिलता है।

धूप-ताप के डर से भारतवर्ष की समतल भूमि में बालतियों ने कभी कदम नहीं रखा। यायावर या भेड़ पालनेवाले बालती छिटककर कभी-कभी उत्तर भारत, कश्मीर की उपत्यका, लाहौल के पहाड़ में आ जाते थे। लेकिन नीचे के समतल पर उतरने में उन्हें डर लगता। इधर या तो तीखी धूप में बीमार पड़कर, नहीं तो भाषा नहीं जानने की वजह से भूखे मरा करते! जो भी हो, समतल भारत से उनका कोई सम्पर्क नहीं हुआ। लेकिन उत्तर-पश्चिम सीमान्त प्रदेश के दो रास्तों से इनका सम्पर्क था। रोजी-रोजगार की आशा से ये लोग कारगिल, जोषीला, सोनमर्ग होकर ऊलर के दक्षिण बारामूला की राह से हजारा जाया करते थे, नहीं तो स्कार्दू से बुर्जिल के दर्रे को पार करके अस्तोर गिलगित की तरफ जाया करते थे। अब ब्रुकपा सम्प्रदाय इनसे मिल गया है, जो दार्दिस्तान का रहनेवाला है। जिन चीजों का गोश्त खाना मुसलमानों को मना है, उनके लिए इन्हें कोई रुचि-विचार नहीं है। गर्ज कि जो भी मांस हो, भक्ष्य है। आज ऐसी उदार नीति भारतीय हिन्दू और मुसलमानों के खास-खास वर्ग में दिखाई दे रही है! पुराना युग अपनी सारी पुरानी रुचियों और आदतों का बोरियावसना समेटकर विदा हो रहा है।

लेकिन उत्तर हिमालय की इस मानव-वंश-परम्परा के अन्दर-ही-अन्दर रोज-रोज होनेवाले छोटे-बड़े परिवर्तनों से बाहर जो उदार, विशाल तथा दिग्दिगन्त तक फैला हुआ पार्वत्य कश्मीर है, वह मानो एक आदिम विश्व-प्रकृति के प्राचीन नियमों से ही नियंत्रित होता है। धूप से चमकते नीलाभ आसमान में, चीड़-पाहन-देवदार-चनार के घने फैले जंगलों में, सूरज की किरणों से झिलमिलाती स्वर्ण-कण बहानेवाली काँच-सी स्वच्छ जलवाली निर्झरिणियों में, तुषारकिरीटवाले दानवों-से पर्वतशिखरों में कहीं कोई परिवर्तन नहीं है! सेब-अनार के वनों, खिले लाल कमलोंवाले प्राचीन 'महापद्म' सरोवर में, फूल-वन की सुठाम छायावाले 'लोलाव' में—तेरू, गुपिस, गुरेज, तोलती, मिनिमर्ग या हैरत में डालनेवाले 'सियारी' में—स्वाभाविक सौन्दर्य का कोई हेर-फेर नहीं हुआ है।

जो रास्ता विवागी चन्द्रभागा और कृष्णगंगा को गया है, इस्कुमान के नीचे-नीचे घुड़सवारों के गिरोह रंग-बिरंगे फूलों को रौंदते हुए जिस रास्ते से शेरकिला से कोहिस्तान की ओर जाते हैं, द्रास पार करके जो टेढ़ी-मेढ़ी दस्यु-राह पहाड़ों के रहस्यलोक में खो जाती है, उन रास्तों में आज भी कभी-कभार वसन्त का माया-क्रन्दन फूलों की गंध में फफक उठता है! लेकिन इन सबसे परे जाने कौन तो सुदूर वैकुंठ के आनन्दलोक की ओर पुकार-पुकार जाता है—उस आनन्दलोक का, जिन्होंने सबसे पहले 'भूस्वर्ग' नाम रखा था। वे राजसिंहासन से भी ज्यादा कश्मीर के प्रति आकृष्ट थे। और, वे थे सम्राट् जहाँगीर!

देवशाही-सोनमर्ग-बलताल-जोषीला

पैदल चले बिना भ्रमण का कोई फल नहीं। हर कदम पर भूमि का स्पर्श कीजिए—यही भ्रमण की सबसे बड़ी उपलब्धि है। पाँव चलते हैं और उसके साथ मन काम करता है। चाल जितनी धीर, विश्राम का अवकाश जितना ज्यादा होगा, भ्रमण उतना ही सार्थक होगा। जितना ज्यादा देखना, उतना ही ज्यादा दर्शन। जितना जानिए, उतना ही ज्ञान। भारत जितनी परिव्रज्या संसार के दूसरे किसी देश में नहीं। साधु सभी देशों में हैं, देश-भेद से उनका खाद्य और पोशाक भिन्न है, लेकिन अध्यात्म की उपलब्धि की दिशा में भारत की पैदल परिव्रज्या ने ज्यादा काम किया है। राजकुमार सिद्धार्थ ने कपिलवस्तु से बाहर जाकर रात के अन्तिम पहर में घोड़े को छोड़ दिया। उसके बाद से उन्होंने दूसरी किसी सवारी का व्यवहार किया था या नहीं, इसके बारे में इतिहास ने कुछ नहीं कहा। मैं जानता हूँ कि तुलना बेमेल होगी, लेकिन प्राचीन भारतीय परिव्रज्या का एक आधुनिक अभ्यास हमें विनोबा भावे की पदयात्रा में मिलता है। हाँ, उनका उद्देश्य अलग है। उनसे बहुतों के मत का मेल न हो चाहे, पथ का मेल है।

उपत्यका कश्मीर में धान की कटनी सितम्बर में खत्म हो जाती है। अलग-अलग देश की अलग-अलग व्यवस्था। यहाँ के खेतिहर तुषारपात के लिए जितनी आँखें बिछाए रहते हैं, उतनी वृष्टिपात के लिए नहीं। कश्मीर की मुख्य बरसात बैशाख में होती है, उसके बाद बीच-बीच में दिसम्बर, जनवरी, फरवरी—ये महीने बर्फ गिरने के हैं। उसके बाद वही बर्फ गलेगी और वही पानी नाले-पनाले

में, वितस्ता और शाखा-सिन्धु की झील-नहर में दौड़ेगा। जितनी ज्यादा बर्फ पड़ेगी, उतना ही ज्यादा धान होगा। महाराजा रणवीरसिंह के समय में (1877) इसका उलटा हुआ, जिससे कश्मीर में ऐतिहासिक अकाल पड़ा। उस अकाल में कीड़े-मकोड़ों की तरह हजारों-हजार अभागे कश्मीरी मर गए। उपत्यका कश्मीर के पहाड़ी घेरों सहित जो इलाका है, उसका असली खाद्य ही भात और मछली है। ये दोनों ही चीजें वहाँ कसरत से मिलती हैं। मांस भोजन-विलास है।

पहाड़ों में, मैदानों में, गाँवों में फलवान ऐश्वर्य मानो झलमल करता है। उदार और गम्भीर वनस्पतियों पर यहाँ-वहाँ आश्विन की स्निग्ध छाया। गाँव-गाँव में वैसी ही निरीह जीवन-यात्रा—मन्थर और निर्लिप्त। आजकल गाँवों में यहाँ-वहाँ दुकानों की संख्या कुछ बढ़ गई है। लेकिन राजनीतिक स्थिति कश्मीर की उन्नति में सदा बाधा रही है।

धान के साथ आश्विन में और भी तीन फसलें होती हैं—भुट्टा, काँगनी और अमारन्थ। काँगनी के लिए जरा रूखी जमीन और बीच-बीच में पानी की जरूरत होती है। यह चावल-जैसा ही होता है। अमारन्थ के दाने बड़े स्वादिष्ट होते हैं—दूध के साथ खाने में बहुत अच्छा होता है। कश्मीरी पंडित लोग यही खाकर एकादशी करते हैं। यहीं पर यह भी कह दूँ कि कश्मीर के अभागे पंडित या हिन्दू समाज वहाँ की खेती से नहीं के बराबर ही नाता रखते हैं। इसी मूल कारण से कश्मीर की आज की राजनीति नियंत्रित होती है।

एक के बाद दूसरा भेड़-पालक इधर से उधर जा रहा है। बकरी से भेड़ों की संख्या ज्यादा है। भेड़ों के एक-एक झुंड को ले जाने के लिए चार-पाँच चरवाहों की जरूरत होती है। इन्हें देखते ही पहचान लेता हूँ। सेहत ही अच्छी नहीं, देखने में भी सुन्दर, लम्बा कद। इनका मीठा व्यवहार जम्मू-कश्मीर में प्रसिद्ध है। ये गूजर सम्प्रदाय के और मुसलमान होते हैं। इनका प्रधान काम भेड़ पालना था, पर आजकल और-और कामों में भी ध्यान देते हैं। जम्मू और कश्मीर, दोनों जगह मिलाकर इनकी संख्या कमोबेश तीन लाख होगी। इनके स्वभाव की पवित्रता का सर्वत्र आदर है। कहा जाता है कि अमरनाथ की गुफा में प्रकृति की खयाल-खुशी में बर्फ का जो शिवलिंग बनता है, उसका पता सबसे पहले एक गूजर मुसलमान ने दिया था। इसीलिए पूजा की घड़ी में अमरनाथ में मुसलमानों के लिए प्रवेश-निषेध नहीं है। राजनीति में गूजरों को कभी कोई उत्सुकता नहीं रही है। इसलिए आजकल जो छोटे-बड़े आन्दोलन हो जाते हैं, खास कर श्रीनगर में, उनकी ओर देखकर इन्हें बड़ा कौतुक होता है। ये जिस भाषा या बोली में बात करते हैं, उसे 'परिमू' कहते हैं। ये लोग गाय-भैंस भी

पालते हैं और पहाड़ों पर भुट्टे की खेती भी करते हैं।

'गन्दरबल' पार करके बड़ी दूर निकल गया। वन-बगीचा, पहाड़ों के ऊपर की समतल भूमि, शाखा-सिन्धु की बहुतेरी निकली हुई धाराएँ—सबको पीछे छोड़कर उत्तर बहुत दूर तक बढ़ गया। 'गन्दरबल' को कोई-कोई गान्धारबल और कोई 'गंधर्वबल' कहते हैं। इन सब उच्चारणों में मानो हिन्दू-भाव की पुलक सिहरन का आभास है। यदि यह कहें कि कश्मीर में जाफरान बहुत होता है और जाफरान का दूसरा नाम कश्मीरा है, तो हिन्दूमन विरूप हो उठता है। कश्मीर के साथ अनैतिहासिक काश्यप मुनि के नाम का कोई नाता हो, तो मेरी भी तबीयत खुश हो! 'राजतरंगिणी' के अनुवादक ऑरेल स्टीन आदि अनेक लोगों ने इस प्रसंग की चर्चा की है। लेकिन चीन-सिनकियांग के अन्तर्गत आधुनिक काशगढ़ शहर पुराने युग में काश्यपगढ़ था या नहीं, इस पर किसी ने कुछ कहा ही नहीं।

चनार-वन के भीतर से एक-एक करके भेड़-बकरियों के और भी दो झुंड निकल गए। उनके बदन से रोएँ काटने का समय है चैत का अन्त, जब गर्मी के आभास में वसन्त उतरता है, पहाड़ों की ओर बर्फ गलती है। ये सब ठंडे मुल्क के जन्तु हैं और प्राकृतिक नियम से, बर्फ और बर्फीली हवा से ये रोएँ से ही अपने को बचाते हैं। लेकिन ठीक समय पर रोएँ नहीं काटने से या जाड़े में काटने से वे जिन्दा नहीं रहते। 'क्लिपिंग' का खास यंत्र, तरीका और समय निश्चित रहता है। जो इलाका जितना ही ठंडा होता है, वहाँ की भेड़-बकरियों का रोआँ उतना ही घना और लम्बा होता है। खास प्रकार के झब्बू, चमरी, कुत्ता, पहाड़ी भालू या हिरन, खास तरह का घोड़ा, गधा या खच्चर—ये सब लोमश होते हैं। पर इन सभी जानवरों में जरूरत के नाते भेड़ों और बकरियों के रोएँ ज्यादा उपयोगी होते हैं, ज्यादा कीमती। मेगाटन 1000 नाम के बम से दुनिया को ध्वंस शायद किया जा सकता है, किन्तु एक मेमने को अगर जबान होती तो वह चिल्लाकर कह सकता था, मैं दुनिया के छह महादेशों का रक्षक हूँ! सभ्यता के इतिहास में और कोई ऐसा वस्त्र ही नहीं निकला, जो आदमी के शरीर को कोमल और मीठे उत्ताप से कठोर सर्दी में संजीवित रख सके। यह भेड़ का रोआँ ही है, जिसका दूसरा नाम है पशम!

इन गूजरों से मिला-मिला और एक सम्प्रदाय है, उसे 'गद्दी' कहते हैं। ये पहाड़ों में, जंगलों में, जनपद के पास घर बनाते हैं और फिर तोड़ते भी हैं। इनके रहन-सहन में कोई श्रृंखला नहीं होती। बहुत-कुछ जिप्सियों की तरह ये चलते-चलाते अपनी सन्तानों का पालन करते हैं, मजदूरी करते हैं। जाड़ों के पहले लकड़ी-काठी जमा करते हैं, अपना कम्बल आप बुनते हैं, औरतें तरह-

तरह के गहने और रंगीन घाघरे बनाती हैं और फिर जंगल-पहाड़ों को निकल पड़ती हैं। सभ्य जगत की इन्हें कोई परवा नहीं होती। सभ्य जगत इनके भले-बुरे की खोज भी नहीं रखता। ये मुख्य रूप से हिन्दू हैं। सारे कश्मीर में हिन्दू या मुसलमान—महज एक चेतना ही है, जीवन से इस चेतना का दैनन्दिन या व्यावहारिक वास्ता नहीं है! समतल भारत से ऊँचाई पर बसे कश्मीर का सबसे बड़ा फर्क यहीं है! भारत में जहाँ धर्म की चेतना उग्र है, वहाँ कश्मीर में वह चेतना अपनी उदासीनता से नर्म है। यही वजह है कि उपमहादेश भारत की उग्र साम्प्रदायिक कट्टरता कश्मीर में वैसी पनप नहीं पाई है। गौर करने की बात यह है कि आजाद कश्मीर इलाके के जो कश्मीरी शासक हैं, उनसे पाकिस्तानी शासकों की कभी पटरी नहीं बैठी। आजाद कश्मीर में बार-बार नेतृत्व बदलता है, पाकिस्तान के हाथों बार-बार आजाद कश्मीर लांछित भी हुआ है, लेकिन कश्मीरी मुसलमानों ने आज तक यह नहीं सीखा कि अपने स्वभाव-धर्म को कैसे छोड़ा जा सकता है। युद्धविराम रेखा के उस पार से जो लोग गोलियाँ छोड़ते हैं, उनमें जात-कश्मीरी कितने हैं, उँगलियों पर गिने जा सकते हैं। 1964 की 5 जनवरी को प्रेसिडेंट अयूब खाँ ने जब यह घोषणा की कि हजरतबल मस्जिद से पैगम्बर के पवित्र केश की जो चोरी हुई है, वह किसी मुसलमान का काम हरगिज नहीं है, तो कश्मीरी मुसलमानों ने सड़कों पर निकल-निकलकर कहा : 'पवित्र केश को लिया चाहे जिसने हो, हम साम्प्रदायिक लड़ाई नहीं करेंगे। यह घृणित काम है।' कहना बेकार है कि कश्मीर ने उस दिन उत्कंठित भारत की मर्यादा रखी थी।

सन् 1909 में कलकत्ते से प्रकाशित : 'Imperial Gazetteer of India : Kashmir & Jammu' से यहाँ कुछ पंक्तियाँ उद्धृत करना अप्रासंगिक नहीं होगा : 'Islam came in on a strong wave...But close observers of the country see that the so called Mussalmans are still Hindu 'sthans' heart. Their shrines are on the exact spots where the old Hindu sthan stood. The Kashmiris do not flock to mecca, and religious men from Arab and other countries have spoken in strong terms of the apathy of those tepid Mussalmans. In Social sphere there are no changes from old times.'

खैर! हजरतबल परिदर्शन के वक्त और बातों की चर्चा करने की इच्छा रही।

'चन्द्रभागा' नदी को पार किया। यह भी शाखा-सिन्धु है, पर नाम अलग है। एक ही नदी, लेकिन अलग-अलग इलाके में अलग-अलग नाम। अमरनाथ

की गुफा में पहुँचने से पहले, जहाँ शाखा-सिन्धु की पाँच भिन्न-भिन्न धाराएँ मिली हैं, उसे 'पंचतरणी' कहते हैं। यानी कोलाहै, कोहिनूर, नुनकुन आदि के आसपास जो हिमवाह हैं, ये धाराएँ उन्हीं की हैं। ये धाराएँ सावन बीतते-बीतते खतरनाक हो उठती हैं, जब इधर तीर्थ-यात्रियों की भीड़ होती है। इस पंचतरणी में एकाएक बाढ़ आ जाने से सन् 1928 में दो हजार तीर्थयात्रियों की जानें गईं! नतीजा यह हुआ कि उसके बाद दस साल तक बहुतेरे लोगों को उधर जाने का साहस ही नहीं हुआ। अमरनाथ से नीचे जो नदी—अमरावती या अमरगंगा नाम से परिचित है, उसी नदी का यहाँ चन्द्रभागा नाम पड़ा है। यही चन्द्रभागा डल झील के पश्चिमी किनारे से उतरकर वितस्ता से मिल गई है।

अब तक दक्षिण से उत्तर जा रहा था। उत्तर का यह रास्ता ऊलर झील के पूरब से पहाड़ों के नीचे-नीचे दूर तक चला गया है। सोनमर्ग का यह रास्ता बड़ा पुराना है। चन्द्रभागा अथवा शाखा-सिन्धु ने यहाँ हिमालय के दो विशाल दानवों को एक-दूसरे से अलग कर रखा है। ये दोनों हैं—हरमुख और कोलाहै। इन दोनों उत्तंग शिखरों के ठीक बीच से पश्चिम से उत्तर-पूरब को सोनमर्ग से जोषीला की ओर रास्ता गया है। दूसरा रास्ता पहाड़ों से पश्चिम से उत्तर को गया है। हरमुख से पश्चिम 'गुरेज' और 'लोलाब' उपत्यका पार करके दूर-दूर तक जानेवाला यह उत्तरमुखी रास्ता एक समय कृष्णगंगा के गहरे गिरि-गह्वर को पार करके 'बुर्जिल' दर्रे की तरफ चला गया है। इसी रास्ते के बीच में बड़ा-सा पहाड़ी जनपद मिनिमर्ग पड़ता है। यह रास्ता बड़ा ही सुन्दर और जंगलों से भरा है। इसे बार-बार उपत्यका कहा जरूर गया है, पर है यह पहाड़ी। दार्द या बम्बास जाति के जिस सम्प्रदाय ने प्रशासनिक नियम-कानून का वश नहीं माना, इस इलाके में उनका क्रिया-कलाप थोड़ा-बहुत आज भी बना ही हुआ है। इसके चारों तरफ के भूभाग को दार्दिस्तान कहते हैं। आजकल कृष्णगंगा की उत्तरी सीमा से बुर्जिल के बीच बहुतेरे पठान और पख्तूनों ने डेरा डाला है। दार्द लोग बुनियादी रूप से पहाड़ी और शक्तिशाली हैं। लिहाजा उनके स्वार्थ में चोट लगने से बीच-बीच में उन दोनों में लड़ाई हो जाती है। संसार के सभी देशों की राजनीति अर्थनीति-केन्द्रित है। जहाँ अन्न-वस्त्र, आश्रय इत्यादि की निश्चिन्तता का सवाल जुड़ा हुआ है, वहाँ स्वार्थ-त्याग, देशप्रेम, जातिवाद—ये सब पागल के प्रलाप हैं। दार्द या पठानों को जब ये बातें समझाने की कोशिश की जाती हैं तो वे जल-भुन उठते हैं और तब दोनों दलों पर गोली बरसाने के सिवाय चारा नहीं रहता। सो आजाद कश्मीर के इलाके में भी शान्ति है।

बुर्जिल दर्रे को पार करके यह रास्ता जाकर देवशाही उपत्यका में उतरा है।

यहाँ पर जो पुराना दार्द जनपद मिलता है, उसका नाम पहले 'दाह' था, अब 'दास' हो गया है। यहाँ के लोग वही प्राचीन, जंगली और आदिम जीवनयात्रा-प्रणाली के आदी हैं। चारों ओर अनध्युषित पहाड़ी इलाका—जो कश्मीर की अन्यतम विशेषता है। यहाँ अरण्य-अटवी की अपार गम्भीर शान्ति मानो कल्प-कल्पान्तर की एक ध्यान-मौन स्तब्धता की तरह सदा विराज रही है। इस छोटे-से जनपद को पार करने के बाद सुन्न सपाटा है—मनुष्यों की बस्तियाँ नहीं हैं। जंगल और तृणभूमि नीलाभ हैं। तराई को पत्थरों के छोटे-छोटे टुकड़ों और ढोकों ने भर रखा है—जहाँ अनाज होने की कल्पना ही नहीं की जा सकती। इसके एक ओर गगनचुम्बी नंगा है, दूसरी ओर विशाल देवशाही पर्वतमाला। इन सबको उत्तर और पश्चिम को बहनेवाली आरण्यक महासिन्धु ने घेर रखा है। इन दोनों पर्वतमालाओं के एक ओर चिलास, दूसरी ओर बालतिस्तान पहुँचने का रास्ता है। 'दास' जनपद गिलगित वजारत के अन्दर पड़ता है। सच पूछिए तो देवशाही उपत्यका के आरम्भ से ही सारा उत्तरी भाग गिलगित एजेंसी में पड़ता है। लेकिन अँगरेजों के चले जाने के बाद से महासिन्धु के उत्तर हूनजा जाति ने स्वाधिकार के लिए फिर से आन्दोलन शुरू कर दिया है। हूनजा के मीर या अमीर से आजाद कश्मीर के अधिकारियों का संघर्ष रोज-रोज की घटना है। बहुतों का खयाल है, सिनकियांग के चीन-विरोधी गुप्त दल से हूनजा के अमीर की साँठगाँठ है। पहाड़ी सम्प्रदायों में से दार्द, चिलासी, हूनजा, नागर, बालति, यासेनी—इनका स्वभाव वैरी नागाओं जैसा उग्र और आत्मकेन्द्रित है। ये गैरों की अधीनता मानने को कभी तैयार नहीं। फिलहाल इनके आसपास सिनकियांग के चीन-विरोधी अमीरों का जातिवादी दल मिला है। इसके अलावा हूनजा के उत्तर पामीर इलाके में—जिसकी मामूली ऊँचाई 20 हजार फीट है—ताग्बुम्बस में विस्तारवादी नये चीन से सोवियत यूनियन का विवाद अभी भी अनिर्णीत ही पड़ा है। चीन का विश्वास है, प्राचीन पूर्व-तुर्किस्तान या सिनकियांग का पश्चिम प्रान्त हूनजा, नागर तथा सोवियत ताजिक, किरगिज़ और कजाकिस्तान में भी फैला हुआ है। पिछले चालीस वर्षों से सिनकियांग का एक बहुत बड़ा हिस्सा सोवियत यूनियन की सुव्यवस्था से जुड़ा हुआ है। सोवियत इलाके में पड़नेवाले सिनकियांग या तुर्किस्तान ने इस लम्बे अरसे में अपने शासन की व्यवस्था आप ही बना ली है। सैकड़ों साल की आजादी में ये पले हैं। पूर्व-सिनकियांग सदा से आत्मनियंत्रणशील स्वतंत्र राष्ट्र है, जैसाकि तिब्बत है। चीन की अनुगतता इनकी नाम के लिए ही थी। मूल चीनी भूभाग से इनका कभी भी परिचय नहीं हुआ। एक समय, जब राजनीतिक सीमा के लिए कोई विवाद नहीं था, तब

मंगोलिया और सिनकियांग उर्फ तकलामकान मरुभूमि की राह से ही चीन के तीर्थयात्री इसी मध्य एशिया होकर गौतम बुद्ध की पुण्यभूमि में प्रवेश करते थे। काराकोरम या कृष्णगिरि-माला में उनके लिए भारतीय फाटक खुला रहता था। और, जिसके लिए ढाई हजार साल में कोई सीमा-विवाद नहीं उठा!

सोनमर्ग पहुँचा तो तीसरा पहर हो चुका था। यह जैसे कोई स्तब्ध-सी नई दुनिया हो! चन्द्रभागा के दक्षिणी पार में कोलाहै पहाड़ की भीम-दीवार नदी की सीमा से सीधे दस हजार फीट ऊँची खड़ी है। खूँखार जानवरों में यहाँ सिर्फ मझोले कद के काले भालू मिलते हैं, जो मौका मिलने पर निरीह पहाड़ी घोड़ों पर हमला करते हैं। हिमालय के भालू पहाड़ी गुफाओं में रहते हैं। कोलाहै के उत्तर सोनमर्ग है, दक्षिण में पहलगाँव, पूरब में अमरनाथ और पश्चिम में श्रीनगर का इलाका था। कोलाहै की ऊँचाई 18 हजार फीट है। श्रीनगर से सोनमर्ग की दूरी मोटर की राह से 53 मील है।

सितम्बर का चौथा सप्ताह। टूरिस्टों का मौसम खत्म तो नहीं हुआ था अभी, मगर आजकल लोग इधर कम ही आते हैं। पश्चिम की ओर शाखा सिन्धु के आसपास टूरिस्टों के घूमने-फिरने का बहुत बड़ा अवकाश है। बहुतेरे लोग तम्बू लेकर जाते हैं। कई लोग यहाँ रात्रिवास भी करते हैं। दिन में कभी-कभी कहीं कानन-कुंजों की छायावीथि में वनपाँखियों के कूजन-गुंजन के साथ-साथ प्रेम-पगे उच्छ्वसित कंठों की आवाज भी सुनाई पड़ जाती है। और देखते-ही-देखते सूनी वन-छाया के फूल-बिछे हरे पथ से नये युग की कोई जोड़ी निकल आई! या कि नदी तट के तम्बू के अन्दर से मिश्रित कलकंठ का गद्गद कोलाहल सुनकर परिव्राजक को ठिठक जाना पड़ा। वही प्राचीन पृथ्वी, वही नित्य-नवीन!

आते समय 'कंगन, गुन्द, वांगत' आदि कई जनपदों को पार करके ही आया। लेकिन पहले के वे छोटे-छोटे गाँव अब बड़े हो रहे हैं, उनका नाम बदल रहा है। मोटर का रास्ता तरक्की कर रहा है, इसलिए बहुत जगह व्यवधान का भी तारतम्य हो रहा है। इसके सिवाय बसों और व्यापारियों के ट्रकों ने कश्मीर के दूर-दूर के जनपदों की भी शक्ल बदल दी है। घर-द्वार का चेहरा पलट गया है। जहाँ-तहाँ दुकान-बाजार लग गया है, तरह-तरह की तरी-तरकारियों की आमदनी होने लगी है और बहुत-से स्थानों में लोगों की पोशाक में भी परिपाटी ले आई है। कश्मीर में आधुनिक युग के नागरिक उपकरण बहुत आ गए हैं। श्रीनगर के लाल चौक से कलकत्ते के मुर्गीहाटा का कोई फर्क है या नहीं, यह सोचना पड़ता है। पठानकोट से अब माल ढोनेवाली ट्रकें बहुत चलती हैं। वे सैकड़ों मील दूर के पहाड़ी इलाकों की दुर्गमता में भी सामग्रियाँ पहुँचा देती हैं,

जो कि महज बीस साल पहले तक भी कश्मीर के लिए सपना-सा था।

सोनमर्ग की तरफ शाम के बाद सर्दी खासी बढ़ जाती है। उत्तर-पूरब का इलाका पहाड़ों की ऊँची-ऊँची दीवारों से घिरा है—इधर भी वही। दो तरफ दो श्रेणी, नीचे सोनमर्ग। एक प्रकार से जोषीला से ही पश्चिम की ओर नदियों से सोना संग्रह करने का काम आज भी चलता है। पश्चिम का यह रास्ता देवदार, चनार और अखरोट की घनी छाया-तले होकर ऊलर की ओर चला गया है। इसी अंचल के हरमुख के हिमवाह से कृष्णगंगा की धारा निकली है। पहाड़ी जंगलों के अन्दर-अन्दर वह पहाड़ों को काटती हुई उत्तर-पश्चिम को बहती गई है। लोलाब, गुरेज और शारदास्थान पार करके दो शहरों के नीचे से वह मुजफ्फराबाद को चली जाएगी। इन दो शहरों में से एक प्रसिद्ध है, वह है 'तिथवाल'। और दूसरा है प्राचीन 'कर्नाह'। अब यह स्थान पाक-भारत युद्ध-विराम सीमा है।

कंगन से सोनमर्ग की तरफ बढ़ते रहने से ही समझ में आ जाता है कि रास्ता सँकरा होता जा रहा है—दोनों तरफ के पहाड़ बदन से लगते-से हैं। खुले मैदान का पता नहीं चलता। फसलों के खेत खोते जा रहे हैं, समतल जमीन के दर्शन नहीं मिलते। कश्मीर की संसार-प्रसिद्ध समतल उपत्यका सोनमर्ग के नदी-तट तक जाते ही खत्म हो गई। वर्गमील का लेखा लगाएँ तो यह उपत्यका दो हजार मील से आखिर कितना ज्यादा है? लेकिन इसी छोटे-से भूभाग की आश्चर्यजनक भौगोलिक स्थिति सारे संसार के लिए सदा-सदा का आकर्षण रही है। सोनमर्ग से दो मील पहले एक ऊँची पहाड़ी समतल भूमि मिलती है—उसका नाम 'थायवाज' है। 'थायवाज' के वन-पर्वत की शोभा बड़ी मनोरम है। यहाँ एक बहुत बड़ा हिमवाह तुषार नदी होकर स्थायी रूप से खड़ा है।

कोलाहै को शाखा-सिन्धु विभिन्न नामों और धाराओं से घेरे हुए है। इसीलिए उसके चारों ओर की उपत्यका का नाम 'सिन्धु उपत्यका' या 'सिन्धु वैली' पड़ा है। प्रत्येक नद या नदी से एक-एक वैली जुड़ी हुई है। वितस्ता, चन्द्रभागा, इरावती, विपाशा, शतद्रु, महासिन्धु (Indus)—सबके साथ यह वैली है। पहलगाँव हालाँकि उपत्यका में पड़ता है, मगर यह पाइन-भरा मनोरम जनपद सिन्धु-उपत्यका के अन्तर्गत है। और ऊपर की तरफ पहाड़ी अवक्षय के आसपास ईगल पंछियों के बसेरे हैं और कस्तूरी-मृग भी खोजने से मिलते हैं। लीडर का दूसरा नाम नीलगंगा है।

इधर के गिरिशिखरों के ऊपर हिम-चोटी के आसपास कुछ जलाशय है। अमरनाथ, भैरवघाटी, हरमुख—इनमें से एक-एक में स्वच्छ नीले जल की जो झीलें हैं, उनके नाम हैं—सोमसायर, ज्ञानसायर, नागबल, राजबल, नंगाबल,

आदि। ये सब-की-सब 12 हजार से 18 हजार फीट की ऊँचाई पर हैं। इन्हें देखने की सुविधा अगस्त या सितम्बर में रहती है। हिमालय में प्राय: हर जगह घूमने के लिए यही दो महीने सबसे अच्छे हैं। और तिब्बत घूमने के लिए भी अगस्त-सितम्बर ही उपयुक्त समय है।

सोनमर्ग का यह रास्ता बहुत ही प्राचीन काल से मध्य एशिया की तरफ जाने का रास्ता है। यह रास्ता ऐतिहासिक है। बुद्ध की वाणी को ले जाते हुए मानव-वंश-परम्परा इस लम्बे रास्ते में अपनी थकावट दूर कर सके, इसके लिए पहले की राजशक्ति ने विश्राम के लिए अगणित विहार बनवाए और वे सब बौद्ध विहार हैं। आज जिन रास्तों से रक्तमुखी हिंस्रता आ रही है, ठीक उन्हीं रास्तों से भारत ने अहिंसा और करुणा की कालजयी वाणी भेजी थी। सोनमर्ग के इसी रास्ते में एक गाँव के छोर पर बहुत पुराने एक बौद्ध मन्दिर का खँडहर आज भी अपनी अनोखी स्थापत्य कला लिये मौजूद है। इनके आसपास दो पहाड़ी झरने उतर आए हैं। बौद्ध स्थापत्य के ऐसे नमूने चिलास, चित्राल, अफगानिस्तान, सोवियत मध्य एशिया, पामीर, सिनकियांग और मंगोलिया—यहाँ तक कि कोरिया और जापान में भी बिखरे पड़े हैं! मैंने अपनी पुस्तक 'देवतात्मा हिमालय' में बताया है कि तकलामकान रेगिस्तान के 'मासारताग' और 'दनदन किलिक' आदि कुछ ओएसिसों में भारतीय बौद्ध स्थापत्यों के विशाल खँडहर अभी भी मरु-चट्टानों में खो नहीं गए हैं! इनके बारे में उन दिनों के अनेक पर्यटक बता गए हैं। उन स्मरणीय असाध्य साधकों में से अलबरूनी, बोर्निएर, फोर्स्टर, मूरक्राफ्ट विगने, ह्यूगेल, जैकुएमंट, स्तूनबर्ग, फेडरिक, ड्रू, ग्राउज, नाइट, स्वेन हेडिन, यंग हसबैंड आदि बहुतों के नाम याद आते हैं। भारतवर्ष और मध्य एशिया के बीच कई रास्ते प्रागैतिहासिक काल से ही चालू हैं। कुछ साल पहले मध्य एशिया के भ्रमण के समय मैंने इन रास्तों का एक मोटा-मोटी लेखा लिया था। ताजिक से तुर्किस्तान तक मध्य एशिया का पश्चिमी भूभाग आज सोवियत यूनियन का इलाका है और इस इलाके का हर रिपब्लिक आत्मनिर्भर तथा समृद्ध है।

सोनमर्ग से जोषीला दर्रे की तरफ जा रहा था। जोषीला शिवजी-ला का अपभ्रंश है। शिवजी, शियोजी, शोषी और सबसे अन्तिम जोषी। यह शाखा-सिन्धुघाटी का छोर है। जो सँकरा पहाड़ी रास्ता था, उसे अब बड़ा और चौड़ा बनाया गया है। लद्दाख जीतने के बाद जोरावरसिंह के लोगों ने इस रास्ते को नये सिरे से बनवाया। यह कश्मीर घाटी का सबसे प्रधान और प्राचीनतम द्वार है। इसलिए जोषीला के निर्विघ्न और खतरे से खाली होने का मतलब है—कश्मीर

और भारत की सामग्रिक सुरक्षा। इस रास्ते से भारत के कई कश्मीरोत्तर इलाके जुड़े हुए हैं, जैसे लद्दाख और उसका एक-एक इलाका। सोनमर्ग से उत्तर घने पहाड़ों के इलाके में बढ़ते समय अँगरेजों या महाराजा हरिसिंह के जमाने में अनुमति-पत्र के बिना जोषीला दर्रा पार करने पर रोक थी। अनुमति पाने पर भी बहुत-से लोग कारगिल और स्कार्दू तक जा पाते थे। उस समय बालतिस्तान का दक्षिणी तहसील था कारगिल। श्रीनगर से कारगिल की दूरी 150 मील से कुछ ज्यादा है और श्रीनगर से स्कार्दू जाने से उस समय भयंकर पहाड़ी रास्ते में जोषीला के सिवाय भी दूसरा एक दर्रा पार करना पड़ता था जिसका नाम 'चर्वत' है। जोषीला से वह पाँच हजार फीट से भी ज्यादा ऊँचा है। इस 'चर्वत' की ऊँचाई पर खड़े होकर दूरबीन से जिस एक अनोखी दुनिया का परिमाप किया जाता है, वह प्राचीन कश्मीर की चौहद्दी है। चर्वत कश्मीर का मध्यबिंदु है लिहाजा समान दूरी से वास्तविक कश्मीर तथा भारत की उत्तरी और उत्तर-पूर्वी सीमा सही-सही देखी जा सकती है। यानी उत्तर और उत्तर-पश्चिम में काराकोरम और हिन्दूकुश—पश्चिम में नंगा, शिवालिक—दक्षिण और दक्षिण-पश्चिम में पीरपंजाल तथा जस्कर की विभिन्न पहाड़ी दीवारें—दक्षिण-पूर्व में जस्कर और लद्दाख की ओर-छोरहीन गिरिमालाएँ—पूर्व में कुनलुन या क्वेलान और उत्तर-पूर्व में फैला हुआ वही एक ही काराकोरम। एशिया, यूरोप, अफ्रीका या अमरीका—इन चार महादेशों के अन्तर्गत किसी भी भूभाग में ऐसा सही, निर्दिष्ट, भू-प्रकृति के द्वारा सुनियंत्रित और अन्तर्जातीय मानचित्र द्वारा सुनिर्णीत और स्वीकृत भौगोलिक सीमा नहीं है।

सोनमर्ग से कुछ दूर आगे एक राह शाखा-सिन्धु के सूने तट पर 'बलताल' नाम के छोटे-से जनपद को उतर गई है। यहाँ यह नदी पूरब से आई और कोलाहै को घेरती हुई दक्षिण-पश्चिम को चली गई है। बलताल में स्थायी वास नहीं है, है सिर्फ 'चौकी'। ऐसा एकान्त, निर्जन और आनन्ददायक स्वास्थ्यवास कश्मीर में शायद ही दूसरा हो। यह जलाशय के पास की एक नीची तराई है और शोभामय वन-सम्पदा से समृद्ध है। चारों ओर खड़े भीषण दैत्य-दानवों के पहरे में बैठी एक शिशु बालिका मानो नीलनयना नदी के किनारे निश्चिन्त और निर्भय हो फूलों की माला गूँथती चली जा रही है! मौन और सूना बलताल सभ्य जगत से बिलकुल अलग और अकेला है। लेकिन यह छोटा से भी छोटा अंचल दो भारतीय भूभागों के ठीक बीच में खड़ा है। वे दोनों हैं—कश्मीर और लद्दाख। जोषीला के गिरिसंकट को यहाँ पर दो रास्तों की सुविधा मिली है। पहाड़ के ऊपर से सीला (11,600 फीट) पार करके मोटर की सड़क 'द्रास'

की ओर गई है, लेकिन बीच ही में बलताल के पास से नदी के किनारे-किनारे दूसरा एक सँकरा रास्ता माचइ जनपद से जा मिला है।

कश्मीर की इस अन्तहीन गिरिमाला के रहस्यलोक की आड़ में, गुप्त एकान्त में बलताल को देखकर बड़ा आनन्द मिला था। आज जो नये घर नजर आ रहे थे, कई साल पहले ये नहीं थे। यह बस्ती के आसपास नहीं है, भोजन-सामग्री या बाजार कहीं नहीं है। रात का सहारा महज मोमबत्ती! अँधेरे में शाखा-सिन्धु खाँ-खाँ करती है, प्रेत की छाया-से खड़े कुछ पेड़ और इसी माहौल में एक जैसा-तैसा अनसजा पत्थरों का गरीब घर। फर्श शायद लकड़ी का, पुरानी लकड़ी और लता-पत्तों से छाई हुई छत—बावन साल पहले उस घर में शायद ही किसी-किसी रात दस मील दूर से आकर बर्फ से बचने के लिए चौकीदार पनाह लेता हो! लेकिन उन्हीं दिनों इस अमरावती (शाखा-सिन्धु का यहाँ यही आंचलिक नाम है) के किनारे किसी एक चाँदनी रात में उस गरीब घर में तुरत का ब्याहा एक कवि आकर रहा था—साथ में थी उसकी नवोढ़ा वधू! निर्जन पर्वत के नीचे वनपुष्प बिछा यह मायाकानन मधुयामिनी बिताने योग्य था। वह तरुण कवि भी कश्मीरी पंडित थे। लेकिन उस अमरावती की स्वर्गीय महिमा से भविष्य के लिए उन्होंने जो मंत्र चुना था, वही अमोघ मंत्र बाद में नये भारत की रचना में काम आया था। उस तरुण कवि का नाम था जवाहरलाल और उनके साथ थीं श्रीमती कमला।

बलताल की बही में आज भी उनके हस्ताक्षर मौजूद हैं।

धीरे-धीरे ऊपर उठ रहा हूँ। घुमाव पर घूम रहा हूँ। चढ़ाई से ऊपर-से-ऊपर जा रहा हूँ। पेड़-पौधे, हरियाली—सब नीचे खोती जा रही है। अगल-बगल की पहाड़ी चोटियाँ मानो करीब खिसकती जा रही हों—जैसे आसपास में! पिछली रात शिखरों पर काफी बर्फ पड़ी थी। उस नर्म, दूध-सी सफेद बर्फ पर तीखी धूप दप-दप कर रही है। उस पर आँखें नहीं टिकाई जा सकतीं। पेड़-पौधों या हरियाली का कहीं नाम-निशान नहीं? चारों ओर तुषार के गहने पहने सिर्फ नंगे काले पहाड़ खड़े हैं। मेरे आगे मानो एक नये ही जगत का द्वार खुल रहा हो!

जोषीला का दर्रा पार करके जा रहा था—

ऊपर से अब सुदूर नीचे की गहराई में बलताल के पास से वही अमरावती दिख रही थी, जो भैरव घाटी के नीचे-नीचे अमरनाथ पहाड़ की ओर चली गई है, जहाँ एक सर्वथा नई ही विश्व-प्रकृति का द्वार मुझे अजाने से अजाने की ओर बुलाता चल रहा है। लेकिन देखकर दंग रह गया कि कठिन बर्फ की ठंड में भी रास्ते के किनारे रंगीन फूलों का उत्सव अभी तक खत्म नहीं हुआ है! एक ही

टहनी पर कई रंग के फूल—हिमालय के सिवा ऐसा और कहाँ मिलने को है? यह मानो मुझे 'वायुयान' और 'महागुनास' की तुषार-घाटी के पुष्प-समारोह की फिर से याद दिला रही हो!

सँकरी पहाड़ी राह। पर वह राह धूप-पड़े तुषार की छिटकती जोत से चकमक। माथे पर जोषीला गिरिशिखर—16 हजार फीट से भी अधिक ऊँचा। दाईं ओर की दीवार हिमवाहों से भरी। उसी की एक-एक दरार से दूध की धार-से उतर रहे हैं पहाड़ी झरने। नीचे की ओर निगाह दौड़ाई। कहीं-कहीं हिमवाह को चीरकर एकाधिक जलप्रपात प्रचंड वेग से पत्थरों पर चूर-चूर होने के लिए कूद रहे हैं। जैसे दिशाज्ञानहीन किन्हीं पगलियों की जमात मन की ताड़ना से नीचे के पत्थरों पर पछाड़ लाकर अपने को चूर-बिखेर रही हो!

न, जल्दी नहीं थी। राह के किनारे ठिठक गया। मन में विस्मय का नशा-सा लग रहा था। पहाड़ों पर जहाँ रंग की विचित्रता देखी, वह सूरज की दमक और वातावरण के मेल से बनती है या नहीं, यह सोचने में मुझे समय लगा था 'लिपूलेक' दर्रे पर खड़े होकर। इन्द्रधनुष का रंग, दिन डूबते समय के मेघों का वर्ण, नीलाभ आसमान या घने नील समुद्र का रंग—समझ रहा हूँ, यह नजर का श्रम हो शायद। लेकिन प्रत्यक्ष पर्वत-शिखर का नंगा रूप तो दृष्टि-विभ्रम नहीं। पंजाब के धौलाधार का बहुत-सा हिस्सा नीलाभ है। कुमायूँ में नन्दादेवी के आसपास की कुछ चोटियाँ नीली और गेरुआ रंग की हैं। उत्तर हिमालय की एक-एक चोटी गहरे हरे रंग की है। यह आँखों का भ्रम नहीं है। गहन हिमालय में नजर से परे जो लोक है, उस भू-प्रकृति के रहस्य-तंत्र को कितना जान पाया हूँ, कितना जान पाया हूँ उस रहस्यतंत्र की व्यंजना को कि कब कैसे वह एक-एक पहाड़ की शिला के रंग को धीरे-धीरे बदल देती है!

घने नील रंग के उस पर्वत-शिखर से नजर हटाकर अब नीचे की ओर देखा—वही एक ही नदी की धारा, लेकिन दो विपरीत दिशाओं की ओर जा रही है—उत्तर और दक्षिण। गिरिसंकट की यही बीच की सीमा-रेखा है। यही है 'वाटर शेड' की गति के निर्णय का संयोग-स्थल। इसका स्थानीय नाम है—'कानीपत्ती'।

सामने को बढ़ते हुए फिर एक बार पीछे मुड़कर ताका। अब तक जहाँ पर ठिठककर खड़ा था, इस सँकरे और सीमित से अंचल के साथ एक छोटा-सा सामरिक इतिहास जुड़ा हुआ है। सन् 1947-48 में जब पाकिस्तान ने कश्मीर पर हमला किया था, तो यहाँ पर जो दोनों दलों में घमासान लड़ाई हुई, उस घनघोर लड़ाई में भारतीय फौज 12 हजार फीट की इस ऊँचाई पर अपनी टैंक-वाहिनी को ले आई! और इससे हुआ यह कि और-और फ्रंटों की तरह

जोषीला-युद्ध में भी भारत की जीत हुई। संसार के अनेक देशों में इस समाचार पर आश्चर्य प्रकट करते हुए कहा गया कि ऐसे सँकरे स्थान में टैंक चलाना और उतनी छोटी जगह में इस यंत्र-दानव को वैसी मार-काट में घुमा-फिरा सकना, मनमाना करा सकना, टैंक-युद्ध के इतिहास में बिलकुल नई घटना है! खैर, 1949 की पहली जनवरी को एकाएक युद्धविराम हो जाने से भारतीय सेना का यह असाधारण कृतित्व एक एकार से बेकार ही गया! भारतीय युद्ध जरा नये ढंग का है। जब फतह हाथ लगे तो युद्धविराम की कामना और जब हार गले पड़े तो लड़ाई की तैयारी!

अचानक छोटे-छोटे मेघों का एक दल आ खड़ा हुआ। मैंने यह देखा कि हिमवाह के नीचे नदी के किनारे कैसे उनका जन्म हुआ! जलप्रपातों के गले लगकर उन्होंने एक-एक करके स्तनपान किया। उसके बाद उनके पंख उगे। धीरे-धीरे ऊपर तैरने लगे। अब तक जो गिरिपथ सूरज की किरणों से झलमल कर रहा था, हठात् उसे सावन के सकरुण अभिमान ने मलिन कर दिया। गिरिपथ के सँकरे दायरे में अकेले और बेसहारे-से होकर जो कभी खड़े नहीं हुए हैं वे यह हरगिज नहीं समझेंगे कि इस अभिमान के साथ दुर्भावना किस तरह से डराती है!

ग्रीष्म, वर्षा और शीत के आरम्भ में, धूप में जब तक ताप रहता है, तब तक हिमवाहों के लिए बन्धन तोड़ने का समय है! चैत और बैशाख में कुछ ही दिन जोषीला में बारिश होती है और मार्च से अक्टूबर के मध्य तक इस दर्रे की पतली-सी राह से दुर्भावना जुड़ी रहती है। इस रास्ते में बिना सूचना दिये अभावनीय, औचक ही पहाड़ की चोटी से घोर वज्र-गर्जन करते हुए घूर्णी के आवेग से हिमवाह (avalanche) पलक मारते ही दौड़ पड़ता है और अपने आवेग में कारवाँ, भेड़-बकरियों का झुंड, ट्रक-बस, जो कुछ भी सामने पाता है, बहा ले जाता है। इन हिमवाहों ने अपनी-अपनी ऊँची चोटी से लगे रहकर जोषीला को चारों ओर से घेर रखा है। जैसे हरमुख, देवशाही, कोलाहै, गगनगिरि, भैरवघाटी और साधारण तौर पर जस्कर गिरिमाला। सो इस सँकरे भयंकर स्थान में जाने से पहले, दो दिन पहले और अगले चौबीस घंटे का आवह-संवाद तथा पूर्वाभास को ठीक-ठीक जान लेना जरूरी है। गर्मी के दिनों में लगातार दो रात यदि आसमान तारों से भरा दीखे तो आधी रात को जल्दी-जल्दी वहाँ से निकल जाना ही निरापद है।

ज्यादा देर नहीं लगी। बर्फ गिरना शुरू हो गया। हवा जरा तेज हो गई। यह दो गिरि-श्रेणियों के बीच का रास्ता है—'एयर पैसेजा'। लिहाजा मेघमलिनता आते ही हवा यहाँ तेज हो जाती है। यह तुषारपात, बर्फीली हवा और इनके साथ

मेघों का मौन षड्यंत्र—इसी में राह का चिह्न लुप्त होता रहता है। और, एक समय तो अपने-आपको भी ढूँढ़कर नहीं पाया जाता। ऐसी घटना घंटे-दो घंटे के अन्तर से ही घटती रहती है। यहाँ घबरा नहीं जाना चाहिए।

आवह-प्रकृति का पूर्वाभास मिलने लगा। देर नहीं है। शायद हो कि दो ही तीन सप्ताह के अन्दर नियमित तुषारपात शुरू हो। वह तुषार छह महीनों से पहले नहीं गलने का, बल्कि सख्त-से-सख्त होता चला जाएगा। उस दुर्योग को गरजते बर्फीले झोंके मदद करेंगे और बर्फ 50-70 या 80 फीट तक ऊँची हो जाएगी। उस समय भू-प्रकृति के वैचित्र्यों का कहीं कोई पता नहीं चलेगा। नदी, प्रपात, जलाशय, गिरिपथ, पथ-चिह्न—भूमि के चिह्न-मात्र को ग्रास करके एक सर्वव्यापी सख्त और दुस्तर तुषार-स्तूप खड़ा हो जाएगा, जिसे चीरकर कोई आदमी, कोई जीव-जन्तु, किसी भी तरह की सवारी नहीं चल सकेगी और पाँच-छह महीनों तक यह रास्ता कतई बन्द पड़ा रहेगा। उस समय एक ही उपाय है—हवाई रास्ता। बर्फ गिरने की स्थिति में खड़ा-खड़ा मैं अनुभव कर रहा था कि बीसों उँगलियों की नोक और नाक की नोक धीरे-धीरे अचेतन होती जा रही हैं। न, अब और देर नहीं है।

जोषीला दर्रा पार करके उस पार पहुँचा। सामने धुँधली-सी ऐसी एक मेघ और बर्फ से भरी घाटी थी, जिससे भारतीय मन का कम ही परिचय है। इस नये विश्व-भुवन में रंग, गंध, रूप, दिशा, पेड़-पौधे, तृण-फूल—कुछ भी ठीक-ठीक नहीं दिखाई देता। सामने कुहरा है ताकि सुदूर बालू-धूसरता—ठीक-ठीक अन्दाज लगाने का कोई उपाय नहीं। उस पार-इस पार में केवल 5-7 मील का फासला, लेकिन प्रत्यक्ष जगत में ऐसा एक हेर-फेर उपस्थित हो जाता है कि कुछ देर के लिए ठक्-सा रह जाना पड़ता है। सवेरे धरती की जिस घास-फूल की कोमल सेज पर सोया था, दोपहर को एक और ही दुनिया के तुषार-प्रान्तर में पड़ जाने से वियोग की वेदना से मन रो उठा। चारों ओर तुषार का श्वेत साम्राज्य नजर आने लगा और तुषार-भरी वे ऊँची चोटियाँ अब बहुत ही कम ऊँची लगने लगीं। 12 हजार फीट की ऊँचाई पर एक समतल भूमि में पहुँचकर यह पाया कि कभी की बड़ी कठिनाई से चढ़ी जा सकनेवाली पर्वतमाला मानो आज बहुत सहजसाध्य हो गई है! कश्मीर की घाटी में खड़े होकर देखने से जो हिम-चोटियाँ अपने विशाल गौरव और महिमा से समुज्ज्वल लगती हैं—यहाँ पहुँचने पर उनकी वह महिमा मानो खर्व हो जाती है। नीचे से जिन्हें देखकर भय, उल्लास दुर्भावना और जोश से मोह-विभोर होता रहा, यहाँ वही जैसे कौतुक के पात्र-से लगने लगे। उन विशालकाय दैत्य-दानवों का दल यहाँ जैसे निरभिमान

बालकों की तरह पास आ खड़ा होता है!

यह अंचल जस्कर गिरिमाला के अन्तर्गत और बालतिस्तान का छोर है। मैं बालतिस्तान के दूसरे तहसील कारगिल की ओर जा रहा था—चर्वत दर्रे के दक्षिण।

इस समतल का रास्ता सदा धू-धू करता है। प्रागैतिहासिक युग से इस पथ पर, महाप्राचीर में स्वाक्षर है। युग-युगान्त के वे कारवाँ, इसी रास्ते आया किए हैं, जब राजनीति की कुटिलता लोगों के मन में नहीं पहुँची थी। पूरब की ओर भारत ने कृष्णगिरि के फाटक को बेरोक रखा था—इसी रास्ते से सुदूर प्राच्य के भारत-तीर्थ-यात्री सदा कश्मीर आते रहे।

शीतलश्वास एक मैला-सा भूखंड है—बाईं ओर तुषार नदी—हिमवाह से भरी। चारों ओर शिद्दत की ठंड। सामने पत्थर के कुछ घर—लकड़ी की छतों से ढके। यह माचइ का बँगला है। मैं यहाँ रुक गया।

द्रास-पूरिक-कारगिल

भैरवघाटी और गगनगिरि की चोटियों को पीछे छोड़कर काफी दूर आ गया। फिर एक बार बालतिस्तान आ पहुँचा। यह बालतिस्तान की दक्षिणी सीमा है। देश यह बड़ा नहीं है। इसके उत्तर में काराकोरम के हिमवाह, बीच में स्कार्दू तहसील और दक्षिण में कारगिल है। इस रूप में अँगरेजों के जमाने में सन् 1908 से कुछ पहले यह साफ प्रशासनिक व्यवस्था में आया। लेकिन वहीं पर अन्त नहीं हुआ। सांस्कृतिक, सामाजिक और अर्थनीतिक दृष्टि से बालतिस्तान और लद्दाख एक तरह से अभिन्न-से हैं, इसलिए अँगरेजों ने दोनों को एकसूत्र में बाँध दिया और तब से लद्दाख बालतिस्तान में शामिल हो गया। स्काई तहसील अब पाकिस्तान-अधिकृत इलाका है।

'माचइ' से आगे बढ़ चला। तुषार-भरे प्रान्तर से लगभग एक हजार फीट नीचे उतर गया। यह समतल भूमि है। हम उत्तर-पूर्व की ओर जा रहे थे। अब कहीं-कहीं पहाड़ी धाराएँ मिलने लगीं और उन धाराओं के आसपास हरियाली की निशानी। काफी ठंडक और ठंडक भी रूखी। छोटे-बड़े जो भी पहाड़ पार कर रहा था, वे सब भी रूखे। उन पर कहीं-कहीं दो-चार कँटीली लतरें, नहीं

तो जूनिपर की दो-चार झाड़ियाँ, इनके सिवाय और कुछ भी नहीं।

सबसे साफ जो चीज नजर आ रही थी, वह थी आमूल परिवर्तन। 'माचइ' से करीब दस-बारह मील पर जो दो बस्तियाँ मिलीं उनकी शक्ल, बनावट और चरित्र से मेरी आँखें और मन अभ्यस्त नहीं थे। घर-द्वार की निर्माण-कला में भारतीय या कश्मीरी ढंग-ढाँचा नहीं। किलों की दीवारों जैसी ऊँची-ऊँची दीवारें, उनके बिलकुल ऊपर छोटे-छोटे एक किस्म के झरोखे—जिनकी परिपाटी भारतीय निगाहों के लिए नई थी। ये गोम्फा या गुम्फा हैं। ऐसी गुम्फाओं के ही वश में होती है आसपास की जीवन-यात्रा। हर गुम्फा लामाओं की एक-एक घाटी है। गुम्फा ही गाँव का अभिभावक है। ये गुम्फाएँ ऊँची पहाड़ी टीलों पर बनती हैं, जहाँ से दूर-दूर तक नजर रखी जा सकती है। एक-एक करके 'पानद्रास' और 'मातायन' नाम के दो जनपदों को पार कर आया।

कुहेली-आवह को अभी भी पार नहीं किया था, लिहाजा थोड़ी-सी बूँदा-बाँदी के बाद ही उसके बदले हल्की हवा में झरती हुई बर्फ उड़ने लगी। देखते-देखते कुहरा-घिरे जिस हिम-पार्वत्य-प्रान्त में जा पहुँचा, वह है—'द्रास'। इस नाम को जब भी सुनता, चौंक होती। द्रास की ठंडी हवा उत्तर मेरु से लगाव रखती है। द्रास तुहिनश्वास है। बहुत की धारणा है, द्रास दुनिया के कठिनतम ठंडे मुल्कों में दूसरा है। पहला शायद अलास्का है। जिस हवा से द्रास काँपता रहता है, वह काराकोरम के कुछ विशालतम हिमवाहों पर से होकर दौड़ती आती है। उन हिमवाहों के नाम हैं—बटुरा, हिम्पार, वियाफो, बलतोरो, स्याचेन आदि। इनमें से प्रत्येक काराकोरम की उच्चतम चोटी 'केर' तथा 'दिस्तेगिल', 'कानजूत', 'मासेरब्रुम', 'हरमोश' आदि में लगे हुए हैं। सर्दियों में 'द्रास' तुषार-समाधि में रहता है और बाकी दिनों ठक-ठक काँपता रहता है। और कुछ ही दिनों के बाद द्रास की मृत्यु हो जाएगी! मैं ही इस साल का अन्तिम पर्यटक हूँ।

लेकिन प्रकृति की इस खूँखार शक्ल से द्रास ने हार नहीं मानी। यहाँ लोगों का समागम काफी है और इस बर्फीली घाटी में यहाँ-वहाँ मुझे कई जनपद नजर आए। द्रास की ऊँचाई 10,150 फीट है। उत्तर की तरफ ढलाव पर के समतल में खुला मैदान-सा और जौ-भुट्टे के हरे-भरे खेत दिखाई दिये। बगल से कलकल करती हुई बह रही है 'द्रास' नदी। दूर पर पिछले युग के एक सिक्ख किले का खँडहर है। रास्ते के दाहिने एक पहाड़ी टीला सिन्दूर-लगा 'शिवतारा' मन्दिर बन गया है। यह बौद्ध मन्दिर है। इस तरह की एक-एक देवमूर्ति पहाड़ खोदकर बनाई जाती है, जैसी कारगिल के आसपास शंखो उपत्यका में चम्पा देवमूर्ति। तारा, कालीतारा, अर्जुन, कार्तिकेय, लक्ष्मण—इन्हीं नामों से वे बौद्धों में

परिचित हैं। पुराने समय में द्रास लद्दाख का अंग था। लेकिन यहाँ के अधिवासी और उनके धर्म-विश्वास से लद्दाख का मेल नहीं रहने के कारण अँगरेजों ने द्रास तथा कारगिल को बालतिस्तान से मिला दिया। अब भारत सरकार ने द्रास और कारगिल को फिर से लद्दाख से जोड़ दिया है।

द्रास मैदान के जिस रास्ते से जा रहा था, उसके ठीक पश्चिम में 'हरमुख' और उत्तर में 'देवशाही' पर्वतमाला का प्रान्त है। द्रास पहुँचने पर पता चला, जोषीला के रास्ते में कुछ ही देर पहले दुर्घटना हुई है! सुनकर मैं चौंक उठा, क्योंकि कुछ ही देर पहले मैं वहाँ से नाटकीय ढंग से निकलकर सकुशल 'माचइ' आया था। अस्तु!

द्रास के इस मैदान के उत्तर से एक रास्ता पहाड़-पर्वत के भीतर से मिनिमर्ग को गया है। 'मिनिमर्ग' शायद युद्धविराम सीमारेखा के ठीक उत्तर में पड़ा है। सो अधिकारियों की इजाजत के बिना उधर जाया नहीं जा सकता। मिनिमर्ग जाने का सीधा रास्ता है, श्रीनगर से उत्तर हरमुख के नीचे-नीचे कृष्णगंगा पार करके। मिनिमर्ग 'बुर्जिल' का प्रवेश-पथ है—जैसे सोनमर्ग से जोषीला।

हम सुदूर उत्तर-पूर्व को जा रहे थे। मैदान से जाते हुए द्रास वैली के जनवैचित्र्य को देखा जा सकता है। आजकल एक अस्वाभाविक स्थिति में बाहर के लोगों का यातायात बढ़ा है, इसमें सन्देह नहीं। लेकिन इनके सिवा भी, जो लोग स्थायी रूप से इस उपत्यका में वास करते हैं, उनमें से अधिकांश गिलगित और उत्तर बालतिस्तान के पुराने अधिवासी हैं—उन्हें यहाँ सहज ही जगह मिल गई है। इनमें हूनजा, ईरानी, बालती—सभी मिल गए हैं।

इससे आगे हमें दो नदियाँ मिलीं : द्रास और सुरू। दोनों ही नदियाँ कारगिल की तरफ गई हैं। हमारा भी रास्ता पूरब-उत्तर को जा रहा था। नदी के किनारे की हरियाली में कहीं-कहीं दो-एक गाय-गोरू नजर आती हैं। भैंसें भी दिखीं, मगर आकार में वे बड़ी नहीं। झब्बू, चमरी भी जरूर देखे। जाड़ा आ रहा था यहाँ, लिहाजा जौ-भुट्टा कट चुका था। खेतिहरों के घर कच्ची मिट्टी के। पर उस माटी में भागीरथी-गंगा की मिट्टीवाली स्नेह-कोमलता नहीं। वह माटी विशेषतया रूखी और बालू तथा कंकड़ मिली हुई होती है। वे घर बर्फ की आँधी में हिलते-डोलते नहीं, पानी के झोंकों से गलते नहीं। किसी-किसी बस्ती में कुछ बगीचे बनाए गए हैं। कुछ पापलर या सफेदा के पेड़, दो-चार सेब या खूबानी और ढूँढ़ने पर शायद देशी जामुन के भी एकाध पेड़ मिलें। साल में वर्षा नहीं-सी ही होती है। प्रकृति की ऐसी कुछ व्यवस्था है कि मौसमी हवा या सजल मेघों के आने-जाने का रास्ता नहीं है। अरब सागर या भारत सागर दुनिया के किस

तरफ है, इसका पता उन्हें आज तक भी नहीं। इन्हें सिर्फ धूल, बालू, पत्थर के टुकड़े, सख्त जमीन, बर्फ और पेड़-पौधा-विहीन नंगी पहाड़ियों से ही परिचय है। हिमालय के मेरुदंड, अस्थिपंजर, उसकी शाखा-प्रशाखा को छोड़कर हमने एक ऐसा विचित्र रास्ता पकड़ा—जिसके साथ हमारी चिन्तना, कल्पना, यहाँ तक कि शिक्षा और अनुभव का भी योग नहीं-सा ही है।

'पूरिक' उपत्यका के रास्ते जा रहा था। वानला, काँजी, वाका आदि नदियों को एक-एक करके पार करता जा रहा था। इस प्राचीन रास्ते की मरम्मत, प्रत्येक नदी पर पुल बनाना, इसकी देखरेख—सब कुछ एक समय जोरावरसिंह की सेना ने की थी। फिर भी मानो यह भयंकर अपरिचय हो। ठीक-ठीक जंगली नहीं, आरण्यक भी नहीं, फिर भी आज की दुनिया के किस्से यहाँ सपने-से हैं! यह जैसे एक आदिम जगत है—जो स्थाणु है, परिवर्तन की धारा जहाँ कोई चिह्न ही नहीं छोड़ पाई! दो हजार साल रहले पत्थर का जो टुकड़ा रास्ते के किनारे जहाँ पर पड़ा था, वह आज भी ठीक वहीं पर पड़ा है! महज दस हाथ चौड़ी जो नदी इस प्रान्तर में पाँच हजार साल से ठीक जिस रास्ते बह रही है, उसने कभी भी किसी भौगोलिक या प्राकृतिक कारण से अपना रास्ता नहीं बदला। आज से लगभग ढाई हजार साल पहले सम्राट अशोक के जमाने में बौद्ध भिक्षुगण इन नदियों में जानवरों की तरह मुँह डुबोकर जैसे पानी पीते थे, उनके पानी पीने का वही तरीका आज भी बरकरार है। सैकड़ों वर्षों में उनकी पोशाक में जरा भी हेर-फेर नहीं हुआ है। वही फटा-फूटा ऊनी कपड़ा, जानवर की खाल-मिली ऊनी टोपी, जानवर के चमड़े में भुट्टा या जौ के छिलकों की मिलावट से बने जूते—ठीक वही पोशाक, वैसा ही अननहाया रूखा-सूखा बाल, कमर का वही बन्धन, झब्बे में विभिन्न चीजों की जोड़—इनमें कभी कोई परिवर्तन नहीं आया! आदिम सृष्टितत्त्व के मूल नियम यहाँ एक आवेगहीन अचल शान्ति में विराजमान हैं!

बलुआहे पत्थर की इस ऊसर प्रकृति के विपुल-विस्तृत अपचय में जाते हुए रह-रहकर धूल से नहा उठता था। बीच-बीच में बलुआहे पत्थर के एक पहाड़ से दूसरे को धूल के झोंके उड़ते जाते। किसी-किसी पहाड़ पर कुछ कँटीली लतरें, कुछ पेड़-पौधे या ठंडी छाँह। इन्हीं में से होकर सुदूर दुर्गम पथ को पार करके जब 'घुंगरी' नाम की एक छोटी-सी बस्ती में पहुँचा तो इधर-उधर ताकने से यह पता चला कि हम युद्धविराम रेखा के आसपास आ निकले हैं। रूखा और कठोर रास्ता धूल-भरा, धूप खूब तीखी। बाईं तरफ उपसिन्धु की शाखा उत्तर की ओर घूम गई है—उसके ठीक उस पार पाकिस्तान के कब्जे

का पहाड़ी इलाका। दोनों के बीच उपसिन्धु की गहरी खाई और फासला बहुत कम। 'घुंगरी' पहुँचने से ठीक पहले धूप से जलते हमारे रास्ते पर हमें एक स्वर्णिम रंग के ईगल पक्षी की लाश पड़ी मिली। मैंने पक्षी का ऐसा ताड़का-सा आकार इसके पहले नहीं देखा!

युद्धविराम रेखा कश्मीरोत्तर भूभाग के भीतर से पश्चिम से पूर्व की ओर बालतिस्तान उत्तरी लद्दाख होकर या काराकोरम के हिमवाहलोक में जा मिली है। यह इलाका बृहत्तर कश्मीर के प्रशासन में होने के बावजूद मूल कश्मीर का बाहरी अंचल है। सन् 1873 में महाराजा रणवीरसिंह के समय में जो कश्मीर राज्य उनके अधीन था, उसकी मोटा-मोटी नाप-जोख तत्कालीन अँगरेज अधिकारियों ने कराई थी। गर्ज कि 1873 का कश्मीर छोटा था और उसका क्षेत्रफल मात्र 25 हजार वर्गमील था (Charles Ellison Bates, Survey Major, Bengal Staff, 1873,Central Asia, Part II)।

भारत जब पाकिस्तान बनने की वजह से तीन भागों में बँटा, कश्मीर की तब की चौहद्दी को जान लेना जरूरी है। कश्मीर के पूरब में तिब्बत, उत्तर-पूरब में सिनकियांग, उत्तर अफगान का पतला-सा सीमाभाग वाखान और पश्चिम में अँगरेजों के जमाने में जो था, वही। गर्ज कि 1873 के बाद से 74 साल के अरसे में ब्रिटिश भारत के अधिकारियों ने कश्मीर के उत्तर, उत्तर-पूर्व और पूर्व की सीमा का पुनर्गठन किया। इन 74 वर्षों में चिलास, चित्राल, अस्तोर, गिलगित, हूनजा,नागर, यासेन, बालतिस्तान और लद्दाख तथा उससे सटे हुए इलाकों को नियमाधीन एक राष्ट्रीय संहति मिली। अँगरेजों ने चुपचाप इन भूभागों के पुराने साँचे को तोड़ दिया, क्योंकि इनकी तोड़-जोड़ ढीली-ढाली थी। ये सारे-के-सारे पहले कश्मीर के अनुगत थे, पर गाँठें मजबूत नहीं थीं। यह गौर करने की बात है कि जोरावरसिंह ने जम्मू राज्य की ओर से लद्दाख और बालतिस्तान को जीता था (1830-40) और 1873 में यह प्रत्यक्ष रूप से महाराजा का इलाका ही माना जाता था।

जो भी हो, युद्धविराम रेखा जिन लोगों ने खींची थी, उनके मन में शायद पिछले इतिहास की बातें अंकित थीं। लिहाजा सीमा-रेखा आँकते समय सम्भवत: एक खास नीति का मोटा-मोटी पालन किया गया। वह नीति यह रही कि उत्तर कश्मीर के जो इलाके गिलगित की अँगरेज रेजिडेंसी के समय नई प्रशासनिक व्यवस्था के अन्दर लाए गए थे, मुख्यतया वही 'आजाद कश्मीर' या पाकिस्तान के अधिकार में आए। इस प्रबन्ध में शायद और एक इरादा था। वह था चित्राल के सम्बन्ध में। कुनार नदी की घाटी का यह बहुत बड़ा इलाका पिछले दो हजार

वर्षों से एक राजगोष्ठी द्वारा एक ही उपाधि से शासित होता आया। वह उपाधि है—'शाह काटोर'। राजा का नाम बदलता रहा, शाह काटोर नहीं बदला। ये प्राचीन काबुल उपत्यका की भारत-यूनानीय राजगोष्ठी के उत्तरपुरुष हैं। कहा जाता है, ये सम्राट सिकन्दर के वंशधर हैं। चित्राल समान-स्वाधीन राज्य था और कश्मीर दरबार का वह अनुगत था। उसकी भौगोलिक स्थिति इस प्रकार है—उत्तर और पश्चिम में अफगान राष्ट्र, पूरब में गिलगित, सोआत कोहिस्तान या इन्दस कोहिस्तान और हजारा, दक्षिण में पाकिस्तान। लिहाजा यह स्पष्ट है कि अफगान राष्ट्र से लेकर चित्राल, हजारा, चिलास, गिलगित, हूनजा, अस्तोर, बुनजी, उत्तर बालतिस्तान—यह सारा ही शिया और सुन्नी मुसलमान-प्रधान इलाका है और इनके आपसी लगाव में कहीं कठिन व्यवधान नहीं है। सन् 1947 के 22 अक्टूबर को उपजातीय पठानों ने जब पाकिस्तान के भूतपूर्व प्रेसिडेंट अयूब खाँ के सहोदर मेजर जनरल अकबर खाँ (ये उस समय छद्मवेशी पठान 'जनरल तारीक' थे) के नेतृत्व में कश्मीर पर हमला किया तो ऊपर लिखे अंचलों के सामरिक प्रशासन का जो हिस्सा मुसलमान-प्रधान था, उस अंश के कश्मीरी अफसरों ने पठान हमलावरों का साथ दिया। इस घटना के सिर्फ नौ दिनों के बाद ही गिलगित में अँगरेजों की सहायता से विद्रोहियों ने एक सरकार बनाई। जो अमुसलमान अधिवासी ने, जो समय पर जंगल-पहाड़ों में नहीं भाग सके, वे 'लिक्विडेट' हुए और बाद में 4 नवम्बर को अँगरेज अफसर मेजर ब्राउन ने एक खास समारोह में पाकिस्तानी झंडा फहराया और फिर नवम्बर के तीसरे सप्ताह में वहाँ एक पाकिस्तानी पॉलिटिकल एजेंट जा बैठे (The story of the Intergration of the Indian States : V.P. Menon)।

युद्धविराम-रेखा खींचने में भारत की भावी परिकल्पना का भी शायद विचार किया गया था। 14 साल के बाद दोनों पक्ष उसी परिकल्पना के आमने-सामने खड़े हुए। 1963 में अँगरेजों और अमरीकियों की मध्यस्थता के बाद लगातार छह भारत-पाक बैठकें हुईं। लेकिन उन बैठकों की पूरी जानकारी मुझे नहीं है।

मैं इसी युद्ध-विराम-रेखा के पास से जा रहा था। सीमा के पहाड़ों की श्रेणियाँ बायें रहीं और हमारी राह नीचे-नीचे चली। बीच में सिर्फ नदी की खाई। दोनों देशों की सीमा इतनी सटी हुई है, यह जरा अजीब-सा लगा। अन्तर्राष्ट्रीय नियम के मुताबिक दोनों के बीच 10 किलोमीटर का एक आबादीरहित चौड़ा भू-भाग होना चाहिए। यहाँ वह नहीं है। इसके फलस्वरूप जब-तब जो छोटी-बड़ी घटनाएँ होती रहती हैं, दोनों पक्षों को उनका झमेला झेलना पड़ता है। इस अलगाव की रेखा में एक-एक जगह ऐसी है, जहाँ बीच का फासला महज 500

से हजार गज का है! भारत के जो लोग या सवारियाँ इस रास्ते से आती-जाती हैं, उन्हें बहुत बार दूसरे पक्ष की कृपा पर निर्भर करना पड़ता है। बीच-बीच में दोनों में गोला-गोली का आदान-प्रदान नहीं होता, ऐसी बात नहीं, पर यह भी सरस संवाद सुनने को मिला कि शुभकामनाओं का भी विनिमय होता है!

पहले महायुद्ध के बाद जर्मन लेखक एरिख मेरिया ने जो संसार-प्रसिद्ध पुस्तक लिखी थी (All quiet on the Western Front), उसमें एक जगह मैंने पढ़ा था—एक दिन काफी रात गए एक फ्रांसीसी सैनिक ने बहुत ही भूखा, थका-माँदा होकर एक जर्मन ट्रेंच में शरण ली। लेकिन उसमें जर्मन सेना थी। उनमें से एक ने दियासलाई जलाई। देखा, दुश्मन है! दोनों ने अपने-अपने दुश्मन पर वार करने की बजाय एक ने दूसरे के मुँह में एक सिगरेट खोंस दी। लेकिन सिगरेट को जलाने के लिए जब दुबारा दियासलाई जलाई तो देखा कि जो आदमी सिगरेट का कश खींचता, वह इसी बीच मर चुका है!

जो लड़ाई छेड़ते हैं, वे लड़ते नहीं हैं! लड़ाई में जो अपनी जानें गँवाते हैं, वे होते हैं देश के जनसाधारण के अंश! सन् 1959 के अक्टूबर में चीन ने जब पहली बार लद्दाख में भारत के प्रहरियों पर धावा किया, तो चीन को लक्ष्य करके मिस्टर ख्रुश्चेव ऐसी ही एक बात कही थी : 'जो हो, जिन कुछ निरीह लोगों की जानें गईं, वे अब लौटने की नहीं!'

उपसिन्धु के नीचे-नीचे मुसलमान या बौद्धों के गाँव देख रहा हूँ। वे सटे-सटे-से ही रहते हैं, जैसे सदा रहते आए हैं। राष्ट्रीय विवाद के पचड़े में कभी नहीं पड़ते, जैसाकि कभी नहीं पड़े। दुनिया की खबरें उन तक युग-युगान्त में भी पहुँचती हैं या नहीं, शुबहा होता है। अगर कभी उधर से कारवाँ गुजरता है, दूसरे देश के घुड़सवार उस रास्ते से जाते हैं, तब शायद उन्हें छिटपुट खबरें मिलती हैं, जिनमें आधी में कुछ सचाई होती है, बाकी अजीबोगरीब, झूठी। लेकिन बाहर से घुड़सवार अब जाते नहीं, कारवाँ का गुजरना भी जाने कब से बन्द है। मध्य एशिया से कश्मीर या हिमाचल या पंजाब का रास्ता अब बन्द है। सुना, इधर शायद तीसरे रास्ते को खोला गया है—जो रास्ता सिनकियांग से मिन्ताका होकर हूनजा, गिलगित, चिलास और हजारा होते हुए पेशावर या रावलपिंडी की ओर गया है। हूनजा और गिलगित का इलाका पाकिस्तान-अधिकृत होते हुए भी सरकारी तौर पर भारतीय इलाका है। फिलहाल चीन ने हूनजा, गिलगित और काराकोरम के पश्चिम के प्राय: 6 हजार वर्गमील के इलाके पर दावा करते हुए कहा है कि यह इलाका ताग्दुम्बस-पामीर के अन्तर्गत है, लिहाजा यह सिनकियांग का ही हिस्सा है। इस इलाके में चीन से सोवियत यूनियन के एक

प्रत्यक्ष विवाद की बात बहुत लोगों को मालूम है। सन् 1935 में स्तालिन के समय के सोवियत यूनियन ने सिनकियांग उर्फ तुर्किस्तान इलाके के एक हिस्से को कार्यत: अपने कब्जे में (virtual control) कर लिया और इसे देखते हुए भारत साम्राज्य की सुरक्षा के खयाल से सारी गिलगित एजेंसी या महकमे को भारत सरकार ने जम्मू और कश्मीर राज्य से ब्रिटिश भारत सरकार के दखल में ले लिया। कश्मीर राज्य से 60 साल के एक समझौते में कहा गया कि अब से सीमा की रक्षा की सारी जिम्मेदारी ब्रिटिश भारत सरकार लेगी (V.P. Menon)।

चीन-सोवियत के इस विरोध का आज तक भी फैसला नहीं हुआ। इस फैसले के लिए पाकिस्तान से एक कोशिश होना जरूरी है, क्योंकि चीन के इस दावे से पाकिस्तान और सोवियत यूनियन, दोनों ही जुड़े हुए हैं। जो लोग यह समझते हैं कि चीन से सोवियत यूनियन का सिर्फ आदर्श का विरोध है, वे भ्रम में हैं। जमीन-जायदाद के लिए पुरुषानुक्रम से विवाद चलता है—वैसे में सम-आदर्शवाद का नाता जरा तुनुक होता है। कहना न होगा कि आज का चीन प्राय: डेढ़ हजार साल के रुँधे आक्रोश और प्रतिहिंसा से उठ खड़ा हुआ है। वह अपनी ही कल्पना के मानचित्र के मुताबिक खोये साम्राज्य का पुनरुद्धार चाहता है! वह ढीठ है, नासमझ, आत्माभिमानी, और आक्रमणतत्पर है। क्योंकि उसकी यह धारणा है कि उसकी निष्क्रियता और कमजोरी का लाभ उठाकर उसी के बने हुए बन्धुओं ने मनमाने कागजात तैयार करके उसकी सीमा को धीरे-धीरे हड़प लिया है। उसका विश्वास है कि जो जाति उसकी जमात में नहीं है, वह विरोधी है और इसलिए वह दुश्मन के सिवाय और कुछ नहीं है। वांडुंग सम्मेलन में जाकर उसने 1954 में जान-सुनकर 'पंचशील' पर सही बनाया और 1956-57 में अक्साईचीन में प्रथम सड़क बनाकर कहा, 'नहीं तो, 'पंचशील' से तो हम एक डेग भी नहीं बहके हैं! वह इलाका तो सदा से हमारा है! अब तक यों ही पड़ा भर था! पंचशील हमारे लिए श्रद्धा की चीज है!'

रास्ता कहीं-कहीं बड़े खतरनाक ढंग का सँकरा है। फिर भी भारत सरकार ने संस्कृतिवाही उस कारवाँ-पथ को यथासाध्य सुधारने की कोशिश की है। सँकरे रास्ते को चौड़ा करने के लिए पहाड़ों में किन-किन चीजों का किस-किस तरह से व्यवहार करना चाहिए, यह सबको मालूम है। रास्ते का सुधार ही नहीं, पिछले कुछ वर्षों में भारत सरकार ने समूचे लद्दाख में बहुतेरे नये रास्तों और पुलों का निर्माण कराया है। रास्ते के पास उपसिन्धु की खाई बड़ी गहरी है तथा रास्तों में मोड़ बहुत हैं। जैसे रानीखेत से अल्मोड़ा का रास्ता, सोलन पार करके शिमला, जैसे मंडी से सुल्तानपुर (कुल्लू)। लेकिन उन रास्तों से इसका फर्क

यही है कि यह सँकरा है, पथरीला है और गहराई की तरफ कोई घेरा या रोक नहीं है, जैसा कि आम तौर से रहा करती है। किसी मोड़ पर दो तरफ से आती हुई गाड़ियाँ जरा भी असावधान हों तो दुर्घटना निश्चित है। वैसी दुर्घटना की विभीषिका इस सफर में देखनी भी पड़ी है।

हम ठिठुरे हुए थे, पर धूल से नहाए हुए। ऊपर धूप-भरा मेघहीन आकाश। उपसिन्धु पर से धूल के झोंके जो रह-रहकर गरज रहे थे, जो पहाड़ के समतल पर घुरनपाक खा रहे थे, वे बेहद ठंडे और बेहद सूखे थे। हम तेजी से कारगिल की तरफ बढ़ रहे थे। समय था तीसरा पहर।

कुछ ही घंटे पहले मरे हुए ईगल की लाश देखी थी। अब नजर आया, बीच रास्ते में एक घोड़े की ताजा लहूलुहान मृत देह धूल पर पड़ी है। घोड़े को किसी ने पच्चीस गज तक घसीटा होगा—उतनी ही दूर तक लहू गिरा था। यह भी साफ अप-मृत्यु ही थी, मगर कारण समझना कठिन था। उसके साथ जो सवार था, उसका पता नहीं चला। आदि से अन्त तक एक रहस्य!

हिमालय के उत्तरी जस्कर गिरिमाला का हाड़-पंजर इधर खत्म होता जा रहा था। किन्तु जोषीला के बाद से इस अन्तिम पर्वतमाला का चेहरा नंगा, सर्वहारा, संन्यासी जैसा था। उपवासी तपस्वी ने जैसे अनशन व्रत रखा हो—उसका मेद-मांस-मज्जा सब सूखकर धीरे-धीरे कंकाल निकल आया हो! उस प्रागैतिहासिक निर्जीव कंकाल के माथे पर केवल तुषार की जटा। जो तुषार कि गलता नहीं, हिलता नहीं—बीच-बीच में उसी पर दौड़ी आती है मध्य एशिया की दिग्दिगन्तव्यापी धूल की आँधी। सूरज से जले उस मेघहीन नीले आकाश के नीचे आग की वे चिनगारियाँ एक धूसर आँधी उठाकर बीच-बीच में उस कंकाल को ढक देती हैं। उसी कर्कश, काले, घास-लताहीन आदिम एकदल राक्षसरूपी ग्रेनाइट-हिमालय की अन्तिम प्रशाखाओं के व्यूह में इस काल का एक मानव मैं बीजमंत्र का जाप करता हुआ चला जा रहा था! यह वह हिमालय नहीं, जिसे पूरब से देखता हुआ आ रहा हूँ, जिसे नामचा-वरोआ, भूटान-तिब्बत के भीतर-भीतर, कवरू और चुम्बी के दोनों किनारे, उत्तर सिक्किम के नीचे-नीचे, तिस्ता-रंगीत के आसपास, अन्धकार बागमती-कोसी-काली-शारदा-सरयू के तटों पर से देखता आया हूँ; देखता आया हूँ जिसे गौरीगंगा और भागीरथी गंगा से, मन्दाकिनी, विष्णुगंगा और अलकनन्दा से, वह बाघ के चमड़े का आसन, भुजंगभूषण चीरवाला महाजट यहाँ नहीं, यह जैसे दूसरा ही रूपवाला भैरव हो! यह मानो योगतन्द्रा में पड़ा महास्थविर का कंकाल श्मशान में लेटा हुआ हो! उसके सर्वांग में मध्य एशिया का चिताभस्म मला हुआ है।

पार हो आया 'तासगाँव' यानी पत्थर का देश। पूरब की ओर हिमालय की सीमा से बाहर विशाल एक धूसर जगत में जा रहा था। उसके बाद एक सूना मरु। उसके बाद दिगन्त तक फैला एक पीला भूभाग, जहाँ छोटे-छोटे मृण्मय पहाड़ अपनी मसृण-कोमलता लिये खड़े हैं—मगर जिन पर हरियाली के आवरण का चिह्न भी नहीं। यह माटी बिलकुल निष्फला है और उन पर मछली के चोइँया-से या अभ्रक के टुकड़े-से बिखरे हैं। इस माटी और बालू से मामूली हवा में जो धूल उड़ती और तलहटी जिस ढंग से उस धूल को तमाम छितरा देती है, वह पश्चिम राजस्थान की बदनाम बालूझंझा-जैसी ही होती है। हम लोग पकसिम नदी तट के जनपद से आगे बढ़ गए। सूर्यास्त से कुछ पहले कारगिल पहुँचे। कारगिल एक छोटा-सा शहर है और तहसील का प्रधान केन्द्र है। यहाँ आसपास पाँच नदियाँ मिली हैं और 'पूरिक' उपत्यका के अन्दर से सारी नदियाँ एक संगम पर मिलकर महासिन्धु में मिलने को बह गई हैं। ये नदियाँ एक के बाद एक देवशाही, हरमुख, जोषीला, नुनकुन, और जस्कर से आई हैं। इनमें से अधिकांश के उत्स हिमवाह हैं, लिहाजा इनकी धारा बेरोक है। सारी नदियों का पानी एकत्र होकर कारगिल से महज कुछ मील उत्तर 'चर्वत' की घाटी (16,000 फीट) के नीचे से बहता है। वह जो संगम है, वह उत्तरमुखी महासिन्धु की एक भयानक गहरी खाई है, जिसके चारों ओर की छायाघिरी उपत्यका तृण-तरु-शून्य, मानव-पदचिह्नहीन एक बालू-पत्थर के भूभाग के सिवाय और कुछ नहीं। उसी सूनी और भीषण उपत्यका के उत्तर स्थानीय भूतल से दानवाकार में महाप्राचीर के समान 10 हजार फीट ऊँची उठ खड़ी हुई है बालतिस्तान की पर्वतमाला। और, उसी के बीच में है चर्वत की घाटी, जिसके तुषार-भरे नाला-पथ में खड़े होने से आमने-सामने उत्तर में काराकोरम का एक-एक हिमवाह और 'के-1' से लेकर 'के-32' तक लगभग सभी चोटियाँ देखी जा सकती हैं। इस अतल महासिन्धु की खाई-गहराई के नीले, स्वच्छ और सुन्दर उमड़ते पानी के आसपास सोने के कण बीननेवाले बीच-बीच में आ जाते हैं; क्योंकि ऊपर लिखित पाँचों नदियाँ—द्रास, सुरू, पास्किम, ब्रालदू और वासर—अपने साथ काफी सोना ढोकर ले जाती हैं! यह देखा गया है कि उत्तर कश्मीर की प्राय: सारी नदियों और महासिन्धु की लगभग सभी शाखा-प्रशाखाओं तथा उपनदियों में काफी सोना बहकर जाता है। ये सोना बटोरनेवाले लोग जब चले जाते हैं, तब इस सूनी उपत्यका में जो मनमाना विचरण करते हैं, वे हैं बड़े-बड़े पहाड़ी चूहे (Murmot), जिनका आकार खरगोश से भी बड़ा होता है। इनके सिवाय एक प्रकार के हिंसक पतंग उड़ते फिरते हैं, जो जानवरों का लहू पीते हैं। और

कभी-कभी अचानक दो-एक भालू निकल आते हैं—इनके सिवाय कुछ नहीं।

कारगिल पहुँचने पर आँखों को मानो थोड़ा आराम मिलता है। शहर द्विभुज है—मतलब कि सीधे चलकर बायें पड़ता है और फिर दूर तक चला जाता है। एक ही पतली सड़क है—दूरदर्शिता की कमी से जो अभी तक चौड़ी नहीं हो सकी है। कारगिल के उत्तरी इलाके से युद्धविराम-रेखा बिलकुल एकाकार है। इसकी वजह यह है कि कारगिल तहसील का अधिकांश ही इस समय पाकिस्तान के कब्जे में है। पहाड़-पर्वत लाँघकर जैसे आज तक आते-जाते रहे हैं, इस पार-उस पार आने-जाने में लोगों को मुसीबत मामूली ही है। रेडक्लिफ एवार्ड की इतर चातुरी ने जैसे पूर्व और पश्चिम बंगाल के बीच झड़प और मारकाट को कायमी कर रखा है, इस दूर देश में 'सीज फायर लाइन' भी उसी दुष्ट मनोवृत्ति का परिचय देती है। फलस्वरूप द्रास की पूर्वी सीमा से कारगिल के पूरब महासिन्धु नदी तक ऐसी एक कानाफूसी, दबी-दबी साजिश, गुपचुप इशारे, जासूसों की चहल-पहल और मार-पीट चलती है, जो राजनीति की अमर्यादा, अदूरदर्शिता और अयोग्यता के सिवाय और कुछ नहीं।

ब्रिटिश सरकार ने कश्मीर या लद्दाख से भारत के मन के आदान-प्रदान का सुयोग नहीं दिया। नतीजा यह हुआ कि बीते 150 वर्ष तक कश्मीर भारत के लिए अधिकांश में अपरिचित ही रहा। लद्दाख का रास्ता गिलगित, चिलास, हूनजा या अफगानिस्तान का रास्ता—इनसे भारतवासियों का सम्पर्क कम ही था। कश्मीर के राज्य और अँगरेजों से जो शर्त-समझौता था, वह पीरपंजाल से बाहर नहीं आया। भारत के अखबार, भारत का राष्ट्रीय साहित्य, भारत के राजनीतिक नेता, स्वाधीनता-आन्दोलन की लहर, भारतीय रेडियो की खबरें, फिल्म—इन चीजों का कश्मीर में प्रवेश-निषेध था। अँगरेजों के समय में जो सब सामन्त राजा, यहाँ तक कि निजाम भी बड़े दिन के समय कलकत्ते जाकर बड़े लाट के इर्द-गिर्द चक्कर काटा करते थे, लेकिन ऐसों में कश्मीर के महाराजा नजर नहीं आते थे। इसलिए कि और-और सामन्त राजाओं की तरह कश्मीर ने बड़े लाट से कृपा की भीख नहीं माँगी। हैदराबाद के नवाब से कश्मीर के महाराजा का 'सार्वभौम' अधिकार ज्यादा था। और, अँगरेजों के रक्षणशील शासकों ने ही कश्मीर को भारत का अभिन्न अंग नहीं मानने दिया। उतर-कश्मीर में साम्राज्य की सीमा की सुरक्षा के लिए अँगरेजों ने जो सब व्यवस्था की थी, वह सब भारत की जानकारी से परे थी और सुखी उपत्यका कश्मीर में वहाँ का राज-दरबार जो प्रशासनिक व्यवस्था करता था, उससे ब्रिटिश भारत सरकार की थोड़ी-बहुत साँठगाँठ होते हुए भी खास कोई बाधा-विवशता नहीं थी। निजाम के हथियारबन्द

रक्षक थे, मगर कश्मीर के महाराजा की सशस्त्र सेना थी। इसका कारण था कि महाराजा गुलाबसिंह का समय तत्कालीन साम्राज्यलोभी और अपेक्षाकृत दुर्बल ईस्ट इंडिया कम्पनी का समय था—जिसका प्रधान केन्द्र सुदूर कलकत्ते में था और उस समय रेल, मोटर आदि तेज सवारियाँ नहीं थीं। तब के अँगरेज और तब के गुलाबसिंह, दोनों एक-से थे। उस समय महाराजा रणजीतसिंह या गुलाबसिंह की ख्वाहिश के खिलाफ तनकर खड़ा होना ईस्ट इंडिया कम्पनी के लिए आसान नहीं था। लेकिन महाराजा रणवीरसिंह (1890) से लेकर महाराजा हरिसिंह (1925) तक अँगरेजों के ही प्रभुत्व को मानने के लिए कश्मीर के राजे मजबूर थे। महाराजा हरिसिंह के समय में कश्मीर में पर्यटन को प्रोत्साहन मिला, जिससे कश्मीर में राजनीतिक चेतना पहुँची।

इसके बाद कश्मीर को जानने से पहले ही कश्मीर और लद्दाख पर आक्रमण हुआ। 'जून प्लान' (जून 3, 1947) प्रकाशित होने के बाद और आजादी हासिल करने के 16 दिन पहले एक साजिश के मुताबिक अँगरेज अपने मुसलमान कर्मचारियों के साथ गिलगित एजेंसी छोड़कर जिस अंचल में जाकर दाँव लगाए बैठे थे, 15 दिन के बाद वही अंचल दुनिया में 'पाकिस्तान' घोषित हुआ। कश्मीरोत्तर गिलगित में 30 जुलाई, 1947 से ही हमले की भूमिका जाहिर होने लगी। भारत के लोगों को यह घटना नहीं जानने दी गई।

कारगिल उपत्यका समुद्र की सतह से 8 हजार फीट ऊँची है। कारगिल तहसील में भारत के हिस्से में महज 22 बस्तियाँ पड़ीं। उसकी आबादी के अधिकांश लोग बौद्ध हैं और उनके धर्मगुरु हैं दलाई लामा। कारगिल में बर्फ कम पड़ती है और गर्मियों में सूरज का ताप बहुत तेज होता है। इसलिए फसल खूब होती है। वहाँ की प्रधान फसल जौ है। इसके अलावा सेब, अंगूर, जामुन आदि के बगीचे बहुत हैं। इन सब बगीचों और खेतों को सूखी तथा ठंडी हवा के झोंकों से बचाने के लिए पत्थर की ऊँची-ऊँची दीवारें तमाम नजर आती हैं। कारगिल में जाने पर सबसे पहली बात जो जी में आती है, वह है—मानो दिगन्त तक फैले मरु-पत्थरों की दुनिया में यही हरियाली का पहला चिह्न हो! हम उसी रास्ते से जा रहे थे, जो मध्य एशिया में जाने का सबसे पुराना रास्ता है। इस रास्ते से जिस प्रकार सदा कारवाँ चलते रहे, उसी प्रकार इस पर लुटेरों के हमले भी होते रहे। लेकिन कारगिल का वह पुराना और मध्ययुगीन जनपद अब एक छोटा-सा शहर बन गया है। अब वह मध्ययुगीन चेहरा भी नहीं रहा उसका और तब की अपेक्षा अब व्यावहारिक परिवर्तन भी हो गया है। घर-द्वार, रहन-सहन, दुकान-दौरी, चीज-वस्त्र, पोशाक-पहनावा—इन सबमें आज की

छाप है। ये नये युग का संकेत देते हैं। अली-गली, यहाँ-वहाँ घूमने पर मारवाड़ी और पंजाबी बनिये जमे बैठे दीखते हैं। इससे नागरिक जीवन की कोई तरक्की नहीं हुई, सो नहीं। अब चूँकि कारगिल का बाहरी जगत से नाता जुड़ गया है, इसलिए उसमें परिवर्तन भी बहुत आया है। फौजी लोगों का यातायात, रसद का आना-जाना, नये-नये काम-काज, आधुनिकता की विविध तरंगें, जिन्दगी के नये-नये उपकरणों का आमद—इनका मिला-जुला नतीजा जनसाधारण के मन पर जैसा प्रभाव डालता है, कारगिल में उसका व्यतिक्रम नहीं है।

लेकिन चाहे जिस कारण से भी हो, कारगिल की हवा में एक अनिश्चितता का आभास है। कैसा तो एक सन्देह, कैसी तो एक शंका यहाँ-वहाँ घुमड़ती रहती है। किसी गुप्त दल की साजिश यहाँ चल रही है या नहीं, यह समझ में जरूर नहीं आता, लेकिन एक वर्ग के लोगों की सन्देहजनक गतिविधि की बात बीच-बीच में सुनी जाती है। मेरा खयाल है, युद्धविराम-रेखा की इतनी निकटता ने ही कारगिल को शायद ऐसी अनिश्चितता में रखा है। कारगिल के 'लाइफ लाइन' को काट देना ही पाकिस्तान की अन्यतम युद्ध-नीति है।

छोटे-से शहर को पार करते ही फिर वही धूल और बालू की दुनिया! देखते-ही-देखते एक विशाल बालू-मैदान में जा पड़ा। यह मैदान 'पास्किम' और 'सुरू' नदियों के उस पार है। साँझ हो चली थी। यहाँ का अनचीन्हा आसमान एक धुआँ-भरी-सी शक्ल लिये सामने आ खड़ा हुआ—जिसके नीचे धूल का राज्य तथा बलुआहे पहाड़ों के सिवा और कुछ का भी अस्तित्व नहीं। इस मैदान से कुछ ही दूर 'युद्धविराम-रेखा' है और पूरब, दक्षिण तथा पश्चिम में विभिन्न नदियाँ छाया-घिरे ऐसे रहस्यलोक को चली गई हैं, जहाँ अपनी उत्सुकता, कुतूहल और अलौकिक कल्पना भी नहीं पहुँच सकती!

साँझ के धुँधलके में अपने खेत-बगीचों के साथ छोटा-सा कारगिल शहर किस पहाड़ की ओट में खो गया—मैं देख नहीं पाया। बालू के एक फैले हुए मैदान में खड़े होकर देखा, दूर-दूर पर पांडुर पर्वत-शिखर तुषार से ढके हुए हैं और नीचे-नीचे नदी किनारे दो-एक पापलर पेड़ दल-से छूटे हुए-से अकेले यहाँ-वहाँ खड़े हैं। धरती यहाँ बिलकुल सम्पदाहीन और सूनी है। चारों ओर एक सीमाहीन शून्यता है। सूखे, बदशक्ल पहाड़ नंगे प्रेतों की छाया-से महाकाल के पहरेदार की नाईं खड़े हैं।

उस शीत-भीत भौतिक प्रान्त में तलहटी के आसपास धीरे-धीरे जाने कब साँझ उतर आई। तारों-भरे मेघहीन आकाश से कैसी तो एक अनैसर्गिक आभा उतर आई और वह आभा कारगिल के संशय-भरे मायालोक में बिखर गई। मैं

एक निर्जन विश्व की ओर ताकता रहा, जो मौन था—भाषाविहीन। देखता रहा, यह उत्तर भारत का पूर्वी तोरणद्वार है, जहाँ खड़े होने से सुदूर महाप्राच्य पर नजर जाती है। इस तोरणद्वार पर खड़े होकर किसी समय भारत ने जिस भाषा में बाहरी विश्व को पुकारा था, नये भारत की जबान पर उस भाषा के आने के पहले ही चारों ओर की शत्रुता सामने आ गई! उस अँधेरे में अकेले खड़े होकर जो चिन्ता मेरे दिमाग में बैठी, वह अगर भारत के भीड़ भरे किसी नगर के राजपथ पर आती, तो अपने-आपको ही कौतूहलजनक और अवास्तव-सी लगती।

कारगिल की भौगोलिक स्थिति दर्रों के सन्धि-स्थान में है—जिसकी खबर समतल के भारतवासियों के निकट बहुत-कुछ अस्पष्ट है। फौजी विभाग के सिवा कारगिल की रोज-रोज की उत्कंठा सर्वसाधारण के लिए अनुभव करना सम्भव नहीं। अँगरेजों की 'लाइफ लाइन' थी दक्षिण स्पेन का जिब्राल्टर, स्वेज और एडेन। कश्मीर और लद्दाख की 'लाइफ लाइन' है मध्य एशिया का वही पुराना कारवाँ-पथ अर्थात् सोनमर्ग, बलताल, जोषीला, द्रास और कारगिल से जो पथ लद्दाख गया है।

लेकिन बेशक दो और रास्तों का भी व्यवहार किया जाता है। एक है, जम्मू के अन्तर्गत वाखान की उपत्यका का रास्ता, जिसका व्यवहार एक समय जोरावरसिंह ने अपनी सेना के लिए किया था। दूसरा लाहौल उपत्यका के भीतर से है। इन दोनों रास्तों से लेह पहुँचने में समय भी कम लगता है।

युद्धविराम-रेखा कारगिल तहसील के बीच से गई है। यह सीमा-रेखा मात्र एक या दो मील पर है और उसके पार से खड़े होकर इस पार का फौजी क्रिया-कलाप, गतिविधि, सवारियों और रसद आदि का आना-जाना—सब कुछ मजे में देखा जा सकता है। चीनी आक्रमण के प्रतिरोध और प्रतिरक्षा की सारी व्यवस्था उसी एक ही राह से होती है। सबसे ज्यादा खिजानेवाली बात यह है कि कारगिल और उसके आसपास अन्तर्घाती क्रिया-कलाप चलते हैं, साम्प्रदायिक संकीर्णता है। सन् 1964 में यह क्रिया-कलाप काफी बढ़ा। कहना फिजूल है कि उस अँधेरे और बर्फीले प्रान्तर में खड़ा होकर मैं अनुभव कर रहा था कि गुप्तचर-वृत्ति की दूषित हवा से सारा लद्दाख जर्जर हो रहा है।

लेकिन कारगिल पहुँचते ही जो चीज सबसे पहले समझ में आती है, वह है वेदान्तिक भारत अब तथाकथित अहिंसावाद से वैसा जीर्ण नहीं है। आजादी हासिल करने के बाद यह उम्मीद थी कि जातीय चरित्र में फिर से निर्मलता आएगी और निर्भय पौरुष से वीर्यवान होकर कठिन संकल्प से उद्बुद्ध होगी सारी जाति, लेकिन वैसा नहीं हुआ। नये भारत की सम्पदा और कर्मशक्ति बहुत

बढ़ी, लेकिन उससे भी ज्यादा बड़ी है जातीय चरित्र की भीरुता और जड़ता तथा उससे आ मिली है मन की दुर्बलता।

कारगिल में इसका व्यतिक्रम देखने को मिलता है। वह उत्कंठाओं में रहता जरूर है, पर यहाँ मैंने जिन्हें देखा, उन्हें और कभी नहीं देखा! भारत के शासकों का जो सम्प्रदाय आज लोभ और स्वार्थ से जर्जर है—ये लोग उनमें से नहीं! ये चीज ही और हैं, इनके प्राण और हैं। ये सदा से देश के लिए निर्भय और नि:संकोच आत्म-बलिदान देते आए हैं!

युद्ध की सीटी सुनने के लिए कारगिल का 'ब्रिगेडियर्स कैम्प' हर घड़ी तैयार रहता है। जीवन-यात्रा की सभी कठिनताओं में भी यहाँ के फौजी लोगों ने आधुनिक स्वच्छन्दता का जैसा आयोजन कर रखा है, वह बड़ा ही उत्साहजनक है। मैं उनके उस आनन्द-प्रवाह से विच्छिन्न अकेला नहीं हूँ, मैं भी उन्हीं का हूँ, भले ही वह उत्सव सारी रात चले!

मध्य एशिया का विराट सूना अन्तर बाहर के अन्धकार में उस समय थम-थम कर रहा था!

लद्दाख-फतुला-लामाउरू-खलात्से

बालतिस्तान—आंचलिक नाम है। मूलत: यह लद्दाख का ही अंश है। अँगरेजों के जमाने में लद्दाख को हटाकर बालतिस्तान को प्रधानता दी गई थी। क्यों दी गई थी, यह बात जाने से पहले अँगरेज नहीं बता गए थे। पिछले कई वर्षों से इस अंचल के कई इलाकों का जोर-शोर से विज्ञापन हो रहा है। उनके नाम हैं—सोडा प्लेन्स, अक्साई-चिन, लिङ् जिटाङ्, चेङ्, चेन्मो तथा काराकोरम दर्रे की दक्षिणी उपत्यका—देपसाङ्। जिन-जिन जगहों का मैंने नाम लिया, ये भारतवासियों के लिए नाम के ही परिचित हैं और यह भी अब सुविदित है कि इन इलाकों की ऊँचाई मोटा-मोटी 17 से 18 हजार फीट है। चेङ् चेन्मो की ऊँचाई 18 हजार फीट से भी ज्यादा है। चतुर अँगरेजों ने काराकोरम के दक्षिण-पूर्व पार के लिए विशेष दिमाग नहीं खपाया, क्योंकि उधर गूदा कम था! जो भी हो, मरु-पत्थरों के इस चट्टानी इलाके में अक्साई-चिन एक विशाल मालभूमि-भर है, जहाँ नेहरू जी के शब्दों में : 'एक भी आदमी की आबादी नहीं और न कोई

घास ही वहाँ उग पाती है।' पुराने समय में यूनानियों (Ptolemy और Pliny) के वर्णन में अक्साई-चिन को 'अखस्सारेजियो' कहा गया है, यानी पत्थरों का मुल्क। अखस्सा के साथ चिन शब्द जोड़ देने से मतलब होता है—पत्थर-कन्द। भारतीय अर्थ में कन्द है खंड, जैसे भूखंड, केदारखंड, मनसाखंड आदि। मध्य एशिया में ताशकन्द का मतलब है—पत्थर का देश; अक्साई-चिन का मतलब है—प्रस्तरखंड। खंड यानी भाग।

लद्दाख के अन्दर से कारवाँवाला पुराना रास्ता पकड़कर ही मैं दक्षिण-पूर्व को जा रहा था। कारगिल तक हिमालय का जो सुदूरवर्ती आभास था, इस रास्ते से जाते हुए वह जाने कहाँ खो गया। इस अजाने मध्य एशिया से दूर-से-दूर किसी एक भूखंड की तरफ कैसा तो लक्ष्यहीन-सा चला जा रहा था। मैदान खत्म होने का कहीं नाम नहीं ले रहा था, न ही खत्म हो रहा था बलुआहे पत्थर के पहाड़ों की चोटियों का तुषार। धूप में वे हीरे के कण-से चकमक कर रहे थे। रह-रहकर उठ रहे थे सूखी बर्फीली हवा के झोंके—और उस झपेटे में धूल के जो बारीक कतरे हम पर हमला कर रहे थे, वैसी महीन धूल मैंने बिहार और बलिया जिले में भी कभी देखी है, याद नहीं आ रहा था। हम जैसे मक्खन रंग का पाउडर लगाए वैसी भुतही शक्ल में एक-दूसरे को देखकर डर रहे थे! किसी के सामने आईना नहीं था, मगर दूसरे को देखकर अपनी शक्ल का हर कोई अनुमान कर ले रहा था! हँसने की गुंजाइश कम थी, बात करने की असुविधा थी, क्योंकि मुँह पर रूमाल रखने के बावजूद रूमाल तक धूल से बदरंग हुआ जा रहा था।

धूप तेज थी, मगर इस समय ताप नहीं था। हर पल ठंडी हवा मानो हमें नीरस किए दे रही थी। नर्म पापड़ जैसे सूखकर पत्थर हुआ जा रहा था! हड्डी-पँजरे का सारा रस सूखा जा रहा था। जीवों की लाश यहाँ सड़ती नहीं है, सूखकर सोले-जैसी नीरस और झंझरी हो जाती है! निरे सख्त पत्थरों के पहाड़ युग-युगान्तर से सूख रहे हैं। धीरे-धीरे छेदवाले होते जा रहे हैं, उनके अन्दर का गूदा सूखकर तिल-तिल झर जाता है! यदि कहीं दुबला-लम्बा पापलर खड़ा मिल जाए या कहीं थोड़ी-सी हरियाली दीख जाए, तो समझना चाहिए कि नीचे से पानी की धारा बह रही है। दूर-दूर पर दिखती बिन्दु-सी बस्तियाँ—मानो पीले रंग के कागज पर स्याही की बूँदें! यही है उनकी सीमा, सारे खेलों का अन्त, सारी कीर्तियों का अवसान। इसी में कहीं-कहीं सफेद रंग की एक-एक गुम्फा नजर आती है—जिसका ऊपरी हिस्सा चौकोर है। उसके अन्दर जो कुछ है, मालूम है। अलग-अलग नाम की कुछ मूर्तियाँ, कुछ पट, रंगीन रेशमी कपड़े के कुछ टुकड़े जो जरी की किनारी-जड़े होते हैं। पानी-भरे पत्थर या लकड़ी के

कुछ कटोरे, वजराक्षस के दो-एक विग्रह, या कि तांत्रिक काली-तारा। ये सब न जाने कब से सजाए हुए हैं—समय का कोई लेखा नहीं है। उसी में अँधेरे कक्ष में कुछ पोथियाँ हैं, मणिचक्र है, मणि-दीवार है और है लोगों के मुँह में बीजमंत्र का पाठ। चारों ओर अवलोकितेश्वर की दो अतन्द्र, निर्मल, अर्द्धनिमीलित आँखें मध्य एशिया की ओर ताक रही हैं—जिन पर से गुजर गया है एक-एक युग, इतिहास, काल, मानववंश-परम्परा—एक से दूसरा कल्प। कितनी ही बार रक्त-पताका उड़ाता हुआ लुटेरों का दल इधर से गया है—धूल के झपेटों में मरुलोक में 'मार-मार' की आवाज गूँजी है, हिंसा के लोहू की धारा पास्किम के ठंडे पानी से मिली है, बलुआहे-पत्थरों के इन पहाड़ों के नीचे-नीचे इतिहास बदला है, धूल में लोटी हैं गुम्फाएँ और लोहू से लथपथ लाशों के आसपास चूर-चूर होकर बिखरी हैं अवलोकितेश्वर की मूर्तियाँ। लेकिन उसके बाद ये चौकोने मन्दिर फिर खड़े हुए, फिर सहिष्णु बौद्ध-चींटियों के दल ने कतरा-कतरा करके सामग्रियाँ जमा कीं, अपने ध्यान में बीजमंत्र का पाठ किया, फिर अँधेरे कक्ष में चर्बी के चिराग के सामने शान्त, निर्वाक्, निमेषहीन पद्मसम्भव की अतन्द्र आँखें जाने किस रहस्य से जाग उठीं!

यहाँ भारत मध्य एशिया में फैला है, जिसका आंचलिक नाम हुआ है—लद्दाख। लद्दाख की समूची उपत्यका ऊँची गिरिमालाओं से घिरी है। इस अंचल के उत्तर-पूर्व में तीन विराट पर्वतश्रेणियाँ हैं। विश्व की सृष्टि के आदिकाल से इन्होंने भारत की सीमा का निश्चित निर्णय कर रखा है। इन तीनों के नाम हैं—काराकोरम, आविल और कुनलुन। इन तीनों पर्वतश्रेणियों के उत्तर और पूरब के पार सिनकियांग इलाका—जहाँ के जनपदों के नाम कासगढ़, यारकन्द, खोतान आदि हैं। सिनकियांग इलाके में कुछ भारतीय अंचल आज भी मौजूद हैं, जैसे—गुमा, किलियान, चिड़ा, नाइया, बाजार आदि। यहाँ की बहुतेरी भू-सम्पत्ति भारत की है और मुगलों के जमाने में लाखों-लाख भारतीय स्वर्णमुद्राओं से जो कुछ जनपद यहाँ बने, वे भारतीय विशिष्टता से 'बाजार' के नाम से प्रसिद्ध हुए। तिब्बतीय हून देश और कैलास गिरि अंचल में जो भारतीय इलाके हैं, उनमें मीनसार या मीनसागर, तीर्थपुरी ज्ञानीमंडी, रावण ह्रद, मानस सरोवर, गुरु मान्धाता, खेचरनाथ आदि प्रसिद्ध हैं। कैलास इलाके के पाँच गाँव अभी भी भूटान के अपने हैं। तिब्बत की राजधानी ल्हासा से लानचौ जाने की राह में यांगसी नदी के किनारे जो भारतीय इलाका आज भी है, उसका नाम है—जयकुंडा। इसके उलटा भी देखने को मिलता है कि भारतीय अंचल में तिब्बत और चीन का इलाका है। कलकत्ते के चीना बाजार में चीनियों की काफी

जायदाद है। नैनीताल में, बुशहर में, माना दर्रे के इस पार चीनियों की जायदाद की बात पहले बता चुका हूँ। नैनीताल की झील के पास 'चाइना पीक' के बारे में सभी जानते हैं। लगता है, चीनी विस्तारवाद का ध्यान रखकर ही भारत सरकार ने बुशहर की राजधानी का नाम बदल दिया है। 'चीनी' के बदले अब उसका नाम 'कल्पा' हो गया है। पाँचेक साल पहले दिल्ली में रहनेवाले हंगरी और चेकोस्लोवाकिया के दो संवाददाताओं ने मेरे साथ कलकत्ते के चीनी मुहल्ले में घूमकर आँख-कान के विवाद का भंजन किया। वे इस बात पर यकीन ही नहीं कर सकते थे कि भारत से विरोध करके चीनी सरकार अपने नागरिकों को यहाँ रखने की हिम्मत कैसे कर सकती है। और यह भारत भी कैसा अनोखा देश है!

मुझे अपने उन मित्रों को भारत की यह विचित्रता तथा यह समझाने का मौका नहीं मिला कि को-एक्जिस्टेंस (सह-अस्तित्व) की यह नीति यहाँ तीन हजार वर्षों से चली आ रही है।

लद्दाख की भारतीय सीमा के सम्बन्ध में मैंने जो कुछ कहा, उसका समर्थन तब के एक अँगरेज की जुबानी से मिलता है। ये एक पशु-चिकित्सक थे तथा विलायत और फ्रांस से पास करके ईस्ट इंडिया कम्पनी के समय सन् 1808 में नौकरी पर कलकत्ता आए थे। उन सज्जन का नाम मूरक्राफ्ट है। उनके समय में घोड़ा या घोड़ागाड़ी के सिवाय भारत में तेज चलनेवाली 'दूसरी' सवारी नहीं थी। नये प्रकार के घोड़ा-उत्पादन के लिए विशेष प्रकार के घोड़ों की खोज और पशम का व्यापार करने के लिए उन्होंने 'निषिद्ध' तिब्बत में प्रवेश किया। उनके साथ उनके एक और मित्र थे। नाम था हियारसी। नैनीताल जिले के रामनगर से भेस बदलकर वे तिब्बत की ओर रवाना हुए (1812)। एक ने अपना नाम रखा 'मायापुरी संन्यासी', दूसरे ने 'हरगिरि'। दोनों रामगंगा नदी की राह से चले। और एक-एक करके अलकनन्दा, कर्णप्रयाग, जोशीमठ, नितिसंकट पार करके वे तिब्बत के हूनदेश में पहुँचे। वहाँ वे पकड़ लिये गए। बड़ी दुर्गत, बड़ी परेशानी-हैरानी के बाद किसी तरह से दो भोटियों की मदद से बकरी चरानेवाले बनकर वे भारत में फिर से भाग आए। तिब्बत जाने की आशा छोड़ मूरक्राफ्ट 1819 में लाहौल और स्पीति होकर लद्दाख पहुँचे और दो वर्षों तक वहाँ के विभिन्न इलाकों में घूमते रहे। उनकी उस समय की डायरियों का संकलन करके एक किताब छपी (1825)। उसमें की कुछ पंक्तियाँ यहाँ उद्धृत करूँ तो आशा है, अप्रासंगिक नहीं होगा :

"Ladakh is bounded on the north-east by the mountains (Kun-Lun) which divide it from the chinese province of khotan, and on the east and South-east by Rudokh and Chanthan, and dependencies of lassa. On the South by the British Province of Bushahir and by the hill-states of kulu and chamba. The latter also extends along the southwest till it is met by Kashmir, which, with part to Balti, Kartakee and Khafalun complete the boundary on the west and north-west. The north is bounded by the Karakoram mountains and Yarkand. The precise extent of Ladakh can scarcely be stated without and actual survey; but our different excursion and the information we collected, enabled us to form an estimate, which is probably not far wide of the truth." Residence in Ladakh, chap. II, 1819–William Moorcraft.

उस समय कश्मीर महाराजा रणजीतसिंह के अधिकार में था और लद्दाख पर भी उन्होंने अपना आधिपत्य बरकरार रखा था। लेकिन लद्दाख में सदा से अपनी शासन-व्यवस्था रही थी और उसके शासक पूर्णतया आत्मनियंत्रणशील थे। लद्दाख से तिब्बत का सांस्कृतिक और आध्यात्मिक सम्बन्ध सदा से अटूट चला आया है, पर उस पर तिब्बत का राजनीतिक आधिपत्य, प्रभाव या अधिकार इतिहास के किसी भी काल में कतई नहीं था। भारत से तिब्बत या उसके छत्रधारक चीन की मिताई कितने दिनों की है, यह चर्चा नये सिरे से न करने से भी चलेगा। लेकिन भारत पर मुस्लिम प्रभुत्व के आदिकाल से ही तिब्बत ने एक-एक करके अपने सारे दरवाजे बन्द कर दिये। तिब्बत के प्रशासकों ने मुसलमान या इस्लाम को या कि उनके प्रशासनिक अधिकार को कभी भी अच्छी निगाहों से नहीं देखा। उनकी यह श्रद्धा या घृणा इतनी तीव्र थी कि उन्होंने तिब्बत में एक भी मुसलमान परिवार को बरदाश्त नहीं किया और सिनकियांग, पामीर, हूनजा या बालतिस्तान में वे कभी आए भी नहीं! कहना फिजूल है कि उन जगहों में वे महज इसीलिए नहीं गए कि वे इलाके मुसलमान-शासित थे। सिनकियांग के सदा से स्वतंत्र मुसलमान मीरों के शासन की बात छोड़ दें, पर पिछले पच्चीस वर्षों में भी बालतिस्तान, हूनजा आदि प्रदेशों में मुसलमान के सिवाय अन्य किसी जाति के शासक का भी आविर्भाव नहीं हुआ। सभी समय में यह देखा गया है कि प्रजाओं में अधिकांश ही—हूनजा, गिलगित और उत्तर बालतिस्तान को छोड़कर-बौद्ध हैं, पर शासक सभी क्षेत्र में मुसलमान।

कश्मीर और लद्दाख के बीच का जीवन-सूत्र अपनी राह से ही जा रहा था। अनिश्चितता की चिन्ता लिये कश्मीर पीछे छूट गया। हमारा रास्ता दक्षिण-पूर्व

को था। पहाड़ी पर्यटन का निर्णय भौगोलिक स्थिति और नदियों की राहें करती हैं। हिमाचल, पंजाब, कश्मीर, लद्दाख में हम जिन गिरिमालाओं को देखते हैं, उनका भौगोलिक अवस्थान बड़ा विशिष्ट है। प्रत्येक गिरिमाला दक्षिण-पूर्व से उत्तर-पश्चिम को फैली हुई है। शिवालिक या शिवलिंग, पीरपंजाल, देवशाही, जस्कर—ये सब हिमालय के हड्डी-पँजरे हैं और इन सबका अवस्थान दक्षिण-पूर्व से उत्तर-पश्चिम है। ऐसे और भी हैं। लद्दाख, काराकोरम, आघिल, कैलास—और दक्षिणी भू-भाग नेपाल की 'महाभारत' गिरि श्रेणी का भौगोलिक अवस्थान भी दक्षिण-पूर्व उत्तर-पश्चिम है। हम जस्कर को पार करके लद्दाख पर्वतश्रेणी के अन्तहीन बलुआहे पत्थर की दुनिया में प्रवेश कर रहे थे।

आसमान धूल-धुमैला, और नीचे धूल-पत्थरों का ऊसर, बदरंग, निर्जीव एक पहाड़ी जगत। इस इलाके में एक समय पहाड़ी घोड़ा चलने के लिए 4-5 फीट रास्ता पर्याप्त था, पर अब पहियोंवाली गाड़ियाँ चलती हैं, जबर्दस्त ट्रकें, बड़ी-बड़ी बसें—तो फिर चौड़े रास्ते के बिना काम कैसे चले? सैकड़ों मील लम्बे इस रास्ते में जहाँ मुमकिन है, आदि से अन्त तक जलनाला-पथ बनाया जा रहा है, उस पर से तीखी धूप का समय। रात में जहाँ तीन-तीन कम्बल ओढ़ने पर भी कँपकँपी छूटती है, दिन में वहाँ सब कुछ धूप से जल-भुन जाता है। छाँह देने के लिए जहाँ एक भी पेड़ नहीं जनमता, जहाँ कोई भी हरी भूमि यात्रियों का मन नहीं हरती—वहाँ आश्रम बनाने की कल्पना सपना ही है। सो पैदल या घोड़े से जाना बन्द हो गया है। इस रास्ते में आनन्द की बजाय विस्मय और उद्वेग ही मन को डुलाता रहता है।

पहाड़ी ढलवाँ रास्ता जाने कहाँ तो नीचे की ओर उतर गया। अन्त में मैं एक धारा के किनारे जा पहुँचा। उस नदी का नाम है 'वाखा'। वहाँ कुछ जो धूल-मले पापलर पेड़ उस जलधारा की उम्मीद में खड़े हैं, उन्हीं को घेरकर वहाँ पर बसी है एक छोटी-सी बस्ती। उसके पीछे बलुआहे पत्थर का जो पहाड़ है, उसके शिखर की ओर एक किले का ऐतिहासिक खँडहर है। जाने कब इस 'पास्किम' में कोई राजा था, जो लद्दाख को नजराना देता था। यही सब देखता हुआ काले पहाड़ों की एक पाँत को पार करके शार्गोल नाम के एक बौद्ध जनपद में पहुँचा। उसी शार्गोल की 'मुल्वे' गुम्फा में वहाँ के पेड़-पौधे और खेत-पथार की छाया में जब कुछ अजीब शक्ल के लामाओं को देखा, तो जी में आया, भू-प्रकृति अभी भी बिलकुल खाली नहीं हुई है! चारों ओर की खत्म न होनेवाली मरु की दुनिया में ये मानो छोटी-छोटी स्नेहछाया-से हैं। मुल्वे गुम्फा लद्दाख का एक स्थलचिह्न-जैसा है।

उसे पार करके उस धूसर शून्यलोक में चला। हमारे बदन धूल से सादे हो गए थे। एकाएक पहाड़ काटकर बनाई गई एक बौद्ध मूर्ति दिखाई पड़ी। किसी समय के किन्हीं भक्त मूर्तिकारों ने पहाड़ को तराशकर इसे बनाया है—जो महाकाल की जटा की उपेक्षा करके अपने गौरव से खड़ा है। उसको भी पार करके फिर ऊपर की ओर चला। देखते-देखते जिस शिखर को पार करके चला, उसका नाम 'नमिकाला' है। बहुतेरे लोग अब उसे 'नीमटीला' कहते हैं। चारों तरफ चूना-बालू-पत्थर की कैसी तो एक स्वाभाविक कोमलता नजर आने लगी, जिस पर चोइएँ की एक चादर-सी मुड़ी हुई हो मानो! इस जगह की ऊँचाई 13 हजार फीट से कुछ कम है। यहाँ से घूमता हुआ एक शाखा-पथ नीचे की ओर उतर गया है। एक पहाड़ी नदी अपना रास्ता काटती हुई महासिन्धु नदी की ओर चली गई है। इसी रास्ते से एक जगह दायें मुड़ जाने से 'बुधखर्वू' की मशहूर गुम्फा मिलती है। एक-एक करके बहुत-सी गुम्फाएँ पार कर गया। ताशगाँव, सिम्से, घुँगरी—कई। एक बार मैंने सिंगो नदी को पार किया।

बेला झुक आई थी। 'बुधखर्वू' के बाद फिर वही घासरहित, जीव-जन्तुहीन पत्थर-बालूवाला पहाड़ी रास्ता सामने फैल गया—जो दूर-दूर तक सिर्फ लद्दाख की पर्वतमाला से घिरा है। लेकिन 'नीमटीला' छोड़ने के बाद से हम क्रमश: एक संकटपूर्ण पत्थरों से भरी और बड़े ही सँकरी बालू-धँसी जगह की ओर बढ़ रहे थे। पथरीली चट्टानों में टूटन काफी शुरू हो गई है। रास्ता बड़ा ही रूखा और ऊबड़-खाबड़। गर्ज के नीचे आम तौर से नदी की धारा होती है—लेकिन यहाँ वह नहीं, एक सूखा भूखंड है—जिसकी अगाध गहराई में आदमी या जानवरों के पैरों के निशान कभी नहीं पड़े। किन्तु इसके सँकरे शिख़र-पथ के लिकलिक किनारों से महज कुछ ही वर्ष पहले तक भारतीय और यारकन्द के व्यवसायी आया-जाया करते थे। इस तरफ से तरह-तरह की खाद्य-सामग्रियाँ, चमड़ा, सूती कपड़ा आदि जाता था और उधर से आती थी एक कीमती नशीली चीज, नाम जिसका चरस है। चरस बड़ा तीखा मादक होता है—नर्म और राख के रंग का। चरस का थोड़ा-सा धुआँ पी लेना दिमाग को बेकाबू करने के लिए काफी है। गाँजा से चरस ज्यादा जोरदार होता है। सिनकियांग या चीनी तुर्किस्तान में एक प्रकार के डाँवाँडोल लोग डोलते-फिरते हैं, जिन्हें चरस का पागल कहते हैं! ताजिक पामीर के कवि उमर खैयाम चरस का सेवन करते थे या नहीं, नहीं मालूम, लेकिन यह नशा कवि की कल्पना को सबसे अधिक अवास्तव-स्वप्नलोक में ले जाता है और अध्यात्म-चिन्ता को क्या तो चैतन्य बिन्दु के आकार में आकाश छूनेवाली बना देता है। हाल-हाल तक भारत में

चरस काफी आता था और भारत के वेदान्तिक संन्यासी इसका नियमित रूप से सेवन किया करते थे। चरस के सिवा यारकन्द से जमायी ऊन का नमदा तथा और भी कुछ चीजें आती थीं। चरस के बन्द हो जाने से बहरहाल नागा संन्यासियों की संख्या कुछ कम हो गई है।

हम लोग 'फतुला' घाटी (13,400 फीट) को पार करके जा रहे थे। नीचे मनुष्यों की बस्तियों के साथ-साथ कुछ पेड़-पौधों का आभास मिल रहा था। उनके आसपास दो-एक दुबली-पतली पहाड़ी नदियाँ। किन्तु जब आँखें ऊपर उठतीं और सुदूर दिगन्त की ओर नजर जाती, तो दुनिया की ओर एक दूसरा ही मायालोक दिखाई पड़ता। पहाड़ी प्रकृति का वह एक बहुरंग चित्रपट है, जहाँ नीलाभ, हरित, रक्तिम, पीत, श्याम और गौररक्तिम गिरिराशि चलनेवालों की दृष्टि को बिलकुल विभ्रान्त किए देती है। एक ही क्षितिज में हर चोटी किस तरह से अलग-अलग रंग लेती है, यह भूतत्त्व या प्राकृततत्त्व का मूल रहस्य है। लेकिन कुल मिलाकर सृष्टि के आदिरहस्य के साथ जो विस्मय-विमूढ़ता है, मैं मानो अपनी दो अवाक् आँखों में उसका पहला परस पा रहा था। मेरा अज्ञान-आत्माभिमान अब तक धूल-बालू के थपेड़ों को हटाकर और तमाम फैली इस ऊसरता के परे यह नहीं देख पाया कि यहाँ भी विभिन्न रूप लिये वही एक ही आदिम प्रकृति है। मैं यह सोचना भूल गया था कि 'स्निग्ध हो तुम, हिंस्र हो तुम, तुम पुरानी नित नई हो।' हिमालय को पार करके लद्दाख में दाखिल होते हुए महाकवि के कंठ की यह वाणी कानों में नहीं गूँजी कि 'अन्नपूर्णा सुन्दरी तुम, अन्नरिक्ता भयमयी हो।'

वह तीसरा पहर बड़ा ही शीतल था। उसी पर एकाएक एक ठंडा झोंका आया। कुछ भी सोचने का मौका नहीं दिया और तुरत बिना मेघ, बिना बारिश के ऊपर के धुमैले आसमान से जोरों से बर्फ पड़ने लगी। तब तक हम 'फतुला' पार करके एक के बाद एक पहाड़ और गिरिखाई को लाँघते हुए बहुत दूर 'नीची दर्रे (12,000 फीट) की ओर निकल गए थे। देखते-ही-देखते वह क्षण-मौजी तुषारपात जाने कब बन्द हो गया और लाल-सी हल्की धूप फिर पहाड़ों पर दिखाई दी। इस इलाके का जो वर्णन सन् 1875 में मिलता है, वही आज भी है। इस बीच के 90 वर्षों की अवधि में कोई नया घर नहीं बना, कोई मरी-महामारी नहीं आई न एक दाना, ज्यादा फसल ही हुई और न ही इस 'गतिहीन' भूभाग के प्राकृतिक चेहरे में भी :

"Every object is awe, inspiring. Indus gorges, the wall formations of cliffs, speak of a strange and unknown world. Then onlon, yet again to unknown, through nothing passing along by huge mountain, and roads, rough and extremely dusty... then...a depression in soft sham rock between mountains of lilye stones. Then down we came to a stream upwards...then go to barren and barren, no birds, no greens, no habitations,—go to the east...the ground is smooth, waste on all sides, rocky lime-stone hills, then a slope 2000 feet down, and then atlast we come to Lamayuru—the Buddhist Centre of Culture." (Frederic Drew, 1875)

'लामाउरू' नाम के प्राचीन बौद्धमठ के बारे में मैंने बहुत पहले स्वामी अभेदानन्द महाराज की एक किताब में पढ़ा था। सन् 1922 में घोड़े पर उन्होंने लद्दाख का भ्रमण किया और बहुत दूर के 'हेमिस गुम्फा' में पहुँचे। लेकिन उस समय के राष्ट्र की सीमा के सम्बन्ध में उतने सचेतन नहीं थे, इसलिए उनकी पुस्तक एक भ्रान्त शीर्षक के साथ प्रकाशित हुई थी। कहना फिजूल होगा कि उनकी उस पुस्तक ने कभी मुझे बड़ा अनुप्राणित किया था। वास्तव में वह पुस्तक उनके एक सहचर द्वारा अनुलिखित और सम्पादित हुई थी।

लामाउरू के प्रवेश-पथ में जो चुनाई का फाटक बना हुआ है, वह बहुत बड़ा है। ऐसे पक्के फाटक मैंने कई बौद्ध जनपद और गुम्फा में वहाँ देखे। इन्हें 'कगानी' कहते हैं। लामाउरू का यह विशाल कगानी बड़ा मशहूर है। इसी के नीचे से आना-जाना पड़ता है, इसमें कहीं-कहीं मूर्ति भी खुदी होती है।

दो दुर्गम पर्वत-चोटियों के बीच में छाया-घिरी जो खाई या नाला-पथ है, लामाउरू गुम्फा उसी पर खड़ा है। एक पूरी गुम्फा का मतलब एक पूरी बस्ती है! उसी के अन्दर उसका समाज, प्रशासन-व्यवस्था, जीवन-यात्रा के विभिन्न उपकरण, मन्दिर आदि तथा जीना-मरना सब कुछ है। किसी एक प्रागैतिहासिक युग में शायद इस विशाल पहाड़ में दरार पड़ी और उसके नीचे जो जलधारा अपनी राह बनाकर निकल गई, उसी छायावाली दरार में यह गुम्फा है। यह बहुत बड़ा गुम्फा-नगर नीचे की गहरी गहराई से धीरे-धीरे ऊपर को उठता आया है—जिधर को आकाश, धूप और हवा है। इस फैली हुई दरार के दोनों ओर की पर्वत-चोटियाँ इस गुम्फा को मध्य एशिया की धूल-आँधी और मेरु-बयार के भीषण झोंकों के हमले से बचाती हैं। इसमें प्रवेश करने का जो रास्ता है, वह ऐसे एक उलझे ज्यामितिक तरीके से नियंत्रित है कि दुश्मन अगर अचानक ही धावा कर बैठें तो इसके अन्दर की भूल-भुलैया में भटककर बड़ी मुसीबत में पड़ सकते हैं। इस गुम्फा-राज्य के सामने के दृश्य में ऐसी एक विराट महिमा, रहस्यभरा

विस्मय तथा अनैसर्गिक वन्य-कल्पना जड़ी हुई है कि भ्रमणकारी की सारी सत्ता को कुछ देर के लिए जैसे अभिभूत, विमूढ़ और मंत्रमुग्ध किए रखती है। इसकी ओर बढ़ते हुए अपने-आपको जैसे चलने की शक्ति नहीं रही, ऐसा लगता है। लगता है कि मेरी आँखें नहीं फिरतीं, मन नहीं हिलता, कदम नहीं बढ़ते। यह साम्प्रत छाया मानो धूसर मध्य एशिया के चारों ओर के अपराह्न से मिल जाती है! धीरे-धीरे मेरी निगूढ़ उपलब्धि के रहस्य-छिद्र से बहुत बूढ़े वनस्पति की मूल जड़ की तरह क्या तो मानो अतल-गूढ़ अँधेरे के नीचे उतर गया—जहाँ लामाउरू की गुप्त गुहा में उस त्रिकालजयी महास्थविर के दो मणिरत्न-चक्षु अक्षय करुणा और असीम क्षमा से झकमक करते हैं। उस घने काले पत्थरोंवाली गुप्त गुफा में, वन्य पत्थरों की साँस घुटनेवाली एक गहरी और प्राचीन गंध के अन्धकार में टटोलने से अनेक शताब्दी पहले के सोने के मैले और अजीब गहने मिलते हैं—बदरंग हुई मणि-रत्नों की माला, स्फटिक-प्रबाल-पन्ना-चुन्नी-गोमेद के जड़ाऊ, पुराने रक्तिम चीनांशुक के जर्जर अवशेष, हजार-दो हजार साल पुराने अखरोट की लकड़ी का जलपात्र और दन्तराक्षस मिलाया हुआ महापद्मसम्भव का बहुरंगा धुँधला पट—जिन्हें चर्बी के चिराग में गौर से देखिए तो बोधिसत्त्व की स्फटिक आँखों की दृष्टि सर्वांग के रोयें खड़े किए देती है। और ऐसे में रुँधा हुआ रन्ध्ररहस्य अपनी सम्मोहिनी शक्ति से चुपचाप जैसे पीछा करती है, उसकी थमथमाती हुई छाया मानो पर्यटक के पीछे-पीछे बाहर आती है और उसके बाद वह मानो बँटी हुई प्रेतछाया-सी इस मरीचिकामय प्रान्तर की धूल-बाँधी में अट्टहास करती हुई भौतिक कौतुक में मत्त हो उठती है।

लामाउरू मन्दिर का शिखर पर्वत-चोटी को छू रहा है। पर इसके गौरव की महिमा मानो महाकाल के सारे शासन की उपेक्षा करते हुए अडिग खड़ी है। मन्दिर के शिखर पर त्रिशूल, बौद्धपताका और बहुत बड़ा-सा एक मणिचक्र सुशोभित है। यह मन्दिर बौद्धशास्त्र और दर्शन का पीठ है। यहाँ की दंडायमान बुद्धमूर्ति, विशाल आकार की वज्रतारा और अवलोकितेश्वर की मूर्ति बड़ी प्रसिद्ध है। दो सौ से ज्यादा बौद्ध-ब्रह्मचारी यहाँ नित्य 'आत्म-निग्रह' में लीन रहते हैं! वे दो सौ पचास बौद्ध-विधियों का नित्य नियम से पालन करते हैं और लोगों की नजरों की ओट में एक प्रकार से जेल की जिन्दगी बसर करते हैं। बारह वर्ष और बारह दिन इस प्रकार से बिताए बिना 'ल्हासा' से उन्हें संन्यास लेने की अनुमति नहीं मिलती। ल्हासा की अनुमति पाने के बाद ही उन्हें 'कुशक' या जगतगुरु की उपाधि मिलती है। तब कहीं ये कीमती पोशाक, तरह-तरह के अलंकार और सोना-जड़ा शिरोभूषण प्राप्त करके गुरु कहलाते हैं। लामाउरू

मठ में बहुतेरी पोथियाँ प्राचीन काल से सुरक्षित रखी हुई हैं। सच पूछिए तो बौद्ध और जैन मठ प्राचीन पोथियों के लिए ही प्रसिद्ध हैं और हर गुम्फा या मठ, वह चाहे बड़ा हो या छोटा, अपने ग्रंथागार को बड़े जतन से रखता है। ये सारी पोथियाँ तिब्बती भाषा में लिखी हैं, जिसकी पहली वर्णमाला—बंगला से जिसकी बड़ी समानता है—भारतवर्ष से ले जाई गई थी। ऐसा कहा जाता है कि सातवीं शताब्दी में तिब्बत के राजा गेम्पो ने अपनी नेपाली और चीनी स्त्री के आग्रह से अपने प्रधानमंत्री 'थूमी सम्बुद्ध' को भारत भेजा। सम्बुद्ध ने भारत आकर एक बंगाली पंडित श्री घोष से एक खास वर्णमाला सीखी और उसी वर्णमाला का अनुसरण करके बहुत-से संस्कृत ग्रंथों का अनुवाद कराकर तिब्बत ले जाया गया। लद्दाख के लाखों-लाख पत्थर के टुकड़ों पर उस लिपि को खोदकर रखा गया है। दूसरे एक उल्लेख में कहा गया है, उसी शताब्दी में सम्बुद्ध कश्मीर से देवनागरी लिपि ले गए और उन्होंने तिब्बत में दोनों ही वर्णमालाएँ चलाईं। वह कश्मीरी वर्णमाला आज भी लद्दाख और तिब्बत में उसी रूप में मौजूद है।

लामाउरू के मठ और मन्दिर में बहुतेरी मूर्तियों की पूजा होती है। पूजा के मंत्र में कोई परिवर्तन नहीं हुआ, बौद्ध-दर्शन की व्याख्या भी नहीं बदली और नवीन की गतिशीलता को भी किसी ने कबूल नहीं किया। यही कारण है कि पाँच सौ साल पहले लामाउरू की जो शक्ल थी—जो नीति, विधान, प्रशासन, निर्देश और निग्रह-रीति थी—आज भी वही बरकरार है। सब कुछ स्थिर, अचंचल, स्थावर—महाकाल यहाँ स्थिर है। राजनीति की आँधी यहाँ नहीं पहुँचती, विज्ञान के तत्त्व इस इलाके को नहीं छूते, आधुनिक शिक्षा की खबर भी कोई नहीं रखता। युग-युग से अँधेरे मन्दिर में चर्बी से जलनेवाले दीये के सामने सिर्फ शाक्यस्थविर, पद्मसम्भव, तारा, बोधिसत्त्व आदि की मूर्तियाँ हैं। जन्म-जन्मान्तर से मैली जरी और जीर्ण रेशम के अलंकरण उस धीमी रोशनी में पीतल और सोने की मूर्तियों के साथ झलमल करते रहते हैं। चारों ओर अनगिनत स्वर्ग, नरक, दैत्य, पिशाच तथा विपिटक में आए युद्ध-वर्णनों के रंगीन पट झूल रहे हैं। सारा लामाउरू ही धर्म-केन्द्रित है, जीवन-केन्द्रित नहीं। जीवन का जो दावा है, गति है, व्यंजना है, संग्राम और संस्कृति है, दुनिया के साथ जीवन का जो प्रत्यक्ष योग है, नये जीवन की पुकार ने आज सारी सभ्यता को जो झकझोरा है—किसी भी बौद्ध-मठ या गुम्फा में, बौद्ध-दर्शन या अनुष्ठान में, बौद्ध-जीवन या आचरण में, बौद्ध-विचार या परिकल्पना में उसे कहीं भी स्वीकारा या अनुमोदन नहीं किया गया है। नई-नई लहरों के थपेड़े से हिन्दू-संस्कृति जिस प्रकार संजीवित हुई है,

उसके समाज और जीवन की चेतना जैसे बदली है, अपनी संस्कृति की दिशा में जैसे उसने एक के बाद दूसरे महापुरुष के जन्म को सम्भव किया है, अपनी छिपी हुई प्राण-शक्ति के द्वारा बौद्ध-दर्शन जीवन की उस गतिशील साधना के लिए कभी नहीं बैठा। उसने इस्लाम, ईसाई, हिन्दू—हर संस्कृति के प्रभाव से अछूता रहने के लिए अपने चारों ओर एक के बाद दूसरी दीवार ही खड़ी की है। अपने को अलग रखने के लिए धूप-हवा, स्वर-सुर-स्लोगन, संगीत, ध्वनि, साहित्य और कला—सबको उसने घेरकर रखा है। उसने मंत्र को माना, मनुष्य को नहीं! कभी निर्वाण होगा, इस उम्मीद पर वह मंत्र पढ़ते-पढ़ते ऊँघता रहा सिर्फ! उसने घुसना चाहा सिर्फ अँधेरे में, एकान्त में, गुफाओं, गिरि-गह्वरों और अजाने मरुलोक में, जहाँ जीवन का स्रोत नहीं पहुँचता! उसकी धारणा रही कि सारी धरती प्रेत-पिशाच, दैत्य-दानवों और नरक-कुंडों से भरी है। और वह, फटे चिथड़े तथा पताका उड़ाकर धरती की छत पर खड़ा होकर उन नारकीय पिशाचों के दल को खदेड़ने की चेष्टा कर रहा है!

यह जड़ता और गतिहीनता एक वायुशून्यता की सृष्टि करती है और वायुशून्यता जो आँधी को बुला लाती है, वज्रपात और प्रलय का संकेत लाती है, लामा धर्म ने पहले इसका अन्दाज नहीं किया। उसकी बदनसीबी आज अनसोचे रास्ते पर आई है, इसीलिए शुरू हुआ है उसके प्रायश्चित्त का युग।

सबसे ताज्जुब की बात तो यह कि उस खाई के नीचे खलिहान और वह हिस्सा गुम्फा के ऊपरी अंश से ढका है। उसके भी नीचे जो पहाड़ी नदी बहती है, उसका नाम है 'वानला'। वह नदी ऊपर से घूमती हुई नीचे को आती है लेकिन उस धारा के दोनों पारों के पहाड़ों पर से यह गुम्फा-ग्राम ऊपर को उठा है, यह नजारा देखने ही योग्य है। यह मानो नदी और खलिहान के दोनों पार छत-सा बना है और उस छत के दोनों किनारों से दो विराट पहाड़ खड़े हो गए हैं। इस विशाल गुम्फा में सैकड़ों लामा रहते हैं पर बाहरी दुनिया से उनका जरा भी नाता नहीं । सुना, 'उरू' शब्द 'गुरु' का अपभ्रंश है, और यह एक प्रकार का बौद्ध गुरुकुल है। जो यहाँ की सारी विद्याओं और तप के आचरणों में सिद्ध हो जाते हैं, उन्हें शायद ल्हासा से दीक्षित हो आना पड़ता है। लामागुरु तब बोधिसत्त्व के प्रतीक होते हैं। यहाँ की चर्या बड़ी कठोर है, यह सबको मालूम है और अध्यात्म-जीवन में आत्मनिग्रह जितना ही कठोर होगा, उतना ही अधिक होगा उसका माहात्म्य! जीवन धारण करने का मूल अर्थ ही अध्यात्म-भावना या दर्शन-चर्चा है। विद्या का मतलब ही अध्यात्म-विद्या है, दूसरी विद्या स्वीकृत नहीं। दूसरा ज्ञान, दूसरी विद्या, विज्ञान के भिन्न-भिन्न आविष्कार, प्राकृत-तत्त्व,

विश्व की विचित्रता, सभ्यता का नित्य होनेवाला परिवर्तन, राजनीति का रूपान्तर, नई-नई सभ्यता की जय-यात्रा—ये सारे-के-सारे कोई अर्थ नहीं रखते। यह खंड और क्षुद्र पृथ्वी चारों ओर से पहाड़ की दीवारों से घिरी हैं—और उसी घेरे के भीतर युग-युगान्त से बैठे लामा लोग योग-तन्द्रा में ऊँघ रहे हैं, मणिचक्र घुमाकर लाखों बार जप कर रहे हैं, लाखों लाल पत्थर के टुकड़ों पर बौद्ध-मंत्र खोदते चले जा रहे हैं—उनकी आँखों के आगे प्रदीप की अकम्प शिखा है, हृदय में है एक अडोल भावना, और सामने है दिव्य दमक से भरी अवलोकितेश्वर की अपार करुणा-भरी निष्कम्प दृष्टि।

लामाउरू गुम्फा बौद्ध-जगत में बहुत प्रसिद्ध है।

इसमें सन्देह नहीं कि सारा लद्दाख पूर्ण रूप से बौद्ध है। जो बौद्ध नहीं भी हैं, वे भी घुल-मिलकर एक हो गए हैं। रहन-सहन, पोशाक; खान-पान, भाषा—सब एकाकार हो गए हैं। पुरुषों से स्त्रियों की संख्या कम है, इसलिए स्त्रियाँ अनेक पतिवाली होती हैं। यहाँ औरतों की बड़ी कद्र है। एक स्त्री के मरने से बहुत का जीवन दर्द से दुखमय हो उठता है। यह भी घटना अजीब नहीं कि पाँच साल का एक लड़का अपने बड़े भाई की पच्चीस वर्ष की बीवी को अपनी बीवी-सी सोचना सीखे। एक ही स्त्री पर बहुतों की गृहस्थी में कोई रुकावट नहीं। यही प्रथा वहाँ भावना की आदत को जुगाती है, आबाल्य शिक्षा, सदा के संस्कार को, वंशानुक्रम से आती हुई संस्कृति को जुगाती है—इन्हीं से मन का विशेष गठन होता है। औरतों के साथ भी यही बात है। वह संकोच लिये बड़ी नहीं होती, सहजात संस्कार से वह बहुतों में एक को देखती है—वहाँ उसका मन उत्पीड़न नहीं महसूस करता। एक ओर अपने ऊपर वह बहुत के अधिकार को स्वीकार किए लेती है और फिर बहुत पर अपने एक का विस्तार किए लेती है। लिहाजा औरतें वहाँ खरीदी हुई बाँदी नहीं, वे मालकिन के गौरव पर आसीन होती हैं। प्रकृति के नियम के मुताबिक जो नारी बहुपतिवाली होती है, वह कम बच्चों को जन्म देती है। इसीलिए भुट्टा के जो थोड़े-से खेत हैं, उनकी उपज के लिए छीना-झपटी नहीं होती और खेतों के टुकड़े-टुकड़े होकर गरीब देश को और गरीब नहीं करते।

लेकिन लद्दाख के जिस हिस्से को उत्तर बालतिस्तान कहते हैं—वहाँ के मुसलमानों ने इस्लाम धर्म कबूल किया और शिया हो गए। उसके बाद पुरुषों ने बहु-विवाह की प्रथा अपना ली। वहाँ स्त्रियाँ कम नहीं हैं। वहाँ की जमीन की प्रकृति अपेक्षाकृत उदार है। गर्ज कि औरतें उसी देश में ज्यादा पैदा होती हैं, जो देश शस्य-श्यामल और मलयज शीतल होता है! उत्तर बालतिस्तान में औरतें

ज्यादा हैं, बच्चे ज्यादा पैदा होते हैं, लिहाजा जमीन का बँटवारा खूब होता है।

राजा राममोहन ने जिस प्रकार से सती-दाह-प्रथा को उठा दिया था, उसी प्रकार से अगर उन्होंने भारत के हिन्दू-मुसलमान समाज से बहुविवाह प्रथा को भी मिटा दिया होता, तो आज की बहुत सारी राजनीतिक-अर्थनीतिक समस्याओं से छुटकारा मिल गया होता।

पहाड़ में, प्रान्तर में साँझ की छाया छमछमाकर उतर आई। यह अँधेरा कुछ और ही तरह का है। मैंने वन-पर्वतों से घिरे कुमायूँ के अँधेरेपन को देखा है, भूटान के दक्षिण रायडाक या दमनपुर के उत्तरजंगल के अँधेरे में भी भटका किया है—लेकिन इसकी शक्ल दूसरी तरह की है। यह मानो दीखता सब कुछ है, पर सब अस्पष्ट। चारों ओर के ऊसर, नंगे और धुमैले जिन निर्जीव पहाड़ों को देखते-देखते आँखें थक गई हैं, वे सब सोये बेहोश पहाड़ पीछे की धुँधली और अस्पष्ट पटभूमि पर मानो धीरे-धीरे जी उठते हैं, मानो दानवों की साजिश फुसफुसाकर आपस में बातें करती है। साफ कुछ दिखाई नहीं पड़ता, पर जैसे सब कुछ समझ रहा हूँ! रास्ते के नीचे-नीचे बहती चल रही है नदी, बीच-बीच में मिलती हैं बौद्ध बस्तियाँ, लेकिन वे नीचे नदी की ओर खोई-सी रहती हैं, दिन को कभी-कभी दीख जाती हैं।

हम जस्कर गिरिमाला के पूरब की ओर पहुँच गए। ऊपर तारों-भरा साफ आसमान। नीचे महासिन्धु की पहाड़ी उपत्यका। यह इलाका लद्दाख का हृदय है। दक्षिण से एक चौड़ी नदी आई है और महासिन्धु के पेट में जा मिली है। अँधेरे में हम लोग सिन्धु के पुल को पार कर आए। इसके बाद देखते-देखते कुछ देर के लिए भौगोलिक सूरत जैसे बदल गई। जीप के हेडलाइट की रोशनी में बड़ा ही रमणीय दृश्य देखने को मिला। रमणीय माने—बगीचे, पेड़-पौधे, लता-फूलों का समारोह, बस्तियाँ। सामने का वह पहाड़ मानो वह पहाड़ नहीं हो। यह मानो जाने कब के हमारे भूले-बिछड़े हिमालय के एक बन्धु ने आकर अन्धकार में अपना अभिवादन जताया! बाईं ओर बहुत बड़ा एक फाटक—बहुत-कुछ बगीचे के फाटक-जैसा। धीरे-धीरे यहाँ-वहाँ बत्तियाँ जलती नजर आईं, आदमी का कंठस्वर सुनाई पड़ा। लोगों की भीड़-भाड़। सवारियों का भी आना-जाना।

हम सभ्य समाज के आसपास आ तो पहुँचे, लेकिन कहना न होगा, हमारा चेहरा और पोशाक भलेमानसों में जाने की न थी। एड़ी से चोटी तक धूल से सफेद, बड़ी रूखी बर्फीली हवा लगने से चेहरे से छिलका-सा छूट रहा था; उँगलियों का मांस सूखकर लगभग हड्डियाँ उभर गई थीं। असीम थकावट के साथ ऊँघी-सी घेरे हुए थी। मगर वह ऊँघ ही थी, नींद नहीं। हम समतल के

लोग थे, ऊँचे स्थानों के आदी नहीं। कश्मीर की तराई में फिर भी नींद आती है, क्योंकि उसकी ऊँचाई 5200 फीट है पर पश्चिम लद्दाख 11 से 14 हजार फीट की ऊँचाई पर है—इसलिए नींद यहाँ की पतली होती है। इसके सिवाय हम लोग तीन दिनों से जीप पर रहे थे। इस पर भूख-प्यास तो पूछना ही नहीं। अपनी आदत के मुताबिक मैं हर नदी और झरने का पानी पीता हुआ चल रहा था।

हम फिर अन्धकार में ही बढ़ चले। पूछना नहीं कि अपना रात का पड़ाव कहाँ! तमाम रात भी चलते रहना हो, तो भी कौतूहल नहीं जाहिर करूँगा। सिर्फ यह सुना कि अभी-अभी जिस जनपद में हम पहुँचे, वह बौद्धों का एक प्रसिद्ध स्थान है। नाम 'खलात्से'। लोग कहते हैं—'खालसी' या 'कालसी'।

कुछ दूर चलने के बाद वन-बगीचों की वह कोमलता जाती रही। फिर वही बालू-पत्थर का खड़ा वह रास्ता। अब पहाड़ी दीवार के पास से बड़े संकट से नीचे उतरा—बहुत नीचे—गोया रसातल में धँसता जा रहा हूँ! इस अन्धे पर्वत की भूल-भुलैया में खतरा हो यदि, जैसाकि जब-तब घटता ही रहता है—तो फिर महासिन्धु में निश्चिह्न मौत निश्चित!

टेढ़े-मेढ़े फिर पहाड़ के ऊपर चढ़े। क्रमश: यह देखा कि सामने धू-धू करता हुआ एक बहुत बड़ा सपाट है। उस सूने सपाट में आकाश के तारे जैसे उतर आए हों। लेकिन ठंड के मारे सब जमता जा रहा है। दूर-दूर रोशनी दिखाई दे रही थी। हमारी जीप सपाट के बालू-पत्थरों को रौंदकर धूल उड़ाती हुई जहाँ जाकर खड़ी हुई, उसे तम्बू के सामने का विस्मृत प्रांगण कहा जा सकता है। भौतिक अँधेरे में वह आँगन थमथम कर रहा था।

वहाँ से जो लोग सामने आए, वे थे फौजी विभाग की पोशाक पहने। उनके तेजस्वी आनन्द और जोरदार जोश ने महज एक मिनट में जता दिया कि इस ऊसर-धूसर मरु-पत्थरोंवाले अँधेरे सपाट में आधुनिक मेहमाननवाजी के साधन हाथ के पास ही मौजूद हैं। उनकी अजीब पोशाक के भीतर जो दिल मिला, वह भारतीय मेहमाननवाजी का प्रतीक है। यह सहज ही नहीं मिलता।

उन्हीं के साथ आसपास एक बड़ा ही सहृदय युवक घूम रहा था। मौके से आगे बढ़कर उसने जिस भाषा में बात की, कुछ दिनों से मैं उसे जैसे भूल-सा रहा था! वह थी बंगला। युवक ने कहा, 'मैंने पहले से ही उन लोगों से कह रखा है, आप मेरे कैम्प में रहेंगे। आपको तकलीफ हो शायद...'

मेरा मन सदा का सर्वभारतीय है। फिर भी उस बंगाली युवक को देखकर मेरी छाती फूल उठी। पास बुलाकर पूछा, 'नाम क्या है?'

'लेफ्टिनेंट डॉक्टर दास। कुछ ही दिन हुए, यहाँ आया हूँ...'

खलात्से-ससपोल-रूपसू

जस्कर गिरिमाला ने महासिन्धु नदी के पश्चिम पार तक साथ आकर पिछली रात हमसे विदाई ली। उस नदी को पार करके हमने लद्दाख पर्वतमाला में प्रवेश किया और उसके मुख्य जनपद 'खलात्से' या 'खालसी' में रात बिताई। नदी के पश्चिम पार में जस्कर है, हम अभी पूरब पार में थे। हमारी राह अभी काफी बाकी थी। पश्चिम में डेढ़ेक मील दूर पर सिन्धु के किनारे के पेड़-पौधे और एक बौद्ध गाँव दिखाई पड़ रहा था। हम अब वास्तविक सिन्धु-उपत्यका में चल रहे थे। प्रान्तर के तीन ओर लद्दाख गिरि-शिखरों का दल अपनी-अपनी सुन्दर, चिकनी और हाथ से लेपी हुई-सी मुलायम आकृतियाँ लिये खड़ा था। सारे पहाड़ बालू-पत्थर, चूना, माटी के। लेकिन उन पत्थरों का एक टुकड़ा भी ग्रेनाइट नहीं है। नहीं जानता, प्रकृति के किस रहस्य ने इस भू-भाग के पहाड़ी को यह रूप दिया है। हिमालय पार करके आने के बाद सब कुछ अनचीन्हा और बहुत हद तक अवास्तव है! मैं जैसे यहाँ के लिए बिलकुल बेमेल हूँ, अपने को अपने ही निकट ऐसा अपरिचित और कहीं नहीं महसूस किया। मानो मैं उल्का की तरह छिटककर एक और ही ग्रह में आ पड़ा हूँ! यह पृथ्वी मेरी नहीं है!

सुबह की करारी सर्दी के बाद धूल पर तीखी धूप तप उठी। हमारी गाड़ी सपाट को पार करके एक रूखे पथरीले रास्ते से पिछली रात की उस खतरनाक गिरि-गहराई की उलझन से आगे खलात्से के पेड़-पौधों की छाया में फिर एक बार पहुँची। आसपास में दो-तीन दुकानें और अचरज यह कि मोदी, मनिहारी, मसाले आदि तथा कपड़े की दुकानें! फल, सब्जी, आमिष। रास्ते के पास ही पहाड़ी चढ़ाई—वहीं से चढ़कर घुमाव से बौद्ध-गाँव में जाया जाता है। इस गाँव का श्वेत गुम्फा-शिखर बड़ी दूर से दिखाई देता है। पहाड़ पर की छोटी-सी बस्ती की गली-गली के पतले-सँकरे रास्तों से एक मन्दिर के चबूतरे पर हम पहुँचे। दौलत में से पेड़-पौधे थे, जौ और भुट्टा के खेत-खलिहान, दो-एक पहाड़ी झरने, कुछ लद्दाखी घर। मन्दिर से सटी एक पाठशाला—जहाँ के बच्चे-बच्चियाँ अपनी मातृभाषा लद्दाखी के साथ हिन्दी सीखते हैं। भारत सरकार इन मामलों में यहाँ खर्च करती है। किताब-पत्तर बाहर से छपकर आते हैं। बस्ती में डाकघर और एक मिशन है। सन् 1885 में तत्कालीन जर्मन मोराबिया से फादर हाइड नाम के एक पादरी सिनकियांग जाने की चेष्टा में लद्दाख आए

थे, लेकिन चूँकि पंजाब के महाराजा (शायद) प्रतापसिंह ने उन्हें सिनकियांग जाने की अनुमति नहीं दी, इसलिए उन्होंने लद्दाख में ही कई ईसाई मिशनों की स्थापना की। मोराबी रिपब्लिक अब सोवियत यूनियन में है।

चारों ओर की अभावभरी घर-गिरस्ती के बीच एक मन्दिर तथा एक लामा-निवास के सामने हम पहुँचे। यह एक गुम्फा है। अन्दर कुछ मूर्तियाँ। सब कुछ प्राचीनता की गवाही दे रहा है। वह प्राचीन काल जाने कब मध्ययुग में आया था, उसके बाद आगे नहीं बढ़ा। आसपास पत्थर की दीवारें दीख रही थीं, जाने कब के किस राजा के किले के खँडहर हों। यहाँ शायद आठ सौ साल पहले उनका महल भी था। उसके बाद इसी रास्ते से आकर उस मध्ययुग में मंगोलों के एक दल ने लड़ाई छेड़ दी और इस राजा का राज-पाट टूट-बिखर गया। यह गुम्फा शायद उससे भी बहुत पहले की है। इसका लेखा मिलता है, कोई हजार साल हुआ।

महज हजार साल? मैं ठिठका। यह तो मानो बहुत कम है! चारों तरफ देखा, तमाम मानो हजारों-हजार साल बिखरा पड़ा है! एक भी पत्थर नहीं हिला, कोई नया घर नहीं बना, कोई आदत नहीं बदली—किसी एक आदमी ने भी सर नहीं उठाया! मरु-पर्वत पर कहीं अगर कोई पशु मरता है तो उसकी लाश धीरे-धीरे सूखती है—न तो शव खानेवाला दूसरा कोई पशु आता है, न कोई पंछी! एक-एक करके जब लामा मरते हैं, तो उनकी लाश सूखती है, सड़ती नहीं है। खुली सर्दी, सूखी हवा और तीखी धूप में धीरे-धीरे सूखती है। और अन्त में उस सूखे नीरस कंकाल को तोड़कर पत्थर की जो समाधि बनती है, उसका नाम है 'चोर्तेन'। लद्दाख में हजारों-लाखों चोर्टन बिखरे पड़े हैं। ऐसा भी होता है कि पिता की मृत्यु हुई, बेटे के समय में वह लाश सूखी, पोते के समय में वह पत्थर के नीचे गई! हजार साल से एक ही धूल एक सँकरे दायरे में घूम रही है। यहाँ से वहाँ, वहाँ से यहाँ। मन्दिर की मूर्तियों की वही एक रेशमी पोशाक, वही काठ या पत्थर का कटोरा, एक ही वही चित्रपट झूल रहा है, सोना-चाँदी का वही जंग लगा-सा गहना—हजार साल से उनमें कोई हेर-फेर नहीं। एक व्यापक निष्क्रिय गतिहीनता ने सारे लद्दाख को निर्जीव-सा कर रखा है।

चबूतरे पर चुप खड़ा था। मूर्ति का एक साँचा लिये गुम्फा के लामा बाहर निकले। यह साँचा उन्हीं मूर्तियों का था, जो मन्दिर के अन्दर थीं। इसमें शक नहीं कि यह एक कला-कृतित्व है। उसके उपकरण हैं—चावल, जौ और भुट्टा की बुकनी, एक प्रकार की जंगली लतर का रस, जरा-सा माटी-जैसा रंग और एक मन्तर। इन्हीं सबका बना साँचा।

मन्तर सुनकर मुझे अचम्भा हुआ! लामा ने बताया, उस मंत्र के बिना साँचा जमता नहीं! मंत्र न पढ़िए तो साँचा टूट-टूट जाता है। इसे अगर आप श्रद्धा से लें, तभी यह सुरक्षित रूप में आपके देश तक पहुँच सकेगा।

साँचे का आकार छह इंच का था। प्रधान लामा से उपहारस्वरूप मैंने उसे लिया। कलकत्ता लौटने पर देखा, साँचे के नीचे जरा-सी चोट-भर लगी थी।

पहाड़ से रास्ते पर उतरा। वही रास्ता, जिसकी शुरुआत और जिसका अन्त पाइन में है। यह महासिन्धु की उपत्यका का पथ है। ऊँचाई में 13,000 फीट से भी ज्यादा। लेकिन दक्षिण की तरफ से न जाकर अगर उत्तर से सिन्धु के किनारे-किनारे चलें तो 'चर्बत' से जिस रास्ते को पकड़ेंगे, वह 'तोलती' से स्कार्दू की ओर गया है। स्कार्दू से 'रन्दू', रन्दू से गिलगित—यानी उत्तर से उत्तर-पश्चिम को। लेकिन यह अजाना रास्ता बिलकुल जाने का नहीं। वह भाग अभी तो निषिद्ध है।

लेकिन पहाड़ से उतरकर फिर से उस रूखे धूल के राज्य में प्रवेश करने से पहले रास्ते के ही पास मेरे लिए एक कौतुक इन्तजार कर रहा था। सामने ही एक प्राथमिक चिकित्सा का केन्द्र था और वह फौजी विभाग से जुड़ा था। अन्दर के चिकित्सक महोदय तेजी से बाहर निकल आए और खुशी-खुशी जिस भाव से बंगला में मेरा स्वागत किया, उससे समझ में आया कि उन्हें मेरा सारा अता-पता है। उनका नाम था मेजर डॉक्टर चटर्जी।

'नहीं चीन्हता हूँ? कह क्या रहे हैं आप? मैं पहचानता किसे नहीं हूँ? आप तो हमारे सतीश मास्टर को जानते हैं—काशी का कौन नहीं जानता उन्हें? अरे वही, तिलभांडेश्वर की तरफ से निकलते ही रेबड़ीतला...'

कुछ अचकचाया मैं। —यह तो जैसे पिछले जनम की स्वप्न-कहानी हो!

"उसी रास्ते के पास रहता था। तभी से आपको पहचानता हूँ! आपके साथ रहते थे काली मास्टर और केदार मुखर्जी—और नहीं तो हमारे प्रफुल्ल दा...। अपूर्व भट्टचार्जी और पोस्टमास्टर नोनी-दा की याद है?"

उनकी आवाज ऊँची से और ऊँची हो गई। बीच में वे अन्दर चाय के लिए कह आए। हम लोग कुछ देर जम गए। उनकी हँसी से रह-रहकर छोटा-सा कमरा गूँज उठता था। एक बार वे चीख उठे, 'कह दीजिएगा जाकर—अविचार नहीं होने दूँगा—अन्याय नहीं सहने का! किसने कहा कि हम बदनसीब हैं? झूठ है! देख लीजिए, बेकार बैठा हूँ, एक भी रोगी नहीं है! फिर भी आपसे कहे रखता हूँ, कुछ विश्वास नहीं करता! फूटी पाई भी नहीं मानता! जाकर कहिएगा, अन्याय है, शुरू से आखिर तक अन्याय...'

भले आदमी की बात का मतलब ठीक समझा नहीं। किससे जाकर कहूँगा, क्या कहूँगा, उनका कहना क्या है, उनका यह नाटकीय मन्तव्य है किसके लिए—मेरे लिए सब समझ से बाहर था। लेकिन उनका व्यवहार बड़ा भला लगा था। फौजी महकमे में उनके-जैसे कर्मठ आदमी को देखकर उत्साह होता है। बाद में पता चला था, लद्दाख में बंगाली डॉक्टर बहुत हैं। कदर है उनकी।

तीखी धूप में तेजी से बढ़ जाने के समय जब धूल से फिर नहाने लगा, तो उस समय सामने मध्य एशिया के मरुलोक का धूल-भरा एक-एक दैत्य-पर्वत मानो बार-बार मुझे मेजर चटर्जी की वे बिखरी-बिखरी बातें दुहराकर कहने लगा! उनकी वे निडर बातें सुनकर मैं चौंका था।

हमारी राह लद्दाख पर्वतमाला से दक्षिण-पूरब चल रही थी। हम सिन्धु उपत्यका के अन्दर से जा रहे थे। पास ही महासिन्धु दक्षिण से उत्तर की ओर बहती जा रही थी। छोटे-छोटे पुलों के नीचे-नीचे पहाड़ी नदियाँ या झरने बह रहे थे। बीच-बीच में पेड़-पौधे, उनकी फाँकों में से दिखाई पड़ती थी बौद्ध बस्ती। रास्ता पहाड़ों के नीचे-नीचे आँका-बाँका चल रहा था। ठंड, धूप, धूल और बलुआहे पत्थर—इनके सिवाय और कुछ नहीं था। फिर भी उन्हीं से कुछ तृप्ति हो रही थी। कहीं-कहीं आदमी के हाथ की निशानी मिल रही थी। जौ के हरे-भरे खेत, उनके पास कुछ लम्बे पापलर पेड़ की छाया, किसी-किसी पहाड़ की माटी-सी कोमलता, पास कहीं दो-एक चमरी गाय, या गोल पत्थरों के 'चोर्तेन' पर लाल रंग, या कि जाफरी-कटे झरोखावाली गुम्फा—कुल मिलाकर मनुष्य के करुण स्नेह का इशारा-सा। सिन्धु मानो अपनी राह के दोनों किनारे अपनी करुणा के चिह्न रखती जा रही हो। अब रास्ता बहुत-कुछ सहने योग्य लग रहा था।

बड़ी दूर जाने के बाद एक पहाड़ी दर्रा मिला। रास्ता अब ऊपर की ओर उठा। सिन्धु का प्रवाह काफी नीचे रह गया। ऊसर और धूसर गिरि-श्रेणियों के नीचे जंगली, गरजती हुई प्रखर धारा सिन्धु मानो देखते-ही-देखते कहाँ गायब हो गई। नुरला का दर्रा पार करके जनपद के पास वज्रतारा का बौद्ध मन्दिर मिला। मन्दिर का वर्ण रक्तिम। यह शायद तंत्र-साधना की अन्यतम जगह है। बौद्धों में तंत्र-साधना के प्रमुख उद्योगी थे बंगाल के अतीश दीपंकर श्रीज्ञान। घर उनका ढाका था। 10वीं सदी के अन्तिम वर्षों में उनका जन्म हुआ था। सारे भारत और सिंहल में बौद्धशास्त्र और तंत्र-मंत्र सीखकर 11वीं सदी में धर्म-प्रचार के लिए वे तिब्बत गए थे। वे वीर, शक्ति के साधक और बड़ी ही उच्च कोटि के पंडित थे। तंत्र-साधना के क्षेत्र में तिब्बत से बंगाल का पहली बार नाता उन्होंने ही जोड़ा। तिब्बत में उन्हें अपार श्रद्धा और पूजा मिली और तिब्बत के लोग

आज भी उन्हें बोधिसत्त्व मंजुश्री का अवतार मानते हैं। 73 साल की उम्र में नासा के एक बौद्ध मन्दिर में उन्होंने अपनी देह रखी। 'देवात्मा हिमालय' में मैंने उनकी विशेष चर्चा की है।

सम्भवत: अतीश दीपंकर की बड़ी देन के कारण उस समय तिब्बत का पुनरुत्थान हुआ। वह क्रान्तिकारी उत्थान था। मध्ययुग में तिब्बत ज्योतिषशास्त्र और तरह-तरह के भौतिक तथा पैशाचिक संस्कार से लिपटा था। अतीश दीपंकर ने वैसे धर्म को वहाँ से विदा किया और उन्हीं के मतवाद से लामा धर्म का सूत्रपात हुआ। 12वीं शताब्दी में चंगेजखाँ के वंशधर कुबलाखाँ ने तिब्बत को जीता और स्वयं लामा धर्म स्वीकार करके भारत से बहुतेरे बौद्ध पंडितों को तिब्बत ले गए। तिब्बत की वर्णमाला, धर्म-साहित्य-संस्कृति, वहाँ की शिक्षा और सभ्यता तथा तिब्बत की सब प्रकार की उन्नति में भारत की देन बहुत बड़ी थी। बाद में उत्तरी भारत में इस्लामी सभ्यता के फैलने के फलस्वरूप तिब्बत के सारे दरवाजे धीरे-धीरे बन्द हो गए।

महासिन्धु को पा जाने के बाद से रास्ते की सूरत कुछ-कुछ पलटने लगी। पहाड़ पर कँटीली लता नजर आने लगी, कुछ-कुछ वन-फूल, कुछ घास, कुछ सेंवार। बीच-बीच में रंगों का समारोह। सबसे बड़ी शान्ति इससे मिली कि आदमी दिखाई दिये, औरतें नजर आईं! सभी स्त्रियों के माथे पर ऊँची लद्दाखी टोपी, उसके दोनों ओर के कान टेढ़े। सारे बदन पर गहने और ऊपर से नीचे तक पोशाक से ढका। जिन्दगी में उन्होंने कितनी बार स्नान किया, या कि स्नान एकबारगी किया ही नहीं, बुलाकर पूछने को जी चाहता।

हमारे दोनों तरफ के सभी पहाड़ों के शिखर प्राय: बर्फ से ढके। लिहाजा जलधारा की कमी नहीं। जहाँ माटी थी, वहाँ खेत-खलिहान दिखाई पड़ रहे थे, फलों के पेड़, पापलर की छाँह। और कहीं यह नजर आ रहा था कि नीचे उतरने में तुषार-नदी बर्फ होकर ठिठक गई है—उन पर गर्द पड़ी है। उनके अन्दर से पतली-सी जलधारा फूट निकली है। हम उसी एक ही रास्ते से जा रहे थे। वही रास्ता सदा का है। सैकड़ों सालों में इस रास्ते को किसी ने सुधारा भी है या नहीं, इसका पता नहीं चला। यहाँ लगान कम लगती है, फसल नहीं-सी ही होती है। लोगों में क्रय-शक्ति बड़ी कम है। श्रम से खाद्य के बदलने की व्यवस्था तो और भी कम है। फलस्वरूप लद्दाख और लद्दाखी लोग सदा बिखरा-सा जीवन बिताते हैं। कागज-पत्तर या लगान की बही से कश्मीरराज जानते हैं कि लद्दाख ने उनकी प्रभुता मानी है। सालाना कर भी कुछ मिलता था।

दूसरी ओर सज्जन, धर्मनिष्ठ बेचारी लद्दाखी जनता के सामने आज

जीने-मरने की समस्या है, वह है लाल चीन का खतरा। चीन के नये शासक लामा धर्म में विश्वास नहीं रखते। बौद्ध धर्म-नीति की पुरानी व्यवस्था को वे तोड़ रहे हैं। गुम्फा, मठ आदि का मोह उन्हें कम है। उनके राजनीतिक सिद्धान्त, समाज-व्यवस्था एवं शासन-पद्धति को देखकर लद्दाखी आतंकित हैं। भागनेवाले तिब्बतियों ने, जो धर्मप्राण हैं, लद्दाख भागकर जो खबरें बताईं, वे बड़े बीभत्स हैं। लद्दाख के बहुतेरे लामा, जो बारह वर्षों तक बड़ी कठोर साधना के बाद दीक्षा लेने के लिए ल्हासा गए थे, वे शायद वहाँ बन्दी हुए और चीनियों ने उन्हें क्या तो लद्दाख-विभाग के लिए जासूस बनाया। कहना नहीं होगा कि जिन देशों की सही जानकारी की कोई तरकीब नहीं, उन देशों की सब प्रकार की बुरी खबरें अविश्वसनीय नहीं लगतीं। जो हो, लद्दाख के सबसे बड़ी संख्यावाले लद्दाखी और अल्पसंख्यक मुसलमान—जो तन-मन से, विचार और जीवन-व्यवस्था में एकाकार-से हैं, दोनों भय से बदरंग हुई आँखों से एक ओर कम्यूनिस्ट चीन की ओर देखते हैं, दूसरी ओर देखते हैं अपने उन पुराने दुश्मनों जम्मू, पंजाब और कश्मीर को। इन दोनों जीने-मरने की समस्या के बीच में बहरहाल भारत सरकार खड़ी हो गई है। एकाग्र और एकान्त दृष्टि से आज लद्दाखी लोग भारत सरकार के प्रत्येक आचरण को गौर से देख रहे हैं। मेरा खयाल है, अब उनका भय भागने लगा है।

नुरला ग्राम को छोड़कर जाने कब हम 'ससपोल' नाम के प्रसिद्ध शहर की सीमा में पहुँच गए। थोड़े-थोड़े स्त्री-पुरुष दीखने लगे। देशभेद से आदमी के मुँह की और गाय-गोरू के शरीर की बनावट कुछ बदलती है। उत्तर बिहार के मोतिहारी और दूर दक्षिण के मैसूर के बैल की शक्ल एक-सी नहीं होती। यहाँ के औरत-मर्द के चेहरे की सूरत कुछ बदली है। यहाँ लहू में मिलावट हुई है। कश्मीरी, भोट्टा, तिब्बती, मंगोल—यहाँ एक हो गए हैं। पंजाबी व्यापारी सिनकियांग की ओर आते-जाते रहे हैं, दूसरी ओर उस रास्ते से यारकन्दी लोग आए। लद्दाख और सिनकियांग में बहुत दिनों तक और एक प्रथा प्रचलित थी। दोनों ही जगह सामयिक तौर पर औरतें खरीदने को मिलती थीं। सिनकियांग के कासगढ़, खोतान, उरूमची, यारकन्द, तासकुर्गन, यांगी—हिस्सार आदि जनपद में व्यापार के लिए आने-जाने में व्यापारियों को लगभग एक साल लग जाता था। सिनकियांगवालों को भी प्राय: इतना ही लग जाता था। सो इस अरसे में एक खास समय के लिए दो-चार सौ स्त्रियों की खरीद-बिक्री हो जाती थी। उन स्त्रियों के बच्चा जनम जाता तो भी कोई अमर्यादा नहीं होती। वे अपने-अपने समाज में बच्चों के साथ जगह पा जाती थीं। ऐसी अवस्था में वर्ण, जाति या धर्म

ने कोई बाधा नहीं पहुँचाई। वे लोग कहते थे, स्त्रियों के कोई अलग जाति या अलग धर्म नहीं होता—उसके जो है, सो नारी-जाति और नारी-धर्म है!

'ससपोल' के आसपास जो लोग मिलते हैं, उनमें से किसी का रंग मटमैला, किसी का साँवला और किसी का गोरा होता है। बहुत दिनों से लद्दाख में बहुतेरे वर्ण मिलते रहे। हूनजा और गिलगित से यहाँ दार्द लोग आए। उत्तर भारत या कश्मीर से आई थी मन् जाति। ये दोनों ही आर्यवंश के हैं। कुछ लोग पंजाब और हिमाचल से आए, उनके साथ आए मंगोल यायावर। जिनके गाल की हड्डी ऊँची, आँखें दोनों किनारे होती हैं, बिना बताए भी पता चल सकता है, वे मंगोल हैं। बड़ी आँखें, काले बाल, सुन्दर नाक—समझ ले सकते हैं, ये कश्मीरी हैं। पीछे वेणी लटक रही है, माथे पर लद्दाखी टोपी है, मूँछ-दाढ़ी उगना नहीं चाहती—ये लोग लद्दाख के आदिवासी हैं। ये सब यहाँ एक होकर काम करते हैं। नजर आ रहा था, इधर-उधर की तलहटी और नदियों के किनारे-किनारे से खेतों के नाज काटे जा चुके थे। स्त्री या मर्द, घास या पुआल काट रहे थे। जमा कर रहे थे लकड़ी-काठी या सूखी डालें—सर्दियों में काम आएँगी। हल-बैल नहीं, खुद ही मिट्टी गोड़ते हैं। पानी बर्फ का गला हुआ। कुल चार महीनों में फसल पक जाती है। जून-जुलाई—कड़ी धूप के दिन—इन्हीं दो महीनों में फसल पकती है। थोड़ी-सी सब्जी उपजा पाए तो पूछना ही क्या! कुछ खाना और कुछ सुखाकर रख देना। अक्टूबर के अन्त से अप्रैल के अन्त तक सारा लद्दाख सफेद चादर ओढ़े रहता है। उस समय बर्फ गर्म करके पीना और बर्फ काट करके घर में घुसना! उस समय काम रह जाता है—भेड़ा या बकरी के रोयें को पकाना, घोड़े की दुम को बाँटकर 'छुटका' बनाना या रस्सी बाँटना। बीमार-वीमार पड़े, तो लामा वैद्य की शरण। झाड़-फूँक, टोटका, जड़ी-बूटी या फिर चारों तरफ के पिशाचों को भगाना! रोगी कहीं मर गया, तो लाश की बहुत-सी क्रिया-प्रक्रिया। रोगी के मर जाने पर आत्मा देह में बन्दी रह जाती है। लिहाजा छुरी से उसके शरीर के ऊपरवाले हिस्से में कहीं कोई खिड़की बना देनी पड़ती है। उसी राह से निकलकर आत्मा परमात्मा से जा मिलती है! मतलब कि पिंजरे को काटकर पंछी को उड़ाना।

उतराई से उतरकर एक धारा को पार कर रहा था। रास्ते का मोड़ घूमते ही देखता क्या हूँ कि लगभग तीस लद्दाखी स्त्रियाँ एक पुलिया बनाने के काम में लगी हुई हैं। उत्तर प्रदेश के एक सज्जन, काशी के रहनेवाले उन सबका काम समझ रहे हैं। स्त्रियाँ कोई पचासेक गज दूर से पत्थर का एक-एक टुकड़ा ला-लाकर तरतीब से रख रही थीं। इसके लिए उन्हें पौने तीन रुपये रोज की

मजूरी मिलती थी। सुबह 9 बजे से 3 बजे दिन तक काम करना पड़ता। बीच में एक घंटा खाने की छुट्टी।

मैं जरा रुक गया। काम मेहनत का था, पर पसीना नहीं छूट रहा था। एक-एक पत्थर का वजन पाँच-सात सेर से ज्यादा नहीं। ढोते हुए गप-शप, हँसी-मजाक। ठहर-ठिठककर काम चल रहा था। मजूरी में अधिकारियों की उदारता नजर आई। सम्भवतः भारतीय प्रतिरक्षा विभाग की कृपा से उन्हें कुछ सुविधाएँ मिलती हैं, जिसकी वजह से उन मजदूरिनों की आँखों, चेहरों पर हँसी-खुशी थी। वास्तव में लद्दाख में प्रवेश करने के बाद से यहीं पहली बार देखा कि स्त्रियों की तन्दुरुस्ती कैसी मजबूत और सुन्दर है। पैरों में जूते, गहने बहुत-से पहने, एड़ी से चोटी तक अच्छी पोशाक, सर पर बड़ी टोपी। इनकी बनावट में स्वास्थ्य की एक ऐसी कठोरता झलकती है, जो दुर्लभ है। कपड़े इनके मैले जरूर होते हैं, पर रंग गोरा और सुन्दर। परदेसी को देखकर वे भीड़ लगाकर खड़ी हो गईं। मैं टूटी-फूटी हिन्दी में बोला। हँसती हुई वे साफ लद्दाखी बोलने लगीं। कोई किसी को समझ नहीं रहे थे। लेकिन छलकती हँसी की भाषा ही कुछ और होती है। वह आप ही अपनी व्यंजना को ढोती है। वह भाषा दुर्बोध नहीं होती।

एक समय बादशाह शेरशाह ने बंगाल से अफगानिस्तान तक एक सड़क बनवाई थी—ग्रैंड ट्रंक रोड। उस रास्ते से घोड़े जाते थे या जाती थीं घोड़ागाड़ियाँ और बैलगाड़ियाँ। इस समय उस रास्ते से सवारियों का जैसा आना-जाना हो गया है, अगर शेरशाह को इसकी कल्पना होती, तो ग्रैंड ट्रंक रोड हर जगह सौ फीट चौड़ी होती। सन् 1955 या '60 तक लद्दाख में जो कारवाँ-पथ प्रचलित था, वह शायद सम्राट अशोक, या दिग्विजयी सिकन्दर के समय का या उससे भी पहले का था।

सैकड़ों साल की कोशिशों से ग्रैंड ट्रंक रोड धीरे-धीरे सुन्दर हो गई है। लद्दाख-सिनकियांग रोड अँगरेजों या कश्मीर के हाथों कभी चलने लायक नहीं हुई। जोरावर सिंह ने इसकी थोड़ी-बहुत मरम्मत भर की थी। उसके बाद सन् 1947 तक लद्दाख के ज्वाइंट कमिश्नर साहब जब लेह जाते थे, तो उनके लिए बेहतरीन 'बेबी आस्टिन' होती थी या कि बहुत अच्छा वेलर घोड़ा होता था, या फिर हवाई जहाज या आज की अमरीकी जीप। पर मामूली जरूरत चलाने के सिवाय इस सड़क की शक्ल आज भी नहीं बदली! अन्दाज से समझ सकता हूँ, सन् 1959 से इस सड़क को नये सिरे से बनवाया जा रहा है।

दूसरे विश्वयुद्ध के समय बंगाल, बिहार और आसाम में अमरीकी पैसे से

हवाई अड्डे बनवाए गए थे। और एक-एक हवाई अड्डे के बनने में एक सप्ताह से ज्यादा समय नहीं लगा। इसमें अमरीका के बड़प्पन की लापरवाही का भाव था। लेकिन लद्दाख में भारत सरकार सदा अपनी मध्यवित्त अवस्था लिये है। यहाँ दो हजार वर्षों की मिताई रातोंरात रौंदी जाने के बाद अद्वैतवादी और शान्त प्रकृतिवाले भारत को मित्र से अपमानित होने के बावजूद समय लेकर सोचना पड़ा है। सोचना पड़ा है कि युद्ध का व्यापक आयोजन करना भारत के स्वभाव के अनुकूल होगा या नहीं। पिछले एक हजार साल से भारत ने युद्ध-जैसा युद्ध नहीं किया और युद्ध में मुस्तैदी नहीं दिखाई। युद्ध मुगल-पठानों ने किया, युद्ध अँगरेजों ने किया, यहाँ के और बाहर के कुछ सामन्त राजाओं से। लेकिन उन युद्धों से भारत के मन का योग नहीं था। भारत के 'ऐरावत' ने सिर्फ सौ साल के अन्दर दो ही बार बदन डुलाया था! सन् 1857 में और सन् 1942 में। दोनों ही मरतबा उसके पास काम लायक हथियार नहीं थे और हथियार उधार माँगने के लिए उसने रूस-अमरीका की दौड़-धूप नहीं की थी। लेकिन संसार के सभी राष्ट्रों ने यह देखा कि उस बिगड़े ऐरावत की मूर्ति कितनी भयंकर थी!

यहाँ, मध्य एशियाई लद्दाख में दो हजार साल का दोस्त जब महज एक रात में दुश्मन बन बैठा (अक्टूबर 29, 1959) तो वह प्राचीन ऐरावत जरा देर के लिए चुप होकर ठिठक गया था! सारे लद्दाख में काम लायक राह-घाट नहीं, जिस होकर रसद लिये बड़ी-बड़ी गाड़ियाँ जा सकें। अक्टूबर के अन्त से अप्रैल के अन्त तक—साल में छह महीनों तक यह विशाल प्रदेश एक प्रकार से बर्फ से बन्द रहता है। कहीं एक बूँद पानी नहीं, सब जमी हुई बर्फ! कहीं जरूरत से ज्यादा खाने की सामग्री नहीं, कहीं आश्रय का ठिकाना नहीं! लद्दाख में फी वर्गमील में जनसंख्या महज दो या तीन है—गर्ज कि जनबल भी नहीं! उपज के लिए माटीवाली जमीन भी नहीं! जो लोग भारत से आएँगे, वे यहाँ की प्राकृतिक स्थिति के आदी नहीं। सो उनके सारे बदन में बर्फ से होनेवाले जख्म हो आते हैं, उससे फिर गैंग्रीन। नश्तर कराने से हाथ-पाँव, कान—सब काट लेना पड़े! इस मरु-तुषारलोक में ऑक्सीजन की इतनी कमी है कि ज्यादा देर तक चलना या जरूरत की मेहनत करना बड़ा कठिन है। इस रूखे और ऊँचे प्रदेश के आवह से समतल के लोगों को तन-मन मिला (acclimatized) लेने में भी काफी समय लगता है। दुनिया-भर में कहीं भी लड़ाई के इतिहास में यह नहीं देखा गया कि 15 हजार फीट की ऊँचाई पर बड़े सँकरे रास्ते में टैंकों की लड़ाई होती हो। 12 हजार फीट से ऊपर, रूखे पत्थर और बर्फ से भरे जिस भूभाग में ऑक्सीजन नहीं है, वहाँ हवाई जहाजों से उतर रहे हैं भारतीय जवान! दुश्मन अकेले चीन

के लाल शासक ही नहीं—ससपोल के करीब खड़े हो आज मैंने देखा—दुश्मन अनगिनत हैं! अन्न की यहाँ तमाम कमी है, बर्फ पड़ती है, टिकने-ठहरने की जगह नहीं, बीहड़ और खतरे-भरे रास्ते, आबादी नहीं और हवाई जहाजों के यातायात के लिए खतरनाक पर्वतों की दीवारें खड़ी। ये सब-के-सब मिलकर बड़े भयानक शत्रु हैं! लेकिन विपक्षियों को ये असुविधाएँ नहीं हैं। वे 'दुनिया की छत' पर खड़े हैं, जो 15 से 17 हजार फीट ऊँची है। लेकिन भारतीय जवान समुद्र के समतल के करीब से उस 'छत' पर घुड़ककर चढ़ते हैं! वहाँ, जहाँ दुश्मनों की सारी फौजी तैयारियाँ उनके हाथ के पास हैं यानी पूरब और दक्षिण में रुदक, रवांग, तासिगंग, गारटक, यहाँ तक कि सुदूर बर्खा तक और उत्तर में सिनकियांग के हर जनपद में—ये जगहें उन्हें नियमित रसद पहुँचाती हैं। और भारत को वहाँ ओर-छोरहीन कठोरता के अन्दर से जाना पड़ता है। इसलिए यहाँ खड़े होकर सोच रहा हूँ, वीरता दो तरह की होती है! दुश्मन के सामने निडर होकर मौत के आमने-सामने खड़ा होना या जन्मभूमि के गौरव को बचाने के लिए हँसते हुए बार-बार लहू में नहाना—यह एक सदा की वीरता है, हम सभी जानते हैं। लेकिन वैरी प्रकृति के साथ पग-पग पर सहनशीलता का जो संग्राम है, सिर्फ जीने के लिए जो रोज-रोज का कठोर द्वन्द्व है, वह वीरता अतिमानविक है! बारिश का बिलकुल न होना, गर्द-बालू के थपेड़े, सब्जी का अकाल, बर्फ की आँधी में मुस्तैदी, हवा का पतलापन, जन-मानव की कमी—ऐसी वैरी प्रकृति से आठों पहर लड़ाई! चारों ओर केवल नंगे पीत पहाड़, ओर-छोरहीन बलुआहे पत्थरों का प्रान्तर—इन विपरीत परिस्थितियों में कठोर जीवन-यापन करने का आदी होना—उसमें एक अनोखा आत्मोत्सर्ग है! लद्दाख मानो भारतीय मनोबल और आत्मशक्ति की बहुत बड़ी कसौटी का क्षेत्र है।

'ससपोल' जनपद के आमने-सामने जा खड़ा हुआ। हरियाली देखने के लिए अपने अजानते ही एक मौन भूख का जन्म होता रहता है। ससपोल के हरे पेड़-पौधे, जंगल, हरी भूमि—यह सब जैसे आँखों की असीम तृप्ति हो! यह एक मशहूर बौद्ध जनपद और गुम्फा है। पत्थर का डाकबँगला और डाकघर, पत्थर की धर्मशाला और लामाओं का ब्रह्मचर्याश्रम, देवी-देवताओं के गुफा मन्दिर—इन सबके आकर्षण से बहुतेरे लोग यहाँ आते-जाते हैं। 16वीं और 17वीं शताब्दी में यहाँ के स्थानीय बौद्ध शासनकर्ता ने दो-एक मठ बनवाए थे, लेकिन किसी जमाने में इंडो-एरियन मुसलमानों ने उन मठों पर हमला किया। पहाड़ों के ऊपर की तरफ उनके खँडहर बिखरे पड़े हैं। दूसरी एक गुम्फा सिन्धु की सीमा पर नजर आती है। इसके अन्दर बहुत पुराना एक बौद्ध पाठागार

आज भी मौजूद है! इसके सिवा इसमें पुराने कश्मीर की काठ और पशम की कारुकला की बहुतेरी सामग्रियाँ रखी हुई हैं।

वहाँ से फिर हम दक्षिण की तरफ सिन्धु उपत्यका का रास्ता पकड़कर निकल पड़े। मरुभूमि, जंगल, पहाड़-पर्वत, समुद्र—इनमें अगर रास्ता भूल बैठे तो कोई लौटता नहीं! जिन रास्तों को पीछे छोड़ते आ रहे हैं, पलटकर देखने से उनका कहीं पता-ठिकाना नहीं मिलता। बलुआहे पत्थर, पहाड़ और रूखी-सूखी तराई में वे जाने कहाँ खोते जा रहे हैं! लेकिन इस नामहीन अजाने दिगन्त से मानो कोई मूढ़ तथा दुर्बोध आकर्षण मेरा झोंटा पकड़कर मुझे एक के बाद दूसरे दुर्गम भूभाग की ओर खींच रहा हो। सूरज की तीखी रोशनी, चमकता नीला आकाश, मधुप्रवाही महासिन्धु, जीव-चिह्नरहित विशाल आदिम उपत्यका, लता-पत्रविहीन बालू का विराट प्रान्तर—मानो सृष्टि के आरम्भ से आज तक यहाँ जीवों का जन्म नहीं हुआ! तमाम दिन आसमान की ओर ताकते रहना, कहीं अगर उड़ते हुए किसी पंछी-पथिक के दर्शन मिल जाएँ! मगर दर्शन नहीं मिले। घंटों उत्सुक आँखें खुली रहीं कि कहीं किसी आदमी से भेंट हो! नहीं हुई भेंट। जैसे कोई अवास्तव प्रेतलोक हो यह—कौन जाने, यहाँ शून्य में शायद अशरीरी आत्माएँ घूमती रहती हों! जो दिखाई नहीं पड़ते, चमड़े की आँखों से जो नजर नहीं आते, वे क्या निरे अस्तित्वहीन हैं?

हिमालय के बाद जस्कर पर्वतमाला से चला था। अब महासिन्धु को पार करके लद्दाख पर्वतश्रेणी में प्रवेश किया। यह पर्वतश्रेणी उत्तर बालतिस्तान से सुदूर दक्षिण में भारतीय रूपसू प्रदेश में फैली है। रूपसू पहुँचने से ठीक पहले तक महासिन्धु को पश्चिम तिब्बत में लोग 'सेंगे-खम्ब-अब' के नाम से पुकारते हैं। जन्मस्थान कैलास-मानसरोवर के आसपास है। दक्षिण के अन्तिम छोर पर जस्कर और लद्दाख गिरिमाला इस पार-उस पार कई नदियों से मिली है। उनमें से दो प्रधान हैं—महासिन्धु और हनले। यहाँ तिब्बत के आसपास भारत के अन्तिम जनपद का नाम है—'देमचक'। 'देमचक' के दक्षिण भारतीय दर्रे के द्वार का नाम है—'चारदिंगला'। इस तोरण की ऊँचाई 20 हजार फीट से भी ज्यादा है। रूपसू प्रदेश का दक्षिणी और पूर्वी हिस्सा ऊँचे पर्वत-प्राकारों से अच्छी तरह से तिब्बत से अलग किया हुआ है। यहाँ भारत के कुछेक गिरि-तोरण पर खड़े होने से पाँच हजार फीट नीचे तिब्बत का हूनदेश और रुदक की समूची तराई नजर आती है—जैसे नेपाल के चन्द्रगिरि शिखर पर खड़े होकर नीचे थानकोट से समतल काठमांडू नजर आता है! दक्षिण रूपसू मानो बहुत-कुछ भारतीय छींटमहल-सा खड़ा है, जिसके तीन तरफ तिब्बत की नीची

भूमि है। लेकिन पहाड़ों की विराट चहारदीवारी ने इस प्रदेश को एक भारतीय किला-सा बना रखा है। इससे निकलने के जो चार पहाड़ी-द्वार हैं, उनके नाम हैं—किउंगजिंगला (पश्चिम), इमीसला (दक्षिण), चारदिंगला (दक्षिण-पूर्व) और चंगला तथा यराला (पूर्व)।

वर्तमान लद्दाख पाँच प्रदेशों से गठित है। वे प्रदेश हैं—उत्तर और दक्षिण बालतिस्तान, नुवरा उपत्यका, जस्कर, रूपसू और लेह। इनमें से उत्तर बालतिस्तान अब पाकिस्तान के अधिकार में है, उत्तर नुवरा अर्थात् देपसांग का एक हिस्सा चीन-अधिकृत है (जिसमें काराकोरम का दर्रा पड़ता है), और लेह तहसील का बहुत बड़ा पूर्वीय भाग—यानी चेंगचेनमो, लिंगजिटांग, अक्साई-चिन, सोडा प्लेन्स, डेरा कम्पास, सुकपा कुनवांग, खुर्नाकदुर्ग—ये सारे इस समय चीन-अधिकृत हैं या नहीं, इसकी पूरी जानकारी मेरे रखने की नहीं, गोकि मैं इनके बहुत करीब में रहा था।

महासिन्धु नदी के प्रवाह के विपरीत दक्षिण उपत्यका होकर नंगे पहाड़-पर्वतों के एक-एक हिम-शिखर को पार करता जा रहा था। यहाँ आदमी की कोई कथा नहीं, जीवन की कोई कहानी नहीं, इतिहास की घटनाओं की कोई फेहरिश्त नहीं। अतिवृष्टि, बाढ़, भूकम्प, आप्लावन, दावानल, महामारी—इनका भी कोई लेखा नहीं है! तोलगुंग या बुलुंग दर्रे (17,500 फीट) से खड़े होकर दक्षिण की ओर देखिए, सृष्टि के आरम्भ से विराट एक सरीसृप की लाश-जैसा एक भूभाग यहाँ से वहाँ तक पड़ा है—दो पर्वतमालाओं के बीचोबीच—जिसकी लम्बाई है 90 मील, चौड़ाई 62 मील। इसी जीवन-कम्पनशून्य इलाके का नाम रूपसू है। इस प्रदेश की मामूली ऊँचाई साढ़े पन्द्रह से सोलह हजार फीट तक है। जिन पर्वत-प्राकारों ने घेरकर इसे तिब्बत से अलग कर रखा है, उनकी मामूली ऊँचाई 20 से 21 हजार फीट तक है। दूर दक्षिण के पहाड़ से उत्तर की ओर 'हानले' जनपद से होती हुई 'हानले नदी' महासिन्धु से आकर मिली है। इसके बाद सिन्धु 'नियोमाराप' जनपद से उत्तर-पश्चिम से उत्तर की तरफ मुड़ी है।

दक्षिण लद्दाख में सिन्धुतट के बौद्ध जनपद 'उपसी' के आगे सूने पहाड़ी-पथ पर बहुतेरी चढ़ाइयाँ पार करके 'थुलुंग' का दर्रा पार हुए बिना 'रूपसू' नहीं जाया जा सकता है। यह रूपसू का कुदरती घेरा है। लेकिन भारत और सिनकियांग के लोगों ने इसे सदा पार किया है। शायद इसके पहले भी मैं कह चुका हूँ कि मध्य एशिया से भारत के समतल में पहुँचने के तीन प्रधान वाणिज्यपथ सदा से अभी-अभी उस रोज तक खुले ही थे। पहला था—पेशावर, हजारा मुजफ्फराबाद, सोनमर्ग, जोषीला और कारगिल होते हुए लेह, वहाँ से तीन

पहाड़ी दर्रों को पार करके सिनकियांग। लेह शहर के करीब जो दर्रा है, उसका नाम है—'खारदुंगला' (18,380 फीट)। उसके बाद मुजताग-काराकोरम का पहला दर्रा 'ससेरला' (17,500 फीट) और तीसरा खास काराकोरम का दर्रा (18,300 फीट)। दूसरा रास्ता यही है, जहाँ मैं अभी खड़ा हूँ। यह पूर्व-पंजाब के पहाड़ी रास्ते से लाहौल के केलंग जनपद और 'बड़ालाचा' दर्रा (16,047 फीट) पार करके आता है। यह जस्कर प्रदेश के 'सुतक' बस्ती से 'उपसी' आता है और उपसी से जाता है लेह। तीसरा रास्ता बहुत दूर—ल्हासा से आता है। यह ल्हासा नगरी के दक्षिण 'संगपो' या 'ब्रह्मपुत्र' नदी पार होकर 'गियान्त्सी' पहुँचकर चुम्बी कलिम्पोंग के रास्ते से मिल गया है। फिर दोनों रास्ते मिल गए हैं और उत्तर-पश्चिम की ओर 'सिगात्सी' जनपद के किनारे 'संगपो' तक आए हैं। उसके बाद संगपो या ब्रह्मपुत्र के दोनों पार की तराई से होते हुए 800 मील आगे मानसरोवर के 'तोकचेन' जनपद से यह उत्तर की तरफ चला गया है। कैलास पर्वत की पश्चिमी उपत्यका तथा हूनदेश को पार करके सिन्धु के किनारे-किनारे यह रास्ता भारतीय इलाके में सबसे पहले 'देमचेक' में प्रवेश करता है। फिर उत्तर में 'चूसुल' और 'सियोक' जनपदों को पार करके 'सियोक' और 'नुवरा' नदी के किनारे-किनारे जाकर ऊपर बताए दोनों रास्तों से जाकर मिल जाता है। आखिरीवाला इलाका 'चिपचैप' कहलाता है।

इस अन्तिम और तीसरे रास्ते की समस्या से ही भारत-चीन-संघर्ष छिड़ा। यह रास्ता सारे तिब्बत को पार करके सिनकियांग पहुँचने से पहले भारतीय इलाके में आने को बाध्य होता है, इस सवाल को लेकर चीन के नये शासकों में एक विद्वेष पैदा हुआ! सो उन्होंने प्राचीन चीन-साम्राज्य के पुराने मानचित्रों का प्रचार रोक दिया और वहाँ के निरीह लोगों में नये चीन के कुछ मानचित्र चलाए। उन मानचित्रों को देखकर न केवल भारत, बल्कि सोवियत यूनियन, उत्तरी मंगोलिया, बर्मा, अफगानिस्तान, यहाँ तक कि मात्र उस दिन का पाकिस्तान तक हैरान रह गया। चीन साम्राज्य बहुत-कुछ 'रूपक'-सा है। क्योंकि जो लोग चीन के मूल भूभाग से बाहर रहते हैं, उनसे न तो चीन का सद्भाव है, न ही कोई कायिक संयोग। धर्म, संस्कृति, साहित्य, भाषा, वर्णमाला, समाज-नीति, जिन्दगी बिताने के तौर-तरीके—इन बातों पर विचार करने से चीन के साथ तिब्बत का, तिब्बत से सिनकियांग का, सिनकियांग से चीन का कहीं भी कोई मेल नहीं है! बहुत-बहुत पहले यानी 7वीं सदी में टेंग वंश के जमाने में चीन का कोई साम्राज्य नहीं था। चंगेज खाँ की गोष्ठी चीनी जाति नहीं है। तैमूरलंग अपने भुजबल से जीते हुए इलाकों के भीतर से चीन पर हमला करने

गए थे। कम्यूनिज्म में जो थोड़ा-सा जनतांत्रिक भाव है, उसे यदि माना जाए तो सिनकियांग, तिब्बत, भीतरी मंगोलिया—ये चीन से सर्वथा अलग राष्ट्र हैं। भारतीय पुराण और प्राचीन तिब्बत तथा चीन के मानचित्र में यह साफ-साफ मिलता है कि हिमालय और कैलास पर्वतमाला (कैलास शिखर-समेत) के बीच में शतद्रु नदी की समूची उपत्यका-भूमि भारत का अंग थी। इस भूभाग में पड़ता था—खेचरनाथ, गुरुमान्धाता, ज्ञानीमंडी, तीर्थपुरी, थूलिंग मठ, जम्बू-राक्षस और मानसरोवर, गारटक, मीनसायर, तासीगंग तथा इन्हीं के साथ थे पाँच भूटानी ग्राम। भारत ने धीरे-धीरे इन्हें छोड़ दिया।

खैर, जो भी हो, चीन के इस रूपक-साम्राज्य की सीमा कहाँ-कहाँ और किस-किस बहाने खींचनी होगी, लाल चीन के शासकों के मन में यह प्रश्न था। सन् 1949 में अधिकार पाने के बाद 1950 में ही उन्होंने तिब्बत में मुक्तिफौज भेजी। दूसरे शब्दों में, असतर्क, निर्विरोध, मूढ़ और पुराने एक आत्मनियंत्रणशील बौद्ध राज्य पर उन्होंने बिना किसी कारण के ही हमला कर दिया! सन् 1956 में चीन के लाल शासकों ने दिल्ली आकर भारत की 'इड़ा, पिंगला, सुषुम्ना' नाम की तीन नाड़ियों पर वायु, पित्त, कफ को ठीक से दबाकर समझ लिया कि जगद्गुरु शंकराचार्य के वेदान्तिक मायावाद ने भारत को आज तक भी निष्क्रिय कर रखा है। और 1957 में तुरत ही उन्होंने लद्दाख के पूरब के माथे को चुपचाप काट लिया, दुनिया के किसी देश ने जाना तक नहीं!

उस माथे को चुपचाप क्यों काटा, इतनी बड़ी एक भद्र जाति के प्रतिनिधि होकर ऐसी क्षुद्रता का परिचय उन्होंने क्यों दिया, यह मैं यहाँ खड़ा होकर देख रहा हूँ! तिब्बत से सिनकियांग जाने के और जो रास्ते हैं, उनमें दुर्गम पहाड़ हैं—निएनचेन टाँगला, कैलास और कुनलुन की आकाश चूमती चोटियाँ, अनगिनत हिमवाह, सैकड़ों खारे और विस्वाद जलाशय, हजारों-हजार वर्ग मील तक फैली ऊसर भूमि, खानाबदोश, धर्मान्ध और बड़े ही खूँखार हून तथा खम्पा सम्प्रदाय; आजाद तबीयत तथा नैराज्यवादी पहाड़ी उपजातियाँ और सम्मिलित चीनविरोधी बौद्ध समाज—इन सबके खिलाफ खड़े होने के लिए सिनकियांग से किसी सुगम रास्ते से हथियारों-सहित तिब्बत में जाने की जरूरत है। वह एक ही सुगम रास्ता है, भारतीय इलाका यानी पूर्व लद्दाख।

चीनियों ने जो माथा काट लिया, वह 18 से 19 हजार फीट ऊँचा एक सख्त, ठोस, माटीहीन समतल है। वहाँ कुछ नदियाँ हैं, हिमवाह और खारे जलाशय हैं। इतिहास के किसी भी युग से आज तक वहाँ एक भी आदमी ने वास नहीं किया और एक भी घास नहीं उगी। 1959 के नवम्बर में शान्तिवादी नेहरू ने प्रस्ताव

रखा : 'दोनों ओर की युद्ध-सीमा से दोनों पक्ष की सेना इस शर्त पर हटा ली जाए कि अक्साइ-चिन सड़क से सिर्फ 'असामरिक' (चीन के लिए) यातायात की अनुमति दी जाएगी।' (with the provison that the Chines would be permitted to use the Aksai Chin road for civilian purposes.)

चीन के शासक शायद यह प्रस्ताव सुनकर मन-ही-मन हँसे थे, क्योंकि इस प्रस्ताव का मतलब था, चीन साम्राज्य का लोप! 'अक्साई-चिन सड़क' वर्तमान चीन का प्राण-सूत्र है। यही वह एकमात्र सम्बन्ध की सड़क है, जिससे नेपाल के 'मस्तांग' तक फौजी सामान पहुँचते हैं! इसी सड़क से सारे पश्चिम और दक्षिण तिब्बत की सुरक्षा का प्रश्न जुड़ा हुआ है। लिहाजा अक्साई-चिन की सख्त जमीन पर और सख्ती से बैठकर नेहरू के प्रस्ताव को ठुकराते हुए उन्होंने पहले की ब्रिटिश साम्राज्यवादी नीति का ही अनुकरण किया। यानी यह माना कि 'Possession is nine-tenth.'

रूपसू-लिकिर-बाजगो-नीनू-फियांग-पितुक

प्रकृति अपने वैभव की महिमा से सुन्दर होती है। हरीतिमा से वह मोहक है। वन की शोभा, फूलों के उत्सव, पेड़-पौधे और घास-लता, चिड़ियों की चहक, धूप और मेघों की रंगीनी से वह अनोखी है। प्रकृति ऐसे में आनन्दमयी होती है। लेकिन सारे लद्दाख में वही प्राकृत पृथ्वी बड़ी खूँखार शक्लवाली मरुचारिणी बन गई है! जली-सी, रूखी शोभा, आभूषणहीना, मुड़े मस्तकवाली और निरी नंगी-सी। देखने से डर लगता है।

'रूपसू' प्रदेश वही भय-भीषण नंगी भूमि है। यह लद्दाख का ही अंग है। 'तोलगुंग' का दर्रा पार करते हुए पहाड़ी मरुभूमि के उस सूनेपन के बीच एक बड़ी-सी नीली झील नजर आती है, जिसके पानी का स्वाद बड़ा बुरा है। जाड़ों में यह झील बर्फ से जम जाती है। लम्बे-लम्बे रोयेंवाले भेड़ें और बकरियाँ इस पर से पार होती हैं। जो उन ढोरों को चराते फिरते हैं, उन्हें 'चम्पा' कहते हैं। ये चम्पा ही यहाँ के रहनेवाले हैं। बालू में जैसे कीड़े घूमा करते हैं, ये तादाद में थोड़े-से चम्पा भी वैसे जीवन बिताते हैं। कभी ये एक स्थान पर जमा हुआ करते थे, जहाँ पत्थरों की कुछ गुफाएँ होती थीं, जहाँ जीवों के चमड़े के बने

तम्बू होते थे या कि एक प्रकार के झोंपड़े होते थे, जिनमें घुसने से बर्फीली हवा और बालू के थपेड़ों से किसी कदर जान बच सकती थी। जिन दिनों इस रास्ते से पंजाब या यारकन्द के व्यापारियों का आना-जाना होता था, उस समय चम्पा लोगों के दिन अच्छे ही गुजरते थे। इन व्यापारियों के कारवाँ में ऊँट या पहाड़ी घोड़े होते, साथ में खाने और व्यापार की प्रचुर चीजें होतीं। उन लोगों की खिदमत में मुस्तैद रहने से थोड़ा-बहुत इनाम मिल जाता और भेड़-बकरी का मांस जुटा दे सकने पर जौ, गेहूँ, भुट्टा के दाने भी मिल जाते। जिस स्थान पर ऐसी लेन-देन होती थी और जिसे कारवाँ का पड़ाव कहते थे, उसका नाम था—'ग्या' (Gya)। ऐसे पड़ाव केवल लद्दाख और कश्मीर में ही नहीं, एक समय पंजाब, हिमाचल, तिब्बत और नेपाल में; अफगान या उत्तर-पश्चिम सरहद में, बलूचिस्तान या मध्य एशिया के दूसरे हलकों में बहुतेरे थे। इन्हीं पड़ावों का राज-संस्करण है—'सराय'। उत्तर भारत में ऐसी सराएँ आज भी बहुत हैं।

चारों ओर की इस उग्रता और भीषणता में भी एक नया रस पा रहा था। जहाँ घास का एक अंकुर तक नहीं उगा, एक मामूली-सा भी फूल किसी युग में टहनी पर नहीं झूला, एक भी चिड़िये ने जहाँ कभी कल-कूजन नहीं किया, स्थलचिह्न-स्वरूप जहाँ कभी भी कोई एक पेड़ नहीं खड़ा रहा—वहाँ एक अजीब रस तो है! सूखी हवा के झोंके पल-पल सुखाए दे रहे हैं विस्मृति के स्तरों में वर्जित सृष्टि को! यह मानो मेरे भी हड्डी-पँजरे को धीरे-धीरे काठ किए दे रही है! आँख, बाल, उँगलियाँ, एक-एक करके सूखकर खट्-खट् होती जा रही हैं। मेरी तरह आदिकाल से ही पहाड़-पत्थर झाँझर हो रहे हैं, उनका गूदा खड़िया-सा निकलता आ रहा है। किसने कहा, रूपसू में रस नहीं है?

आदिकाल से रूपसू की वह अतिकाय सरीसृप-जैसी लाश धूल में पड़ी है। उस प्रागैतिहासिक सरीसृप की धूल-भरी लाश हजारों-हजार वर्ष बाद आज सहसा सीमा-संघर्ष में डोल उठी है। रूखे पत्थरों से ढकी अनगिनत विस्मृति की परतों को हटाकर मैं उसके शव-कक्ष में कान लगाकर सुनना चाह रहा हूँ कि उसके प्राणों का निगूढ़ स्पन्दन आज भी धुकधुका रहा है या नहीं! जानता हूँ कि उसके रस और रक्त का कतरा भी बाकी नहीं है। जानता हूँ कि यह भारत का ही अभिन्न अंग है। लेकिन इतिहास में ढूँढ़े कोई भी तारीख नहीं मिलती जबकि इसका अंग लकवा से अपंग हो गया था! यह मान-खोया, भूखा-प्यासा, स्नेह-वंचित रूपसू अपने कलेजे की जलन से रूखी हवा में सदा हाहाकार कर रहा है और मैं, भारत का एक पथिक मामूली-सा, उसकी चौतरफा शून्यता का गवाह होने के लिए आ खड़ा हुआ हूँ।

रूपसू का लवणह्रद 'सोकर' एक उपत्यका पर है। यह उपत्यका 5 मील चौड़ी और 10 मील लम्बी है और ऊँचाई इसकी 15 हजार फीट है। रूपसू के दक्षिण से बहुतेरी पहाड़ी धाराएँ बलुआहे पत्थरों से होती हुई बह रही हैं। इन्हें नदी भी कह सकते हैं। इनमें से कोई तिब्बत के नीचे की तरफ गई है, कुछेक गई हैं लाहौल को और कोई जा मिली है सुदूर शतद्रु में। इन नदियों के बीच की एक तराई का नाम है 'फिरसा' और एक दूसरी का नाम है 'रुकचिन' यानी रूखा देश। इन उपत्यकाओं के बीच में जो नीली झील है बड़ी-सी, आजकल अखबारों में उसका नाम आता है—'सो-मोरारी'। इसके चारों ओर मीठे जल की तुषार-गली धाराएँ उतरी हैं। पर अक्टूबर के बीच से ये धाराएँ और झील पूर्णतया बर्फ के स्तूप बनने लगती हैं। सो-मोरारी का नजारा जैसे आदिम जगत् के आश्चर्य का उद्रेक करता है। रूखे-सूखे पहाड़ों से घिरे भू-भाग में 75 मील में फैली यह झील जब नीले रंग बिखेरती है तो यह दूसरे मानसरोवर-सी लगने लगती है। इतिहास के किसी भी अध्याय में यहाँ मनुष्यों की आबादी का पता नहीं चलता, लेकिन आसपास के खड़िया-पत्थरवाले पहाड़ों की छेदों में उनके मुलायम अंगों को कुरेद-कुरेदकर तीन प्रकार के पंछी यहाँ अंडे देने का जतन करते हैं : एक—ईगल, दूसरा—सुदूर बंगाल की खाड़ी का सफेद समुद्री पंछी (sea-gull) और तीसरा—यायावर वनहंसी। सर्दियों की शुरुआत में इन वनहंसियों का झुंड जब हिमालय पार करके गंगा के समतल पर उतरता है, तो हम इनके जन्मस्थल की कहानी की कल्पना भी नहीं करते! ये चिड़ियाँ मनुष्यों की बस्ती के आसपास बसेरा नहीं बाँधतीं। ये कठिन चढ़ाईवाले, दुर्गम और जीवों से रहित पहाड़ी इलाके तलाशा करती हैं और इसी ढंग से कोटर खोदती हैं तथा अपने ही डैनों से पखने खोलकर बिछौना तैयार करती हैं।

'सो-मोरारी' के सिवाय भी जो कुछ खारे जलाशय हैं, उनमें से एक का नाम 'सो-कियाघर' है। इनमें छोटा-मोटा एक पीने के पानी का तालाब भी है, जिसे 'पानबुक' कहते हैं। इधर की हवा बड़ी पतली और सूखी है। इसीलिए यहाँ कोई बोला नहीं ढोता, कहीं हवा के पतलेपन और ऑक्सीजन की कमी से फुप्फुस न फट जाए। शायद साँस लेने योग्य हवा की कमी होने से ही यहाँ की यायावर गोष्ठी साल में रह-रहकर डेरा बदलती रहती है। जाड़े में यह जगह एक विराट मानव-प्राणीशून्य इलाके में बदल जाती है। सबसे मजे की बात यह है कि जाड़ों में भी ये गरमी के डर से कश्मीर नहीं जाते कि सेहत न बिगड़ जाए। ये जाते हैं लेह, इसलिए कि वहाँ रूपसू से कम सर्दी पड़ती है!

उत्तर लद्दाख के शिया मुसलमान बहुपत्नीक होते हैं, लेकिन दक्षिण और पूर्व के लद्दाखी ज्यादातर बौद्ध हैं और उनकी स्त्रियाँ बहुपतिवाली होती हैं। लिहाजा यहाँ भी औरतों की कदर ज्यादा नजर आई। पाँच जने मर्द, उनके जूते बना रहे हैं, बच्चों को ढोये चल रहे हैं, वे ही नमक की पोटली या दाने की झोली ढो रहे हैं—बात-बात में औरतों पर बोझ नहीं लादते। एक बच्चा हुआ तो पाँच पुरुष उसका भार लेते हैं। औरत से पूछते नहीं कि बच्चे का वास्तविक बाप कौन है! महाभारत की द्रौपदी जानती थीं कि कौन-सा किनका है। दो-एक बार उन्होंने शायद यह बात किसी पर जाहिर भी की थी। मगर लद्दाखी औरतें इस पर चुप रहती हैं। सो जो भी हो, इसीलिए शायद बहुपतिवालियों के गर्भ से ज्यादा बच्चे नहीं होते। लेकिन ऐसी आलोचना का मुझे अधिकार नहीं।

फिर भी इस पांडुर पर्वतश्रेणी और बलुआहे पत्थरों से भरे उपजहीन और लता-तृणविहीन रूपसू का एक प्रशासनिक केन्द्र है—वह है एक बौद्ध गुम्फा! नाम है उसका 'कारजोक'। इस गुम्फा के अन्दर के असंख्य कारुकार्य को देखकर दंग रह जाना पड़ता है। इसकी सारी लकड़ियाँ पंजाब से आई थीं। एक अँगरेज ने कहा है, '...how they were carried from great distances! It is only devotion which inspires.' कालक्रम से इस गुम्फा में मणि, रत्न, सोना, पीतल, स्फटिक, मूर्ति, शिल्पचित्र, रेशम, चाँदी की साज-सज्जा इत्यादि जमा हुए। कारजोक के गुम्फा-भवन के सिवा भी कुछ गुफा-कक्ष जमाने से बलुआहे पत्थरों के बीच खँडहरों-से जहाँ-तहाँ बिखरे पड़े हैं। गुम्फा में कुछ लामा रहते हैं, परन्तु पंजाबी या यारकन्दी व्यापारी न आएँ तो पत्थरों से घिरे ये कक्ष सूने ही पड़े रहते हैं। इस गुम्फा के आसपास थोड़ी-बहुत माटी की निशानी देखने को मिलती है—वहाँ लामा लोग जौ आदि उगाने की चेष्टा करते हैं। सौदागरों के आ जाने से यहाँ खरीद-बिक्री की हाट-सी लग जाती है। 'कारजोक' गुम्फा के ठीक सामने लहर-मुखर 'सो-मोरारी' झील है। यह जलाशय समुद्र के धरातल से 15 हजार फीट की ऊँचाई पर है और इसके पूरब के पहाड़ की अधिपत्यका के रास्ते से कोई 15 मील जाने पर जो नदी की धार मिलती है, वह है 'हानले'। नदी के पूर्वी तट पर 'हानले' नाम का बौद्ध जनपद है। अभी-अभी उस रोज तक भी इस भारतीय पण्यकेन्द्र से पश्चिम तिब्बत का काम-कारबार का सरोकार था। उस दिन तक राज्य की सीमा का सवाल नहीं उठा था। बनिज-व्यापार बहुत-कुछ सगे सम्बन्ध-सा था। हिमाचल राज्य के 'सिपकी' दर्रे को पार करके भारतीय व्यापारियों का दल तिब्बत के ग्राम 'लुक' और 'दुंकार' होकर 'गार्तक' वाणिज्य-केन्द्र तक जाता

था। भेड़ का लोम, नमक, तिब्बती किउरिया देकर तिब्बती लोग चावल, जौ का आटा, चीनी, सब्जी, सोडा, साबुन और मनिहारी चीजें खरीदा करते थे। पुरंग उपत्यका और हूनदेश में हर पन्द्रह मील पर तीन-चार महीनों के लिए एक-एक बाजार लगता था। पश्चिमी तिब्बत के लोग उन्हीं के भरोसे रहा करते। तकलाकोट से रूपसू के पास के तासिगंग, यहाँ तक कि और भी उत्तर में 'रुदक' तक फैलता था यह बाजार। चीनियों के निर्देशानुसार बहरहाल ये सब बाजार उठ गए।

रूपसू के दक्षिण 'चुमार' नदी के किनारे जो जनपद है, वह भी चुमार है। इसी के पास के सरहदी जनपद 'देमचेक' की तरह यह भी भारत-प्रान्त का इलाका है। इस इलाके की शतद्रु, नदी की उपनदी 'चुमार' और सिन्धु-उपत्यका के बीच के एक दर्रे 'फलोकंका' (16,500 फीट) की गिरिखाई का नाम 'रंग' है। लेकिन यह सब इलाका सदा से जीवशून्य है। दिन को भी यहाँ घूमने जाइए तो बदन छमछम करता है। यहाँ की विस्तृत पर्वतमाला तिब्बत की सीमा का संकेत देती है। इसी पर्वतमाला के ही भीतर से दक्षिण की तरफ 'चुमार' नदी तिब्बत में उतर गई है, उसके बाद वह भारत के पहाड़ी इलाके 'कौइरिक' होकर 'सिपकी' दर्रे के पास 'नमगिया' जनपद में शतद्रु से मिल गई है। शतद्रु का मूल उत्स मानसह्रद और रावणह्रद के इलाके में है।

जस्कर के पहाड़ी प्रदेश में खड़े होने से उत्तर में नुनकुन की दो गगनचुम्बी चोटियाँ (22,410 फीट) नजर आती हैं। दोनों ही शिखरों की ऊँचाई प्राय: समान है। लेकिन कश्मीर के नुनकुन से लाहौल तक एक के बाद दूसरे हिमवाह का अटूट ताँता लगा है। उन्हीं हिमवाहों के पानी के उतरने की जगह है जस्कर का पहाड़ी प्रदेश। इसी के अन्दर से जस्कर नदी दूसरी एक उपनदी से मिलकर पूरब होती हुई महासिन्धु की ओर चली गई है। जस्कर प्रदेश में नदियाँ कम नहीं हैं और प्रत्येक नदी अपने दोनों तटों पर जगह-जगह हरियाली तथा पेड़-पौधों की सृष्टि करती गई है। पेड़-पौधों के साथ-साथ थोड़ा-बहुत जौ का खेत। जौ के खेत की मानो एक निहायत छोटी-सी बस्ती और बस्ती के आकार के अनुसार ही एक-एक छोटी या बड़ी बौद्ध गुम्फा। यहाँ की मुख्य बस्तियों के नाम हैं—आब्रिंग, पदम, चेर, सूतक आदि। कारवाँ जाने की राह में ये बस्तियाँ सराय का काम करती थीं। मनुष्य जन्म का कर्ज चुकाना—इसके सिवाय इन बस्तियों का और कोई अर्थ नहीं। ये लोग बौद्ध हैं। लेकिन सभ्यता से विच्छिन्न। जस्कर प्रदेश लद्दाख का एक छोटा इलाका है। इसका क्षेत्रफल 3 हजार वर्गमील और ऊँचाई लगभग 13,200 फीट है। जस्कर असल में 'जंस्कर' का

अपभ्रंश है। इस शब्द का सही मतलब है सफेद ताँबा या पीतल। सारे लद्दाख का ही रंग पांडुर, पीतल-सा है। हम सब बलुआहे पत्थरोंवाले सूने पहाड़ों को पार करते जा रहे थे।

दक्षिण में जाने कहाँ पड़ा रह गया 'उपसी' जनपद! हम सब महासिन्धु के उस पार दक्षिणी उपत्यका के अन्दर से लद्दाख की राजधानी लेह की तरफ जा रहे थे। दोपहर कब की बीत चुकी थी। लेकिन यह रास्ता वैसा धू-धू नहीं करता था। पहाड़ों पर कभी-कभी झाड़ियाँ और कँटीली लताएँ दीख जाती थीं। कहीं-कहीं सूखी घास या 'जूनिपर' की झाड़ियाँ। कभी-कभी पहाड़ से छूती जलधारा मिल रही थी—कहीं-कहीं वह जमकर बर्फ हो गई थी। शायद हो कि जौ का थोड़ा-सा खेत कहीं, या कि फल के दो-चार पेड़ या कि दो-एक पुरुष-स्त्री। औरत-मर्द का फर्क जरा गौर से देखना पड़ता है, क्योंकि दोनों की टोपी, वेणी, पोशाक, नजर करीब-करीब एक-सी होती है। मर्दों की दाढ़ी-मूँछ गायब। औरतें सामने खड़ी हो जाएँ तो उनके सर्वांग के खास-खास चिह्न ढूँढ़े नहीं मिलते!

एक शाखा-पथ पश्चिम को चला गया है। यह सीधे पहाड़ को गया है। उसी में मानो यह एक बेलीक रास्ता एकबारगी ऊपर को उठ गया है। अन्दाज से लगता है, दो-ढाई हजार फीट की चढ़ाई होगी। ऊपर के एक क्रोड़पर्वत पर जो गुम्फा तसवीर-जैसी दीखती है, उसका नाम है—'लिकिर'। यह गुम्फा किले-जैसी है। दूर नीचे से जो लोग आते हैं, वे चाहे कोई हों, यहाँ के सतर्क पहरेदार उनसे सजग रहते हैं। पहाड़ की तरफ थोड़े-से खेत और जलधारा। यह लिकिर गुम्फा का एक अधीन बौद्धगाँव है। गाँव के आसपास चूना-पोती हुई कुछ 'चोर्तेन' और एक मन्दिर है। वहाँ से कोई दो मील का रास्ता टेढ़ा-मेढ़ा होकर बहुत ऊँचा उठ गया है। उसकी ऊँचाई लद्दाख के इस समतल से 2 हजार यानी समुद्र के धरातल से 14 हजार फीट से भी कुछ ज्यादा है। इस क्रोड़पर्वत के पीछे लद्दाख पर्वतमाला है। उसकी ऊँचाई 25 हजार फीट से कम है या नहीं, मुझे नहीं मालूम। लिकिर गुम्फा के ऊपर जाकर खड़े होने से दूरदिगन्त प्रकाश और आकाश का जो सिंहद्वार खोल देता है, वह मानो एक अनादि अनन्तकाल की महिमा हो! क्षण की उस उपलब्धि में जैसे महाकाव्य फफक उठता है। चारों तरफ दिग्दिगन्तव्यापी अनन्त पर्वतमाला मानो आकाश के नीचे धम-धम कर रहा हो! लाल, पीला, नीला, काला, गेरुआ—पहाड़ के उस राज्य में रंगों की विचित्रता का एक अनोखा समावेश। मेघ, वर्षा, श्यामलता, वन-वैभव—कहीं कुछ नहीं! ऊपर मेघविहीन निष्कलंक नील आकाश, और

जहाँ तक आँखें जाती हैं, तुषार की परत-पर-परत। यहीं से खड़े होकर सुदूर उत्तर में काराकोरम की वह चोटी और सुदूर दक्षिण में कैलास के उस आश्चर्य शिरोमुकुट को अवाक् होकर देखा जा सकता है।

गुम्फा के चारों ओर विस्तृत उपत्यका। खेत-खलिहान समेत यहाँ भी लामाओं के दो-चार घर। उनके साथ कुछ भेड़-बकरियाँ और उन्हें पहरा देते हुए कुछ झबरे काले कुत्ते। यहाँ-वहाँ पत्थर की चहारदीवारी, उसमें बीच-बीच में अन्दर जाने का रास्ता। लेकिन उन रास्तों से अन्दर जाने के बाद भी गुम्फा में पहुँचने के लिए काफी सीढ़ियाँ चढ़नी होती हैं। यहाँ की पतली हवा बात-बात में बेहद थकावट ला देती है।

यह गुम्फा बड़ी वैभवशाली है, इसीलिए इसमें पहरा देना पड़ता है। अन्दर एक बड़े कमरे के समान है। लेकिन जिस किसी भी गुम्फा में दाखिल होते ही जैसा छायाच्छन्न भाव, धूप की गंध से एक प्राचीन का आभास तथा संकेत मिलता है, इस गुम्फा में वह प्राचीन मानो और भी रहस्यमय है। आजादी से पहले जंगलों से भरी अजन्ता की गुफा-जैसी थी, जैसा था खजुराहो का कन्दर्पनारायण, बम्बई के समुद्र की हस्ती-गुफा। इस जगहों का प्राचीन अतीत भौतिक भाषा में फुसफुसाकर बातें करता हो जैसे! इम गुम्फा के अन्दर का चेहरा भी वैसा ही है। बन्द आँखों सोने के बुद्ध सोने के सिंहासन पर विराजमान। वज्रतारा और वज्रपाणि, बगल में मंगोलीय साँचे में ढला अवलोकितेश्वर। यहाँ यह शायद लोकेश्वरी है—बगल में एक दन्तराक्षस। असंख्य मूर्तियाँ। चारों ओर अलंकार, चीनांशुक के विविध साज, घर को आरामदायक बनाने के लिए रंगीन पशम के बिछे गलीचे, अनगिनत रंगीन छवियाँ और चित्रकारी, दलाई लामा के पोताला-प्रासाद का पट—चारों ओर विचित्र चारुकला और शिल्प-कुशलता। मूर्तियों के सामने पानी के अगणित पात्र—जैसाकि हर गुम्फा में मिलता है। यह पानी दिन में दो बार बदला जाता है। एक तरफ सिंगा, डमरू, डंका और बड़ा-सा मृदंग। कुछ निश्चित तिथियों पर—जैसे शिवचतुर्दशी की रात में, या कि बुद्धपूर्णिमा के दिन—जब मध्य एशिया शान्त और सन्नाटे में पड़ा रहता है, यहाँ का 'लामाउरू' सिंगा और मृदंग की ध्वनि से दिगन्त को गुँजा देता है। शायद उसी लग्न में 'शाकाथुम्बा'। (शाक्यस्थविर) के अपार करुणा-भरे मुँदे नयनों में सजग दिव्य ज्योति चमक उठती है!

एक अँधेरे-से कमरे में शाकाथुम्बा और मंजुश्री की मूर्तियाँ विराजती हैं। पास ही पोथियों की आढ़त-जैसी लगी होती है। जो गुरु-लामा हैं, उन्हें पता है कि उन पोथियों में क्या है। उनमें लद्दाख के भविष्य का कोई संकेत है क्या?

है क्या मध्य एशिया के जीवन की कोई नई व्याख्या? इस अचल बौद्धदर्शन का नया कोई भाष्य है क्या? बालुकामय इस जगत के नीचे-नीचे, निष्प्राण, चेतनाहीन इस गिरिमाला की गहन गुफाओं में वह प्राण-स्पन्दन है क्या, जहाँ से उठ आएगी प्रकांड एक दैवी हिंसा, जो खार-खार कर देगी चारों तरफ फैली इस युग-युग की पुरानी जड़ता, अलस तन्द्रा को? मनुष्य को मूढ़, दुर्बल, भय-भीरु बनाए रखनेवाली उस जड़ता को एकबारगी चूर-चूर कर देगी? उन सूखी पोथियों के पन्ने में ऐसा कोई मंत्र है क्या? नहीं जानता, पंचभूत में मिल जाने से पहले एक-एक गुरु-लामा एक-एक पोथी क्यों रख जाते हैं और वे पोथियाँ किस काम के लिए युगों से जमा हो रही हैं?—और, यहाँ की मानववंश-परम्परा उसकी तरफ ताकती क्यों रहती है! न, नहीं जानता मैं।

सबसे आश्चर्य तो यह है कि मणि-रत्न जड़े सोने के सिंहासन पर बैठे ध्यानी बुद्ध की रक्षा के लिए एक गुप्त हथियारखाना है! अहिंसा को चारों तरफ से हथियार पहरा दे रहे हैं—ढाल, तलवार, छुरा, काठ की बन्दूकें। इस पर विश्वास करने में कोई बाधा नहीं आती, गुम्फा में धन-रत्न का एक भरा भंडार है। चारों ओर के गरीब और लाचार सर्वसाधारण को एक प्रकार से श्रद्धा-विमूढ़ बनाए रखने के लिए धन-रत्न की ऐसी छिपी प्रदर्शनी मैंने भारत के बहुतेरे मन्दिरों और मस्जिदों में देखी है। जिस धन-रत्न का उपयोग मनुष्यों के कल्याण के लिए नहीं होता, उसकी सार्थकता है या नहीं, मुझे नहीं मालूम।

फिर अपने रास्ते पर आया। 'खलात्से' और 'बुधखर्वू' की बात नहीं भूला था। वहाँ भी पहाड़ों का किला, वहाँ भी धन-रत्न की रक्षा का ऐसा ही भवन। वहाँ भी तीन सौ साल पहले राजा था, गुम्फा थी, धन-रत्न था। लेकिन समय में वे नष्ट हो गईं। गुप्त धन का भंडार स्वभाव से ही अपने चारों ओर दुश्मन बना लेता है—यक्ष की दौलत नहीं बचती, क्योंकि उसका संचय होता है, सदुपयोग नहीं होता। बुधखर्वू मर गया, खलात्से भी जिन्दा नहीं है, लिकिर के भविष्य की नहीं जानता। गाँव के रास्ते को छोड़कर फिर मुख्य रास्ते पर आ गया। अपने भ्रमण के प्रारम्भ से ही इन बौद्ध गुम्फाओं में अनिश्चयता की एक दुर्भावना दिखाई देती रही है—इन्होंने मानो अपने प्राण-सूत्र को खो दिया है। मैंने गौर किया है, लद्दाख ही नहीं, आज सारा बौद्ध-संसार ल्हासा तीर्थ के अपमान से भीतर-ही-भीतर जल रहा है! पोताला-प्रासाद की तसवीर प्रत्येक बौद्ध के लिए पूज्य है, जैसे मक्का की तसवीर हर मुसलमान के लिए। ये लोग राष्ट्र की अपेक्षा धर्माचरण और भ्रमण को बड़ा मानते हैं। इसीलिए गया-काशी-लुम्बिनी-ल्हासा—ये सब प्रत्येक लद्दाखी बौद्ध के तीर्थ हैं। लद्दाख के बहुतेरे

लामा-गुरु तिब्बत में कैद कर लिये गए हैं और वहाँ का बौद्ध समाज बेतरह सताया जा रहा है—इस बात को वे सदा सुनते हैं। लद्दाख में भागकर सैकड़ों तिब्बती शरणार्थी आ रहे हैं, वे सभी तिब्बत में धर्म पर अत्याचार की लोमहर्षक कहानियाँ सुनाते हैं। ये लोग हर वक्त यह सुन रहे हैं कि चीनियों ने ल्हासा को तहस-नहस कर दिया। दलाई लामा देश छोड़कर चले गए।

हो शायद। ये बातें मेरे जानने की नहीं। लेकिन इतना तो समझता हूँ, भारतीय बौद्धदर्शन नहीं होता तो तिब्बत में द्वादश शताब्दी का पुनर्जागरण नहीं होता। मैं आज बैठा उस युग के तिब्बत को देख रहा हूँ। अतीश श्रीज्ञान दीपंकर से मार्कोपोलो, उसके बाद अठारहवीं और उन्नीसवीं सदी के सभी ईसाई मिशनरी तथा स्वेन हेडिन—इन सबकी आँखों से तिब्बत को देखने के बाद वहाँ जाकर एक महीना रहा हूँ। लेकिन हर संवाददाता का लगभग एक ही कहना। तिब्बत एक जमाने में भूत-प्रेत, पिशाच-राक्षस, मन्तर-तन्तर, ज्योतिष तथा भयानक कुसंस्कार लिये हुए था। किसने यह नहीं कहा कि तिब्बत वही उस जमाने में, कुबला खाँ के समय में भी, जंगली, डाँवाँडोल, यायावर, बर्बर और नरभक्षी था? तिब्बत की इस मूल प्रकृति ने ही क्या कभी बंगालवालों से तंत्र-साधना की नीति नहीं अपनाई?

ल्हासा बौद्धों की निगाह में पुण्यतीर्थ है। लेकिन इस पुण्यतीर्थ की जननी क्या भारतीय संस्कृति ही नहीं है? तिब्बत तो भारत की ही सृष्टि है! बीते 1956 साल के दिसम्बर महीने में मैंने सारनाथ में खड़े होकर देखा, स्वयं दलाई लामा ही वहाँ साष्टांग कर रहे हैं! गया और सारनाथ दलाई लामा के भी तीर्थ जो हैं।

धीरे-धीरे पहाड़ दो तरफ को खिसकने लगे। रास्ता चौड़ा होता जा रहा था। महासिन्धु की उपत्यका होकर एक ऐसे फैले हुए समतल की ओर बढ़ रहा था, जिसकी विशालता का पिछले कई दिनों से अनुमान करना कठिन था। समतल धरती को भूल ही चला था। सिन्धु के किनारे-किनारे जा रहा था। एक जगह अचानक रास्ते में निशान देखा—'इन्दस व्यू'। दक्षिण के दुर्गम से एक बड़ी नदी सिन्धु से आकर मिली है। यह मिली हुई नदी है। मिलनेवाली दोनों नदियाँ हैं—'जस्कर' और 'माखी'। मार्खा नाम की बस्ती दक्षिण-पश्चिम जस्कर पर्वतमाला की घनता में ओझल रहती है। वहाँ बाहरी दुनिया की कोई भी खबर नहीं पहुँचती।

उस पहाड़ी समतल के एक विस्तृत अंचल में पहुँचने पर पुराने युग का 'बाजगो' शहर मिला। एक समय था, जब इस शहर में बहुत लड़ाई-झगड़े हुए। पहाड़ की चोटी पर की गुम्फा और चित्रलिखे-से इस जनपद का अनोखापन

चकित करता है। यह 'नीमू' की उपत्यका है और नीमू नाम का एक सम्पन्न जनपद भी दिखाई देता है।

'बाजगो' घटना बहुलतावाला एक लद्दाखी शहर है। इसके चारों तरफ का प्राकृतिक परिवेश बड़ा मनोहारी है। चारों तरफ की पथरीली रुखाई के बीच 'बाजगो' की मृण्मयता और खेतों की हरीतिमा आँखों को इतनी शान्ति देती है कि लगता है, किसी गीति-कविता का एक चरण पहाड़ की चोटी पर झलमला रहा है। शहर के आसपास बिखरे खँडहर—जो 14वीं और 17वीं शताब्दी के विभिन्न युद्ध और अशान्ति की कहानी कहते हैं। पठानों ने बाजगो पर हमला किया, बहुतेरे बौद्ध मुसलमान होने को मजबूर हुए, लामाओं पर लूटपाट, अगलग्गी और जुल्म ढाये जाते रहे; लोग गाँव-घर छोड़कर भागे—कश्मीर के पठान राजा शाह मिर्जा से लेकर सिकन्दर शाह तक वही एक ही कहानी! इसी युग से धीरे-धीरे आत्मरक्षा के लिए ही कश्मीर इस्लाम धर्म स्वीकार करने लगा। कश्मीर में आज भी सैकड़ों ऐसे परिवार हैं, जहाँ हिन्दू-मुसलमान दोनों हैं। और लूट-खसोट, शैतानी? सिक्ख शासनकाल और गुलाब सिंह के शासन की शुरुआत—लद्दाखियों को वे दिन खूब याद हैं।

17वीं सदी में जब 'बाजगो' पर मंगोलों और तिब्बतियों का हमला हुआ, तो बौद्ध राजा ने बादशाह शाहजहाँ से मदद माँगी। बादशाह की फौज लेकर नवाब फतह खाँ आए। उन्होंने मंगोलों को मार भगाया। पर बाद में बौद्ध राजा को इस मदद की काफी कीमत चुकानी पड़ी। फतह खाँ के हुक्म से उन्हें सपरिवार इस्लाम धर्म स्वीकार करने को मजबूर होना पड़ा और उनका नाम पड़ा—'महमूद खाँ'। लेकिन महमूद खाँ मन-प्राण से बौद्ध ही रह गए! बौद्धों के अनुगत रहकर ही उन्होंने अपनी अन्तिम साँस ली।

पहाड़ पर आज भी उनका महल है। शहर में यहाँ-वहाँ मठ-मन्दिर कुछ कम नहीं हैं। लेकिन बाजगो के बीच में बनी एक बहुत बड़ी गुम्फा में मैत्रेय बुद्ध की विशाल मूर्ति के सामने जाकर खड़े होने से दुनिया बड़ी छोटी, बड़ी गरीब लगती है! यह इतनी बड़ी और इतनी ऊँची मूर्ति किन-किन उपकरणों से बनी है, यह जानने का बड़ा कौतूहल हुआ। सुना, मूर्ति यह काठ की है, लेकिन सोना और ताँबा के पत्तरों से मढ़ी हुई है। यह मूर्ति 17वीं सदी में राजा 'सेंगे नामगिपाला' द्वारा बनवाई गई थी। इस राजा की माँ इस्लाम धर्म में दीक्षित हुई थीं। बाजगो कभी विशाल शहर था। आज भी जो है, वह कुछ कम नहीं है। मिट्टी और मैदान, जौ के खेत और सब्जी की क्यारियों के कारण ही यहाँ शहर बना था। खाद्य की प्रचुरता और गुम्फा की दौलत ने चारों तरफ की अन्न की कमी और

गरीबी को लुभाया था और इसीलिए यहाँ इतिहास का ऐसा चढ़ाव-उतार आया।

हमारा रास्ता अब मानो कुछ-कुछ हरा-भरा हुआ। दूसरा जो रास्ता खलात्से से दूसरी ओर गया था, यहाँ आकर वह फिर मिल गया। हरी-भरी सुन्दर-सी बस्ती 'नीमू' नजर आने लगी। पेड़ों पर सफेद-लाल फल, बसन्ती रंग के फूलों के गुच्छे—दूसरी ओर कुछ पेड़ों की छाँह में कई लद्दाखी औरतें कमर पर भरा घड़ा लिये गले-गले मिल रही थीं एक जलाशय के किनारे। उस प्राचीन पृथ्वी ने अपने क्षणिक सौन्दर्य को यहाँ भी फिर एक बार बिखेरा। उनकी कुतूहल-भरी नजरों के सामने से परदेशी पथिक अपनी राह चले गए!

लद्दाख में नीमू का समतल मशहूर है। यह कश्मीर की संसार-प्रसिद्ध घाटी की याद दिलाता है। चारों तरफ अजानी दुनिया, झट यह समझ में नहीं आता कि किस एक सुदूर के अजाने पहाड़ी प्रदेश में मैं खो गया हूँ! अपने पीछे के अपने ही पैरों के निशान को पोंछते हुए एक दूसरे ही दुनिया में आ निकला हूँ। मेरे लौटने की राह जाने कब, कहाँ, किस अजाने में खो गई है।

इस विशाल मैदान को पार करके फिर हजार फीट से ज्यादा की चढ़ाई पर चढ़ आया। अब आ गया तमाम पत्थर, पत्थरों के ढेले, पहाड़-पहाड़ पर पत्थर, उन पत्थरों में लाखों वर्षों का क्षय, उन पत्थरों के आकार और रेखाओं में ही दन्तराक्षस की भयानकता, पिशाचों की हँसी, प्रेतों की आँखें, बड़े-बड़े जानवरों की प्रतिहिंसा—ये सब मानो पहाड़ों की रेखा-रेखा में देख पा रहा हूँ मैं! सामने एक विराट के माथे पर दो ईगलों का खोंड़र! वे दोनों मानो शाक्यस्थविर के दो निष्कम्प नेत्र हों, माथे पर जटा—देह पर मांस नहीं, कोमलता नहीं, गोया अनादिकाल से बीजमंत्र का जाप कर रहे हैं और सामने महाकाल स्तब्ध खड़ा है। उसी के नीचे बहता जा रहा है तुषार-गलित निर्मल जलस्रोत। वह स्रोत जा रहा है एक छोटे-से जनपद को, नाम है 'उमला'। इसी में एक-एक 'मणि-प्राचीर' पार करता जा रहा था, जो चार-चार फीट से ज्यादा ऊँचा नहीं। पर ऐसी दीवारों पर हजारों-हजार, लाखों-लाख पत्थरों के टुकड़ों पर बौद्धमंत्र खुदे हैं। पहाड़ों पर फिर रंगों की बहार दिखाई पड़ने लगी—लाल, पीला, नीला, कहीं गेरुआ, कहीं उससे मिल गया है बौद्धों का हल्दी-जैसा रंग। बर्फ की चोटियाँ बगल-बगल खड़ी, उनके अन्दर से निकली पूरी-की-पूरी एक जलधारा बर्फ में बदलकर मानो अन्दर के स्रोत का आवरण बन गई हो!

देखते-देखते फिर बड़ी दूर निकल आया। जौ के खेत, फल के बगीचे, पेड़ों की छाया, बस्ती की माया—ये जाने कब गायब हो गईं। वे मानो स्नेह के लोभी पथिकों के कपाल पर क्षणिक ममता का परस रखकर सुदूर प्रसारी

बलुआहे पत्थरों के अपार रहस्य में खो गईं। लेकिन मैं भी दौड़ रहा हूँ, जी जान से दौड़ रहा हूँ, आकाश, पहाड़, सूखे पत्थर, ग्रेनाइट, बर्फीली चोटियाँ भी मानो मेरे साथ मध्य एशिया के एक से दूसरे शून्य में दौड़ रही हैं—दौड़ते-दौड़ते ही पार हो गया 'थारण' जनपद, पार कर गया पेड़-पौधों का और कोई छायालोक!

इसी एक भौतिक भूखंड में भ्रमण करते समय मैंने साँस की कठिनाई महसूस की थी। यहाँ के आवह के साथ आदी न होने तक बीच-बीच में यह मानो मौत के भय से भीत कर देता है। ठीक इसलिए नहीं कि बराबर 12 हजार से 15 हजार फीट ऊँचे पहाड़ी समतल पर घूमा किया, बल्कि इसलिए कि रूखे पथरीले जगत में हवा बड़ी पतली होती है। रूपसू इलाके में यह और भी तकलीफदेह है और भारत के समतलवासियों के लिए बहुत बार खतरनाक होती है। लद्दाख में फौजी विभाग के जो लोग हैं, उन्हें भी बदस्तूर इसमें अपने को अभ्यस्त कर लेना पड़ता है। इन कारणों से आजकल तमाम सबकी पहुँच में ऑक्सीजन का चोंगा जरूर रहता है। उस चोंगे में मुँह डालकर साँस खींचने से एक शान्ति देनेवाली शीतल हवा कलेजे को स्निग्ध करती रहती है। मैंने अवश्य अपनी चौहद्दी में अब तक उसे नहीं आने दिया है।

पहाड़ के ऊपर के समतल से चढ़ाई काफी ऊँचे तक गई है। 12 हजार फीट के ऊपर और 2 हजार फीट। यहाँ चढ़ जाने से फिर दिगन्त का विस्तार! लद्दाख पर्वतमाला का शीर्षलोक महज कुछ ही मील के फासले पर—नाम 'खारदुंग'। 'खारदुंग' की सीमा से उठा है मुजताग या तुषारशिखर काराकोरम, जिसका भारतीय नाम 'कृष्णगिरि' है। यहाँ पर यह 14 हजार फीट की ऊँचाई पर समतल है, जिसके चारों तरफ बर्फ का श्वेत किरीट! इस समतल को पार करके नीचे जाने पर जो सुन्दर-सी धारा मिलती है, उसका नाम है—'फियांग नाला'। इसके चारों तरफ वन-बगीचा है, करीब ही एक हरा-भरा बहुत बड़ा जनपद है फियांग, जिसके बीच-बीच में फल-फूलों के पेड़, जगह-जगह वृक्षों की घनी पाँत। लद्दाख में फियांग की माटीवाली प्रकृति प्रसिद्ध है। उसी गाँव की गोद से ऊँचा शिखर ऊपर उठा है। वह शिखर बौद्ध गुप्ता के लिए प्रसिद्ध है। सो, उस पहाड़ पर चढ़ गया। रूखे और कठोर पत्थर की राह से चढ़ाई चढ़कर आखिर गुम्फा के प्रांगण में पहुँचा। इस गुम्फा ने अपने लिए यहाँ एक दूसरी ही दुनिया की सृष्टि की है।

बगल से चल रही थी एक-एक मणि-दीवार। मैं पहले यह सोच रहा था कि ये सिर्फ घेरे का ही काम नहीं कर रही हैं, बल्कि इनमें पुण्यकर्म भी है।

जिन बलुआहे पत्थरों को चुन-चुनकर ये कम ऊँची दीवारें बनाई गई हैं, वे महज दीवारें ही नहीं हैं, उनके हर टुकड़े में बौद्धमंत्र खुदे हुए हैं। देखकर यह लगता है कि केवल मनुष्य ही नहीं, मानो हर पत्थर उस अनोखे मंत्र का जाप कर रहा है। यह बात बिना किसी सन्देह के कही जा सकती है कि मानवों के इतिहास में किसी धर्मभावना में यह अतिमानवी धीरज, चित्त की यह स्थिरता, और अनुराग की यह एकाग्रता, जो चीजें इन खुदाइयों में प्रकट हुई हैं—सो किसी और जाति में नहीं हैं। अजेय अध्यवसाय के ऐसे चिह्न किसी भी सभ्यता में नहीं मिलते।

'फियांग' में दाखिल हुआ। किसी ने जैसे कहा, पाँच सौ साल से भी ज्यादा है इसकी उम्र। गुम्फा काफी बड़ी है। बहुतेरे लामा रहते हैं इसमें। ऐसी एक गुम्फा का मतलब होता है अलग एक दुनिया अपनी। इसमें मठ है, महन्थ है, ब्रह्मचर्य-आश्रम, प्रशासन-व्यवस्था, जन्म-मृत्यु-विवाह का लेखा-जोखा, स्थानीय जनगण के लिए भिन्न-भिन्न अनुशासन, सामाजिक समस्याओं का विचार, उपज की नीति, रोगों के इलाज की व्यवस्था, काम बाँटने का नियम—गुम्फा ही इन सारी बातों का केन्द्र है। लामा-गुरु की आज्ञा के बिना कुछ भी होने का उपाय नहीं। इसीलिए आंचलिक राजशक्ति के उत्थान-पतन से बौद्ध गुम्फा और जनपद में मानसिक योग कम ही होता है। लद्दाख के इतिहास में राजशक्ति का हेर-फेर बहुत बार हुआ है। कभी किसी शक्ति ने दूसरी पर हमला किया, हारी, मरी या जीती। मगर यह बात एक बार को भी नहीं सुनी गई कि गुम्फा में रहनेवाले बौद्ध समाज ने कभी क्रान्ति की है! कभी सुनने में नहीं आया कि जुल्मी या लूट मचानेवालों का खात्मा करने के लिए हाथ में तलवार लिये लामा लोग 'मार-मार' करते हुए बाढ़ के पानी-से नीचे उतर आए हों पहाड़ों से! वे सिर्फ मुँह बन्द करके मार खाते रहे; मुँह बन्द करके लुटेरों के सामने उन्होंने आत्मसमर्पण किया, मुँह बन्द करके गैरधर्म को कबूल किया और मुँह बन्द करके मरते रहे! पैदा होने से लेकर मरने तक उन्हें एक ही चिन्ता होती है—निर्वाण-लाभ। जीवन सत्य नहीं है; समाज, परिवार तथा आधिभौतिक जो कुछ भी है, सब मिथ्या है। ये कैसा तो एक अपने-आपमें केन्द्रित सुख चाहते हैं, आत्मिक स्वच्छन्दता चाहते हैं। दूसरों की चीज पर लोभ नहीं। सारे लद्दाख में चोरी, दंगा, मारपीट, खून-खराबा नहीं होता : शिशु-हत्या, नारी-हत्या—इन सबका नाम नहीं! ('Murder is unknown in the whole of Ladakh and infanticide is undreamt of.'—Director of Information, J. & K. Govt., 1964)

फियांग गुम्फा के अँधेरे-से मूल मन्दिर के अन्दर गया। वही एक ही रवैया। वज्रतारा से वज्रसेन, वही पद्मसम्भव, मंजुश्री, वही अवलोकितेश्वर और पुराने लामा-गुरु की मूर्ति—सोना, रूपा, ताँबा मढ़ी और काठ की। चारों तरफ रेशम की सजावट और रंगीन चित्रकारी। उसी तरह करीने से सजे जलपात्र। हिन्दुओं के मन्दिर में भीड़ होती है, पूजा-अर्चना की अधिकता होती है, लेकिन यहाँ सब चुपचाप। यहाँ सिर्फ निसरना, बात न बोलना, तन्द्रा में रहना। एक ओर जल रहा है गंध-प्रदीप, अकम्प उसकी लौ। उसी के सामने मैत्रेय बुद्ध की मूर्ति। महास्थविर के उन्नत ललाट पर दिव्य आभा, निमीलित दोनों आँखें अन्तर्मुखी और उन आँखों में युग-युगान्तर की अपार करुणा! मानो एक अनोखी उज्ज्वल क्षमा से शान्त और स्थिर हों! तन्द्राजड़ित वे आँखें अगर एकाएक दपदप कर उठें; यदि रोष, घृणा, प्रतिहिंसा से सहसा धकधक जल उठें—तो लद्दाख का सारा इतिहास बदल जाएगा क्या? तो क्या एक विराट मनुष्य-समाज सिर ताने खड़ा हो उठेगा? शिव के नेत्र अगर रुद्र के भयानक कटाक्ष में परिणत हों, तो क्या सारे जड़-थिर सचल हो जाएँगे? निष्क्रियता और पंगुता को बहाते हुए भरे जीवन का ज्वार बहेगा?

लेकिन सारी चिन्ता और विभ्रम को छोड़कर अनोखी दृष्टिवाली उन आँखों की ओर ताकते ही रहने की इच्छा होती है! गुम्फा के भीतर छमछम करती है छाया। वह अखंड और मद्धिम लौ वैसी ही जलती है दीये की, उसमें से एक गाढ़ी, गहरी वन्य शिला की अनसूँघी महक आती है। और उसी के साथ मिली हुई है फियांग के उपवन की मन्दार-मलिका की खुशबू! उस सम्मोहिनी ध्यानदृष्टि को फिर एक बार देखा। वे दोनों आँखें भारत की हैं—सदा-सदा की हैं, आदि अनन्त की हैं। महाकवि के गीत की दो पंक्तियाँ उस समय मेरे कंठ में उमड़ी-सी आ रही थीं, जिसका अर्थ है—आँखों से आँसू बह रहे हैं, नम्र हो गए वन्दना में मेरे चकित मन-प्राण।

बलुआहे पत्थर और रूखड़े कंकड़ों की राह से और तीनेक मील चलकर सिन्धु-तट के एक जनपद के पास पहुँचे। इसे पितक' या 'पितुक' कहते हैं। लेकिन इसका असली शब्द है 'स्पितुक'। पांडववर्जित इस प्रदेश में कोई अगर यह बताए कि यहाँ बाग-बगीचे और फूल-पत्तोंवाला डाकबँगला है, तो जरा ठिठक जाना पड़ता है। लेकिन चूँकि यह बस्ती सिन्धु तथा उसकी एक उपनदी के संगम पर है, इसलिए इसे कुछ सुविधाएँ हैं। लिहाजा बगीचा-पहाड़-झरना और पास बहनेवाली सिन्धु की शोभा से डाकबँगले को सुन्दर ही कहना पड़ेगा। सामने ही एक पर्वत-शिखर पर पितुक-गुम्फा है और उसके नीचे यहाँ-वहाँ

पुराने लद्दाखी घर-द्वार हैं। इस गुम्फा को बनाते समय शायद शत्रुओं से बचाव और सुरक्षा का खयाल था। इसलिए गुम्फा के दो ओर पत्थर की दो गुम्बजों के साथ दो मोटी दीवारें हैं। नदी के धरातल से कुछ नहीं तो यह एक हजार फीट की ऊँचाई पर है और नीचे से खूब मजबूत लगती है। ऐसे स्थान जितने ही पुराने हैं, उतनी ही ज्यादा ऊँचाई पर हैं। जो कम पुराने हैं, उनका निर्माण क्रमश: नीचे हुआ है।

बाजगो और पितुक महासिन्धु के प्रवाह-पथ में दक्षिण-पूरब से उत्तर-पश्चिम की ओर खड़े हैं। अब सिन्धु को पितुक के इस पहाड़ी दर्रे में विदाई देकर हम एक दुबली-सी नदी के बाएँ मुड़ेंगे। यह नदी लेह है और सच पूछिए तो हमारी आँखों के सामने ही लद्दाख गिरिमाला से इसका जन्म हुआ है।

अब हम लद्दाख की राजधानी लेह के आसपास आ पहुँचे। मील पाँचेक की दूरी बाकी रह गई थी। पितुक की पर्वतचोटीवाली गुम्फा की दीवारों के पास से लेह नगर के सामने का समतल त्रिकोण-सा दीखता है। सारा प्रान्तर धूलि-धूसर-सा धू-धू कर रहा है और दूर से नीचे की ओर नजर दौड़ाने से विराट पर्वत-प्राकारों से घिरी यह समतल उपत्यका एक बहुत बड़ी अन्तर्जातीय जिज्ञासा का प्रश्नचिह्न-सी खड़ी है। मैं उसके केवल सँकरे भाग के अन्तिम बिन्दु पर नजर टिकाए खड़ा था। अब लद्दाख के हृदय-प्रदेश में आया। सारी चीजें मेरे बहुत करीब आ गईं। उत्तर से दक्षिण को फैल गया है मुजताग-काराकोरम, नजदीक ही में वह कैलास पर्वतमाला से मिला है, जिसकी चोटियाँ यहाँ से साफ दिखाई देती हैं। पश्चिम-दक्षिण की जस्कर और लद्दाख पर्वतमाला दक्षिण में लाहौल और रूपसू की ओर गई हैं और यही दोनों पर्वतमालाएँ दूर-उत्तर में स्कार्दू या बालतिस्तान जाकर काराकोरम तथा देवशाही से एकाकार हो गई हैं। पूरब में, पास ही काराकोरम लद्दाख को दो भागों में बाँटता है। पूरब के हिस्से में, समानान्तर रेखा पर दक्षिण में पैंगोंग ह्रद और खुर्नाक फोर्ट और उत्तर में शक्सगम तथा काराकोरम का दर्रा। पश्चिम के हिस्से में पड़ता है नुवरा, शियोक, लद्दाख, जस्कर गिरिश्रेणी, रूपसू और बालतिस्तान। कहना फिजूल है कि लद्दाख के इस पूर्वी हिस्से को आज अक्साई-चिन कहते हैं यानी पथरीली भूमि। यह चीन-भारत-विरोध के प्रश्नोत्तर की मीमांसा का जलता हुआ इलाका है! विमान से सिनकियांग यहाँ से पन्द्रह मिनट का रास्ता है। अवाक् दृष्टि से मैं चारों तरफ देख रहा हूँ, एक नाटकीय और आसन्न अनिश्चयता की छाया इस शाम के वक्त सारी उपत्यका पर मानो दिगन्त तक डैने फैला रही हो! मैं रणक्षेत्र की सीमा पर जा पहुँचा हूँ।

महासिन्धु को अब छोड़ना पड़ा। वह मानो सर घुटाए दंडी ब्रह्मचारी संन्यासी की तरह दक्षिण से उत्तर को चली! वह उत्तर भारत की परिक्रमा को चली। उसकी राह अभी बहुत दूर है। वेदशास्त्र के राजनीतिक आचमनी मंत्र में उसका स्थान छठा है।

हम लेह नदी की धारा पकड़कर चले। बीच-बीच में रास्ता धूल से ढक जाने लगा। झरने और जलधाराओं के आसपास, यहाँ-वहाँ छोटी-छोटी लद्दाखी बस्तियाँ। बीच-बीच में पेड़-पौधे, थोड़ी-बहुत खेत-क्यारी। आखिर हम दूर तक फैली उपत्यका में आ पहुँचे और पितुक की चोटी से लेह का जो पुराना राजमहल पहाड़ पर दिखाई दे रहा था, उसे लक्ष्य करके हम मैदान को पार करने लगे। तराई में उस समय हम गोधूलि का वास्तविक चेहरा देख पा रहे थे।

सहसा जैसे चैन-सी आ गई! हम सुन्दर और चौड़े कोलतार की सड़क पर पहुँच गए। यह मानो बीते जनम का कोई विस्मृत अतीत हो! इसने गोया औचक ही याद करा दिया कि यह युग आधुनिक है। मैं इस युग का नागरिक हूँ। यहाँ-वहाँ ट्राफिक सिगनल, रास्तों के निर्देश, पुलिस का पहरा। अपनी ओर नजर डालकर देखा, मैं मानो धूल का बोरा हो गया हूँ! पिछले कई दिनों से मैं मध्य एशिया के धूलि-सागर में गोता लगाए हुए था। मध्य एशिया के महाधूलि-सागर में मेरा मन, चिन्तन, संस्कार—सब खो गए। मैं हिमालय, भूखा कश्मीर की प्राकृतिक शोभा को लगभग भूल ही गया हूँ। इरावती, शतद्रु, चन्द्रभागा से आगे, यमुना पार जाने कितनी दूर है गंगा की पुण्यमयी तराई—जाने किस ग्रहलोक में! मैं मानो पिछले जनम की खोई चेतना-जैसी उन्हें थोड़ा-बहुत याद ही कर सकता हूँ केवल!

मैं लद्दाख के उस बहुत पुराने केन्द्रबिन्दु पर आकर खड़ा हुआ, जिस बिन्दु का चिरपुरातन नाम लेह (11,500 फीट) है। यह मानो मकड़ी का जाला हो—यहाँ से तरफ-तरफ को गए हैं रास्ते। एक रास्ता श्रीनगर को, एक लाहौल-पंजाब को, एक रास्ता रूपसू होते हुए मानसरोवर, एक सिनकियांग और एक चुसुल, खुर्नाक, पैंगोंग होते हुए दोमजोड़ और लानक के दर्रे को। ये सब पास-ही-पास हैं, पहुँच में। लानक दर्रे वाले रास्ते के बाहर अक्साई-चिन, लिंगजिटांग, सोडा प्लेन्स या वहाँ से देपसांग। इन इलाकों में रास्ता कहने को कुछ भी नहीं है। ये सब कुनलुन या कुएनलान पर्वतमाला के दक्षिण-पश्चिम में भारतीय इलाके हैं। फिलहाल राहुग्रस्त हैं। थोड़ी और ऊँचाई पर खड़े होने से एक-एक करके सब कुछ देख सकते हैं।

पेड़-पौधे और झाड़ी-बगीचों के बगल से होते हुए मिलिटरी के मेजर शर्मा

मुझे लेह के डाकबँगले में ले गए। साँझ हो रही थी उस समय। इसी बीच सर्दी की कँपकँपी शुरू हो गई थी।

लेह (लद्दाख)

लेह शहर की विशाल समतल बलुआहे पत्थर की उपत्यका महासिन्धु तट से धीरे-धीरे लगभग एक हजार फीट ऊँची उठ आई है। नतीजा यह हुआ है कि शक्ल उसकी ढलवाँ-सी हो गई है और चौड़ाई हो गई है छह मील। पर्वतों के घेरे में उस समतल का आकार त्रिभुज-सा है और उस त्रिभुज के ही दक्षिण-पश्चिम कोने में लेह का प्रमुख स्थलचिह्न जो पर्वतशिखर है, उसके ऊपर के प्रासाद का नाम है—'बादशाह-महल'। पिछले पाँच सौ सालों के अरसे में लद्दाखी के सिवा और किसी भी जाति का राजा-बादशाह इस महल की गद्दी पर नहीं बैठा। इनमें से कोई-कोई जबरन इस्लाम कबूल कराए गए मुसलमान हुए, लेकिन इनका मन सदा बौद्ध संस्कृति से प्रभावित रहा। यही वजह है कि बौद्ध-प्रधान लद्दाख के जनजीवन से इनका कभी खास कोई विरोध नहीं हुआ। बहुत बार मुसलमान राजा होते हुए भी लद्दाख में कहीं इस्लामी नीति नहीं फैली।

'बादशाह-महल' करीब दस मंजिल ऊँचा है। इस महल में घेरे की दीवार नहीं है, पर इसकी ठोस-मोटी दीवारों में दूर से ही जो मजबूती, सख्ती और सुरक्षा दीखती है, उसकी एक निजी महिमा है। नीचे से ये दीवारें दुर्भेद्य और दुर्गम दीखती हैं। दूर से इस महल की चोटी के सिवाय लेह की और कोई निशानी पर्यटकों को नहीं नजर आती। मजे की बात तो यह है कि सदा से तुषार-शिखरों के एक-से खड़े रहने के बावजूद लद्दाख के और-और इलाकों की तरह लेह भी तेज धूप से धू-धू जलता रहता है, जैसाकि मरुभूमि में होता है। लेकिन दिन डूबने के बाद ठीक इसका उलटा। रात में सब 'जीरो टेम्परेचर' और सर्दियों में तो वह माइनस 30-40 डिग्री तक उतर आता है! यानी भीगा तौलिया, गरम भात या रोटी, गरम चाय—ये चीजें महज कुछ मिनटों में बर्फ का टुकड़ा बन जाती हैं। आग जलाने से उसका उत्ताप 190 डिग्री से ज्यादा नहीं होता और उस जलती आग में मजे में कई सेकंड तक ठंडा हाथ रखा जा सकता है। रात

में सोते समय गरम बिछौने में (अगर उसे गरम किया गया हो) जूते को ढककर नहीं रखने से दूसरे दिन आग में सेंके बिना उस जूते को पहना नहीं जा सकता! खौलते पानी में डाले बगैर फल नहीं खाया जा सकता। हाथ के पास हथौड़ी मौजूद न हो तो मक्खन के ढेले में दाँत मारने की कोशिश बेकार है। मांस या दाल सीझती नहीं है। पीने के पानी का मतलब ही है उबलता हुआ पानी! कपड़ा-लत्ता, खाने की कोई भी चीज, काँच के बर्तन, बिस्तर—गर्ज कि जीने के लिए जिन चीजों की जरूरत है—सर्दियों में उन्हें आग के आसपास रखना पड़ता है। सर्दियों में मेरुलोक की तरह बर्फीली हवा के प्रचंड झोंके आदमखोर बाघ की तरह गरजते रहते हैं। नाले और झरने सख्त बर्फ बन जाते हैं और सिन्धु नदी पर से जीपगाड़ी आती-जाती है। पीने के पानी के लिए कुल्हाड़ी से बर्फ को काटकर आग पर रखना होता है।

इस कठिन रहन-सहन से लद्दाख के लोग—जिनकी कुल जनसंख्या एक लाख से भी बहुत कम है—पुश्त-दर-पुश्त से आदी हैं। लद्दाख का क्षेत्रफल पश्चिम बंगाल से कहीं ज्यादा है—44 हजार वर्गमील। इसमें पाकिस्तान के दखल में जो स्कार्दू तहसील है और चीन के कब्जे का इलाका—यह दोनों शायद 44 का आधा होता है। लेह तहसील के 15 इलाके में 110 गाँवों का लेखा मिलता है और सब मिलाकर लेह की कुल जनसंख्या सिर्फ 25 हजार है। इस हिसाब से सारे लद्दाख में फी वर्गमील 2 आदमी की आबादी होती है।

भूतत्त्वविदों का कहना है, लद्दाख समुद्रगर्भ में था! लेकिन लद्दाख ने समुद्रतल से सिर क्यों उठाया और माथे पर तुषार-किरीट ही क्यों धारण किया, यह वही जानें! लेकिन हाँ, तिब्बत, मंगोलिया और लद्दाख के बहुतेरे लोने जलाशय उसके समुद्रगर्भ में होने का ही परिचय देते हैं। मैंने ऐसा ही कुस्वादु पानी काला सागर, अरब सागर और मध्य एशिया के काश्यप सागर में देखा था। विशेषज्ञों का कहना है, ये सब-के-सब एक ही गोष्ठी के हैं!

डाकबँगले में ठहरने की जगह मुझे मिल गई थी। वहाँ पेड़-पौधे, घास और फूलों का बगीचा देखने को मिला। घर पक्के का पुराना और दोमंजिला। अन्दर की व्यवस्था मोटा-मोटी कामचलाऊ थी। पास ही एक गेस्टहाउस है, उसके बाद भूतपूर्व अँगरेज ज्वायंट कमिश्नर की बहुत बड़ी पक्की इमारत। इसी में उनका दफ्तर भी था। उस घर के प्रांगण में एक झरना आ उतरा है, जिससे बगीचे की सिंचाई होती है। फिलहाल उस मकान में कश्मीर सरकार के डिप्टी कमिश्नर श्रीमूर्ति का बहुत बड़ा दफ्तर खुल गया है। श्रीमूर्ति निहायत सज्जन व्यक्ति हैं। संस्कृत और सुशिक्षित। कश्मीर से लेकर हिमालय का सारा इलाका, असम

और नेफा तक उनका जाना-चीन्हा है—उन्होंने हर इलाके में काम किया है। यहाँ उन पर जो जिम्मेदारी है, वह मामूली नहीं है। लद्दाख के पुनर्गठन और वहाँ के जीवन-यापन का स्तर बढ़ाने की भारत सरकार की प्रत्येक योजना का काम उनके जिम्मे है। मेरी लद्दाख-यात्रा की बात उन्हें पहले से ही मालूम थी, क्योंकि कश्मीर के राज्यपाल डॉ. कर्णसिंह ने मेरे ही अनुरोध से उन्हें पहले से सूचित कर दिया था।

पहली रात बन्द कमरे के अन्दर जब मोटे-गाढ़े बिछौने में भी जाड़ा नहीं जा रहा था, तो अपने एक अनुचर के साथ जो सज्जन लालटेन की रोशनी में बैठकर मुझसे बातें कर गए, उनकी सहृदयता और विनीत भाव ने मुझे मुग्ध किया था। उनकी आवाज और अँगरेजी बोलने के ढंग में एक छिपे बंगाली के कंठ का आभास मिला था। लेकिन उनका नाम नहीं मालूम हुआ। इतना ही सुना कि वे कारगिल तहसील के शासक हैं। पर भारत सरकार ने उन्हें अतिरिक्त प्रशासन अधिकारी बनाकर यहाँ भेजा था। श्रीमूर्ति के सहकर्मी हैं वे। उनके बारे में कैसा तो एक कुतूहल रह गया। ऐसे सहृदय, विनीत और मिठबोले आदमी को मैंने निहायत मामूली नहीं समझा। खैर, उन्हीं की बात सोचते-सोचते आधी रात को एक बार उठा। न, मैं शीत-भीत नहीं, यों पंगु-सा पड़े रहने से काम नहीं चलने का। बिस्तर से उतरकर लालटेन की लौ तेज कर दी, क्योंकि लेह में अभी बिजली नहीं पहुँची है। डाकबँगले के दोनों खानसामे बगल के कमरे में खर्राटे भर रहे थे। उन्हें जगाना ठीक नहीं होगा। बेचारों ने शाम से बड़ा परिश्रम किया। घड़ी देखी। रात का एक बज रहा था। बाहर मध्य एशिया की यह ओएसिस नगरी मौत-सी निश्चेष्ट पड़ी थी। वे भलेमानस होते, तो रात जागकर बिताई जाती। नींद के लिए जानें क्यों डर घुस गया था, लेकिन जाने कैसी एक क्रान्ति जग रही थी मुझमें। मैं एक शारीरिक बेकली से आच्छन्न हो रहा था।

देर तक पायचारी की और एक बार काँच की खिड़की को खोला। पल में बर्फीली हवा के एक झोंके से मेरे हाथ और मुँह को मानो लकवा-सा मार गया। उसी अवस्था में आसमान के चमकते तारों को निहारते दसेक मिनट बीत गए। शारीरिक विकलन की वजह से मुझे साँस की तकलीफ हो गई।

दूसरे दिन मुझसे यह बात सुनकर एक अफसर ने कहा, 'आपने बड़ी भूल की। खानसामा से तुरत खबर भेज दी होती तो हम आपके लिए ऑक्सीजन का सिलिंडर भेज देते। शुरू के दो-तीन दिन सबको ऐसा होता है।'

लेकिन दूसरे दिन से साँस की वैसी कठिनाई फिर नहीं हुई।

लेह प्राचीन काल की नगरी है—मध्ययुग से बहुत पहले की। उस पर से

लड़ाई-झगड़ा और अशान्ति की अनेक आँधियाँ गुजरीं। लेकिन गुलाबसिंह की मृत्यु (1857) के बाद से इसकी कुछ-कुछ तरक्की होती रही। शहर में दो ही चौड़ी सड़कें नजर आती हैं : एक लेह के बड़े बाजार की और दूसरी है बाजार से कुछ दूर। बाजारवाली सड़क पर बहुत-सी दुकानें हैं, रहने-खाने के दो-एक होटल हैं; डाकखाना, फोटो की दुकान आदि हैं। लगभग सभी चीजें ट्रक द्वारा कश्मीर से यहाँ आती हैं। रास्ते के दोनों किनारों के मकान प्राय: दुमंजिले हैं, पर निचली मंजिल का अधिकांश सँकरा और अँधेरा है। इसी बाजार से एक रास्ता ऊपर बादशाह-महल को गया है, दूसरा गया है बस्ती की तरफ और अन्य रास्ते ढालवें से उपत्यका के दूर तक फैले मैदान को उतर गए हैं। बाजार की सड़क के दोनों ओर जो मकान अपना पुराना चेहरा लिये खड़े हैं, वे डोगरा राजा के जमाने के बने हैं। यह बाजार ही लेह की दर्शनीय वस्तु है (show-piece)। दिन को हर वक्त यहाँ औरत-मर्दों का आना-जाना जारी रहता है। आज सारा लद्दाख फौजी अड्डा बन गया है, लिहाजा लेह का बाजार पहले से कुछ बड़ा ही हुआ है। अब यहाँ जाड़ों का अनाज-पत्तर, अच्छा गोश्त, अंडा, चावल-दाल, मक्खन, तरह-तरह की मनिहारी चीजें मिलने लगी हैं। खान-पान की विविधता, काम-धन्धा, माटी की रचना और पेड़-पौधे उपजाना, जलावन और मिट्टी का तेल, नये-नये निवास-प्रबन्ध, अस्पताल, पाठशाला—ये सारी चीजें लद्दाख और खास करके लेह में सरकारी सहायता से खड़ी हो रही हैं।

बाजार का यह रास्ता बड़ा कौतुक देनेवाला है। हर साधारण स्त्री के माथे पर कानवाली लद्दाखी टोपी और पीछे की तरफ रोयेंवाले भेड़ों की झूलती हुई पूरी एक खाल। यह खाल उनके शरीर में ताप लाती है और उसी से पीठ पर उनका बच्चा बँधा रहता है। एकाएक जाने कहाँ से खुसकी पोशाकवाले 'चम्पा' खानाबदोश आ निकले—साथ में परिवार, कुछ भेड़-बकरी, दो-चार गधे याकि दो-एक लोमश घोड़े। दो ट्रकें आ पहुँचीं याकि एक कोई जीप याकि पहरेदार, कुछ सिपाही। उसी आवाजाही में शायद हो कि कुछ सम्भ्रान्त स्त्री-पुरुष गुजर गए—वे सम्भवत: 'खालोन' परिवार के हों, जो जरा ऊपर की ओर रहते हैं। किसी के हाथ में मांस की पोटली, कोई ले जा रहा है दो-चार गोभियाँ, कोई सफेद रंग का आलू। दूध यहाँ दुष्प्राप्य है। मछली नहीं होती। यायावरों के झुल्ले में नमक मिली जौ की बड़ी-बड़ी रोटियाँ, मैले मक्खन की टिकियाँ। काठ का कटोरा, सूखा मांस आदि। ये अपने जानवरों के लिए घास या जलावन की खोज में आते हैं। सच पूछिए तो ये जन्तुओं के साथ ही वास करते हैं। जन्तुओं के चमड़े से ये तम्बू बनाते हैं, भेड़-बकरी के साथ एक ही जगह सोते हैं और

अपनी रोटी का टुकड़ा उनके मुँह में डालकर स्नेह जताते हैं। दोनों एक-दूसरे की भाषा समझते हैं। ये अपनी जरूरत की चीजें भेड़-बकरी के रोयें के बदले में ले जाते हैं। अब इनमें से बहुत को मजदूरी मिल जाती है। लेह में आज एक मजदूर की रोजाना आय छह से दस रुपये तक है। दिन में ये बहुत तो पाँच-छह घंटे काम करते हैं। राजमिस्त्री, बढ़ई—इनकी बड़ी माँग है।

लद्दाखी दिन में तीन बार जौ की दलिया खा रहे हैं, बंगालियों के यहाँ सावन में जैसी खिचड़ी होती है! उसमें मक्खन होता है, अनाज के टुकड़े होते हैं, मांस के टुकड़े और बन पड़ता है तो चाय भी होती है। बढ़िया होती है! मांस की जरूरत हो तो नाक-मुँह बन्द करके, दम घोंटकर जन्तु को मार डालते हैं या उसके बदन में कहीं छेद करके ताजा लहू जौ की दलिया में डाल देते हैं। गरम-गरम वही दलिया और उसके साथ धुमैले रंग की 'चेंग' शराब। खूब! दिन में तीन बार ये चीजें पेट में दाखिल होने के बाद गीत की जो कड़ी उनके कंठ से फूटती है, उसे मैंने सुना है! बादशाह महल के आसपास की खुली जगह में, तीखी धूप में सिन्धु के किनारे, फियांग गुम्फा के खेतों में, भेड़-बकरी बँधे गाँव के किनारे, और डाकबँगले के सामने, जहाँ पर नये मकान बने हैं—अचानक जरा गाकर वे चुप लगा जाते हैं। जलती दोपहरी में वह मानो 'शून्य प्रान्तर का गीत सूने छायावट में गूँजता हो'; या सहसा 'सिन्धु की उठती तान से सारे आकाश में अनन्तकाल की विरह-वेदना ध्वनित होती है'।

औरत-मर्द के सिर पर बोझा—पच्चीस-तीस सेर का वजन—लेकर चल देते हैं बीस-पच्चीस मील, मगर होंठों पर खुशी की मुस्कुराहट। बोझा उतारकर फिर वही जरा-सी तान छिड़कर गुम हो जाती है। संगीत की वह टुकड़ी रंगीन किसी तितली-सी जरा देर रूखे पहाड़ों के आसपास और बलुआहे पत्थरों की उपत्यका में जगह खोजती हुई खो जाती है मानो। मैंने गौर किया है, कर्ममुखर लेह-नगरी जब-तब, जहाँ-तहाँ इसी तरह सुबह से शाम तक एक-एक बार मीठी तान सुना देती है।

लेह ही लद्दाख का एकमात्र शहर है, और जो हैं, वे महज गाँव हैं। लेह शायद कुछ वर्षों से थोड़ा-थोड़ा करके सुन्दर हो रहा है। लेकिन किसान-मजदूर या साधारण कोई स्त्री-पुरुष सामने आकर खड़ा हो तो उसके बदन से जन्तु की बू आती है। बहुत का कहना है, उनकी यह रीत है कि साल या दो साल में एक ही बार नहाते हैं! तिब्बत में रहते हुए भी मैंने यह बात सुनी थी। मगर इस रूप में यह बात सही नहीं है। गरीबों के दूसरा कोई कपड़ा नहीं होता! बर्फ के देश में बर्फ गले पानी में ऐसी खुली जगह में नहाया नहीं जा सकता। जलावन वैसा

सुलभ नहीं कि पानी गरम किया जा सके। गरीब और लाचारों की सही-सही कमी को जो नहीं समझते, वही लोग उनकी इन बातों की रोचक कहानियाँ जगह-जगह फैलाते हैं। इस प्रसंग में एक बात याद आ गई—सन् 1956 के दिसम्बर में सारनाथ में बहुतेरे तिब्बती जमा हुए। वह गौतम बुद्ध की 25 सौवीं जयन्ती का साल था। दलाई लामा सारनाथ आ रहे थे! सारनाथ के आम के बगीचे में रात को 40 डिग्री से भी नीचे जाड़ा पड़ता है। सैकड़ों की तादाद में उसी बगीचे में तिब्बती स्त्री-पुरुष पड़े थे। मैं भी वहीं पोस्टमास्टर कालीपद चक्रवर्ती के छोटे-से बरामदे में रात को उन तिब्बतियों के साथ ही रहा था। उस सुन्दर से बगीचे में रात-भर लेकिन जानवर के बदन की बू-सी गंध आती रही! मैला मक्खन, गन्दे कपड़े, बदबू देनेवाले बोरिया-बसना, कभी नहीं नहाए-धुले देह-कपड़े और फिर साथ में जन्तुओं के कच्चे लोम—उनसे जानवरों का फर्क कम ही था। मगर इसके पीछे वजह वही एक ही थी। लामाराज में परम्परानुक्रम से किसी भी युग में उन्हें सुन्दर, स्वच्छ और सुखद जीवन की झाँकी ही नहीं मिली! उस तरह के तिब्बती लोग इस सर्दी में यही पहली बार भारत आए थे और यहाँ की खुशहाली देखकर वे अभिभूत हो गए थे!

शहर में दो प्रमुख चीजें नहीं हैं—बिजली और पानी की व्यवस्था। पहाड़ के जो-जो अकेले शिखर यहाँ-वहाँ सर पर एक-एक गुम्फा लिये खड़े हैं, उनकी ऊँचाई तीन से पाँच सौ फीट है। वहाँ के रहनेवाले नीचे से पानी ले जाते हैं—यह परिश्रम अमानुषिक है। शहर के समतल में कुछ पहाड़ी झरने हाट-बाजार के इस-उस पास से बह रहे हैं—ये बर्फ पिघले पानी की निर्मल धारा हैं। सो कहना ही होगा कि पानी की कमी नहीं है और भरे हुए पानी से ही काम चलता है। पचाने की शक्ति यहाँ खूब है, पर पकाना कोई नहीं जानता। एक प्लेट धान के चावल का भात, तीन टुकड़ा अधसीझा मांस, और एक प्लेट आलू—इसकी कीमत है तीन रुपये। मेरा खयाल है, लेह के लिहाज से यह दाम ज्यादा नहीं है। खाने का होटल यहाँ एक ही है।

छोटा-मोटा काम-कारोबार जो करते हैं, वे सभी प्रायः लद्दाखी हैं। जूते की दुकान, मशीन सिलाई, उसी में गांधी भंडार—जहाँ लोई या पट्टू या देशी कम्बल मिलता है। टोपी का कारबार भी मामूली नहीं। इसी में कचकड़े के खिलौने, टिन की मोटर, प्लास्टिक के लट्टू, काठ के झुनझुने भी पहुँच गए हैं। जो कारबार करते हैं, उन्हें देखकर जरा खटका होता है। एकाध अतिआधुनिक को छोड़कर ये लोग प्रायः मिश्र-जाति के हैं। इनका पैतृक परिचय बहुत बार साफ नहीं। इनकी माताएँ भोट या बौद्ध हैं; किन्तु सारे लद्दाख की स्त्रियाँ बहुपतिवाली हैं।

पुराने कश्मीर के व्यापारी, फौजी डोगरे, यारकन्द के तुर्क सौदागर—इनसे ये बहुपतिवाली स्त्रियाँ मिल गईं। एक परिवार में एक स्त्री के तीन पति या तीन सहोदर रहने के बावजूद उस स्त्री ने परदेसी व्यापारी से विवाह करके उसकी गिरस्ती की, उसके बच्चों का पालन कर रही है, ऐसों की संख्या भी बहुत है। ऐसी स्थिति में अन्न-वस्त्र देना या पहले से थोड़ा अच्छा जीवन बिताने की सुविधा, यही बड़ी बात थी—बौद्ध या मुसलमान का कोई सवाल नहीं। ईसाइयों की संख्या बहुत कम है, पर एक ही परिवार में बौद्ध, मुसलमान और ईसाई का मिल जाना कोई आश्चर्य की बात नहीं। लेह शहर में ऐसे वर्णसंकरों (hybrid) की तादाद बहुत है। इनमें जो डोगरा फौजियों की गोष्ठी के हैं, उन्हें 'गुलामजादा' कहते हैं। ये पुराने कश्मीरराज के गुलाम-से थे। चूँकि सरकार से परवरिश मिलती थी, इसलिए सरकारी काम कर देना पड़ता था। सन् 1871 में कश्मीर सरकार के अधीनस्थ लद्दाख के अँगरेज गवर्नर ने उन गुलामों को मुक्ति दी। आज भी ये लोग लेह शहर के बाजार और अली-गली में बिखरे हुए हैं। कभी भारत में लोगों को जायदाद काफी थी, काफी सुख-सुविधा थी, इसलिए बहुपत्नीक पुरुष का नारी-विलास निभ जाता था। लेकिन उसी स्थिति में लद्दाख की शोचनीय ऊसरता, गरीबी और दानों के लाले ने स्त्रियों को बहुभर्तृका बनने में मदद दी है। इससे एक कौतुकजनक स्थिति की भी सृष्टि हुई है। साधारण भारतीय स्त्री की अपेक्षा लद्दाखी स्त्री कहीं ज्यादा स्वेच्छाचारिणी होती है। स्त्री-पुरुषों के मिलने-जुलने में कोई रोक-टोक नहीं। खेत-खलिहानों में, आनन्द की महफिल में, पशम के कारबार में—सभी जगह स्त्री-पुरुष मिलते-जुलते हैं। इस दृश्य की भी वहाँ बिलकुल कमी नहीं कि स्त्री चौथे पुरुष से शादी कर रही है और बाल-बच्चों सहित पिछले तीन पति वहाँ मौजूद हैं! यह वहाँ की चालू प्रथा है, इसलिए उससे समाज डोलता नहीं। जमीन की उपज और कमाई—स्त्रियों का सतीधर्म इसी से जुड़ा हुआ है। इस आपेक्षिक तत्त्व का मैं आज तक अनुधावन नहीं कर सका! लेकिन हाँ, अपने शास्त्र में जो पंचकन्याएँ नित्य स्मरणीय हैं, उनमें शायद सतीशिरोमणि द्रौपदी अन्यतमा हैं!

लद्दाखी लोग कभी बाहर नहीं गए। बीस या पच्चीस हजार फीट ऊँची पहाड़ी दीवारों के बाहर की दुनिया कैसी है, उन्हें नहीं मालूम। उनकी भाषा, रुचि, प्रथा, धर्म, समाज-व्यवस्था—सब कुछ एक खिचड़ी-सी है और एक खास भौगोलिक अवरोध में सीमित है। इस बात में उनका सिनकियांग, कश्मीर, तिब्बत और भारत—किसी से भी मेल नहीं है। जाति में शायद हो कि धर्मपरिवर्तित मुसलमान हों, शक्ल में आर्य, दार्द या कश्मीरी या मंगोल, लेकिन

नाम, आचरण और मीठी बोली में वे बौद्ध हैं। स्त्री हो, चाहे पुरुष, जाति-भेद की गंध किसी में नहीं।

बाजार पार करके थोड़ा अन्दर जाने से जो मध्य एशियाई चेहरा नजर आता है, उससे भारतीय मन का मेल नहीं है। मैं वहाँ साक्षात् बेमेल हूँ। घर के किवाड़, फर्श, बर्तन-बासन, बिछौना, रहन-सहन—सब किसी और ही दुनिया के। थोड़ी चढ़ाई और चढ़ने के बाद 'बादशाह महल' की चौहद्दी के पास पहुँचने पर जरा रुचिसम्मत और साफ-सुथरा चेहरा नजर आता है। इधर पहले राजकर्मचारियों का निवास था, जिन्हें सभासद या मंत्री कहा जा सकता था। ये 'खालोन' गोष्ठी कहलाते हैं। ये कभी के शासक-सम्प्रदाय के हैं। बादशाह महलवाले पहाड़ के नीचे दक्षिण-पूरब की तरफ बढ़ते रहने से अतिआधुनिक लेह नगरी की झाँकी मिलती है। यह आज की अभिजात बस्ती है। इधर बाग-बगीचे, सब्जी की क्यारियाँ, घास-फल-फूल, लता-पत्ता, पापलर और विलो की छाया, हाल-साल के बने बँगलों के आसपास फूलों के पौधे और थोड़ा-बहुत जलाशय—दूर तक फैला है। देखकर आँखें जुड़ा जाती हैं। इस इलाके में भारतीय या कश्मीरी कर्मचारी और अभिजात 'खालोन' परिवार के लोग रहते हैं। इधर की जमीन में बलुआहे पत्थरों के रूखेपन के बदले माटी की कोमलता का भाव सबसे पहले ध्यान आकर्षित करता हैं।

बगीचों और खेतों से होते हुए तरकारी की एक बड़ी-सी खेती में पहुँच गया। लेह शहर में साग-सब्जी का उपजना बड़ा मूल्यवान है। रूखे इलाकों में सब्जी भोजन का बहुत बड़ा सहारा और आकर्षण है। हरियाली मन और आँखों की तृप्ति होती है। सब्ज पत्ते, हरी साग-लताएँ, और जो कोई भी कच्चा-हरा और सजल खाद्य खाने के लिए छटपटाता रहता है। मांस, मछली, अंडा—इन चीजों से उस समय ऊब आती है। कच्चे जौ और मटर की सब्ज फलियाँ खाने की तिब्बत में होड़ मच जाती है, गोकि ये चीजें लोगों का प्रचलित खाद्य नहीं हैं।

एक सम्भ्रान्त खालोन परिवार की तरकारी की खेती से होकर उनके बाहरी कमरे में दाखिल हुआ। उन्होंने स्थानीय फौजी लोगों के लिए सब्जी की आपूर्ति का काम ले रखा था। वे लेह के अभिजात और शिक्षित परिवार के थे। वास्तव में नेता कोटि के थे। बौद्ध।

घर के जो मालिक थे, बूढ़े, उन्होंने बड़े ही नम्र और शान्त भाव से मीठा हँसते हुए स्वागत किया। लेकिन चूँकि उन्हें भाषा नहीं आती थी, इसलिए बगीचे से अपने बड़े लड़के को बुलाया। सुबह से शाम तक ये सब्जी के खेत की निगरानी करते हैं। कृत्रिम उपाय से ये पहाड़ से झरने के पानी को खेत तक ले

आए हैं। वहाँ तो मैंने यह सुना कि अभिजात खालोन वंश की स्त्रियाँ बहुभर्तृका नहीं होती हैं। जो भी हो, एक छोटे-से कमरे में फर्श पर बैठा।

बूढ़े का नाम था चुआंग रिगजिम खालोन और सामने आकर खड़े-खड़े जिन्होंने विनीत भाव से नमस्कार का विनिमय किया, वे बड़े ही तन्दुरुस्त और लम्बे-तगड़े थे। उम्र कोई पैंतालीस-पचास की। नाम रिगजिम नामगियाल। इनके पिता के दादा लद्दाख के प्रधान मंत्री तथा 'स्तोक' नाम के पहाड़ी अंचल के राजा थे। 1834 ई. में जब जोरावरसिंह ने लद्दाख को जीता तो उन्होंने ही स्तोक अंचल इस खालोन को छोड़ दिया था।

नामगियाल हिन्दी में बात करने लगे। अपनी सतता, सद्व्यवहार और देशप्रेम के लिए ये लद्दाख में विशेष प्रतिष्ठित हैं। मेरे साथ लद्दाख के एक विशिष्ट सरकारी कर्मचारी थे। नाम था जितसिंह। ये भी बड़े भले और सहृदय। ये लद्दाख के जनकल्याण-कार्यों में जुटे हुए थे। डिप्टी कमिश्नर श्रीमूर्ति के सभी कामों में ये एक प्रधान सहायक थे।

नमक और मक्खन के साथ हम लोगों के लिए उपयोगी चाय आई। साथ में थोड़ी-सी जौ की दलिया और बिस्कुट। मैं भोजन-रसिक नहीं हूँ, लेकिन लगभग आधी दुनिया घूम गया हूँ, इसलिए किसी भी देश की किसी भी खाद्य-सामग्री से मुझे अरुचि नहीं। सिर्फ बर्मा घूमते समय मंडाले में एक बर्मी बन्धु के यहाँ जलपान के साथ अव्वल दर्जे (!) की 'नप्पी' मुँह में रखते समय छिपाकर मुँह में रूमाल डालना पड़ा था!!

नामगियाल से लद्दाख की कहानी सुनी :

1947 ई. में लेह तथा लद्दाख पर उपजातीय पठानों और पाकिस्तानियों का हमला हुआ। तुरत आजाद हुए हिन्दुस्तान के अधिकारी उस वक्त तक लद्दाख या लेह नहीं पहुँच पाए थे। यहाँ का शासन-तंत्र और प्रशासन-व्यवस्था उसके पहले ही टूट पड़ी थी। बूढ़े पिता के सख्त निर्देश से नामगियाल खड़े हुए। उस समय उनकी उम्र लगभग तीस की रही होगी। वे कुल 35 स्वयंसेवक और बारह बन्दूकें जुटा पाए। खाने को केवल कच्चे जौ का सत्तू और झरने का पानी। पहाड़ों में तम्बू नदारद। रात को ठहरने की कहीं जगह नहीं। उस साल भयंकर बर्फ की आँधी चल रही थी। नामगियाल ने लद्दाख के मुसलमानों को साथ देने के लिए कहा। वे नहीं आए, न ही मदद की। दुश्मन लेह को घेर लेने के लिए लड़ रहे थे। सो नामगियाल के कई लोग मारे गए। उन्होंने कुछ स्वयंसेवक तथा कुछ बन्दूकें और जुटाईं। नामगियाल की धारणा है, पीछे से तरह-तरह के आधुनिक अस्त्र-शस्त्र देकर अँगरेज पाकिस्तान की मदद कर रहे थे। जो हो, उलटी राह

से जाकर शत्रुओं पर पीछे से धावा मारने की (out flauking movement) उन्होंने कोशिश की। लेकिन उनकी यह गुप्त योजना जाने कैसे तो खुल गई! इसकी जाँच में उन्होंने कुछ स्थानीय मुसलमानों पर सन्देह किया! एक खास सूत्र से उन्होंने लेह के बाजार में एक घर पर छापा मारा और गिलगित के छह मुसलमानों को अस्त्र-शस्त्र तथा कागज-पत्तर के साथ गिरफ्तार किया। ये वहाँ आकर एक गुप्त अड्डा कायम करके स्थानीय मुसलमानों को पाकिस्तान की तरफ से काम करा रहे थे! नामगियाल ने उन कई मुसलमानों को लेह के बाजार में खड़ा करके गोली से मार दिया! इससे लेह पर पाकिस्तान का हमला हुआ। घनघोर लड़ाई मच गई। स्वयंसेवकों को रोज एक रुपये के हिसाब से तनखा जरूर मिलती थी, पर शहर से खाने की सभी चीजें लगभग गायब हो गई थीं।

पूछने पर पता चला, रिगजिम नामगियाल खालोन ने रवीन्द्रनाथ का साहित्य नहीं पढ़ा। लेकिन उनकी कविता की एक पंक्ति जाने कैसे तो हवा के झोंकों के साथ मेघदूत की नाईं कैलास पार करके लद्दाख के पहाड़ों में छिटक आई थी—'नि:शेषे प्राण जे कोरिबे दान क्षय नाइ तार सक्ष नाइ!' जो जान की कुर्बानी देगा, उसका क्षय नहीं होगा! लद्दाख के बचाव का यह जो जोश था, अपनी जन्मभूमि के गौरव को बचाने के लिए जान देने की यह जो अनुप्रेरणा थी—उसे रिगजिम नामगियाल ने जगाया था। स्वयंसेवकों की संख्या धीरे-धीरे काफी बढ़ गई थी और उस भीषण लड़ाई में बहुतों की जानें भी गई थीं। लेकिन आधुनिक लद्दाख के इतिहास में यह बात रह सकती है, उन सबका क्षय नहीं हुआ! उन्होंने बेझिझक, चुपचाप अपने प्राण दिये, इसलिए मौत को जीतकर वे मौत से बड़े हुए!

इन अनन्य साधारण कर्मवीर की कहानी सुनते ही कश्मीर डिवीजन के उस समय के प्रधान सेनापति स्वर्गीय जनरल थिमैया ने चौबीस घंटे के अन्दर हवाई जहाजों से लेह में भारतीय फौज उतारने का हुक्म दिया। लेकिन तब तक कुछ देर हो चुकी थी! कारगिल और खलात्से में गरचे तब भी हमले जारी थे, पर स्कार्दू इलाका तब तक पाकिस्तान के कब्जे में जा चुका था।

लेकिन नामगियाल का किस्सा यहीं खत्म नहीं होता। हालत सुधरी। लेह शहर शान्त हुआ तो हत्या के अपराध में नामगियाल के खिलाफ एक विचार-सभा बैठी। उनके विरुद्ध अभियोग यह था कि कश्मीर और भारत सरकार से पूछे-आछे बिना उन्होंने किस अधिकार से अँगरेजों और पाकिस्तान के उन जासूसों की हत्या की? और इस बात का प्रमाण कहाँ कि यह हत्याकांड रिगजिम के व्यक्तिगत विद्वेष का नतीजा नहीं?

इस विचार-सभा में जो दो प्रधान व्यक्ति मौजूद थे, वे पहली ही बार लद्दाख पधारे थे। ये दोनों थे भारत के तत्कालीन प्रधानमंत्री और कश्मीर के तत्कालीन प्रधानमंत्री! रिगजिम नामगियाल की ईमानदारी का सवाल शेख अब्दुल्ला ने उठाया था!

विचार-सभा में नामगियाल ने सिर ऊँचा उठाकर कहा, 'वास्तव में मैं इस हत्या के अपराध का अपराधी हूँ! मगर यह अपराध मैंने निजी स्वार्थ या अपने परिवार की रक्षा या व्यक्तिगत विद्वेष से किया है या नहीं, इसकी आप लोग जाँच करें। उस नाटकीय समय में अपनी मातृभूमि की, लेह नगरी की, लद्दाख की जनता और जाति की इज्जत बचाने के लिए मैंने इस हत्या को युक्तिसंगत समझा था! आपकी जाँच से अगर बात इसके विपरीत प्रमाणित हो, तो मैं कोई भी दंड शिरोधार्य करने को तैयार हूँ!'

कहना नहीं होगा, जाँच जोर-शोर से चली और नामगियाल गौरव के साथ उससे बरी हुए!

लद्दाखी लोग बौद्ध मठों के लिए जिन्दा रहते हैं या लद्दाखियों के लिए इन मठों को जिन्दा रहना पड़ता है, इस समस्या का निराकरण आसान नहीं। सारे लद्दाख का मन, चिन्तन, ध्यान-ज्ञान मठ-केन्द्रित है। इन्हें खेती की थोड़ी-बहुत सुविधा और आसपास कोई गुम्फा मिल जाए, तो इतना ही इनके लिए बहुत है। लेकिन इस प्राचीन और मध्ययुगीन मनोवृत्ति को अब टिकने की जगह नहीं मिल रही है। लद्दाख को अब आधुनिक युग का धक्का लग रहा है। लद्दाख की मरुभूमि में मोटर के पहिए घूमने लगे हैं; बम्बई-कलकत्ता-मद्रास से तरह-तरह के सामान पहुँचने लगे हैं, बात-बात में हवाई दस्ते पहुँच जाते हैं। लद्दाख संसार, सभ्यता और समाज से अलग था, लेकिन बड़ी तेजी से उसका वह चेहरा बदल रहा है। वहाँ की बच्चियाँ, वहाँ के बच्चे पढ़ने के लिए कैसे आग्रही हैं, इसके प्रमाण में यही कहा जा सकता है कि वहाँ 200 पाठशालाएँ और उच्च माध्यमिक विद्यालय हैं। शिक्षा, चिकित्सा, समाज-उन्नयन, सामरिक विभाग, कुटीर उद्योग—इन बातों में एक-एक करके वे आगे आ रहे हैं। अस्पताल, चिकित्सा-केन्द्र, प्रसूति सेवा-केन्द्र, दवा बाँटने की व्यवस्था, रक्तदान-केन्द्र, नर्सिंग—इनकी प्रतिष्ठा के साथ-साथ वहाँ आधुनिक काल का प्रवेश हो रहा है। गुम्फा से शासित होनेवाला समाज क्रमश: युक्ति से प्रभावित समाज हो रहा है। लेह, कारगिल, खालसी, ससपोल, सिमसेखर्वू, लिकिर, लामाउरू—अब कोई भी बैठा नहीं है! नये युग में सबसे पिछड़ा हुआ इलाका था मध्य एशिया। इस लाखों-लाख वर्गमील व्यापी विशाल भूखंड के पश्चिमी हिस्से में अपने

प्रगतिशील वैज्ञानिक मनोभाव से उद्‌बुद्ध रूस ने सबसे पहले सुशासन, समृद्धि तथा प्राकृतिक ऐश्वर्य की सृष्टि की। लेकिन भारत का जो हिस्सा मध्य एशिया में पड़ता है, वहाँ कल्याण कार्य के प्रसार होने से पहले ही दो वैर-भाव वाले राष्ट्रों ने युद्ध की आशंका पैदा कर दी। इस आशंका से भारत की अर्थनीति और प्रगति को धक्का लग रहा है। इस दुर्गम मरु-पत्थर भरे शस्यहीन भूभाग में दो दुश्मन राष्ट्र अपनी सुयोग-सुविधा के मुताबिक समय-समय पर हमला कर बैठते हैं पूरब और पश्चिम से। यहाँ की घोर अनिश्चयता और गहरे उद्वेग के बावजूद भारतीय फौज के उत्साह और सर्वांगीण तैयारी का जो स्वरूप नजर आ रहा है, वह उत्साहप्रद है। लेकिन यह दुर्भाग्य की बात है कि भारतीय राजनीति की अन्दरूनी कमजोरी ने भारत की फौजी ताकत को खूब दृढ़ और आत्मविश्वासी नहीं बनने दिया है। सत्रह साल के बाद उस कमजोरी के प्रायश्चित्त का वक्त शायद अब आ पहुँचा है!

गांधी जी के जन्मदिन के उपलक्ष्य में छोटे-से लेह शहर में अधिकारियों ने जो कार्यक्रम रखा था, वह मनोहारी था। लद्‌दाख की बौद्ध बालक-बालिकाएँ, लेह के स्कूलों की छात्र-छात्राएँ, बौद्ध गुम्फाओं के लामा, भेड़-बकरी पालनेवाले, दुकानदार, शहर के विभिन्न वर्ग के लोग और फौजियों के गले से वन्दे मातरम्, जन-गण-मन, रघुपति राघव आदि गीत जिस ढंग से सुर में गाए जा रहे थे कि एक नया ही आनन्द आ रहा था। वहाँ न तो रामलीला मैदान है, न ही है सुबोध मल्लिक स्क्वायर (जिसका पुराना नाम 'पानी-कल का मैदान' है), न कम्पनी बाग (नया नाम रवीद्रकानन) और न ही है आजाद हिन्द बाग (पुराना नाम हेदुजा)। यहाँ जुटी हुई भीड़ के सामने मिस्टर श्रीमूर्ति आदि सरकारी कर्मचारियों ने जिस जगह यह उत्सव मनाया, वह बादशाह महल पहाड़ के नीचे ठीक बाजार के रास्ते का ऊपरी हिस्सा था। इस उत्सव की ओर कुछ फटे-चिटे कपड़ेवाले मरुचारी चम्पा, तिब्बत से भागे हुए कुछ धर्मांध रिफ्यूजी, लेह के बकरी के 'चुशत' इलाके के रहनेवाले कुछ बालतिस्तानी और बौद्ध दार्दों का एक दल ताकता रहा। इन्हीं लोगों में सम्भ्रान्त खालोन गोष्ठी के कुछ लोग, लेह की टोपी वाली कुछ सुन्दर युवतियाँ, उनके साथ वर्णसंकर जातवाले दुकानदारों के कुछ बच्चे और उन्हीं के आसपास बहुपतिवाली कुछ स्त्रियाँ—जो कि मजदूर-गृहस्थ थीं। मजेदार बात यह थी कि इन सुननेवालों में किसी के लिए 'वन्दे मातरम्' का मतलब सहज नहीं था, जन-गण-मन का माने वे बिलकुल नहीं समझते थे और यह 'रघुपति राघव' कौन-सी चीज है, कहाँ की है—उन्हें कुछ भी मालूम नहीं। सो वे लोग एक सामग्रिक शून्यता की ओर ताकते हुए शुरू से आखिर

तक खड़े रहे। गौतम बुद्ध को ये लोग देवता ही मानते हैं। वे मानव देहधारी थे, इस पर विश्वास नहीं करते। यही नहीं, मंजुश्री अवतार पद्म-सम्भव के बाद संसार में दूसरे किसी महापुरुष ने आज तक जन्म लिया है या नहीं, इस विषय पर बात करने योग्य किसी एक व्यक्ति को भारत सरकार भत्ता देकर वहाँ रखती तो ठीक था। मुझ-जैसे पर्यटक के लिए यह अनुष्ठान बड़ा ही मनोहर है, किन्तु लद्दाखियों के लिए निरर्थक।

छोटी-सी लेह नगरी के बाहर आँखें घुमाने में डर लगता। चारों ओर वही रूखे पत्थर और धूपतपी रुखाई। रह-रहकर विंडोवा के झपेटों से उड़-उड़कर नीचे की रेती पहाड़ों पर चोटें करतीं। बाद में वह रेती जब झरने लगती है तो यह नजर आता है कि पहाड़ और उनके बीच के वायुपथ चिकने और मुलायम हैं। यह चिकनापन दूर से ऐसा दीखता है, गोया किसी शिल्पी ने उन सबको अपने हाथ से लेपा है। अनचीन्हे उन बलुआहे पत्थरों का अनोखा आश्चर्य जैसे नैवेद्य की तरह चारों ओर सजाया हुआ हो। लेकिन इस सर्वव्यापी रुक्षता के ऊपर की ओर मैंने अक्टूबर के पहले ही हफ्ते में देखा है कि हर रात को लद्दाख पर्वत-श्रेणी और काराकोरम की हर चोटी पर बर्फ की परतें पड़ी हैं। दिन की तीखी धूप और धूल-बालू के झकोरों में चलते हुए तकलीफ महसूस होती रही—और साँझ के बाद से ही उस इलाके की आवह-अवस्था 'जीरो डिग्री' के नीचे उतरने लगती है। दो-एक दिन रात के दस बजे के बाद अँधेरी लेह नगरी में घूमते हुए मैंने यह गौर किया था कि एक बिलकुल दिशाविहीन नगरी निश्चल-सी पड़ी है, इतना ही नहीं लगता, बल्कि वहाँ की जनमानवहीनता कुछ ऐसी लगती है कि बदन छमछम करता है।

भारत के बारे में लद्दाखी जनसाधारण की अज्ञता सबसे ज्यादा आश्चर्यजनक है। यहाँ की भौगोलिक स्थिति ऐसी है कि बाहर से इनका कायिक योग कभी नहीं हुआ। इनकी प्रकृति ऐसी निरीह, अलस और उत्साहहीन है कि बौद्ध लद्दाख के बाहर भी जो एक बहुत बड़ी दुनिया है, इसके बारे में उन्हें जरा भी कौतूहल नहीं। इन्हें सिर्फ एक ही दुर्गम रास्ते का सदा से पता है, वह है रूपसू के अन्दर से हूनदेश पार करके, मानसरोवर से आगे ल्हासा का तीर्थ-पथ। यह रास्ता या तो पैदल तय किया जाता है या घोड़े से, पर डेढ़ हजार मील से कम नहीं है। ज्यादा लोग पैदल ही जाते हैं और उनमें से बहुतेरे फिर लौट नहीं पाते। रोग, भूख, लुटेरों के हमले आदि से बचकर जो लोग लौटते हैं, उन्हें आने-जाने में लगभग डेढ़ साल लग जाता है। ल्हासा का यह रास्ता बहरहाल बन्द हो गया है।

इन लोगों ने कश्मीरी, यारकन्दी, तिब्बती और कुछ-कुछ उत्तर-पंजाब के लोगों को देखा है। लेकिन लद्दाखियों को इनमें से हरेक के लिए आतंक है। लगभग इन सभी के हाथों लद्दाखियों ने मार खाई है और बार-बार तबाह होते रहे हैं। पठान लुटेरों द्वारा इनकी गुम्फाओं में संचित सोना-चाँदी-रतन के भंडार बारम्बार लूटे गए। सुल्तान शाह मिर्जा से लेकर सिकन्दर तक (1394-1416) कश्मीर के प्रत्येक शासक के हाथों ये सताए और लूटे जाते रहे। उन लोगों ने गुम्फाएँ जलाईं, सामूहिक रूप में हत्याकांड किए, सैकड़ों साल से सुरक्षित पोथियों को जलाकर सिन्धु नदी में बहा दिया, अनगिनत बौद्ध-विग्रहों को तोड़-फोड़कर नष्ट किया। मुगलों के अधिकार-काल में, सत्रहवीं शताब्दी के अन्त में, मंगोल और तिब्बती लुटेरों ने भी ठीक पठानों की तरह बहुतेरी गुम्फाओं को फूँक दिया और हत्याकांड किए। इनकी छोटी-सी जनसंख्या से भी जब चेचक की महामारी से 14 हजार आदमी मर गए, तो उसी समय (1834 ई. में) जम्मू के राजा गुलाबसिंह ने महाराजा रणजीतसिंह के निर्देश से अपने वजीर सेनापति जोरावरसिंह को भेजकर लद्दाख और लेह पर हमला कराया। उस हमले के फलस्वरूप लद्दाख पर डोगरों की प्रभुता कायम हुई। इसके बाद जब पश्चिम तिब्बत में जोरावरसिंह की करारी हार हुई, घातक ने उनकी गरदन काट ली (1842 ई.) तो चीन की फौजों की मदद से तिब्बतियों ने फिर से पूरब और दक्षिण लद्दाख तथा लेह पर आक्रमण किया। लेकिन वे हार गए और मार भगाए गए। इसके बाद खास-खास शर्तों पर दोनों में एक समझौता हुआ। लद्दाख की वर्तमान परिस्थिति को देखते हुए 1842 का वह समझौता विशेष महत्त्व का है। इस समझौते पर हस्ताक्षर होने तक अँगरेजों का प्रभाव और प्रतिपत्ति कश्मीर, उत्तर कश्मीर, जम्मू या लद्दाख तक नहीं पहुँची थी। महाराजा रणजीतसिंह की मृत्यु के बाद (1839) पंजाब और उत्तर-पश्चिम सीमा-प्रदेश घटनाओं के चढ़ाव-उतार में बह रहा था और पहली अँगरेज-अफगान लड़ाई चल रही थी (1841)। उस समय ऊपर लिखे समझौते के एक ओर था कश्मीर और लद्दाख तथा दूसरी ओर था चीन और तिब्बत। दोनों तरफ से हुए उस समझौते का कागज-पत्तर और लद्दाख का मानचित्र—दोनों ही आज तक सुरक्षित हैं। उससे यह पता चलता है कि मुजताग, काराकोरम, कुएनलन पर्वतमाला का बिचला भूभाग, जैसे—देपसांग, सोडा, लेन्स, अक्साई-चिन, लिंगजिटांग, चेंगचेनमो, पैंगोंग के अन्तर्गत खुर्नाक दुर्ग और रूपसू के अन्तर्गत हनले प्रमुख, पूरब में देमचक और पश्चिम में चूमर—यह सारा का सारा जम्मू या कश्मीर के इलाके में पड़ता है। एक हजार वर्ष पहले के इतिहास में

लद्दाख पूर्णतया स्वतंत्र राष्ट्र था और यही उसका सच्चा परिचय था। भौगोलिक स्थिति के कारण उसकी राष्ट्र-सीमा बड़ी निश्चित थी। इस अनोखे भूखंड से सिनकियांग, तिब्बत, कश्मीर, जम्मू या भारत का, किसी का कोई कायिक संयोग नहीं था। उस समय लद्दाख भारत की पूर्णतया अपनी जमीन नहीं था, न ही वह अँगरेजों के दखल में था। लेकिन लद्दाख स्वाभाविक रास्ते से ही भारत में शामिल हुआ, जिस प्रकार वह सम्राट अशोक के समय में आया था। भारत ने उसे उत्तराधिकार में पाया, जिस उत्तराधिकार का सूत्र चीन, तिब्बत या हाल के पाकिस्तान—किसी का नहीं है। लेकिन विरोधी पक्ष रक्तरँगी तलवार और सुर्ख आँखें तरेरकर कहते रहे हैं : 'मैं तुम्हारे इस अधिकार-सूत्र को नहीं मानता। लद्दाख तुम्हारा नहीं है, यह अँगरेजों का वही पुराना साम्राज्यवाद है, साम्राज्यवाद का वही उत्तराधिकार-सूत्र तुम्हारा मौजूदा विस्तारवाद बन गया है। लद्दाख पर तुम्हारा जरा भी हक नहीं, उसे छोड़ दो।'

अपमानित, रौंदा हुआ, गिराया हुआ लहू से लथपथ लद्दाख फिर छिटककर भारत की गोद के पास आ पहुँचा है। मानो तीर से बिंधा हुआ मरणोन्मुख राजहंस अजाने आसमान से शाक्यसिंह के चरणों के पास आ गिरा है। बाण-विद्ध विहंग को अपनी गोद में उठाकर बड़े जतन से राजकुमार ने उसके बदन पर गड़े तीर को निकाल दिया। सेवा और उपचार से जब वह घायल पंछी स्वस्थ हो रहा था, तो हाथ में तीर-धनुष लिये दौड़ते हुए आकर देवदत्त ने कहा, यह पंछी मुझे लौटा दो। इसे मैंने मारा है। वह मेरा है।

परवर्तीकाल के गौतम बुद्ध ने निडर होकर देवदत्त के मुँह पर ही साफ जवाब दिया कि निरीह और निरपराध पंछी की जो हत्या करता है, पंछी उसका नहीं होता। जो आदमी उसके जख्म को चंगा करता है, सेवा और स्नेह से उसका लालन-पालन करता है, अपमान और मृत्यु से उसे उठाकर नवजीवन देता है—पंछी उसी का है।

अखसाई (लद्दाख) और अक्साई-चिन

गौतम बुद्ध के जीवन के अन्तिम दिनों शायद शान्ति नहीं थी। ताकत की होड़, वर्ग-विद्वेष, पारस्परिक द्वन्द्व, कलह और विद्रोह—इन सबने उनके संघ और

धर्मचक्रों को जर्जर कर दिया था। गोकि उस समय में वे अन्तर्जातीय ख्याति और सम्मान की उच्चतम चोटी पर प्रतिष्ठित हुए। उनके मरने के समय और मरने के बाद मल्लक्षत्रिय, उनके देशवासी तथा अनुरक्तों के अलावा भी देश-देशान्तर के बहुतेरे राजे उनकी शव-यात्रा में शामिल हुए थे। उनकी भस्मी अनेक देशों के बड़े-बड़े लोगों ने बटोरी थी, बहुतों ने उनकी अस्थि भी ली थी।

लद्दाख का तत्कालीन नाम था अखसाई (टालेमी)। इस अखसाई के जो तत्कालीन शासक थे, महामानव बुद्ध के महापरिनिर्वाण के समय वे भी कुशीनगर आए और बड़ी श्रद्धा से उन्होंने भी उनके देहावशेष का एक अंश यानी एक 'दाँत' लिया। इसके सिवा बुद्ध के जो कई बड़े-बड़े भिक्षापात्र थे माटी के, उनमें से भी एक उन्हें मिला। इन दोनों इतिहास की अमूल्य वस्तुओं को सुरक्षित रखने के लिए लेह के उत्तर में एक मन्दिर तथा 'दाँतेल' नाम का एक छेदहीन स्तूप बनवाया गया। मन्दिर में रखा गया वह माटी का भिक्षापात्र और स्तूप के अन्दर सोना-रत्न जड़ी एक डिबिया में समाधिस्थ किया गया बुद्ध का वह दाँत! अखसाई उस समय बालतिस्तान और लद्दाख का मिला हुआ प्रदेश था। धीरे-धीरे उसने समान भाव से बौद्ध-धर्म को अपनाया। बाद में, सम्राट अशोक के समय में वह बौद्ध-दर्शन का एक प्रधान केन्द्र तथा बौद्धतीर्थ बन गया। ऊपर कहे गए माटी के भिक्षापात्र जैसे और भी दो पात्र 19वीं शताब्दी में अलेक्जेंडर कनिंघम और उनके सहकारी लेफ्टिनेंट मेजी ने खोज निकाले। एक मिला मध्य भारत की प्राचीन विदिशा में और दूसरा प्राचीन गान्धार या वर्तमान अफगानिस्तान में। तीनों पात्रों के रंग और आकार एक ही हैं तथा वे एक ही प्रकार की माटी के बने हैं। लेह के उत्तर एक पहाड़ी गुम्फा में वह आज भी सुरक्षित है।

दाँतेन के उस पवित्र दाँत की बात आ सकती है। बौद्ध लद्दाख को इस्लाम धर्म में दीक्षित करने की कोशिश सदियों से चलती रही। लहू लगी तलवार लिये या सेनी, नागरी और हूनजा झपटते रहे, टूटा करते रहे पठान, यारकन्दी और पामीरी लुटेरों के दल—पहाड़ों के पाद-प्रदेश में लद्दाखियों का लहू बहता रहा। वे लूटे गए, तबाह-तबाह हो गए, गुम्फा-गुम्फा में उपवास से सूखकर मरे, मगर बुद्ध के बीजमंत्र को नहीं छोड़ा। इस तरह बहुत शताब्दियाँ बीत जाने के बाद मुगल बादशाह जहाँगीर का युग आया। बालतिस्तान में उस समय एक फकीर वंश के गिपालपो अलीशेर का शासन चल रहा था। उन्होंने स्कार्दू का प्रसिद्ध किला बनवाया और लद्दाख-विजय को निकले। उस हमले में उन्होंने उस प्राचीन 'दाँतेन' को तोड़कर बुद्ध के पवित्र दाँत को सिन्धु नदी में डाल

दिया। उस समय लद्दाख में फिर एक बार लूट-पाट मची, खून-खराबा हुआ। (Ladak : Alexander Cunningham, 1853)। उसका खँडहर आज भी बालू-पथ के किनारे पड़ा है।

जो हो, अलीशेर के बेटे अहमदशाह के जमाने में लद्दाख फिर छूटा। अठारहवीं सदी में शाह मुराद ने फिर लद्दाख को जीता। फिर एक बार लूट-पाट और खून-खराबा मचा। लद्दाख के अन्तिम शासक दूसरे एक अहमदशाह थे। सन् 1840 में जोरावरसिंह से वे हार गए थे।

लेह के बाहर पर्वत-शिखरों पर जो गुम्फा मन्दिर मौजूद हैं, उनमें चम्पादेव के मन्दिर का आकर्षण कम नहीं है। चम्पादेव की मूर्ति चार भुजाओंवाली है। उनके एक हाथ में है रुद्राक्ष की माला, दूसरे में वरामयदान की मुद्रा, तीसरे में फूल का गुच्छा और चौथे में पानपात्र। मूर्ति आसन पर बैठी हुई है। देह के ऊपर का हिस्सा नंगा। कंठ में रक्त-माला, हाथों में कंकन। सारा शरीर पुरुष का, मुँह स्त्री का। माथे पर बालों का जूड़ा बँधा, ललाट के इस किनारे से उस किनारे तक कीमती रत्नों का जड़ाऊ अलंकार। चम्पा नर-नारी मिश्रित (Androgynous) 'नपुंसक' देवता हैं! उत्तर भारत में, द्रविड़ देश में, कलिंग, कश्मीर या हिमालय में और कहीं चम्पादेव का जोड़ नहीं! हर गुम्फा-मन्दिर में मूर्ति या विग्रह-निर्माण में जो मौलिक चिन्ताधारा, चित्रकला की जो कल्पनाशीलता और जो कला-कुशलता है, वह लद्दाख की प्रधान विशेषता है। यह अनन्यता, रुचिबोध, चारु और कारु-कला का सहजात रसबोध, चित्र या शिल्प-सज्जा में अनथक अध्यवसाय और श्रम के चिह्न—ये सब लद्दाखी चरित्र के प्रकृत परिचय हैं। वास्तव में स्थापत्यकला में हिन्दू-भारत का प्राचीन गौरव है कितना? जिन्हें हम सनातनी के नाम से जानते हैं, उनकी पुरानी कीर्तियाँ कहाँ हैं? गौतम बुद्ध का जन्म नहीं हुआ होता तो भारत की पहली स्थापत्य कला की सृष्टि होती या नहीं, कौन जाने! मुझे ठीक पता नहीं, लेकिन शायद सम्राट अशोक के पहले से ही अजन्ता के 'गुफा-शिल्प' का आरम्भ हुआ था। चम्पादेव की मूर्ति में यह बात बताई गई है कि प्रत्येक जीव में शिव (मंगल) वर्तमान है और नपुंसक में भी नारायण का निवास परम सत्य है! लामाओं की इस धारणा ने चम्पादेव में एक रूप लिया है।

लामा समाज की अपनी एक नीति तिब्बत की नाईं लद्दाख में भी प्रचलित है। लेकिन यह बात न भूलें कि बौद्ध सभ्यता के प्रवर्तन की दृष्टि से लद्दाखी लोग तिब्बती या चीनी से कहीं अधिक प्रगतिशील हैं। लद्दाख में बौद्धदर्शन की मूल नीति गौतम बुद्ध की मृत्यु के ठीक बाद ही पहुँची और ईसापूर्व तीसरी

सदी में सम्राट अशोक ने बौद्ध सभ्यता की नींव पहले-पहल लद्दाख में डाली जबकि लद्दाख का नाम 'अखसाई' था। चीन उस समय कहाँ था, किसी को पता नहीं; तिब्बत आदिम बर्बरता का ओढ़ना ओढ़े हुए था। इसी अभागे, गरीब और भूखे लद्दाख ने तिब्बत और चीन के कानों में भारतीय अध्यात्म का मंत्र पहले-पहल पढ़ा। मौर्य साम्राज्य के युग में सभ्यता के समारोह से समुज्ज्वल होकर भी लद्दाख चुप नहीं बैठा। उसने वृहत्तर प्राच्य के उत्तर, पश्चिम और पूर्व में अपनी सभ्यता और संस्कृति के दूत भेजे। न सिर्फ सिनकियांग, मंगोलिया, चीन, कोरिया, जापान या तिब्बत में बल्कि आज जो विशाल भूभाग सोवियत यूनियन के नाम से परिचित है—वहाँ भी एक के बाद एक बौद्ध गुम्फाएँ बनीं। ताजिकिस्तान से लेकर तुर्कमेनिस्तान तक पुरानी स्थापत्य-कीर्तियों की खोज के लिए सोवियत सरकार जो खुदाई कराती जा रही है, उसके फलस्वरूप एक के बाद दूसरा बौद्ध-स्थापत्य निकलता ही जा रहा है। सोवियत यूनियन में आज भी जो बौद्ध-मठ या गुम्फाएँ मौजूद हैं, वे आज भी बौद्धदर्शन और आचरण के एक-एक प्रधान केन्द्र हैं। सोवियत बौद्ध परिषद के वर्तमान सभापति हैं धर्माएव लवसाननिमा हम्बो लामा। सोवियत यूनियन में ये विशेष श्रद्धा के पात्र हैं।

लद्दाख के लामा समाज में एक विशेष आत्म-केन्द्रिक शासक सम्प्रदाय मौजूद है। राष्ट्र ने हाथ अनेक बार बदले, पर उसके साथ लामागोष्ठी की अपनी शासन-व्यवस्था में परिवर्तन नहीं हुआ। गुम्फा की सेवा में हर घर से एक पुत्र-सन्तान चढ़ाई जाती है, जो शिशुलामा-पुरोहित की देखरेख में पलता है। वह बच्चा सबके साथ ही रहता-सहता है, पर उसके अपने घर में एक 'ठाकुर घर' होता है और अपने घर में भी वह पुरोहित होकर पूजा-अर्चना लेकर ही पड़ा रहता है। ऐसे एक लड़के का नाम है 'जेलम'। लड़का ही नहीं, लड़की भी चढ़ाई जाती है। ये कुमारी-जीवन से ही संन्यास लेती हैं। लद्दाख में इन्हें 'चोमो' या 'चूमू' या 'अनीस' कहते हैं। तादाद में ये सौ से भी ज्यादा हैं। ये स्त्रियाँ सभी उम्र की हैं। सुश्री, सौजन्यशील और मरुवासिनी हैं। ये बहुत-कुछ दक्षिण भारत की देवदासियाँ जैसी होती हैं। कालीकट, द्वारका आदि स्थानों में देवदासियों में बदचलनी की जो खबरें मिलती हैं, यहाँ शायद वे कभी नहीं सुनी जातीं। ये पूजा-पाठ, नृत्य और संगीत आदि में डूबी रहती हैं। इनमें से कुछ की विनम्र सहृदयता, खूबसूरत चेहरा और विनीत हँसी देखकर खुशी हुई थी। लेकिन लद्दाख में भी लामागोष्ठी दो प्रकार की है—पीत और रक्तिम। पीत के मानी प्रगतिवादी—इनकी पोशाक हलदी रंग की होती है। रक्तिम का मतलब रक्षणशील—उनकी पोशाक लाल! इन दोनों की ही गुम्फाएँ अलग होती हैं,

आचार-अनुष्ठान भी अलग-अलग। दोनों ही दल के प्रतिनिधि सरकारी प्रशासन के काम में जाते हैं, खेती करते हैं और भेड़-बकरी पालने का भी काम करते हैं।

भेड़-बकरी की बात उठने पर बीच ही में जरा ठिठक जाना पड़ता है। बहुत प्राचीन काल से आज तक मध्य एशिया के कुछ भूभाग की राजनीति एक ओर मरुलोक में बहनेवाली जलधारा और दूसरी ओर भेड़-बकरियों के झुंड—इन्हीं दो से नियंत्रित होती आई है। पहले से राष्ट्रनीति जुड़ी है, दूसरे से अर्थनीति। प्राचीन काल की इन्दो-ग्रीक, इन्दो-ईरानी, इन्दो-बैक्ट्रियन, इन्दो-एरियन और मध्ययुग की तुर्क, अफगान, पठान हूनजा, बालती, मंगोल, चीनी, तिब्बती आदि जातियाँ कुछ भूखंडों की ओर ललचाई निगाह से ताकती आई हैं। इनमें से चार प्रदेश मुख्य हैं—चानखान, सिनकियांग, लद्दाख और लाहौल-स्पीति। इन चारों प्रदेशों में एक खास जाति की भेड़-बकरियों के रोयेंदार आवरण के नीचे बड़ा महीन रेशम-सा रोयाँ पैदा होता है जिसकी कीमत अन्तर्राष्ट्रीय बाजार में बहुत ज्यादा है। इसका नाम है पशमीना—पशम नहीं। एक कश्मीरी पशम की चादर का दाम जहाँ 75 रुपये होता है, वहाँ एक पशमीना चादर की कीमत 200 रुपये से कम नहीं होती। लेकिन इसमें एक बात और थी। इस पशमीना का प्रधान बाजार था पंजाब या कश्मीर। इसीलिए बहुत पुराने जमाने से एक 'धार्मिक शपथ' या शर्त थी कि ऊपर बताए इन चार प्रदेशों में जितना भी पशमीना होगा, वह सारा-का-सारा लद्दाख होकर निर्यात होगा। कहना न होगा कि लाहौल और स्पीति उन दिनों लद्दाख में शामिल थे। वह धार्मिक शपथ यह थी कि यदि इस बन्दोबस्त में जरा भी हेर-फेर होगा, तो पशमीने की सारी गाँठें पश्चिम तिब्बत के रुदक या गार्तक जनपद के शासक जब्त कर लेंगे। सन् 1811 में ईस्ट इंडिया कम्पनी की ओर से मूरक्राफ्ट और ट्रेबैक दो वर्षों तक यही समझने के लिए लद्दाख में जाकर रहे थे कि इस व्यापार में किस उपाय से घुसा जा सकता है (Moorcraft's Travels, 1819-25)। बाद में अँगरेजों के हाथों ही यह मनसूबा कामयाब हुआ। महाराजा गुलाबसिंह के समय में स्पीति और लाहौल को लद्दाख से अलग किया गया, जिससे कुल्लू और काँगड़ा के भीतर से चानथान का पशमीना लाहौल होकर कुल्लू और काँगड़ा के अन्दर से पंजाब के मूरपुर में पहुँचने लगा। और, महाराजा गुलाबसिंह अपने हिस्से का पशमीना सिनकियांग से लद्दाख की राह कश्मीर में पाते रहे। सन् 1950 से चीन के नये शासकों ने इस प्राचीन व्यवसाय को उखाड़ डाला। सन् 1944 से पहले तक पंजाब और कश्मीर में आनुमानिक प्राय: दो हजार गाँठ पशमीना आया करता था। अब वह सारा व्यापार बन्द है।

चाथान या चानथान (बर्फीली भूमि) का इतिहास है तो छोटा-सा, पर कीमती है। तिब्बत के इस प्रदेश में तीन पर्वतश्रेणियाँ आपस में मिली हैं। ये तीनों हैं : कुएनलान, कैलास और अलिंग काँगड़ी। इस प्रदेश ने एक आधे चाँद के आकार के घेरे से उत्तर, दक्षिण और पूरब में लद्दाख को घेर रखा है। इस तिब्बती इलाके में पहाड़ी धाराओं के पास-पास की उपत्यकाएँ बड़ी मनोरम हैं और उनमें फसल भी काफी होती है। चानखान की सोने की खानें बड़ी मशहूर हैं, जैसा मशहूर कि उसका पशमीना है। राजनीतिक दृष्टि से चानखान यद्यपि तिब्बत की छत्रच्छाया को मानकर चलता रहा है, फिर भी यह प्रदेश सदा स्वतंत्र राजा के द्वारा शासित होता रहा है! सोना और पशमीना—इन दो चीजों के लिए एक समय इनके पास भारत की काफी दौलत जमा होती थी। सूती कपड़े, चावल, गेहूँ, फल, चीनी, मनिहारी सामान ये भारत से खरीदा करते थे। इन दोनों अंचलों का एक-एक जनपद भारतीय व्यापार से ही समृद्ध हुआ। रुदक, गार्तक, तासिगंग, तकलाकोट बर्खा, ज्ञानी मंडी—इन बाजारों में भारतीय चीजें खरीदने के लिए सुदूर ल्हासा से लोग आया करते थे।

चानखान पश्चिम तिब्बत में 18वीं शताब्दी के अन्त में शामिल हुआ। सिनकियांग और चानखान में चीन के साम्राज्य-विस्तार का इतिहास बहुत-कुछ अँगरेजों की साम्राज्य-सृष्टि जैसा ही अगौरव से भरा है। सन् 1792 में नेपाल के गोरखों से तिब्बत का विवाद हुआ और उसके फलस्वरूप गोरखे तिब्बत पर हमला करने को मजबूर हुए। लाचारी तत्कालीन दलाई लामा ने चीन से मदद माँगी। चीन से नेपाल की लड़ाई हो गई। गोरखे हारकर तिब्बत से हट गए। इस मौके से चीन के शासकों ने जो तरीका अपनाया, संसार के सभी युग के साम्राज्यवादी और विस्तारवादी वही तरीका अपनाते आए हैं। उन्होंने ल्हासा में चीनी रेजिडेंसी कायम की और रेजिडेंट के बचाव के लिए वहाँ सशस्त्र पहरेदार बिठाए और लामा समाज के विरोध, आन्दोलन, मारपीट के बावजूद तब से तिब्बत की राजनीति पेकिंग से ही नियंत्रित होने लगी। आगे चलकर इस प्रभुत्व-प्रतिष्ठा का नाम पड़ा 'सोवरेनटी'! मजे की बात यह कि सिनकियांग और चानखान में एक ही समय में अन्तर्द्वन्द्व या 'सिविलवार' शुरू हुआ। ताजिक, उजबेक, कजाक आदि विभिन्न जाति के राजनीतिक कलह में आमंत्रित होकर चीनी शासक लीपा-पोती के लिए आए, पर सिनकियांग और चेनखान से वे लौटकर नहीं गए। भारत में अँगरेजों की प्रभुता लगभग उसी समय की उपज है। फर्क इतना ही है कि जातीयवादी भारत के जोरदार गण-आन्दोलन के दबाव से अँगरेज भारत छोड़ने को विवश हुए, लेकिन मूढ़ और धर्मान्ध तिब्बत तथा

आत्मघाती सिनकियांग में गण-आन्दोलन के प्रबल होने के पहले ही चीन के आज के शासकों ने तिब्बत और सिनकियांग की बोली बन्द कर दी। इन शासकों ने मौजूदा दो नीतियों का सहारा लिया है। अपने साम्राज्यवाद को वे एशिया में विस्तारवाद में बदलना चाहते हैं और अफ्रीका में जाकर 'अख्तियारी इलाका' बना पाएँ तो वे सुखी हों। चीन की समाज-व्यवस्था की मौजूदा बुनियाद है तथाकथित उग्र कम्यूनिज्म। लेकिन उसकी समाज-शिक्षा-व्यवस्था की मूल भित्ति है उग्र नेशनलिज्म।

ईसा की पाँचवीं शताब्दी में चीनी परिव्राजक फाहियान जब अखसाई आए थे, तो 'किए-छा' या खा-चान यानी तुषारभूमि—यह भूभाग उत्तर भारत की प्रधान बौद्धभूमि थे। इस तीर्थस्थान में उन्होंने बुद्ध के उस भिक्षापात्र और दाँतेन के दर्शन किए थे। उस समय यहाँ के रहनेवाले बौद्धों को 'खा-चान-पा' यानी बर्फीली पहाड़ी भूमि के वासी कहा जाता था। फाहियान ने जो लिखा है, उससे पता चलता है कि 'किए-छा' या 'खा-चान' में फसल नहीं होती थी। उनके दो सौ साल के बाद जब ह्वेनसांग कश्मीर पहुँचे तो 'किए-छा' प्रदेश का नाम था—'मा-लो-फो'। उसके बाद लद्दाखी लोग इसे 'ला-दोआग' कहते रहे। इसके साथ फिर एक नाम जुड़ गया—मार-इसल यानी रक्तिम भूमि या तुषारदेश। इस ला-दोआग या मार-इयुल के चारों ओर की जो राष्ट्रसीमा है, वह आदमी की बनाई हुई नहीं है। पहाड़ी प्रकृति ने इसके चारों ओर एक घेरा-सा बना रखा है, जो एक प्राकृतिक (phenomena) घेरा है। 20-25 हजार फीट की ऊँची पहाड़ी दीवारों से घिरा यह प्रदेश इसीलिए सदा से अकेला, एकान्त और अलग-थलग जीवन बिताता आया है। यहाँ के लोग माटी के लिए, मनुष्य के लिए, दोस्त-मित्रों के लिए सदा रोते रहे हैं! यहाँ के स्त्री-पुरुषों के स्वभाव की सरलता, सतता और प्रसन्नता ने वैरियों को भी आकृष्ट किया है। चीनी, तिब्बती, हूनजा, बालती, पंजाबी, डोगरा या सिख—सबने इन्हें सताया। इनके घर जलाए, गुम्फाओं की संचित दौलत लूटी, इनकी औरतों की खरीद-बिक्री की। सबने इनके सर को धूल-पत्थर में लोटाया। लेकिन 'ला-दोआग' अथवा लद्दाख के इतिहास में विद्रोह या बगावत नहीं है, अपमान के खिलाफ बदला लेना नहीं है, अनाचार के विरुद्ध आक्रोश नहीं है। इनका चरित्र, मन, चिन्तन—सब कुछ मानो शान्त और स्निग्ध है। यहाँ आकर मुसलमान राजा बने, लेकिन इस्लाम से उन्होंने बौद्ध-दर्शन की संहति की। यहाँ के राजा बौद्ध भिक्खु और रानी इस्लाम धर्म माननेवाली और गुम्फा की सेविका हुई; जाति, वर्ण, श्रेणी, सम्प्रदाय का यहाँ भेद-भाव नहीं है। इस अजीबोगरीब प्रदेश में स्त्रियाँ अपने को

खास किसी जाति की नहीं कबूल करतीं, और एक ही साथ बौद्ध, मुसलमान, हिन्दू या ईसाई—चारों जातिवालों के साथ गृहस्थी बसाती हैं! यहाँ आदमी बड़ा है, शिक्षा-संस्कृति-शिल्प-संगीत बड़ा है, मानवता बड़ी है—जाति या धर्म बड़ा नहीं है। ये पेड़-पौधे और हरी-भरी भूमि के लिए रोते हैं, अन्न-वस्त्र की कमी के लिए रोते हैं, जीवन में विविधता की कामना लिये रोते हैं। लद्दाख में तमाम आदमी का यही इतिहास है।

लेह की सीमा से जब निकल आया, तो दिन था। लेकिन दिन में ही जो निर्जनता रहती है, वह बड़ी डरावनी है। रह-रहकर तीखी धूप में बालू की उठती हुई आँधी, आँधी के वे झपेटे पीले पहाड़ों पर प्रहार करते हैं और फिर झरझराकर वह बालुकाराशि पहाड़ों को मुलायम बनाती हुई झड़ जाती है। लेकिन इन पहाड़ों में से जो बड़े हैं, जो लेह के द्वाररक्षक का काम करते हैं, वैसे सभी पहाड़ों पर एक-एक बहुत बड़ी गुम्फा है—और वे गुम्फाएँ हैं : निमाउन, तिकसे, तिंगना, लंगुस्ता, रेजंग, चमरे, माथे, शंकर आदि। ये गुम्फा-शिखर लद्दाख के धरातल से चार-पाँच सौ फीट ऊँचे हैं। लद्दाख की ये कुछ प्रमुख गुम्फाएँ, 16 प्रधान मठ, हजारों-हजार वर्गमीलों में फैले हैं। इनमें से कोई-कोई दुर्गम, दुस्तर, गहन गिरिलोक में हैं—जिनसे बाहरी दुनिया का सम्बन्ध बहुत कम ही है। बहुत का विश्वास है कि हिमालय की गुफाओं और कन्दराओं में ऐसे बहुतेरे योगी और साधु रहते हैं, जो अलौकिक शक्तिसम्पन्न महापुरुष हैं। वे वास्तव में हैं, यह विश्वास करना भी बहुत को भला लगता है। बहुत ने उनके दर्शन किए हैं, उनके यौगिक-चमत्कार भी देखे हैं। ऐसे दो-एक का जिक्र मैंने 'देवतात्मा हिमालय' में किया है। लेकिन ऐसे योगी महापुरुष बौद्ध और मुसलमानों में भी बहुत हैं। सबसे पहले अजमेर के संसार-प्रसिद्ध मोइनुद्दीन चिश्ती की याद आती है, उसके बाद संगीत सम्राट तानसेन के गुरु गौस मुहम्मद की—जिनकी समाधि मैंने उस बार ग्वालियर में देखी। उसके बाद स्मरण हो आता है मौलाना गयासुद्दीन का—जिनकी समाधि उज्जैन के महाकाल मन्दिर के आगे शिप्रा नदी के किनारे बनी है और जिसके दर्शन सभी स्नानार्थी हिन्दू श्रद्धा के साथ किया करते हैं। हिमालय से परे जो विशाल, नग्न और दूसरे ही प्रकार का गिरिलोक दिखाई देता है, जैसे—कैलास, काराकोरम, कुएनलान, तिएन-सिन, निएनचेनतांगला—इन सबको हिमालयोत्तर गिरिलोक कहते हैं (Trans Himalayan Ranges)। यह गिरिलोक घास-लतारहित है, पर साधु-संन्यासीरहित नहीं है। ऊपर की गुम्फाओं के सिवा भी, कुछ ही देर पहले जिनका जिक्र किया है, पश्चिमी तिब्बत घूमनेवालों को मालूम है कि शिविलिंग, गोसुल, थुगोलो (गंगाचू) गुम्फाओं में आज भी

ऐसे बहुतेरे योगी या साधु मौजूद हैं, जो अलौकिक शक्तिवाले बौद्ध महांपुरुष हैं। कहते हैं, इनसे नक्षत्रलोक का गहरा सम्पर्क है। इन्हें दूसरे गौतमबुद्ध के आविर्भाव काल का पता है। इन्हें यह मालूम है कि दस हजार साल के बाद पृथ्वी की सभ्यता का इतिहास कैसा होगा। इन्हें ग्यारहवीं सदी में ही इस बात का पता चल गया था कि बीसवीं शताब्दी के किस वर्ष और किस चान्द्रतिथि में देवभूमि भारतवर्ष विदेशी शक्ति के राहुग्रास से मुक्त होगा! इस प्रसंग में यह कहा जा सकता है कि भारतीय स्वतंत्रता-प्राप्ति के उपलक्ष्य में दुनिया के सभी देशों में—यहाँ तक कि पेकिंग शहर में भी—आनन्दोत्सव मनाया गया। लेकिन 'जगत्-गुरु' तिब्बत और लद्दाख में किसी प्रकार का कोई आयोजन नहीं हुआ। ऐसे आत्मकेन्द्रित और स्थितधी थे ये!

कहना फिजूल है कि अलौकिक चमत्कार, अदृष्ट, भाग्य-गणना, हाथ की रेखाओं का विचार, यौगिक शक्ति—इन बातों का सभी देश और सभी काल के लोगों में एक सहजात मोह रहा है। यह मोह मनुष्यों का पूर्व-संस्कार है या नहीं, मैं नहीं कह सकता। उतना बड़ा प्रगतिवादी उपमहादेश है यह सोवियत यूनियन। मैं जब वहाँ था, तो वहाँ भी यह सब देखकर मुझे बड़ा कौतुक हुआ! भारत की योग-विद्या, उसकी प्रक्रियाएँ और योगासन का आजकल वहाँ बड़ा आदर है। लद्दाख के लामाओं या बौद्ध समाज में यौगिक तथा अलौकिक क्रिया-कलापों के प्रति एक व्यापक श्रद्धा देखी जाती है। मौलाना गयासुद्दीन के श्रद्धालु शिष्यों का विश्वास है कि मौलाना अपनी अलौकिक शक्ति से आकाश-मार्ग में उड़ सकते थे। उज्जैन में यह सब लोग कहते हैं।

लेह छोटा-सा शहर है। उसकी बात अभी रहने दें। बाहर की विशाल उपत्यका—और प्रान्तर में सैकड़ों-हजारों बौद्ध स्तूप खड़े हैं, जिन्हें 'चोर्तेन' या 'माने' कहते हैं। ये आकार में छोटे भी हैं, बड़े भी। चोर्टन का दूसरा नाम है—स्तूप। 'माने' चौकोन होते हैं। हर कदम पर, हर रास्ते में, हर पहाड़ के ऊपर-नीचे, आसपास—बस, वही एक ही साँचा, एक ही सफेद रंग। जो लोग बर्मा घूम चुके हैं, उन्हें मालूम है कि मन्दाले या मोमिपोर प्रान्तर मीलों एक के बाद दूसरा शहर—इसी तरह हजारों-हजार बौद्ध स्तूप या चोर्तेन से भरा है। जनविरल इस लद्दाख के बीहड़ किसी प्राणीहीन, तृणशून्य इलाके में चलते हुए अचानक ऐसे किसी मोड़ पर बेमानी चोर्तेन पर नजर पड़ जाए तो यह भरोसा होता है कि दो-चार मील पर किसी आदमी की शक्ल दिखाई पड़ सकती है! खास किसी मरु-पर्वतीय उपत्यका में कहीं जनपद ढूँढ़े मिलेगा या नहीं—इसका संकेत दूर से दीखता कोई चोर्तेन दे देता है। महज कुछ बीघा माटीवाली भूमि,

जिसमें मामूली-सी खेती चल सकती हो और उसके साथ छोटी-सी एक बौद्ध गुम्फा—बस, इतने में ही लद्दाखियों के सारे खेल की सीमा शेष है, सभी कीर्तियों का अन्त। उसके बाहर जीवन के प्रति उन्हें कोई उत्सुकता नहीं, कोई जिज्ञासा नहीं, विशाल पृथ्वी के प्रति जरा भी आकर्षण नहीं। और जब मौत सामने आकर खड़ी हो जाती है, तो हर लद्दाखी शायद रवीन्द्रनाथ का ही मंत्र उच्चारित करता रहता है : 'मैं भी कुछ मुट्ठी धूल रख जाऊँगा, अपने सारे सुख-दुख का अन्तिम परिणाम—इस नामग्रासी, आकार ग्रासी, सब परिचयग्रासी मौन धूल कणों में रख जाऊँगा।'

न, चला नहीं जाता। एक मील चलने में एक घंटा से भी ज्यादा समय लगता है। हवा का पागलपन इतना प्रबल है कि साँस ले सकना मुश्किल। आप-ही-आप दम चुक आता है और एक अकारण थकावट से पाँव थकते आते हैं। एक बार जैसलमेर शहर से आगे 'थर' मरुभूमि में थोड़ा-सा चलकर देखा था, वहाँ बालू की अनन्त राशि के होते हुए भी चलना आसान है, क्योंकि हवा का आयतन वहाँ घना है, श्वास-नि:श्वास वहाँ लम्बा होता है। यहाँ बारह हजार फीट की ऊँचाई में एक रूखी-सी धरती, जिसके हड्डी-पँजरे में कोई रस नहीं और जहाँ बात-बात में हवा की शुष्कता मेरी ही देह को झड़े हुए सूखे पत्ते में बदल देता हो! न, चला नहीं जाता।

ज्यादा नहीं, महज 6 मील जा सकने से ही 'खार्दुंगला' का दर्रा (18,400 फीट)। खार्दुंगला के नीचे गाँगलेस तक का 6 मील रास्ता नये सिरे से तैयार हुआ है। यह चढ़ाई है। मगर रास्ता बनाने में कुछ बहुत बड़ी बहादुरी नहीं है। ऊँचाई-निचाई को जरा बराबर कर दिया गया है—पत्थरों के ढोंके खिसका दिये गए हैं। इससे ज्यादा कुछ भी नहीं। कोलतार का होता तो और बात थी।

लेह से खार्दुंगला पार करके यह जो रास्ता चल रहा है, वह पास के सिनकियांग तक पहुँचने का पुराना रास्ता है। खार्दुंगला से सिनकियांग मोटा-मोटी सौ मील है। यह रास्ता खार्दुंगला पार करके शियोल और नुबरा नदी के किनारे से 'सासेरला' दर्रे की ओर चला गया है। सासेरला से आगे देपसांग उपत्यका, वहाँ से उत्तर काराकोरम (18,300 फीट)। पाकिस्तान की मदद से इस इलाके को फिलहाल चीन ने दखल कर लिया है। भारत इसे वापस ले सकेगा या नहीं, भारतवासियों को नहीं मालूम। खार्दुंगला को पार करके पूरब लद्दाख में पहुँचने का मतलब है मुजताग काराकोरम (कृष्णगिरि) की जनशून्य उपत्यका में पहुँचना। इस उपत्यका का नाम नुबरा है। इस प्रदेश में उत्तर के हिमवाह-लोक से अनगिनत पहाड़ी नदियाँ उतरी हैं। नुबरा नदी मात्र एक धारा में काराकोरम

के प्रधान हिमवाह 'सियाचेन' से निकली है। लेकिन इस भू-भाग में 'शियोक' नदी ने काराकोरम को खंड-खंड करके काट डाला है। यह नदी अपनी शाखा-प्रशाखाओं से दो प्रधान उपत्यकाओं का बर्फ-गला पानी लेती है—उनमें से एक है देपसांग, दूसरी चेंगचेनमो। इन दो उपत्यकाओं से तीन अंगभूमि जुड़ी हुई हैं—लिंगजिटांग, अक्साई-चिन और सोडा-लेन्स। वर्गमील के हिसाब से यह क्षेत्र 15 हजार वर्गमील से कम नहीं है। लेकिन मुजताग काराकोरम और कुएनलान पर्वतमाला के बीच की इस भूमि में—यानी पूर्वकथित 15 हजार वर्गमील के फैले इलाके में आदमी, घास-पात, पेड़-पौधे, आबादी का नामोनिशान नहीं है। इस 15 हजार वर्गमील वाले इलाके की विभिन्न घाटियों में चीन-भारत के बीच का संघर्ष चला। जैसे—गलवान, दौलतवेग ओलदी, पैंगोंग, खर्नाक, चेंगचेनमो, देपसांग। काराकोरम के पश्चिम पार में नुबरा उपत्यका है। नुबरा के उत्तर भारत-पाकिस्तान-युद्धविराम-रेखा है लेकिन काराकोरम और लद्दाख पर्वतमालाओं के बीच में शियोक तथा चुसुल में भारत की जो प्रतिरक्षा-घाटी है, उन्हें मैं दुर्भेद्य ही मानता हूँ। फिलहाल भारत सरकार ने लेह से चुसुल (18,000 फीट) के रास्ते को बनवाया है और इसी तरह के कुछ रास्तों को बनवाकर उन्होंने इस बात का सबूत दिया है कि दुनिया के उच्चतम इलाके में सुरक्षा-व्यवस्था और लड़ाई की तैयारी कैसी आश्चर्यजनक और हैरतअंगेज अध्यवसाय का काम है! भारत के शासकों में से जो युद्धवादी हैं और विरोधी दल में जो भारत सरकार के सख्त आलोचक हैं, उनमें से किसी का लद्दाख से आँखों देखा परिचय नहीं है। वर्तमान शताब्दी में कुछ जो बड़ी-बड़ी लड़ाइयाँ हुईं, उनकी थोड़ी-बहुत जानकारी बहुत को है। उत्तरी अफ्रीका की मरुभूमि, प्रशान्त महासागर, सोवियत यूनियन के उत्तर का तुषार-क्षेत्र, मलाया का जंगल, उत्तरी बर्मा का बीहड़ इलाका—इन्हें कोई भूला नहीं है। लेकिन लद्दाख इन सबसे जुदा है। यहाँ हजार मील तक के क्षेत्र में कहीं पेट्रोल नहीं है, रसद नहीं है। किसी भी नदी पर काम लायक ठीक पुल नहीं है, हवाई जहाज उतरने योग्य जगह नहीं है और फिर पहाड़ों की सघनता में विमानों का आना-जाना हर कदम पर खतरनाक! सर्दी ऐसी कि हर पल ट्रक और मोटरों के कल-पुर्जे जवाब दे बैठते हैं; जहाँ अस्पताल, प्राथमिक चिकित्सा-केन्द्र नहीं, बस्तियाँ, समाज या सिर छिपाने लायक कोई जगह नहीं, जहाँ बात-की-बात में बर्फ में सवारियाँ और आदमी डूब जाते हैं, जहाँ वायुशीर्णता की वजह से खासा हट्टा-कट्टा आदमी भी अचानक दम घुटने से मर जाता है और जहाँ उपयुक्त व्यवस्था न हो सकने के कारण हरेक की देह बर्फ के जख्म (frost-bite) से पंगु और बेकार हो जाती है। भारतीय

समतल समुद्र के धरातल से कहीं भी एक हजार फीट से ज्यादा ऊँचा नहीं है। उस अनुपात से अगर लें, तो पठानकोट की ऊँचाई एक हजार फीट, पीरपंजाल की 9 हजार फीट, जोषीला की साढ़े ग्यारह हजार फीट, लेह की साढ़े ग्यारह हजार, चुसुल की 18 हजार, अक्साई-चिन की ऊँचाई 20 से 21 हजार फीट है! जिस देश में खुराक नहीं, आश्रय नहीं, शहर नहीं और जहाँ युद्ध की तैयारी का पहला काम लद्दाखियों के लिए अन्न-वस्त्र-औषध जुटाना है, वहीं युद्ध-प्रचेष्टा के सामने चीन की तगड़ी फौज और पीछे से हर वक्त छुरा भोंकने के लिए पाकिस्तानी सेना खड़ी है। लिहाजा भारतीय फौज के आगे-पीछे अभी दो युद्ध-सीमा है! इसमें सन्देह नहीं कि अक्साई-चिन के विभिन्न क्षेत्रों से भारतीय सेना को अत्यन्त अस्वाभाविक और कठिन परिस्थितियों में बार-बार पीछे हट आना पड़ा है। लेकिन अन्तर्राष्ट्रीय क्षेत्र में जो लोग इतिहास लिखते हैं, वे यह कहेंगे कि भारत की इस हार में जितना ही गौरव है, चीन के नये शासकों की हड़पने की नीति और जीत में उतनी ही कलंक-कालिमा पुती है। भारत के दो हजार साल के मित्र चीन ने जिन दो भूखंडों में भारत के साथ विश्वासघात किया है, वे भूखंड हैं—लद्दाख और नेफा-उत्तरी-पूर्वी सीमान्त। पहला बिलकुल छूटा हुआ-सा था और दूसरा निहायत उपेक्षित! ये दोनों ही बौद्ध प्रदेश हैं, जो सदा के अहिंसावादी और शान्तिप्रिय हैं!

एक ओर लेह नगरी, दूसरी ओर नुबरा उपत्यका, बीच में पूर्वोक्त लद्दाख गिरिश्रेणी के अन्तर्गत खार्दुंगला घाटी। नुबरा की भौगोलिक शक्ल बहुत-कुछ कछुए की पीठ जैसी है। यहाँ एक ही शियोक नदी की धारा उत्तर से दक्षिण और दक्षिण से उत्तर की ओर अँगरेजी के यू (U) अक्षर की तरह घूमी है, नुबरा नदी ने इसी के बीच उतरकर उपत्यका की सृष्टि की है। नुबरा और शियोक का उत्तरशीर्ष बड़े विराट और उत्तुंग हिमवाहों से भरा है। उनकी ऊँचाई 26,000 फीट है। यह उपत्यका उत्तर से दक्षिण की ओर ढालू है, बीच-बीच में पहाड़ी नदियों का कटाव, जिनमें से मानी का प्रचंड प्रवाह शियोक नदी में उतरता है। यहाँ की प्राचीन पृथ्वी के वन्य विस्मय की ओर गौर करने से सृष्टि का आदिरहस्य आँखों के सामने खुलता रहता है। कछुए की पीठ जैसी पत्थरप्रधान नुबरा उपत्यका का सारा उत्तरी भाग काराकोरम के अगणित हिमवाहों से बन्द रहता है। लेकिन इन्हीं के अन्दर एक-एक करके चार दर्रे सिनकियांग की तरफ को खुले रहते हैं। वे चारों हैं—आधिल, मार्पोला, शकसगम और काराकोरम। ये चारों भारतीय इलाके थे। फिलहाल चीन और पाकिस्तान ने इन्हें आपस में बाँट लिया है! यदि बीसवीं शताब्दी में पूर्व लद्दाख और उत्तर कश्मीर को

उद्धार कर सकना सम्भव हुआ तो ये दर्रे भी फिर से भारत के जिम्मे आ जाएँगे।

नुबरा नदी के किनारे (चिप-चैपवैली) जो जनपद सबसे मुख्य है, उसका नाम है चरसा। यहाँ के जो शासक हैं, वे लद्दाख के राजप्रतिनिधि हैं। उत्तर के जलप्रवाह के खतरे से नुबरा उपत्यका की बस्तियाँ और बौद्धमठ ऊँची पहाड़ियों पर बसे हैं। भारत के अधिकारियों ने फिलहाल नुबरा में जन-कल्याण के बहुत-से काम शुरू किए हैं। लद्दाख-भर में जलावन की लकड़ियाँ नहीं थीं और वहाँ सखुआ, सागवान, ओक, अखरोट या चिनार के पेड़ पैदा करना सम्भव नहीं है। कुछ वर्षों से अब वहाँ इसलिए थोड़ी-बहुत लकड़ियाँ मिलने लगी हैं कि जैसे-तैसे दसेक लाख पेड़ उग आए हैं! लद्दाख में जलने लायक वस्तु कोई थी ही नहीं, यह कहें तो अत्युक्ति नहीं। बाहर से जलावन और किरासन तेल जाता है, इसीलिए वहाँ जीना सम्भव हुआ है।

नुबरा और शियोक—ये दोनों ही सिन्धु की उपनदियाँ हैं। नुबरा जैसे 'सियाचेन' हिमवाह का सारा पानी पाती है, उसी प्रकार शियोक देपसांग और चेंगचेनमो हिमवाहों से सारा पानी पाती है। लेकिन अपने अजीब गति-पथ से घूमकर, नुबरा का पानी लेकर के सियरी तथा खपालू जनपद से आगे पहुँचकर शियोक पाकिस्तान-अधिकृत इलाके में सिन्धु से जा मिलती है। शियोक का इतिहास बड़ा कौतूहलोद्दीपक है।

एक ही हिमवाह—उसी का पानी लेकर शियोक और नुबरा उतरी हैं दक्षिण को। और फिर उत्तर के उस पार उसी पानी को लेकर बहती है यारकन्द नदी। बीच में है काराकोरम। कोई 90 साल पहले इसी यारकन्द नदी को समय पर ढूँढ़ न पाने के कारण यात्री सेवेन हेडिन और उनके साथी मुहम्मद तकलामकान की मरुभूमि में मौत के पास पहुँच गए थे। प्यास के मारे जब उन दोनों का मरना अनिवार्य हो गया और मौत के पहले मायाविनी मरीचिका जब प्रेतनी-सी सामने नाचने लगी, तो अचानक दो सौ गज की दूरी पर यारकन्द नदी दिखाई पड़ी। सेवेन हेडिन छिपकली की तरह रेंगकर छाती के सहारे किसी तरह वहाँ तक पहुँचे और अपने जूते में भरकर पानी ले आए (Trans Himalaya : Seven Hedin)!

लेह का कारवाँ-पथ काराकोरम से निकलकर यारकन्द नदी का किनारा पकड़ता है। लेकिन सीमा तक जाने की हमें मनाही थी। सो मुझे दूसरी तरफ मुड़ना पड़ा।

बहरहाल जिसे अक्साई-चिन कहा जा रहा है, गौर करके देखा, वह कई इलाकों की समष्टि है। मैंने इसके पहले भी बतांया है, काराकोरम और

कुएनलान के बीच की जगह का नाम अक्साई-चिन है। मौजूदा लेह तहसील के अन्तर्गत होते हुए भी यह इलाका पाँच हिस्सों में बँटा है : देपसांग, सोडा प्लेन्स, अक्साई-चिन, लिंगजिटान और चेंगचेनमो। चेंगचेनमो और रूपसू के ठीक बीचोबीच पैंगोंग झील है। इस लम्बी झील का अधिकांश भाग तिब्बत में पड़ता है। भारत और तिब्बत जहाँ एक सीमा पर मिले हैं, वहीं भारतीय इलाके में खुर्नाक दुर्ग है। यह झील कम-से-कम सौ मील लम्बी है, पर चौड़ाई इसकी तीन से चार मील है। भारतीय इलाके में इसका कोई 140 मील का हिस्सा पड़ता है। यह झील समुद्र के धरातल से लगभग 14 हजार फीट की ऊँचाई पर है। लेकिन अक्साई-चिन में जितनी भी झीलें हैं कुस्वादु पानी की, उनमें से सबसे नीची भूमि में पैंगोंग है। इस लम्बी और कम चौड़ी झील का कुस्वादु और देखने में निर्मल और सुन्दर पानी सूरज की किरणों के कौणिक और तिर्यक विकिरण के कारण दिन-भर में बहुत बार रंग बदलता है। लाल, पीला, हरा—बहुत तरह का। तीसरे पहर से घना नीला। और रात में इसका रंग हो जाता है गहरा काला। और उस कृष्णाम्बरी को चूमने के लिए आसमान के हीरे-से चमकते तारे मानो दल बाँधकर इस झील में रात को उतर आते हैं!

इस झील के ठीक दक्षिण एक पहाड़ी नदी के किनारे चुसुल है। यहाँ एक बहुत ही प्रसिद्ध पुरानी बौद्ध गुम्फा है। फिलहाल चुसुल में लोगों का आना-जाना और सामग्रियों का पहुँचना बढ़ गया है। इस समय यह भारत की एक मजबूत सामरिक घाटी है।

पैंगोंग के भारतीय हिस्से में कुछ निहायत छोटी बस्तियाँ नजर आती हैं। उन बस्तियों के आसपास हरियाली का थोड़ा-बहुत आभास है। वहाँ जौ और मटर कुछ-कुछ होता है। झील के पश्चिम की तरफ एक जगह है—ताककुंग। वहाँ से आगे जाने पर दूसरी जो बस्तियाँ मिलती हैं, उनके नाम हैं : काके, मिराक, माने, पानमिक और लुकुंग। बुर्जग में गिने-चुने कुल छह घर हैं। माने में भी वही। पानमिक में सिर्फ एक। केवल मिराक कुछ बड़ी हैं—पन्द्रह-बीस घर हैं। इनसे बाहर चारों तरफ सुनसान। लेकिन वह आदि-अन्तहीन शून्य बर्फीली चोटियों, नंगे और राक्षस जैसे पहाड़ों से भरा है। 'स्वेद-मांसहीन पँजरे की हड्डियों' जैसी इन पर्वतमालाओं की फाँकों में एक-एक उपत्यका, जिनकी जमीन चट्टानों से भरी है।

इसी का नाम है चेंगचेनमो! इसकी ऊँचाई 15 हजार फीट है और इसी के अन्दर से बर्फ-गली जलधाराएँ एक-एक करके पश्चिम को शियोक नदी में जा मिली हैं। यह सँकरा पथरीला भू-भाग लम्बाई में 60-70 मील है और इसके

नीचे तक हिमवाह उतर आए हैं। इसके उत्तर के बर्फ ढके स्तरों में कभी-कभी एक-एक चम्पा यायावर के साथ लम्बे रोयेंवाली भेड़-बकरियों के झुंड गुजर जाते हैं। बहुत दूर पर जाने कहाँ 'पामजाल' है, जहाँ कुछ घास और हरियाली के उगने की खबर मिली है! और जाने किस पहाड़ की दरार से गरम पानी की धारा फूटी है, जहाँ 'कियाम' नाम की जगह में शायद घास उगी हो! इसके सिवाय और कुछ नहीं है। जो हैं, सो गिरि-शिखर हैं—जिनकी ऊँचाई 20 से 21 हजार फीट है। समतल भाग उन्हीं के साथ-साथ उत्तर और पूरब को उठ गया है पन्द्रह, सोलह और सत्रह हजार फीट तक। अब चेंगचेनमो से लिंगजिटांग उपत्यका आ गई—यह एक विराट चट्टानी समतल है, जिस पर प्रागैतिहासिक युग से पीले पत्थर फैले हुए हैं। इतिहास के किसी भी युग में यहाँ के आसमान पर घटाएँ घिरती नहीं देखी गईं और कभी बारिश भी नहीं हुई। सूर्योदय के साथ-साथ यहाँ की हवा तपती रहती है और दिन को पत्थरों की यह दुनिया, जिसका रकबा करीब एक हजार वर्गमील है, धू-धू जलती रहती है। वह उत्ताप लगभग 190 डिग्री तक पहुँच जाता है। लेकिन शाम के बाद यहाँ जो ठंड उतरती है, वह जीरो डिग्री से नीचे शायद माइनस 50 डिग्री तक पहुँच जाती है! यही लिंगजिटांग कुएनलान पर्वतमाला के पश्चिम जलावतरण (watershed) का भू-भाग (18,000 फीट) है।

लिंगजिटांग के उत्तर और पश्चिम में कुएनलान के और भी दो इलाके हैं : पहला है अक्साई-चिन, दूसरा सोडा प्लेन्स। इतिहास के किसी भी अध्याय में इन इलाकों में भी आदमी की आबादी का जिक्र नहीं मिलता। 'It is truly a part where mortal foot hath ne'er or rarely been.' (Dren)। यहाँ खारे और कुस्वादु पानी के कुछ जलाशय हैं। यहाँ की सैकड़ों मील तक फैली हुई उपत्यका में एक घास भी कभी नहीं उगी! मुजताग काराकोरम और कुएनलान के बीच के हजारों-हजार वर्गमीलव्यापी इस इलाके का पता मात्र 19वीं शताब्दी के उत्तरार्द्ध में ही मिला है! सन् 1947 से पहले साधारण भारतीयों ने अक्साई-चिन का नाम भी सुना था या नहीं, सन्देह है। अक्साई-चिन बहुत हद तक मानो भारत-भूखंड का एक अतिरिक्त अंशमात्र (appendiy) है, जिसके साथ मूल धरती की शिरा-उपशिरा या रक्त-प्रवाह का कोई सम्बन्ध ही नहीं। चतुर चीनी डॉक्टरों ने इस एपेंडसाइटिस को फिलहाल नश्तर लगाया है।

लेकिन 19वीं शताब्दी के अँगरेज अपने भारत-साम्राज्य की सीमा के बारे में अस्पष्टता और अनिश्चयता नहीं रखना चाहते थे। इस लिंगजिटांग और चेंगचेनमो में खड़े होकर चारों तरफ देखते हुए उन्हें सोचना पड़ा था, कभी कोई

शत्रु अगर भारत पर हमला करे, तो वह किस प्रकार से सम्भव होगा! भारत पर हमला कर सकने के जिन तीन रास्तों का उन्होंने अन्दाज लगाया था, उनमें से पहला यही अक्साई-चिन की रूखी और कर्कश भूमि है, दूसरा काराकोरम के दर्रे से लेह पर आक्रमण और तीसरा है गिलगित होकर कश्मीर (Northern Barrier of India—1875)!

अँगरेजों का यह अन्दाज 80 साल के बाद बहुत हद तक सत्य में बदला है!

महाराजा रणवीरसिंह द्वारा नियुक्त लद्दाख के अँगरेज गवर्नर ने अपनी एक आलोचना में अक्साई-चिन और तिब्बत के बीच सीमा-सम्बन्धी मामले में कहा था—"From the pass at the head of the Chang Chenmo Valley southwards the boundary line is again made stronger. Here represents actual occupation so far that it divides pasture lands frequented in summer by the Maharaja's subjects from those occupied by the subject of Lhasa. It is true that with respect to the neighbourhood of Pang Kong lake there have been boundary disputes which may now be said to be latent. There has never been any formal agreement on the subject. This applies also to all the rest of the boundary between the Maharaja's and the chinese territories." (Fredric Drew, Governor of Ladakh–1871)

प्राणरहित, प्राणीरहित और जीव-जन्मविहीन इस अक्साई-चिन में कभी-कभार ही प्राण का एक-एक टुकड़ा छिटककर आ जाता है! या तो एक मटमैले रोयें वाला कियांग (गधा), याकि कोई काला खरगोश या फिर कोई कस्तूरी मृग। ये घास या कँटीली लता के बीज ढूँढ़ते हुए आ जाते हैं। बीज न पाकर सूर्योदय के पहले ही भाग जाते हैं।

मध्य एशिया के सभी अंचलों की तरह यहाँ भी सूर्योदय का मतलब है, दिग्दिगन्त में धू-धू करके आग जल उठना। लेकिन नितान्त लघु वायु-स्तर में आग का वह किरण-जाल जिस माया-चित्रों (illusion) की रचना करता है, उनके पीछे दौड़कर बहुत-से दुस्साहसी लोगों ने अपने प्राण गँवाए हैं, इतिहास में इसके सबूत की कमी नहीं। अक्साई-चिन के इस पहाड़ी समतल में 'आवह प्रकृति' की विशेषता से वे मायाविनियाँ दोपहर की जलती धूप में निडर-निर्लज्ज होकर नाचती रहती हैं! पूरब की ओर मुँह फेरने से मानो अपार सागर की गहरी शीतल जलराशि की सुन्दरता दिखाई देती है, उस पर सुफला और शस्यश्यामला एक-एक द्वीप और उन द्वीपों की चोटी पर बर्फ का मुकुट। उस समतल पर

वे सारे-के-सारे मानो प्रतिबिम्बित हो रहे हों! झुककर देखिए, वह समुद्र हाथ की पहुँच तक आ गया है। यदि कोई बैठ जाए तो वह जलाशय तुरत करीब आ जाता है। मगर उठ खड़े होते ही गायब हो जाता है! वह कहाँ गायब हो गया, इसे जानने के लिए जाने एक अटूट आकर्षण से थका-प्यासा होते हुए आगे जाना ही पड़ता है। और वैसे में सामने की वह समतल भूमि नाचते-नाचते खिसक जाती है तथा पहाड़ों से घिरा एक निर्मल मनोरम सरोवर में बदल जाती है, जिसका काक-चक्षु जैसा पानी स्निग्ध-मधुर मृत्यु की तरह मूढ़ पथिक को धीरे-धीरे बुला ले जाता है!

जाता है दिन के बाद अक्साई-चिन बर्फ की ठंड से जम-सा।

हेमिस गुम्फा (मध्य एशिया)

उत्तर भारत की वास्तविक राष्ट्रसीमा को ठीक-ठीक जानना हो, तो उत्तर हिन्दुस्तान के बाहर जाकर खड़ा होना चाहिए। पामीर, सिनकियांग और तिब्बत में खड़े होने से भारत की सीमा सबसे ज्यादा साफ नजर आती है। हिन्दूकुश, काराकोरम, कुएनलान और जस्कर—ये पहाड़ विराट किले की ऊँची दीवारों का काम करते हैं। इन विशाल प्राचीरों के बाहर पूर्वोक्त देश बहुत नीचे हैं। सृष्टि के शुरू के अध्याय में भारत के प्रति भू-प्रकृति की मुट्ठी खुली हुई थी। आसपास के प्रत्येक भूभाग से भारत की भौगोलिक विशेषता को स्वतंत्र रखने के लिए भू-प्रकृति आरम्भ से ही चुपचाप काम करती आई है। पहाड़ी दीवारों का यह घेरा—जिसे मैं पत्थर का फ्रेम कहता आया हूँ—कम-से-कम ढाई हजार मील का है। इसकी शुरुआत हुई है हिन्दूकुश से और अन्त हुआ है जाकर भारत के उस सुदूर उत्तर प्रदेश में, जहाँ बर्मा और तिब्बत से भारत की सीमा मिली है—उस 'नामचाबरोआ' गिरिश्रेणी (हिमालय का ही अंश) में।

इस पर कोई तर्क नहीं उठाता, क्योंकि इस पर तर्क नहीं चलता। सूरज पूरब में उगता है—कोई विवाद नहीं करता; पानी का बहाव नीचे की ओर होता है, यह बात तर्क से परे है। भीतर-भीतर इतिहास बदलता रहा है, नाना कालनेमियों ने नाना युग में लंका का बँटवारा किया है, मगर हिन्दुस्तान का यह बाहरी घेरा कभी नहीं बदला, क्योंकि इसका परिवर्तन सम्भव नहीं। भू-प्रकृति के

इतने साफ और निर्मूल निर्देश के ही कारण एक समय इस हिन्दुस्तान का नाम उपमहादेश रखा गया था। पहले और दूसरे महायुद्ध के बाद अन्दर से यूरोप के टुकड़े-टुकड़े कर दिये गए थे। कितने राष्ट्रों का नाम डूब गया, कितने राष्ट्रों का नया नामकरण हो गया—यह सभी जानते हैं। मगर इतने दल-बदल के बावजूद यूरोप नाम नहीं मिटा। आजाद पाकिस्तान, स्वाधीन नेपाल, सम-स्वाधीन भूटान या सिक्किम, पहले का सम-स्वाधीन कश्मीर—इनके अस्तित्व के होते हुए भी 'हिन्दुस्तान' नाम का परिवर्तन नहीं हुआ। आज भी अफगानिस्तान, पामीर, ईरान, पख्तूनिस्तान, बलूचिस्तान, सिनकियांग आदि देशों के लोग किसी भी पाकिस्तानी को 'हिन्दुस्तानी' ही समझते हैं। इसके लिए भारतीयों को भी गर्व करने की कोई बात नहीं। क्योंकि 'हिन्दू' का मूल शब्द है 'सिन्धु'! हिन्दुस्तान का अर्थ है सिन्धुनद का देश। 'जयहिन्द' माने सिन्धु की जय!

'सिन्धु-कोह'—इस शब्द का अपभ्रंश है हिन्दूकुश। इसका पूर्वी हिस्सा हिमालय से मिला है। अँगरेज भू-विज्ञानविद् सब तरह की जाँच करके एक समय इस सिद्धान्त पर पहुँचे थे कि काराकोरम हिमालय की ही फैली हुई शाखा है। इसीलिए इसका नाम रखा था काराकोरम-हिमालय (Kenneth Mason)। कृष्णगिरि का तुर्की प्रतिशब्द है 'कारा' (काला) 'कोरम' (पहाड़)।

हिन्दुस्तान के इस विशाल पहाड़ी घेरे में बहुतेरे छिद्रपथ हैं—जिन्हें घाटी या दर्रा कहते हैं; किले के प्राचीर के नीचे जैसे एक-एक प्रवेश-पथ बने होते हैं। इन रास्तों से घुसने के लिए बाहर से काफी चढ़ाई पार करनी पड़ती है। जैसे—पामीर की ओर से जाएँ तो 6 हजार फीट, सिनकियांग या यारकन्द के समतल से उठना चाहें, तो लगभग 14 हजार फीट; पूर्व कुएनलान से आएँ तो लगभग 8 हजार फीट और तिब्बत से प्रवेश करना चाहें तो प्राय: 4 हजार फीट। सुदूर उत्तर या सुदूर उत्तर-पूर्व में ये ऊँचाइयाँ पार किए बिना हिन्दुस्तान में प्रवेश नहीं किया जा सकता। सिर्फ कश्मीर या लद्दाख से ही ऐसे प्रवेश-पथ की संख्या कमोबेश पच्चीस हैं। विगत 1956-57 में चीन के नये शासकों ने जिस छिद्रपथ से घुसकर अक्साई-चिन में सौ मील की लम्बी सड़क चुपचाप बना ली, उसका नाम है कारगालिक। यह रसकम नदी की उपत्यका में पड़ता है। इस रास्ते का मुँह सिनकियांग की ओर खुला है। बहुतों का खयाल है, चीनियों ने महज चीन आने-जाने के लिए यह रास्ता बनाया है। परन्तु यही सचाई नहीं है। अब तक उन्होंने बड़ी और चौड़ी तीन सड़कें बनवाई हैं। 1957 में जो पहली सड़क बनी, वह अक्साई-चिन के अन्तर्गत 'हाजीलंगर' बस्ती होकर आई है और इसका प्रवेश-पथ था 'यांगी-दावान' का दर्रा। यह रास्ता उत्तर से दक्षिण

की तरफ आकर चेंगचेनमो पार करके तिब्बत पहुँचा है। 1960 वाली दूसरी सड़क सिनकियांग की तरफ के 'काराताग' दर्रे से होते हुए देवसांग पार करके शियोक नदी के उस पार से 'लानक' घाटी के बाद तिब्बत पहुँची है। तीसरा रास्ता भी वे बना रहे हैं। यह रास्ता काराकोरम दर्रे के भीतर से दक्षिण शायद 'दमजोर' या 'लानक' दर्रे को पार करके तिब्बत पहुँचेगा! और इनसे पहले उन्होंने एक चौथी राह भी बनाई है। वह राह चानथान से सिनकियांग जाने के बीच में अक्साई-चिन की चाँद काटते हुए बनी है। तीसरी सड़क बनाने से पहले चीनियों ने पाकिस्तान से एक समझौता किया है। समझौते के इस इलाके का क्षेत्रफल, जो काराकोरम और देपसांग के करीब पड़ता है, लगभग तीन हजार वर्गमील है। मजे की बात तो यह है कि लद्दाख का यह अंचल कश्मीर की युद्धविराम-रेखा से बिलकुल बाहर एक भारतीय इलाका है! अब मोटा-मोटी यह समझ में आ रहा है कि मुजताग काराकोरम के पूर्व-पार से कुएनलान के पश्चिम पार तक लगभग सारे अक्साई-चिन का इलाका (आनुमानिक 92 हजार वर्गमील) चीन ने दखल कर लिया है!

साफ दिखाई पड़ता है कि सबसे अधिक उपेक्षित और एकबारगी छोड़े हुए-से उस इलाके से चीनियों के जीवन-मरण की समस्या जुड़ी हुई है। सिनकियांग, चानथान, पश्चिम और पूर्व तिब्बत—ये सब चीन-विरोधी हैं। ये सारे भूभाग सैकड़ों वर्षों की स्वाधीनता भोग करते आए हैं। चीन का साम्राज्य इधर कहीं भी स्वीकृत नहीं है। अक्साई-चिन अगर पूर्णतया कब्जे में न रहे तो कुल 25 लाख चीनी फौज की गतिविधि को हर कदम पर बाधा पड़ती है। अक्साई-चिन दखल करने के बाद वे सिनकियांग, चानथान, पुरंग उपत्यका के फौजी अड्डे को मजबूत बनाने में समर्थ हुए हैं।

चुसुल का रास्ता महासिन्धु के उस पार चला गया है। मैंने हेमिस गुम्फा की राह पकड़ी!

यह रास्ता सिन्धु की उपत्यका का है। उत्तर में करीब ही खार्दुंगला है। सामने काराकोरम का विशाल प्राकार मानो साथ-ही-साथ चल रहा है। यह लद्दाख का पूर्वी प्रान्त है। उस पार बालू और पत्थर का अन्तहीन पहाड़। लेकिन दूर से वे बड़े मुलायम ढालू-से दीख रहे थे। बड़े-बड़े पहाड़ों की चोटियों पर लद्दाखियों की गुरुका-बस्तियाँ हैं। उनकी संसार-यात्रा यहीं चलती है। दूर पर फियांग और पितुक नजर आता है। मैं सिन्धु के किनारे-किनारे जा रहा था। दाईं ओर की उत्तुंग चोटियाँ बर्फ से ढकी। उस पार ठंडी हवा के झोंकों में धूल के झपेटे। धूप कड़ी।

सिन्धु के दोनों पार हजारों-हजार कतारों में हैं चोर्तेन, माने और 'मणि-दीवाल'! पहाड़-पर्वत की हर फाँक में, प्रति प्रांगण में, हर गुम्फा-पहाड़ के प्रवेश-पथ में, नदी के किनारे, जौ के खेतों के आसपास—छोटे-बड़े सादे बौद्ध-स्तूप खड़े हैं। यह जैसे अनी हो, आँखों के लिए एक पीड़ा! कोई आकार में बहुत बड़ा, कोई छोटा—लेकिन अधिकांश ही स्तूप है। एक-एक 30, 40 या 50 फीट तक ऊँचे हैं। और जो छोटे हैं, वे 3 से 10 फीट तक!

सिन्धु के इस पार एक-एक बस्ती से लगा जौ-मटर का एक-एक टुकड़ा खेत। जहाँ हरियाली हो, शस्य उपजते हों, आँखों को वहीं तृप्ति मिलती है। सूखी हवा के झोंकों से फसल को बचाने के लिए प्राय: हर जगह ये मणि-दीवाल काम करती हैं। पत्थरों को चुनकर प्राय: चार फीट की ऊँची दीवाल खड़ी की गई है। लेकिन पत्थर के हर टुकड़े में पुण्य उपदेश खुदे हुए हैं। बड़े यत्न से खोदे गए हैं। उन पत्थरों की संख्या कितने लाख या करोड़ है, इसका हिसाब किसी को नहीं! यह अचरज दुनिया में और कहीं नहीं है। बिना मजूरी की इस मेहनत की बात इतिहास में कहीं नहीं है। हर हरूफ में इतनी मेहनत, ऐसी आन्तरिकता, ऐसे उत्साह से महज आनन्द की ऐसी सृष्टि और उसका कोई पुरस्कार नहीं!

रास्ते के बायें, दायें पर्वतमाला—जिसकी ऊँचाई प्राय: समान है—यानी 19 से लेकर 20 हजार फीट। पर्वत का रंग जरा गेरुआ, मगर कहीं भी घास-पात नहीं। उत्तर, पूरब, दक्षिण—सब पहाड़ से घिरा। आकाश कितना बड़ा है, यहाँ यह जानने का उपाय नहीं है। दिगन्त किसे कहते हैं, यहाँ किसी को नहीं मालूम! मैं सिन्धु का किनारा पकड़े दूर-दूर चला जा रहा था।

लद्दाखियों के घर-द्वार देखते हुए रास्ता तय कर रहा था।

जिस देश में बड़ा पेड़ ही नहीं, वहाँ तख्ता कहाँ? कंकड़-पत्थरों की दीवारें तो खड़ी हो सकती हैं, पर छत? घर के माथे पर छौनी, यह एक बहुत बड़ी समस्या है! झड़ी-बदली का सवाल ही नहीं। खुली छत से कोई घुस नहीं जाता—डर सिर्फ ठंड, बर्फ और गर्मी का है। घर बनाने के लिए कुछ वर्गे जिसने जुटा लिये, वह बहादुर है। पत्थरों के टुकड़ों पर सूखी घास और कंकड़-मिट्टी का दबाव—इसी से घर बनते हैं और तीन पुश्त तक मजे में चल जाते हैं। आँधी, भूकम्प, बाढ़, वज्रपात, अति वृष्टि—किसी का खतरा नहीं! लद्दाख को यह नहीं मालूम कि वर्षा किसे कहते हैं!

उपत्यका एक प्रान्तर धूप से धू-धू करता है। अलसाई चाल से एक-एक घुड़सवार दूर से दूर जाता है। चारों तरफ के अन्तहीन मरु-पत्थरोंवाली पर्वतमाला

के नीचे-नीचे जिस प्रान्तर और पहाड़तली की सीमा दिखाई नहीं पड़ती, वहाँ ऐसे घुड़सवार की थकी हुई चाल में कैसे तो एक असीम वैराग्य और आलस का स्वाद मिलता है। महाकाल यहाँ निमेषहत है। समय की धारा यहाँ अपनी गति का चिह्न छोड़कर नहीं बहती। बीच-बीच में भेड़-बकरियों का झुंड जाता दीखता है। हरेक के लम्बे रोयें। सुना, ये रोयें साल में तीन बार उतारे जाते हैं। जो पशमीना सबसे ज्यादा कीमती होता है, वह भेड़-बकरियों के पेट की तरफ होता है। उधर उनके शरीर की कोमलता सबसे ज्यादा होती है। जितना ही ज्यादा ठंडा देश होगा, लोमशता उतनी ही अधिक होगी।

एक के बाद दूसरी पहाड़ी गुम्फा को पार करता जा रहा था। 'स्तोक' या 'तोक' बस्ती से लगी जो गुम्फा है, वह बड़ी है। लेकिन उसके भीतर का इतिहास वही एक ही। पोथियों की संख्या कहीं कम, कहीं ज्यादा—बस। तोक पर जो इमारत है, उसका निर्माण-कौशल दूर से ही आकर्षित करता है। यहाँ बहुतेरे लामा और लोगों का वास है। मैंने सुना, लद्दाख के पुराने राजवंश के कोई-कोई आज भी यहाँ रहते हैं। यह गुम्फा आधुनिक काल में, यानी प्रायः डेढ़ सौ साल पहले 'सेपाल नामगियाल' के समय में बनी थी।

बलुआहे पत्थरों का रास्ता धू-धू जरूर करता है, मगर खेतों या फल के बगीचों के किसी कोने से अचानक जब गीत की कोई कड़ी उड़ती आती है, तो उसका वह चेहरा बदल जाता है। जिन कई दिनों से इधर रह रहा हूँ, रोज ही दिन में कोई ऐसे ही सुर की लय, याकि मधुर कंठ की कोई तान एकाएक छिटककर कानों में आती है, पर ठीक तरह से समझने के पहले ही खो जाती है! मैं बता नहीं सकता कि उस समय सारे लद्दाख का मरुपर्वत वेदना से कैसा तो कुहर उठता है और फिर स्तब्ध हो जाता है! यहाँ खो गई, मगर फिर अचानक दूर पर जगी वैसी ही कोई तान। इसी तरह एक के बाद दूसरी। इस टीले से उस टीले। मिस्त्री, दुकानदार, चरवाहे की बीवी, खेतों के खेतिहर, गुम्फा का लामा, खानाबदोश चम्पा, डाकबँगले का चौकीदार—वह गीत सबकी जबान पर एक ही-सा! बस, एक ही कड़ी, एक ही तान, एक ही टेक। अब की जैसे किसी पहाड़ के पास, सिन्धुतट के जौ के खेत के किनारे सुन रहा हूँ। यह गीत यहाँ अपने परिवेश में सत्य है। मरुपत्थरों, पहाड़ों, बर्फ में, प्रान्तर के धूल-वायु के हाहाकार में यह गीत सत्य है। लहर-चपल महासिन्धु के प्रवाह के साथ यह गीत जैसे दौड़ता चल रहा हो!

गुम्फाओं में रहनेवाली। 'चोमो' या 'चुमो' औरतें नाच-गान पसन्द करती हैं। जिनके आँख-कान खुले हैं, वे देख जाते हैं कि लद्दाख कलाकारों का देश

है। लद्दाख की रंगों के वैभववाली चित्रकल: में कल्पना की जो अभिनवता है, वह अभी अनाविष्कृत है। इन लोगों ने भारतीय स्थापत्य-कला से उधार नहीं लिया है, मंगोलीय शिल्प-कला की नकल नहीं की। लेकिन प्रत्येक मूर्ति में जो व्यंजना है; प्रत्येक भास्कर्य, स्थापत्य और रचना में जो मौलिकता है, जो मात्राबोध है, कल्पना की जो व्यापकता है, वह अनन्य है। स्त्रियों के नृत्य-गीत में भी वही है। मैं उनकी भाषा तो नहीं समझ पाया, पर उस रोज रात में राजमहल के नीचे एक खालोन परिवार की चार स्त्रियाँ और तीन पुरुष जिस ढंग से नाच गए, उसमें लद्दाख की निजी विशेषता थी। अंग-अंग को उन्हेंने जिस कायदे से घुमाया, देह के प्रत्येक अंग से जिस तरह शाका-खुब्बा (शाक्य स्थविर) के प्रति नैवेद्य निवेदन के भाव को प्रस्फुटित किया, उसे देखकर मैं अभिभूत हुआ था। बड़ा-सा घर अँधेरा था। अन्दर पीतल और माटी की कुछ मूर्तियाँ। मिट्टी के तेल की रोशनी बाहर थी, लेकिन अन्दर परिवार की कुछ वयस्क महिलाओं ने चर्बी का प्रदीप जलाकर पहले अतिथि के स्वागत के लिए 'चेंग' (वहाँ की एक मदिरा) बाँटी। मेरे साथ मुसीबत यह थी कि मैं उनकी भाषा, उनके अदब-कायदे नहीं जानता था। लेकिन उनमें से एक मुसलमान छोकरा थोड़ी-बहुत हिन्दी समझता था। खालोन परिवार की वह मकान-मालकिन उसकी फूआ लगती थी। वही स्वस्थ-सुन्दर और मिठबोला युवक मेरा हर खयाल रखता था।

धीरे-धीरे हेमिस गुम्फा की ओर बढ़ रहा था। लेकिन बीच में ही नृत्यगीत की चर्चा आ गई तो याद आ गया, फिलहाल एक भारतीय महिला जो यहाँ आई, तो उन्हें लद्दाख के नृत्य-गीत में अश्लीलता की झलक मिली! उनकी यह परख कहाँ तक सत्य है, मैं शायद नहीं समझता। नर्तकी या नर्तक का प्रत्येक अंग जहाँ एक विशेष नृत्यछन्द से नैवेद्य की तरह देवता के प्रति उत्सर्ग होता है, वहाँ संवेदनशीलता ही बड़ी बात होती है—शारीरिक लाज-लज्जा या देहावरण की स्वल्पता का प्रश्न नहीं उठता। वहाँ क्षण की आवेश-मदिरता को अश्लीलता का अपवाद नहीं दिया जा सकता।

लद्दाख की अधिकांश स्त्रियाँ संसारमुक्त हैं। वे भारतीय संस्कृति की खरीदी हुई दासी-सी नहीं हैं। वे हिन्दू, मुसलमान, बौद्ध—किसी भी श्रेणी में पड़ना नहीं चाहतीं। वे स्त्रियाँ हैं, यही उनका एकमात्र परिचय है। उन्हीं में माँ हैं, चोमो ब्रह्मचारिणी हैं, उन्हीं में नर्तकी, गायिका, शिल्पी, शिक्षिकाएँ हैं और उन्हीं में कुशल गृहिणी हैं। कपाल पर लाल फीता, गले में तरह-तरह के पहलवाले मोतियों की माला, कानों में गहना, कलाइयों पर हड्डी की बालियाँ

और पीठ पर भेड़ की एक रोयेंदार खाल बँधी। ये नाचती हैं, गाती हैं, मजदूरी करती हैं, पुरुषों के साथ जीवन की राह में बेपरवाह चल पड़ती हैं, गृहस्थी को बड़े करीने से सजाती हैं, बच्चे को पीठ से बाँधकर निकल पड़ती हैं। यही हैं साधारण स्त्रियाँ, इन्हीं से समाज है, इन्हीं के लिए लद्दाख है! भय, कुंठा, लज्जा—इन सबको मिटाकर स्त्रियाँ माथा ऊँचा किए खड़ी हो रही हैं, इसके लिए वहाँ पुरुष समाज में कोई विरोध नहीं है। और फिर इसी में मैंने पाया कि वहाँ स्त्री-पुरुष सत्यवादी हैं, न्यायनिष्ठ, धर्मपरायण और प्रसन्न हैं। लद्दाख की पुलिस-डायरी में चोरी, हत्या, शिशुहत्या, राहजनी, नारीहत्या—इस तरह के सामाजिक अपराधों का नाम ही नहीं है। मैं महज दो दिन के लिए यहाँ आकर इनकी इतने दिनों की जीवनधारा पर वक्रोक्ति कर जाऊँ, मुझमें यह दुस्साहस नहीं है। मैं तो देखने के लिए आया हूँ, देखकर चला जाऊँगा।

डिप्टी कमिश्नर के दफ्तर का एक खूबसूरत लद्दाखी जवान मेरा मार्गदर्शक था। उसके साथ एक कैमरा था। मैं जिन इलाकों में इन कई दिनों से घूम रहा था, वे या तो चीन-भारत या भारत-पाकिस्तान-युद्धविराम के सीमान्त इलाके थे। लेह तहसील में चीन और भारत बिलकुल आमने-सामने हैं। किसी भी क्षण कोई घटना घट सकती थी। लिहाजा चारों तरफ एक नाटकीय उत्कंठा थी। जो भी हो, उस युवक के हाथ में कैमरा होते हुए भी मैंने मना कर रखा था कि वह बाहर की कोई तसवीर नहीं खींचे। मैं एक खास नीति को मानता चल रहा था, यह बताने की जरूरत ही नहीं।

पच्चीस मील की दूरी तय करके एक जगह जाकर रुका। बाईं ओर सिन्धु नदी अपने नील तुषारजल की धारा लिये दक्षिण से उत्तर को बह रही थी। उसी के, किनारे-किनारे चुसुल का रास्ता। दाईं ओर एक और चौड़ा रास्ता गिरिमाला के पेट में घुसकर जाने किस मोड़ पर तो खो गया है। यही हेमिस गुम्फा का प्रवेश-पथ है। हम लोग दाईं ओर मुड़े।

एक समय था, जब दु:साध्य और दुस्तर की ओर मेरी भावना दौड़ा करती थी। असम्भव का आकर्षण मुझे दिशा-अदिशा का होश नहीं रहने देता था। निश्चित जीवन से सन्तुष्ट रहना मेरे लिए आँखों का काँटा था। असाध्य साधन की चिन्ता ने मुझे कभी स्थिर नहीं रहने दिया। ऐसे ही दिनों में मैंने हेमिस गुम्फा की सोची थी! लेकिन तब इसकी सही भौगोलिक स्थिति का पता भी न था। मेरा साथी, वह शिक्षित लद्दाखी युवक किसी खालोन परिवार का था शायद—मुझे राह बताता लिये जा रहा था। उसके कैमरे से हेमिस गुम्फा के भीतर की तसवीर लेने की जरूरत थी। हेमिस लद्दाख के तीर्थों में श्रेष्ठ है। बौद्ध-जगत में ल्हासा

के बाद ही हेमिस का स्थान है। हम हेमिस की ओर बढ़े। रास्ते से अन्दाज नहीं लगाया जा सका कि गुम्फा ठीक है कहाँ पर।

मेरी बहुत दिनों की कामना मध्य एशिया के इस पार्वत्य-लोक में पूरी होने जा रही थी। मन में इसलिए कुछ रोमांच था। रास्ता एक मील से कुछ कम था। धीरे-धीरे चल रहा था। बाहर से बहुत-से चोर्तेन यानी बौद्ध स्तूप मन्दिर की गुम्फा का संकेत दे रहे थे।

रास्ते के दोनों ओर जौ के खेतों से फसल उठ चुकी थी। सिर्फ कीमती बिचाली रह गई थी। हम लोग पैदल चलते हुए एक विराट पहाड़ के नीचे के एक मोड़ में घुसे।

प्राय: सवा सौ साल पहले जम्मू राज के वजीर सेनापति जोरावरसिंह ने नये सिरे से लद्दाख को जीता था। लेकिन उस विजय के नाते वे हेमिस गुम्फा के धन-रत्न को नहीं लूट सके, क्योंकि यह गुम्फा पहाड़ों में छिपी थी। यहाँ के लामाओं ने लेह की तरफ जाकर जोरावरसिंह की फौज के लिए अगले छह महीने की रसद देने का वचन दिया। हेमिस इससे बच गई।

रास्ते का मोड़ पहाड़ के नीचे-नीचे (19,000 फीट फिर घूमा।) हमारे सामने अब जो प्रत्यक्ष हुआ, वह मध्य एशिया का आश्चर्य है—शस्यश्यामल वनवृक्ष लता-फूलों से मनोहर गाँव। बाँयें एक पेड़ की छाया में लता-फूलों के परिवेश में दुबली-सी पहाड़ी नदी अपनी निर्मल धारा लिये बह रही थी। वनपाखियों की बोली जाने कब से पिछले जनम के सपने की तरह भूल गया था! आज यहाँ न जाने किस नाम की पथिक चिड़िये की बोली सुनी। हिमालय को कब जाने कहाँ, छोड़ आया हूँ। उसी का कोई टुकड़ा यहाँ छिटका-सा आया मानो और उसने अपने नन्दन कानन के चन्दन की खुशबू से मुझे विवश कर दिया।

पहाड़ी नदी के बिलकुल बगल में एक छाँह-भरी घासों की गद्दी पर बैठ गया। वह युवक यह पता लगाने चला गया कि गुम्फा का मन्दिर खुला है या नहीं। मुझे कोई जल्दी नहीं थी। मैं वह तथाकथित 'दृश्य-दर्शक' नहीं। सो उन्हीं मुलायम घासों पर लेट गया। मेरे सिरहाने दैत्याकार एक पत्थर मानो छत्र-सा हो गया हो। झिर-झिर करता हुआ पास ही कोई झरना उतर रहा था। उसके बारीक छींटे चेहरे पर पड़ रहे थे। नीचे पत्थरों से टकराती हुई पहाड़ी नदी की कलमुखरता सुनाई पड़ रही थी। सामने ऊँचाई पर गाँव—छोटा-सा। लेकिन एक नये आदमी का आना, बच्चों के साथ-साथ स्त्रियाँ भी देखने लगीं। उनकी रंग-बिरंगी पोशाकें या घाघरे, कपाल पर लाल या बैगनी फीता, पीठ पर लोमश

भेड़ की खाल, धूप से तपा चेहरा—कुल मिलाकर एक अजीब आवह की सृष्टि कर रहे थे। सुना, यहाँ पाँच-छह सौ लामा रहते हैं।

तीन ओर ऊँचे पहाड़—बहुत-कुछ रोमन 'यू' अक्षर जैसे। उन्हीं की गोद में हेमिस। सारे लद्दाख में एक यह हेमिस ही है, जो कि पहाड़ की चोटी पर नहीं है, कि जहाँ सहज ही पहुँचा जा सकता है। इस पर से दो हजार दो सौ साल गुजर गए। यही हेमिस तिब्बत का मंत्र-गुरु है। फर्क इतना ही है कि तिब्बत और ल्हासा को तिब्बत के पिछले सम्राट कुबला खाँ की कृपा प्राप्त हुई थी, वह सौभाग्य लद्दाख और हेमिस को नहीं मिला। गुरु को कौर नसीब नहीं हुआ, लेकिन उसका शिष्य धन-सम्पदा से फूल उठा! आगे और जो हो। शिष्य गुरु पर प्रभुत्व करता आया। अपने घर में गुरु ने जितनी मार खाई, उसने उतनी ही ल्हासा की तरफ शक्ल फेरी। यह सबसे हास्यास्पद है कि गया—काशी-कौशाम्बी-लुम्बिनी-कुशीनारा-राजगृह इत्यादि भारत में पड़े रहे और ल्हासा बौद्ध-जगत का शासक बन बैठा! हिन्दू भारत ने यदि बौद्ध-दर्शन को राष्ट्रधर्म के हिसाब से मान लिया होता तो ल्हासा की प्रधानता कब की डूब गई होती! चीन और तिब्बत का तीर्थ है ल्हासा का पोताला प्रासाद, परन्तु बौद्धों के धर्मगुरु स्वयं दलाई लामा का तीर्थ है भारतवर्ष! 1956 ई. के अन्त में तरुण दलाई लामा पहली बार भारत पधारे। उस समय कलकत्ते के ग्रांड होटल की चौथी मंजिल के एक कमरे में बैठकर मैंने उनसे पूछा था, 'भारत आपको कैसा लगता है?' सौम्य सुहास दलाई लामा ने अँगरेजी में जवाब दिया था—'It is the place of my pilgrimage.'

मैं आखिर उस लद्दाखी युवक के साथ चला। अन्दर थोड़ी-सी चढ़ाई। एक ओर पहाड़ी खेत-खलिहान और छोटे-छोटे बहुत-से घर। दूसरी ओर नदी-ताल। और उसके पीछे विशाल पहाड़-प्राकार। उन पहाड़ों की विभिन्न दरारों से बर्फ-गला पानी बह रहा था। इन पहाड़ों में 'काकार' या जंगली लोमश बकरे (दंतैल हरिन भी कहते हैं), कस्तूरी मृग और गेरुआ रंग के भालू चरते फिरते हैं। पहाड़ी साँप, जहरीले बिच्छू तथा और-और सरीसृप भी रहते हैं। हमने नदी पार करके उस पार जाकर देखा, सामने वन-बगीचे हैं, बड़े-बड़े पेड़ों की भीड़ है। ओक और पापलर पेड़ काफी हैं। निर्जन लेकिन विस्तृत ऐसा एक हरा-भरा भूखंड इस निरे नंगे-रूखे पहाड़ी प्रान्त में छिपा रह सकता है, बिना देखे इस पर यकीन नहीं आ सकता।

आसपास अनगिनत मन्दिर। मन्दिर से मिले हुए घर। और फिर घर की दीवारों के पत्थरों पर विभिन्न देवताओं की मूर्तियाँ खुदी हुईं। गौतम बुद्ध की

मूर्ति के लिए बताना नहीं पड़ता। विष्णु का चक्र, यम का दंड, पद्मासन के पद्मसम्भव को अब देखते ही पहचानता हूँ। प्रवेश-द्वार से पहले एक विशाल मणिचक्र। धीरे-धीरे चढ़ाई चढ़ रहा था। रास्ता बहुत थोड़ा-सा, मगर वायु-शीर्णता के कारण तेजी से चलना असम्भव। अपने को बड़ा भारी और बड़ा थका हुआ-सा लगता है। चारों ओर अनाहत शान्ति फैली हुई—चिड़ियों की बोली से सिर्फ जरा मुखर वह निस्तब्धता। हमारे सामने कहीं कोई निषेध नहीं—तमाम बेरोक। हेमिस की ऊँचाई 11,000 फीट है।

उस ऊँचाई पर एक पुरानी और बहुत बड़ी इमारत दिखाई पड़ी। उसके जाफरीवाले बरामदों की लकड़ियाँ जर्जर और बदरंग हो गई हैं। नीचे से ऊपर तक की ऊँचाई एक सौ फीट। दूसरी गुम्फाओं में जो बात इस ढंग से दिखाई नहीं पड़ी, वह है हेमिस का पुराना और जीर्ण चेहरा। ऊँचे रास्ते से ऊपर जाकर पुराने विशाल दरवाजे को पार करके हम अन्दर दाखिल हुए। काठ के इस दरवाजे की उम्र हजार साल से भी ज्यादा होगी। सामने एक विराट प्रांगण—पाँच-सात हजार आदमी उसमें मजे में बैठ सकते हैं। हर साल जुलाई में यहाँ मेला होता है। बाईं ओर एक कतार में बहुत-सी यात्रीशाला। पुराने जमींदार-घर के चकवाले चबूतरे-सा। उस विशाल अट्टालिका की दीवारों के ऊपर की तरफ रंगीन चित्रों का समारोह। पूरे में विशालता की एक महिमा! यह अट्टालिका ठीक बगल के विशाल पहाड़ से मिली हुई है और लोगों की नजरों की आड़ में है।

प्रांगण की सतह पत्थर से बँधी है। बायें और सामने एक के बाद एक यात्रीशाला। इन दिनों ये बन्द पड़ी थीं। चारों ओर जैसे जर्जरता और अवसाद हो। कहीं भी प्राण का चिह्न नजर नहीं आ रहा था, दपदप नहीं कर रहा था कहीं भरे जीवन का समारोह—यह जैसे छार-खार होकर प्राचीन एक सभ्यता अन्दर पड़ी हो। इधर-उधर देखकर मेरे मन को मानो ठेस लगी। पिछले 1922 ई. से जाने मेरी कितनी रातें जहाँ पहुँचने की कल्पना से उनींदी और बेचैन बीती थीं, आज वहाँ पहुँचकर एक आशा-भंग का अफसोस-सा होने लगा। उस समय के उस तरुण ने यहाँ आकर क्या देखना चाहा था, इसकी आज याद नहीं। लेकिन जो देख रहा था, उससे वह रस-कल्पना मिल नहीं रही थी!

प्रांगण से एक विशाल बरामदे को सीढ़ी गई है। बरामदे से लगे मन्दिर के एक-एक कक्ष हैं। पुरानी और घिसी हुई सीढ़ियों से दोमंजिले पर जाने से भी वही मिलता है। हर कमरे में विभिन्न मूर्ति। हर कमरे में बूढ़े प्राचीन का दुर्बोध्य इतिहास अँधेरे में बजबज कर रहा है। पत्थर और कँकरीली मिट्टी की दीवार के ऊपर कुछ खुला—उनसे बाहर से रोशनी लाई जाती है। इस

अट्टालिका तथा मन्दिर-कक्षों में शायद हजार-डेढ़ हजार साल पहले चमक थी—उस समय इसके प्राणों की प्रचुरता देश-विदेश में अपनी घोषणा किया करती थी। लेकिन आज वह प्राण मर चुका है! जब से यह गुम्फा बनी है, तब से आज तक इसका संस्कार शायद एक ही बार हुआ है। और वह हुआ है महाराजा प्रतापसिंह के समय में—19वीं सदी के अन्त में। परम्परा से लामाओं के आते-जाते रहने से इसकी सीढ़ियाँ, फर्श, बरामदे के पत्थर घिस गए हैं। यहाँ धुँधलका का, वहाँ अँधेरा, दुतल्ले पर गर्द-गुबार, तीनतल्ले में छेद, चारतल्ले के खिड़की-किवाड़ टूटे, यहाँ-वहाँ कोयले के दाग, दीवारों के पलस्तर झड़े हुए, खुली छत की दीवार टूटी, काठ का पुराना बरामदा हिलता हुआ, पत्थर के पात्र टूटे-फूटे—कुल मिलाकर खंड-खंड दशा! हेमिस मर गया है, यह मुझे मालूम नहीं था।

यहाँ के जो प्रधान पुरोहित और हेमिस के अधिनायक हैं, वे एक 'कुशक' हैं। जैसे पितुक गुम्फा के अधिनायक हैं कुशक बकुला। कुशक बकुला कश्मीर सरकार के एक मंत्री हैं। सुनने में आया कि कश्मीर में उनका जाफरान का कारोबार भी है। जो हो, खास-खास लक्षण और पुराने संस्कार लेकर ही कोई कुशक जन्म लेता है। वे बचपन से ही कुशक होते हैं, लामा नहीं। लामा बनते हैं, कुशक पैदा होते हैं। 1962 में हेमिस के कुशक अपनी तपस्या की सिद्धि के लिए ल्हासा गए थे। चीन सरकार ने उन्हें वहाँ रोक रखा। अभी उनके स्थान पर यहाँ कोई नहीं था। एक विशिष्ट लामा यहाँ की देखभाल करते हैं। इसके बाद चीन ने जब फिर से लद्दाख पर आक्रमण किया तो हेमिस की सारी कीमती वस्तुएँ सुरक्षित स्थान को ले जाई गईं। लिहाजा वहाँ जो थीं, वह थीं कुछ मूर्तियाँ, उपचार और पूजा के कुछ सरंजाम, कुछ पट और कुछ बहुत ही पुराने रंगीन चित्र। मैं सुदूर बंगाल से आया था। बीते 42 वर्षों में स्वामी अभेदानन्द के सिवाय और कोई बंगाली यहाँ आए या नहीं, मालूम नहीं। खैर, लामा जी ने मुझे झूलते कैलेंडर-सा एक रंगीन चित्रपट, मंत्र खुदा हुआ एक पत्थर और लद्दाखी भाषा में लिखे हुए कुछ पन्ने उपहार दिये।

पोथियों के भंडार के लिए हेमिस की बड़ी प्रसिद्धि है, मैंने सुना था। उन पोथियों की संख्या कई हजार, कई लाख है, यह मुझे नहीं मालूम। वे पोथियाँ एक-एक युग में एक-एक भाषा में लिखी गई हैं। उनकी वर्णमाला में ब्राह्मी, पालि, नागरी और मागधी बंगला शायद उल्लेख योग्य हैं। मुझे नहीं मालूम कि इनमें कश्मीर की निजी 'शारदी' भाषा है या नहीं। मैं जिस विशेष पोथी को देखने के लिए यहाँ आया था, उसके बारे में स्वामी अभेदानन्द ने अपने ग्रंथ

में खास तौर से जिक्र किया है। अपनी पुस्तक 'देवतात्मा हिमालय' में मैंने इस बात की चर्चा भी की है। मगर यहाँ कोई पोथी नहीं थी! कश्मीर सरकार पोथियाँ कहीं हटा ले गई है!

सन् 1887 में एक रूसी पर्यटक निकोलस नटोविच कश्मीर भ्रमण करते हुए घायल अवस्था में इस हेमिस गुम्फा में आए थे। यहाँ कुछ दिन रहकर वे स्वस्थ हुए। बातों के सिलसिले में अचानक एक दिन उन्होंने कुशक के मुँह से यह सुना कि अपनी तरुणाई में निरुद्देश्य रहने की अवधि में ईसा मसीह मरुभूमि के रास्ते पंजाब के उरसा होकर कश्मीर के भीतर से लद्दाख पहुँचे थे और अपनी ख्याति से इस हेमिस गुम्फा उन्हें यहाँ खींच लाई थी। ईसा की उस जीवन-कथा पर पालि में एक पोथी लिखी गई थी। बाद में जब ईसा की प्रसिद्धि सारे संसार में फैली तो इस मूल पोथी की कुछ नकलें तैयार करके विभिन्न गुम्फाओं में जतन से काठ के बक्सों में रखी गईं। मूल पोथी आज भी ल्हासा के पोताला प्रासाद के समीपवर्ती 'मार्कुर' नामक एक पहाड़ी मठ में सुरक्षित है। निकोलस नटोविच को एक दुभाषिये ने उल्लिखित अनुलिपि (तिब्बती भाषा में) के इधर-उधर का कुछ अंश पढ़कर सुनाया और नटोविच ने उन्हें लिख लिया। उन्होंने शायद उसे रूसी हरूफों में लिखा और बाद में उसे अपनी मातृभाषा में रूपान्तरित किया। इसके बाद एलेक्सिना लारेंजर नाम की एक अमरीकी महिला ने उसका अँगरेजी में अनुवाद किया और उसका नाम रखा : 'The Unknown Life of Jesus Christ'—जिसे शिकागो की Indo-American Book Company, Illnois, U.S.A. (1894) ने प्रकाशित किया। किताब बड़ी ही मनोरंजक है और ईसा के जीवन के अँधेरे में पड़े 16 वर्षों की भारत से सम्बन्धित वे कहानियाँ विश्वास करने में खटकता नहीं। अमरीका में उस किताब को पढ़कर स्वामी अभेदानन्द जी अभिभूत हो गए और 1922 में वे स्वयं हेमिस आए और मूल पोथी की तिब्बती अनुलिपि देखी तथा दुभाषिये की मदद से उसका पाठोद्धार किया। कहना फिजूल है कि स्वामी जी ने उस समय शुरू से आखिर तक इसे प्रामाणिक मानकर विश्वास कर लिया था और ईसा ने अपनी जवानी में नाथ सम्प्रदाय में शामिल होकर भी गौतम बुद्ध के मंत्र में सिद्धि पाई थी, इस पर उन्हें एक तिल भी सन्देह नहीं था। वास्तव में ईसा के 'सरमन ऑन दि माउंट' से बुद्ध की वाणी की समानता को देखकर दंग रह जाना पड़ता है। खैर, लगभग तीस वर्षों तक भारत के विभिन्न अंचलों का भ्रमण करके ईसा अपने देश लौट गए। उसके बाद क्रूस पर चढ़ाने के बाद उनके शिष्यों ने जब उन्हें स्वस्थ किया, तो वे फिर कश्मीर आए। बलूचिस्तान और सिन्धु की सीमा

के एक स्थान पर और श्रीनगर के पास 'खानायारी' नाम की जगह में आज भी ईसा की समाधि-मन्दिर मौजूद है।

लेकिन एक आदमी निकोलस नटोविच को विश्वास और श्रद्धा की निगाहों से नहीं देख सके थे, वे थे सर फ्रांसिस यंग हसबैंड। एक पक्के रूसी थे, दूसरे पक्के अँगरेज। मैं जब की बात कह रहा हूँ, उस समय उत्तर कश्मीर की सीमा के लिए अँगरेज और रूसियों में काफी मनमुटाव चल रहा था—19वीं शताब्दी के नवें दशक में। उस समय किसी रूसी यात्री को उत्तर कश्मीर में कहीं घूमते-फिरते देख उसे गुप्तचर समझ लेना अँगरेजों के लिए अस्वाभाविक नहीं था। रूस के प्रति अँगरेजों की वितृष्णा ऐतिहासिक है। उसके अन्तिम प्रमाण थे चर्चिल साहब और सर फ्रांसिस उन्हीं के समसामयिक थे। जो भी हो, सन् 1887 में बालतिस्तान के स्कार्दू में निकोलस नटोविच से सर फ्रांसिस की भेंट हो गई। एक जने हेमिस की ओर जा रहे थे और दूसरे आ रहे थे पेकिंग से मंगोलिया की मरुभूमि, सिनकियांग मरुभूमि, काराकोरम पार करके बालतिस्तान से श्रीनगर और रावलपिंडी की ओर! नटोविच को अँगरेज समझकर सर फ्रांसिस जब सादर उनका अभिवादन करने के लिए बढ़े, तो पता चला कि वे रूसी हैं! इसके बाद सर फ्रांसिस का ही कथन यहाँ उद्धृत कर दूँ :

'...He announced himself as N. Nicholas Notovitch, an adventurer who had, I subsequently found, ma de not very favourable reputation in India...This same N. Notovitch afterwards published what he called a new 'Life of Christ,' which he professed to have found in a monastery in Ladakh, after he had parted with me. No one, however, who knew M. Notovitch's reputation, or who had the slightest knowledge of the subject, would give any reliance whatever to this prententius volume.' (The Heart of a Continent : 1887)

बाद में सर फ्रांसिस खुद अपनी आँखों हेमिस गुम्फा देखने गए थे। उस समय वे कश्मीर के कमिश्नर थे। लेकिन इसके बारे में फिर उन्होंने जबान नहीं खोली, हेमिस जाने से पहले ही नटोविच के बारे में उनका यह मन्तव्य प्रकाशित हुआ था। नटोविच की उस किताब को अँगरेज सरकार ने भारत में प्रवेश नहीं करने दिया था!

कक्ष-मन्दिरों में से एक में गौतम बुद्ध की मूर्ति सबसे ज्यादा आकर्षक है। उसी के पास एक दूसरी मूर्ति का नाम है—'रासचेन'। यही इस गुम्फा के आदि प्रतिष्ठाता हैं और इन्हें 'व्याघ्रलामा' कहते हैं। जीते-जी ये किस चरित्र के व्यक्ति

थे, यह किसी को नहीं मालूम। लेकिन उनकी मूर्ति और आँखों का तीखापन मन में दुर्भावना पैदा करता है! अन्दर धुँधलका है, गन्दा-सन्दा, बिलकुल जीर्ण-सा। पुरानी मिट्टी और पत्थरों की एक जंगली बू कुछ देर के लिए मोहाविष्ट-सी किए देती है। असबाब देखने में कारुकला की दृष्टि से मंगोलीय और कश्मीरी शिल्प मिश्रित हैं। मन्दिर में अनोखी-अनोखी शक्ल की बहुतेरी मूर्तियाँ, जिनमें से बहुतों की शक्लें पहले नहीं देखीं। चारों ओर अजीबोगरीब अलंकरण, जिनका मतलब बहुतों के लिए बोध्य नहीं है। किसी भी चीज में आधुनिक काल या युग का कोई चिह्न नहीं। इन मन्दिरों के लिए 3-4 सौ साल मामूली बात है! लकड़ी के कटोरे, रेशम और जरी के साज, मैला सोना या पीतल या चाँदी, मूर्तियों की रंगमयता, ऊपर का चँदोवा, वेदी बनाने का तरीका, स्फटिक के विभिन्न पात्र, मणिरत्नों का साज—ये चीजें आठ सौ, हजार, डेढ़ या दो हजार साल से भी पहले की हैं। चाँदी के पात्रों में पानी—रोज सुबह-शाम ताजा पानी भर दिया जाता है। बर्तन वही हैं, लेकिन लामा लोग वंशानुक्रम से उनमें सैकड़ों साल से पानी भरते चले जा रहे हैं। किसी युग में इसका व्यतिक्रम नहीं हुआ। उनमें एक भयंकर चेहरे की देवीमूर्ति है। वह नीले रंग की और राक्षसी-सी है। ये कराली, महाकाली हैं। ऐसी तेज, जीवन्त, वज्रहस्ता, विभीषणा और भूखी पिशाची मूर्ति भारत में और कहीं मैंने नहीं देखी। हर साल जुलाई के महीने में यहाँ काफी बलि पड़ती है—बुद्ध की अपार करुणामय दृष्टि के सामने! यह नियम मात्र हेमिस में ही चलता है, सो नहीं, लद्दाख की हर बड़ी गुम्फा में इसका पालन किया जाता है। बंगाल की तंत्र-साधना से लद्दाख या तिब्बत के बौद्धदर्शन का कैसा तो एक आत्मिक सम्बन्ध है, वह मुझे पूरा-पूरा नहीं मालूम।

इस विराट सूनी अट्टालिका के हर तल्ले के हर कमरे में, छत में, बरामदे में, गुफा-मन्दिर और घर में तथा खँडहरों के आसपास में मानो बहुत-कुछ कस्तूरी मृग-सा अपनी ही तीखी गंध से लाचार होकर दौड़-धूप कर रहा था! मेरी एक आन्तरिक ताड़ना इस जनमानवहीन भौतिकपुरी की छमछम छायाओं में मुझे थिर नहीं रहने दे रही थी! मैं वही खोजता फिर रहा था, जिसे मैं नहीं जानता। शायद हो कि किसी खोई सभ्यता का कोई टुकड़ा या कि कनिंघम का कहा बुद्ध का वह दाँत, या फिर सम्राट अशोक या ललितादित्य मुक्तापीड़ का कोई स्मृतिचिह्न या कि किसी प्रेतछाया के दबे कंठ में महाकवि की वाणी : 'जिनकी बात सभी भूल गए हैं, तुमने उनका कुछ भी नहीं भुलाया। तुम सारी भूली हुई कहानियों को स्तब्ध होकर ढाते रहते हो। ऐ मुनि अतीत, उन्हें भाषा दो...'

नहीं, आज हेमिस की कोई भाषा नहीं। एक दिन जो समारोहों से समुज्ज्वल

रहती थी, वह पुरी आज खाँ-खाँ कर रही है, जैसे महापरिनिर्वाण की शय्या पर शव पड़ा हो! दानव-दलन के चक्रान्त चारों तरफ हैं, पर हेमिस के कंठ में, शान्तिपाठ का नया मंत्र नहीं है। उस शव की छाती में कान लगाकर मैंने नये युग के जीवन की धड़कन को सुनना चाहा था, पर नहीं सुन सका। मुझे यही समाचार लेकर लौटना होगा कि मध्य एशिया में चरम अपमान, उपेक्षा और अनादर में बौद्ध सभ्यता और संस्कृति की अपमृत्यु हो चुकी है। बौद्ध संस्कृति अगर कभी पुनरुज्जीवित होगी, तो वह भारत में गंगा के समतल पर ही होगी। मध्य एशिया में नहीं, चीन-तिब्बत-लद्दाख में नहीं, दक्षिण-पूरब प्राच्य में भी नहीं—उसको फिर से जीवन अपनी जननी की गोद में ही मिलेगा! मृत्यु में से वह फिर भारत के ही अमृतलोक में लौटेगी!

बाहर मैंने बूढ़े और विवश ताँबे के रंग के लामाओं को देखा, जिनके मुँह में भाषा नहीं थी। पहनावे में गेरुआ झूला; सर पर कान-मोड़ी टोपी, होंठों पर बेबस हँसी, चाल में असीम निरुत्साह। मेरे संगी उस लद्दाखी युवक ने कुछ तसवीरें लीं। बाद में मैंने जाना कि तसवीर लेने में वह युवक बड़ा ही अपटु था।

हेमिस के वन-बगीचे में चिड़ियाँ बोल रही थीं—असमय की चिड़ियाँ! गुहा-लोक में झरने की आवाज सुनाई दे रही थी—जिस पर झुक आया है राक्षसराज गिरि! उधर हवा की ताड़ना से झूलते हुए मणिचक्र घूम-घूम जाते थे जिनके पीतल या ताँबे की पत्तरों में लिखा था : 'उँ मणिमद्र ने हूं'। करीब ही झरना से विकीरित शीकर-कणों से पुष्पलताएँ काँप रही थीं। साँझ होने पर जंगली हिरन चुपचाप मटर के खेतों में आएँगे, रात को काराकोरम की तरफ से लाल भालू उतरेंगे। हेमिस की सुनसान पुरी की छतों पर पहाड़ी की दरारों से निकलकर आ जाएँगे गोह जैसे विशाल आकार के सरीसृप! लेकिन मेरी यात्रा इस बार यहीं समाप्त हुई। मैं जितना ही आगे बढ़ने लगा, मुझे उतना ही यह अनुभव होने लगा कि दो हजार वर्ष का दबा विश्वास फेंकते-फेंकते कोई मेरे पीछे-पीछे आ रहा है! न, जिन्दा नहीं है! जो कुछ भी पुराना है, चिराचरित है, गतानुगतिक है, उसकी मौत आसन्न है, जहाँ नये जीवन के नये मंत्र का उच्चारण नहीं होता, वहाँ वह अपनी प्राण-शक्ति की कमी से ही मरता है। मेरे पीछे उसी अवश्यम्भावी मृत्यु की रुलाई है! हेमिस छोड़कर धीरे-धीरे चलते हुए हम लोग फिर तेज प्रवाहवाली सिन्धु नदी की सुनील जलराशि के किनारे आ खड़े हुए। सामने फिर वही मरु। पत्थरों का अन्तहीन जगत! हमारी आँखों के सामने उसने अपने-आपको पसार दिया!

लद्दाख युद्धक्षेत्र का परिवेश

मध्य एशिया में नदी का दूसरा नाम है : 'दरिया'। सम्भवत: यह तुर्की शब्द है। हेमिस गुम्फा छोड़कर जब हम सिन्धु दरिया के किनारे पहुँचे तो बेला झुक आई थी। सामने ही एक लोहे का लाल रंग का नया पुल...पुल के दोनों ओर सशस्त्र पहरा। उस पार चुसुल का वही रास्ता, धूल-बालू से होते हुए पहाड़ के बाद पहाड़ों को पार करके बहुत दूर चला गया है। भारतीय प्रतिरक्षा सेना मजबूती से चुसुल की घाटी में डटी हुई है—उस घाटी के पूरब एक तरफ पैंगोंग ह्रद सहित खुर्नाक दुर्ग है, दूसरी तरफ स्पांगुर ह्रद। ये दोनों पतले लम्बे जलाशय यहाँ दो भागों में बँट गए हैं। पूरब का हिस्सा तिब्बत में और पश्चिम का लद्दाख में। इन अंचलों में चीन के शासकों ने कुछ दिनों से कुछ नये मुहावरों का व्यवहार करके नेहरू जी को परेशान कर रखा था! वे थे : line of control, line of actual control, line of virtual control, आदि। मजे की बात यह थी कि हर हफ्ते चीनी फौज जितना ही चुपके-चुपके पूरब से पश्चिम बढ़ती गई—उतना ही virtual control धीरे-धीरे line of control और actual control, होता चला गया! वर्चुअल और एक्चुअल की जटिलता की नित्य बदलनेवाली चीनी व्याख्या सुनकर कैम्ब्रिज से पास किए हुए नेहरू जी पेरिस में पढ़े चाउ-एन-लाइ की ओर देखते हुए लोकसभा में बारम्बार हँसते रहे! हम जब छोटे थे, कलकत्ते में चीनी फेरीवाले रंगीन कागज, पतली-सी काठी और धागे से एक मजेदार खिलौना बनाकर बेचते फिरते थे। मजाक से बहुतेरे लोग उसे 'चाइनीज पजल' कहते थे यानी चीनी गोरखधन्धा! एक बार जार्ज बर्नार्ड शॉ ने कहा था : 'a lier must be truthful.' झूठ को सच में बदलने के लिए ही झूठ को सदा निर्मूल बनाए रखने की जरूरत होती है! एक झूठ को ढकने के लिए अनेक झूठों की उलझन पैदा करके चीनियों ने अपने मित्रराष्ट्रों के सामने भी अपने को हास्यास्पद बनाया है! काल्पनिक मानचित्र बना लेने की उनकी नित्य नई चाल इतिहास प्रसिद्ध हो रही! खैर, उपर्युक्त पैंगोंग इलाके में युद्ध पहले तिब्बत के साथ भारत का हुआ। यह 1842 की बात है। भारत-चीन का यह दूसरा युद्ध यही उस दिन हुआ—1962 में। पैंगोंग का पानी बड़ा बेस्वाद है!

सिन्धु नदी को जीवन में मैंने बहुत बार पार किया है। मगर पानी को यहीं पहली बार छुआ। यहाँ जमीन बालुका-पांडुर है—उसी में से गहरे नीले फीते जैसी सिन्धु नदी दक्षिण से उत्तर की ओर बहती है। वह स्निग्ध निर्मल पानी पीने

में मीठा है। कैलास पर्वतमाला के एक हिमवाह से इसकी उत्पत्ति हुई है, लेकिन मानसरोवर से 'गातांग' नाम की एक दूसरी नदी निकलकर लद्दाख सीमान्त के ठीक दक्षिण तिब्बती 'तासीगंग' जनपद में इससे मिली है। यह मैंने पहले बताया है। सिन्धु का यह पानी कहाँ से और कैसे सोने के कण बहा लाती है या भू-प्रकृति के किस रहस्यमय कारण से लद्दाख अथवा तिब्बत के बालूकण सोने के कण बन जाते हैं, मुझे नहीं मालूम। सिन्धु की लम्बाई 1800 मील है, पर उसके उद्गम स्थान से 700 मील उत्तर-पश्चिम की दूरी तक इसके प्रवाह के अगणित स्वर्णकण हजारों-हजार नर-नारियों की जीविका की समस्या का समाधान करते हैं।

हेमिस का रास्ता आखिरकार बलुआहे पहाड़ों और खेत-पथारों के बीच खो गया। मैं सिन्धु पार करके चुसुल की राह लेह की ओर चला। इसमें शक नहीं कि रास्ता बड़ा ही रूखा-सूखा और धूल भरा है। फिर उस धूल से शरीर धूसरित होने लगा, जैसे गाँव की यात्रा पार्टी के अभिनेता बार-बार पाउडर मलकर भौतिक शक्ल बनाकर मंच पर उतरते हैं!

सबसे ज्यादा अरुचिकर लग रहे थे हजारों की तादाद में कतार-के-कतार वही चोर्तेन, वही माने और वही मणि-दीवाल। अपूर्व सुन्दरी हेमिस को देखकर लौट रहा था, अब उपले चुननेवालियाँ नहीं सुहा रही थीं! लिहाजा मैंने दूसरी तरफ मुँह फेरने की कोशिश की। अचरज है कि हर युग में एक-एक प्रणम्य महापुरुष जन्म लेते हैं और विदा होते वक्त गुदगुदी लगाने के लिए चींटियों के एक झुंड को छोड़ जाते हैं! महावीर, बुद्ध, ईसा, मुहम्मद, शंकर, चैतन्य, तुलसीदास, गुरु गोविन्द, चैतन्य, कार्ल मार्क्स, गांधी—एक-एक करके सबकी याद आती है! इनसे पैदा हुए हैं कुछ सम्प्रदाय, गोष्ठियाँ, जाति, फिरका लठैत, धर्मांध, संघ और कुछ अजीब पोशाकें तथा टोपियाँ! इस दुख से कब तो नेहरू जी ने खीजकर कहा था—मैं पेगान हूँ। कुछ पहले रूस के एक नेता ने कहा था—मैं निहलिस्ट हूँ। उनका नाम शायद बाकुनिन था। लेकिन चीन के अन्तिम महापुरुषों ने जिन लोगों को लद्दाख के इन सूखे पहाड़-पर्वतों में उछल-कूद करने के लिए छोड़ दिया है, वैदान्तिक भारत उनके उत्पात से आज परेशान है! इन परेशानियों की शक्ल देखते-देखते ही 'शे' और 'स्तोक' गुम्फा-ग्रामों को पार कर गया। 'शे' गाँव बड़ा है और बहुत-से घर हैं। यहाँ की जो बहुत बड़ी गुम्फा है, वह राजा देलदान नामगियाल की बनवाई हुई है। लेह से पहले 'शे' लद्दाख की राजधानी थी। लेह शहर पहुँचने के 13 मील पहले सिन्धु जरा पश्चिम को मुड़ी है। इस सन्धिस्थल के फैले हुए मैदान में कुछ वन-बगीचा

और एक बँगला नजर आता है। कभी यह 'साहब बँगला' था, यानी डोगरा राजा के अँगरेज अफसरों का, जिन्होंने लद्दाखियों से कभी अच्छा व्यवहार नहीं किया। इस रास्ते के आसपास पहाड़ के ऊपर और नीचे पहाड़ों में ऐसी-ऐसी विराट बुद्धमूर्तियाँ खोदी और बनाई गई हैं, जिन्हें देखकर हैरान रह जाना पड़ता है। लेकिन आज बहुत हद तक ये बेमानी हो गई हैं। इन मैत्रेय बुद्ध और शाक्य स्थविर की निर्जीव आँखों के सामने भारतीय प्रतिरक्षा की जो तैयारियाँ चल रही हैं, वे मध्ययुगीन नहीं हैं। वे आज के विज्ञान की अन्तिम परिणति हैं। काराकोरम के उस पार चीन और इस पार भारत—दोनों ही बिलकुल आधुनिक सज्जाओं से लैस। किन्तु आधुनिक विज्ञान की इस समर-सज्जा में जो कुछ लद्दाखियों को दिखाई दे रहा है, वह उनके लिए क्रान्तिकारी परिवर्तन है! मामूली चीजों में वे बहुत बड़ी दुनिया की प्रगति देख रहे हैं। तरह-तरह की मोटरें, फौजी सामानों से लैस गाड़ियाँ, हेलिकॉप्टर, अजीब-अजीब हवाई जहाज, तरह-तरह की तोपें और आश्चर्यजनक मारणास्त्र! इनके सिवा बनी-बनाई खाद्य-सामग्रियाँ, अनोखे मनिहारी सामान, अनूठे पोशाक-परिच्छद और साज-सज्जा; प्राकृतिक दुर्योग में अपने बचाव के लिए विभिन्न प्रकार की वैज्ञानिक व्यवस्था। इसी से बन रहा है लद्दाख का नया मन और चरित्र, नई भूख और अभाव का बोध, तथा नये ढंग की जीवन-कला की कल्पना। चीन-भारत के इस विरोध का निबटारा एक दिन होगा ही क्योंकि पास-पास रहनेवाले दो पड़ोसी सदा वैरी बनकर नहीं रह सकते। भारत-पाकिस्तान में स्थायी स्वभाव की प्रतिष्ठा भी एक दिन होकर ही रहेगी। लेकिन लद्दाख तब अपनी पुरानी गुम्फा में घुसकर आँखें बन्द करके नहीं रहेगा। कई दिन पहले डिप्टी कमिश्नर की परिषद सभा में बैठकर मैंने देखा, लद्दाख से ही अब वह नेतृत्व उठ खड़ा हो रहा है! सैकड़ों वर्षों से लद्दाख मार खाता आ रहा है। तुर्क, तिब्बती, हूनजा, पठान, मंगोल, डोगरा, सिक्ख—एक-एक कर सबने उसे सताया है, लूटा है। उनके घर-द्वार उजाड़े हैं, मुँह का कौर छीना है। उनके घर की औरतों के लिए छीना-झपटी की है। लेकिन अब लद्दाखी अपना सिर उठा रहे हैं।

इसी बीच लड़ाई के मैदान में उनके शौर्य, शक्ति, अध्यवसाय तथा कष्ट-सहिष्णुता का प्रमाण मिला है। वे शिक्षा, अन्न, अर्थनीतिक सुविधा सामाजिक बन्धन से मुक्ति और लामातंत्री राजनीति का अन्त चाहते हैं। तिब्बत उनकी निगाहों के सामने पिट रहा है, वे देख रहे हैं। मूढ़ता, मध्ययुगीन बर्बरता, धर्मान्धता, लामातंत्र का अकथनीय अत्याचार, तरह-तरह की सामाजिक दुर्नीति, जीवन-यात्रा में बेहद अपमान का बोझा ढोये चलना, भूमिदास-गोष्ठी की शोचनीय

दुर्दशा—इन सबके प्रतिकार के लिए महाकाल ने खड्ग उठाया है! मध्यपूर्व, निकटपूर्व, दक्षिण-पूरब प्राच्य, सुदूरपूर्व—अब तमाम आँधी उठी है! राजनीति के कूटतर्क, प्रगतिवाद या आदर्शवाद, विरोध का बाल नोचा-नोची, अन्तर्जातीय कलह—इन सबको चूर-चूर करती हुई वह आँधी आगे बढ़ रही है! जिस देश में जितने अन्नहीन और भूखे हैं, जहाँ जितने आश्रयहीन और अनुन्नत हैं; सर्वहारा, मानहीन, घर-बारविहीन, आशा-आश्वासनविहीन—उन्हीं लोगों ने पूरब में यह आँधी उठाई है तमाम! उस आँधी के उद्दाम आघात से भावी भारत का भी निस्तार है या नहीं, इसे आज कोई नहीं जानता।

फिर लेह लौट आया।

घोड़ों के पैरों में घुँघरू बाँधकर जब लद्दाखी लोग मैदान में अपना प्रिय खेल पोलो खेलते हैं तो वह खेल बड़ा कौतुक का हो उठता है। घोड़े की टाप गिन-गिनकर खूबसूरत स्त्रियाँ ताली बजाती रहती हैं और 'चेंग' के नशे में कोई-कोई नाच नहीं उठती, सो नहीं! मैदानों में घोड़े के खुरों से बेहिसाब धूल उड़ती है, लेकिन खेल जब जम जाता है, तो होशोहवास नहीं रहता! औरतें प्रश्रय देकर उसे और जैसे गरमा देती हैं।

कुत्ता या बिल्ली शराब नहीं पीती। संसार के सभी सभ्य और भद्र समाज में शराब एक प्रधान पान है। लद्दाख के सभी समाज में 'चेंग' नाम की देशी शराब चलती है और बौद्धों में यह बड़ी प्रिय है। सिक्किम में मैं देखा करता था, माँ-बाप, बेटा-बेटी शिंगताम की हाट की दुकानों में खड़े होकर जी-भर चेंग पीते हैं। चेंग का रंग गँदले पानी-सा होता है। स्वाद जरा जंगली। जौ या धान, जहाँ जो मिलता है, उसी को सड़ाकर (Fermented) यह बनाई जाती है। पोलो मैदान में जाने के पहले प्रत्येक स्त्री-पुरुष भरपेट इसे पी लेते हैं। तैयार करने के हिसाब से यह कभी कड़ी, कभी नर्म होती है। जौ का घट्टा या पीठा, मांस का शोरबा, जौ का घोला हुआ सत्तू, चमरी का गाढ़ा दूध और दही, काठ के कटोरे में चाय के साथ नमक और मक्खन तथा समय पर दो-एक लोटा चेंग—यह सब देख-सुनकर मैंने रिगजिम नामगियाल खालोन से कहा, एक बार आप आइए कलकत्ते, मिलावटवाले बादाम तेल में सड़ी मछली खिलाऊँगा—उसके साथ रोटी! अमृत!

लेह में घूमते हुए समझ में आ जाता है कि लद्दाख की भाषा बिलकुल उसकी अपनी है। यह भाषा आंचलिक है। तिब्बती से उसका जो लगाव है, वह जैसे मैथिली से बंगला का लगाव! यह गलत खयाल है कि लद्दाख की वर्णमाला या लिपि तिब्बत से उधार ली हुई है। यह वर्णमाला भारत और कश्मीर

के ही कारखाने में बनी है, जो कि नागरी और मागधी बंगला का एक टेढ़ा रूप है। तिब्बत की बौद्ध संस्कृति, भाषा, वर्णमाला, शिक्षा, शिल्प, वास्तुकला, मूर्तिकला—इन सबको अधिकांश में भारत, कश्मीर, लद्दाख ने जुगाया है, कुछ-कुछ मंगोलीय सभ्यता ने। तिब्बत का लद्दाख पर बड़ा सामान्य ही ऋण है। लेकिन लद्दाख की भाषा में थोड़ी-बहुत मिलावट है। तुर्की, यारकन्दी, शारदी, यासेनी, बालती, हिन्दुस्तानी, फारसी—ये सब फोड़न की तरह लद्दाखी में घुस गई हैं। भाषा हर समय घूमती-फिरती है। वह जितना ही घूमती है, उतना ही जीवन-खाद्य जुटाती है। जीवन्त भाषाएँ इसके सबूत हैं।

1940 तक लेह व्यापार का बहुत बड़ा केन्द्र था। उस समय तक सीमा-विवाद नहीं शुरू हुआ था। यारकन्दी और तिब्बतियों के अलावा लेह के बाजार में दार्द, नागरी, हून, चानथानी आदि भी आते थे। और इधर कश्मीरी, पंजाबी, डोगरा, लद्दाखी—सभी रहते। नामदा, चरस, पशमीना और पशम की खरीद-बिक्री की होड़ मच जाती थी। कश्मीर में सदा से ही पशम कम होता है। लेह के शहर-बाजार में पशमीना-भेड़ा, बकरी, गधा, घोड़ा आदि बिका करते थे। कस्तूरी की माँग भी कम नहीं थी। भारत से गेहूँ, जौ, मिट्टी का तेल, दियासलाई, तख्ते, सूती कपड़े और तरह-तरह की मनिहारी चीजें बिकती थीं। मई से अक्टूबर तक—यानी बर्फ गलने की शुरुआत से दूसरे साल बर्फ गिरना आरम्भ होने तक ऐसी एक भीड़ और हाट-बाजार वहाँ जम-जम करता था, जिसका चेहरा मध्ययुगीय था। इन्हीं में एक पण्य-सामग्री होती थी—स्त्रियाँ। कोई जवान, कोई सुन्दरी, कोई अच्छा नाचती या गाती, कोई या तो नई गिरस्ती बसाने की इच्छुक—इन पर टीका-टिप्पणी, बातचीत चलती, और इसमें भी वही मध्ययुगवाला मनोभाव ही काम करता। सारे मध्य एशिया में लोगों की लेन-देन, औरतों की खरीद-बिक्री बहुत दिनों से प्रचलित है। पामीर अंचल में, यारकन्द और खोतान में, ताजिकिस्तान और सिनकियांग के अन्यान्य अंचल में भी हजारों-हजार कश्मीरी, लद्दाखी यहाँ तक कि पंजाबी परिवार मौजूद हैं। औरतें ही नहीं, हजारों-हजार मर्द भी। उजबेकिस्तान के विभिन्न इलाकों में मैंने जिन्हें देखा है, क्या मर्द और क्या औरत—उन्हें अफगानी, कश्मीरी या भारतीय रूप में पहचानने में देर नहीं लगी। लेह शहर में भी यही हाल है—नाना युग में विभिन्न सम्प्रदाय वहाँ पहुँचे हैं। वे यहाँ-वहाँ, पहाड़ों या बस्तियों में भेड़ों के झुंड लेकर बस गए हैं। समय पर बौद्ध समाज में उन्हें जगह भी मिल गई। आज तक भी, युद्ध-विग्रह की इस परेशानी के बावजूद लद्दाख की अर्थनीति का मूल स्वरूप, भेड़-बकरी-केन्द्रित है। पहाड़ों की अली-गली या छोटी-छोटी बस्तियों

में यहाँ-वहाँ जमे लोगों के परिमाण यही बताते हैं। उस दिन एक ऊँचे फौजी अधिकारी ने हँसकर कहा, '1962 की चीनी चढ़ाई के समय जवानों को स्वेटर भेजने के लिए भारत में एक शोर-सा पड़ गया था—वह नितान्त हास्यकर था! उस झोंक के समय लोगों को यह समझा सकना कठिन था कि हम ऊन और स्वेटरों के ही मुल्क में रह रहे हैं! उनकी हमें कतई जरूरत नहीं!'

'तो फिर विशेष जरूरी कौन-सी चीज थी?'

फौजी अफसर हँसे। बोले, 'उसकी आज भी जरूरत है! शाम के चार बजे से रात को नींद न आ जाने तक जवानों को भुलाए रखने के लिए इस बर्फ और मरुभूमि में कुछ है भी? खेलने योग्य मैदान है? सिनेमा-थियेटर है? वेराइटी प्रोग्राम का कोई केन्द्र है क्या? स्वेटर के बदले जादूगर भेजते तो ठीक था!'

फिल्म दिखाने की ज्यादा जरूरत है। ताश-पासा-कैरम-शतरंज-नाच-गान—जवान इन चीजों से खुश होते हैं! मनोरंजन चाहिए जनाब, मनोरंजन! जो हर वक्त हथेली पर जान लिये हुए हैं, उनके लिए मनबहलाव और आनन्द का उपाय करना हमारा मुख्य काम है। लेकिन हमारे बच्चे बड़े अच्छे हैं—हर असुविधा ये हँसकर झेल लेते हैं! जाड़े में रुक जाइए, देखिएगा, कैसी असाधारण और भयानक है उनकी जीवन-यात्रा!

मैंने पूछा, 'लड़ाई की हालत कैसी लग रही है?'

भले आदमी जोर से हँस उठे। बोले, 'आप शायद चीनियों की कह रहे हैं? उस बार औचक ही पीछे से सिर पर लाठी मारकर उन्होंने बहादुरी लूट ली थी! शायद अच्छा ही किया था! शाप का वरदान हुआ! It was a boon in disguise! अब अगर कोई उकसाकर उन्हें फिर से मोर्चे पर उतार दे तो हमें खुशी ही हो!'

हो-हो करके फिर वे एक बार आत्मविश्वास की हँसी हँसे। बोले, 'अब उनमें युद्ध का वह हौसला नहीं दिखाई दे रहा है! But we are prepared to the teeth!'

उस दिन उनके कैम्प में चाय पीकर खास जोश लिये लौटा। लौटकर देखा, एक बंगाली युवक मेरा इन्तजार कर रहे हैं। नाम था उनका विश्वजित सेन। सुदूर मध्य एशिया के इस शहर में किसी बंगाली से भेंट, चौंकाने की बात थी। फलस्वरूप एक ही मिनट के अन्दर हममें जमकर बातचीत होने लगी। विश्वजित नृतत्व में कलकत्ता विश्वविद्यालय के एम. एस-सी. हैं। पश्चिम बंगाल सरकार के सांस्कृतिक-गवेषणा विभाग में काम करते समय एक बार वे

विभिन्न आदिवासियों के समाज में रहे थे। और इसी सिलसिले में कलकत्ते के बहुत-से दैनिक और सामयिक पत्रों से उनका सम्बन्ध था। फिलहाल दो साल से ये दिल्ली के India School of International Studies की गवेषणा शाखा में काम कर रहे थे। नेफा के आदिवासियों में ये कई महीने रह चुके थे। बहरहाल दो महीने से लद्दाख में थे। कहना न होगा, उन्हें पाकर मैं बड़ा लाभान्वित हुआ। हिमालय और उसके आदिवासियों के बारे में उनकी जानकारी बड़ी व्यापक थी और इस विषय पर वे एक पुस्तक लिख रहे थे। उनकी घर छोड़नेवाली प्रवृत्ति का रूप देखकर मुझे बड़ी खुशी हुई।

लेह शहर में जहाँ भी घूमते हों, सेंगे नामगियाल का महल जरूर दिखाई पड़ेगा। यही नहीं, उसकी बनावट और निर्माण-कौशल में ऐसी एक विचित्रता है कि वह ज्यामितिक दृष्टिकोण से किसी भी तिर्यक में नया-नया रूप प्रकट करता है। विशालता के लिहाज से इस महल की अपनी एक विशेषता है। यह वही प्राचीन 'बादशाह महल' है—ऊँचे पहाड़ पर दस तल्ले की इमारत! महल की ऊँची चोटी पर चढ़ने से नीचे का छोटा-सा शहर लगता ही कितना-सा है! जैसे ग्वालियर या चित्तौड़ के किले पर खड़े होने से नीचे के घर घरौंदे-से दीखते हैं। पहाड़ पर महल या किला किसी समय राजगोष्ठी के लिए आत्मरक्षा का आश्रय था। कलकत्ते में पहाड़ नहीं था, इसलिए शुरू में अँगरेजी फौज ने माटी के नीचे अड्डा जमाया था। वह है फोर्ट विलियम। आज नाश के अस्त्रों की इतनी उन्नति हो गई है कि दिल्ली-आगरा का किला कौतुक-सा हो गया है। लाल किला और चिड़ियाखाना आज लगभग एक ही हैं!

लेकिन यहाँ के दसमंजिले राजमहल के ऊपर से चारों ओर के जो दृश्य देखे, वे भारतवर्ष में और कहीं नहीं हैं!

उत्तर में काराकोरम की बहुत-सी चोटियाँ दिखाई पड़ती हैं, पर उसके हिमांगों को यहीं से देखकर डर लगता है। अनुमान से समझ में आता है कि 'चिपचैप' के बाद ही सिनकियांग हैं। कुएनलान में काराकोरम ने अपनी बाईं भुजा फैलाई है—सारा-का-सारा उत्तर-पूरब तुषार का साम्राज्य है। सारा दिन वहाँ सूरज की उज्ज्वल किरणें चमकती हैं, कहीं भी कोई मेघ-खंड नहीं तिरता। इतिहास के किसी भी अध्याय में, विश्वसृजन के किसी भी कल्प में आसमान की यह निर्मल नीलिमा कभी मेघों से काजल-काली नहीं हुई। यहाँ कोई नहीं जानता कि सावन की करुण वेदना क्या होती है, दोनों दिगन्त के उदय-अस्त को किसी ने नहीं देखा। एक ओर लता-पेड़हीन लोहित गिरि-मालाएँ अपने हिममंडित रूप से जैसे स्थिर समन्दर-सी स्तब्ध हैं!

सुदूर दक्षिण का दृश्य बड़ा ही मनोहर है। रूपसू के बाद ही कैलाश का श्वेत-शिखर यहाँ से पहचाना जाता है। वहाँ दोपहर का सूरज प्रतिफलित हो रहा है। उसके ठीक पश्चिम हिमालय के शिखरों की दुनिया जाने कहाँ से आरम्भ होकर किस दिगन्त के पार धुँधली होकर खो गई है। यहाँ खड़े होकर जैसे फिर से मुझे दिखाई दे रहा है उत्तर-पूरब का वह द्वार, जो सदा से मेरी निगाहों में एक भौगोलिक विस्मय बना हुआ है। इसी भुवनमोहिनी तुषारकिरीटिनी जननी को निहारकर शायद महाकवि रवीन्द्र ने अपना वह अप्रतिम गीत लिखा था :

'अयि भुवन मनोमोहिनी,
निर्मल सूर्य करोज्ज्वल धरणी...'

नीचे लेह नगरी की लगी हुई भूमि से अन्तहीन अधित्यका का प्रान्तर है, जो लद्दाख का आश्चर्य है। निकट में यहाँ-वहाँ एक-एक गुम्फा-पहाड़—जिनके नाम हैं : स्तोक, शे, फियांग, पितुक आदि—जिनका जिक्र मैं पहले कर चुका हूँ। जहाँ तक आँखें जा पाती हैं, उत्तर और दक्षिण में वह अधित्यका भूमि सिन्धु नदी और उसकी शाखा-नदियों के अगल-बगल से दूर-दूर तक चली गई है और उसी को चारों तरफ से घेरे हुए है भिन्न-भिन्न नामों की एक-एक गिरिश्रेणी। इसी राजमहल से सटी हुई राजगुम्फा कभी बहुत मशहूर थी। वह गुम्फा चूँकि राजकीय थी, इसलिए एक समय वह मणि-माणिक, धन-रत्नों से भरी-पूरी थी। उस सम्पदा को चारों ओर की मरुभूमि से बौद्ध-पिपीलिकाओं ने सैकड़ों साल के परिश्रम से ला-लाकर जमा किया था तिल-तिल। ऐहिक जो भी चीजें श्रेष्ठ और सुन्दर होती हैं, शिल्प-कला के जो भी आनन्द-अवदान हैं—यह राजगुम्फा उन्हीं सारी चीजों से बनाई गई थी! दारु और कारुशिल्प, ललित और चारुकला, हर एक वस्तु में निर्माण और रचना की कुशलता, एक सुरसिक जाति के सौन्दर्यबोध का श्रेष्ठ उपचार युग-युग के लिए इसमें उन विशेषताओं के सर्वांग सुन्दर परिचय छोड़ गए हैं। इस गुम्फा के साथ मैत्रेय बुद्ध की विराट और चित्ताकर्षक मूर्ति का जो ढाँचा है, वह भारतीय मूर्तिकला का अनोखा नमूना है। बुद्ध के निमीलित नेत्रों में दिव्य चेतना का जो भाव चिरन्तन करुणा से उद्भासित है, वह जैसे त्रिकालजयी है; वह मानो जरा-व्याधि-मृत्यु से परे सातों स्वर्ग की एक महिमा से देखनेवालों को अनुप्राणित करती है।

प्रासाद का भीतरी महल आज भी सुन्दर है। दीवाल के चित्र इतने दिनों में कुछ पुँछ-से गए हैं, बदरंग हो गए हैं, परन्तु कुल मिलाकर लद्दाख के राजकीय कलाकारों का मिजाज बना हुआ है। उसके रंग-चमत्कार में कुशल हाथों की सूक्ष्म शिल्प-कला है, जो सूक्ष्म रसानुभूति पर प्रभाव डालती है। महल के भीतर

जैसे एक विचित्र बौद्ध-जगत है। सभा-कक्ष, परिषद-कक्ष, विश्रामागार—कभी ये सब सुसज्जित थे। आज शुरू से अन्त तक अजायबघर-से दीखते हैं। इन दिनों यह सांस्कृतिक और लोक-कल्याण के कार्य के लिए हैं।

आश्चर्य की बात यह है कि हर युग में बार-बार लूटे जाने के बावजूद इसकी अपनी विशेषता नष्ट नहीं हुई है। उन दिनों बैंक नहीं थे, थे घरेलू कोषागार। वहीं धन सुरक्षित रखा जाता था। उस कोषागार के अलावा धन जमा रखने की और कोई सुरक्षित जगह नहीं थी। यही नहीं, गुप्त रख सकने की सुविधा कम ही थी और धन-रत्न की बात सहज ही सब पर जाहिर हो जाती थी। न केवल लद्दाख में, बल्कि कश्मीर और भारत में भी यही हाल था। जो हो, सत्रहवीं शताब्दी में अलीशेर ने आकर राजमहल का सर्वस्व लूट लिया, मूर्तियों को तोड़-फोड़ डाला और हजारों-हजार पोथियों को फाड़कर आग में जला दिया। इसके बाद आए जोरावरसिंह। वे इन सब पोथियों, धर्म और देवताओं की मूर्तियों को कुछ नहीं समझते थे। एक ही चीज की कीमत उनकी नजरों में थी—जड़ाऊ गहने, सोने की मुद्रा, जवाहरात, मणिरत्न और दामी-दामी चीज। अलीशेर के हमले के बाद दो सौ साल के अरसे में जितनी भी पोथियाँ लिखी गईं, उन सबको नष्ट करके उन्होंने किस्सा खत्म कर दिया। उन फटे-चिटे कागज-पत्तरों के कुछ अवशेष अब भी हैं। संचय और संग्रह करने का एक स्वभाव—जातप्राचीन आदर्श बौद्धों में है। लद्दाख की प्रत्येक गुम्फा में उनके इस स्वभाव का पर्याप्त परिचय है। इस आदत के पीछे उनका प्रयत्नशील मन रहता था। वह मन मधुमाछी-सा था। लद्दाख प्रचुरता का देश नहीं। वहाँ नये उत्पादन की गुंजाइश कहीं नहीं है। पूँजी का परिमाण बहुत कम। वही पूँजी एक-एक तिल करके बढ़ती है, इसीलिए फिजूलखर्ची का डर था! जो खर्च होता है, उसे फिर जमा होने में देर लगती है।

लेह शहर में घाट-बाट जैसी कुछ चीज नहीं। जो है, उसे मध्ययुगीन अली-गली कह सकते हैं। कोयले के रंग की पथरीली रबिश, रास्ते के समतल से ऊपर उठी हुई नोकें पत्थर की, नाला-पनाला नजर नहीं आता, मगर अली-गली में झरने-से बह रहे हैं। उन्हीं के अगल-बगल टूटे-फूटे प्राय: दोतल्ले घर कहीं भभरे हुए, कहीं टूटे और कहीं डाँवाँडोल। घर के बगल से, गली के मोड़ से, बहते पानी को फलाँगकर, बगीचे के किनारे होकर किसी प्रकार से उस मुहल्ले में जाया जा सकता है। मगर उन्हीं अली-गली से मैंने जीपों को आते-जाते बेशक देखा! उस तरफ पुलिस साहब, उस ओर कलक्टरी, इस ओर अस्पताल, इधर स्कूल; इधर से बगीचा पार करके जाने पर दफ्तर, खेत-खलिहान के बाद कमिश्नर का बाग-बँगला—लिहाजा, जैसे भी हो, जीपों के आने-जाने को सम्भव

बनाना ही पड़ता है। लेकिन कुल मिलाकर लेह शहर आज भी मध्ययुगीय ही है। कम-से-कम तीन-चार सौ साल पीछे पलटे बिना ऐसे एक मरुनगर की कल्पना नहीं की जा सकती। इन सँकरी गलियों में काँच-से स्वच्छ और निर्मल झरने कलकल करते हुए अविराम बह रहे हैं। देखने में यह दृश्य बड़े ही कौतुकप्रद हैं। नल का पानी नहीं है, इस पानी की सफाई की जरूरत नहीं, शहर में कोई जलाशय नहीं, मगर पानी का भी अभाव नहीं है कतई! हर घर के दरवाजे के ठीक बाहर कतवार और गलीज से अलग अनगिनत स्वच्छ जल की पतली धाराएँ बह रही हैं। जी चाहे, वहीं शौचादि, उसी पानी से प्यासतृप्ति, उसी से रसोई—उसी में भेड़-बकरी और आदमी एक साथ ही मुँह लगाकर पी रहे हैं! दोपहर या तीसरे पहर को, जो ऐसी जलधाराएँ लेह के अन्दर बहती हैं, उन जैसा स्वादिष्ट जल मैंने और कहीं पिया है, ऐसा स्मरण नहीं आता। हिमालय का पानी बहुत बार खतरे से खाली नहीं होता। क्योंकि वे धाराएँ नानाविध लता-पत्र, जड़, ओषधि-वन, पहाड़ों की तरह-तरह की मिट्टियों को धोती हुई नीचे उतरती हैं। मगर यहाँ वह प्रश्न नहीं। चारों ओर विशाल नंगे पहाड़ों की कतार और उनके शिखर सदा तुषारमंडित। नौ-दस बजे' दिन से ही वह तुषार गलना शुरू हो जाता है और आधी रात के बाद से फिर नये सिरे से तुषारपात शुरू हो जाता है। इस पर एक सरकारी मुखपत्र का कहना है :

'Ladakh at some comparative recent period of history was under the sea. Later on when it emerged it was covered with an Jeecap. The Ice-cap has been melting more or less continuous eversince.' (Directorate of Information, J & K Govt., Srinagar, 1964)

उस रोज उसी अली-गली और जंगल-झाड़ियों से होते हुए एक ईसाई परिवार में पहुँचा। लद्दाखी क्रिश्चियन। साधारण गृहस्थ। अन्दर पहुँचते ही बाप-बेटे ने आदर से बिठलाया। घर एकमंजिला और कमरे सुन्दर थे। मकान-मालिक बड़े ही सज्जन, अँगरेजी में बात कर रहे थे। घर के ही एक हिस्से में प्रार्थना-मन्दिर था। नाम था उनका स्तान्दजिनराजू। उनके तीन लड़कियाँ थीं, एक लड़का। उनकी स्त्री लद्दाखी। उम्र करीब पैंतालीस की। चाय के साथ कुछ बिस्कुट ले आई। पहनावे में गाउन पर एक पशमीने की जाकिट। बड़ी ही साधारण और सरल।

यहाँ भी वही 1885 के मोरावियन फादर हाइड का इतिहास। यह गिरजा उन्हीं की कीर्ति-कथा कह रहा है। पिछले 80 वर्षों में लद्दाख में ईसाइयों की

संख्या कुल 130 तक पहुँची। इससे ज्यादा हो सकना शायद अब सम्भव नहीं। उन भले आदमी से इसी विषय पर कुछ बातें करते हुए थोड़ा समय कटा। वास्तव में मध्य एशिया के ईसाई पादरी कभी कोई खास सुविधा नहीं कर पाए। ईसाई दरअसल साम्राज्य के लोभी थे। पहले वे पादरी का वेश बनाकर घुसते और फिर व्यवसायी बन जाते—मध्य एशिया की यही धारणा रही। 'रात बीतते ही वणिक का मानदंड राजदंड हो गया' (रवीन्द्रनाथ)! भारत के मामले में अँगरेजों के इस रूप को उस समय सबने देखा था। लिहाजा तिब्बत, चीन, सिनकियांग, पश्चिम तुर्किस्तान, फारस और मध्य एशिया में लोग अँगरेजों से होशियार थे। जब भी अँगरेज अपनी सीमित सीमा से बाहर कदम रखता तो वह कोई भी क्यों न हो, उस पर बड़ी मार पड़ती। मध्य एशिया के पहाड़-पत्थरों में बहुतेरे अँगरेजों की जानें गईं। 16वीं शताब्दी के अन्त में जेसुइट मिशन के एक स्पेनी फादर ऐंटनी मानसरेट अकबर के दरबार में आए। वे केवल हिमालय का मोटा-मोटी मानचित्र बनाकर लेते गए (1590)। 17वीं शताब्दी के आरम्भ में और एक सज्जन आए—उनका नाम था वेनेदिक्त-दा-गोएस। वे हिमालय को पार न करके काबुल होते हुए पामीर से यारकन्द गए और उसी इलाके में उनकी मृत्यु हो गई (1607)। तिब्बत में यानी मध्य एशिया में पहला गिरजा दो पोर्तुगीज पादरियों ने बनाया—आन्द्रेद और मारक्वेस (1626)। मानसरोवर के करीब 'गुजे' नाम के जनपद (पुरंग उपत्यका) में उन्होंने इस ईसाई प्रतिष्ठान को कायम किया। वर्तमान तिब्बत का वह अंश उस समय लद्दाख अर्थात् भारत की सीमा में पड़ता था! लद्दाख के राजा सेंगे नामगियाल ने युद्ध जीतने के बाद क्षतिपूर्तिस्वरूप इस उपत्यका को पाया था। यह कैलास का इलाका है। इस सन्दर्भ में यह कहा जा सकता है कि 'मनसा' और 'पद्मपुराण' में इसका उल्लेख भारतीय इलाके के रूप में ही किया गया है! खैर, पोर्तुगीजों का यह मिशन चार वर्षों तक ठीक से चला और कुल चार सौ तिब्बतियों को ईसाई धर्म में दीक्षित किया गया। उसके बाद पादरी साहबों को भूत ने पकड़ा। मतलब कि गुजे के राजा को ईसाई बनाने के फेरे में उन्होंने बहुत बड़ी बगावत मचवा दी। उस बगावत में उनके गिरजे को तोड़-फोड़कर नष्ट कर डाला गया और जो 400 तिब्बती ईसाई बने थे, वे क्रीतदास बने और अपने किए पाप का प्रायश्चित्त किया। मगर फादर आन्द्रेद और ब्रदर मारक्वेस का भोग यहीं खत्म नहीं हुआ। गुजे के उस कुलांगार राजा को पकड़कर आन्द्रेद और मारक्वेस के लगभग साथ-ही-साथ एक रस्सी में बाँधकर यहाँ लेह में लाकर छोड़ दिया गया (1630)। (Early Jesuit Travellers in Central Asia, by C.J.

Wessels : 1924)। इस सिलसिले में यह कहा जा सकता है कि पहले जो यूरोपीय पर्यटक पीरपंजाल, कश्मीर और जोषीला पार करके लेह आए, उनका नाम है इस्पेलितो देसिदेरी। यह 1715 ई. की बात है।

मिस्टर राजू के घर की जो खिड़की दक्षिण की ओर थी, उससे बाहर के विशाल मैदान का एक हिस्सा दिखाई पड़ रहा था। वहाँ पोलो खेलने के बहुत-से मैदान थे, बहरहाल उनका उपयोग फौज के लिए किया जा रहा है। इतनी बड़ी तैयारी और ऐसी मुस्तैदी मुझे और कहीं नहीं देखने में आई। उसमें एक चीज गौर करने की थी, जो मेरे लिए बड़ी आकर्षक थी। वह चीज थी, मंगोलीय डिजाइन के तम्बू। देखने में ये तम्बू गोल मंगोलीय टोपी जैसे थे और खास कुशलता के साथ सभी ओर से और नीचे बँधे थे। ऊपर में रोशनी के लिए चार काँच लगे या अभ्रक अथवा आधुनिक स्वच्छ स्फटिक-से पदार्थ से ढके। ऐसे गोल तम्बुओं की बनावट में सुन्दरता ही बड़ी बात न थी, बालू के जैसे भी जोरदार झपाटे क्यों न आएँ, और जिधर से भी आएँ चाहे, तम्बू पर लगते ही वह बालू झर-झर नीचे गिर पड़ेगा और मजा यह कि उसका धक्का नहीं लगेगा। हिमपात के वक्त भी यही। न तो ऊपर बर्फ जमने की कोई गुंजाइश है, न उसके गलने से कोई असुविधा। बंगाल में धान या पुआल की जो मोरियाँ बनाई जाती हैं, उनसे कैसा तो एक तरह का सादृश्य है इनका। इन खूबसूरत तम्बुओं का मंगोलीय खानाबदोश मरुभूमि में व्यवहार किया करते थे। महज सौ साल पहले भी, जब गोवि मरुभूमि के एक-एक अंश को चीनी लोग धीरे-धीरे दखल कर रहे थे, उस समय निर्विरोध मंगोल लोग घोड़े की पीठ पर अपने ऐसे ही तम्बुओं को लादकर सुरक्षित जगह खोजते फिरते थे! चीनियों का यह विस्तारवाद कभी-कभी दोनों दलों में दंगे का भी कारण होता था। वे यायावर मंगोल मौजी जीव थे, स्वभावशिल्पी, काव्य और संगीतरसिक, खासे अच्छे दारुशिल्पी। चित्र और स्थापत्य कला में एशिया में उनका जोड़ कम ही ढूँढ़े मिलता था। इनका तलवार भाँजना, ईगल और बाज उड़ाने की चातुरी, घुड़सवारी की कुशलता, मांस पकाने का वैचित्र्य—बड़े ही प्रसिद्ध थे। पाले हुए ईगल आज भी उन्हें बीस-पच्चीस मील से मेमने पकड़कर ला देते हैं। उन्हें भी उसमें हिस्सा मिलता है। बाज दूसरी चिड़िया पकड़ लाते हैं। ये लोग अपनी बन्दूक आप ही बनाते हैं। पिछले कुछ वर्षों से बाहरी मंगोलिया में भारतीयों का जो आना-जाना होने लगा है, उससे पता चला है कि मंगोलीय समाज भारत के प्रति बहुत प्रीति और श्रद्धा रखता है।

स्तान्दजिनराजू के यहाँ इन बातों की चर्चा का एक प्रधान कारण यह था

कि उनके पुरखे मंगोल थे। उत्तर गान्धार और उत्तर कश्मीर आदि इलाके से आर्यवंश के लोग आए और मध्य एशिया से आए मंगोल—लद्दाख में इन दोनों का मिश्रण हुआ। मैं रात-दिन यह दृश्य अपनी आँखों से ही देख रहा था। खुद स्तान्दजिन-परिवार भी इसका व्यतिक्रम नहीं। इस परिवार में भी बार-बार वर्ण-संकट की नौबत आई है। आर्य, मंगोल, वैक्ट्रीय—बाद में जिनमें से अधिकांश मुसलमान और बौद्ध हो गए—ये लोग कश्मीर के उत्तर के छोटे-छोटे राष्ट्रों और लद्दाख में तमाम बिखर गए हैं। लद्दाख जैसा वर्ण-मिश्रण का क्षेत्र भारत के और किसी भी इलाके में नहीं है।

उस दिन काफी देर हो गई, लिहाजा उस भले परिवार से विदाई लेकर लौट आया।

लेह शहर इस समय युद्ध की सीमा बना था—लेहू तहसील में भारत और चीन आमने-सामने खड़े थे। दोनों के बीच सिर्फ मुजताग काराकोरम खड़ा था। फलस्वरूप चारों ओर पहाड़ी दीवार-घिरी उपत्यका में लड़ाई की जबर्दस्त तैयारी में विस्मय की बात नहीं। लेकिन कश्मीर की सिविल सरकार यहाँ अपनी स्वकीयता से चलती है। उसके लिए असैनिक विमान और ट्रकों की भरमार है—और-और तरह की सवारियाँ हैं। लेकिन रास्ता वही एक। श्रीनगर से जोषीला, कारगिल, खलात्से से लेह और नुबरा। यह कश्मीर और लद्दाख के बीच की प्रमुख सड़क है—उसका प्राण-सूत्र। कश्मीर की युद्धविराम-रेखा से दक्षिण की ओर अगर पाकिस्तान इस रास्ते को रोक दे, तो लद्दाख की आफतों की सीमा न रहे। इस बात को भारत और पाकिस्तान दोनों ही जानते हैं। लद्दाख को अलग कर देने का मतलब है—चीन को आमंत्रित करना। शरीर के जिस हिस्से में लहू की गति बन्द हो, वह अंग लकवाग्रस्त और पंगु होता है। वैसे में चीनियों के लिए सेना और लड़ाई के सामान लाने की कोई रोक ही नहीं रह जाएगी और लद्दाख का पतन वैसे में अनिवार्य हो जाएगा। महज इसी एक कारण से लद्दाख में उत्कंठा, बेचैनी और अनिश्चयता का अन्त नहीं!

मैं समर के उस विशाल आयोजन में ही लद्दाख में घूम रहा था। मैं बहुत साफ-साफ ही समझ रहा था कि चीन के नये शासकों से पाकिस्तान की मिताई को जो लोग अस्वाभाविक समझते हैं, वे भ्रान्त हैं। पाकिस्तान द्वारा लिया गया कश्मीर का इलाका और चीन अधिकृत सिनकियांग—दोनों ही मिले हैं पामीर में। इस पार से उस पार की दोस्ती सदा की है। रंग, संस्कृति, भोजन, सामाजिक जीवन, भाषा और वर्णमाला, प्रथा और परिपाटी दोनों की एक ही है। उस अजानी दुनिया से महाराजा गुलाबसिंह से लेकर राज्यपाल कर्णसिंह तक—किसी का

भी कोई परिचय नहीं। वह एक अलग ही दुनिया है।

चीन को पाकिस्तान से मिताई की जरूरत है। चीन की जनसंख्या उसकी जरूरत से बहुत ज्यादा है। उसे जगह-जगह उपनिवेश बसाना पड़ेगा। वियतनाम, इंडोनेशिया, कम्बोडिया, स्याम, मलाया, बर्मा—तमाम वह केवल अपने आदमियों को घुसाता जा रहा है। अभी वह तिब्बत, चानथान, खोतान, सिनकियांग और पामीर के विभिन्न इलाकों में अपने लोगों को भर रहा है। अब उसने अरब और अफ्रीका में जाना शुरू किया है। इसी बीच वह अफ्रीका में उपनिवेश बसाने लगा है। फिलहाल पाकिस्तान से प्रेमभाव जमाकर उसने पूर्वी पाकिस्तान के विभिन्न जगहों में घूमना शुरू कर दिया है! साम्राज्यवादी अँगरेज एक समय सबसे पहले पादरी भेजा करते थे और विस्तारवादी चीन आज हिटलर की नकल करके सबसे पहले रसोइया भेजता है (चीनी होटल की रसोई बहुत अच्छी होती है), धोबी (चीनी डाइक्लिनिंग बहुत उत्तम होती है), मोची (चीनी मोची के जूते बड़े जनप्रिय हैं), नाई (चीनी सैलून की बाल-कटाई सभी देशों में मशहूर है), बढ़ई (लकड़ी की कारीगरी में चीनी बढ़ई बेजोड़ होते हैं)। ऐसा सुनने में आता है, चीनी लोग पूर्वी बंगाल में जगह-जगह जम रहे हैं। अर्थनीति का एक बड़ा हिस्सा उनके प्रभाव में आने के बाद राजनीतिक प्रभाव की बात उठेगी या नहीं, अभी भी कहना मुश्किल है।

लेकिन इसका जवाब मैंने 1957 में बर्मा घूमते समय पाया था। रंगून हाईकोर्ट के तत्कालीन प्रधान विचारपति महोदय ने कृपा करके मुझे आधे घंटे का समय दिया था मिलने का। मैंने उनसे पूछा था, 'यह तो बर्मा है, लेकिन यहाँ चीनियों का इतना प्रभाव क्यों देख रहा हूँ?'

मेरा सवाल समझकर वे हँसे, 'क्या देख रहे हैं?'

मैंने कहा, 'चावल का अधिकांश व्यवसाय, ज्यादातर अखबार, ज्यादातर वाणिज्य-व्यापार, आयात-निर्यात, दुकानें और आढ़त, काम-काज, सवारी-शिकारी यहाँ तक कि बहुतेरे घर-द्वार, विषय-सम्पत्ति—सब चीनियों के हाथ में! टिम्बर का व्यवसाय वही करते हैं, जंगलों का ठेका उन्हीं के हाथ में है—बर्मा सरकार सिर्फ शुल्क पाती है। ज्यादातर अखबारों के मालिक वही हैं। कृपा करके आप इस पर कुछ रोशनी दें।'

मेरी ओर देखते हुए न्यायाधीश महोदय ने कहा, 'आपका अनुमान गलत नहीं है।'

मैंने डरते-डरते कहा, 'बीस या पच्चीस साल के बाद बर्मा की राजनीतिक शक्ल क्या हो जाएगी, सोचा है आपने?'

'बीस साल!' न्यायाधीश बोले, 'बर्मा तिब्बत का ही स्वगोत्री है, जानते हैं न! पन्द्रह साल बहुत हैं। फिर एक बार आकर देख लीजिएगा!'

मैं मुस्कुराकर वहाँ से चल दिया था।

पाकिस्तान से दोस्ती करने के फलस्वरूप पश्चिम-दक्षिण काराकोरम के तीन हजार वर्गमील का इलाका चीन को मिल गया है। इसके सिवा पाकिस्तान-अधिकृत हूनजा, नागर, उत्तर बालतिस्तान के और भी चार हजार वर्गमील के इलाके के लिए चीन-पाकिस्तान में बातें चल रही हैं। यानी गिलगित पाकिस्तान की अन्तिम सीमा रहेगा! कहना फिजूल है कि पाकिस्तान शायद चीन की बात रखने को मजबूर होगा।

चीन अपने प्रत्येक पड़ोसी के खिलाफ घृणा और विद्वेष लेकर खड़ा हुआ है। उसका खयाल है, सबने उसे प्रताड़ित किया है, सबसे उसे प्रवंचना मिली है। फिलहाल सिनकियांग से अणु-बम के विस्फोट से अपनी घृणा को जिस प्रकार एक ओर उसने शब्दायमान किया है, उसी प्रकार दूसरी ओर उसने होशियार भी किया है—सोवियत यूनियन, भारत, अफगानिस्तान, पाकिस्तान, तिब्बत और सिनकियांग को। वह आवाज उनकी घृणा और विद्वेष की है, आक्रोश और अहं की है, गुस्सा और पिछले युग के अपमान-बोध की है। और इसके ठीक विपरीत यह देखता हूँ कि पाकिस्तान का जन्म हिन्दू-मुसलमानों की साम्प्रदायिक घृणा, विद्वेष, हिंसा और आत्मग्लानि से हुआ है। अभिशापित भारत की अन्दरूनी जाति और वर्ण-विद्वेष, श्रेणी और सम्प्रदाय-विद्वेष, छुआछूत, आपसी फूट—भारत के इन ऐतिहासिक कलंकों को लेकर चर्चिली जमात का बनाया पाकिस्तान उठ खड़ा हुआ है।

आज दो विद्वेष और दो आक्रोश हिमालय के उत्तर चरित में परस्पर हाथ मिला रहे हैं! दो घृणा और दो आत्माभिमान अगल-बगल उठ खड़े हुए हैं। लेकिन इन दोनों की प्रकृति दो तरह की है। एक तो हमारा अपना ही आदमी है, हमारा आत्मज, सहोदर। दूसरा एक नितान्त दूसरी दुनिया का है, जिनके चिन्तन और मनोवृत्ति से हमारा मेल नहीं के ही बराबर है।

दो विरूप और विपरीतमुखी शक्तियाँ एक साथ लद्दाख और कश्मीर में उठ खड़ी हुई हैं। कश्मीर में भी चीन और लद्दाख में भी पाकिस्तान! भारत यहाँ दोनों के आमने-सामने आकर खड़ा हुआ है। खड़ा होकर वह गौर कर रहा है, दोनों का लक्ष्य दो प्रकार का है।

मैं आज इन तीन शक्तियों के केन्द्रबिन्दु पर खड़ा हूँ। अपनी यह लद्दाख-यात्रा समाप्त करने से पहले मैं सामने की ओर भविष्य को देख रहा हूँ, जो मेरी

ही तरह बहुतों की नजरों में अस्पष्ट आशंका से धुँधला है। मगर यह आशंका क्यों है, मैं नहीं जानता। सिर्फ इतना ही जानता हूँ कि भारत का पिछला इतिहास अच्छा नहीं है। उसी इतिहास को याद करके यह दुर्भावना मन में आती है कि 'पिछला मैं मुझे आगे की तरफ ठेल रहा है।'

लद्दाख का परिशिष्ट

लद्दाख से विदा होने का समय मेरा निकट आया। मैं अब लौटने की राह का राही हूँ। एक लम्बे अरसे के बाद मानो अपने खोये हुए साथी को पाया था, पुराने इतिहास को लाँघकर मन की उससे नये सिरे से पहचान हो रही थी।

मैंने लद्दाख के पत्थर-पत्थर पर खुदी हुई भारतीय शिलालिपि देखी, जो ईसा-पूर्व तीन सौ साल की हैं। ये लिपियाँ सम्राट अशोक के समय से बाद के बारह सौ वर्षों तक चलती आई हैं। उसके बाद से एक जमाने तक मित्र का पता नहीं रहा। इस बीच हिन्दू सभ्यता से इस्लाम की संहति हुई भारत में, और अनादृत तथा अत्याचार-पीड़ित बौद्ध सम्प्रदाय ने धीरे-धीरे हिमालय के इनारे-किनारे शरण ली। अपनी जन्मभूमि से रूठकर उन्होंने तिब्बत की तरफ अपना मुँह फेरा। और धीरे-धीरे तिब्बत को संस्कृतिसम्पन्न करते रहे। भारत का इतिहास यही बताता है, नालन्दा की भारतीय संस्कृति ने प्राय: तेरहवीं सदी तक अपने एकच्छत्र प्रभाव से तिब्बत में एक नई सभ्यता का विस्तार किया।

मैं साहित्यकार और भ्रमणकारी हूँ। इतिहास और राजनीति मेरा पेशा नहीं। लेकिन कश्मीर और लद्दाख के भ्रमण में इन दो बातों को छोड़ देने से जो रह जाता है, वह है भौगोलिक तथा प्राकृतिक वर्णन। लेकिन इन दोनों से भी इतिहास और राजनीति जुड़ी हुई है। लद्दाख का भूगोल आदि से अन्त तक इतिहास का ही खेल है। अपने बनाए इतिहास को साथ रखकर ही चीन लद्दाख के भूगोल को बदल दे रहा है। कश्मीर की नई सरकार लद्दाख के आमूल परिवर्तन के लिए जो आर्थिक योजना लिये तत्पर है, वह राजनीति का ही रूपान्तर है।

आज के समाज-जीवन से राष्ट्र की गति-प्रगति ऐसे अंगाँगी भाव से जुड़ी हुई है कि दृष्टिवान कोई भी लेखक, पत्रकार या साहित्यिक राजनीति को छोड़कर, अर्थनीतिक जीवन के चेहरे से कतराकर केवल मनोरंजन को लेकर स्थिर नहीं

रह सकता है। आज लद्दाख और कश्मीर सम्मिलित रूप से भारत के सामने एक विराट प्रश्नचिह्न हैं। भारत के प्राय: 45 करोड़ नर-नारी इस चिह्न से चिह्नित हो रहे हैं। लेखक समाज उससे अलग नहीं है।

जाने से पहले लद्दाख मानो मेरी ओर देख रहा है। उसकी आँखें छलछला रही हैं या नहीं, मैं देख नहीं पा रहा। मैत्रेय बुद्ध की ध्यान-निमीलित आँखें क्या इतिहास के किसी युग में छलछलायी हैं? अपार करुणा और असीम क्षमा से आँखें सदा जाग रही हैं—यह तो हमारे ही मन की कल्पना है! सामने निगाह फैलाकर देख रहा हूँ, छिन्न-जीर्ण और धूल-भरा लद्दाख अपनी अगाध गरीबी से जर्जर है। निरीह लद्दाख ने सदा अपने थोड़े-से संचय के सहारे ही जीना चाहा है। लेकिन लेह नगर के आसपास घूमकर मैं देख रहा हूँ कि हजार वर्ष के दरमियान उसे निर्विघ्न होकर नहीं जीने दिया गया है। लेह पर अधिकार का मतलब है—लद्दाख पर प्रभुता। यह प्रभुता बहुत बार एक से दूसरे हाथ में जाती रही है। लेकिन ऐसे परिवर्तन से लद्दाख की कभी कोई उन्नति नहीं हुई।

लद्दाख में अन्न-वस्त्र नहीं हैं, कल-कारखाने या कुटीर-उद्योग नहीं हैं, बिजली या लोहा—कुछ भी नहीं है। इन उपादानों का कहीं कोई चिह्न भी नहीं दिखाई देता है, सिर्फ कुछ भेड़-बकरियाँ और उनके रोयें। लेकिन अब उसकी भी वैसी प्रचुरता नहीं रही। चानथान, सिनकियांग, पुरंग, खोतान—इन जगहों से काफी लोम एक ओर पंजाब और दूसरी ओर लद्दाख होकर कश्मीर आता था। लेकिन वह व्यापार शायद सदा के लिए बन्द ही हो गया। केवल हिमालय के ही रास्ते नहीं—गर्वियांग-धारचूला, नेपाल के मुक्तिनाथ-पथ, दार्जिलिंग-चुम्बी या उत्तर सिक्किम, या कि नेफा के रास्ते—किसी भी रास्ते से भारत में अब वह कीमती लोम नहीं आने का। जो भी हो, लद्दाख की वह प्रधानता अब नहीं है। अब वह उत्तर भारत की सरहदी घाटी बन गया। जो इलाके मरे हुए-से सीमा-क्षेत्र थे, वे अब जिन्दा हो गए। लेकिन लद्दाख की गरीबी सम्पद की प्रचुरता से भरेगी या नहीं, प्रश्न यह है। लद्दाख की अर्थनीति ही यह है कि वहाँ के पशुलोम का परिमाण कितना है।

पहले महायुद्ध के समय (1914-18) में न केवल हिमालय, बल्कि काराकोरम, पामीर, तिएनसिन, कुएनलान, कैलास, निएनचेनटांग आदि पहाड़ी इलाके सोये हुए थे। पामीर, सिनकियांग, तकलामकान, चानथान, पुरंग—ये कहाँ हैं, इसकी भी खोज किसी ने नहीं रखी। बहुतों ने शायद लद्दाख, रूपसू, बालतिस्तान, हूनजा, नागर, ताजिक, किरगिज का भी नाम नहीं सुना था। ये उस समय जाने किस अजाने मध्य एशिया में थे—भारत से उसका रोज-रोज

का कोई नाता नहीं था। हिमालय उस समय रूपक की तरह था। दार्जिलिंग, काठमांडू, अल्मोड़ा, मसूरी, शिमला या कश्मीर की घाटी—इससे परे हिमालय का जो एक विशाल जगत है, हिमालय के पीछे उस पार है, उस पार जाने से दूसरी एक दुनिया का इशारा है—ये सब मानो रूप-कथा थे! इससे भी आश्चर्य की बात यह थी कि कुछ पौराणिक आख्यानों को छोड़ भारत की किसी भी रूपकथा या लोकसाहित्य में हिमालय का जिक्र तक नहीं था।

दूसरे विश्वयुद्ध (1939-45) में अँगरेजों का एशिया में पतन हुआ। उसे भारत छोड़ना पड़ा। पचास दशक में चीन का फिर से उत्थान हुआ। नया राष्ट्र पाकिस्तान सामने आया। भारत एक नई शक्ति बन गया। निकट-पूर्व और मध्यपूर्व की तरक्की हुई। देखते-ही-देखते हिमालय जीवन्त हो उठा। भारत सरकार की सबसे बड़ी भूल यह थी कि 1947 से 1957 तक उसने पूरब की ओर न देखकर अपना ज्यादा ध्यान पश्चिम की ओर दिया था। उसका नतीजा यह हुआ कि पूरब निकट नहीं आया और पश्चिम बहुत दूर खिसक गया। दक्षिण हिमालय के कुछ जिले या महकमे को छोड़कर बृहत्तर हिमालय के लाखों-लाख आदिवासियों की हमने खोज-खबर नहीं ली। नेफा के लोगों को हमने महज तसवीरों में देखा। भूटान को हमने पहचानना नहीं चाहा। सिक्किम के वास्तविक मनोभाव को जानने की चेष्टा नहीं की। स्वाधीन नेपाल हमारा पक्का अपना है या नहीं, यह बात प्रश्न रह गई! इधर फिर हिमाचल से पूर्व पंजाब का लाहौल, स्पीति और कुल्लू की घाटी को लेकर विरोध दिखाई दे रहा है। इस इलाके का पुराना इतिहास बहुत उत्साहप्रद नहीं है। अगले 25 वर्षों के भीतर नये चीन का विस्तारवाद लाहौल-स्पीति की समानान्तर रेखा में उत्तर-पश्चिम जोषीला दर्रे तक सारे लद्दाख और रूपसू पर दावा करेगा या नहीं, यह अभी तक स्पष्ट नहीं हुआ है। हिमालय की वास्तविक सीमा पकड़कर चीनी अगर हूनदेश के अन्दर से लाहौल, स्पीति और जस्कर प्रदेश पर दखल जमाने की कोशिश करे तो उनके इस घुमावदार हमले (out-flanking movement) के फलस्वरूप लेह सहित सारा लद्दाख खतरे में पड़ सकता है। बहुतों को सन्देह है, फिलहाल पाकिस्तान ने कारगिल के युद्धविराम-रेखा को पार करके लद्दाख जाने के रास्ते पर जो हमला किया था, वह उसकी अपनी सुविधा के लिए भी नहीं, कश्मीर-विरोध को जगाए रखने के लिए भी नहीं—उसका उद्देश्य कुछ और ही था। वही बताऊँ। पिछले 18 वर्षों से पाकिस्तान के शासक सिर्फ कश्मीर ही माँगते आ रहे हैं, लद्दाख की बात उन्होंने कभी नहीं उठाई। लद्दाख की सबसे ज्यादा जरूरत चीन को है। लद्दाख मिल जाने का मतलब

है—सिनकियांग, तागदुम्बस-पामीर, सम्पूर्ण काराकोरम और बालतिस्तान समेत लद्दाख, जस्कर और रूपसू को मिलाकर विराट एक साम्राज्य! उस परिकल्पित साम्राज्य में लद्दाख एक छींट का महल-सा है। उसे उजाड़ना खूब ही सहज हो, अगर 'श्रीनगर-जोषीला-कारगिल-लेह' नाम की सड़क बीच से काट दी जा सके! और इसे काटने का सबसे सुविधाजनक स्थल है 'कारगिल सेक्टर'। मानचित्र के जो भी जानकार हैं, वही जानते हैं कि उस आक्रमण से पाकिस्तान को कोई लाभ नहीं, किन्तु चीन को हर तरह की सुविधा है उससे।

मेरे लेह पहुँचने पर पहली रात जो सज्जन डाकबँगले में मुझसे बातचीत कर गए थे, वे थे यहाँ के एडिशनल एडमिनिस्ट्रेटिव अफसर यानी डिप्टी कमिश्नर श्रीमूर्ति के दायें हाथ। उनके स्नेह-सौजन्य से जैसा मुग्ध हुआ था, वैसी ही उत्सुकता उनका नाम-धाम आदि जानने के लिए जगी थी। वे बंगाली हैं या नहीं, मुझे इसकी दुविधा थी। अब पता चला, वे आधे बंगाली हैं और अँगरेजों के जमाने के एक फौजी अफसर हैं। नाम था उनका अजितकुमार नाग। खूबसूरत-सा चेहरा, सुडौल और उम्र अभी पचास की नहीं हुई। बाल पक गए थे। अँगरेजी में जब उन्होंने बताया कि उन्हें मेरी किताबों की विशेष जानकारी है, मैंने तभी ताड़ लिया कि ये बंगाली हैं। मिस्टर नाग कारगिल तहसील के शासक और कलक्टर हैं। उनके बारे में मैंने दो बातें सुनीं। पहली यह कि वे बड़े धीर चित्त और दृढ़-प्रतिज्ञ हैं और दूसरी कि कारगिल तहसील को नये साँचे में ढालकर उन्होंने बड़ी लोकप्रियता पाई है। इसके सिवा ये पहले परराष्ट्र विभाग में उपसचिव थे और भूतपूर्व प्रधानमंत्री नेहरू उन्हें योग्य कर्मचारी मानते थे। ये उनके बड़े प्रिय थे, इसीलिए उन्हें इस समस्यापीड़ित सुदूर कारगिल में भेजा गया था।

मिस्टर श्रीमूर्ति के यहाँ रात के भोजन का न्योता था। लेकिन खान-पान का इन्तजाम अन्यतम लद्दाखी पदाधिकारी जितसिंह के बँगले पर था। मगर मैं पहले मिस्टर नाग के बगीचे में पहुँचा। बाहर से या श्रीनगर से जो कर्मचारी आते हैं, खास किसी परिस्थिति के सिवा वे सपरिवार नहीं आते; क्योंकि अभी यह युद्ध-सीमा है। इस समय लेह में बहुत-कुछ फौजी नियम-कानून मानकर चलना पड़ता है। श्रीमूर्ति या नाग यहाँ अकेले ही हैं। जितसिंह चूँकि यहीं के हैं, इसलिए सपरिवार हैं। उनकी स्त्री भी लद्दाखी हैं।

मेरे साथ एक कश्मीरी अध्यापक थे—पंडित माखनलाल महू। बौद्धदर्शन-चर्चा के प्रतिष्ठान के वाइस प्रिंसिपल। उम्र में तरुण और देखने-सुनने में सुन्दर।

मिस्टर नाग के यहाँ पहुँचकर इतने दिनों के बाद आज उनसे पहली बार मैंने बंगला में बात की। ऐसे एक हट्टे-कट्टे और मजबूत बंगाली को इस दूर देश में

एक ऊँचे पद पर पाकर मैं एक छिपे हुए गर्व का अनुभव कर रहा था। इनका पैतृक निवास ढाका में था लेकिन इनके पिता तरुणाई में नौकरी के सिलसिले में रावलपिंडी चले आए थे। वहाँ उन्होंने एक पंजाबी स्त्री से शादी की। तब से यहाँ के स्थायी बाशिंदा हो गए। मिस्टर नाग उन्हीं पंजाबी महिला की सन्तान हैं।

मेरी तारीफ के जवाब में मिस्टर नाग ने मुस्कुराते हुए कहा, 'आप मेरे स्वास्थ्य की तारीफ तो कर रहे हैं, मगर मेरे शरीर की एक भी हड्डी साबित नहीं है!'

'मतलब?'

नाग ने कहा, 'पेशियों के नीचे-नीचे सारी हड्डियाँ टूटी हुई हैं!'

यह कहकर अपनी दोनों भुजाएँ और शरीर को मरोड़कर उन्होंने ऐसी एक आवाज निकाली कि मेरे अचरज की सीमा न रही।

'ऐसा कैसे हुआ?'

'कैसे! असल में मैं तो फौजी विभाग का आदमी हूँ! मैं पायलट था। पिछली लड़ाई में हवाई जहाज चलाता था। उत्तरी अफ्रीका में जर्मनों ने मेरे जहाज को गोली मार दी। मैं रेगिस्तान में गिर पड़ा। जहाज जल उठा। सबने समझा, मैं गया! लेकिन मैं था। पता नहीं, कब किन लोगों ने मुझे पाया था। मरा समझकर ही मुझको उठा लाया था! उसके बाद एक साल तक मेरे शरीर को लोहे से जकड़कर रखा ताकि मैं हिल-डोल न सकूँ। जाको राखे साइयाँ मारि न सकिहें कोय!' मिस्टर नाग हँस उठे। कहा, 'अन्दर चलिए, सर्दी पड़ रही है...'

मैं एक प्रकार से अभिभूत-सा होकर उनके सोने के कमरे में जाकर बैठ गया। कमरा छोटा था, मगर बड़ा ठंडा। लद्दाख में बिजली नहीं है, इसलिए कमरा गर्म नहीं रखा जा सकता। यहाँ कोयला भी नहीं है। जरूरत से ज्यादा जलावन खर्च करना सरकारी कर्मचारियों के लिए अनुचित है। लिहाजा कमरा ठंडा ही सही। इधर बिछावन, उधर थोड़ा-सा असबाब। इधर कुछ मनिहारी सामान। इस तरफ कपड़े-लत्ते रखे थे। उस तरफ यह-वह। मेज के पास पूजा के कुछ सरंजाम के उन्हीं में साथ श्री रामकृष्ण परमहंस की छोटी-सी तसवीर! कुल मिला-जुलाकर यह जैसे किसी किरानी का घर हो—अफसर के योग्य नहीं! मेरे मूढ़ आत्माभिमान ने उस समय इससे ज्यादा और कुछ नहीं देखा।

मिस्टर नाग मेरे सामने शुरू में कुछ सकुचाए-से थे शायद। बैठ गए और नम्र तथा मीठे शब्दों में बोले, 'शुरू से ही मेरे जीवन में कुछ गड़बड़ी-सी हो गई थी। सम्भवत: माँ-बाप का स्नेह कुछ ज्यादा मिला था। ग्यारह साल की उम्र में पढ़ना-लिखना छोड़कर रावलपिंडी से सीधे जामताड़ा चल दिया—चौदह

सौ मील दूर! वहाँ एक साधु के आश्रम में पहुँच गया। इरादा, संन्यास लूँगा।'

'ग्यारह साल की उम्र में संन्यास?'

हँसकर नाग ने कहा, 'उस समय उम्र नहीं समझता था, समझता था मन। साल-भर के लगभग आश्रम में रहा। उसके बाद करीब छह महीने दर-दर की खाक छानता फिरा।'

'माँ-बाप से रूठ गए थे?'

'बिलकुल नहीं। बल्कि दोनों तरफ से बड़ा कर्षण था। उसी कर्षण से फिर एक दिन लौट गया। पढ़ना-लिखना शुरू किया। वैसी ख्वाहिश नहीं थी। लेकिन पता नहीं, क्या जो हुआ, हर साल स्कॉलरशिप पाता गया। आखिर एक दिन एम.ए. पास कर गया। जाने कहाँ तो अचानक बीमार पड़ गया एक बार। जीने की जरा भी उम्मीद नहीं थी। सब यही इन्तजार कर रहे थे कि कब दम तोड़ता हूँ। ऐसे समय में एक स्वामी जी पधारे। अजाने एक संन्यासी! जानता नहीं कि वे कौन थे। कौन उन्हें ले आया! और वे इस सुदूर देश में आए ही किसलिए थे? मैंने सुना, उन्होंने एक कोई मामूली-सी दवा मुझे खिला दी। महीने-भर में मैं भला-चंगा हो गया। उसके कुछ ही दिनों के बाद लड़ाई पर चला गया।'

कमरा ठंडा होता जा रहा था। चारेक घंटे में बैरोमीटर में प्राय: 40 डिग्री ताप उतर गया। अभी और उतरेगा। बाहर अँधेरा घना हो रहा था। लेह बहुत पहले ही स्तब्ध हो चुका था!

'उसके बाद?'

शान्त स्वर में नाग ने कहा, 'हवाई जहाज गिर जाने के बाद कराची के अस्पताल में ही पहली बार आँख खोली थी। मगर वहाँ एक आदमी को देखकर चौंक उठा। वे वही स्वामी जी थे! जिसके जीने की तनिक भी आशा नहीं थी, उसके कपाल पर हाथ रखकर उन्होंने कहा— डरने की कोई बात नहीं। मैं तुम्हारे लिए माँ का आशीर्वाद लिये आया हूँ!—मैं सोचने लगा, आखिर इन्हें कहाँ से कैसे मेरी खबर मिली? किसने उन्हें भेजा? कैसे उन्हें मेरा पता चला? वे मुझको इस तरह से क्यों पकड़े हुए हैं? जो भी हो, कराची के उस अस्पताल में वे तीनेक बार आए थे। एक दिन मुझको पता चला कि वे बेलूर मठ के हैं! अन्तिम बार आकर वे मुझे दीक्षा दे गए। साल-भर के बाद अस्पताल से निकला। डॉक्टरों की निगाह में मैं एक अजीब जीव हूँ। मेरे शरीर में सभी हड्डियाँ शायद अलग-अलग हैं। किसी से किसी का सम्बन्ध नहीं। फिर भी स्वस्थ होकर जिन्दा हूँ। इस बार भी स्वामी जी ने मुझे एक दवा खिलाई थी।'

मेरी आँखें मोहग्रस्त नहीं थीं। मिस्टर नाग को मैं गौर से देख रहा था। उनकी यह चेष्टा मुझमें अलौकिकता के प्रति विश्वास जगाने की नहीं थी—यह देखकर मैं खुश हो रहा था।

इतने में बाहर से किसी ने आवाज देकर जताया कि हम लोगों का भोजन तैयार है।

मिस्टर नाग ने कहा, 'आप मिस्टर जितसिंह के यहाँ जाकर बैठें। मैं भी आ रहा हूँ। जरा माँ से कुछ बात कर लूँ...'

मैंने उनकी ओर निहारा। मैं नहीं जानता था कि इस घर में उनकी माँ हैं! लेकिन मेरी ओर घूम करके बोले, 'शाम में उनसे बोलने का वक्त ही नहीं मिला। बात नहीं करने से वह नाराज होती हैं। मैं उन्हें अपनी सब बातें बताता हूँ।'

मैंने खड़े होकर कहा, 'आपने कहा तो नहीं था कि आपकी माँ यहाँ हैं? मैं उनसे मिलकर ही जाऊँ...'

इसके जवाब में भारत सरकार के उस उच्च पदाधिकारी ने जो बताया, सुनकर वह अँधेरी और स्तब्ध मरुनगरी लेह सहसा मानो मेरे लिए अवास्तव हो गई। मैं फिर बैठ गया। जिन पर अविश्वास और सन्देह करूँगा, उनकी शान्त निश्छल हँसी और स्वच्छ सहज स्वर ने अब तक मुझे आनन्द ही दिया था! लेकिन जब सुना कि उनकी माँ अशरीरी हैं और बुलाते ही वे इस छोटे-से कमरे में आ जाती हैं और माँ की तरह मानवी स्वर में मिस्टर नाग से बातें करती हैं, तो मेरे सर्वांग में जो रोमांच और एक अनोखी उपलब्धि प्रकट हुई, उसने कुछ क्षण के लिए मुझको जड़ और बेबस-सा बना दिया।

घर के बाहर भौतिक अँधेरे में विशाल युद्ध-प्रान्तर ठंड से खाँ-खाँ कर रहा था। आधुनिक युग के सब प्रकार के विज्ञान और विचित्र टेक्नोलॉजी के बीच खड़ा एक मानव-समाज अतियथार्थ और वस्तुतांत्रिक जीवन से सतत संग्राम में रत है! वहाँ किसी भी अप्राकृत, अलौकिक, आध्यात्मिक, भौतिक या जादूगर के जादू की गुंजाइश नहीं। जिन्होंने यह अजीब बात बताई, वे एक शासक हैं, सुशिक्षित शाकाहारी हैं, अँगरेजी पोशाक पहननेवाले—जिनका रोज-रोज का काम अत्यन्त वास्तविक समस्याओं से उलझा रहता है।

मैंने पूछा, 'आपकी माँ कब दर्शन देती हैं?'

नाग ने कहा, 'एक-दो बार रोज ही आती हैं। वे चाहती हैं कि मैं सब समय स्वच्छ रहूँ। घर में गन्दगी या कूड़ा-कतवार देखने से नाराज होती हैं। उन्हीं के लिए मुझे दो बार नहाना पड़ता है। सुबह को मुझे जल्दी रहती है, फिर भी पूजा पर बैठने से वे आती हैं। शाम को श्रीमूर्ति साहब के यहाँ ताश

खेलने के लिए जाने से पहले उनसे बात करके जाता हूँ। वे मेरे तमाम दिन की खोज रखती हैं।'

'अभी वे आएँगी?'

'बेशक! जरूर आएँगी। यहाँ सबको उनके बारे में मालूम है।' मिस्टर नाग ने कहा, 'आज बेशक कुछ देर हो रही है। चलिए, भोजन कर आएँ। आकर माँ से बातें करेंगे!'

रोशनी धीमी थी। कमरे के अन्दर भी सर्दी से मेरे पाँव मानो जमते जा रहे थे। फिर भी बदन झाड़कर मैं उठ खड़ा हुआ। पंडित मट्टू हम लोगों का इन्तजार कर रहे थे। छोटे-से कमरे में सामान भरा हुआ था और पूजा के लिए थोड़ी-सी ही जगह बच रही थी। उसी में दिखाई दे रही थी परमहंसदेव की छह इंच आकार की एक बँधी हुई तसवीर—जो तसवीर कलकत्ते के किसी भी मोदी-मनिहारी की दुकान में दिखाई पड़ती है। विश्वास-अविश्वास और धूप-छाँही में खड़े हो मैं अलौकिक, अजीबोगरीब, जादूभरी तथा आदि से अन्त तक भ्रम में डालनेवाली इस कहानी को कैसे ग्रहण करूँ, ठीक-ठीक समझ नहीं सका। सिर्फ यही सोच रहा था, मिस्टर नाग का जितना ही अविश्वास और सन्देह करूँगा, उतना ही मैं अपने निकट खोखला होता रहूँगा। ऐसा विवेक-संकट मेरे आगे और कभी नहीं आया था। उस पहली रात उनके मुँह से अँगरेजी सुनने के समय से कब कैसे तो उनके लिए एक गहरे आकर्षण का अनुभव करता था, उसी बात को स्मरण करके एक तरह से बेमानी, उद्भ्रान्त और खोया हुआ-सा कमरे से बाहर निकला। अँधेरे बगीचे को पार करके श्री नाग भी साथ-साथ चले।

जितसिंह जी के आधुनिक साज-सामानों से सजे बड़े-से कमरे में आज की रात के भोज का मैं मुख्य अतिथि था। सिंह जी की सरल, शान्त और निरभिमान लद्दाखी स्त्री ने साड़ी पहन रखी थी। उन्होंने खुद ही रसोई पकाई थी—जिन चीजों को लद्दाख में घूमते हुए मैं भूल ही गया था। लेकिन उस रात के हँसी-मजाक, गप-शप और खुशी-जोश के बीच शामिल रहते हुए भी अपने को मैं मूढ़, नया और बेमेल लग रहा था।

लौटते वक्त रात में तापमान और भी 10 डिग्री उतर गया था।

इसी ठंड की एक छोटी-सी कहानी ने लद्दाख-भ्रमण में मुझे बेचैन कर दिया था। वह कहानी पास के चीन-भारत-रणक्षेत्र की थी। कहना न होगा कि वह अखबारों में छपी थी।

मेरे मित्र स्वर्गीय अध्यापक प्रियकुमार गोस्वामी का कार्यक्षेत्र मेरठ था। काकोरी षड्यंत्र केस के नायक और 'बन्दी जीवन' के मशहूर लेखक स्वर्गीय

शचीन्द्रनाथ सान्याल की भांजी अमला से उन्होंने शादी की थी। उनके बेटे का नाम था श्यामल। श्यामल लद्दाख की लड़ाई में आया था।

जो खबरें पढ़ा करते हैं, उन्हें पता है कि सर्दियों में लद्दाख कैसा भयंकर रूप धारण करता है। दौलतवेग ओलदी, गलवान या चिपचैप की घाटी, शियोक के पूरब पार, खुर्नाक-पैंगोंग, देमचक—इन इलाकों में हिमलोक की लड़ाई कैसी होती है। ऐसे ही एक रणक्षेत्र में चीन के हमले से भारत की फौज दिन में ही जब लड़ते-लड़ते पीछे हट रही थी, उस समय अनेक-अनेक जवानों के साथ श्यामल भी घायल और मूर्च्छित होकर नीचे गिर पड़ा था और मरा जानकर छोड़ दिया गया था। वह दोनों ही पक्ष का मृत्युलोक था। देखते-ही-देखते श्यामल का अचेतन शरीर जोरों के हिमपात से बर्फ के नीचे दब गया और चीन ने उस इलाके पर कब्जा कर लिया।

श्यामल की मृत्यु नहीं हुई थी। पर कब और कैसे उसे चेत हुआ, इसका पता नहीं। उसे आँख और नाक के बीच में चोट आई थी। आँख और मुँह में लहू जम आया और करारी ठंड से शरीर का लोहू बर्फ-कण में बदलने लगा। इसके बावजूद उस बहादुर तरुण ने दोनों हाथों से चुपचाप बर्फ हटाकर सिर उठाया। दिन का वक्त था। लिहाजा वह बर्फ के उस मृत्युगह्वर में अधीर हो-होकर इन्तजार करता रहा। शाम को उठकर उसने दुश्मन की नजर बचाकर कुछ दूर चलने की कोशिश की। लेकिन दोनों पाँवों में तुषार-क्षत हो जाने के कारण वह निकम्मा हो गया। उसका बलवान मन और शरीर उस हालत में भी शत्रु के हाथों अपने को सौंपने को तैयार न था। अन्धकार और बर्फ के उस मृत्युलोक से चीनी पहरेदारों की नजर बचाकर घुड़कते हुए वह भारतीय घेरे की ओर बढ़ा। उस समय सर्दी शून्य से भी नीचे माइनस 25 सेंटीग्रेड हो गई। उसी अवस्था में सारी रात चलने के बाद जब वह भारतीय सीमा के करीब पहुँचा, तो नजर आया कि वह छाती के बल रेंगता आ रहा है। इधर आने पर वह फिर अचेत हो गया।

श्यामल की इस अपराजेय लौह-प्रतिज्ञा ने भारत की युवा-शक्ति को अनुप्राणित किया, इसीलिए भारत के राष्ट्रपति ने उसे सर्वोच्च सम्मान से अलंकृत किया। इस समय पश्चिम जर्मनी में उसकी चिकित्सा जरूर चल रही है, पर चूँकि हिम-क्षत से उसके पाँव सड़-गल गए थे, इसलिए घुटने तक दोनों पाँव उसके काट दिये गए। दायें हाथ की कुछ उँगलियाँ भी नहीं बच पाईं।

भारतीय जवानों के लिए यह नये गौरव का इतिहास है।

लद्दाख की सम्भ्रांत महिलाएँ

लेह का केन्द्रीय बाजार (लद्दाख)

खलात्से (लद्दाख) की एक ग्रामीण पाठशाला में लेखक

लेह का यात्रा-पथ (लद्दाख)

हेमिस गुम्फा (लद्दाख)

आधुनिक कश्मीर

लद्दाख से विदाई ले रहा था।

उस दिन सवेरे नहाने-धोने और जलपान करने के बाद एक जवान मुझे उस हिम-प्रान्तर में ले गया। अभी-अभी सबेरा हुआ था। छह बजने में अभी काफी देर थी। उस प्रान्तर में मैंने ठंड की शक्ल देख ली। उस सिद्दत की सर्दी में भी फौजी कर्मचारियों में काम-काज में जरा भी कोताही न थी। उस पोशाक में किसी को पहचानना मुश्किल, लेकिन मेरे कागज की जाँच करके एक विमान-अफसर ने आगे बढ़कर सादर नमस्कार करके साफ-साफ बंगला में कहा, 'जी, मैं चक्रवर्ती हूँ, मेरा घर कलकत्ता है, शाम बाजारा। आपके यहाँ दर्शन होंगे, यह आशा न थी।'

मैं सिर्फ मुस्कुराया।

चक्रवर्ती बोले, 'ठंड से तकलीफ नहीं होती है?'

मुस्कुराकर कहा, 'आखिर अब कितनी देर...?'

इंडियन एयर फोर्स के विमान से मुझे श्रीनगर लौटना था, सो श्री चक्रवर्ती की थोड़ी-सी मदद मिल गई। एक कागज पर सही बनानी पड़ी—गर्ज कि हवाई-दुर्घटना में अगर मैं मर जाऊँ तो सरकार जिम्मेदार नहीं होगी! मुझे फिर हँसी आई। अपनी सरकार भीख के अन्न पर जीती है, लिहाजा मेरी अपमृत्यु के बाद मेरी आत्मा की सद्गति के लिए वह दानसागर श्राद्ध करेगी, ऐसी बेकार की उम्मीद भी क्यों करूँ? सो आँखें मूँदकर हस्ताक्षर करके हवाई जहाज पर सवार हुआ। नमस्कार करके चक्रवर्ती चले गए। थोड़ी-सी धूप निकली थी। पहाड़ों की दीवारें पार करके धूप के उगने में देरी होती है।

ठीक-ठीक अन्दाज नहीं कर पाता। लेकिन लगता है, लद्दाख के समतल से वह सामरिक विमान 10-12 हजार फीट ऊँचे उठ गया। इत्ता-सा हो गया लेह शहर। उससे भी छोटा हो गया स्तोक, पितुक, फियांग और वह बादशाह महल! नीचे क्षितिज व्यापी दूर तक फैला हुआ गेरुए रंग का विशाल काराकोरम और कुएनलान। उत्तर और दक्षिण में तकलामकान और तिब्बत का मरुलोक दिखाई दे रहा था। लेकिन वर्ण का जस्कर—उस पर मयदानव-सा खड़ा हिमालय उत्तर भारत में फैला। सबेरे के सूरज के प्रकाश में उस तुषार किटीटिनी भुवन-मनमोहिनी को देख लेने की जरूरत थी।

पृथ्वी नहीं, उससे कुछ ऊपर, जहाँ स्वर्ग और मर्त्य का सन्धिस्थल है।

उस सन्धिस्थल में जंगल-नदी-पहाड़-मैदान आदि का हरा-भरा सौन्दर्य नहीं है। उस मायालोक का द्वार अभी तक उद्घाटित नहीं हुआ है। यह है सफेद जटाओंवाला काला भैरव दिगन्त तक फैला हुआ ध्यानतपस्वी—यह मानो हिंस्र, रुद्र, शुष्कवल्कलधारी वैरागी हो—नारी-प्रकृति के षडैश्वर्य शोभा ने मानो अभी तक उसे छुआ ही न हो। यह जैसे भारत भाग्य-विधाता हो!

विमान एक बार घूम गया। मानो यहाँ के आकाश-लोक में मेरा कुछ देखना बाकी रह गया था! चक्राकार में मैंने फिर एक बार सदा-सदा के उत्तरी भारत को देख लिया। हिन्दूकुश, काराकोरम, कुएनलान, कैलास—इनके घेरे के बीच में ध्यान-मूर्ति देवादिदेव हिमालय महातपस्या में बैठे हैं। यह जैसे मंडलेश्वर महर्षि गौतम की ब्रह्मविद्या की शाला हो, उन्हें घेरकर जटाजूटधारी ऋषि बालकों का दल बैठा है। सूर्य के होम-अग्निकुंड की आभा उनके चेहरों पर पड़ रही है।

विमान अब पश्चिम की ओर जस्कर से परे हिमालय की दो उत्तुंग चोटियों—नून-कून को पार करता हुआ बढ़ा। मैं मर्त्यलोक को लौटने लगा।

हवा के पतलेपन में जहाज में ही मुझे एक बार ऑक्सीजन के चोंगे के व्यवहार के लिए मजबूर किया। इस वायुशीर्णता तथा कड़ी ठंड से विमान के कल-पुर्जे बिगड़ जाने का डर रहता है। बहुत बार उसके छोटे बारीक पुर्जे (Mechanical apparatuses) ठंड से ठप हो जाते हैं, बर्फ से जम (frozen) जाते हैं। इससे बहुत बार दुर्घटनाएँ और जानों की क्षति हुई है।

महज एक घंटा। लोहित पर्वतराज्य पार होते ही हरमुख और भैरव-घाटी के नीचे पहली बार पाइन की वन-राजि दिखाई पड़ी। वह जैसे जादूगर का अनोखा तमाशा हो! लमहे में सारी गरीबी को छूमन्तर करके वैभव से भर दिया! अस्थि की माला गायब हो गई, ऋतुराज वसन्त के गले में वनमल्लिका की माला डाल दी। घंटे-भर में धरती गोया दूसरी तरफ मुँह फेरकर खड़ी हो गई। जैसे इन्द्रजाल हो, माया-मंत्र का जादू। जैसे कुछ समय के लिए, एक विराट दु:स्वप्न में डूब गया था। कब तक के लिए, यह याद नहीं आता। समय और दूरी मानो एक चेतना-भर हो। मानो लाख-लाख साल के एक काल में, सृजन के जाने किस आदि-अध्याय में खो गया था। युग-युगान्त के बाद वह नींद मानो अचानक टूट गई। आँखें खोलकर देखा, वह मरीचिका खत्म हो गई है। मेरी नजरों के सामने फिर से खुल गया हिमालय का वही अरण्य, वही लता-पुष्पों से भरा रूप का साम्राज्य—महज घंटा-भर पहले जिसका अस्तित्व ही मैं भूल चला था। 25 हजार से छिटककर मैं 5 हजार फीट पर आ रहा। लद्दाख 10 हजार फीट की ऊँचाई पर रह गया।

वन, फसल, शोभा और सौन्दर्य से चारों ओर शोभायमान। वनपथ में वही छाया-वीथि, सर्वत्र वही माटी की महिमा कश्मीर की कमनीयता को प्रकट कर रही थी। दिशा-दिशा में वन की श्यामलिया लिये हुए हिमालय की चोटियाँ अपनी विशालता और महिमा में विराजित। मैं मानो धूलों की जटावाले नंगे संन्यासियों की रूखी-सूनी तपस्या की मरु-मरीचिका में तब तक रहता आया था—अब आनन्दलोक की प्रचुरता में लौट आया, जहाँ षडैश्वर्यवाली प्रकृति अपनी भोगवती रसधारा में नित्य नई रहती है। फिर हिमालय की गोद में लौट आया।

इस बार डल झील के तट पर टिका। पार्क होटल। सामने डल और पीछे तख्त-ए-सुलेमान या शंकराचार्य पहाड़। पहाड़ पर बहुत ही पुराना शिव और शंकर का मन्दिर। इसे स्वयं शंकराचार्य ने ही स्थापित किया था। प्राचीन काल के राजा गोपादित्य के नाम पर यह गोपाद्रि कहाता था।

इलाका यह अभिजात है। एकान्त। होटल की व्यवस्था में अँगरेजियत की बू जरूर है, पर इसके साथ जिन्होंने इसमें देशी ढंग-ढर्रे को मिलाया है, उनका नाम है 'कुंडू स्पेशल'। तीस वर्षों का इनका यह होटल भारत-प्रसिद्ध है। मैंने गौर किया है, कश्मीर के उच्चतम अधिकारियों की नजरों में भी ये प्रीति के पात्र हैं। साल में दो-तीन बार ये सम्भ्रान्त यात्रियों को लेकर कश्मीर आते हैं और काफी रुपये यहाँ उँडेल जाते हैं। राज्यपाल डॉ. कर्णसिंह उस स्पेशल के बारे में जानते हैं।

अपने नौकर के साथ एकान्त में रहने की सोची थी, मगर वह सम्भव न हुआ। पार्क होटल छोटा-सा बंगाल बन गया—जहाँ रोहू मछली के स्वादिष्ट शोरबे के साथ जम्मू के चावल का गरम-गरम, जुही के फूल-सा भात दिल खोलकर परोसा जाने लगा। जीती-जागती बड़ी रोहू एक रुपया किलो और कबूतर के नाखून-जैसे लम्बे सुस्वादु चावल का भाव सात आना किलो। कुंड स्पेशल के कर्मचारियों ने इस तरह वहाँ रामराज्य बसा दिया। साठेक स्त्री-पुरुषों को अपनत्व के धागे में गूँथकर एक सुघर-सी गिरस्ती बसाकर इन्होंने आठों पहर होटल को मुखर कर रखा था। इनका यह बन्धुत्व ठीक व्यापारिक तरीके का नहीं है, इसीलिए ये यात्रियों के विशेष प्रिय हैं। नतीजा यह हुआ कि इस होटल की अँगरेजियत नई बहू-सी किसी कोने में दुबक गई। अच्छा ही लग रहा था।

लेकिन मुझे समय कम था। विश्राम की अवधि सीमित थी। उस रोज सबेरे हजरतबल मसजिद की तरफ निकल पड़ा। इस मसजिद का प्रवेश-मार्ग पुराने शहर की ओर से है। बगल से गंधारबल जाने की पुरानी सड़क चली गई है—इधर से 'क्षीर भवानी'। उससे निकलकर खेत-खलिहान और पहाड़ों के नीचे-नीचे

आँका-बाँका जाने से 'मानसबल' का वही निर्जन माया-कानन और सामने की फैली हुई जलराशि पर रक्तकमल का वही अनोखा समारोह।

हजरतबल मसजिद का मुख्य प्रवेश-द्वार डल झील के किनारे है। कोई अगर शिकारे पर बैठकर इस मसजिद का दर्शन करे, तो उसकी कश्मीर-यात्रा सार्थक जानिए। इसकी बनावट में मुगल स्थापत्य का जो आभिजात्य है, शिल्प-कुशलता और विशालता की जो महिमा है, उसकी तुलना न तो भारत में कहीं है, न ही पाकिस्तान में। बम्बई, कलकत्ता, मद्रास, कराची, लाहौर, रावलपिंडी, अहमदाबाद, आगरा, दिल्ली, अजमेर—इन सबको मिलाकर ही कह रहा हूँ। हजरतबल मसजिद को बादशाह शाहजहाँ ने बनवाया था, सन् 1642 में यानी तब तक मध्य एशिया के समरकन्द और बुखारा की स्थापत्यकला-भावना ने भारतीय कला-भावना से मिलकर एक नया रूप ले लिया था। इस मसजिद के अन्दर-बाहर पत्थर का काम है। इसकी खिलानें, बनावट और तरह-तरह की जाफरी तथा सबसे बड़ी चीज इसकी प्रकाश-भंगी दर्शकमात्र को ही आनन्द से अभिभूत किए देती है। यह मसजिद एक बहुत बड़े दायरे में बनी है। डल झील की तरफ शोभा के लिए जो बड़ा-सा बाग है फूलों का, वह बड़ा ही मनोरम है। उसमें चिनार-पाइन, ओक, अखरोटों की कतारें बनाकर शोभा को अतुलनीय कर दिया गया है। डल के किनारे की ओर का बरामदा, प्रांगण और सीढ़ियाँ—बादशाह की सुरुचि और सौन्दर्य-बोध का परिचय देती हैं। सच पूछिए तो मुगलों का जमाना ही कश्मीर का स्वर्णयुग है। कश्मीर को भू-स्वर्ग बनाया शाहजहाँ के पिता शौकीन सम्राट जहाँगीर ने। उनके पिता बादशाह अकबर ने वहाँ हिन्दू-मुसलमानों को मिलाकर जिस नये और कल्याणजनक शासन का प्रबन्ध किया, उसकी ऐतिहासिक महत्ता सबको मालूम है।

हजरतबल मसजिद का पिछला प्रवेश-द्वार पुराने शहर की तरफ खुला है। इधर गन्दा है। आसपास जूठा-कूठा, गन्दगी-भरे पनाले, दो-चार दुकानें, भिखमंगों का आना-जाना और उस तरफ गरीबों की घर-गिरस्ती। इस पुण्य तीर्थ से सटे-सटे ये सब नहीं होते तो अच्छा था। इन्हीं में से होकर मूल मसजिद के बरामदे पर पहुँचा। यहाँ सब कुछ साफ-सुथरा, सब कुछ आकर्षक था।

सामने ही एक रोशनी लटक रही है। उसी के नीचे दान-पात्र। दो रुपये उसमें डालकर बड़े-से दरवाजे को पार करके कीमती कालीन-बिछे सजे-सजाए नमाज-कक्ष में जाकर खड़ा हुआ। इस बीच पाँच-छह दर्शनार्थी वहाँ पहुँच चुके थे।

मुसलमानों के लिए यह मसजिद एक प्रधान पुण्यतीर्थ है। मुझे ठीक-ठीक मालूम नहीं, सत्रहवीं सदी के आरम्भ में धर्मपरायण एक मुसलमान हजरत

मुहम्मद के कुछ बाल भारत ले आए। वही बाल राजकीय समारोह के साथ नई बनी इस मसजिद में स्थापित किए गए। न केवल भारत और कश्मीर, बल्कि पूरब और पश्चिम में जहाँ भी, जो भी मुसलमान हैं, उन सबकी नजरों में यह मसजिद और कश्मीर-भूमि परम पवित्र और पूज्य हैं।

यह बड़ा और सुचित्रित कमरा, फूल, धूल और चोआ-चन्दन की सुगंध से महमह करता रहता है। यह सोचते हुए सर्वांग में रोमांच हो आता है कि जिनके पवित्र बाल यहाँ सुरक्षित हैं, उन्होंने गौतम बुद्ध और ईसा मसीह की तरह दर्शनसम्मत एक सर्वथा नई सभ्यता की सृष्टि की थी; जिसकी शक्ति और प्रगति तथा मानवतावाद पिछले डेढ़ हजार वर्षों से संसार की एक बहुत बड़ी मानव-गोष्ठी को आज तक अनुप्राणित करता आ रहा है। पंडितों का कहना है, इस्लाम-समस्या का सबसे बड़ा परिचय उसकी प्राण-शक्ति है। जाति, श्रेणी, समाज-निर्विशेष को वह ग्रहण करता है, वर्जन नहीं करता। इसीलिए उसकी विजय-यात्रा की राह का आज भी अन्त नहीं हुआ। इस्लाम के इस प्रगतिवाद ने बहुत बातों में ईसाई सभ्यता को भी मात दी है। मगर ऐसी आलोचना का अधिकार मुझे कम है।

सन् 1963 के दिसम्बर के अन्तिम दिनों पैगम्बर के ये पवित्र केश बदकिस्मती से कई दिनों के लिए गुम गए थे। इस घटना से भारत और पाकिस्तान ही नहीं, सारा संसार हाय-हाय कर उठा। इतना बड़ा यह अन्याय किन लोगों ने किया और कौन लोग फिर से उन केशों को चुपचाप वहीं रख गए—यह रहस्य अभी तक साफ-साफ खुला नहीं। मगर इस अपराध में वहाँ के कुछ मुसलमान पकड़े गए और उनके पीछे कुछ जो नेता-कोटि के मुसलमान थे, आभास-अनुमान से उनका भी पता चला। मगर उसके बाद सौजन्य और शालीनता के नाते उस समय की नेहरू सरकार या कश्मीर राज्य-सरकार ने इस पर तूल नहीं करना चाहा। बहुतों का खयाल है, इसी खबर के अचानक मिलने से भुवनेश्वर में नेहरू जी को पहली बार दिल का दौरा पड़ा। उस समय प्रेसिडेंट अयूब खाँ ने शायद सहज भाव से ही एक बात कही थी कि 'मुसलमान यह काम हरगिज नहीं कर सकता' (स्टेट्समैन : 5-1-64), मगर उनका वक्तव्य ठीक से समझ नहीं पाने की वजह से पूर्वी पाकिस्तान के खुलना शहर में प्राय: बीस हजार की एक उत्तेजित भीड़ ने हिन्दू नागरिकों पर धावा बोल दिया और वह धावा लगभग समूचे पूर्वी पाकिस्तान के एक-एक शहर पर क्रम से होता रहा, लेकिन यह मेरा आलोच्य नहीं। ताज्जुब तो इस बात का है, जिन मुसलमान वीर बंगालियों ने पूर्वी बंगाल के संखयालघु लोगों को बचाने के लिए इस अन्याय-आक्रमण

के खिलाफ उन नर-घातकों के सामने अपनी जान गँवाई थी, उनकी शोचनीय अपमृत्यु पर भारत के उन मुस्लिम नेताओं ने एक शब्द भी नहीं कहा, जिनमें से बहुतेरों का घर पूर्वी पाकिस्तान में पड़ता था और जो बहुतेरे दिल्ली में उच्च राजकर्मचारी थे। उस समय ऐसी संवेदना प्रकट करना उनके लिए व्यक्तिगत असुविधा का कारण होता या नहीं, नहीं जानता। लेकिन यह अन्दाज लगाना मुश्किल नहीं है कि वैसे 50 मुसलमानों के आत्म-बलिदान की यह कहानी बंगालियों के आज के घिनौने इतिहास में भी सोने के अक्षरों में लिखी रहेगी।

कक्ष के अन्त में दायें एक गुहाकक्ष (vault) दिखाई देता है। यह काँच के फ्रेम और काठ से ढका है। चारों तरफ से बन्द है। ताला पड़ा रहता है। उसी के अन्दर दूसरे एक स्फटिक पात्र में वे केश रखे रहते हैं, जो दिखाई नहीं देते। इसके लिए वहाँ रात-दिन पहरा रहता है। जिस दिन गुमनेवाली दुर्घटना हुई, उस रात श्रीनगर में करारी सर्दी और भयंकर तुषारपात था। दुर्योग की रात थी वह। अचरज की बात है कि बेहद ठंड के कारण उस कक्ष के पहरेदार (महज उसी रात के लिए) गैरहाजिर थे! यहाँ कहा जाता है, कश्मीर के धार्मिक ट्रस्ट के सभापति शेख अब्दुल्ला हैं। लेकिन इस घटना के समय वे कैद में थे और इस घटना के 13 हफ्ते के बाद उन्हें छुटकारा मिला।

एक बड़े भले और मिष्टभाषी मुल्ला उस गुहाकक्ष के सामने देखरेख में थे। मेरे कुछ प्रश्नों के जवाब में उन्होंने कहा, शुरू से आखिर तक सब उस परवरदिगार का खयाल है, वहाँ हम लोगों का कोई हाथ नहीं! किस दुश्मन ने इस पाक चीज को चुराया था और कब, कैसे उसे फिर चुपचाप जहाँ-का-तहाँ रख गया, यह किसी ने नहीं देखा, कोई नहीं जानता। इसे सिर्फ वही 'परमात्मा' ही जानते हैं।

गायब करना तो समझता हूँ, लेकिन लाखों-लाख लोगों की सतर्क निगाहों के सामने उसे फिर से चुपचाप रख जाना, यह कैसे सम्भव हुआ—मेरे इस उत्सुक प्रश्न के जवाब में मुल्ला जी की स्वर्गीय आँखों में एक दिव्य भाव दिखाई दिया। उन्होंने शान्त और विनीत स्वर में कहा, 'सब उस परमात्मा की लीला!'

अब उस कक्ष में रात-दिन सशस्त्र पहरा है। पर देखनेवालों के लिए अब उन पवित्र केशों का दर्शन सम्भव नहीं है। साल की खास-खास तिथियों पर तीर्थ-यात्री इनका दर्शन कर सकते हैं।

मेरे दूसरे एक सवाल के जवाब में मुल्ला जी ने कहा, 'बख्शी अब्दुल रशीद नाम के एक आदमी को इसके लिए गिरफ्तार किया गया है। लेकिन वे बख्शी गुलाम मुहम्मद के सहोदर नहीं हैं। दूसरे ही आदमी हैं।'

फिर से अपनी आँखें पलटाकर मधुर स्वर में मुल्ला जी ने कहा, 'परमात्मा को पता है। इनसान का ज्ञान भी कितना!'

कश्मीर के ज्यादातर मुसलमान पहले के हिन्दू ही हैं। आज तक वे प्राचीन संस्कार और अध्यात्म-अभ्यास छोड़ नहीं सके हैं। इसीलिए वे 'अल्लाह' शब्द के बदले परमात्मा का प्रयोग कर बैठते हैं।

जो हो, इस बदकिस्मती की घटना के बाद कश्मीर के मुसलमानों ने भूतपूर्व प्रधानमंत्री बख्शी गुलाम मुहम्मद और उनके परिवार के लोगों पर आक्रमण किया। उनके दो सिनेमाघरों और कुछ मकानों में आग लगा दी। जान बचाने के लिए बख्शी गुलाम मुहम्मद परिवारसहित श्रीनगर से भागने को मजबूर हुए। फिलहाल भारत सरकार द्वारा जाँच-पड़ताल में उन पर बहुत-सी अर्थनीतिक गड़बड़ी का अभियोग लाया गया है। कश्मीर नेशनल कॉन्फ्रेंस के वे अन्यतम अधिनायक हैं। कुछ दिन पहले यह कॉन्फ्रेंस भारतीय राष्ट्रीय कांग्रेस में मिल गई! इससे बख्शी के नसीब को कैसा पुरस्कार मिलेगा, इसे अभी कोई नहीं जानता।

बख्शी बुरे हैं या नहीं, इसका विचार तो अधिकारी वर्ग करेंगे। लेकिन इस समय भारत भाग्य-विधाता का सबसे तीखा व्यंग यह है कि जो योग्य-से-योग्य देश के संगठनकर्ता हैं, उन्हीं के विरुद्ध असाधुता का अभियोग ज्यादा आ रहा है। उनमें से बहुतों के ही नाम अप्रकाशित हैं। लेकिन जो सुप्रचारित हैं, वे हैं : सरदार प्रतापसिंह कैरो, विजयानन्द पट्टनायक, बख्शी गुलाम मुहम्मद आदि। पंडित नेहरू लेकिन मरते वक्त इन लोगों की असाधारण योग्यता और कर्मठता को स्वीकार करते गए हैं। ठीक इसी कारण से ये औरों के विद्वेषभाजन बन गए थे या नहीं, इस बात को भारत के कोई नहीं जानते।

पार्क होटल के ठीक सामने डल झील में एक शिकारा धीरे-धीरे तैरता जा रहा था। मैं उसी पर गद्दी जमाए पड़ा था। चक्का डूबने में कुछ देर थी। जो छोकरा शिकारे के छोर पर बैठा गुनगुनाकर गा रहा था, वह देंवहज सम्प्रदाय का मुसलमान था। जो लोग ऊलर झील में नाव चलाया करते हैं, उन्हें 'गरिहज' सम्प्रदाय का कहते हैं। सारे कश्मीर में कोई 21-22 मुसलमान-सम्प्रदाय हैं और उनमें भारत के हिन्दू समाज की तरह जात और श्रेणी, वर्णविद्वेष, छुआछूत और ऊँच-नीच का भाव मौजूद है। लेकिन कश्मीर में इस हिसाब से साधारण हिन्दुओं का एक ही सम्प्रदाय है। वह है पंडित। वर्णों में पंडित श्रेष्ठ है। ब्राह्मण के सिवाय हिन्दुओं की दूसरी गोष्ठी वर्तमान कश्मीर में नहीं है। भारत का अभिन्न अंग होते हुए भी इस मामले में कश्मीर भारत का उलटा है। कश्मीर में जिन

लोगों ने श्रेष्ठ वर्ण का मुसलमान होना चाहा है, उन्होंने अपने को चार भागों में बाँटना चाहा है यानी शेख, सैयद, मुगल और पठान। लेकिन इन्हीं लोगों ने कुछ सम्प्रदाय को छोटा बनाकर रखा है। जैसे घोड़ा पालनेवाले आज के 'हरिजन' हैं—जिन्हें 'गल्लावान' कहते हैं। किसी समय ये बड़ी खूँखार जात के थे, जब इनका नाम 'चाक' था। इन्हीं लोगों के शक्तिशाली राजा से सम्राट अकबर की सेना तीन बार हार-हारकर लौट गई थी। पहलगाँव जाकर जिन लोगों ने इन गल्लावानों के पुराने गौरव की कहानी को ध्यान से सुना है, उनको इनके उस गर्व-गौरव की बात मालूम है! शेख और सैयद सम्प्रदाय के लोग जिन्हें छोटी जात का कहते हैं, वे लोग कश्मीर के फूल-फल, शाक-सब्जी और मछली-मांस बेचनेवाले हैं। फेरीवाले, भेड़ पालनेवाले, माझी-मल्लाह, मोची, झाड़ूदार नौकर-चाकर हैं। जो लोग देहातों में चौकीदारी करते हैं, या खानसामा, पहरेदार हैं, उन्हें 'दुम' कहते हैं। ये भी इतर श्रेणी के माने जाते हैं। जो खानाबदोश या जिप्सी हैं, जो नागरिक जीवन से कोई वास्ता नहीं रखते, उन्हें 'बताल' कहते हैं। बताली औरतें कश्मीर की वास्तविक सुन्दरियाँ होती हैं। और आखिरी एक दल है, जिसको 'भाँड़' कहते हैं। ये बंगाल के गोपाल भाँड़ के ही समगोत्री हैं। ये नाच-गान, नाटक, तमाशा, विभिन्न रंग-रस में लगे रहते हैं।

सवर्ण मुसलमानों में श्रेष्ठ हैं शेख। इनमें पढ़े-लिखे, पंडित, शिक्षक, वकील, वैज्ञानिक, दार्शनिक तथा प्रशासन-क्षेत्र में प्रभावशाली व्यक्ति होते हैं। पठान और मुगलों के जमाने में इनका धर्म-परिवर्तन हुआ। पठानों के समय में जान बचाने के लिए और मुगल-काल में आर्थिक उन्नति के लिए ये धर्म-परिवर्तन को मजबूर हुए। शेख और सैयद परिवार में अभी भी बहुत सारे सवर्ण हिन्दू उनकी गोष्ठी में मौजूद हैं। सुनने में आता है कि भारत के भूतपूर्व प्रधानमंत्री से शेख मुहम्मद अब्दुल्ला का दूर का कोई सम्बन्ध है। जो हो, कश्मीर के सैयदों की हालत खूब अच्छी है। वहाँ का अधिकांश काम-कारोबार, व्यवसाय-वाणिज्य उन्हीं के हाथों में है। दूसरी ओर यही वहाँ के रक्षणशील मुसलमान तथा कश्मीर के धर्मगुरु हैं। इनमें शिया और सुन्नी—ये दो गोष्ठियाँ सदा से अपसी वैर रखती आई हैं। दोनों की इस्लाम की व्याख्या कभी नहीं मिली। शिया मुसलमान कश्मीर के धनपति हैं गोकि संख्या में वे सुन्नियों से कम हैं। कश्मीर का कुटीर-शिल्प इन्हीं से समृद्ध है। कश्मीरी शॉल के नाम से जो चीज प्रचलित थी, उसका ज्यादातर माल-मसाला कश्मीर का नहीं था—जैसे, अच्छा पशम और पशमीना सदा तिब्बत के चानपान, सिनकियांग के यारकन्द, काशगढ़ या खोतान और लद्दाख के विभिन्न स्थानों से आता था। अब लद्दाख की अपनी

आपूर्ति कम है और कश्मीरी शॉल में मिलावट बहुत होने लगी है। लिहाजा वह जमाना नहीं रहा। पशमीना शॉल के नाम पर कश्मीर में जो चीज मिलती है, उसमें असली पशमीना कितना है, इसकी जाँच के लिए जानकार की जरूरत पड़ती है। अब इन व्यवसायों में पंजाबी राजपूत, भाटिया मारवाड़ी घुस आए हैं। श्रीनगर का बाजार अब काफी बड़ा हो गया है और सुलभ और सस्ती कहने को कुछ नहीं रह गई है।

कश्मीर का रेशम-व्यवसाय आजकल समृद्ध हुआ है। यह उत्पादन-शिल्प कश्मीर सरकार के अधिकार में है। कश्मीर के तशर के कीड़े, उससे रेशमी चीजें बनाने के बड़े-बड़े कल-कारखाने यात्रियों के आकर्षण की वस्तु हैं। तशर के कोयों की खेती कश्मीर में मुगलों से पहले पठानों के जमाने में शुरू हुई। सिनकियांग के काशगढ़ जनपद के तत्कालीन शासक मिर्जा हैदर ने मध्य एशिया की इस्लाम-संस्कृति के केन्द्र बुखारा से तशर के कीड़ों का छटाँक-भर अंडा कश्मीर के शासक को उपहार में भेज दिया था और उसी में उन अंडों से कीड़े निकालने के तरीके बता दिये थे। उसके बाद मुगल-काल और बाद के दुरानी-युग में वहाँ का रेशम-शिल्प लगभग लुप्त हो गया था।

कश्मीरी रेशम-शिल्प की आज जो समृद्धि है, उसके जनक एक प्रसिद्ध बंगाली सज्जन थे। नाम था नीलाम्बर मुखोपाध्याय। महाराजा गुलाबसिंह की मृत्यु के बाद उनके पुत्र महाराजा रणवीरसिंह ने मुखोपाध्याय महोदय को कश्मीर का प्रधान न्यायाधीश नियुक्त किया था। कलकत्ते के शिक्षित और सभ्य समाज में नीलाम्बर उस समय विशिष्ट प्रतिष्ठित व्यक्ति थे और उनका घर हेदुआ (आज का आजाद हिन्द बाग) से ठीक उत्तर बीड़न स्ट्रीट पर था। वे जज और एक विशिष्ट शिक्षाविद् थे। साफ है कि तत्कालीन ब्रिटिश सरकार ने अपनी राजधानी कलकत्ते के इस विशिष्ट नागरिक की कश्मीर सरकार के लिए सिफारिश की थी। उनकी नियुक्ति के बाद से ही कश्मीर सरकार की सर्वांगीण उन्नति शुरू हुई। वहाँ के प्रधान न्यायाधीश रहते हुए ही वे महाराजा के मुख्य सलाहकार चुने गए। उन्हीं ने वहाँ आधुनिक और विज्ञान-सम्मत उच्च शिक्षा का श्रीगणेश किया। उन्हीं के हाथों मध्ययुगीय शिक्षा-व्यवस्था का अन्त हुआ। उन्होंने आधुनिक स्कूल, कॉलेज, विज्ञान-शिक्षा-केन्द्र कारीगरी, पूर्तविभाग, कृषि, उद्भिद्-विज्ञान आदि को एक-एक करके चालू किया। वैज्ञानिक गवेषणा के केन्द्र, अस्पताल, चिकित्साविद्या के संस्थान उन्होंने ही खुलवाए। श्रीनगर का विद्युत-उत्पादन-केन्द्र—माहुरा पावर हाउस—जिसे उपजातीय पठान हमलावरों ने सामयिक तौर पर निकम्मा कर दिया था (24 अक्टूबर, 1947), वह जलविद्युत-योजना

मुखोपाध्याय महोदय की ही थी। इनके सिवाय उन्होंने श्रीनगर में एक अनुवाद-केन्द्र कायम किया था। उस केन्द्र से उन्होंने अँगरेजी से विभिन्न विषय—साहित्य, काव्य, इतिहास, विज्ञान, भूगोल, अर्थशास्त्र, समाजशास्त्र और प्रशासन की पुस्तकों का कश्मीरी भाषा में अनुवाद कराया था। उन्हीं के समय में बहुत-से बंगाली—अध्यापक, शिक्षक, वैज्ञानिक—वहाँ जाकर बसे। कश्मीर में बंगाल को सुपरिचित कराने में उनकी बहुत बड़ी देन है।

इन सबके बाद नीलाम्बर मुखोपाध्याय ने कश्मीर की आर्थिक उन्नति के लिए रेशम-शिल्प की ओर ध्यान दिया। जिस रेशम-शिल्प का एक प्रकार से अन्त ही हो चला था, उसे उन्होंने फिर से जिलाने की कोशिश की। सबसे पहले इस उद्योग को वे कश्मीर सरकार के एकाधिकार में ले आए (1871) और न्यायाधीश रहते हुए भी उन्होंने शिल्प-विभाग की पूरी जिम्मेदारी अपने ऊपर ली। उस जिम्मेदारी को भली तरह निबाहने के लिए वे मुर्शिदाबाद और नदिया से 22 रेशम-विशेषज्ञों को कश्मीर ले गए और उन्हीं की देखरेख में रेशम के कीड़े का प्रजनन, खेती (sericulture) पालन, कोयों से रेशम निकालकर धागा तैयार करना (filature and reeling) आदि महीन काम बड़ी कुशलता से होने लगे। उन्हीं की कोशिश से यह उद्योग बड़ा फूला-फला और इसी के चलते बहुत-से शिक्षित और सम्भ्रान्त बंगाली परिवारों ने कश्मीर में एक उपनिवेश बना लिया। लेकिन आधुनिक काल सदा ही कुछ अकृतज्ञ रहा है, इसीलिए कश्मीर के रेशम-उद्योग की इस अशेष उन्नति के समय भी नीलाम्बर का नाम सहसा नहीं सुना जाता। यही नहीं, इतने दिनों जो बंगाली परिवार वहाँ स्थायी रूप से थे, एक-एक करके वे सभी कश्मीर से निकल आए। कश्मीर में अब स्थायी-जैसे जिन बंगालियों को देखा जाता है, वे भारत सरकार के या फौजी महकमे के कर्मचारी हैं। और-और कामों में भी दो-चार बंगाली अभी हैं।

भारत के किसी दूसरे इलाके से जाकर कश्मीर में जगह-जमीन लेकर कोई बसे, इसकी कानून में मनाही है। लेकिन कोई भी कश्मीरी भारत के किसी भी राज्य में जाकर जमीन-जायदाद खरीद सकते हैं। कश्मीर में ऐसी असंगति कदम-कदम पर नजर आती है। 'आजाद कश्मीर' रेडियो में लगभग रात-दिन भारत-विरोधी प्रचार चल रहा है और सुनते नहीं, ऐसे लोग भी कम ही हैं—मगर अधिकारी वर्ग निश्चिन्त हैं। कश्मीर में जो रेडियो सुनते हैं, वे 'आजाद कश्मीर' पहले लगाते हैं। कश्मीर में 'आल इंडिया रेडियो' नहीं है, है 'कश्मीर रेडियो'! ऐसी ही और कितनी असंगतियाँ हैं। दिल्ली में बैठकर हम कहा करते हैं, कश्मीर भारत का अविच्छेद्य अंग है, पर आचरण से यह दिखाते हैं कि कश्मीर और

भारत अलग-अलग हैं! भारत के इस आत्मविश्वास रहित दुबिधा के मनोभाव (सितम्बर, 1964) ने राजनीति के लिहाज से कश्मीर का बड़ा नुकसान किया है। कश्मीर के मामले में भारत सरकार ने शुरू से ही समतावादी होना चाहा था, मगर हास्यास्पद जरूर नहीं होना चाहा था। कुछ ही दिन पहले तक भी भारत के अभिन्न अंग कश्मीर में जाने के लिए एक अनुमति-पत्र की व्यवस्था चालू थी। अब वह हास्यास्पद नियम उठ गया है।

'आजाद कश्मीर सरकार' की राजधानी कहाँ है, मुझे नहीं मालूम। लेकिन स्वाधीन कश्मीर के भारत या पाकिस्तान में विलयन के सवाल के हल होने के पहले ही (22 अक्टूबर, 1947) सरदार मुहम्मद इब्राहिम ने पश्चिम कश्मीर के 'पुंच' (अब भारत में शामिल) में किराये पर एक मकान लिया और उसी घर का नाम रखा गया 'आजाद कश्मीर सरकार'। सबसे मजे की बात यह रही कि अव्यवस्थित मन लिये महाराजा हरिसिंह जब किसी निष्कर्ष पर नहीं पहुँच पाकर 'स्थितावस्था समझौता' में बँधे खड़े थे, तब अचानक एक दिन पाकिस्तानी रेडियो ने 'आजाद कश्मीर सरकार' के बनने का समाचार प्रसारित किया। जो लोग 'आजाद कश्मीर सरकार' को चला रहे थे, वे शेख अब्दुल्ला, गुलाम सादिक, बख्शी गुलाम मसूद, फारुकी, मिर्जा अफजल आदि के बड़े जाने-पहचाने और सगे-सम्बन्धी-जैसे थे। इससे साफ समझ में आता है कि 'आजाद कश्मीर सरकार' बनाने के आरम्भ में शेख अब्दुल्ला के दल से उनके व्यक्तिगत विद्वेष और राजनीतिक प्रतिद्वन्द्विता का बहुत बड़ा हाथ रहा है। लिहाजा 'आजाद कश्मीर रेडियो' को जो भी सुनते हैं, वही जानते हैं कि वह भारत सरकार को जितनी गालियाँ देता है, उससे कहीं ज्यादा गाली देता है गुलाम सादिक या बख्शी गुलाम को! जो भी हो, 'आजाद कश्मीर रेडियो' बीच-बीच में उच्च कोटि का संगीत भी प्रसारित करता है। 'कश्मीर रेडियो' कश्मीर में उतना लोकप्रिय नहीं हुआ है।

श्रीनगर का चेहरा इस बार कुछ और ही था (सितम्बर, 1964)। सामयिक पत्रादि बहुत बढ़ गए थे। बाहर से काम-कारोबार के सिलसिले में बहुतेरे लोगों की भीड़। व्यापार-वाणिज्य, लेन-देन, हाट-बाजार बहुत बढ़ गए थे। भिखमंगों की तादाद इतनी कम होगी, सोच नहीं पाया था। सिक्ख और पंजाबियों के अनगिनत होटल खुल गए थे। बेशुमार सवारियाँ। मोटर-बसों का अटूट ताँता। चारों तरफ पक्के मकान बन रहे थे और उनके नीचे बड़ी-बड़ी दुकानें खुल गई थीं। सेब डेढ़ रुपये किलो! अंगूर दो रुपये। कभी यहाँ शुद्ध घी के सिवाय कुछ मिलता न था। अब वनस्पति घी की भरमार। श्रीनगर में घी में बनी फाउल करी

छह आने प्लेट थी, अब दो रुपये! चार आने के दूध का चौदह आना। होटल में दो रुपये का कमरा 6-8 रुपये का। लेकिन रोहू मछली जब रुपये किलो सुना तो कुंडू स्पेशल की रसोई छोड़ने को जी न चाहा।

श्रीनगर का परिवेश

श्रीनगर से बाहर निकलिए कि ग्रामीण कश्मीर और दोनों के भीतर का अन्तर आसमान-जमीन का लगने लगता है! गाँव के लोग उत्साहहीन और विरागी-से। अपने-आप तक ही सीमित। खेती करते हैं, ऊन बुनते हैं, भेड़-बकरी पालते हैं, फलों का बगीचा और सब्जी के खेतों में डूबे रहते हैं। बाहरवालों से बोलते कम हैं। लेकिन उनकी निगाहों को देखने से लगता है कि उनके पेट में बात बहुत है। भारत से अभी भी उनका वैसा परिचय नहीं हुआ है, इसलिए भँवें सिकोड़कर ताकते हैं।

मुगल और पठानों से वे बहुत दिनों से व्यवहार करते रहे हैं। जात-धरम गँवाया, घर की लड़की दी, जगह-जमीन देकर उन्हें रोक भी रखा। शायद वे इस बात को जानते हैं कि हर सौ साल पर उनकी राजशक्ति बदलती है, धन-सम्पत्ति की लूट होती है, पिटते हैं, देश में आग जल उठती है और लुटेरे दौड़े आते हैं। पठान से मुगल, मुगल से फिर पठान, उसके बाद सिक्ख और उसके बाद डोगरा। महज सौ साल तक डोगरा-अँगरेजों ने मिलकर उनको सुरक्षित रखा, बस। उसके बाद फिर विपर्यय।

डोगरा-अँगरेज-गठबन्धन ने उन्हें बृहत्तर भारत से मिलने नहीं दिया। राष्ट्रीयतावादी भारत को उन्होंने आँखों नहीं देखा, न ही उसकी उन्हें खबर है। पहाड़ी दीवारों की आड़ में बैठे वे सिर्फ यही जानते आए हैं कि प्रजा के माने ही दरिद्र-नारायण है और सिर पर की राजशक्ति का अर्थ ही है प्रबल प्रताप और धनकुबेर। उस धन पर उनका जरा भी अधिकार नहीं।

श्रीनगर के बाहर इस समय हिन्दुओं की संख्या बिलकुल कम है। हर दस पर एक शायद। लेकिन मुसलमान तीन तरह के हैं : मुगल, पठान और कश्मीरी मुसलमान। मुगल लोग तेज, बुद्धिमान और शिक्षित हैं; पठान धुनवाले और चंचल; और कश्मीरी मुसलमान शान्त तथा निर्विरोध। ये तीसरे लोग ही

हिन्दू-पंडितों से मिले-मिले रहते हैं। कश्मीर में जब भी कोई बावेला मचता है, तो हिन्दू पंडितों से कश्मीरी मुसलमान एकाकार हो जाते हैं। क्यों एकाकार हो जाते हैं, यह प्राचीन इतिहास का भाष्य है। मगर इसी कारण से कश्मीर में साम्प्रदायिक मनोवृत्ति जम नहीं पाती। श्रीनगर में अभी पंडित-परिवार कुल 8 हजार हैं एवं उनकी जनसंख्या 30 से 35 हजार तक है।

श्रीनगर के इलाके में और पश्चिम तथा उत्तर कश्मीर में—खास कर पश्चिम पीरपंजाल के दोनों पार पठानों की संख्या काफी है। इनका मूल निवास हजारा, पूर्व अफगानिस्तान, सीमान्त प्रदेश या सोवात कोहिस्तान आदि इलाकों में था। इनमें से कोई जमात पख्तून है, तो कोई अफगान। शाहमीर के समय से लेकर जैनुल आब्दीन के समय तक कुछ-कुछ करके ये कश्मीर में घुसते रहे हैं। मुगलों के जमाने में ये अफगानिस्तान से काफी तादाद में आए। उसके बाद काबुल के नादिरशाह से दोस्त मुहम्मद के कश्मीरी राजत्व-काल के 80 वर्षों में सैकड़ों पठान परिवारों ने आकर यहाँ उपनिवेश कायम किया। आज जिन्हें हम उपजातीय पठान कहते हैं, उन्हीं के हजारों-हजार पुरखे कश्मीर में तमाम बिखरे हुए हैं, खास करके पश्चिम और उत्तर में। आज जो उपजातीय पठान बीच-बीच में छिटककर, पहाड़-पर्वत फलाँगकर, युद्धविराम-रेखा के पार समतल कश्मीर में घुस आते हैं, इसके अनेक कारणों में से एक है : 'पानी से लहू गाढ़ा होता है'। वे लोग यदि कश्मीरी पठानों में जा छिपते हैं, तो आसानी से पहचान में नहीं आते। असम के कछार की समस्या भी एक ही तरह की है। कश्मीर की जितनी ही अर्थनीतिक उन्नति होगी, लगता है, यह समस्या उतनी ही बढ़ती जाएगी। चौथी योजना के 20 हजार करोड़ रुपये की ढाक-पिटाई भारत के पड़ोसियों को शायद स्थिर नहीं रहने दे रही है।

सन् '61 की 30 जुलाई को कलकत्ते के बैरिस्टर श्री रणदेव चौधरी के साथ एक विशेष कारण से मैंने नेहरू जी से भेंट की थी। पंडित नेहरू ने कहा था, 'infilltration का असली कारण अर्थनीतिक है। इतिहास भी बताता है—भूख की ताड़ना, रोटी-कपड़ा और काम की खोज। राजनीति उसके बाद की बात है।'

सुनने में उनकी बातें अच्छी लगी थीं।

अँगरेज और डोगरा राजा के सम्मिलित शासनकाल (1846-1947) के सौ सालों में पठानों के जीवन में अर्थनीतिक उन्नति कोई खास नहीं हुई। असन्तुष्ट हजारा और पख्तून पठान आज के पाकिस्तान से भी सन्तुष्ट नहीं हैं। लिहाजा स्वाभाविकतया ही वे रोष से भरे हैं। पाकिस्तान में यदि दाने नहीं नसीब हों तो चौथी योजना के हिस्सेदार 'नादिरशाह के कश्मीर' की ओर उनकी निगाहें

जाती हैं। पख्तूनिस्तान की धुन से आजाद कश्मीर का झोंक उन्हें ज्यादा हो, पाकिस्तान के लिए भी यह काम्य है।

सामाजिक जीवन में कश्मीरी मुसलमानों से पठानों का आज भी मेल नहीं बैठा है। दोनों की गोष्ठी अलग है। मुगलों से कश्मीरियों का सद्भाव काफी है और आपस में विवाह-सम्बन्ध भी बहुत हुआ है। कश्मीर में आज मध्यवित्त सम्प्रदाय उठना चाह रहा है, जो नई शिक्षा से कश्मीर को नये रूप में गढ़ना चाहता है। इनके बीच का बड़ा जो अंश है, वह है पुराकाल का सवर्ण हिन्दू—पठान और मुगल जमाने में जिनका नाम हो गया कश्मीरी मुसलमान। इनके सिवाय औपनिवेशिक मुगल—जो उनसे मिल आए हैं। इन दो सम्प्रदायों में पहले के गरीब पठान लोग आए, जो ज्यादातर मजदूर-से हैं, हर कश्मीर जानेवालों से जिनका थोड़ा-बहुत परिचय होता है। आर्य सभ्यता का सम्पूर्णतया लोप और इस्लाम का अभ्युत्थान—कश्मीर के इस सन्धियुग में एक विशेष तारीख का यहाँ उल्लेख किया जा सकता है। वह है 15 अगस्त, 1947।

लाल चौक से अमीरा कदल पार करके बड़ी दूर चला जा रहा था। श्रीनगर अब वही श्रीनगर नहीं। बड़ी-बड़ी सड़कें निकली हैं तरफ-तरफ को। दोनों किनारे अनगिनत इमारतें। दूर-दूर पर गुम्बजनुमा बड़े-बड़े मकान, उस तरफ कश्मीर सरकार का नवनिर्मित सचिवालय। चारों तरफ निर्माण-कार्य चल रहा है। साधारण लोगों को काम मिलने लगा है और इसीलिए उनके पास पैसे भी हुए हैं। देखने की सबसे बड़ी जो चीज है, वह है—भारत से इस पहाड़ी राज्य का वह अवरोध टूट गया है। बाहर से असंख्य आदमी आकर मिल गए हैं। जन-कल्याण और शिक्षा, कारीगरी और लकड़ी के काम, रेशम तथा और-और उद्योग, भोजन तथा सूती कपड़ों की काफी आमदनी, फल आदि का निर्यात और फौजी दफ्तरों के चलते बेहिसाब आवागमन—इन बातों ने बहरहाल कश्मीर को समृद्ध और स्वावलम्बी बना दिया है। बख्शी गुलाम मुहम्मद पर बहुत तरह के अनाचार का अभियोग है। उनके समय में कई करोड़ रुपयों की गड़बड़ी हुई है, ऐसा भी सुना जाता है। लेकिन 10-12 वर्षों की अवधि में कश्मीर की अर्थनीतिक उन्नति और श्रीवृद्धि के साथ उनका नाम बेशक जुड़ा है! आज के राष्ट्रीय जीवन में असाधुता बहुत हद तक सहन हो गई है, लेकिन सरकारी अयोग्यता और अक्षमता कोई मानो बर्दाश्त नहीं करना चाह रहा है। फिलहाल शासकों में बहुतेरे 'चोर-चोर' खेल में मशगूल हैं और एक-दूसरे को रँगे हाथों पकड़ने के लिए जाल भी बिछा रखा है। परन्तु इन्हें इस वजह से माफ किया जा सकता है कि पिछले एक हजार साल से राष्ट्रीय जीवन भ्रष्ट होकर रहा और

अब उस कीचड़ में से ऊपर उठना चाह रहा है। यह सन्धिकाल है, इसलिए पुनरुज्जीवन का युग है। इसलिए इस समय साधुता की बजाय योग्यता की कीमत ज्यादा है, सतता से कार्यक्षमता की जरूरत ज्यादा है। कुछ दिनों तक चोरी-धोखा चलता है तो चले, लेकिन उसके साथ नवजीवन-निर्माण का काम भी अविराम चलता रहे, यह अपेक्षित है। अन्याय, पाप, अनाचार या दुराचार देखकर डरना नहीं चाहिए, राष्ट्र के इस भीषण अध:पतन में भी इसके लिए उन्मुख रहना चाहिए कि पंचपांडव को साथ लिये वासुदेव किस तरफ से आ रहे हैं! उनके चरणों की आहट सुनने से पहले नये युग के कुरुक्षेत्र की जब तक तैयारी चलती है, चले न!

कलकत्ते की चौरंगी का इलाका कलकत्ते का सही परिचय नहीं है। श्रीनगर का सिविल लाइन, डलगेट, बादामी बाग या बैंकों का मुहल्ला देखने से पर्यटकों का मन मुग्ध हो जाता है, पर श्रीनगर इन सबके बाहर बहुत बड़ा है। जहाँ मध्यवित्त और गरीब लोग रहते हैं, जिन्हें देखते ही कहा जा सकता है कि ये साधारण गृहस्थ परिवार के हैं, जिनकी दैनन्दिन जीवन-समस्या का समाचार बाहर नहीं पहुँच पाता। कश्मीर-यात्री इसका ठीक-ठीक ध्यान नहीं रख पाते कि वे किस बस्ती में कैसे रहते हैं। श्रीनगर और उसके आसपास कमोबेश 32-33 हजार परिवार रहते हैं। आज की राजनीतिक अनिश्चयता और सरकार की डाँवाँडोल नीति के चलते बहुतेरे पंडित परिवार कश्मीर छोड़ने को मजबूर हो गए। उनकी निगाहों में भविष्य की साफ शक्ल नहीं है। सैकड़ों परिवार जमीन-जायदाद, घर-द्वार बेचकर जम्मू या और कहीं चले गए। इनमें से ज्यादातर पढ़े-लिखे और सम्भ्रान्त लोग हैं, लेकिन उनकी हालत गिर गई है। लड़के-लड़कियों ने शिक्षा पाई, लेकिन उनकी भविष्य-वृत्ति अनिश्चित है। फलस्वरूप जैसी बढ़ रही है बेकारी की समस्या, वैसी ही मुसीबत हो रही है लड़कियों के लिए पात्र जुटाना। घर-घर का आय-उपाय घट गया है, मगर खर्च वही है। पंडित समाज के हाथों वाणिज्य-व्यापार या दुकान-हाट नहीं हैं। रास्ते के किनारे दुकान बिछाकर बैठना उन्होंने नहीं सीखा है। खोमचा या फेरीवाले वे नहीं हैं। पशम या लकड़ी का काम उनके हाथों में नहीं है। खेती-बारी उन्होंने कभी की नहीं। खेतों पर दखली स्वत्व उनका नहीं है। वे लोग कर्मभीरु, निर्विरोध, शान्तिप्रिय और आत्मकेन्द्रित हैं। विद्या, पांडित्य, चिन्तन में वे जैसे प्रतिभाशाली हैं, वैसे ही आत्मविश्वास और प्रतिष्ठाहीन हैं। एक ओर जैसे आचारनिष्ठ हैं, दूसरी ओर वैसे ही कुसंस्कारों से जर्जर। किसी जमाने में ये जैसे शास्त्रों के पंडित, विदग्ध मनवाले, ज्ञान के तेज और मननशीलता में कश्मीर के गौरव

थे, वैसे ही ये भीरु, निन्दावादी, स्वार्थी और ईर्ष्यालु हैं। एक समय राजदरबार से राजकार्यालय तक इनका एकाधिकार था। इनकी सलाह, राय, विधान और निर्देश के बिना कश्मीर की कोई भी सरकार नहीं चली। इसका आज भी खास व्यतिक्रम नहीं हुआ है। मुख्यमंत्री चाहे जो भी हों, उनके वास्तविक सलाहकार कोई कश्मीरी पंडित रखे जाते हैं।

अपने मित्र पंडित दीनानाथ कौल का घर खोज निकालने के लिए एक दिन मैं पुराने शहर की अली-गली में घुस पड़ा था। मैं खुद गन्दे शहर कलकत्ते का बाशिन्दा हूँ। गन्दा वास्तव में किसे कहते हैं, मैं जानता हूँ। किन्तु कलकत्ते को 'गन्दा शहर' की आख्या देकर दिल्ली के कौन तो एक अनभिज्ञ मंत्री कब जाने छुप गए हैं। उनका अपना घर किस शहर में है, मैं नहीं जानता। और, कलकत्ता कॉरपोरेशन के नित्य-नित्य के स्थायी कलंक को ढकने की भी अपनी कोशिश नहीं। लेकिन सम्राट अशोक ने तेईस सौ साल पहले जिस नगरी की प्रतिष्ठा की थी, उस नगरी के टोले-मुहल्ले की गलियों में आज तक झाड़दार या मेहतरों ने काम किया है या नहीं, उनसे यह जान पाता तो अच्छा था। भू-स्वर्ग कश्मीर की यह घिनौनी गन्दगी के लिए श्रीनगर मानो आज इस इन्तजार में है कि वे अपराजेय कर्मी कब आएँगे जो इस अपमानित, अध:पतित, और दुर्गति की जिन्दगी से जनसाधारण को एक स्वच्छ स्थिति में ले जाएँगे! जितना ही इस मुहल्ले से उस मुहल्ले में जा रहा था, इस गली से उस गली में घूम रहा था—उतना ही एक गन्दगी से दूसरी गन्दगी की घिनौनी स्थिति में से जाना पड़ रहा था। सबसे बड़ी बदकिस्मती यह कि वे गन्दे कतवार कहीं हटाए नहीं जाते, पारिपार्श्विक जीवन ने अपने को उनसे मिला लिया है। कोई विरोध नहीं, प्रतिरोध नहीं, बिगड़ी जनता पौर-अधिकारियों के पास उसके प्रतिकार के लिए दौड़ी नहीं जाती। हर घर जराजीर्ण, हर घर का अन्दर जैसे मवेशियों का गुहाल हो—अँधेरा-अँधेरा, हर मुहल्ले में बेशुमार तपेदिक और खाँसी के रोगी,—अन्न-वस्त्रहीन नर-नारी जहाँ आलू और 'कड़म' शाक के सिवाय खाद्य नहीं समझते, अच्छा भोजन जहाँ आज भी स्वप्न है। प्रत्येक सम्प्रदाय मुँह सिये भाग्य की मार खाता रहता है। इसी स्थिति में इज्जत बचाने की चिन्ता, बाहरी चेहरे को दुरुस्त रखने की जिम्मेदारी, सामाजिक जीवन में मुखौटा बरकरार रखने की जिम्मेदारी, और प्रतिदिन जीने की समस्या के समाधान का दाय। कश्मीर के इसी जाति-वर्ण-श्रेणी-निर्विशेष जनसाधारण की ओर देखकर ही एक समय 'Gazatteer of Kashmir' नाम के ग्रंथ में ये बातें छापी गई थीं : '...and it cannot be doubled that a people possessed of such intellectual powers, descendants of a warlike race, though now the greatest cowards in Asia, whom centuries of the worst oppression have not succeeded in utterly brutalising, must be capable of a moral regeneration.' (C.E. Bates, 1873) कश्मीर के इस मानवत्व-पंथी पुनरुज्जीवन की ओर सारा भारत निगाहें बिछाए हुए है।

बड़ी खोज-ढूँढ़ के बाद एक सँकरी और भीड़वाली गली में एक जगह जाकर रुका। रास्ते से नीचे की तरफ कुछ सीढ़ियाँ उतरकर जिस फाटक में दाखिल हुआ और जिस पुराने जमाने की शक्ल दिखाई पड़ी, वह शायद सम्राट जहाँगीर के ही युग की थी। ऐसी छिपी-छिपाई बस्ती और टोले पुराने श्रीनगर में काफी हैं। बहुतेरे घर, टोले-मुहल्लों से निकलने का एक ही रास्ता। 500 साल पहले पठानों के पहले अधिकार के समय से कश्मीर आफतों में पड़ता रहा और तभी से सुरक्षा की ऐसी व्यवस्था अपनाई गई। अभी-अभी, उस रोज भी—1947 के अक्टूबर में—उन्हीं पठानों का अनाचार हुआ। बारामूला इलाके के 14 हजार नर-नारियों और बालक-बालिकाओं में सिर्फ 1 हजार ही ढूँढ़े मिल सके थे!

चारों ओर पुराने समय के मकानों के बीच एक बहुत बड़े कच्चे आँगन में खड़े होकर इधर-उधर ताका तो सामनेवाले घर में दुतल्ले पर नजर पड़ी। देखा, अवनीन्द्रनाथ ठाकुर की आँकी एक जीती-जागती तसवीर-सी, जिसमें जाफरीदार झरोखे में बैठी बादशाह की राजअन्त:पुरिका नीचे की पुलबगिया में मोर का नाच देख रही है—ठीक वैसी ही छवि। फर्क इतना ही कि उस औरत के घूँघट न था।

मुझे देखकर वह हिल उठी। मेरे पूछने पर बताया, 'जी हाँ, सामनेवाला मकान ही सुथू स्कूल है। किसे चाहते हैं आप?'

'पंडित दीनानाथ कौल को।'

वह तुरन्त उठ खड़ी हुई। पहनावे में सलवार और घुटने तक लम्बा चुस्त फिटिंग कुरता। उसके हाथ के पास ही ओढ़नी पड़ी थी, उसे उसने छाती ढकने के लिए दोनों कन्धे पर उठा लिया। मैंने देखा, छोटे-से झरोखे से उसका सिर ऊँचा उठ गया और मुड़ते ही उसके काले बालों की लम्बी चोटी काले साँप की तरह श्रोणी-युगल से बहुत नीचे झूल पड़ी। उसकी सूरत से लगा, 22-24 की उम्र होगी उसकी।

हँसकर मेरा स्वागत करती हुई बोली, 'आइए, यही मकान है उनका। वे मेरे पिताजी हैं।'

बहुत पुराना मकान, मगर ढंग नया। सामने इमारती काम। कश्मीर के जो शिल्पी दारु और कारुकला में आदर्श अलंकरण-प्रतिभा का परिचय देते आए हैं, इस इमारत की सूक्ष्म निर्माण-कला में उन्हीं के कुशल हाथों की छाप थी।

बरामदे पर पहुँचते ही एक खूबसूरत-से युवक ने सादर स्वागत करते हुए कहा, 'आपके बारे में मैं पिताजी से सुन चुका हूँ। आप अन्दर आइए। वे तुरत आ रहे हैं। कृपा करके ऊपर चलिए।'

'आप पंडित जी के कौन होते हैं?'

'मैं उनका लड़का हूँ!'

बातें अँगरेजी में हो रही थीं। बरामदे से अन्दर दाखिल होते ही देखा, मिट्टी की दीवारें हैं, जमीन मिट्टी की और सँकरी, अँधेरी, घुमावदार सीढ़ी ऊपर को गई है। खास-कश्मीरी के अन्दरमहल में मैं यहीं पहली बार पहुँचा। उस युवक की शक्ल-सूरत, बातचीत, ढंग-ढर्रा-सब कुछ किसी सम्भ्रांत बंगाली-परिवार के लड़के-सा। उन सबकी कश्मीरी बोली मैं नहीं समझता। इसी से अँगरेजी में ही बातचीत शुरू हो गई।

दुमंजिले पर जाकर देखा, वहाँ का फर्श भी माटी का है। अगल-बगल तीन कमरे। थोड़े ही दायरे में कमरे मामूली भले परिवार जैसे सुसज्जित। इतने में वह लड़की सामने आई। नमस्कार करके कहा, 'पिताजी एक ब्याह में गए हैं। आज मेरी फुफेरी बहन की शादी है। आप बैठिए, वे तुरत आ जाएँगे।'

छोटा-सा कमरा। चटाई, दरी और जाजिम। सामने एक रेडियो। बगल में कुछ किताबें, कागज-पत्तर। एक ओर छोटी-सी चौकी पर बक्से सजाए हुए। मामूली साज-सामान। जिस झरोखे पर वह लड़की बैठी हुई थी, वह घर के फर्श के ही करीब था। लड़की के हाथ में ऊन बुनने के सामान थे।

सन् 1934 में एक विशिष्ट कश्मीरी कार्पेट व्यापारी के यहाँ तीनेक दिन मेहमान रहा था। वे कश्मीर के एक सम्भ्रान्त मुसलमान थे। उनकी बेटी लाहौर विश्वविद्यालय की एम. ए. की छात्रा थी। मैंने कश्मीर के अभिजात मुसलमान खानदान की कन्या को यहीं पहली बार देखा। उसका रूप, रंग, देह का लावण्य, बनावट और तन्दुरुस्ती—कुल मिलाकर आग की लौ-सी! लम्बाई थी लगभग साढ़े पाँच फीट। उसके गाढ़े काले केशों की झूलती हुई चोटी, बड़ी-बड़ी काली आँखें, काली भँवें—मुझे याद थीं। पंडित दीनानाथ की बेटी का वैसा ही गोरा रंग और देह की सुन्दर बनावट देखकर यह निस्सन्देह कहा जा सकता है कि ये लोग आर्य जाति—(Indo-Aryan) वंश के हैं। वंश और रक्त एक ही, संस्कृति और संस्कार एक ही, लिपि और भाषा एक ही और एक ही प्रकार का

सामाजिक जीवन, लेकिन आज कोई मुसलमान हैं, कोई हिन्दू! आज लाहौर की उस रूप-लावण्यवती से पंडित दीनानाथ की बेटी का कोई अन्तर नहीं है। नमस्ते का तरीका, स्वागत की भाषा, विनयपूर्वक बैठाने का अनुरोध, कुशल-क्षेम जानने का आग्रह—उस लड़की को देखते-देखते मैं मानो सुदूर अतीत—सन् 1935 के लाहौर में पहुँच गया था। लेकिन वह कहानी ही और तरह की है।

उन दोनों भाई-बहनों से बैठा बातें कर रहा था कि पंडित दीनानाथ के छोटे भाई आकर फर्श पर बैठ गए। ये राज्य सरकार के एक विशिष्ट मुंशी थे। अब अवसर-प्राप्त हैं। उनसे पारिवारिक परिचय सुना। उनका लड़का दिल्ली में काम करता है। पतोहू यहीं है। उनकी दोनों ही लड़कियाँ अविवाहित हैं। दीनानाथ जी का यह लड़का ग्रेजुएट है। अभी कोई कारीगरी सीख रहा है। कश्मीर सरकार में कोई काम पा जाने की उम्मीद है। दीनानाथ जी की बड़ी लड़की का ब्याह हो चुका है। यह छोटी लड़की है। पास ही किसी कन्या विद्यालय में पढ़ाती है। इसकी शादी अभी नहीं हुई है।

मैं जब बातों में मशगूल था, तो उस लड़की ने अपने भाई को कुछ इशारा किया। भाई उठकर बाहर चला गया। मैं मेहमान हूँ, यह बात भूली कैसे जा सकती है? चाय-जलपान का सवाल! लिहाजा उस इशारे का मतलब मेरा अजाना नहीं। पन्द्रह मिनट के अन्दर-अन्दर कश्मीरी बालूशाही और कलाकन्द आ पहुँचा और कुछ देर में अपनी सलवार झरमराकर वह लड़की काँच के प्लेट-प्याले की खोज में निकल गई। जरा ही देर में जलपान की जोरदार तैयारी हो गई। यहाँ भी हम लोगों जैसा ही रिवाज। अतिथि सामने बैठा खाएगा और बाकी लोग यानी घरवाले उसे घेरे मुँह सुखाए बैठे रहेंगे!

मैंने आपत्ति की—'नहीं, यह नहीं होने का। सब साथ खाएँगे। उज्र मैं हरगिज नहीं सुनने का।'

बीच में हम लोगों की भाषा ही सिर्फ परदेशी रह गई—वरना कश्मीर और बंगाल—उस शाम को दोनों एक ही पत्तल पर बैठ गए। 'चाचाजी' बुजुर्ग ब्राह्मण के नाते गपशप करते हुए एक ओर बैठे रहे।

देर तक पंडित जी का इन्तजार किया, पर वे आए नहीं। लगा, विपत्नीक बेचारे भानजी के ब्याह में काम में फँस गए। शाम कब की बीत चुकी थी। हँसी-खुशी की उस जमघट से उठ खड़ा हो रहा था कि सीढ़ी के नीचे, श्रीनगर की स्वभावसिद्ध टिमटिमाती बिजली की रोशनी में जिन तीन स्त्रियों को उमंग-कोलाहल करते हुए आते देखा, वे किस पारिजातवन में खिली हैं, यही सोचकर ठिठक गया। उनमें दो तो थीं चाचाजी की बेटी और पतोहू, और तीसरी थी

दीनानाथ जी की वह विवाहिता बड़ी लड़की। उम्र उसकी तीस से नीचे ही होगी। गोदी में साल-भर का एक लड़का। उस बच्चे को उसने क्वारी मौसी के पास फर्श पर उतार दिया।

बच्चा मेरे जैसे अजाने-अनचाहे आदमी को देखकर जब हक्का-बक्का-सा हो रहा था, मैंने उसे जरा भी मौका न देकर अपनी गोदी में उठा लिया। मुझे लगा, ताजे फूलों के एक गुलदस्ते को उठाया हो। मैंने यूरोप के विभिन्न देशों और इंग्लैंड की भी सैर की है। वहाँ बहुतेरे बच्चों को देखा भी है, गोदी में भी उठाया है। वे सफेद होते हैं, कम केशोंवाले और तन्दुरुस्त। उनमें लावण्य होता है, शोभा शायद ही होती है। लेकिन कश्मीरी शिशु—जो शिक्षित और भले घर में जनमते हैं, प्रकृतिसुन्दरी के गर्भ में जिनका दाना बँधता है, वे अनोखी चीज होते हैं।

अतिथि यदि कम उम्र के होते हैं तो लड़कियों को उनके सामने थोड़ी झिझक होती है, संकोच होता है। यहाँ वैसी बात नहीं थी। नतीजा यह हुआ कि अब तक हम चार जने थे, अब सात हो गए। मैंने जब आग्रह किया कि आप लोग अभी-अभी एक ब्याह से लौट रही हैं, इसलिए कश्मीरी ब्याह के नेग-नियम मुझे बताने होंगे और आप सबकी पोशाक, गहने और साज-शृंगार के बारे में मुझे कुतूहल है, तो नये परदेशी के सम्मान में पंडित जी के जवान बेटे और क्वारी बेटी ने अपनी बहनों और भाभी को लेकर एक खुशी की हाट लगा दी और चाचाजी, जो कि उम्र में प्रवीण थे, खड़े होकर उत्साह के साथ बोले, 'I'll myself now prepare the tea for the second time.'

पतोहू ने कश्मीरी बोली में ससुर से मुस्कुराकर अनुयोग करते हुए कहा, 'हाथ जलाने को जी हो आया है, है न!'

ससुर ने कहा, 'लेकिन मैं तो उस दिन रसोई करने गया था।'

उनकी पतोहू मेरी ओर देखकर हँसी। उनकी बेटी ने कहा, 'आप तो आलू उबालना भी नहीं जानते हैं पिताजी!'

बातें ऐसी कुछ नहीं। बड़ी मामूली कीमत है इनकी। मगर एक कश्मीरी परिवार के अन्दरमहल की नई दुनिया में बैठे मेरे लिए वे एक बहुत बड़ा मतलब रखती थीं!

'चाचाजी की स्त्री ब्याहवाले घर से निकल नहीं पाईं। शायद हो कि आज लौटें ही नहीं। मगर आप उन्हें देखते तो हैरान रह जाते। मेरी चाचीजी बेहद शरमाती हैं।'

पंडित जी की बड़ी लड़की ने अपनी चाची के बारे में बताया।

नन्हा-मुन्ना मेरी गोदी में चुपचाप बैठा था। उसकी माँ ने मेरी गोद से उसे लेते हुए कहा, 'अब यह सोएगा। दे दीजिए इसे...'

मुन्ना धीरे-धीरे सो गया। चाचाजी के बदले दीनानाथ जी की छोटी लड़की फिर चाय बना लाई।

स्त्रियाँ कश्मीरी सिल्क की सलवार पहने थीं। कुरते की बाँहों में जरी और लेस का काम। गले में मुक्ता की माला। ओढ़नी में भी जरी और लेस। लाल या लाल-नीले शर्ट-जैकेट, परन्तु उनके ऊपर आधे चाँद के आकार की कटाई। किनारे में लेस। उनकी पोशाकों ने उन्हें चलने-फिरने की स्वच्छन्दता दे रखी थी। तेज चलने, दौड़ने, यहाँ तक कि यह पोशाक घुड़सवारी के भी उपयुक्त है। सुन्दरियों के इस साज-शिल्प में एक ऐसी सुन्दर शोभनता है, जो कश्मीर की एकान्त अपनी है। लेकिन इस 'निजस्वता' को भी विवर्तनों से एक परिणति मिली है। देश-देश की आवह अवस्था (Climatic condition) भिन्न-भिन्न पोशाकों का प्रचलन कराती है। एक बार फारस उपसागर के तटवर्ती सऊदी अरब के दहान हवाई अड्डे पर लगभग चार घंटे रुकना पड़ा था। उतने ही समय में रात को जिन लोगों को जलते रेगिस्तान में आते-जाते देखा था, उनके एड़ी-चोटी तक झब्बा था, माथे से झूलता हुआ लम्बा घूँघट। ऐसा होना आवश्यक है। गरम हवा और बालू के झोंकों से आत्मरक्षा के लिए बेदुइन की यह पोशाक बहुत ही जरूरी है। कश्मीर में पोशाक-परिच्छद बहुत बार बदले हैं। इंडो-एरियन, इंडो-वैक्ट्रियन, गान्धार, तुर्क, ईरानी, मंगोल—ये लोग पोशाकों की विविधता लाते रहे हैं। धर्म-सम्बन्धी विवर्तनों के नाते हिन्दू, बौद्ध, मुसलमान—इन लोगों ने भी पहनावे की विविधता में हाथ बँटाया है। लेकिन वर्तमान में जो स्पष्ट रूप से देखा जाता है, यानी मुगलों के समय की पोशाक ही कश्मीर के सम्भ्रान्त, शिक्षित और भले परिवारों में प्रचलित है। पंडित लोग अचकन और सलवार पहनते हैं—यह हिन्दू पहनावा नहीं है। स्त्रियों की कसी जाकेटें, जरी, मखमल या लेस लगी ओढ़नी, बहुत हद तक राजपूती ढंग की होने के बावजूद शक्ल में मुगलकालीन हैं। पठानों की जाकेट और कुरता कश्मीर में लोकप्रिय नहीं है।

उस रात मेरी आँखों में मानो काजल लग गया था। बिना सूचना दिये मैं 'सुथू' स्कूल के बूढ़े हेडमास्टर को ढूँढ़ने निकला था। दीनानाथ जी के यहाँ से जब निकला, तो रात के लगभग दस बज रहे थे। दीनानाथ जी तब तक भी नहीं लौटे।

आँखों में यह काजल कश्मीर में कदम रखते ही लग जाती है। सारा भारत

घूम आइए, तमाम यह लगेगा कि आप हिन्दू हैं, हिन्दू शिक्षा-संस्कृति है आपकी, आप हिन्दुओं में पले हैं, हिन्दू आदर्शों से गठित हैं। लेकिन कश्मीर जाते ही आप यह अनुभव करेंगे कि आप भारतीय हैं! यहाँ भारत अपने संस्कृति-सृजन में बहुत निखरा है। यहाँ जाति और वर्ण बड़ा नहीं हुआ, बड़ी हुई है संस्कृति और सभ्यता। कश्मीर की भूमि आर्य-भारतीय है और संस्कृति आदि से अन्त तक पौराणिक और वैदिक है। इस सभ्यता और संस्कृति का दूध पीकर हर कश्मीरी जातिवर्ण निर्विशेष बड़ा हुआ है। इस संस्कृति का आन्तरिक रूप है शान्ति, मैत्री, अहिंसा, क्षमा और सहिष्णुता! मिस्टर बेट्स की कही बातें गलत नहीं हैं। सैकड़ों वर्षों के भयंकर अनाचार और उत्पीड़न के बावजूद कश्मीर के लोग पशु के स्तर तक नहीं उतरे, मानवतावाद के मूल आदर्शों से वे गिरे नहीं। साम्प्रदायिक मनोवृत्ति को कश्मीर में खड़े होने की जगह नहीं मिली, कभी-कभी तैरते हुए मेघखंड-सी यह मनोवृत्ति दक्षिण से उड़ती आती जरूर है, पर कश्मीर के उदार आसमान में, गिरिमालाओं के महान् मौन में जाने कहाँ खो जाती है। बीच-बीच में राजनीतिक उत्तेजना आती है, कभी-कभी सामयिक जोश की हलचल, किन्तु कश्मीर की सदा की जो अपनी प्रकृति है, वह उसकी रुखाई को गायब कर देती है। उपमहादेश भारत से बीच-बीच में कुशिक्षा आकर इन्हें चंचल किए देती है, बस।

आज जिस विवाह की सुन आया, वह हिन्दू-विवाह नहीं, वह है आर्य-भारतीय या कश्मीरी विवाह। उस विवाह-मंडप में जिन लोगों ने साथ दिया, वे हिन्दू या मुसलमान नहीं, वे हैं कश्मीरी। उन लड़कियों ने बताया, कश्मीर में सभी सबके यहाँ आते हैं। कोई भेद-भाव नहीं। आत्माभिमान या जाति-अभिमान—दो में से कोई नहीं। हम लोग कश्मीरी हैं। हिन्दू-मुसलमान महज दो संज्ञा हैं। हमारे यहाँ विवाहोत्सव में, पर्व-त्योहार में ऐसे बहुतेरे अपने-सगे आते हैं, जो भिन्न धर्मावलम्बी होते हैं। मगर उससे क्या आता-जाता है? हम तो कश्मीरी हैं!

श्रीनगर के घाट-बाट में पढ़े-लिखे लड़के और लड़कियों ने यही कहना शुरू किया है। वह कश्मीर गायब होता जा रहा है—वह मूढ़, पिटा, मध्ययुग के हरिसिंह का जबान-बन्द कश्मीर! कश्मीर के प्रतापसिंह कॉलेज की छात्र-छात्राओं की डिबेटिंग जिन्होंने नहीं सुनी है, कश्मीर के आज के कवि और साहित्यकारों के संशय-भरे 'सिनिसिज्म' से जिनका परिचय नहीं हुआ है, शराब की महफिल में जमा हुए कश्मीरियों का तीखा विरोध जिनके कानों तक नहीं पहुँचा है, उनके लिए नया कश्मीर बिलकुल अपरिचित है। कश्मीरी लोग आगे आ रहे हैं, अब देरी नहीं है। अब ये अन्तर्राष्ट्रीय राजनीति के शतरंज के मोहरे

नहीं बने रहना चाहते। अन्याय और मिथ्या पर ये प्रहार करेंगे। दुविधा, द्वन्द्व और अपरिणामदर्शिता के विरुद्ध ये दृढ़ संकल्प लेकर खड़े हो रहे हैं। ये कश्मीर के कलंक के सारे इतिहास को धो देने के लिए बढ़ रहे हैं।

पिछले दस वर्षों में श्रीनगर की कायापलट हो गई है। पूर्वी पंजाब के सिवाय और किसी भी राज्य में इतने थोड़े समय में इतनी तेजी से परिवर्तन नहीं हुआ है।

पुराने शहर की गन्दी सड़क-गलियों से होकर मेरा ताँगा लाल चौक के चौड़े चौराहे के आसपास आया। रात काफी हो चुकी थी, मगर मुझे अभी भी लगभग तीन मील जाना था। बादामी बाग पार करके ही जाऊँगा—उसी रास्ते से सुविधा होगी। पार्क के करीब-करीब सामने ही बख्शी गुलाम मुहम्मद के जला दिये गए सिनेमाहॉल का ढाँचा खड़ा था। अन्दर का सारा-कुछ जलकर कोयला हो गया था।

ठुँग-ठुँग करता हुआ ताँगा डल-गेट की ओर बढ़ा। वहाँ से पुल पार करके बायें डल के किनारे-किनारे काफी दूर जाना था। आजकल इस रास्ते से बसें चलती हैं, लेकिन बहुत ज्यादा नहीं। रात में यह चौड़ी सड़क हू-हू करती रहती है।

रात के प्राय: ग्यारह बजे पार्क होटल में पहुँचा।

दूसरे दिन पंडित कौल दौड़े-दौड़े आए। रात मेरे आने के पाँच मिनट बाद ही वे घर लौटे। दिन का खाना आज मुझे उन्हीं के यहाँ खाना पड़ेगा। बेटा-बेटी, पतोहू, चाचाजी—सबका विशेष आग्रह है। ना-नू नहीं सुना जाएगा।

बूढ़े होते हुए भी पंडित जी ने मेरी बहुत बातों में मदद की। वे काफी पढ़े-लिखे और बड़े भले हैं। 'सुथू' स्कूल की ऐसी उन्नति में उन्हीं का विशेष हाथ है। उस स्कूल के वही प्रधान शिक्षक हैं। समय पर वे बाहर के यात्रियों के लिए तरह-तरह की सुविधाएँ कर देते हैं। उनकी छोटी लड़की स्कूल में पढ़ाती है, पर वे उसके ब्याह के लिए परेशान हो उठे हैं। उसकी उम्र चौबीस हो चली है। योग्य वर मिलना आजकल कठिन हो गया है। फिर गहना और नकद देना भी कम कठिन काम नहीं है। इसके सिवाय आगत-स्वागत आदि का ब्याह का पूरा खर्च। और भी। वर का आचरण, दान-सामग्री, कोहबर, नमस्कारी—कौन-सा छोड़ा जाएगा? लड़के को अब कोई स्थायी काम मिले बिना काम नहीं चलता। पंडित जी जरा उदास-से बोल रहे थे।

इतने में होटल के चपरासी ने आकर खबर दी, 'फोन है आपका!'

मैं निकला। आँगन पार करके दफ्तर के छोटे-से कमरे में जाकर फोन उठाया। किसी महिला ने मीठे गले से कहा, 'मैं शेख अब्दुल्ला के घर से बोल रही हूँ। आपने क्या उनसे 'मुलाकात' माँगी थी?'

उनकी साफ और सुन्दर अँगरेजी के जवाब में मैंने कहा, 'जी हाँ...'

'वे बाहर गए हैं। इक्कीस तारीख के सवेरे लौटेंगे—परसों। आप परसों तीन बजे दिन में 'अगर' 'मुजाहिद मंजिल' में पधारें तो उनसे मुलाकात हो जाएगी।'

'कश्मीरी मुस्लिम' शेख अब्दुल्ला

शेख अब्दुल्ला से मिलने जाने के पहले उनके सम्बन्ध में मेरी धारणा का थोड़ा और स्पष्ट होना जरूरी है।

इस शताब्दी के तीसरे और चौथे दशक में उत्तर-पश्चिम सीमान्त प्रदेश और कश्मीर के जिन कुछ सर्वमान्य राजनीतिक नेताओं ने उपमहादेश भारतवर्ष की आन्तरिक श्रद्धा अर्जित की, उनमें से तीन विशेष रूप से प्रसिद्ध हैं। लेकिन बदकिस्मती की बात है कि पाकिस्तान के बनने और भारत के आजाद होने के बाद से तीनों का भाग्य विडम्बित होता रहा। तीनों ही आजादी की लड़ाई के दृढ़प्रतिज्ञ बलूच और पठान सेनानी रहे हैं। किन्तु चर्चिल-प्रमुख विलायत के रक्षणशील दल की साजिश से इन तीनों को पाकिस्तान की जेल में जगह मिली।

इन तीनों में से एक बुढ़ापे की हालत में पाकिस्तान छोड़कर काबुल में रह रहे हैं। उनका नाम है खान अब्दुल गफ्फार खाँ। उन्हें सीमान्त गांधी कहते हैं। दूसरे बूढ़े थे, फिर भी दिन-दहाड़े अचानक रावलपिंडी में उनकी हत्या कर दी गई। ये थे डॉ. खान, सीमान्त गांधी के बड़े भाई। इस अपराजेय और दुस्साहसिक योद्धा ने नेहरू जी की पश्चिम सीमान्त यात्रा के समय सन् 1946 में घूस खाए हुए पठानों के एक दल की गोलियों की बौछार के बीच पिता की तरह नेहरू जी को अपनी गोदी में छिपाकर बचाया था। अहसानफरामोश वर्तमान काल को इस बात की याद दिला देने की जरूरत है कि बेहद नाटकीय राजनीति के संकटकाल में इन दोनों पख्तून वीरों ने उपमहादेश की इज्जत बचाई थी। तीसरे हैं, बलूचिस्तान के स्वाधीनता-संग्राम के सम्मानित राष्ट्रीयतावादी वीर खान अब्दुस्समद खाँ। इन्हें 'बलूच गांधी' कहा जाता है। इनकी खबर मुश्किल से ही मिलती है। ये जेल में हैं या मौत के अँधेरे में खो गए, कुछ कहा नहीं जा सकता।

इस प्रसंग में यह कहें कि 'पख्तून' या 'पख्तूनिस्तान'—ये दो शब्द सुनकर पाकिस्तानी अधिकारी बहुत नाराज होते हैं। लेकिन यह 'पख्तून' शब्द बड़ा

पुराना है। उस समय गान्धार के अधिवासियों को 'पकताइक' कहा जाता था। 'पख्तून' की उत्पत्ति उसी से हुई है। ('In the old Gandhara, the present Peshawar distirict, the designation paktyke used by Heredotos refers to the same territory and represents the earliest menton of the ethnic name pakhtun or the modern Indian pathan, is equally certain.'—Ancient Geography of Kashmir by A.M. Stein, 1895.)

ऊपर लिखे इन तीन व्यक्तियों के बाद चौथे हैं शेख अब्दुल्ला। इनका परिचय अलग प्रकार का है। उन पहले तीन व्यक्तियों की तरह ये सर्वभारतीय नेता नहीं हैं। इनका नेतृत्व कश्मीर से बाहर तक कभी नहीं पहुँचा। इनकी लड़ाई अँगरेजों के खिलाफ नहीं, कश्मीर की राजगोष्ठी के खिलाफ थी। उन तीनों की तरह ये तत्कालीन कांग्रेस के नेता नहीं थे, ये कश्मीर के मुसलमानों के प्रमुख और निडर मुखपात्र। भारतीय कांग्रेस के प्रश्रय में जब 'देशी राज्य गण सम्मेलन' (State Peoples Conference) बना तो शेख जी ने 'अखिल जम्मू और कश्मीर मुस्लिम सम्मेलन' कायम किया। इस सम्मेलन का मूल उद्देश्य था—तत्कालीन (1932) मुस्लिमप्रधान जम्मू और कश्मीर में मुसलमानों के उचित अधिकारों की प्रतिष्ठा। कश्मीर की अँगरेजी रेसिडेंसी ने ऐसे सम्मेलन पर कोई रोक नहीं लगाई, क्योंकि इसमें उन्होंने एक साम्प्रदायिक रंग देखा। बाद के 7 वर्षों तक यह सम्मेलन भारतीय कांग्रेस का एक 'अस्पष्ट' प्रतिद्वन्द्वी बनकर रहा था। उस समय कश्मीर में कांग्रेस का प्रवेश नहीं था, इसलिए भारत के नेता इस सम्बन्ध में चुप थे। शेख अब्दुल्ला ने यह आवाज उठाई : 'जम्मू-कश्मीर मुसलमानप्रधान है, फिर भी सरकारी कार्यालयों और कश्मीर सरकार की डोगरा सेना में ज्यादातर हिन्दू ही हैं, यह अन्याय है, अनुचित है।'

शेख अब्दुल्ला को जेल की सजा हुई।

शेख अब्दुल्ला की परामर्श समिति में इस समय हिन्दू पंडित थे। यह कश्मीर की सदा-सदा की विशेषता है। उसके बाद भारतीय कांग्रेस के प्रयत्न तथा हिन्दू पंडितों की सलाह से 'मुस्लिम सम्मेलन' सन् 1939 में 'अखिल जम्मू और कश्मीर राष्ट्रीय सम्मेलन' बन गया। 1940 में कश्मीर-भ्रमण के समय नेहरू जी ने शेख अब्दुल्ला के साथ 12 दिन बिताए। दोनों की उम्र में अन्दाज है, 14-15 साल का फर्क था, परन्तु दोनों में गहरी मिताई हो गई। शेख अब्दुल्ला के पुरखे कश्मीरी पंडित वंश के थे और पंडित नेहरू का भी परिचय यह है कि वे कश्मीरी हिन्दू थे।

कश्मीर की राजगोष्ठी मूल कश्मीर की मिट्टी की नहीं। वे लोग पुराने पंजाब के अन्तर्गत जम्मू के किसी एक डोगरा-सामन्त प्रधान रणजीतदेव के बाद की पीढ़ी के भतीजे के पोते की गोष्ठी के हैं। उस गोष्ठी के तीन भाई—गुलाबसिंह, ध्यानसिंह, सुचेतसिंह—ये महाराजा रणजीतसिंह की कृपा से एक-एक करके राजा बन बैठे और जम्मू को आपस में बाँट लिया। उसके बाद ईस्ट इंडिया कम्पनी से मिलकर षड्यंत्र करके सन् 1846 में गुलाबसिंह एक समझौते (अमृतसर का समझौता) के मुताबिक कश्मीर के महाराजा हो गए। इस घटना के ठीक एक सौ साल के बाद यानी सन् 1946 में शेख अब्दुल्ला ने 'क्विट कश्मीर' का नारा बुलन्द किया। 'कश्मीर फॉर कश्मीरीज' अर्थात् कश्मीर छोड़ो। 'कश्मीर कश्मीरियों का है'। गर्ज कि उन्होंने महाराजा हरिसिंह को निकालना चाहा।

इस बार शेख अब्दुल्ला लम्बी अवधि के लिए जेल में भेजे गए। 'कश्मीर नेशनल कॉन्फ्रेंस' जम उठी। भारत महाराजा हरिसिंह के प्रति विरूप था। कांग्रेस आगे बढ़ी और 'देशी राज्य गण सम्मेलन' से 'कश्मीर नेशनल कॉन्फ्रेंस' का गठबन्धन करके मिताई कर ली। लेकिन कांग्रेस ने दोनों की अलग-अलग सत्ता मान ली।

सन् 1947 में अपना 'जून प्लान' (3 जून, 1947) प्रकाशित करने के बाद लॉर्ड माउंटबेटन उसी महीने के तीसरे सप्ताह में कश्मीर गए और 4 दिनों तक लगातार महाराजा को यह समझाते रहे कि ब्रिटिश सरकार अपनी सम्पूर्ण सार्थभौमता तोड़कर चली जा रही है, इसलिए कश्मीर को 'स्वाधीन' (Sovereign Independence) कहकर घोषित करना या उसे 'स्वायत्त शासित उपनिवेश' (Domimion) की स्वीकृति देना—अब ब्रिटिश सरकार के लिए दोनों में से कोई भी सम्भव नहीं है। लिहाजा आनेवाले 15 अगस्त तक अगर वे पाकिस्तान (तब तक प्रस्तावित) या भारत—जिस किसी में अपने को शामिल कर लें तो किसी प्रकार की गड़बड़ी (troubles) नहीं होगी। इसलिए कि वैसी अवस्था में दो में से कोई एक कश्मीर का रक्षक होगा। लॉर्ड माउंटबेटन ने उन्हें यह भी समझाकर कहा कि कश्मीर यदि पाकिस्तान में भी शामिल हो तो उसे गलत समझकर भारत नाराज भी न होगा—उन्हें स्वयं सरदार पटेल से इसका आश्वासन मिला है। ('He went so far as to tell the Maharaja that, if he acceded to Pakistan, India would not take it amiss and that he had a firm assurance on this from Sardar Patel himself.'—V.P. Menon)

डाँवाँडोल मन:स्थिति में महाराजा ने इस पर हामी नहीं भरी और लॉर्ड माउंटबेटन के अनुरोध के बावजूद तबीयत की नासाजगी का बहाना करके अन्तिम दिन उनसे भेंट भी न की।

उपजातीय पठानों ने जब कश्मीर पर हमला किया (22 अक्टूबर, 1947) तो शेख अब्दुल्ला ने श्रीनगर की रक्षा के लिए बहुत बड़ी प्रतिरक्षा सेना इकट्ठी की। कश्मीर की सेना में उस समय जो मुसलमान थे, उन लोगों ने उपजाति पठानों का साथ दिया। पठानों का नेतृत्व उस समय पाकिस्तान के वर्तमान प्रेसिडेंट अयूब खाँ के भाई और पाकिस्तानी सेना के अन्यतम सेनापति अकबर खाँ, उर्फ जनरल तारीक कर रहे थे। मेजर जेनरल शेर खाँ, आजाद हिन्द फौज के मुहम्मद जमान कियानी, जेनरल बुरहानुद्दीन तथा अन्य अनेक ने उनका साथ दिया। उस समय शेख अब्दुल्ला ने जान हथेली पर लिये लड़ने के लिए लाखों-लाख कश्मीरियों को ललकारा।

26 अक्टूबर को महाराजा अपने प्रधानमंत्री मेहरचन्द महाजन के सहयोग से राज्य की बागडोर शेख अब्दुल्ला को दे देने को विवश हो गए और शेख अब्दुल्ला ने अपने सहयोगियों के साथ एक अन्तर्वर्ती सरकार का गठन किया। लेकिन उसी रोज साँझ को वे महाराजा के प्रधान मंत्री नियुक्त हुए। वह दिन इसीलिए स्मरणीय है कि चारों ओर की भयंकर घटनाओं से घिरकर बड़ी मुसीबत में पड़कर महाराजा ने भारत की शरण ली और कश्मीर को भारत में शामिल किया। 27 अक्टूबर को सवेरे विमान से भारतीय सेना पहली बार श्रीनगर में उतारी गई। उपजातीय पठान लुटेरे उस समय महज 33 मील दूर बारामूला में लूट-पाट, खून-खराबा, आगजनी और नारी-धर्षण का कई दिनों से तांडव मचा रहे थे। लेकिन जब जवाबी हमले की नौबत आई, तो वे भागने को मजबूर हुए, पर बारामूला के चौदह हजार नर-नारी-शिशु में से मात्र एक ही हजार वहाँ ढूँढ़े मिले! तत्कालीन पाकिस्तानी अधिकारी शायद पहले यह समझ नहीं पाए थे कि भ्रष्टचरित्र पठानों की ये गई-बीती हरकतें उनकी निराशा का कारण होंगी। उन्होंने यह बहुत बड़ी भूल की थी।

ऐसी नौबत लेकिन नहीं आती। ढुलमुल महाराजा हरिसिंह की अदूरदर्शिता (Prisoner of indecision), विवेकहीनता और चिन्तन की जड़ता—इन दुर्बलताओं से उस दिन से भारत और पाकिस्तान के हजारों-हजार जीवन की बर्बादी हुई। उनकी उस दिन की कमजोरी से निश्चय में जो देरी हुई, उसका यह शोचनीय नतीजा हुआ कि भारत-पाकिस्तान का आन्तरिक विरोध आज भी नहीं मिटा।

जो भी हो, महाराजा द्वारा प्रधान मंत्री नियुक्त किए जाने पर शेख अब्दुल्ला पाकिस्तान की आँखों में खटकने लगे। कश्मीर के पाकिस्तान में शामिल होने की राह में वे भी रोड़ा थे। पाकिस्तानी अधिकारियों के हाथों सीमा-प्रदेश की कांग्रेस सरकार के मुख्यमंत्री डॉक्टर खान साहब की कैसी दुर्दशा हुई और वे किस प्रकार से कैद किए गए—यह शेख साहब को पता था। लिहाजा कश्मीर के निर्विवाद नेता के नाते उन्होंने महाराजा को यह बताया कि 'नेशनल कॉन्फ्रेंस'—परिचालित कश्मीर के मुसलमान, हिन्दू और लद्दाख के बौद्ध—ये कोई भी पाकिस्तान में जाना नहीं चाहते।

जिन लोगों ने राजनीति से बाहर रहकर भारत और पाकिस्तान के इस विषय पर सोचा है, उनका खयाल है, राजनीतिक विचक्षणता की कमी की वजह से पाकिस्तान ने कश्मीर को खोया है। यह साफ समझ में आया कि कुटिल षड्यंत्र और खूँखारपन हृदय को जीतने की उपयुक्त वस्तु नहीं हैं। उस समय उनकी राजनीति नाबालिग थी। क्योंकि एक ओर उन्होंने 'युद्धविराम' की ओट में कश्मीर को भूखों मारना चाहा और दूसरी ओर धोखे से पख्तून पठानों के जरिये कश्मीर पर हमला कराया।

खान अब्दुल गफ्फार खाँ, अब्दुस्समद, डॉ. खान साहब—इन तीनों की लांछना के बाद काल की कुटिल गति के अनुसार शेख अब्दुल्ला पर भाग्य का व्यंग्य शुरू हुआ। 'युद्धविराम-रेखा' (1 जनवरी, 1949) के इस पार उस पार पहाड़-पर्वत पार करके 'आजाद कश्मीर' और भारतीय कश्मीर के लोग अधिकारियों की नजर बचाकर मजे में आते-जाते थे। यह स्वाभाविक ही था। क्योंकि इस पार माँ है, उस पार बाप। साला इधर, बहनोई उधर। इस पार छोटा भाई, उस पार बड़े भैया। इस पार के सहोदर, उधर के जासूस। उस पार के सिपाही, इधर के मित्र। इस पार लॉर्ड माउंटबेटन, उस पार लॉर्ड इस्मे। उस पार चर्चिल, इस पार एटली। इस पार लेबर, उस पार कंजरवेटिव। इस पार आँसू, उस पार निराशा। दोनों के बीच खड़े नियति का खिलौना शेख अब्दुल्ला!

किन्तु नियति कश्मीर के इस नेता को एक से दूसरे भँवर में खींचे लिये जाती रही। महाराजा हरिसिंह को कश्मीर त्यागना पड़ा। वे बम्बई में एक प्रकार से निर्वासित और उपेक्षित जीवन बिताते रहे। सत्रह साल की उम्र में उनके नाबालिग बेटे श्री कर्णसिंह 'सदर-ए-रियासत' बने। इस समय अमरीका एक हाथ से भारत को बेहिसाब कर्ज देता रहा और दूसरी ओर अपने खिलौने पाकिस्तान को कश्मीर के बारे में चुपचाप सलाह-मशविरा देता रहा। नतीजा यह हुआ कि कश्मीर में यूनाइटेड नेशंस के जो केन्द्र थे, वे अन्तर्राष्ट्रीय कूटनीति और

षड्यंत्र के अड्डे बन गए। ये लोग एक ओर चोर को चोरी करने और दूसरी ओर घरवालों को होशियार रहने को कहते। मिस इवान्स वाली घटना बहुतों को याद होगी। कम्यूनिस्ट चीन या सोवियत यूनियन को भविष्य में किसी बहाने चोट करने के लिए या कम्यूनिज्म की प्रगति को रोकने के लिए भारत और पाकिस्तान की दुश्मनी को जिलाए रखने की हास्यास्पद अमरीकी नीति को भारत के दक्षिणपंथी कांग्रेस का बहुत-कुछ समर्थन मिल गया। ऐसे ही समय में अमरीका के कूटनीतिज्ञ स्वर्गीय मिस्टर अड्लाई स्टीवेन्सन ने भारत, पाकिस्तान और कश्मीर का भ्रमण किया। शेख अब्दुल्ला के साथ उनकी एक बैठक हुई। उस बैठक में क्या हुआ, उसका सही विवरण आज भी मालूम नहीं। लेकिन कुछ ही दिनों में शेख अब्दुल्ला ने बेसिर-पैर की बोलना शुरू कर दिया (मई, 1953)। भले और संयत व्यक्ति अचानक अगर भरपेट अमरीकी शैम्पेन पीकर राह में लोगों से लड़खड़ाती बातें करने लगे, तो वास्तव में कैसी परिस्थिति होगी, मैं नहीं जानता। शेख जी को संयत करने के लिए नेहरू जी श्रीनगर गए, लेकिन शेख साहब के पेट में तब तक भी उस शैम्पेन की क्रिया चल रही थी!

इस घटना के तीनेक महीने बाद (8 अगस्त, 1953) एकाएक एक दिन सवेरे कश्मीर के सदरे-रियासत, 22 साल के युवक कर्णसिंह ने 50 वर्ष के शेख अब्दुल्ला को गिरफ्तार करने का हुक्म दिया! कहीं-कहीं यह खबर उड़ी कि उसके पहले दिन रात को दिल्ली मंत्री-सभा के माननीय सदस्य श्री रफी अहमद किदवई श्रीनगर पहुँचे थे!

10 वर्ष 8 महीने के बाद शेरे कश्मीर शेख अब्दुल्ला छूटे (8 अप्रैल, 1964) और 30 अप्रैल को दिल्ली जाकर नेहरू जी के गले मिले। दोनों एक-दूसरे के पुराने मित्र! कई दिन नेहरू जी के अतिथि रहकर वे विभिन्न राज्यों में जाकर विभिन्न लोगों से मिले। गौर करने की बात यह है कि उन्होंने स्थिरमस्तिष्क चार व्यक्तियों से हार्दिकता से बातें कीं। वे चार व्यक्ति थे—राष्ट्रपति डॉ. राधाकृष्णन्, राजगोपालाचारी, विनोबा भावे और जयप्रकाश नारायण। यहाँ यह उल्लेखनीय है कि छुटकारा पाते ही शेख साहब लाखों-लाख कश्मीरियों के सामने भारत के खिलाफ जहरीले और गरम भाषण करने लगे। उनके उन जिहादी भाषणों की पाकिस्तान में जैसी बड़ाई हुई, भारत में उनकी वैसी ही विरोधी प्रतिक्रिया हुई। नेहरू जी ने जब शेख अब्दुल्ला को भारत आमंत्रित किया, तो दक्षिणपंथी लोग खुश नहीं हुए—कहीं बन्धुवत्सल नेहरू जी कुछ बेढंगा निर्णय न ले लें! इसीलिए बीच-बीच में वे नेहरू जी को सतर्क किए देते थे कि 'कश्मीर भारत का अभिन्न अंग है। कश्मीर भारत का है...'

पंडित नेहरू के उत्तराधिकारी लालबहादुर शास्त्री उस समय संयम से बोलने वाले और पंडित नेहरू के प्रति एकान्त आस्था रखते थे। शायद वे यह जानते थे कि अमरीका-प्रभावित दक्षिणपंथी लोग चीनी हमले के समय से ही उनके दीक्षागुरु नेहरू जी को अच्छी निगाहों से नहीं देखते। लेकिन नये भारत के निर्माता के असाधारण व्यक्तित्व, प्रतिष्ठा और लोकप्रियता के कारण भीतर-भीतर षड्यंत्र करने के बावजूद वे असन्तोष जाहिर करने की हिम्मत नहीं करते थे। इसके पहले 'कामराज प्लान' ने इनमें से बहुतों को संयत कर दिया था!

भारत-भाग्य विधाता ने नेहरू जी और शेख अब्दुल्ला को महज 4 हफ्तों का समय दिया था। कश्मीर-सम्बन्धी भारत-पाक विवाद की मीमांसा के लिए नेहरू की राय से शेख साहब पाकिस्तान गए। वहाँ जब वे प्रेसिडेंट अयूब तथा दूसरे नेताओं से यहाँ-वहाँ बातचीत करने में व्यस्त थे, उसी समय (27 मई, 1964) भारत और अन्तर्राष्ट्रीय जगत पर बिना मेघ के वज्रपात की नाईं नेहरू जी की मृत्यु हो गई! रावलपिंडी के एक समाचार में कहा गया—नेहरू जी की आकस्मिक मृत्यु की खबर पाते ही शेख अब्दुल्ला बच्चे की तरह रो पड़े! अपना सारा कार्यक्रम रद्द करके वे दूसरे दिन तीसरे पहर दिल्ली लौटे और 20 लाख नर-नारियों के साथ नेहरू जी की शव-यात्रा में शामिल हुए। राजघाट के निकट शान्तिवन के श्मशान में मैं उस दिन मौजूद था। उस बीभत्स साँझ ने सारे भारत पर मानो मृत्यु का माया-जाल फैलाया था!

प्रसंगवश यह कह दूँ, नेहरू जी के निधन का समाचार सुनते ही मैं एक चार्टर्ड प्लेन से दिल्ली रवाना हुआ। पंडित नेहरू के यहाँ मैं जब उनके शव के पास जाकर खड़ा हुआ, तो रात के सवा तीन बजे थे!

उस समय दिल्ली में सबसे ज्यादा गरमी का वक्त था, पर नेहरू जी की मृत्यु के ठीक बाद ही जोरों की बारिश हुई। सो रात में दिल्ली शीतल थी। दूसरे दिन दोपहर को (11.44 बजे) शव-यात्रा के पहले दिल्ली में भूकम्प हुआ। अस्तु।

भाग्य से प्रताड़ित शेख अब्दुल्ला ने और सबको छोड़कर अपने अन्यतम आश्रयस्वरूप पंडित नेहरू को पकड़ा था। अब नेहरू जी के चल बसने पर उन दूसरे लोगों ने उपेक्षा से उनकी ओर से मुँह फेर लिया! आखिर वे एक दिन चुपचाप श्रीनगर लौट आए।

नेहरू जी की मृत्यु के 3 महीने 25 दिन बाद शेख साहब से मैं मिलने जा रहा था। पार्क होटल से ताँगे पर जाने में कोई क्षति नहीं थी, समय भी काफी था। मगर उससे क्या! लोग दफ्तर जाते हैं ट्राम-बस पर, लेकिन बन-ठनकर जब लड़का देखने जाते हैं तो जाते हैं टैक्सी पर! विशेष अवस्था में विशेष सवारी

होती है। हम लोग ढाई बजे टैक्सी पर सवार हुए।

मेरे साथ अरविन्द मंडल—मेरे एक मित्र थे। कहाँ क्या है, टैक्सी ड्राइवर को पता रहता है। रास्ता तीनेक मील का होगा। पुराने श्रीनगर के अन्दर से घूमते-घामते गाड़ी जाकर एक चहारदीवारी वाले मकान के सामने खड़ी हुई थी। यही था 'मुजाहिद मंजिल'। आसपास टोला-मुहल्ला। दुतल्ला मकान, लाल रंग का, लेकिन बनावट बड़ी अच्छी। किसी भी अभिजात राजपुरुष के रहने लायक। सामने दीवार से घिरा छोटा-सा अहाता। मगर फूलों का बगीचा न था जो कि कश्मीर की विशेषता है। हम लोगों ने बढ़कर बरामदे से शेख साहब के बारे में पूछा। वे ऊपर थे।

सीढ़ी से ऊपर जाते ही बायें दफ्तर का कमरा। कोट-पैंट पहने कोई सज्जन काम कर रहे थे। यह मकान 'धार्मिक ट्रस्ट' कार्यालय है। श्रीनगर तथा दूसरे-दूसरे हलकों में जितनी भी मस्जिदें और इबादत-घर हैं, सब यहीं से चलाए जाते हैं। शेख साहब इस ट्रस्ट के अध्यक्ष हैं। वे उत्तरवाले बड़े हॉल में कुछ नेताओं के साथ सभा के काम में व्यस्त थे। उसके बाद यहीं आएँगे। वह बैठक जरूरी थी। मैंने घड़ी देखी—तीन बजकर पाँच मिनट।

मकान एकान्त-सा। दर-दालान साफ-सुथरा। दो-चार नौकर-चाकरों के सिवा और कहीं लोग नहीं नजर आ रहे थे। मुहल्ला भी शान्त। फुरफुर कश्मीरी हवा बह रही थी।

दफ्तर में जाकर उस भले आदमी से इस-उस बात में मैंने पूछा, 'माफ कीजिएगा, आप यहाँ के कौन हैं?'

'मैं?' हँसकर वे बोले, 'मैं इस ट्रस्ट ऑफिस का सेक्रेटरी हूँ।'

मैंने कहा, 'देखने में आप ठीक-ठीक कश्मीरी-से क्यों नहीं लग रहे हैं?'

हँसकर उन्होंने जवाब दिया, 'मेरा घर मद्रास है।'

'मद्रास? माफ कीजिए, आपका नाम?'

'मेरा नाम है राजबहादुर।'

मैंने कहा, 'यह संस्था तो इस्लामी है। आपको रखने में उन्हें असुविधा नहीं होती?'

वे बोले, 'यह असुविधा कश्मीर में कहीं नहीं है!'

बात बिलकुल सही है, इसीलिए इसका जिक्र किया। यह अनन्यता कश्मीर की सहजात है। यहाँ नागरिकों का एक ही परिचय है—वे कश्मीरी हैं। उनके चरित्र में कमजोरियाँ बहुत हैं, बहुत असंगतियाँ हैं, परन्तु जाति या वर्ण-विद्वेष नहीं है। राजनीतिक विवाद बीच-बीच में आ जाता है, कभी-कभी वह उग्र रूप

भी धारण कर लेता है, लेकिन उसकी आयु निहायत ही कम होती है। भीरु और भद्र, निरीह और निर्विरोध, निस्तेज और निर्विकार—ऐसे एक समाज को एक बार उन अँगरेज सज्जन ने कहा था : 'The greatest cowards in Asia.'

शेख अब्दुल्ला जब सभाकक्ष से निकले, तो साढ़े तीन बज रहे थे। आम तौर से अखबारों में उनकी जो तसवीर निकला करती है, उससे उनके इस चेहरे की समानता कम है। वे लम्बे हैं—छह फीट से भी ज्यादा ऊँचे। मुँह की बनावट सुन्दर है, धीर गति। चिन्तनशील, नम्र। रंग वितस्ता-जैसा—बहुत हद तक कनक-चम्पा का! उम्र साठ पार कर गई होगी। पहनावे में पाजामा, लम्बा ऊनी अचकन। सिर थोड़ा गंजा। सिर पर टोपी नहीं। मानो कश्मीर का विशाल देवदारु हो। मेरे जी पर प्रभाव पड़ा।

एक-एक करके सहयोगियों को रुखसत करके शेख साहब हमारी तरफ मुड़े। अपना परिचय देकर हमने कहा, 'सुना था, आप रावलपिंडी होकर ढाका जाएँगे? ढाका या कलकत्ते के लोगों ने आपको बहुत दिनों से नहीं देखा है। बंगालियों को देखकर आप खुश होते थे।'

'मेरी भी बड़ी ख्वाहिश थी।' मीठे शब्दों में उन्होंने कहा।

बात मामूली-सी थी। महज मौखिक। मगर उनकी आवाज से मेरे कानों में सतता गूँज उठी। मैंने उनकी ओर ताका। आँखों की शर्म मुझे कम है—मेरे मन में इतिहास की गंजना थी। शायद इसीलिए मैं कह बैठा, 'अपने अभ्युदय के शुरू में आप पाकिस्तान में लांछित और भारत में समादृत थे। आज भारत में आपकी निन्दा हो रही है, पाकिस्तान में अभिनन्दन—भाग्य की इस विडम्बना का रहस्य क्या है?'

शेख साहब पहले हँसे। उसके बाद शान्त स्वर में बोले, 'Possibly Kashmir is unknown to both of them.' (सम्भवत: कश्मीर दोनों के लिए अज्ञात है।)

अरविन्द मंडल जी की आँखें अपलक थीं। वे मुग्ध नेत्रों से निहार रहे थे।

मैंने अब एक दुस्साहस का सवाल किया, 'हम बड़ी दूर रहते हैं—बंगाल में। आपको सन् '53 में किसलिए गिरफ्तार किया गया था, यह हमारे लिए आज भी स्पष्ट नहीं हो सका। इसके बारे में आपका क्या कहना है?'

शेख साहब के चेहरे पर, आँखों में सहसा गम्भीरता झलक आई। मगर अपनी उत्तेजना को जब्त करना वे जानते हैं। वैसे ही मीठे स्वर में वे बोले, 'मैं आज भी नहीं जानता कि मुझे गिरफ्तार क्यों किया गया और फिर छोड़ा ही क्यों गया। मेरे तथाकथित अपराध का विचार अदालत में चल रहा था, मगर

मुकदमा उठा क्यों लिया गया, नहीं मालूम। मैंने अगर कोई गलती की थी, तो वे सुधार ले सकते थे। अपनी चूक समझने के पहले ही मुझे सजा मिल गई।'

शेख साहब जरा देर चुप रहे। फिर बोले, 'तरह-तरह की अप्रिय बातें मन में आती हैं, मगर आज कहने से कोई लाभ नहीं। मैं क्या सिर्फ काम बनाने का वाहन मात्र था? कश्मीर का प्रधान मंत्री था मैं, मगर मैं जान नहीं पाया कि मेरी भूल कहाँ थी और मैंने साजिश ही किसके साथ की थी! ...लेकिन एक दिन एकाएक मुझे जेल ले जाया गया! यही क्या गणतंत्र है?'

'आप क्या सोचते हैं, कश्मीर क्या भारत का अविच्छेद्य अंग नहीं है?'

उनकी बड़ी-बड़ी आँखों की निगाह निर्विकार हो गई। उस निगाह में न तो कूटनीति थी, न ही था किसी चातुरी का संकोच। हँसकर शेख साहब ने कहा, 'इस अविच्छेद्य अंग के लिए भारत को कभी कोई आकर्षण, कभी कोई स्नेह नहीं था। जानते हैं, क्यों? मगर बड़ी अप्रिय बात है...'

उनकी नजरों में आकस्मिक परिवर्तन देखकर मैंने कहा, 'माफ करेंगे, हम आपको उत्तेजित करने नहीं आए हैं।'

शेख साहब का गला स्वभाव से ही धीमा है और उनके सौजन्य में बनावट नहीं है। हँसकर बोले, 'नहीं-नहीं, इसमें कोई उत्तेजना नहीं! यह युक्ति की बात है। कश्मीर में उन लोगों ने करोड़ों-करोड़ रुपये उँडेले हैं, मगर उन्हीं के साथ सन्देह और अविश्वास भी ढाला है। मैंने इसे मिटाने की कोशिश की थी। शायद हो कि इसीलिए मुझे हटाया गया हो! How can I convince now the people about India's profession and practice? What face I have to them?'

उनकी बातों से मैं दुखी हो रहा हूँ या नहीं, मेरा मन उनके प्रति कठोर भाव से विरूप हो रहा या नहीं—इसका कोई खयाल किए बिना ही वे कहते गए, 'गोया कश्मीर ही बड़ा हो! गोया कश्मीर के लोग कुछ भी नहीं! यह जैसे दस जने का किसी खूबसूरत औरत की खरीद-बेची का विवाद हो! वह औरत मानो एक मूढ़ और मूक सम्पत्तिमात्र हो! उसके जैसे मन, हृदय, चिन्ता या विवेचना-शक्ति—कुछ भी नहीं! उसको लेकर महाराजा, अँगरेज, भारत और पाकिस्तान लोकालोकी कर रहे हैं। कश्मीर का विचार, उसकी राय कोई भी नहीं जानना चाहते! और कोई सही बात बताए तो वह दोनों ओर का दुश्मन!'

जरा रुककर शेख साहब बोले, 'अविच्छेद्य कब था? था क्या कभी? इतिहास क्या कहता है? बल्कि पाकिस्तान ही भारत का अविच्छेद्य अंग था। राजेन्द्र बाबू की 'India Divided' नहीं पढ़ी है? वह अविच्छेद्य पाकिस्तान

अगर उत्तराधिकार के सूत्र से कश्मीर माँगे तो उसे किस तर्क से बाधा देंगे? मगर मुझे मालूम था कि वह बाधा कैसे दी जा सकती है। कश्मीर को पाकिस्तान छीन लेना चाहता है और मैं कश्मीरियों का कल्याण चाहता हूँ। मगर भारत के अधिकारी-वर्ग मेरे वास्तविक मनोभाव पर सन्देह करते हैं। क्यों करते हैं, वही जानें।'

'आप इस विवाद का कैसा निबटारा चाहते हैं?'

'ठीक वही, जो नेहरू जी ने चाहा था'—शेख साहब ने फिर मुँह उठाकर ताका, 'मेरे श्रद्धेय अग्रज—जिनकी आकस्मिक मृत्यु मेरे लिए सबसे ज्यादा दुखदायी है। 1953 में उन्होंने मुझ पर बड़ा अन्याय किया था। लेकिन बड़े भाई के उस शासन ने मेरे मन पर अश्रद्धा की कोई निशानी नहीं छोड़ी! मेरा जन्म वितस्ता की गोद में हुआ है। मैं कश्मीरी हूँ, मैं प्यार के लिए ही होता हूँ।'

सेक्रेटरी दरवाजे के सामने आकर खड़े हुए। शायद दूसरे कुछ लोग किसी और काम से आए थे, शेख साहब उठकर बाहर गए। कहा—'बाद में!'—इसके बाद वे दरवाजा भिड़काकर फिर बैठ गए।

मेरा प्रश्न अभी खड़ा ही था और उसका जवाब भी उनके मुँह में था। वे भारत में शामिल होने के दस्तावेज (Instrument of Accession) की कहानी शुरू से आखिर तक सुना गए। उनकी नजरों के सामने ही सारा कुछ हुआ। इसके बाद बोले, 'इसका वास्तविक निबटारा कश्मीरवासी ही जानते हैं! दो स्वाधीन राष्ट्र दो फौज लिये कश्मीर में डटे हुए हैं। एक का नाम है : 'Army of occupation' दूसरी का नाम है : 'army of liberation'। दोनों राष्ट्र इन दोनों फौजों को हटा लें। दोनों मिलकर संयुक्त राष्ट्रसंघ के षड्यंत्रकारियों को निकाल बाहर करें—जो लोग दोनों तरफ के करोड़ों-करोड़ रुपयों पर पानी फेर रहे हैं।'

'लेकिन इस मौके से उपजातीय लोग अगर फिर हमला करें?'

'कौन कहता है?' शेख साहब ने आत्मविश्वास के साथ कहा, '1947 के नवम्बर में माउंटबेटन-जिन्ना की बैठक की बात भूल न जाएँ!' जिन्ना साहब ने कहा था—दोनों दल एक ही समय कश्मीर से हट जाएँ!—माउंटबेटन ने पूछा—फिर उपजातीय लुटेरों को समझा-बुझाकर हटाना कैसे सम्भव होगा?—जिन्ना साहब ने सबके सामने ही कहा—'If you do this I will call the whole thing off.'

'लिहाजा इसके लिए हम निश्चिन्त रह सकते हैं। इसके बाद जो करनीय है, वह साफ है। अविश्वास, सन्देह और श्रद्धा मिटाकर दोनों कश्मीर के सवाल

को लेकर एक मेज पर बैठिए। मन से न मिलें, पर मिताई में क्या हर्ज है? दोनों पक्ष कश्मीर के मंगल और उन्नति की सोचिए। बाहरी कोई शक्ति कश्मीर पर कब्जा न कर ले, हमला न करे, इसका भार उपमहादेश ले। सारी उत्कंठा, सारी अनिश्चयता दूर हो। मैं सिर्फ इसी के लिए उस दिन दौड़ा-दौड़ा दिल्ली गया था, इस दम घुटानेवाली हालत की बात पंडित जी से कहने गया था। और यही बात रावलपिंडी में भी चल रही थी मुझसे। ऐसा कोई निर्णय लेना होगा, जिससे किसी पक्ष को नुकसान न हो, सभी पक्ष का सम्मान जिसमें बरकरार रहे। कश्मीर का दरवाजा सबके लिए खुल जाए। मगर मेरी बदकिस्मती, इसी समय पंडित जी चल बसे।'

'आप क्या स्वाधीन कश्मीर चाहते हैं?'

शेख साहब हँस पड़े। बोले, 'मेरे चाहने से बहुत पहले ही 'आजाद कश्मीर' बन चुका है।'

उनके साथ हम लोग भी हँसे। मगर अब वहीं, प्राय: डेढ़ घंटा हो रहा था।

हम लोग उठ रहे थे कि श्री अरविन्द मंडल जी ने स्वर्गीय श्री श्यामाप्रसाद जी की मृत्यु की बात उठाई। श्यामाप्रसाद जी श्रीनगर में ही डल झील के पास पहाड़ की तराई के एक खूबसूरत-से बाग-महल में स्वर्गवासी हुए थे। उस समय शेख अब्दुल्ला कश्मीर के प्रधान मंत्री थे (22 जून, 1953)।

मंडल जी के सवाल पर शेख साहब फिर बैठ पड़े। बोले, 'श्यामाप्रसाद जी की मृत्यु से सारा भारतवर्ष और कश्मीर सिहर उठा था। मैं जानता हूँ, हाहाकार कर उठा था। इतने बड़े नेता, ऐसे विद्वान्, इतना बड़ा एक पार्लामेंटेरियन—उनकी मृत्यु से मैं हत्-सा हो गया था।'

मंडल जी शेख साहब की तरफ टुकुर-टुकुर ताकने लगे। उन्होंने शायद और ही जवाब की उम्मीद की थी। उनकी ओर मुड़कर शेख साहब ने फिर कहा, 'आप जो सुनना चाहते हैं, वह मैं खुद ही बताता हूँ। उनकी मृत्यु में मेरा जो नैतिक दायित्व है, उससे मैं इनकार नहीं करता।'

'मौत पर आदमी का कोई बस नहीं—सभी जानते हैं।' शेख साहब ने मानो जरा दुखी स्वर से ही कहा, 'लेकिन बड़े दुख के साथ मैं यह कबूल करता हूँ कि अपने फर्ज से मैं गिर गया था।'

मंडल जी के आँख-मुँह पर बड़ी उत्सुकता दिखाई पड़ी।

शेख साहब ने कहा, 'मैं उस समय प्रधान मंत्री था, अपनी जिम्मेदारी से मैं किसी भी तरह कतरा नहीं सकता। मगर बड़े ही दुर्भाग्य की बात है कि मैं अपने स्वराष्ट्र और स्वास्थ्य मंत्री पर निर्भर रहा। श्यामाप्रसाद जी की देखरेख

का सारा भार विश्वास करके मैंने उन्हीं पर छोड़ दिया था। उन लोगों ने और ज्यादा ध्यान दिया होता, तो अच्छा था। लेकिन मेरा विश्वास है, वे लोग भी ऐसा सोच नहीं सके थे। मैंने बाद में पंडित जी को और डॉक्टर विधानचन्द्र राय को सारी बातें खोलकर लिखी थीं। उस दुखद दिन की बात हम सब भूले नहीं हैं।'

पाँच के करीब बज गए। हम उनसे विदा हुए।

मैं जब ये बातें लिखने बैठा हूँ, तब तक 'अमीराकदल' के नीचे से झेलम में बहुत-सा पानी बह चुका था।

शेख अब्दुल्ला साहब यूरोप और उत्तर अफ्रीका घूमते हुए हज करने गए थे। लेकिन वहाँ से लौटने के बाद वे हाजी अब्दुल्ला नहीं बन गए। उनका चेहरा मुझे इसलिए अच्छा लगा कि केवल मक्का ही नहीं, नवद्वीप की कीर्तन-गोष्ठी में, काशी विश्वनाथ के नाट-मन्दिर में, दक्षिणेश्वर काली मन्दिर में—कहीं भी वे बेमेल नहीं लगेंगे। वे अगर गले में पीतल का क्रॉस लटकाकर झब्बा पहने सेंट पॉल्स गिरजा में दाखिल हों, सब उन्हें फादर रेवरेंड कहेंगे। उन्होंने अपने पासपोर्ट में लिखाया था—'कश्मीरी मुस्लिम।' भूल उन्होंने नहीं की शायद। कश्मीरी मुस्लिम नमाज नहीं पढ़ते, रमजान में उपवास नहीं रखना चाहते, परमात्मा को अल्लाह नहीं कहते—इनका सम्प्रदाय जरा और ही तरह का है।

दूसरे दिन 22 तारीख थी। मैं गुलमर्ग की ओर जा रहा था। बस-पड़ाव के पास पहुँचकर सुना, बख्शी गुलाम मुहम्मद को गिरफ्तार कर लिया गया। वे भी शेख ही साहब-जैसे थे—भूतपूर्व प्रधानमंत्री।

कश्मीर की कहानी

सम्राट अकबर के युग का वर्णन करते हुए उनके सभासद अबुल फजल ने कश्मीर के बारे में कहा है : यहाँ जो सबसे अधिक श्रद्धेय हैं, उन्हें ऋषि कहते हैं। वे परम स्वतंत्र हैं, और किसी भी तरह के प्रचलित संस्कार, संस्कृति या नियम-कानून की पाबन्दी नहीं मानते। कश्मीर में उनकी संख्या दो हजार है। ये शाकाहारी हैं और नारी-संग नहीं करते। पहाड़, मन्दिर और तपोवन में रहते हैं। ऐसा कहा जाता है, तीन-तीन बार कश्मीर-विजय के लिए जा-जाकर अकबर को जो मुँह की खा-खाकर लौटना पड़ा, उसमें कश्मीर के 'चाक' राजाओं के

पीछे उन्हीं ऋषियों की यौगिक तपस्या थी। बाद में, मुगलों के जमाने में उन ऋषियों ने अपनी वासभूमि, उपनिवेश, मठ और विभिन्न अध्यात्म-केन्द्र मुगलों से ही हासिल किए थे!

आज भी कश्मीर के बहुत-से नाम हैं। जैसे : ऋषिभूमि, योगीस्थान, शारदा-पीठ या शारदा-स्थान आदि। लेकिन सबसे ज्यादा आदर बादशाह जहाँगीर के दिये नाम को मिला। वह नाम है—'भूस्वर्ग'।

कश्मीर के उन ऋषियों के बारे में कश्मीर में ही एक प्रवाद प्रचलित है और उस पर गौर किए बिना कश्मीरियों के वास्तविक चरित्र का रसास्वादन नहीं किया जा सकता। इस प्रवाद को प्राय: सौ साल पहले एक विशिष्ट अँगरेज ने खोज निकाला था। इस ऋषि-कुल के जो आदिप्रवर्तक थे, वे एक फकीर थे। नाम था उनका खोजा आविस। वे विदेशी थे। दक्षिण अरब के यमन प्रदेश के 'कुरुन' जनपद में उनका जन्म हुआ था। किसी समय में कश्मीर आए और जंगलों में घूमनेवाला एक सम्प्रदाय चलाया। उस सम्प्रदाय के लोग लता, पत्ता, जड़ और 'वेपुल्हक' नाम का कंद खाया करते थे। आगे चलकर यही ऋषि कहलाए। ऐसी उपकथाओं की रचना का शायद यह मतलब रहा था कि कश्मीर में आर्य सभ्यता के साथ इस्लाम का सांस्कृतिक सम्मिलन हो।

लेकिन ऐसी किंवदन्तियों में कहाँ कितनी सचाई है, यह जानने का अब उपाय नहीं है। यही नहीं, पहाड़ों की दीवारों से घिरी इस 'सुखी' उपत्यका कश्मीर की जन्म-कहानी भी किसी को नहीं मालूम है। सिर्फ 'शंकराचार्य पहाड़' पर चढ़ने से इतना साफ समझ में आता है कि कभी यह उपत्यका 2200 वर्गमील की एक झील थी और उस समय लोग उसके चारों ओर के पहाड़-पर्वतों पर रहते थे, जिनकी ऊँचाई 12 से 18 हजार फीट तक थी। झील के इस युग (Iacustrine age) के खत्म होने पर एक-एक करके पौराणिक कहानियाँ बनने लगीं—जैसे काश्यप मुनि की कहानी, जलोद्भव दैत्य, देवी पार्वती के भेजे हुए तोते के मुँह का ढेला, वाराह अवतार के दाँत की चोट, आदि-आदि रूपकथाएँ, जिनका कोई सबूत नहीं। अलौकिक और प्रमाणित न की जा सकनेवाली कहानियों पर आस्था जमने में अलस मस्तिष्क की क्रिया होती है—कश्मीरियों के इतिहास में यह जरूरत से ज्यादा पाई जाती है। हिन्दू पंडितों की बात छोड़ दें, कश्मीर के मुसलमान भी इन कहानियों पर हृदय से विश्वास करते हैं और इस बात में दोनों सम्प्रदायों में एक चिरस्थायी आत्मीयता है।

भारतवर्ष के इतिहास में कश्मीर सदा अपरिचित था। इसकी भौगोलिक स्थिति ने ही इसे वृहत् भारत से परिचित नहीं होने दिया। सबसे पहले सम्भवत:

एक फ्रांसीसी चिकित्सक ने भारत से कश्मीर का परिचय कराया। वे थे डॉ. बोर्नियेर—जो सम्राट औरंगजेब के साथ सन् 1664 में कश्मीर गए थे। कश्मीर के बारे में उन्हीं की पहली रिपोर्ट है। उसके बाद एक-एक करके बहुतेरे आए। उनसे पहले जिन्होंने कश्मीर का विवरण लिखा, वे थे—प्राचीन ग्रीक टालेमी हेरोडोटस, डायोनाइसिस, नन्नस आदि। उनमें से किसी ने कहा—कास्पेरय, कास्पेरिया, कास्पाटाइरस, कास्पापाइरस, कास्वीर, कास्पीर—और अन्त में ऋषि काश्यप के नाम से 'काश्यपमार' (मठ)। बहुतों ने कश्मीर को काश्यपपुर समझ लिया था। बहुतों का खयाल है, ऋषि काश्यप ने ही सबसे पहले इस झील के पानी को निकालने की व्यवस्था की थी।

पौराणिक काश्यप के बाद ग्रीक, ग्रीकों के बाद प्राचीन चीनी, उसके बाद बंगाल के श्रीज्ञान दीपंकर, उसके बाद शायद अलबरूनी और अबुल फजल। मगर इनमें से किसी का भी विवरण भारत के इतिहास के साथ उनके समय में नहीं जुड़ा। कश्मीर अजाना ही रह गया था। भारतवासियों को कश्मीर के बारे में पहली बार बोर्नियेर की रिपोर्ट से जानकारी मिली। सुनने में आश्चर्य-सा लगता है। बोर्नियेर के बाद फारेस्टर, मूरक्राफ्ट, जैकुएमांट, विगने, दी ऐनविल आदि। भारत का इतिहास एक-एक विदेशी लिखते गए। ओकंग, फाहियान, ह्वेनसांग—ये न आए होते तो प्राचीन भारत का चेहरा हम जान भी पाते या नहीं, नहीं जानता। सम्राट अशोक का कश्मीर विस्मृति के नीचे डूब गया था। बौद्ध कश्मीर के बारे में भारत को पुराने युग में उत्सुकता नहीं थी।

चारों तरफ की घिरावट में घिरे कश्मीरी कूटस्थ थे, आत्मकेन्द्रिक—घोंघा जैसे अपनी खोली में अपनी ही एक सीमित दुनिया में रहता है। वहीं तक उसकी सीमा, उसी में उसके तमाम खेलों का अन्त। कश्मीर का पहला इतिहास प्राय: पाँच हजार साल पहले खोजे मिलता है—कौरव-पांडव के समसामयिक काल में—जब राजा प्रथम गोनन्द ने कश्मीर पर राज्य किया था। लेकिन दूसरे गोनन्द के बाद एक हजार साल कश्मीर के इतिहास में खो गया। उसके बाद तीसरे गोनन्द का राज और उन्हीं के वंश का शासन और हजार साल तक चला। फिर नये आए प्रतापादित्य और उन्होंने आर्यराज्य का अन्त किया। इसमें लगभग दो सौ साल लग गए। उसके बाद राजा मेघवाहन से लेकर बलादित्य—छह सौ साल की कहानी। उसके बाद आई कर्कट वंश की राजगोष्ठी। दुर्लभवर्धन, द्वितीय प्रतापादित्य, चन्द्रपीड़ वज्रादित्य, तारापीड़ उदयादित्य, मुक्तापीड़ ललितादित्य, जयपीड़ विनयादित्य, ललितपीड़, अजितपीड़, अनंगपीड़ और उत्पलपीड़—इनमें कोई ढाई सौ साल का अरसा निकल गया। ये ऐतिहासिक युग के राजवंश थे,

जिन पर बहुतों ने आलोचना की है। लेकिन इनकी आलोचना सबसे पहले आई कवि कल्हण की 'राजतरंगिणी' में—वह बारहवीं शताब्दी की रचना है। वास्तव में कश्मीर का पूरा इतिहास पहले-पहल उन्होंने ही कहने की चेष्टा की। उसके बाद आए विल्हन, जोनाराज, श्रीवर, प्रज्ञाभट्ट आदि दूसरे अनेक लोग। पाँच हजार साल के अन्तिम पाँच सौ वर्षों में आया पठान, मुगल, सिक्ख, डोगरा, अँगरेजों का इतिहास।

'सुखी उपत्यका' कश्मीर पहले दो हिस्सों में बँटा था। उत्तर में था क्रमराज्य या 'कामराज' और दक्षिण में माधवराज्य या 'माराज'। मोटा-मोटी दो हजार वर्ग-मील। कभी जो चौकोना झील थी, पानी निकाल देने के बाद वह बहुत बड़ी समतल सुथरी उपत्यका बन गई। यह विशाल उपत्यका वितस्ता (ग्रीक वेदास्पेस) की उपजाऊ मिट्टी से बनी है। वही मिट्टी आदिकाल से आज तक तह-की-तह जमती आई है और जमते-जमते उपत्यका की ऊँचाई समुद्रतल से 5,200 फीट हो गई है। वितस्ता की उस माटी का पानी ऊलर झील में जमा होता है और उसकी तल-समता भी तिल-तिल बढ़कर ऊँची हो रही है। प्रकृति का यह नियम अटूट चल रहा है। इसका नतीजा यह हुआ है कि सारी उपत्यका भूमि कोमल, हरियाली-भरी हो उठी है और उसकी कमनीयता हर कश्मीरी के स्वभाव में जुड़ गई है। इसके फूल, फल, फसल—सारी दुनिया में प्रसिद्ध हैं। भारत का कोई राज्य, कोई इलाका कश्मीर जितना उपजाऊ और समृद्ध नहीं है। प्रान्तरों में रंग-बिरंग के फूलों की बहार। एक ही टहनी में सतरंगे फूलों की शोभा कश्मीर के अलावा और कहीं देखने को मिलती है या नहीं, सोचना पड़ता है। सेब, अनार, अंगूर, रोजबेरी, रास्पबेरी, पीयर, एप्रिकट—ये जाने हुए फल हैं। मगर जुलाई के अन्त में श्रीनगर के बाजारों में अनगिनत अजाने फलों का मौसम देखकर ठिठक जाना पड़ता है। खेतों में वाहियात झाड़ियाँ कम होती हैं। मगर धान की एक बाली से लिपटकर जब रंगीन फूल की कोई लता फैल जाती है तो देखकर राही के कदम भूल कर ही बैठते हैं।

वितस्ता भारत की गंगा-यमुना-गोदावरी-सरस्वती के समान है। कश्मीरियों के लिए यह देवी और जननी 'वेदस्ता' (वितस्ता का एक नाम) है। यह वितस्ता 'नीलनाग' से निकली है, जिसका दूसरा नाम 'वेरनाग' है। प्रसंगवश यह बता दें, 'नाग' शब्द का अर्थ साँप है, पर कश्मीर का हर झरना साँप के आकार का होने के नाते 'नाग' कहलाता है। जैसे—कोकरनाग, अनन्तनाग आदि। कश्मीर के मुसलमानों का विश्वास है कि हर झरने से नाग देवता का सम्बन्ध है, इसीलिए श्रद्धा से वे इनकी पूजा भी करते हैं।

'The belief in Nagas is fully alive aslo in the Muhamdan population of the valley, which in many places has not ceased to pay a kind of superstitious respect and ill disguised worship to these deities.'—M.A. Stein. 1900

वितस्ता का मूल उत्स पीरपंजाल पहाड़ के नीचे नीलनाग की गुफा में है। 1627 में जहाँगीर ने नीलनाग की गोद में एक अठकोने चौतरे का निर्माण कराया—उसी में से नीलनाग का पानी बाहर निकलता है। नीलनाग मुनि काश्यप के पुत्र हैं—यहाँ यही कहा जाता है। वे 'वेरनाग' में रहे थे, जो मुगलकाल में शाहाबाद परगने में शामिल हो गया। किंवदन्ती है कि इस नीलनाग के निकट भगवान विष्णु ने अपने हल का फाल गिराया था और उसी से 'सतीसायर' के पानी को नहर काटकर निकाला गया। उसके बाद महादेव के त्रिशूल के आघात से वितस्ता-रूपी देवी पार्वती का आविर्भाव हुआ। जह्नु मुनि की कन्या जाह्नवी की जन्मकथा भी इसी प्रकार की है। अस्तु, इस वेरीनाग में ही कश्मीर के तीन प्रधान तीर्थ स्थित हैं—नीलकुंड, वितस्ता और शीलघाट। यहाँ की क्रोड़गुफा से वितस्ता की जो धारा बहती है, उसके सिवा भी उसके चारों ओर छाते के आकार में जो पानी छिटकता रहता है, उसे कहते हैं—'विनस्तत्रा'! वितस्ता का मूल उत्स वही है।

इस नीलनाग से ही कश्मीर के सबसे अच्छे पुराण का जन्म हुआ। उसका नाम है—'नीलमत पुराण'। इसमें विभिन्न नामों का वर्णन है और अलग-अलग माहात्म्य में वे वर्णित हैं। अबुल फजल, अलबरूनी, वुहलर, बोर्नियेर, ट्राएर, और खास करके कश्मीरी पंडित गोविन्द कौल ने इन सबकी भरपूर आलोचना की है। 'राजतरंगिणी' के रचयिता कवि कल्हण ने कश्मीर के इतिहास का पहला सूत्र इसी नीलमत पुराण में पाया। बहुत सम्भव है, यह पुराण शारदा लिपि और शारदी भाषा में पहली बार रचा गया। लेकिन उसकी सन्-तारीख किसी को मालूम नहीं। बाद में सम्भवत: नागरी-लिपि और संस्कृत भाषा में इसका रूपान्तर हुआ। इस लिपि में पहले चूँकि देवी-देवताओं की कथाएँ लिखी गईं, इसलिए यह देवनागरी के नाम से प्रसिद्ध हुई। अपनी मौलिकता और निजस्वता के गुण से इस्लाम संस्कृति ने जिस प्रकार भारत में अपना स्थान बना लिया है, कश्मीर में वैसा नहीं हुआ। कश्मीर में आज मुसलमानों की संख्या ज्यादा है, परन्तु वह संख्या ही है, महज संज्ञा का रूपान्तर। उस पर राजनीतिक खिंच-खिंच चल सकती है। इस्लामी संस्कृति कश्मीर की चिरकालीन पौराणिक संस्कृति में खो गई है। कश्मीर में मुसलमानों की अपनी आनुष्ठानिक क्रिया नाम की कोई

चीज नहीं है। बहुत जगह कश्मीरी मुसलमान औरतों के चेहरे पर बुरका होता है, जो कश्मीरियों की निगाहों के सामने खुला रहता है। आज कश्मीरी बोली और फारसी लिपि चल रही है—लेकिन संस्कृत शब्दों से वह भरी होती है। भारत की भाषा, खान-पान, व्यवहार, पोशाक, सामाजिक रीति-रिवाज, साहित्य और शिल्प में मुस्लिम सभ्यता का प्रभाव स्पष्ट है। पंजाब, राजस्थान, उत्तर और मध्य प्रदेश, गुजरात—व्यवहार, आचार, पोशाक, साहित्य और शिल्प में मुस्लिमपंथी हैं। हिन्दी या पंजाबी भाषा बहुत चलाने के लिए जो अखबारों में विवाद उठाते हैं—उनकी भाषा बहुत क्षेत्रों में उर्दू और लिपि अरबी है। लेकिन कश्मीर में इसका उलटा है। प्राचीन हिन्दू संस्कृति ने यहाँ मुस्लिम प्रभाव को पचा लिया है। पठान-युग से मुगलजमाने तक कश्मीरियों का धर्मांतर जरूर होता रहा, लेकिन पुरानी आर्य-सभ्यता की मूल नीतियाँ उनके स्वभाव से घुल-मिल गई हैं। आर्य-सभ्यता के प्रतीक सम्राट ललितादित्य के एक मंत्री थे—उनका नाम 'चनकुन' था। जाति के वे तुक्षर थे और उनका निवास तुरुक्षदेश (आधुनिक तुरस्क) था। इन्होंने सम्राट से एक बार एक जिन मूर्ति (बुद्धमूर्ति) के लिए प्रार्थना की थी। ललितादित्य ने उनकी प्रार्थना सुनकर मगधदेश से हाथी की पीठ पर उनके लिए एक विशाल बुद्धमूर्ति मँगवा दी। यह मूर्ति बारहवीं सदी के बीच तक श्रीनगर के पास 'चुनकुन विहार' में थी। मूर्ति का नाम था—'वृहद्बुद्ध'। बौद्ध-जगत में सोने की ऐसी विशाल मूर्ति किसी भी युग में प्रतिष्ठित नहीं हुई।

इस उदार सभ्यता से आज भी कश्मीरी बिलकुल अलग नहीं हुए हैं।

भारत के विशाल समतल में एक से दूसरे युग में विभिन्न सभ्यता और संस्कृतियों का सम्मिश्रण हुआ है। किन्तु चारों ओर की रुकावटों से कश्मीर अपने-आपमें सीमित रहता आया। मार खाकर उसकी पीठ पिचक गई, उसकी उपत्यका लहू में नहा गई, लुटेरों के हाथों वे बार-बार लूटे गए—जुल्मों से ऊबकर मुँह सिये रोया किए, अपमान से औंधे मुँह गिरे रहे, दाना-पानी की कमी से हजारों की तादाद में वे मरे। लेकिन आर्य जाति का वेदमंत्र, बौद्धों का अहिंसावाद, हिन्दू संस्कृति की मूलनीति से अलग नहीं हुए। किसी कश्मीरी ने आज तक तलवार नहीं उठाई, हिंसा को नहीं अपनाया, धर्म के लिए धर्मांध होकर लड़ाई नहीं लड़ी, अनाचार के खिलाफ क्रान्ति का झंडा नहीं उठाया! 5 हजार साल से जाने कहाँ वह एक निगूढ़ नैतिक और आत्मिक शक्ति को पकड़े हुए हैं—हजारों अपमान में भी वह चिराग बुझा नहीं! वह कायर, बुझा-बुझा और निस्तेज है—लेकिन उसका सहजात पांडित्य, उसका मानवतावाद, उसका विद्वेषहीन स्वभाव और मनुष्यताबोध का आदर्श—इन गुणों ने उसे एक

अनोखी निजस्वता दी है। वहाँ वह हिन्दू या मुसलमान—कुछ भी नहीं; सिक्ख शासन का उस पर कोई प्रभाव नहीं, डोगरा या अँगरेज उसे छू भी नहीं सके और पठान, तुर्क या ईरानियों की मार को उसने मन में ही नहीं रखा। वह अपने पुराण, अपनी विद्या, अपनी गूढ़ भावना और सहज वैराग्य में चला गया। भारत के प्रत्येक राज्य से यहीं कश्मीर का बहुत बड़ा भेद है।

परन्तु यह भेद सिर्फ एक ही युग की कोशिशों से सम्भव नहीं हुआ है। गौतम बुद्ध के समय से ईसा के पाँच सौ साल बाद तक के अरसे में जो लोग एक-एक करके कश्मीर आए हैं—अशोक, कणिष्क, हुविष्क, गान्धार की कुशल राजगोष्ठी—ये ईसा की दूसरी सदी तक कश्मीर समेत सारा उत्तर और पामीर के उस पार कासगढ़ तथा यारकन्द और मंगोलिया की पूर्वी सीमा तक के विशाल भूभाग को अपने कब्जे में ले आए थे। वह परराष्ट्र विजय नहीं थी, अपनी सीमा का विस्तार भी नहीं था—वह था सांस्कृतिक दायित्व के वचन का पालन करना। सिनकियांग या तकला मकान मरुभूमि के इलाके में भारत का कोई विजय-स्तम्भ नहीं खड़ा हुआ, कायम हुआ था सिर्फ बौद्ध-संस्कृति-चर्चा का एक-एक केन्द्र। वहाँ न तो एक तलवार थी, न अपने बचाव के लिए कोई हथियार ही था—थे सिर्फ भिक्षुओं के भिक्षापात्र! उन्हीं संघमित्रों के पास घुटने टेककर तुक्षर, मंगोल, हान्स (वर्तमान चीनी), तिब्बती तथा और भी अनेक जाति के लोग आकर बैठे। मसार ताग, दनदन किलिक, माइपो, एन्देरे आदि तकलामकान के मठों के खँडहर आज भी इसी की गवाही देते हैं।

ऐतिहासिक काल के इन हजार सालों में अशोक, जलौक आदि आए। हुस्क, युस्क, कणिष्क—ये तुरुक्ष या तुर्क जाति से आए। आकर एक-एक जनपद में अपने-अपने चिह्न छोड़ गए। उन्होंने बौद्ध मठ, चैत्यविहार बनवाए। श्रीनगर भारत-सम्राट अशोक की ही कीर्ति है।

इस बीच विभिन्न समयों में विभिन्न राजा आए। नरजार, सिद्ध, उत्पलाक्ष, हिरण्याक्ष, हिरण्यकुल, वसुकुल, मिहिरकुल आदि-आदि। ये श्वेत हूणवंशीय थे। तोरमान और मिहिरकुल का नाम इतिहास में बड़ा बदनाम है। कश्मीर के इतिहास में ऐसा जुल्मी और बेरहम राजा दूसरा नहीं हुआ। कहा जाता है, एक दिन उन्होंने अपनी रानी की चोली में गौतम बुद्ध के स्वर्ण पदचिह्न को देखकर यह पता किया कि यह वस्त्र सिंहल में बना है। नतीजा यह हुआ कि वे जल-भुन उठे और सिंहल पर आक्रमण करने के लिए निकल पड़े। सिंहल और दूसरे कुछ राज्यों को हराकर लौटते समय पीरपंजाल के पास एक पहाड़ की चोटी से गिरकर उनका एक हाथी चिंघाड़ने लगा। उन्हें इससे बड़ा मजा आया

और फिर उनके हुक्म से एक-एक करके एक सौ हाथियों को पहाड़ की ऊँची चोटी से ढकेल दिया गया! पीरपंजाल के अन्तर्गत उस शिखर का नाम पड़ा 'हस्तीभंज'। हस्तीभंज के आसपास यह कहानी अभी भी कही जाती है। राजा मिहिरकुल अपने विलास-भवन के चारों ओर औरत-मर्द, बच्चे-बूढ़े की लाशों का ढेर लगवाना पसन्द करते थे! वे बौद्धों के दुश्मन और शिव के भक्त थे। श्रीनगर में 'मिहिरेश्वर शिवमन्दिर' और निकट का मिहिरपुर उन्हीं की कीर्ति है। मिहिरकुल ने 70 वर्षों तक कश्मीर पर शासन किया। बुढ़ापे में उनके बदन पर बहुतेरे जहरीले जख्म हो गए। शायद उसी की पीड़ा से वे आग में कूदकर जल मरे। किंवदन्ती है कि उनके मरने के बाद कश्मीरियों ने एक आकाशवाणी में सुना : 'तीन करोड़ आदमियों की जान लेने के बावजूद मिहिरकुल की आत्मा की परलोक में सद्गति हुई, क्योंकि उन्होंने अपने शरीर पर भी रहम नहीं किया!'

छठी सदी में प्रवरसेन आए। उन्होंने श्रीनगर का पुराना नाम बदलकर 'प्रवरपुर' रखा। श्रीनगर का उस समय एक और नाम था—'पुराणधिष्ठान'। वही आज का 'पोंड्रोत्थान' है। यह श्रीनगर से तीन मील उत्तर पर्यटकों के लिए एक बड़ा ही मनोरम स्थान है। प्रवरसेन का राजत्व कश्मीर में बड़े गौरव का रहा।

कर्कट वंश का शासन सातवीं सदी के बीच में आरम्भ हुआ। इसी शताब्दी से कश्मीर का इतिहास ज्यादा स्पष्ट होने लगा। ये ब्राह्मण सम्प्रदाय के थे—आदित्य-गोष्ठी। इनके मूल पिता-माता प्रज्ञादित्य और अनंगलेखा थीं। इन्हीं के चौथे पौत्र मुक्तापीड़ ललितादित्य हुए। ये आठवीं शती में 36 वर्षों तक कश्मीर में राजत्व करते रहे। ये दिग्विजयी और कश्मीर में एक नई सभ्यता के प्रवर्तक थे। इन्होंने अनेक नये-नये जनपद बसाए, जिनमें परिहासपुर, ललितपुर और पर्णोत्स (आधुनिक पुंच) प्रधान हैं। ये हिन्दू सभ्यता के स्तावक, खयाली और मदमत्त विराट व्यक्ति थे। कहा जाता है, जब वे सुदूर उत्तर-पूर्व भारत को जीतने के लिए निकले तो उस समय के स्त्रीराज्य (मणिपुर?) पहुँचकर देखा, हाथियों पर सवार नारियों की एक विशाल सेना उनसे भिड़ने को तैयार है! किन्तु हर नारी-सैनिक के स्तन खुले देखकर सम्राट को वहीं ठिठक जाना पड़ा! उन्हें देखकर नारी-सेना की परिचालिका-स्त्रीराज्य की रानी—काँपने लगी थीं। आतंक से या प्रणय-रोमांच से, ठीक-ठीक समझा नहीं जा सका।

('By Showing their high breasts, and on seeing the emotion shown by the queen of 'strirajya' in his presence by trembling and otherwise, no one could decide wheather it were terror or love-desire.'--Rajtarangini.)

लेकिन जिस कारण से भी हो, सम्राट ने उस नारी-सेना से लड़ाई नहीं की, क्योंकि राज्य के पुरुषगण उन्हें देखकर जंगल-गुफाओं में जा छिपे। सम्राट केवल धन-रत्न बटोरकर लौट आए थे। परन्तु लौटने से पहले उस स्त्रीराज्य में वे नरहरि श्रीविष्णु की धातु की एक मूर्ति को चुम्बक के सहारे इस तरह से शून्य में झुला आए कि वह ऊपर-नीचे समान आकर्षण-विकर्षण से झूलती ही रहे!

सम्राट ललितादित्य बड़े मद्यप, घमंडी, अहंकारी और मनमानी करनेवाले थे। लेकिन दूसरी ओर वे उदार, दयालु, सहृदय और निष्ठावान ब्राह्मण थे। जिस प्रकार उन्होंने बौद्ध विहार और स्तूपों का निर्माण कराया, उसी प्रकार मूर्ति, मन्दिर और स्थापत्य के लिए भी बहुत प्रोत्साहित किया। मार्तंड शहर में आज भी उनकी अशेष कीर्तियाँ मौजूद हैं। उनके बनाए अगणित मन्दिरों में परिहासकेशव, मुक्तस्वामी, सूर्यनारायण या मार्तंड, भूतेश, ज्येष्ठरुद्र, चक्रधर, राजविहार, मुक्तविहार, लोक-पुण्य, महावराह, मुक्तकेशव, गोवर्धनधर, बृहद्बुद्ध आदि प्रसिद्ध हैं। उनकी रानी कमलावती ने 'कमलहट्ट' नाम के एक जनपद का निर्माण करके वहाँ 'कमलकेशव' की विशाल चाँदी की मूर्ति प्रतिष्ठित की। उनके मंत्रियों में हिन्दू, बौद्ध और तुक्षर सम्प्रदाय के लोग भी थे। बाद में वही तुक्षरमंत्री चनकुन सम्राट के प्रधानमंत्री बने।

सम्राट ललितादित्य के बारे में बहुत-सी कहानियाँ प्रचलित हैं। एक बार वे परिहासपुर के रक्षिता-भवन में स्त्रियों से घिरी अवस्था में नशे में चूर होकर बोले : 'प्रवरसेन का प्रवरपुर यदि मेरे परिहासपुर-जैसा सुन्दर बन पड़ा हो, तो उसे इसी समय जलाकर राख कर दो, जाओ।'

अँधेरी रात में काँपते-काँपते मंत्रियों ने जाकर नशे में चूर राजा की आँखों के सामने दूर नगरी में आग लगा दी और सम्राट ने ईर्ष्या-भरे उल्लास से वह अगलगी देखी!

दूसरे दिन जब नशा टूटा तो उन्हें ऐसा अफसोस हुआ कि पूछिए मत! इतने छोटे हैं वे? ऐसे अमानुष?

काँपते हुए मंत्रिगण फिर सामने आकर खड़े हुए। उन्होंने सम्राट को उस तरह अफसोस करते देखा। यह देखकर मंत्रियों ने हँसते हुए कहा : 'महाराज, आप अफसोस न करें। कल आपकी जो हालत थी, उसे समझते हुए हमने घास-फूस की ढेरी में आग लगाई थी!'

'आप लोगों ने हमें बचा लिया!' सम्राट ने कहा : 'शराब के नशे में कभी अगर मैं इस तरह का हुक्म दूँ, तो उसका हरगिज मत पालन कीजिए!'

ललितादित्य की मृत्यु के बाद लगभग सौ साल तक कर्कटगोष्ठी ने राज

किया था। लेकिन नीच जाति की कुछ गिरे चरित्रवाली स्त्रियों से सम्राट को जो कुछ सन्तानें हुईं, वे भी बाद में शासन की बागडोर सँभालकर और नीचे गिर गए। खैर, कर्कट-वंश के बाद उत्पल-वंश के राजे आए। नवीं शताब्दी के अन्तिम ओर अवन्तीवर्मन का राज गौरव का रहा। उनके समय में कश्मीर का सुख और समृद्धि बढ़ी। ये उत्पल राजा के पौत्र थे। ये गरीब गृहस्थ रहे थे। लेकिन अपनी प्रतिभा के बल पर अवन्तीवर्मन जनता के प्रिय हुए। कश्मीर का 'दामार' सम्प्रदाय बड़ा जबर्दस्त और धनी जमींदारों का था। इनकी साजिशों, मनमानी और संगठित हिंस्रता से राजशक्ति का चढ़ाव-उतार होता था। न्याय-नीति से इन्हें कोई नाता न था और गरीब रियाया को सताने में ये सिद्धहस्त थे। कश्मीरी ब्राह्मणों का एक वर्ग उन लोगों का मददगार था। मंत्रियों को घूस देकर वे वश में रखा करते थे। यही 'दामार' दल अवन्तीवर्मन के खिलाफ खड़ा हुआ। लेकिन अवन्तीवर्मन उन्हें काबू में ले आने में समर्थ हुए। सारी विरोधी शक्तियाँ उनके आगे हार गईं। उन्होंने 28 वर्षों तक राज किया। उनके मंत्री सूरादित्य ने कश्मीर के विद्वानों, कवियों, शिल्पियों, दार्शनिकों और कलाकारों को बहुत सम्मानित किया। अवन्तीवर्मन के समय में उनके पूर्तविद 'श्रीयूर्ष' ने पहाड़ काटकर वितस्ता के पानी को निकाला (वर्तमान सोपोर)। अवन्तीवर्मन की मृत्यु के बाद उनके बेटे-पोते के समय में कश्मीर में फिर बेहद अराजकता फैल गई। बाद के दो सौ वर्षों के कश्मीर के इतिहास में मानवता पर सिर्फ अन्याय, अनाचार, राजनीतिक हत्या, फाँसी, विष-प्रयोग, षड्यंत्रकारी मंत्रियों की साजिश, चाटुकार फौजी अधिकारियों की जालसाजी तथा गिरे हुए घिनौने समाज के नर-नारियों द्वारा गद्दी दखल—इसके सिवाय और कुछ नहीं है। ये रानी-राजा जैसे परमुखापेक्षी स्वाँग या भाँड़-जैसे मौज-मजे में समय बिताते थे! (Political History of Kashmir : R.C. Kak.)

दसवीं-ग्यारहवीं सदी का कश्मीर अन्धकार और अत्याचार में डूबा हुआ था। इसी बीच हर्षराज आए, उनके भतीजे सुश्यल और उच्छल आए। उन्हीं लोगों के समय में कश्मीर में एक बार विद्रोह भड़का और उस विद्रोह में पंडित, पुरोहित, सेना, राजकुमार, खेत-मजदूरों ने एक साथ मिलकर महल पर हमला किया, आग लगाकर रानियों को जिन्दा जला दिया, युवराज को काटकर टुकड़े-टुकड़े किया और भागे हुए राजा को एक गरीब भिखमंगे के घर से पकड़ लाकर सबके सामने बलिदान किया। इस प्रकार पहले 'लोहार' राजगोष्ठी का अन्त हुआ।

उसके बाद सुश्यल और उच्छल—इन दोनों राजाओं को कत्ल किया गया (1101-28)। सुश्यल के पुत्र जयसिंह राजा हुए। वे तीव्र बुद्धि के तथा

कूटनीतिक थे। लेकिन उन्हें 17 वर्षों तक दामारों से विवाद करना पड़ा। वे 27 वर्षों तक राज करके चल बसे और इसके बाद कश्मीर में फिर भयंकर अँधेरा-युग लौट आया।

इस बीच दसवीं सदी के राजा लोहार-वंश के सिंहराज ने अपनी बेटी दिद्दा की शादी राजा प्रभगुप्त के बेटे क्षेमगुप्त से कर दी। उस समय से क्षेमगुप्त का नाम 'दिद्दाक्षेम' हो गया। क्षेमगुप्त के बाद उनका नाबालिग लड़का अभिमन्यु राजा हुआ और उसकी माँ दिद्दा उसकी अभिभाविका बनीं। दिद्दा थीं तो कड़ी पर उनके शयनकक्ष में राजपुरुषगण बेरोक प्रवेश करते थे। अभिमन्यु का राजत्वकाल मात्र 14 साल का था। मगर साजिश, जालसाजी, विद्वेष, ईर्ष्या, होड़—इनसे प्रशासन कमजोर पड़ता गया। रानी दिद्दा ने बड़ी कड़ाई के साथ इन दोषों का दमन किया और प्रधानमंत्री नरवाहन के सहयोग से शासन को ठीक किया। लेकिन आगे चलकर जालसाजों की साजिश से नरवाहन से वह रुष्ट हो गईं। एक ओर उनकी ऐसी कठोर व्यवस्था और दूसरी ओर उनके रूप के लोलुप अनेक राजपुरुष—इन दो बातों के मेल से राजा अभिमन्यु का राजत्वकाल नाटकीय हो उठा। अपने को अपमानित समझकर नरवाहन ने आत्महत्या कर ली। इसी समय विभिन्न कारणों से रानी दिद्दा दामारों से भय और सन्देह करती रहीं। लेकिन दुर्भाग्य यह था कि उनका नैतिक चरित्र बड़ा गिरा हुआ था। वे एक प्रकार से अनन्तयौवना और वास्तविक रूपवती थीं। परन्तु जरूरत पड़ने पर वे प्रेमी, शुभेच्छु और सगे-मित्र का भी विनाश करने में नहीं हिचकती थीं। एक बार जब उन्होंने कोई उपाय नहीं देखा, तो अपने एक भगाए हुए प्रेमी को फिर से बुलवाया। वह वीर और योद्धा था। नाम था फाल्गुन। प्रथम पुरस्कार के तौर पर रानी उसे लेकर शयनकक्ष में दाखिल हुईं।

वयस्क और विवाहित युवक राजा अभिमन्यु अपनी माता के ऐसे गिरे आचरण को देखते-देखते यक्ष्मा का शिकार हुआ और उसी रोग से उसकी मृत्यु हुई। उसकी मृत्यु के बाद उसके तीन शिशु-पुत्रों में बड़ा नन्दीगुप्त राजा बना। पुत्रशोक से कातर दिद्दा ने धरम-करम में चित्त लगाया। अनाचार छोड़कर अपने संचित धन से उन्होंने प्रजा का कल्याण-कार्य करना शुरू किया। 'भुज्य' नाम के एक धार्मिक व्यक्ति के सहयोग से उन्होंने 'अभिमन्युपुर' जनपद बसाया और 'अभिमन्युस्वामी' विष्णुमन्दिर की प्रतिष्ठा की। उसके बाद उन्हीं के किए एक-एक करके 'दिद्दास्वामी', दिद्दापुर, कंकनपुर आदि जनपद और मन्दिर बनते रहे। उनका नाम 'कंकनवर्षा' हो गया! उन्होंने वितस्ता-सिन्धु के संगम पर मठ, चैत्य, विहार और 'विष्णुमूर्ति' की स्थापना की। कश्मीर की यह इतिहासप्रसिद्ध

स्त्री आखिर कुल 64 अध्यात्म-केन्द्र और जनपद की प्रतिष्ठात्री हो गईं! इसके बाद उन्होंने जीर्णोद्धार में ध्यान दिया। जहाँ-जहाँ जो-जो पुरानी कीर्तियाँ जीर्ण हो गई थीं, जितने भी खँडहर-से हो गए थे, जतन से उन्होंने सबको बनवाया। इस तरह से एक साल उनका शोक-सन्ताप और विभिन्न कर्मों में कट गया।

सहसा एक दिन उस वयस्का स्त्री के मन में जवानी की उमंग उठ आई और उन्होंने महसूस किया कि उनके रतिरंग में उनके तीन शिशु-पौत्र बाधा-स्वरूप हैं! उस बाधा को रास्ते से दूर हटाने के लिए उन्होंने छिपे-छिपे डाइन-विद्या सीखी और उसमें सफल हुईं। और दादी होते हुए भी उन्होंने इस विद्या का प्रयोग अपने तीनों पोतों पर किया। अगले सात वर्षों में उन तीनों बालकों—नन्दीगुप्त, त्रिभुवन और भीमगुप्त—को मार डाला (973-80 ई.)। लेकिन अन्त यहीं नहीं हुआ। उस अजीब विद्या ने उन्हें स्थिर नहीं रहने दिया। उस विद्या से उन्होंने सौ से भी ज्यादा जानें लीं। ऐसे ही समय उनके निकट-प्रेमी फाल्गुन की मृत्यु हो गई, जिससे दिद्दा जंगली हथिनी की तरह उच्छृंखल हो उठीं। उनके हुक्म से जिस किसी वर्ग का जो कोई भी पुरुष उनकी देह-लालसा के लिए आत्मदान करने को विवश होता!

राजकाज, प्रशासन, जनसेवा और राष्ट्रनीति में दिद्दा की अनन्य प्रतिभा इतिहास द्वारा मान्य है। कश्मीर के ब्राह्मण और पंडित समाज की राजनीति 14वीं सदी तक खलता, कपटता, षड्यंत्र, घूस, चारित्रिक हीनता, शोषण और अनाचार से परिचालित होती थी। बहुत बार राजा स्वयं सत्य और धर्मपरायण हुए, पर उनके ब्राह्मण मंत्री या अमात्यों ने उनकी शासन-व्यवस्था को निष्कलुष नहीं रहने दिया। कश्मीर के इतिहास में हिन्दू राजत्व का गौरव बहुत थोड़ा है। लेकिन हिन्दू संस्कृति के साथ कश्मीर में हिन्दू चरित्र नहीं मिला। कश्मीर का साहित्य, काव्य, चित्रकला, मूर्तिकला, वास्तुकला, अध्यात्मदर्शन और लोक-प्रतिभा का जो भी श्रेष्ठ निदर्शन हो सकता है—वे निदर्शन हिन्दू संस्कृति के सदा के गौरव का परिचय देते हैं। संस्कृत भाषा और साहित्य में कश्मीर का जो अनन्य साधारण कृतित्व है, शायद भारत में कहीं भी उसका मुकाबला नहीं। मूल कश्मीर में अब तक 51 हिन्दू-तीर्थों का आविष्कार हो चुका है। उन्हीं को केन्द्र मानकर 51 पुराण या माहात्म्य रचित हुए हैं। उनमें पौराणिक अलौकिकता बहुत है। किन्तु पृथ्वी का कोई भी धर्मशास्त्र या पुराण अलौकिक कहानियों से अछूता नहीं है। गौरव की बात यह है कि उन माहात्म्यों पर संस्कृत में जो साहित्य रचे गए, उन्हें त्रिकालजयी कहें, तो अतिशयोक्ति न होगी। पहाड़ों के अवरोध में हिन्दू संस्कृति ने अपने को ऐश्वर्यमयी बनाया है, इसमें शक नहीं,

लेकिन उनसे भारतीय पुराणों का सांस्कृतिक योग अविच्छेद्य है, इस बात को इतिहास का प्रत्येक छात्र जानता है। जनसंख्या की दृष्टि से आज का कश्मीर मुसलमान-प्रधान है। वहाँ महज संख्या या हाथ उठाने के वोट के गणतंत्र से राजनीतिक सुविधा मिल सकती है। मगर इस गणतंत्र या गण-जीवन पर 5 हजार साल की वह आर्य-सभ्यता हावी है—जिसका नाम आगे चलकर हिन्दू या 'सिन्धु' संस्कृति हुआ। इस अपरिहार्य सिन्धु-संस्कृति के सर्वाधिक प्रभाव में आधुनिक पठान या पख्तून पड़े हैं—पड़े हैं विभिन्न सम्प्रदाय के मुसलमान, दम्बा, बम्वा, दार्द, हूनजा, एस्सेनी (यासेन), कश्मीरी हिन्दू, लद्दाखी बौद्ध, डोगरा, 19वीं शताब्दी का सिक्ख सम्प्रदाय आदि। जगद्दल चट्टान की तरह यह संस्कृति हजारों-हजार वर्ष से इस भूखंड पर ऐसा दबाव डाले बैठी है कि आज तक हर कश्मीरी शिक्षा, चिन्ता, कल्पना, राजनीतिक मतवाद, जीवन-प्रणाली, सामाजिक जीवन, अर्थनीतिक व्यवस्था—सब उसी के द्वारा नियंत्रित होती है। इससे उनको छुटकारा नहीं है। इस्लाम संस्कृति और मुस्लिम सभ्यता ने काम जरूर बहुत किया है। मुगलकाल में उदारता, सहनशीलता, समृद्धि, सामाजिक सुविचार आया। कश्मीर की जात बहुत हद तक बदली, धातु नहीं बदला बिलकुल। कश्मीर में पाँव रखते ही वह आर्य संस्कृति पर्यटकों को चारों ओर से आकृष्ट करती है। हर तीरथ और महातम उसे खींचता है। अँगरेज, जर्मन, फ्रांसीसी, अमरीकी यहाँ आकर हिन्दू स्थापत्यों को एक-एक करके खोजते रहे। उच्चशिक्षित मुसलमान यहाँ पंडित भी कहे जाते हैं। स्कूल-कॉलेज की पहली शिक्षा है—'सिन्धु संस्कृति'। मुसलमान या हिन्दू बालक-बालिकाओं के जीवन का पहला पाठ है—'हिन्दूशास्त्र'। कश्मीर का प्रत्येक नगर, शहर, जनपद, गाँव, पुराकीर्ति, नदी और सरोवर—किसी का भी नाम अहिन्दू नहीं है। कालक्रम से उनका रूप चाहे विकृत हुआ हो, पर मूल स्थान में वह विशुद्ध संस्कृत है। प्रत्येक वन, पर्वत, उपत्यका, घाटी, उपवन, लोकालय—आज भी हिन्दू-नाम ही ढो रहा है। सम्राट अकबर का उतना सुन्दर जो पहाड़ी किला है या तख्ते सुलेमान की चोटी—ये दोनों ही कश्मीरी मुसलमानों के लिए 'हरिपर्वत' और 'शंकराचारिया' हैं। सबसे खुशी की बात यह है कि एक ही दीवार से लगा, एक ही उद्यान में बना और एक ही प्रांगण में प्रतिष्ठित—मुसलमान तथा हिन्दू स्थापत्य दोनों सम्प्रदायों द्वारा यत्नपूर्वक सुरक्षित हैं; बल्कि बहुत स्थानों में हिन्दू स्थापत्यों की सुरक्षा का नैतिक दायित्व मुसलमानों ने लिया है। सबसे पहले वे कश्मीरी हैं, फिर और कुछ!

रानी दिद्दा की कहानी अभी भी खत्म नहीं हुई। ऐतिहासिक कहते हैं,

राज्य-शासन और परिचालना में सुदक्ष यह प्रतिभाशालिनी रानी प्रौढ़ अवस्था तक दैहिक वासना से जर्जर रहीं। उन्हें अनन्त यौवन और रूपलावण्य था। असपत्न राज्य की एकच्छत्र रानी होकर वे अपनी देह-लालसा की जी-चाही पूर्ति के लिए अपने पौत्रों की हत्या कर बैठीं और दूसरी ओर अपने कलंक हटानेवाले अनगिनत लोगों का विनाश किया। अनगिनत लोभी कश्मीरी ब्राह्मणों को उन्होंने महज स्वर्णमुद्राओं से खरीद लिया था। दिन-रात वे भोग-विलास में डूबी रहती थीं।

ऐसे ही समय में 'पर्णोत्स' (पुंच) से पाँच भाइयों का एक भैंस-पालक दल आया और उसने दरबार में चिट्ठी बाँटने का काम लिया। लेकिन परराष्ट्र कार्यालय में जिस आदमी ने नौकरी ली, उसका नाम था 'तुंग'। तुंग को देखते ही रानी दिद्दा उसके प्रेम में पड़ गईं। और, अपने अनेक प्रेमियों के होते हुए भी दूत भेजकर तुंग को बुलवाया। इस घटना से उनके घनिष्ठ प्रेमी 'भूज्य' नाराज हुए। रानी दिद्दा ने जहर खिलाकर भूज्य को मार डाला। उसके बाद प्रेमातुर रानी ने उस भैंस-पालक को अपने प्रधानमंत्री (सर्वाधिकार) के पद पर नियुक्त किया। फलस्वरूप दूसरे हटाए हुए मंत्री और राजपुरुषों ने बगावत कराने की कोशिश की और दिद्दा के भतीजे कुमार विग्रहराज को नेतृत्व की बागडोर दी। उनके उभाड़े राज्य के ब्राह्मणों ने अनशन आरम्भ कर दिया और गुप्त हत्यारे 'तुंग' के फिराक में घूमने लगे। रानी ने तुंग को महल के एक बन्द कमरे में छिपा रखा। उन्हें कश्मीर के ब्राह्मण-स्वभाव का पता था। उपवासी ब्राह्मणों में से उनके नेता सुमनमन्तक को बुलाकर रानी ने उन्हें साष्टांग प्रणाम किया और स्वर्णमुद्रा की प्रणामी दी। नतीजा यह हुआ कि उपवास भंग करके ब्राह्मण लोग चल दिये और रानी दिद्दा ने समय पर विग्रहराज को भगा दिया। तुंग के तुंग पर अब बृहस्पति आ गए! वे दुगुने शक्तिशाली हो उठे और जिन्होंने बगावत का झंडा उठाया था, सबको फाँसी पर लटका दिया।

अपनी दिव्य दृष्टि से रानी ने सम्भवत: भैंस-पालक तुंग में एक प्रबल प्रतापी राज्यपाल का आविष्कार किया था। बिजली जैसे लोहे के जड़ चक्र को चलाती है, रानी ने वैसे ही तुंग में एक अपराजेय प्राण-शक्ति का संचालन किया था। राज्य के सभी विद्रोह, असन्तोष और अशान्ति को तुंग ने सख्ती के साथ दबाया। घूस और सुविधाएँ पाकर ब्राह्मण लोग वशीभूत हुए। विग्रहराज के संगी-साथियों में कोई तो भाग गए और किन्हीं को मौत के घाट उतारा गया। सुमनमन्तक आदि प्रमुख ब्राह्मण, जिन्होंने रानी को ठगकर सोने की मुद्राएँ ली थीं, जेल भेज दिये गए। इसी समय राजापुरी (वर्तमान राजौरी) के राजा पृथ्वीपाल ने कश्मीर

पर हमला किया, लेकिन चालाक तुंग ने अपनी जमात के साथ दूसरे रास्ते से जाकर राजौरी पर हमला किया और आग लगाकर सारे नगर को खाक कर दिया। अपनी हार मानकर पृथ्वीपाल आत्मसमर्पण करने को मजबूर हुए और तुंग को क्षतिपूर्ति दी। इसके बाद तुंग कश्मीर के प्रधान सेनापति नियुक्त हुए और देश के शत्रु दामारों पर सिंह की तरह झपटे। दामारगोष्ठी की उन्होंने हत्या कर दी। वे राज्य में शान्ति, शृंखला, सुव्यवस्था और घूसरहित शासन-व्यवस्था को चलाने में समर्थ हुए। रानी दिद्दा के सैकड़ों प्रेमियों में भैंस-पालक दानवाकृति और खूबसूरत तुंग सबसे प्रिय जरूर हो उठे मगर मौके पर रानी के दूसरे-दूसरे प्रेमी भी वंचित नहीं रहते थे। बेटे और पोतों की मृत्यु के बाद भी दिद्दा ने 22 वर्षों तक अप्रतिहत प्रभाव से राज किया था।

अपने सगे भाई उदयराज के दूसरे पुत्र संग्रामराज को रानी ने युवराज के पद पर अभिषिक्त किया। राजा होने के बाद युवराज 25 वर्षों तक प्रबल पराक्रम से कश्मीर पर राज करते रहे (1003-28)।

रानी दिद्दा की मृत्यु सन् 1003 के भादों की शुक्ला अष्टमी के दिन हुई। यह तिथि कश्मीर में बहुत प्रसिद्ध है, क्योंकि यह प्रवाद है कि इसी पुण्यतिथि को देवी शारदा-सरस्वती शारदा-तीर्थ मन्दिर में जाग्रत हुईं और इसी तिथि को गंगाबलतीर्थ (13,000 फीट) में देवी जाह्नवी तीर्थयात्रियों में से बहुतों के सामने प्रत्यक्ष हुईं!

दुराचार और दुष्कर्म का आधार रानी दिद्दा कश्मीर के इतिहास में एक बहुत बड़ा आश्चर्य हैं। उनके प्रजापालन की प्रतिभा, संगठन-शक्ति, प्रशासन-व्यवस्था, लोक-कल्याण कार्य के साथ-साथ एक बदचलन, दुर्नीतिपरायण, यौन-सरीसृप और अनोखे स्वभाव की नारी जुड़ी हुई है।

हिन्दू कश्मीर का अन्तिम अध्याय

कश्मीर की सर्वांगीण हिन्दू संस्कृति और हिन्दुओं का राजत्व—दोनों एक चीज नहीं हैं। दुर्गम पर्वतमालाओं के घेरों से घिरी हिन्दू संस्कृति सैकड़ों साल में यहाँ जैसे एक कालजयी इतिहास की रचना करती आई है, उसके ठीक विपरीत यहाँ के राजत्व की कलंक कहानी है।

भारतीय हिन्दू और कश्मीरी ब्राह्मण—इन दोनों में बड़ा भेद है। सामाजिक समन्वय के जरिये भारतीय हिन्दू संस्कृति ने सभी वर्णों और सम्प्रदाय में अपने को जैसे फैलाया है, वह कश्मीर भूखंड में सम्भव नहीं हुआ। प्रयोजन के समय भारत में ब्राह्मण, क्षत्रिय, वैश्य, शूद्र, चांडाल—ये सभी मेले में, पर्व-त्योहार में और विभिन्न सामाजिक सम्मेलनों में मिलते रहे हैं। भारत में सबको मिलाकर ही हिन्दू जाति है। कश्मीर में ऐसा नहीं हुआ। मध्य युग के अन्त तक कश्मीर में दो जातियाँ थीं।

ब्राह्मण और वर्णसंकर यानी जो जातिच्युत थे—इनसे बाहर जो थे, वे आदिवासी और पहाड़ी सम्प्रदाय के थे। उनमें जाति-निर्णय था। जैसे दार्द या दारद। ये प्राचीन आर्य से निकले, जो आर्य आज भी एस्सेनी और चित्रालियों में बिखरे हैं, जिनका उपनिवेश आज भी काराकोरम और हिन्दूकुश के अन्तर्गत काफिरिस्तान में पाया जाता है। इनकी जाति आज भी निश्चित नहीं हो पाती। दार्दों में से कुछ मुस्लिम समाज में गए, कुछ बौद्ध सम्प्रदाय में। जिनकी जाति का निर्णय नहीं हो सका—जैसे बम्बा, दम्बा, चाक आदि विभिन्न पहाड़ी जातियाँ विभिन्न पहाड़ों में बिखरी थीं। इन सबको परे रखकर सिर्फ ब्राह्मण लोग कश्मीर की समतल उपत्यका पर शासन करते थे। प्राचीन काल से लेकर चौदहवीं सदी तक कश्मीर का सारा सामाजिक तथा राजनीतिक जीवन ब्राह्मणों द्वारा ही नियंत्रित होता रहा। ये कभी तो राजा हुए, कभी मंत्री और कभी राजपुरुष। इनके विधान, नियंत्रण, निर्देश, परामर्श को न मानकर किसी भी राजा के लिए राज-काज चलाना सम्भव नहीं था। यही नहीं, ब्राह्मण के सिवाय और किसी के लिए प्रवेश का रास्ता ही नहीं था। सम्राट ललितादित्य के बाद से ही मोटा-मोटी बौद्धों को वहाँ से भगाना शुरू हो गया था—और वह ब्राह्मणों की ही राय से। एक ओर हिन्दू संस्कृति की जैसी जय-जयकार थी, दूसरी ओर वैसी ही थी असहिष्णुता, रक्षणशील ब्राह्मणों का सामाजिक अनाचार, उत्पीड़न, जाति-विद्वेष, राजनीतिक षड्यंत्र और कुटिलता। हर युग में यही लोग राजमहल की साजिश, दुर्नीति, राजनीतिक हत्या और आपसी होड़ को उकसाया करते थे—ऐसा कोई काम न था, जो ये नहीं कर सकते थे। 9वीं से 14वीं सदी तक का इतिहास कश्मीर की अधोगति का इतिहास है।

रानी दिद्दा के कठोर शासनकाल में (987-1003) भूतपूर्व भैंसपालक तुंग अपनी प्रतिभा के बल से प्रधानमंत्री नियुक्त हुए थे। उनकी शासन-व्यवस्था से कश्मीर की दशा सुधरी और लाखों-लाख कश्मीरी ने सुख और उन्नति का भरोसा पाया। लेकिन ब्राह्मणों की चाल से राजा संग्रामराज का मन तुंग के

विरुद्ध विषाक्त हो उठा। फलस्वरूप पुत्र के साथ राजमहल में आमंत्रित तुंग गुप्त हत्यारे के हाथों मारे गए। वे वर्ण-विद्वेष की वेदी पर बलि हुए। कहीं राजा अयोग्य और रानी दुश्चरित्र : कहीं रानी बुद्धिमती-राजा लम्पट और विलासप्रिय। राजा जहाँ साधु रहे, वहाँ मंत्रिगण षड्यंत्र करनेवाले। इस तरह राजा हरिराज, अनन्त, कलस, उत्कर्ष और हर्ष (1003-1109) आते रहे। इस बीच आईं रानी श्रीलेखा, जयलक्ष्मी, सूर्यमती! कहीं राजा निकम्मे, कहीं रानी जारज सन्तान की जननी। कहीं राजा अपने ही पुत्र द्वारा भगाए गए, कहीं रानी महल के षड्यंत्र में लगी। और फिर रानी कहीं मन्दिर आदि बनवाने के पीछे पागल और राजा चाटुकारों और चालबाजों से घिरे। राजमहल के अन्दर इधर जब दुर्नीति, कुकर्म और दुराचार से नरक-कुंड रचा जा रहा है, तभी बाहर विष्णु और शिव की स्थापना चल रही है। राजपुरुषों के गुप्त महल में रात के अँधेरे में चोरी-छिपे परायी स्त्रियाँ आ रही हैं और इधर राजअन्त:पुर से रानियाँ, राजकुमारियाँ या राजवधुएँ अपने गुप्त वृन्दावन को जा रही हैं। और, फिर राजा भी भेस बदलकर औरतों की खोज में राजधानी के रास्तों का चक्कर काट रहे हैं :

'The king in his lust after illicit amours used to roam about from house to house during the night finding no pleasure in the embraces of is own wives.'—Rajtarangini.

दूसरी ओर अगल-बगल स्थापत्य रचना की भरमार। चारों ओर बेशुमार पहाड़, पहाड़ी नदी, उपवन, सरोवर, निकुंज वीथिका और प्रकृति के अवदानों का अनन्त ऐश्वर्य। जहाँ-तहाँ, जिस किसी नदी के किनारे, सरोवर के तट पर, छोटे-बड़े पहाड़ों की चोटियों पर, जंगल में, घाटी में—मन्दिर पर मन्दिर अथवा वेदियाँ, मूर्ति-प्रतिष्ठा, विजय-स्तम्भ—और कुछ न हो तो नाट-मन्दिर। राजकुमारी राजा की दुलारी—लिहाजा उसके नाम से बना प्रसिद्ध लतिका-मठ। जयाकर एक राजा के विदूषक थे, इसलिए उनके नाम पर बहुत बड़ा जनपद बसा—जयाकरगंज। संग्रामराज की रानी ने बेहिसाब दौलत जमा की थी—उनके नाम से मायाग्राम बसा। इसमें बहुत बार सम्पद का अभिमान होता था : राजकीय दम्भ, गर्व और आपसी होड़ होती थी। लेकिन इसी तरह से तैयार हो गया मातृगुप्तस्वामी (विष्णु), दिद्दामठ, किन्नरग्राम, मध्यमठ, चक्रधर, विजयेश्वर, नरपुर, तक्षनाग, हरेश्वर, भोगवती, हिरण्याक्ष (हिरण्य गंगा के किनारे), जयवन, जपेन्द्रविहार, त्रिपुरेश्वर, रत्नवर्धनेश, मृगंधेश, भीतिका, उत्तरमानस (गंगाबल), उल्लोल सरसर (ऊलरह्रद), भद्रापीठ आदि। इधर पिछले डेढ़ सौ बरसों में कुछ राजपूत, कुछ सिक्ख या पंजाबी, फोड़न की तरह दो-चार मराठे जाकर कश्मीर

में बस गए। परन्तु कश्मीर की हिन्दू संस्कृति प्रत्यक्ष रूप से आर्य संस्कृति का ही नामान्तर है।

शताब्दियों तक कश्मीर के इतिहास में अनाचार और कलंक की स्याही पुती हुई है। 12वीं शताब्दी के बीचोबीच राजा जयसिंह अनाचारी भूमि-अधिकारी और स्वेच्छाचारी दामार से 17 साल तक लगातार लड़ते रहकर मर गए। उसके बाद फिर दो सौ वर्षों तक कश्मीर में अन्धकार और अराजकता का युग लौट आया। 14वीं सदी के आरम्भ में अफगानों का पहला आक्रमण हुआ। पश्चिम से उनके पैरों की आहट सुनाई पड़ी। कश्मीर में प्रवेश करने के कुल 26 रास्ते थे, जिनमें सबसे प्रधान था द्वारवती। यह आधुनिक मुजफ्फराबाद के निकट है—कह चुका हूँ। उसी द्वार को तोड़कर बाढ़ के वेग से कन्दहार के राजा के प्रधान सेनापति दुलुचा जुलकादिर खाँ पिल पड़े। वह राजा शूहदेव का शासनकाल था (1300-20)। पहाड़-पर्वत पार करके वे समतल उपत्यका पर टूट पड़े। मार-मार का शोर मच गया। लूट-खसोट शुरू हो गई। आग की लपलपाती लपटों से राजधानी का आकाश लाल हो उठा। राजपथ लहू से पट गया। उन लुटेरों ने लाखों-लाख स्वर्णमुद्राएँ छीन लीं और बेहिसाब पीट-पीटकर कश्मीर की पसलियाँ तोड़ दीं। राष्ट्र में जितनी ही दुर्नीति बढ़ती है, उतनी ही बढ़ती है आत्म-दुर्बलता। बाहरी दुश्मनों के लिए यही सहूलियत होती है। कानाफूसी, षड्यंत्र, वैर, राज-कोष से चोरी, गरीब-दुखियों की उपेक्षा, राजा की मनमानी, विश्वासघातकता, खाद्य-सामग्री छिपाना, कदाचार, व्यभिचार; कश्मीर में हिन्दू-राज की दुर्दशा पर दुलुचा ने वार किया। उसके साथ ही बालतिस्तानी भोट्टा सामन्त के बेटे रिनचन का भयंकर आक्रमण! पूर्वी पहाड़ की जोषीला। घाटी की आड़ में वह अपनी फौज लिये मौके की ताक में था। एक ओर जुलकादिर और दूसरी ओर रिनचन का हमला—उपत्यका छार-छार हो गई, राजधानी जलकर राख हो गई। राजा शूहदेव को पहले ही काट डाला गया। शूहदेव के बाद मौका पाकर राजा सेनदेव आकर सिंहासन पर बैठे।

चारों ओर के महानाश के भीतर से उठ खड़े हुए राष्ट्रीयतावादी। जननेता तरुण पंडित रामचन्द्र। उन्हें सेनदेव ने अपना सेनापति बनाया। उन्होंने सारे कश्मीर को आवाज दी—उठो, जागो! हिन्दू कश्मीर हथियार सँभाले खड़ा तो हुआ, पर रिनचन ने सेनदेव के सेनापति रामचन्द्र को ही पहले मार डाला। कश्मीर का राष्ट्रीयतावाद वहीं फिर झुक गया। उधर गगनगिरि के नीचे-नीचे शाखा-सिन्धु के किनारे से सोनमर्ग पार करके 60 हजार (?) घोड़े और अस्त्र-शस्त्र लेकर दूसरे जने आने लगे—कर्मसेन। इसी बीच कश्मीर के राजा सेनदेव अपने भूतपूर्व

प्रधान सेनापति रामचन्द्र की स्त्री कोटा के साथ गिरस्ती बसा चुके थे। लेकिन कर्मसेन के हथियार और साठ हजार घोड़े की बात सुनकर वे अपनी नवपरिणिता कोटा को छोड़कर एक दिन आधी रात में भेस बदलकर सीधे तिब्बत की ओर भाग गए। लेकिन कर्मसेन की सेना लूट-पाट और आगजनी के लिए आई थी। श्रीनगर-समेत सारी उपत्यका फिर धाँय-धाँय जल उठी।

लूट-पाट मचाकर घोड़ों की पीठ पर काफी दौलत लादे कर्मसेन की सेना 'तर्बल' का दर्रा पार करके चली गई। इधर कन्दहार के जुलकादिर लौटते वक्त गाय-बैल की तरह 50 हजार ब्राह्मण स्त्री-पुरुषों को हँका ले गए! मगर संयोग से उस बार पीरपंजाल में शायद असमय में ही बेहिसाब बर्फ पड़ी। उसी में ये पचास हजार लोग दुर्गत झेलकर ठंडे हो गए! उनका कन्दहार पहुँचना सम्भव नहीं हो सका। 10वीं सदी में, रानी दिद्दा के समय में गजनी के महमूद ने कश्मीर पर हमला किया था। मगर वे कामयाब नहीं हो सके। 'असच्चरित्रा' रानी उधर प्रबल पराक्रान्ता थीं।

इस बीच कन्दहार के एक पठान पर्यटक कश्मीर आए थे। वे कश्मीर का हाल-चाल देखते फिर रहे थे। उनके पास कोई साज-सामान तो नहीं था, मगर खोपड़ी में कुछ अक्ल थी। बड़ी-बड़ी उम्मीदवारी के बाद ब्राह्मणों की कृपा से आखिर उन्हें राज सरकार में नौकरी मिल गई। इन भले आदमी का नाम था शाहमीर। ये देखने में सुन्दर, रसिक और मित्रवत्सल थे। कन्दहारी (गान्धारी) पठान और आर्यों से हुए कश्मीरी ब्राह्मण में वंश परम्परागत एक गुप्त समगोत्रीयता होने की वजह से शाहमीर को केन्द्र करके शिक्षित कश्मीरी ब्राह्मणों ने एक अड्डा जमा दिया। शाहमीर खुद भी पंडित आदमी थे और भाग्य उन पर प्रसन्न था। ब्राह्मणों की कृपा से दरबार में उनकी पदोन्नति होती रही। पारिवारिक जीवन नाम की कोई बला न थी उन्हें। लिहाजा जो तनखा मिलती, अड्डे में ही खर्च होता।

ऐसे ही समय में बौद्ध भोट्टा रिनचन से भागे हुए राजा सेनदेव की सेना हार गई। रिनचन जब गद्दी दखल करने आए तो देखा, सामने श्रीमती कोटा हैं! 'रिनचन' पहली ही नजर में मोहित हो गए। उन्हें लगा, सिर्फ ऐसे सूखे सिंहासन पर बैठने से क्या लाभ है, यदि बगल में ऐसी खूबसूरत स्त्री न बैठे? पहली ही नजर में घुटने टेककर रिनचन ने कश्मीरी सुन्दरी से कहा, 'देवी, यह सिंहासन तुम्हारा ही है, मैं सिर्फ दासानुदास हूँ!'

कश्मीर की उस भयंकर राजनीतिक दुरवस्था में कोटा रानी को चरम अपमान में छोड़कर राजा सेनदेव कायर की नाईं चुपचाप भाग खड़े हुए थे। रानी इस

बात को भूली नहीं थीं! सो चारों ओर की बेपरवा स्थिति देखकर श्रीमती कोटा ने हाथ पकड़कर विजयी वीर रिनचिन को उठाया।

बाद का हिन्दू इतिहास कहता चलता था, रिनचन ने कोटा से जबर्दस्ती विवाह किया था। जोर-जबर्दस्ती बलात्कार तो किया जा सकता है, शादी की जा सकती है या नहीं, कहना कठिन है। अनुभवी लोगों का कहना है, पहले में देह की और दूसरे में चित्त की शिथिलता की जरूरत होती है। इसका सबसे अच्छा सबूत स्वयं कोटा रानी हैं। फिर बताता हूँ।

शाहमीर ने राजा शूहदेव के समय में दरबार में नौकरी ली (1313-14)। रिनचन ने शूहदेव की हत्या की। इस ब्राह्मण-हत्या के कारण कश्मीर के ब्राह्मण पार्षदगण बौद्ध रिनचन से घृणा करते थे। लेकिन कोटा रानी के परामर्श से रिनचन ने कश्मीर में न्याय-शासन चलाया। उनकी शक्तिमत्ता, योग्यता, सुविचार और उदारता से कश्मीर की अवस्था सुधरने लगी और उन्होंने शाहमीर को अपनी मंत्रणा-सभा में लिया। एक ही साल के अन्दर कोटा रानी के गर्भ से उन्हें एक पुत्र हुआ।

राजा रिनचन को हिन्दू समाज में ले लेने के लिए कोटा रानी सारे कश्मीर के ब्राह्मणों का पैर पकड़ती फिरीं। मगर सफल न हो सकीं। उनके बच्चे को कश्मीरी-सन्तान कहने को कोई राजी नहीं था। रिनचन विधर्मी है, घिनौनी भोट्टा जाति का है, वह समाज और जाति से त्याज्य है। हिन्दू समाज में धर्म बदलनेवाले का कोई स्थान नहीं।

रक्षणशील ब्राह्मण समाज ने धर्म से गिरी हुई रानी या राजा की आरजू-मिन्नत नहीं सुनी। रानी लौट आईं। कभी जो बौद्ध ब्राह्मण-सभ्यता से सताए जाकर कश्मीर से लद्दाख और तिब्बत भाग गए थे, जो कभी कश्मीर के आदिवासी थे—राजा रिनचन लगभग उन्हीं के मुखपात्र थे। लिहाजा निराश, क्षुब्ध और समाज से दुत्कारे हुए राजा ने इस्लाम की ओर ताका, जहाँ अनादर, अपमान और जात से गिर जाने का डर नहीं है!

राजा रिनचन ने शाहमीर को बुलावा पठाया। हँसते हुए आकर शाहमीर महल में खड़े हुए। राजा ने कहा, 'इस भावी युवराज को आप इस्लाम दीक्षित कीजिए और इसकी शिक्षा-दीक्षा का सारा भार आप अपने ऊपर लीजिए।' शाहमीर राजी हो गए और उन्होंने उस बच्चे को इस्लाम में दीक्षित किया। बच्चे का नाम पड़ा हैदर! कश्मीर की अधिष्ठात्री देवी शारदा-सरस्वती अन्तरिक्ष में खड़ी हँसी या नहीं, ऊँचे वर्ण के ब्राह्मणों ने यह नहीं देखा। शाहमीर अब राजमंत्री बन गए।

तीन साल के बाद राजा रिनचन की अकाल मृत्यु हो गई (1320)। इस मृत्यु के बाद ही राजमंत्री शाहमीर ने चौंककर सिर उठाया। इस समय वे बड़े लोकप्रिय, प्रभावशाली और युवराज के अभिभावक थे। बहुतेरे ब्राह्मण उनके अहसानमन्द थे, बहुतों को राज-सरकार में नौकरी देकर गुलाम बनाया था और बहुतेरे ब्राह्मण स्वर्णमुद्राएँ पाकर उनके ऋणी बने थे। फलस्वरूप यह मौका मामूली नहीं था।

शाहमीर का प्रभाव, उनका हाव-भाव और थोड़ी-बहुत मनमानी देखकर सशंकित हो रानी कोटा सजग हो रही थीं। सारी पारिपार्श्विक अवस्था को भाँपकर शाहमीर ने देखा—नहीं, अभी भी समय नहीं आया है। सो रानी को भरोसा देने के लिए ब्राह्मणों की सलाह से पुराने ब्राह्मण-वंश के एक अभिजात पार्षद श्री उदयन देवाचार्य को सिंहासन लेने के लिए बुलाया। उदयन गान्धार में थे। दुलुचा जुलकादिर के हमले के समय वे कश्मीर से भागकर गान्धार में 'रिफ्यूजी' थे। शाहमीर के बुलावे पर उदयन कश्मीर आए और गद्दी पर बैठे।

इधर भय, दुश्चिन्ता, उत्कंठा में रानी कोटा के दिन बीत रहे थे और उनका बच्चा हैदर शाहमीर के हाथों ही पल रहा था। उदयन जब सिंहासन पर बैठे तो रानी कोटा उनके सामने घुटने टेककर बोलीं, 'आचार्यदेव, आप राजाधिराज हैं, मैं आपकी क्रीतदासी हूँ!'

अनुपम सुन्दरी रानी कोटा की ओर देखकर उदयनदेव प्रेम-विमुग्ध हो गए। अबकी यथासमय ब्राह्मणों ने उन दोनों का विवाह कर दिया। रानी कोटा ने फिर राजा के बायें सिंहासन पर स्थान लिया और राजा की सेज पर सोईं!

उधर ओट में जाकर शाहमीर ने पत्थर के एक टुकड़े-से दीवार पर पहले लिखा कोटा रानी, फिर उसकी बगलमें लिखा रामचन्द्र, सेनदेव, रिनचन और उदयन। उदयन के पास में लिखा शाहमीर! लेकिन उस पर फिर गिचपिच लकीरें खींच दीं।

ठीक एक साल के बाद कोटा रानी के गर्भ से और एक पुत्र का जन्म हुआ। कश्मीर का भावी राजा अब कौन होगा—रिनचन का बेटा हैदर या उदयन का यह शिशु-पुत्र? दोनों बच्चों की माँ एक ही! एक मुसलमान, दूसरा हिन्दू! शाहमीर ने अपना विचार बताया—बड़ा लड़का तो पहले से ही युवराजपद पर अभिषिक्त है।

राजप्रासाद में फिर नाटकीय उत्कंठा जगी, उदयन ने कहा, रानी कोटा का इरादा और है। हिन्दू कश्मीर का राजा हिन्दू ही हो। शाहमीर ने हँसते हुए कहा, मगर यह कैसे हो सकता है!

शाहमीर का प्रभाव और ढीठ आचरण देखकर रानी तथा राजा उदयन ने बाह्मणों की राय से भिक्षण भट्ट नाम के एक पंडित को प्रधानमंत्री बनाया। भिक्षण भट्ट बड़ी विचक्षणता से राज-काज चलाने लगे। लेकिन शाहमीर का प्रभाव और लोकप्रियता उससे घटी नहीं, बल्कि उनके साथ ही भिक्षण भट्ट प्रशासन-कार्य करते रहे। उधर शाहमीर के मन में चाहे जो, वे बालक हैदर को ही लोगों में युवराज कहकर परिचित कराते रहे।

'He kept the king and queen in perputual ar terror by threatening to raise Haider, Rinchana's son, to the throne.'

पन्द्रह साल के बाद राजा उदयनदेव चल बसे (1338)। उस समय उनके दोनों ही बेटे नाबालिग थे। अब शाहमीर की बारी आई। वे सन् 1313 में कश्मीर आए थे और तब से 25 वर्षों तक वे इस शापग्रस्त भू-भाग की राजनीतिक अधोगति, जाति के चरित्र की गिरावट, कायरता और असाधुता देखते आ रहे थे। सो इस बार वे तैयार होकर मैदान में आए। उदयन की मृत्यु के बाद कोटा रानी कश्मीर की गद्दी पर बैठीं। रानी के दायें हाथ बने भिक्षण भट्ट। लेकिन भिक्षण शाहमीर के हाथ का खिलौना-भर थे। राजकोष, अर्थनीति, भूसम्पत्ति-विषयक सभी दस्तावेज, गोपनीय कागज-पत्तर, सारा सामरिक विभाग, और जो सबसे ज्यादा कीमती चीज है, वह लोकप्रियता—सब शाहमीर के पक्ष में थी! उदयन के राजकाल में राजशक्ति का प्रभाव राजधानी तक ही सीमित था। उससे बाहर कश्मीर के बहुत बड़े हिस्से में शाहमीर की ख्याति खूब फैली थी। इधर सारे कश्मीर के नर्ककुंड में पड़े लोग शुद्ध हवा में साँस लेने को अकुला रहे थे। जिन लोगों ने धर्म बदला था, उन्हें सताना तब तक शुरू हो गया था। समाजपति ब्राह्मण लोग वैसे निरुपाय लोगों को जात से अलग करने के पीछे हाथ धोकर पड़ गए थे। दूसरी ओर एक नई मुसलमान गोष्ठी एक सामाजिक समस्या-जैसी हो उठी थी! एक अपना-सगा दूसरे अपने-सगे को जात से अलग होने के डर से पास नहीं फटकने दे रहा था। नये मुसलमान बने लोगों को बाह्मण लोग जमीन से बेदखल कर रहे थे। बाप बेटे को नहीं स्वीकार कर रहा था। बहन भाई के दरवाजे पर खड़ी रो रही है! सन्तान अपनी माँ को अन्दर नहीं आने देती! धर्म बदलनेवाले पति को अपना न सकने के कारण पत्नी आत्महत्या कर रही है! राह-बाट में एक भाई दूसरे को रोते देख मुँह फेरकर चला जाता है!

लेकिन रक्षणशील ब्राह्मण समाज बड़े विक्रम से खड़ा रहा। ऐसी ही स्थिति में एक दिन गुप्त हत्यारे के हाथों भिक्षण भट्ट मारे गए। कोटा रानी का सिंहासन डगमगा उठा। सबने समझा, यह करतूत शाहमीर की है। लेकिन रानी

जब शाहमीर को फाँसीं पर लटकाने के लिए गिरफ्तार कराने जा रही थीं, तो उनके घूसखोर पार्षदों ने रानी को रोकते हुए कहा : सर्वनाश, ऐसा काम हरगिज न करें। शाहमीर बड़ा लोकप्रिय है। ऐसा सशक्त और योग्य शासक आपको दूसरा नहीं है। राज्य में बड़ी अशान्ति फैलेगी।

शाहमीर के अन्न से पले ब्राह्मण लोग अकृतज्ञ नहीं थे। रानी कोटा उससे रुक गईं। सजा देने का मौका हाथ से जाने देकर कोटा रानी बाद में शायद बहुत पछताई थीं।

देखते-ही-देखते शाहमीर सारे कश्मीर और राजधानी के एकच्छत्र शासक बन बैठे। रानी के हर काम में वे टोकते, हर इच्छा में बाधा देते। उनकी गतिविधि पर निगरानी रखते। रानी के अपने लोगों को नौकरी से निकाल दिया। इस तरह हालत जब हद को पहुँच गई, तो रानी कोटा एक दिन रात को महल से निकलकर 'अन्दरकोट' नाम के एक पहाड़ी किले में चली गईं। वहाँ वे शाहमीर को निकाल बाहर करने के मंसूबे सोचती रहीं।

शाहमीर जरा हँसे। वे अभी भी अनब्याहे थे और कोटा रानी की जवानी अभी भी बरकरार थी। शाहमीर लोक-लश्कर के साथ किले पर घेरा डालने के लिए चल पड़े। कुछ कृतज्ञ ब्राह्मण भी साथ चले। किले के अन्दर जाकर शाहमीर ने सीधे रानी के सामने जाकर घुटने टेक दिये। कहा, 'देवि, मैं आपका दासानुदास हूँ, खरीदा हुआ गुलाम!'

किला घिरा हुआ था। रानी निरुपाय थीं। कोई आशा नहीं। शाहमीर-जैसा प्रतापी आदमी उस समय कश्मीर में दूसरा नहीं था! जो थे, वे वेदविद् ब्राह्मण थे, मनीषी, विद्वान, संस्कृतिवान, आदमी-जैसे आदमी—मगर मर्द नहीं! विशाल कश्मीर के हिन्दू भीरु, प्रवंचक, निकम्मे, जातिवर्णविद्वेषी, ईर्ष्यालु, षड्यंत्रकारी, आत्म-सम्मानहीन हैं—वे जन्तु हैं, आदमी नहीं। जो ब्राह्मण सामने आकर खड़े हुए हैं, वे घूसखोर, दूसरे का तलवा चाटनेवाले और विश्वासघाती, देश के दुश्मन थे।

शाहमीर ना-छोड़ बन्दा! देवी की कृपादृष्टि के लिए उन्होंने पिछले पच्चीस वर्षों तक तपस्वी का जीवन बिताया। आरजू-मिन्नत, खुशामद और गिड़गिड़ाने से आखिर रानी ने ब्याह के प्रस्ताव को मंजूर कर लिया। शर्त यह रही कि सिंहासन पर वे शाहमीर के बायें बैठेंगी, लेकिन हिन्दू रानी ही रहेंगी!

हिन्दू और मुसलमान सभ्यता के इस समन्वय के लिए ब्राह्मणों के एक वर्ग में धन्य-धन्य मच गया। यथासमय कोटा रानी के साथ शाहमीर का विवाह हो गया। राजमहल की दीवार पर जहाँ शाहमीर ने अपने लिखे नाम पर गिचपिच

लकीरें खींच दी थीं—उन्हें मिटाकर फिर से उदयन के नाम के नीचे अपना नाम लिखा। उसी दिन से उनका नाम हुआ शाहमीर शमसुद्दीन!

लेकिन ब्याह करना और बात है, कोहबर की रात में पति की सेज पर साथ सोना और बात! उनके पेट से जन्मे उनके दोनों तरुण बेटे अगर भविष्य में यह प्रश्न करें कभी कि दो सभ्यताओं के समन्वय के लिए उनकी माता को क्या पाँच पुरुषों के साथ यौन-सहवास करना जरूरी था?—तो इस प्रश्न का सही जवाब देने के लिए कश्मीर के इतिहास में सच बतानेवाले एक भी आदमी न रहेंगे। सो इतिहास की इस गुत्थी का जवाब वे खुद ही देंगी। रानी ने सज-धजकर किन्नरी का रूप धारण किया।

उधर कोहबर की रात महल-कक्ष फूलों से लद गया था। मखमल की कोमल शय्या गंध-भरे फूलों की शोभा से शोभित। बाहर रोशनी की जगर-मगर। नौबत झर रही थी। ऐसे में इत्र-गुलाब, चोआचन्दन मले शाहमीर जब बेसब्र इन्तजार की घड़ियाँ गिन रहे थे, वधूवेश में शान्त मन से अन्दर आकर कोटा रानी ने कहा—अच्छा, सुल्तान, इतिहास के उस प्रश्न का जवाब मैं दूँगी। मुसलमानी सभ्यता की तरक्की हो, इस्लाम की जययात्रा हो, सारा कश्मीर यदि गणजीवनवाद की नीति अपनाए तो अपनाए, लेकिन चरम अपमान में मेरी यह शोचनीय अधोगति—इतिहास क्षमा की नजर से कभी नहीं देख सकेगा। सो महाकाल के चरणों में अपना अन्तिम प्रतिवाद रख जाऊँ।

और छाती से अचानक छुरा निकालकर कोटा रानी ने अपने दोनों स्तनों के बीच में घोंप दिया!

कश्मीर में इस्लाम की नींव

कश्मीर में हिन्दू-राज्य की समाप्ति के बाद जो पहले मुसलमान शासक हुए, वे शाहमीर शमसुद्दीन 18 वर्षों तक कश्मीर पर राज करके सन् 1355 में चल बसे और उन्हीं के जीते-जी अन्तिम हिन्दू रानी कोटा रानी के दोनों लड़कों की मृत्यु जेल में हो गई। इसके बाद आए सुल्तान शहाबुद्दीन। उनके मंत्री थे उदयश्री, बेगम थीं एक ब्राह्मण कन्या श्रीमती लक्ष्मी और उनकी रक्षिता थी लक्ष्मी की ही एक भतीजी श्रीमती आलसा। श्रीमती आलसा से वैर रहने के

कारण लक्ष्मी के लिए आलसा ने सुल्तान को यह सुझाया कि लक्ष्मी के तीन वयस्क बेटों को निर्वासित करना होगा। सुल्तान ने उसके खिलाफ नहीं किया। इसलिए शहाबुद्दीन के मरने के बाद उनके भाई कुतुबुद्दीन गद्दी पर बैठे। कुतुबुद्दीन दो नाबालिग लड़कों को छोड़कर मरे। उनमें से जो बड़े थे, वही नाबालिग सिकन्दर सुल्तान बने (1390)। इतिहास में उसी नाबालिग सिकन्दर का नाम 'मूर्तिभंजक' सिकन्दर हुआ।

शाहमीर, शहाबुद्दीन, कुतुबुद्दीन—कश्मीर के पहले सुल्तान यही हैं। इन्हीं के समय में कश्मीर में इस्लाम की नींव पड़ी। धीरे-धीरे संस्कृत भाषा बदलने लगी—अरबी-फारसी आने लगी। हिन्दुओं के सामाजिक या प्रशासनिक साँचे से मोटा-मोटी सद्भाव के साथ मुसलमानों की व्यवस्था का मेल बैठता रहा। इस बीच विद्रोह, आन्दोलन, जनता का विरोध—कुछ भी ढूँढ़े नहीं मिलता। मुसलमानी शासन को कबूल करने के पहले हिन्दू कश्मीर ने बगावत या लड़ाई का झंडा नहीं उठाया। वहाँ हजारों-हजार देवस्थापना, मठ-मन्दिर, विहार-स्तूप और विभिन्न अध्यात्म-संस्कृति के केन्द्र अक्षुण्ण रहे। हाँ, ब्राह्मणों के सहयोग से बहुतेरे मन्दिरों से मूर्ति हटाकर पीरों की कब्र बनाई गई थी। कश्मीर के चरित्र की यह विशिष्टता बेमिसाल है।

इन पहले सुल्तान के पहले दुलुचा जुलकादिर जिस भयावह स्थिति की सृष्टि कर गए थे, उससे हजारों-हजार धर्म-बदले कश्मीरियों से एक मुसलमान समाज गढ़ उठा था। हिन्दू समाज ने उन्हें फिर से अपने में नहीं मिलाया। वे लोग जंगल-पहाड़ों में, खेत-मैदान में खेती-बारी, पशुपालन, शॉल-अलवान बुनना, लकड़ी की कारीगरी आदि करते रहे। लेकिन इनकी जीवन-प्रणाली का ढंग-ढाँचा, देव-देवियों के प्रति प्रेम, शिक्षा-दीक्षा, खान-पान, पहनावा, भाषा-संस्कृति—सभी कुछ हिन्दू रह गया। पिछले छह सौ वर्षों से आज तक उनमें कोई रद्दोबदल नहीं हुआ। सिर्फ इस्लाम-चर्चा के साथ धर्म-परिवर्तन से मुसलमानों की संख्या बढ़ती आई। मुगलों के जमाने में सुख-सुविधा का आश्वासन पाकर काफी संख्या में कश्मीरी हिन्दुओं ने इस्लाम अपनाया। किन्तु उनका सांस्कृतिक जीवन और उसकी प्रकृति एक ही सी रह गई। जो बुनियादी कश्मीरी मुसलमान हैं, उन्होंने हिन्दू संस्कृति पर कभी चोट नहीं की। ये एक ही आर्य-सभ्यता की सन्तान हैं।

बाहर से जो मुसलमान आए थे, जिन्हें अफगान, पठान, किरगिज, तुर्क, ईरानी कहते हैं, उन्हें मूल कश्मीर में जगह नहीं मिली। वे पश्चिम और उत्तर में पहाड़ी इलाकों में रह गए। उनसे बुनियादी कश्मीरी मुसलमानों या हिन्दुओं

की संस्कृति मिली नहीं। इसी वजह से 1947 में उपजातीय पठानों के हमले के वक्त बुनियादी कश्मीरी बेतरह पिटे। मजे की बात है कि युद्धविराम-रेखा जिस प्रकार से खींची गई है, उससे उस पार मुख्यतया बाहर के मुसलमान पड़े हैं और इस पार विशेषतया मूल कश्मीर भूखंड के बुनियादी कश्मीरी हिन्दू-मुसलमान। यह सीमा-रेखा जिस दिन मिट जाएगी, उस दिन भी दोनों मुसलमान सम्प्रदायों में मेल नहीं होगा।

राजा रामचन्द्र का जन्म एक दवा की मदद से हुआ था। एक मुनि ने एक जड़ी ला दी थी, उसी को पीसकर पीने से राजा दशरथ की तीनों रानियाँ गर्भवती हुई थीं। सुल्तान कुतुबुद्दीन के बुढ़ापे में एक कश्मीरी मुनि ने उनकी बेगम को एक जड़ी दी थी, उसी से 'मूर्तिभंजक' सिकन्दर का जन्म हुआ। बातों-बातों में एक बार महाकवि रवीन्द्रनाथ ने कहा था : 'बंगाल उर्वर माटी का देश है, यही आश्चर्य है। यहाँ नारंगी का पेड़ रोपने से जमीरी नींबू फलता है।' वह बात मैं आज भी नहीं भूला। कश्मीर भी वैसी माटी का देश है और वहाँ नारंगी नहीं फलती। कश्मीरी मुनि ने शायद नारंगी फलाना चाहा था, फल गई जमीरी। जो भी हो, सिकन्दर शुरू में जमीरी नींबू नहीं थे। उन्होंने पहले के सुल्तान की लीक पर चलना चाहा था। उन्होंने शुद्ध आचरणवाले एक कश्मीरी ब्राह्मण की बेटी से विवाह किया था। उस लड़की का नाम था शोभा। वास्तव में, हिन्दू इतिहास ही यह बताता है कि कश्मीरी ब्राह्मण अपनी बेटी को मुसलमान राजपुरुष के हाथों सौंपने से सुखी होते थे। एक-दो या पाँच-दस नहीं, सैकड़ों-हजारों कश्मीरी सवर्ण हिन्दू की बेटियों ने अपनी इच्छा से खुशी-खुशी उनकी गिरस्ती बसाई। कुछ साल पहले, मद्रास से राजगोपालाचारी ने घोषणा की थी कि हिन्दू और मुसलमानों की एक सम्मिलित जाति गठन करना हो तो दोनों में पारस्परिक विवाह-सम्बन्ध का द्वार खुला रहना जरूरी है। इस बात पर मुसलमान चुप रहे थे, पर राजाजी के भक्त उनको मारने पर आमादा हो गए थे (1946)।

कश्मीर में हिन्दुओं की सामाजिक और पारिवारिक दुर्गति, इतरता, अनाचार, मूढ़ता और वर्गविद्वेष जितना ही बढ़ता गया, उतनी ही ज्यादा इस्लाम की प्रतिष्ठा होती गई। शाहमीर, शहाबुद्दीन या कुतुबुद्दीन इतने लोकप्रिय हो उठे थे कि कश्मीरियों की राजभाषा तक बदलने लगी थी। यही नहीं, दूसरी ओर अरबों-जैसे कट्टर मुसलमान कहने लगे, कश्मीर में हिन्दू सभ्यता के प्रभाव से इस्लाम की मूलनीति का पतन हुआ। यहाँ के सुल्तान और मुसलमान बने कश्मीरी काफिर के समान हैं। इस हालत में सुधार जरूरी है। इस्लाम को सम्पूर्णतया शुद्ध रहना होगा। उसमें दूसरी नीति की गुंजाइश नहीं।

लिहाजा कट्टर मुसलमानों की निगाह में शहाबुद्दीन-जैसे सुल्तान घर के दुश्मन विभीषण हुए। उनके प्रधानमंत्री उदयश्री ने जब यह प्रस्ताव रखा कि हुजूर, बौद्धों की उस 'बृहद्बुद्ध' मूर्ति को गलाकर उसकी राजकीय स्वर्णमुद्राएँ बना ली जाएँ, तो शहाबुद्दीन लाल-पीले हो गए और उदयश्री को 'कुलांगार' कहकर फटकारा। उनके भाई कुतुबुद्दीन भी ऐसे ही थे। कश्मीर की हिन्दू संस्कृति के प्रति उनके प्रेम ने उन्हें इस्लामी दुनिया में प्रिय नहीं बनने दिया।

सुल्तान सिकन्दर जब (1390-1414) अपने पिता और पुरखों की चलाई नीति पर चल रहे थे तो बाहर के कट्टर मुसलमान-जगत ने इस्लामी दर्शन के एक विशिष्ट पंडित शाह हमदान को कश्मीर भेजा। उन्होंने आकर सिकन्दर को काफी राय-सलाह और हितोपदेश दिया। पवित्र कुरान की मूल नीति और इस्लामी समाज-व्यवस्था पर उन्होंने तरुण सुल्तान से काफी दिनों तक आलोचना की। इस प्रकार सुल्तान को अपने मत में लाना चाहा। लेकिन सुल्तान अपने विश्वास पर दृढ़ थे। उन्होंने साफ जता दिया कि हिन्दू कश्मीर के धर्म के मामलों में मैं दखल नहीं दूँगा। जोर-जबर्दस्ती इस्लाम चलाने की चेष्टा से मैं अपने हाथ को मैला नहीं करूँगा। यह मेरी नीति के खिलाफ है।

शाह हमदान सफल नहीं हुए। लेकिन वे अपने में बड़े धर्मपरायण थे। कश्मीर में ही उनका जीवन बीता। उन्हीं के नाम से 'शाह हमदान' नाम की बहुत ही सुन्दर एक मसजिद श्रीनगर की प्रसिद्ध कालीश्वरी देवी के मन्दिर की सीमा में ही बनी।

बाहर से जो भी कट्टर या रक्षणशील मुसलमान मौलवी या पीर आए—उनमें से कोई भी सिकन्दर को कश्मीर हिन्दू संस्कृति के खिलाफ नहीं खड़ा कर सके। यह एक ही आदमी कर सके थे जो कि मुसलमान नहीं थे। वे एक बड़े ही सदाचारी कश्मीरी ब्राह्मण, विद्वान और मनीषी थे। उनका नाम था पंडित शूहभट्ट। सुल्तान सिकन्दर के एक ओर थी उनकी बेगम शोभा और दूसरी ओर थे सबसे बड़े सलाहकार उनके मंत्री यही शूहभट्ट। ये समाजविद्रोही, संस्कारक और हिन्दुओं की धर्मांधता के विरोधी थे। बूढ़े-पुराने कश्मीर की जर्जर सभ्यता, धर्म के नाम पर धोखा, कुसंस्कार, शास्त्र का माहात्म्य और पुराणों के नाम पर अन्धापन, वर्ण और वर्गविद्वेष, धर्म बदले हुए गरीबों पर अत्याचार, शिक्षा के नाम पर धर्मांधता, तीर्थ और देवता के नाम पर पाप-व्यवसाय, गरीबों और निरुपायों का अमानुषिक शोषण, देश-भर में फैला हुआ अनाचार—इन सबके वे कट्टर दुश्मन बन गए। वे कश्मीरी ब्राह्मणों से घृणा करने लगे। देश, जाति, समाज, परिवार, शास्त्र, मन्दिर, मूर्ति, सारे उत्तर हिमालय के चरित्र और

अन्ततोगत्वा वे अपने-आपसे भी घृणा करने लगे। अपने माता-पिता, पूर्वज, अपने-सगे, बन्धु-बान्धव, अपना जन्म, स्त्री और सन्तान—उनकी घृणा से कोई व्यक्ति या वस्तु परे न रही। अन्त में अपने जन्म-परिचय को मेट डालने के लिए शूहभट्ट ने इस्लाम धर्म अपनाया और सुल्तान सिकन्दर को मूर्तियाँ तोड़ने के लिए अनुप्रेरित किया। उनकी यह मूर्तितोड़क आवाज सारे राज्य में गूँजी। मारे डर के सिकन्दरशाह बैठ पड़े थे!

लेकिन क्रान्तिवादी शोभादेवी ने आकर उनका एक हाथ थाम लिया, 'तोड़ो सुल्तान, सब तोड़ो, जहाँ भी जो है, तोड़ डालो! बेरहम दस्यु की तरह सब तोड़ डालो, छार-खार कर दो, तोड़-फोड़कर फिर नये सिरे से गढ़ो—उठो...'

शूहभट्ट ने आकर सुल्तान का दूसरा हाथ पकड़ा, 'डरो मत सुल्तान, आप सिर्फ हुक्मनामे पर सही कर दीजिए। तोड़ मैं देता हूँ! जरा को, जीर्ण को, मनुष्य के पुराने मन को, परम्परागत जीवन की पंगुता को, अन्धे आचार-संस्कार को, मूढ़ अभ्यास को—इन सबको मैं तोड़ डालना चाहता हूँ सुल्तान, आप इजाजत दीजिए...!'

'किन्तु...हाँ, हिन्दू इतिहास आपको बुरा कहेगा। कहे। धर्मत्यागी, नीतिभ्रष्ट पतित ब्राह्मण मैं छाया की तरह आपके पीछे-पीछे रहूँगा! मैं कश्मीर को तोड़ना चाहता हूँ सुल्तान, तोड़ना चाहता हूँ इसकी शिक्षा और सभ्यता को, घर-द्वार-समाज-परिवार को, कीर्ति-मूर्तिमन्दिर और इस कायर जाति की सारी जीवन-व्यवस्था को—सबको तोड़ देना चाहता हूँ। मैं यह देखना चाहता हूँ कि कश्मीर में एक भी मर्द है या नहीं—एक भी आदमी है या नहीं, जो इसके विरोध में सिर उठाकर खड़ा हो! आप मुझे दानव की शक्ति दीजिए सुल्तान!'

और सुल्तान सिकन्दर से आखिर शूहभट्ट ने वह भयंकर आदेश प्राप्त कर लिया। सिकन्दर के जन्म की जड़ में ब्राह्मण की दी हुई जड़ी थी और आज फिर ब्राह्मण ने ही उसकी प्रकृति में बिखेर दिये सर्वनाशी बीज! सिकन्दर महल में बैठ रहे और शूहभट्ट ने कश्मीर में आग लगाई।

सबसे पहले उन्होंने कुछ सबसे अधिक प्रसिद्ध तीर्थ-मन्दिरों को तोड़ा। जैसे—विष्णु चक्रधर, पापसूदन, त्रिसन्ध्या, सरस्वती, स्वयम्भू, नन्दी क्षेत्र, शारदा, विजयेश्वर, मार्तंड का एक-एक मन्दिर, अवन्तीपुर का प्रत्येक देवस्थल! जहाँ जो प्राचीन कीर्तियाँ थीं, सबको तोड़-फोड़ डाला। हर गाँव में, नगर, जनपद, नदीतट, वन, पर्वत, विभिन्न उपत्यका, शारदा, मनसा में—मठ, मन्दिर, विहार, मूर्ति, केन्द्र, आश्रम—सब जगह अपने तोड़क दल को भेजकर शूहभट्ट ने प्रत्येक तीर्थ को धूलिसात् कर दिया। अशोक, कनिष्क, प्रवरसेन,

ललितादित्य—किसी के भी काल के किसी भी स्थापत्य को उन्होंने छोड़ा नहीं, माफ नहीं किया। सबको चूर-चूर करके पत्थर के छोटे-छोटे टुकड़ों में परिणत कर दिया। कश्मीर की अधिष्ठात्री देवी शारदा-सरस्वती का मन्दिर और मूर्ति उनके हाथों टूट-फूट गई।

मगर धर्मत्यागी वह 'कालापहाड़' शूहभट्ट यहीं निश्चिन्त नहीं हुए। अब उन्होंने समाज को तोड़ा। सुल्तान से फतवा जारी कराया : 'कश्मीर छोड़ो! मुसलमानों के सिवाय कश्मीर में कोई नहीं रहेगा!' इस हुक्म से सभी श्रेणी के हजारों-हजार परिवार घर-द्वार छोड़कर भागने लगे, तो शूहभट्ट ने खास-खास सीमाओं पर इस तरह से पहरे बिठा दिये कि कोई निकल न भाग सके। और तब वहाँ उन्होंने यह दूसरा हुक्म दिया कि या तो धर्म बदलो या जान दो।

कुछ लोगों ने वहीं जान दे दी, परन्तु ज्यादा स्त्री-पुरुषों ने इस्लाम कबूल किया। शूहभट्ट का हुक्म था—हिन्दुओं की लाशें जलाई नहीं जाएँगी, उनको गाड़ना होगा। उस स्थान का नाम आज भी 'बाटमजार' है!

1414 ई. में सिकन्दर शाह की मृत्यु हो गई। लेकिन शूहभट्ट वैसे ही जबर्दस्त प्रभाव से और सात वर्षों तक जिन्दा रहे तथा कश्मीर को लगभग मरघट बना छोड़ा। प्राचीन किसी भी मन्दिर या मूर्ति को उन्होंने बेदाग नहीं छोड़ा। कश्मीर में अभी जो थोड़ा-बहुत दिखाई पड़ रहा है, वह ऐतिहासिक खँडहर मात्र है। उसके बाद शूहभट्ट क्षय रोग से मरे। लेकिन वे इस बात को साबित कर गए कि उनके समय में कश्मीर में मर्द और मनुष्य नहीं था!

सिकन्दर की एक मुसलमान बेगम से (राजा फीरोज की लड़की) हिन्दू संस्कृति के उद्धारक और न्यायी तथा धर्मपरायण सुल्तान जैनुल आब्दीन का जन्म हुआ। उन्होंने धूल में मिले कश्मीर को कलेजे से लगाया और बड़े स्नेह से उसका पालन किया। उनका जन्म ही मानो बहुत हद तक सिकन्दर और शूहभट्ट के अपराधों पर अफसोस और प्रायश्चित्त करने के लिए हुआ। करुणा और ममता से वे शुरू से ही कोमल प्रकृति के थे। कश्मीर में उन्होंने शान्ति, सुरक्षा और स्वच्छन्दता लाई। पहले उन्होंने बौद्ध पंडित तिलकाचार्य को अपना प्रधानमंत्री बनाया और पंडित सूर्यभट्ट को प्रधान न्यायाधीश। उन्होंने बहुत-से विहार, मन्दिर तथा बहुत-से हिन्दू स्थापत्यों को फिर से बनवाया या उनका संस्कार कराया। उनका राजकाल स्वर्णयुग है। उनके न्यायशासन से कश्मीर को नया जीवन मिला। इसकी चर्चा मैं कर चुका हूँ।

जैनुल आब्दीन ने लगभग 52 वर्षों तक गौरव के साथ कश्मीर पर राज किया। लेकिन उनके मर जाने के बाद (1474 ई.), बाद के सुल्तानों के समय

में फिर धीरे-धीरे अँधेरा घना हो आया। उत्तर कश्मीर के पहाड़ी चाक और दार्द लोगों ने घाटी पर हमला किया। चाक राजा गाजी खाँ राजा बने और उनके बाद एक-एक करके सात शिया मुसलमान कश्मीर की गद्दी पर बैठे। मुगलों के जमाने में सम्राट बाबर और उनके बेटे हुमायूँ चाकों से हार मान गए। उसके बाद आया अकबर का जमाना। वे तीन बार हारे। आखिर चौथी बार अपने ब्राह्मण सेनापति भगवानदास के सहयोग से कश्मीर पर कब्जा किया। यह भी मैं पहले कह आया हूँ।

जैनुल आब्दीन के मरने के सौ साल बाद फिर कश्मीर में गौरव का युग लौट आया।

पूर्णिमा की रात में पीरपंजाल की गोदी में छोटा-सा गुलमर्ग क्या रूप धारण करता है, इसका अनुभव करना हो, तो वहाँ के विशाल देवदारु वन के नीचे-नीचे घूमना चाहिए। यह मधुमरीचिका हो मानो! फूलों के आसव की खोज में चाँदनी रात में नाम-परिचयहीन फूलों की भीड़ को रौंदते हुए अकेले निकल पड़ना चाहिए। दिन में जिन बातों का यकीन नहीं आ सकता, रात में वही वास्तव हो उठती हैं—आवारा मन की भावनाओं की राह से हँसती हुई चाँदनी में अशरीरी अप्सराएँ उतर आती हैं। स्तब्ध, गम्भीर, उदार देवदारु के नीचे-नीचे अनादि-अनन्तकाल की 'क्रन्दसी' मानो उस मधुमरीचिका के चिरन्तन आकर्षण से भुलाए लिये जाती है! जैसे रुक सकने का कोई उपाय ही नहीं! झरे पत्तों पर से, पुष्पनिकुंजों को पार करके, जड़ों के अष्टावक्रजाल के बगल से मानो दिशाहीन-सा चल पड़ा। आँखों में रुलाई-सी आ जाती है, मगर वह भी पिछली चाँदनी ही हो मानो। कभी वृन्दावन के वनों में विवश, श्लथवस्त्रों में राधिका शायद इसी प्रकार दौड़ी थीं :

जब— 'गुरुदुरजनभय किछु नहीं मानए, चीर नहिं सँबरु देहे;
घन अँधियार भुजगभय कतशत, पंथ विपथ नहिं मान...'

शायद इसी का नाम है चन्द्ररोग, 'लुनासी'। इस चन्द्ररोग से महज राधा ही जर्जर नहीं हुईं, देहज्योति में उन्हीं जैसी और एक नारी उठ आई थीं ऐतिहासिक युग में। उनकी देह-लता की ज्योतिर्लेखा भी यहाँ के देवदारुवन की पूर्णिमा में मिल गई थी। वह थीं सम्राज्ञी नूरजहाँ—चाँदनी में तड़पता जिनका कवि-मन रोता हुआ गुलमर्ग की पुष्पवीथिकाओं में भटका किया।

कश्मीर के पहाड़ों में मधु-मरीचिका के हजारों आकर्षण हैं। लेकिन सम्राट-

शिल्पी जहाँगीर और नूरजहाँ के वनभोजन के लिए गुलमर्ग प्रसिद्ध है। मगर इस छोटी-सी उपत्यका का रकबा ही क्या है! लम्बाई में तीनेक मील, चौड़ाई बहुत तो एक मील। यहाँ के जंगल और मैदान में अपने-आप फूलों की सेज बिछ जाती है। शायद इसीलिए मुसलमानों के समय में देवदारु-सघन इस भूखंड का नाम 'गुलमर्ग' पड़ा। 'गुल' शब्द अरबी है, 'मर्ग' संस्कृत। गुलमर्ग की ऊँचाई 8 हजार फीट है और इनके तीन ओर ऊँचे उठते हुए देवदारु वन 15 हजार फीट ऊँचे पीरपंजाल के प्राचीर बन गए हैं। एक तरफ का रास्ता टंगमर्ग की तरफ उतरकर समतल कश्मीर घाटी में मिल गया है। जाहिर है, टंगमर्ग निचली मंजिल है, गुलमर्ग दूसरी और खिलनमर्ग (11,000 फीट) तीसरी मंजिल है। श्रीनगर से ये तीनों क्रमश: 25, 28 और 32 मील हैं। टंगमर्ग से खिलनमर्ग सिर्फ 7 मील है, बीच में पड़ता है गुलमर्ग।

धनियों के लिए यहाँ रहना बड़ा आनन्ददायक है; या फिर बड़े-बड़े पदाधिकारी—जिन्हें यात्रा-भत्ता मिल जाता है। पूजा की छुट्टियों में बंगाल के नौकरी-पेशा लोग आते हैं, जो अपनी स्त्रियों को घोड़े पर चढ़ाकर उनकी तसवीर खिंचवाकर कश्मीर के स्मृति-चिह्न-सा रख देते हैं।

गर्मी के मौसम में गुलमर्ग के होटल या डाकबँगले के कमरे जिनके लिए पहले से ही सुरक्षित रहते हैं, वे अक्सर अभिजात या धनवान लोग होते हैं—जो लगभग हर वक्त नौकर-नौकरानियों से घिरे रहते हैं। वैसे में नौकर 'बॉय' और नौकरानी 'आया' हो जाती है। खर्च यहाँ बहुत होता है और उससे भी ज्यादा है यहाँ बख्शीश का रिवाज। इस एकान्त स्थान में आधुनिक से आधुनिक सामग्रियाँ सहज ही मिल जाती हैं। जाड़ों में 'स्की' खेलने के लिए साहब लोग आते हैं। तब यहाँ बेहद बर्फ पड़ती है।

गर्मियों की दोपहरी में बड़े-बड़े छाते के नीचे मैदान में मध्याह्न भोजन का अड्डा महफिल-सा हो जाता है। औरतें अगर शेरी या वर्मूद पा जाएँ, और न हो तो लाल शराब, तो फिर वे पानी नहीं पीना चाहतीं। होटल-घर कम हैं, इसलिए बहुत-से लोग तम्बू साथ लाते हैं। डाकबँगला छोटा नहीं है, बहुत-से कमरे हैं; उससे लगा बहुत बड़ा भोजन का कमरा—लेकिन मौसम के वक्त वह काफी नहीं। अभिजात वर्ग के बहुत लोग 'अमरसिंह क्लब' में आते हैं। उस समय यह गर्व-गौरव से झूमता रहता है। वर्ष के अनेक महीनों में देवदारु के जो वन और पुष्पकुंज निर्जन और स्तब्ध पड़े रहते हैं, मौसम में उनके भीतर दबे गले की आवाजें सुनाई पड़ती हैं। कौन, कहाँ, किसे, किस इशारे से, कैसे संकेत से, किस लक्ष्य से कहाँ बुला ले जाता है—यह समझ सकना बड़ा मुश्किल

है। लंदन के हाइड पार्क या केनसिंगटन गार्डेन के लिए बहुतों के मुँह में लार होती है। वे भ्रम में हैं। लंदन के उन दोनों बड़े-बड़े पेड़ोंवाले मैदान में कहीं सूने निकुंज नहीं हैं—सब खुला-खुला, आड़-ओट ढूँढ़े नहीं मिलती। वहाँ एकान्त में सिर्फ बैठा ही जा सकता है, छिपने की गुंजाइश नहीं है। जून-जुलाई में वहाँ जो असभ्यता होती है, वह किसी भी रसिक के लिए बर्बरता का नामान्तर-भर है। भारत और कश्मीर में लोगों को रुचिपूर्ण आँखों की हया है। उस हया को यहाँ के नर-नारी पेड़ों के नीचे, पत्तों और कुंजों में, जंगल की आड़, पहाड़ों की ओट, पुष्पवीथियों में छिपाते हैं। हाइड पार्क या केनसिंगटन में, कहीं भी भारत का यह सुरुचिबोध और शालीनता नहीं है।

गुलमर्ग ढलवाँ बसा है। इसी से पहाड़ से यहाँ कुछ जलधाराएँ उतरी हैं। उन धाराओं के आसपास माटी पर प्राय: साल-भर जैसे रंगीन फूलों का समारोह रहता है, वह देखने ही योग्य होता है। उसी शोभा से पर्यटकों के साथ तितलियाँ उड़ती आती हैं। उत्तर कश्मीर, घाटी कश्मीर और जम्मू की पार्वत्य भूमि में ऐसे गुलमर्ग सैकड़ों हैं। 'कृष्टोवार' को केन्द्र बनाकर जो लोग पूर्व जम्मू के 'मेरुवर्धन' (Warwan Valley) में घूमे हैं, उन सबको यह मालूम है। इसी घाटी के अन्दर से जाकर गिरिमाला को पार करके कभी जोरावरसिंह की सेना ने लद्दाख पर हमला किया था।

घोड़ों पर या पैदल गुलमर्ग घूमना आनन्ददायक है। बहुत-से लोग जंगल-पहाड़ों में शिकार की खोज में निकल पड़ते हैं। साहबी मौसम में इसीलिए जन्तु-जगत में हौलदिली हो जाती है। गुलमर्ग से एक पगडंडी नौशेरा के छोटे-से गाँव की ओर चली गई है। और, दूसरा एक रास्ता नीलकंठ के दर्रे से आगे फीरोजपुर पार करके 'पुंच' शहर की तरफ चला गया है। 'युद्धविराम-रेखा' पुंच के पश्चिम से सीधे उत्तर झेलम की ओर चली गई है।

खिलनमर्ग में कुछ भी नहीं है। एक ओर आकाशछूती पहाड़ी दीवार—उसके उस पार 20 मील के अन्दर 'युद्धविराम-रेखा'। दूसरी ओर नीचे कश्मीर की विशाल सूखी घाटी दिखाई देती है। जहाँ हजार साल के अरसे में कभी सुख की झाँकी नहीं मिली। खिलनमर्ग में कोई रहता नहीं है, मगर 'चौकी' है। बहुतेरे लोग इस छत पर आकर घूम जाया करते हैं, सो चाय-बिस्कुट की दुकान है। खिलनमर्ग की हवा खासी ठंडी होती है।

गुलमर्ग से खड़े होकर नंगा पर्वत की श्वेत शोभा देखी जा सकती है। दक्षिण-पूर्व से हिमालय की गिरिश्रेणी आई है और पश्चिम में वह नंगा पर्वत में जाकर खत्म हो गई है। नंगा की चोटी ही हिमालय की अन्तिम बड़ी चोटी

(26,628 फीट) है। इसी चोटी के नीचे उत्तर की ओर चिलास से होती हुई सिन्धु नदी पश्चिम को जाती है। अब यह पाकिस्तान अधिकृत गिलगित एजेंसी में है। नंगा की शोभा गुलमर्ग का अनन्य आकर्षण है। पश्चिम कश्मीर के इस इलाके में 'युद्धविराम-रेखा' एक नकली कूबड़ (bulge) की तरह पर्वत के घेरे के साथ-साथ उत्तर में 'उड़ी' जनपद से दक्षिण में पुंच तक घूम गई है। यह अस्वाभाविक घेरा बहुत-कुछ जैसे जबर्दस्ती युद्धविराम-रेखा पार करके पूरब को घुस गया है। इसी भूखंड के बीच में हाजी पीर का दर्रा है (12,000 फीट)।

गुलमर्ग से बारामूला पच्चीसेक मील है। बारामूला से एक सुन्दर और पतला रास्ता टंगमर्ग आते हुए बदगाँव पहुँचता है। यहाँ से एक और रास्ते से यूशमर्ग जाया जा सकता है। श्रीनगर से दक्षिण-पश्चिम यह मनोरम पहाड़ी घाटी प्राय: 30 मील है।

आधुनिक श्रीनगर और डॉ. कर्णसिंह

मेघ से कजराई एक दोपहरी में घोड़े की पीठ पर खिलनमर्ग से उतर रहा था। यह ठीक-ठीक पहाड़ नहीं, ऊँची उपत्यका-भूमि है। आसपास ऊँचे-ऊँचे वृक्षों की भीड़ की छाया में वन की हरियाली—जहाँ लाल पथरीला रास्ता बारिश के पानी से घायल-सा हो रहा है। निर्जन और सन्नाटा।

फिसलनवाले ढलवें रास्ते में जब सपसपाकर पानी पड़ने लगा तो घोड़ेवाले ने मजे से अपने बदन से लोई-कम्बल उतारकर मुझ पर डाल दिया। मैंने ना-ना किया, उसने एक न सुनी। कश्मीरी मुसलमान था वह—पठान भी नहीं, मुगल या चाक भी नहीं—जात ही और थी उसकी। ये भीरु और निरीह, मगर उदार होते हैं। लोई-कम्बल मुझे देने के बाद उसके बदन पर सिर्फ एक घुटने तक लम्बी सूती कमीज रह गई। फटी-चिटी। मैंने पूछा, तो पता चला, पाँचेक साल पहले वह घर में तकली के काते सूत से बनी। गरम कहने को बस वही एक कम्बल उसका सहारा था। मुझसे उसे साढ़े तीन रुपये मिलने थे बँधी दर के मुताबिक, जिसमें से म्युनिसिपैलिटी और यूनियन का हिस्सा देना होगा। उसी से घोड़े का बुतात और परिवार के लिए रोटी। सेर भर चावल से कम में उसका अपना पेट नहीं भरता। दूसरी चीजों की कीमत बहुत ज्यादा। मछली-मांस तो

सपना समझिए। भात के साथ कड़म या लौकी का साग—बस। बाकी खाएगा उसका घोड़ा। बीवी-बच्चे की बात यहाँ नहीं उठती। लेकिन सात दूनी चौदह मील आने-जाने पर हालत कुछ बन सकती है उस रोज! मेरे एक दूसरे सवाल के जवाब में उसने कहा, यह कम्बल कभी-कभी भीग जरूर जाता है, पर झाड़-झाड़कर ओढ़ लेने से रात को काम चल जाता है। ये कश्मीरी मुसलमान हैं—कड़े मिजाजवाले पठान नहीं। जात कश्मीरी होने की वजह से ही शान्त प्रकृति के हैं। उसने बड़े ही आदर और जतन से गुलमर्ग होकर मुझे रंगमर्ग के बस-पड़ाव तक पहुँचा दिया। मैंने जब कहा, भैया, तुम्हारी मजूरी के साढ़े तीन रुपये का जमाखर्च तो मैंने सुन लिया। अब यह कहो कि कितना मिले तो तुम खुश होओगे और आज पेट भरकर मांस-भात खाकर मजे में सो सकोगे?

उस बेचारे ने जरा असहाय आश्चर्य से मेरी ओर ताका, बेमानी नजर से। आदमी वह देखने में सुन्दर था, आँखें जरा भूरी, नाक नुकीली और ऊँची। मैं उसकी उन दो बड़ी आँखों में मानो कश्मीर की सैकड़ों वर्ष की भूली हुई कहानी को फिर एक बार पढ़ने लगा। मैंने उसके पावने से कुछ ज्यादा ही दिया उसे।

उसने विदाई ली और घोड़े की लगाम थामे बड़ी दूर जाकर उसने एक बार उलटकर मेरी ओर देखा। शायद वह यह सोचता हो कि मेरा दिमाग सही नहीं है! लेकिन मुझे लगा, वह जैसे भाग जाए तो बच जाए!

वास्तव में प्राचीन कश्मीर छाया-सा मेरे पीछे-पीछे डोलता चल रहा था। वर्तमान के आवरण में ढका जो कश्मीर है, उसका कोई कीर्ति-कलाप मुझे दिखाई नहीं दे रहा था, इसका दुख हो रहा था। आज का कश्मीर प्रगतिवादी है। यहाँ किसी प्रतिक्रियाशील ने आज तक सिर नहीं उठाया। पुनर्निरीक्षण के द्वारा कोई यहाँ सुधारवादी भी नहीं बना। ब्राह्मणकुल में पैदा हुए शूहभट्ट ने सिकन्दर शाह के नाम से कश्मीर की हिन्दू-संस्कृति का नाश कर दिया था और दूसरे एक ब्राह्मण सेनापति भगवानदास ने सम्राट अकबर के द्वारा यहाँ मुगल राजत्व की नींव डलवाई थी—इन दोनों घटनाओं को इतिहास ने स्वीकार कर लिया। पहाड़ी दीवारों में बन्द कश्मीर की हिन्दू संस्कृति की दलदल में कश्मीरियों ने ही एक समय नया मन, नई भावना, नई कल्पना और संस्कृति तथा नया जीवन-दर्शन चाहा था। सम्राट ललितादित्य से बहुत पहले कश्मीरी ब्राह्मण कुमारजीव अपनी विद्या और पांडित्य के प्रसार के लिए चीन गए थे (384-417)। वे तरुण और बौद्ध दर्शन से अनुप्राणित थे। विद्या ही नहीं, चीन में उन्होंने एक नई वर्णमाला (new alphabet) चलाई थी। विद्या, मनीषा, पांडित्य, शास्त्र-रचना, वेद-व्याख्या, पुराण और माहात्म्य की विविध चर्चा तथा

अध्ययन में कश्मीर किसी समय भारत का शिरोमणि था। कुमार-जीव के दो सौ साल बाद ह्वेनसांग आए थे। उन्होंने कश्मीर में खड़े होकर कहा था—यह देश बड़े पुराने समय से विद्यावत्ता में प्रसिद्ध है।

लेकिन विद्या और ज्ञान-चर्चा के साथ कश्मीर में न तो था पौरुष, न वीर्य—साधना। आचार्यों की विद्या की तपस्या थी, वेदान्तों की सूक्ष्मातिसूक्ष्म व्याख्या थी, परन्तु उसके साथ क्षात्रशक्ति नहीं थी! शास्त्र तथा संस्कृति बड़ी थी, परन्तु उसके विधिनिषेध की कड़ाई से लोगों की नाक में दम था। जीवन की सभी तरह की व्याख्या ने सदा जड़ता और पंगुता को ही प्रश्रय दिया है। गांधी जी ने एक बार कहा था : 'मेरे घर की खिड़कियाँ दुनिया की ओर खुली रहें—बाहर से धूप-हवा आती रहे। वही मेरी सेहत है, वही मेरा स्वस्थ जीवन है!' लेकिन प्राचीन कश्मीर के आचार्यों ने अपने देश और जाति को घेरे में रखकर चारों ओर के कुल 26 'द्वार' को बन्द रखा। पहरा था कि बाहर से कोई न आए, कोई बाहर न जाए! इसका फल यह हुआ कि समाज में सड़ांध आ गई, प्रगतिवाद के अभाव में हिन्दू-संस्कृति बँधा पानी हो गई; शास्त्र, पुराण और माहात्म्य की नई उद्‌भावनाओं को राह नहीं मिली—भयंकर कट्टरता में जीवन सब प्रकार से पंगु और अपमानित होता रहा। समाज-जीवन में इतरता, गन्दगी, दुराचार और कपट का प्रादुर्भाव हुआ। उस व्यापक दुर्गति के बीच कभी-कभी बड़े-बड़े शक्तिशाली पुरुष आए—दुर्लभवर्धन, ललितादित्य, अवन्तीवर्मन तथा और भी कई। लेकिन कश्मीरी संस्कृति की उस दुर्बलता से जनसमाज का उद्धार नहीं हो सका। लिहाजा ह्वेनसांग से लेकर आधुनिक युग के अँगरेज तक कश्मीर के बारे में एक ही मन्तव्य कर गए : 'They were volatile and timid...they were good-looking but deceitful—they were fond of learning.' (Life of Huen Tsang)

'उत्तर मानस' का रास्ता 'उल्लाला सरस' से है—इस रास्ते का नाम हुआ है बोल या ऊपर से गंगाबल। 'क्रमराज्य' से माधवराज्य यानी बारामूला से श्रीनगर होकर अनन्तनाग! मगर मैं विभिन्न जगहों में पिछले युग के उन सौ बौद्ध विहारों को खोजता फिर रहा था। उन चार अशोक-स्तूपों की तलाश कर रहा था, जिनमें गौतम बुद्ध के देहावशेष सुरक्षित हैं। लेकिन अब उनका कुछ भी नहीं है। बुद्ध का दाँत लद्दाख में अलीशेर के हाथों नष्ट हुआ और देहावशेषों को बर्बाद कर दिया शूहभट्ट ने! मुझे उन हेलराज, जयेन्द्र, गोपादित्य, मेघवाहन और हलादित्य की याद थी। रानी सुगंधा और सूर्यमती को मैं नहीं भूला। भूला नहीं हूँ सुरवर्मन और यशस्कर को। यह मुझे याद है कि रानी दिद्दा के उन भैंस पालनेवाले

प्रधानमंत्री तुंग ने काबुल (तत्कालीन कपिष) की हिन्दू 'सहिया राजगोष्ठी' के एक राजा 'शाही' त्रिलोचन पाल की मदद में एक बहुत बड़ी सेना भेजी थी, जिनकी कि गजनी के महमूद के हाथों शिकस्त हुई थी। कश्मीर घूमते हुए ये मानो प्रेत-छाया की तरह मेरे पीछे लगे थे। जिन गिरि-शिखरों ने इन्हें घेर रखा है, वे भी मानो गर्व से सिर उठाए आ खड़े हो रहे थे। हरमुख, गगनगिरि, भैरवघाट, नौबन्धन, क्रमसारस, ब्रह्मसाकिल, सिद्धपथ, रतनपीर, कर्कटधार, ताताकूटी, नन्दनसायर, काजनाग—सभी। जाने क्यों, मेरा मन भेदवन में रोता फिरा—रोता फिरा पुराणाधिष्ठान, 'ज्येष्ठेश्वर, मार्तंड में और पद्मपुर, विष्णुपुर, भीमकेशव, तक्षकनाग, रानी अमृतप्रभा की कीर्ति अमृतभावन, लतिकामठ और वर्धनमहेश में। मैं देखता फिर रहा था एक आयुनाशा, कीर्तिनाशा, यशोनाशा—सर्वनाशी आर्य सभ्यता को, जिसकी बराबरी भारत के किसी भी राज्य में नहीं।

मुगल सल्तनत के अन्तिम ओर की अराजकता में से अफगानराज नादिरशाह ने बेहद जुल्मों के बाद कश्मीर को छीन लिया था (1739 ई.)। उसके 80 साल बाद महाराजा रणजीतसिंह ने काबुल के तत्कालीन अमीर दोस्त मुहम्मद के हाथों से कश्मीर का फिर से उद्धार करके पंजाबी सिक्खों के कब्जे में किया। रणजीतसिंह की मृत्यु (1838 ई.) के बाद सिक्ख और अँगरेजों में लड़ाई छिड़ी और सिक्ख राजत्व का अन्त हुआ (1845 ई.)। फिर अमृतसर समझौते के अनुसार डोगरा राजा गुलाबसिंह ने कश्मीर पर अपना प्रभुत्व किया (1846 ई.)।

इस डोगरा राजवंश के जो अन्तिम राज्यपालक हैं, उन्होंने केवल 18 वर्ष की उम्र में जम्मू और कश्मीर की गवर्नरी ली (1949 ई.)। उन्हें 'सदरे रियासत' कहा जाता था। कुछ ही वर्ष पहले कश्मीर के अन्तिम राजा हरिसिंह की मृत्यु के बाद उनके इकलौते बेटे श्री कर्णसिंह को महज कुछ दिनों के लिए पैतृक सूत्र से 'महाराजा' की उपाधि मिली। लेकिन उस अभिशप्त उपाधि को सम्भवत: खुद त्याग करके उन्होंने फिर 'सदरे रियासत' की ही उपाधि ली। सम्प्रति कश्मीर की जनता एवं उनके शासक वर्ग की इच्छा के अनुसार कश्मीर अभी शासन-यंत्र की धारा 370 के मुताबिक और-और राज्यों के समान है। कर्णसिंह राज्यपाल नियुक्त हुए। उनकी उम्र मात्र 34 साल की थी। राज्यपालों में वही सबसे छोटे थे।

कश्मीर से लौटने के पहले उनसे मिल लेना चाह रहा था, क्योंकि 1953 में उनसे मेरा परिचय हुआ था। दूसरे ही दिन सुनहले रंग में छपा चाय का एक निमंत्रण आ पहुँचा। लेकिन उसके कुछ ही घंटे बाद जब मैं पार्क होटल में 'कुंडू स्पेशल' के रसोईघर के आसपास घूम रहा था, तो 'करण-महल' से

दूसरा एक सुनहला कार्ड लेकर एक पत्रवाहक पहुँचा। खोलकर देखा, चाय के बदले सदरे रियासत ने दिन के भोजन के लिए बुलाया है।

डलगेट से दूर यूनाइटेड नेशंस के बड़े-से कार्यालय को पार करके काफी आगे जाने पर पड़ता है 'करण-महल'। मगर यह महल वैसा कुछ बड़ा नहीं है। हाँ, अहाता विशाल है। समतल श्रीनगर के एक किनारे यह एक कछुए की पीठ-सी उपत्यका और चारों तरफ से दीवार और पहरे से सुरक्षित है। मेरा खयाल है, भारत के कोई भी राज्यपाल इतने अधिक सशस्त्र पहरेदारों से घिरे नहीं रहते।

प्रासाद-प्रांगण में प्रवेश करने के बहुत-से रास्ते और हर रास्ता एक-एक विशाल तोरण। ये सब राजकीय हैं। नगर की सतह से कछुए की पीठ-जैसी यह उपत्यका लगभग 30 फीट ऊँची होगी। लेकिन ढलवें रास्ते से धीरे-धीरे मूल महल के आसपास पहुँचने से विशाल श्रीनगर चारों ओर से मानो अमरावती का द्वार खोल देता है! वहाँ से दूर-दूर तक समूची डल झील दिखाई देती है। डल के एक पार में हरिपर्वत, दूसरे पार में शंकराचार्य। दूर पर हरमुख और ब्रह्मसाकिल। उससे भी दूर पीरपंजाल अपने वन की शोभा और सौन्दर्य से अनुपम दीखता है। इधर टेढ़ी-मेढ़ी बहती है वितस्ता।

बाहर का सजा-सजाया बड़ा-सा कमरा मेरा चीन्हा-जाना था। लेकिन बैठके में बैठने से पहले डॉ. कर्णसिंह मुझे अपने अध्ययन-कक्ष में लिवा ले गए। अब वे 23 साल के वह तरुण युवक नहीं थे, अब उनकी बातों और कामों में व्यक्तित्व आ गया है। मैंने कहा, 'कहाँ, आपने तो अभी तक सिगरेट नहीं शुरू की!'

कर्णसिंह हँस पड़े। बोले, 'मैं जात-जमात से बिलकुल बाहर हूँ। कोई नशा नहीं कर सकता! मगर मैं 'टिटो-टैलर' नहीं हूँ, सबको सब कुछ 'ऑफर' करता हूँ। बात यह है कि यह अपनी-अपनी रुचि है!'

उन्हें मालूम था कि 'देवतात्मा हिमालय' में मैंने विस्तार से उनकी चर्चा की है। इसी सिलसिले में उन्होंने अपनी एक 'भ्रमण-पुस्तिका' मुझे भेजी थी। यह भी उन्हें स्मरण था। मेरे साथ आज 'देवतात्मा हिमालय' का एक जर्मन संस्करण था। उन्हीं के लिए ले गया था। उसे अपने हाथ में लेकर वे जोर से हँस पड़े, 'भाग्य का कैसा व्यंग्य है! न तो मैं बंगला जानता हूँ, न ही जर्मन! मगर आपने इसमें जरूर मेरे बारे में दो-चार अच्छी बातें लिखी होंगी! बंगला सीखने की इच्छा मेरी बहुत दिनों की है। आपने मेरी नई किताब तो नहीं देखी होगी। ठहरिए, अभी लाया...'

कर्णसिंह देखने में सुन्दर, सौम्य, मजबूत और लम्बे हैं। उनकी काली और बड़ी-बड़ी दो कश्मीरी आँखों को 'पद्मपलाशलोचन' कहने की इच्छा

होती है। चेहरे की श्री सुन्दर है। होंठ लाल। उनकी हँसी-खुशी, वयसोचित चंचलता, प्राणों का प्राचुर्य और हर बात को सरस बना देने का ढंग—यह सब बड़ा चित्ताकर्षक है। यह उल्लेख करना, जानता हूँ, अशोभन होगा कि उनके एक पाँव में जरा दोष है। चलने के पहले और बैठते हुए जरा खींचना पड़ता है। उनके बोलने की हार्दिकता और आचरण की स्वच्छन्दता बड़ा मनोज्ञ है।

दो-एक मिनट में उन्होंने जो किताब लाकर मुझे दी, उसका नाम है : 'Propet of Indian Nationalism : Political Thought of Sri Aurobindo Ghosh.'

कर्णसिंह ने एम.ए. पास किया सन् 1957 में और श्री अरविन्द के राजनीतिक जीवन की गवेषणा करके उन्होंने जो थीसिस पेश की—यह पुस्तक वही है। इसी पर उन्होंने दिल्ली विश्वविद्यालय से 'डॉक्टर' की उपाधि पाई (1961 ई.)। किताब विलायत में छपी।

बंगालियों का तीव्र जातीयतावाद, क्रान्तिकारी विचारधारा के प्रति बंगालियों का सहजात आकर्षण, उनका साहित्य, शिल्प, अध्यात्म जीवनवाद, मनीषा और प्रतिभा—इन पर कश्मीर के तरुण और शिक्षित युवराज कैसे आन्तरिक और मौन आकर्षण का अनुभव करते हैं, यह मैं सन् 1953 में देख गया था। उस बार परमहंस श्री रामकृष्ण और स्वामी विवेकानन्द पर उनकी असीम श्रद्धा मैंने देखी थी और अखबारों में उसे लिखा भी था। उसके फलस्वरूप पश्चिमी बंगाल सरकार ने उन्हें आमंत्रित करके कलकत्ता बुलाया था। कर्णसिंह इस बात को भूले नहीं थे।

वे बोले, 'पिछली बार आप दो चीजें नहीं देख गए थे। यह घर उस समय इकतल्ला था। अब दोमंजिला कर दिया है।'

'और दूसरी?'

'दूसरी चीज मेरी लड़की! छह साल की है। लेकिन एक तीसरी खबर भी है।'

मैंने उनकी ओर निहारा। वे हँसते हुए बोले, 'मेरे बच्चे का आज पचासवाँ दिन पूरा हुआ।' (25.9.65)

हँसकर मैंने कहा, 'यह लेकिन ऐतिहासिक बात है! डोगरा राजवंश का अन्तिम कुमार! अब आप युवराज नहीं हैं।'

कर्णसिंह फिर सावलोल स्वच्छ आनन्द से हँस उठे।

लद्दाख की बात आई। वे मुझे एक दूसरे कमरे में ले गए। वहाँ एक मेज पर कश्मीर का, जम्मू और लद्दाख का माटी का बना मानचित्र था। उत्तर में हिन्दूकुश, काराकोरम, सिनकियांग, पामीर। पूरब में तिब्बत, कुएनलान और

कैलास। कश्मीर और लद्दाख को हिमालय ने दो भागों में बाँट दिया है। जम्मू के दक्षिण पंजाब और हिमाचल प्रदेश।

हँसकर मैंने पूछा, 'इसमें आपका राज्य कितना बड़ा है?'

कर्णसिंह जोरों से हँस पड़े, 'लद्दाख समेत 84 हजार वर्गमील! इसमें पैठ पड़े हैं चीन और पाकिस्तान! उस राज्य का कितना रह गया है, इसका लेखा अभी लगाया नहीं गया है। लेकिन आधा-आधी शायद।'

उसके बाद स्वभावत: ही जो बातें आईं, वे सब एक-एक करके आईं : शेख अब्दुल्ला, बख्शी गुलाम, गुलाम सादिक, श्रीनगर की अगलगी में दो सिनेमाघरों का जल जाना, श्रीनगर में एक विश्वविद्यालय कायम करने की उनकी अशेष इच्छा और दिल्ली की उदासीनता।

शेख अब्दुल्ला 'शेरे कश्मीर' के सिवाय और भी कई पदवियों के हकदार हैं— आदि हँसी-मजाक की अनेक बातों के बाद खाने के कमरे में जाना पड़ा।

वहाँ जाने पर यह देखा कि भोजन के सारे ही पात्र एक-से हैं। मालिक के लिए कोई पक्षपात नहीं।

जरा ही देर में आ पहुँचीं कर्णसिंह की धर्मपत्नी श्रीमती यशोराज्यलक्ष्मी और उनकी छह साल की चंचल बेटी। स्त्री की उम्र 30 की होगी। उनका परिचय यह है कि ये तिब्बत की हैं—इनका पीहर वहीं है। लड़की देखने में सुन्दर है, पर उतनी अधिक गोरी नहीं।

राजवधू को मैं 11 साल पहले देख गया था—कर्णसिंह ने यह बात उठाई, लेकिन बहूरानी बच्चे को जन्म देने के बाद से अभी तक कुछ अस्वस्थ थीं। मुस्कुराकर एक समय वह चली गईं।

हम लोग खाने बैठे। लेकिन उस राजकीय भोज-सामग्रियों की तालिका स्वल्पान्न बंगाली समाज के सामने न ही पेश की तो!

बाद में डॉ. कर्णसिंह-लिखित वह अँगरेजी किताब 'श्री अरविन्द की राजनीतिक चिन्ताधारा' पढ़कर मैं अभिभूत हुआ था। किताब में उन्होंने श्री अरविन्द के 17 साल के (1893-1910) राजनीतिक कार्य और विचारों की बड़ी पांडित्यपूर्ण अलोचना की है। श्री अरविन्द को केन्द्र करके बंगाल का इतिहास, क्रान्ति-राजनीति, बंग-भंग, श्री अरविन्द की अध्यात्म-भावना और भावी काल के लिए उनकी वाणी, उनकी देशभक्ति के फल से उनकी 75वीं जन्मतिथि (15 अगस्त, 1947) के दिन भारत का स्वाधीनता-लाभ आदि-आदि विषयों पर बड़ी रोचक चर्चाएँ की हैं। लेकिन इससे भी बड़ी बात है, बंगाल की मनीषा के लिए उनका हार्दिक अनुराग और अकृत्रिम श्रद्धा। डेढ़ हजार मील

दूर बैठे एक राजकुमार बंगाली जाति के प्रति अपनी भावना में ऐसी दुर्लभ श्रद्धा रख रहे हैं—यह जैसे आश्चर्यजनक है जरा।

एक भरोसा था कि कलकत्ते का कोई अखबार शायद इनके हाथों नहीं आता; क्योंकि बंगाल की विधान सभा, विधान परिषद, कलकत्ता कॉरपोरेशन, मोनुमेंट के नीचे की सभाएँ या सुबोधमल्लिक स्क्वायर की जमघट—इन सबका विवरण पढ़ने से डॉ. कर्णसिंह समझ पाते कि राममोहन, विद्यासागर, माइकेल, बंकिम, रवीन्द्रनाथ, श्री अरविन्द—इन सबके बंगाल की कब की अकाल मृत्यु हो चुकी है। उन लाशों में अब सड़ांध आ गई है। उसकी बदबू से कौए, चील, सियार घूमा करते हैं।

भारतीय सामरिक विभाग के स्थानीय कार्यालय में कुछ काम था। कश्मीर छोड़ने से पहले उन्हें कर जाना जरूरी था। सो एक दिन सवेरे बादामी बाग के दफ्तर में पहुँचा।

मकान खासा बड़ा। तिमंजिला। इसके पीछे के हिस्से में भारतीय सामरिक विभाग का दफ्तर। सामने कश्मीर का सूचना-कार्यालय। एक ओर फौजी वर्दी में विभिन्न श्रेणी के अफसर गिज-गिज कर रहे थे—उन्हें देखने से डर लगता था। कौन किस राज्य का आदमी है, किसकी क्या भाषा है, जाति-परिचय क्या है—उनका पोशाक की आड़ में ये बातें दब गई हैं। उनकी गम्भीरता, बूटों की आवाज, सलाम करने का कायदा, खड़ा होना—सब कठिन नियम के मुताबिक। चारों ओर जैसे थमथम भाव। इधर-उधर से आते-जाते बदन छमछम कर रहा था।

दो कर्नल और एक मेजर से जरूरत थी मुझे। उनकी पोशाक में रंग-बिरंग के फीते, रस्सी और चिह्न। किसी-किसी के कन्धे या छाती पर सुनहले या रुपहले तारे। उनके करीब जाने में भी झिझक होती। कमरा, बरामदा, दफ्तर—सबमें जैसे मेरे ही मन की उत्कंठा जड़ी थी। मैं उन्हीं की गाड़ी से वहाँ गया था और बातचीत के बाद वही मुझे होटल में पहुँचा देंगे, यही तय था। लेकिन एक ने जब कुर्सी बढ़ा दी और एक ने जब चाय के लिए कहा, तो भरोसा-सा हुआ। खूब याद है, उतनी सर्दी में भी मैंने कपाल का पसीना पोंछा था। बाद में यह जाना कि उनका बाहर रूखे नारियल-सा होते हुए भी अन्दर मीठा मुलायम गूदा है।

बातों की बात यहाँ न भी करूँ तो हर्ज नहीं। महज आधे घंटे का काम था। कर्नल साहब ने कहा, 'तीसरे पहर चार-पाँच बजे आपके होटल में गाड़ी पहुँचेगी, कृपा करके आइएगा अवश्य।'

उस रोज एक तरुण मिलिटरी ड्राइवर जब मुझे पार्क होटल पहुँचाने आया, तो मैंने भी उससे कहा, 'शाम को 4-35 बजे मैं होटल की सीढ़ी पर सिगरेट पीते हुए इन्तजार करूँगा। कृपा करके आ जाइएगा।'

छोकरा सलाम बजाकर सों करके चला गया।

तीसरे पहर ठीक समय पर आकर उसने बादामी बाग के दफ्तर में पहुँचा दिया। कश्मीर के सूचना-कार्यालय से कुछ जरूरी कागज-पत्तर लेना था, सो मैं रास्ते की तरफ से घूमकर वहाँ गया। निदेशक महोदय मेरा इन्तजार कर रहे थे।

कश्मीरी सज्जन। पंडित ही हों शायद। लिहाजा बड़े ही सदाशय और वाक्य-रसिक। लेकिन चूँकि मैं इस समय फौजियों के संग उठता-बैठता था, इसलिए अभी काम की समझता था। हँसी-मजाक फिर होगा। वे भले आदमी लेकिन कौतुक से मुझे गौर कर रहे थे। मैं अपनी सूची के मुताबिक एक-एक कागज और पुस्तिका उनसे ले रहा था।

पन्द्रह-बीस मिनट हुए होंगे। हठात् कान खड़े हो गए। कहीं किसी ने गाना शुरू कर दिया था। गीत ही नहीं, सुर भी, जैसे मेरा जाना-चीन्हा हो। मैंने उन सज्जन से पूछा, 'दफ्तर के मुहल्ले में कहीं गाने-बजाने का अड्डा भी है क्या?'

'नहीं जानते हैं आप? अरे?' निदेशक ने घंटी बजाकर बैरे को बुलाया। कहा, 'इन्हें कर्नल साहब के यहाँ ले जाओ।'

कागज-पत्तर लेकर नमस्कार करके मैं उठा। दो-एक कमरा और दो-एक कॉरिडोर पार करके सीढ़ियों से मैं अपने उसी परिचित फौजी दफ्तर में पहुँच गया। लेकिन वहाँ मेरे लिए एक नाटकीय विस्मय प्रतीक्षा कर रहा था। सवेरे जहाँ कठोर-गम्भीर सामरिक लोगों की कठिन नियमानुगतता देख गया था, इस समय वहाँ एक शिथिल रसावेश का ललित मधुर रूप! जिस हॉल में सवेरे घुसते हुए रूमाल से पसीना पोंछा था, अभी वह तरुण बंगाली-बंगालिनों की नाच की महफिल था। एक जवान नाच सिखानेवाले सान्याल कई बड़ी-बड़ी बंगाली लड़कियों को नाच की अदाएँ बता रहे थे। और, अपने पैरों में घुँघरू बाँधकर जब उन लोगों ने नाचना शुरू किया, तो जिन खूबसूरत और कमीज पहने बंगाली सज्जन ने हारमोनियम में नाच की संगत शुरू की, वे सवेरे बहुत बड़े फौजी अफसर थे!

मैं तो अवाक् रह गया!

कर्नल अग्निहोत्री ने आकर जब जोर से मेरा स्वागत किया, तो मैं मानो

उन्हें पहचान नहीं पाया। बिलकुल सीधे-सादे भले आदमी। शोरगुल करते हुए जमादार साहब आए, आए मेजर शर्मा, आए लेफ्टिनेंट कर्नल। किन्हीं के पहनावे में वह डरावनी पोशाक न थी, फौजी अदब-कायदे का कहीं नाम न था।

मैं अवाक्! लेकिन उधर तब तक घुँघरू के साथ हारमोनियम पर धुन उठी थी : 'प्रलय नाचन नाचले जबे हे नटराज, जटार बाँधन पड्लो खुले'...(जब तुमने प्रलय का नाच नाचा तो हे नटराज, जटा का बन्धन खुल गया।)

कई लोग उठकर मेरे पास आए। मेरे बारे में उन्हें बहुत-बहुत कुतूहल था—बड़ी अर्थहीन उत्सुकता। ऑटोग्राफ-चाय-बिस्कुट पहले कौन दे! अब आगे आए नृत्यशिक्षक सान्याल (!), कहा, 'श्रीनगर में दुर्गापूजा के मौके पर आपको पाएँगे, यह किसी ने कल्पना भी न की थी।'

मेजर बसु बोले, 'न्योता छपने जा रहा है। प्रतिमा का उद्बोधन आप करेंगे। सभापति होंगे सदरे रियासत। सारा कुछ ठीक हो चुका है। हम सबका एकान्त अनुरोध है, आप...'

कर्नल अग्निहोत्री ने हँसकर कहा, 'यहाँ शाम चार बजे से रोज रिहर्सल चल रहा है। श्रीनगर में पूजा के अवसर पर बड़ी धूमधाम होती है।'

जमादार साहब ने ऊँचे गले से कहा, 'बहुत बड़ा पंडाल बन रहा है। नाच-गान, सर्कस, थियेटर—सभी आएँगे, शहर टूट पड़ेगा। मूर्ति बन रही है... ऑल इंडिया फंक्शन।'

उन बंगालियों में महिलाएँ बहुत तत्पर थीं। लेकिन उन्हीं में से एक प्रवीण सज्जन डॉ. कहाली ने मुझसे विशेष घनिष्ठ होकर बातें शुरू की थीं। मैंने उन्हें एक सिगरेट देने की कोशिश की कि हँसकर बोल उठे, 'यह क्या कर रहे हैं आप? मैं आपका गुरुजन हूँ।'

मैंने सिर उठाया कि वे फिर बोले, 'मैं आपकी छोटी साली का चचिया ससुर जो हूँ। यह रही मेरी स्त्री। आपसे कह नहीं पा रही हैं—कल रात हमारे यहाँ भोजन करना ही होगा।'

चचिया सास का न्योता टाला नहीं जा सकता। मगर कुल मिलाकर उस हो-हल्ला, हँसी-खुशी और परिचय के आदान-प्रदान में भी मेरे अचरज का घोर तब तक कटा नहीं था। मैं हतवाक् ही था।

दुख के साथ यह स्वीकार कर लूँ, अपने भ्रमण-काल में मैं कुछ छिपा-छिपा-सा रहने को मजबूर हो जाता हूँ। इससे घूमने-घामने की गतिविधि निर्बाध रहती है। पता नहीं क्यों, अपरिचय में स्वच्छन्दता का अनुभव करता हूँ। कहना न होगा, सब प्रकार के पाद-प्रदीप की जोत बचाकर एक दिन चुपचाप कश्मीर

से मैं निकल पड़ा था। दुर्गापूजा के आयोजन में भाषण मेरा न हो सका। हिमाचल प्रदेश की पुकार थी।

दूर से दूर चला जा रहा था—श्रीनगर से बाहर उपत्यका के भीतर से काजी कुंड पार करके। वितस्ता जाने किधर खो गई। फिर भी महाकवि का गीत जैसे मेरे कानों में गूँज रहा था : 'जाबार बेलाय पिछु डाके—भरा नदीर छाया तले छुटे बेड़ाय, खुँजे काके...पिछु डाके...'

क्या पता, कश्मीर पीछे-पीछे आ रहा है क्या? वह धूप और स्वास्थ्य से चमकता कश्मीर—किन्तु पीछे से पुकार रहा है क्या? उसके हजारों साल के रोने की कहानी और कुछ बाकी है क्या? गेरुआ विस्तता क्या फिर लाल होगी? शकुनि के पासे से फिर क्या उसका चीर-हरण होगा?

चारों ओर पहाड़ी शोभा, अरण्य, कान्तार, प्रान्तर में उसी अनोखे सौन्दर्य ने छाया डाली है। उस रोज की फीकी चाँदनी में 'कुद' से बटोट के डाकबँगले में पहुँचा। सबसे ऊँचे कमरे में डेरा डाला। बाहर बाँके चाँद की आभा छिटक रही थी। गम्भीर पेड़ों की फाँकों में कुछ दिख रही थी—थोड़ी धुँधली-सी—कश्मीर के भविष्य की तरह।

जम्मू, लाहौल, स्पीति

पीरपंजाल के अनेक दर्रों में से एक का नाम है—'बन्नाहल या बनिहाल या वनशाल'। बनिहाल की चोटी 12 हजार फीट से भी ज्यादा ऊँची है। इसी के 3 हजार फीट नीचे यानी अपर मुंडा में एक समय सुरंग बनाकर उसका नाम बनिहाल पास या नेहरू टनेल रखा गया था। लेकिन आगे यह देखा गया कि साल में चार महीने यह इलाका कठिन बर्फ से दुर्गम और दुस्तर हो जाता है। यह रास्ता मुगलों के जमाने का था। इन दिनों—इस रास्ते का उपयोग बहुत कम होता था, क्योंकि कश्मीर जाने के लिए रावलपिंडी-कोहाला, मुजफ्फराबाद, उड़ी का रास्ता ही सबसे अच्छा था। स्वामी विवेकानन्द, रवीन्द्रनाथ आदि इसी रास्ते से गए थे। कभी इसका नाम था 'झेलम वैली टाँगा रोड' यानी स्वामी जी घोड़ागाड़ी से श्रीनगर पहुँचे थे। वह ब्रह्मचर्य व्रत घाटी राजा प्रतापसिंह का समय था—सन् 1885 के बाद।

पाकिस्तान बन जाने के बाद अधिकारियों ने सोचा, रावलपिंडी वाला रास्ता जब बन्द हो गया, बात-बात में पाकिस्तान की चुटकी पर हमलावर इधर आ धमकते हैं, तो अपर मुंडा को छोड़कर लोअर मुंडा में दूसरा एक सुरंग-पथ बना लेना अच्छा है। जम्मू-कश्मीर आने-जाने का रास्ता सुगम होना जरूरी है। पंडित नेहरू ने भी प्रोत्साहित किया। यह योजना शेख अब्दुल्ला और नेहरू जी की थी, लेकिन उसे पूरा किया अब्दुल्ला की गिरफ्तारी के बाद नये प्रधानमंत्री बख्शी गुलाम मुहम्मद ने। सुरंग-पथ का नाम पड़ा—नेहरू टनेल। इस सुरंग की यह खूबी है कि आने-जाने की दो अलग-अलग सुरंगें हैं। लम्बाई इसकी डेढ़ मील है। आधुनिक विज्ञान का ऐसा श्रेष्ठ और सार्थक निदर्शन कश्मीर में दूसरा नहीं है। अब यह सालों-भर खुला रहता है। और इसके बन जाने से 17 मील की दूरी कम हो गई है। टनेल के इस पार कश्मीर, उस पार जम्मू। भारत में भी इस सुरंग की कहीं जोड़ी नहीं है।

जम्मू के अरण्य-पर्वत में शरत की हरियाली का ऐश्वर्य निखरा था। यह देवी-पक्ष की तृतीया तिथि थी। सामने के प्रांगण में देवदारु और चीड़ के विशाल वन में देखते-ही-देखते एक धुँधली और अस्पष्ट चाँदनी उतर आई। उस उदार गम्भीर वनराजि के ऊपर उस फीकी-सी चाँदनी की मधुर जोत ने सब कुछ को जैसे रहस्यमय बना दिया और मेरी आवारा कल्पना उस चराचरव्यापी रहस्यलोक में सम्भव-असम्भव, सब प्रकार की कविता की व्यंजना खोजती रही। और आखिर जंगली भालुओं के अचानक आ पड़ने की सोच, डर से बरामदे पर चला आया।

जात-कश्मीरी लोग शायद चाँद-रसिक होते हैं। इसीलिए घंटे-भर में बिजली की सारी बत्तियाँ दप् से गुल हो गईं। और, निरुपाय पर्यटकों ने थम-थम करते अँधेरे में सुन्न घसीट लिया। मेरा बालक नौकर शशांक इस कश्मीरी कौतुक को जानता था। सो उसने हिफाजत से रखी मोमबत्ती और टॉर्च निकाल ली।

दूसरे दिन दोपहर में तीखी और धूल-मलिन धूप में जम्मू के भीड़-भरे बाजार के इलाके में जा पहुँचा। इन दिनों जम्मू की जनसंख्या और काम-कारबार बहुत बढ़ गया है। जम्मू के रास्ते ही कश्मीर की सारी रसद पहुँचाई जाती है। इसका झमेला हर पर्यटक को मालूम है। लेकिन सुविधा यही है कि पहाड़ी संकट और सँकरा पहाड़ी रास्ता जम्मू के बाद पठानकोट की ओर फैला है। नदी यहाँ नाना शाखा और नालों में फैल जाती है।

मैं हिमाचल राज्य में प्रवेश करने जा रहा था। बहुत दूर। कश्मीर उपत्यका

की सबसे प्रधान नदी है विस्तता और बाकी सब नदियाँ उसी में जा मिली हैं। उसी प्रकार जम्मू की प्रधान नदी चन्द्रभागा या चिनाब है (चेन्-आब यानी पत्थर का पानी)। इस नदी का जन्म पूर्वोत्तर पंजाब की लाहौल उपत्यका के हिमवाह से हुआ है। लाहौल से आगे केलंग जनपद के पश्चिम पार से सीधे उत्तर जम्मू की अन्तहीन पर्वतमालाओं के नीचे-नीचे नीले रंग की यह नदी चन्द्रभागा कृष्टोवर (प्राचीन काष्ठवत्) नगर के पश्चिम एक दूसरी नदी से मिल गई है। कृष्टोवर सदा से पहाड़ी राजाओं के अधीन रहता आया है। बहुतों का खयाल है, प्राचीन आर्यजाति का एक बड़ा हिस्सा कभी यहाँ उपनिवेश बनाकर बस गया था और उन्हीं के वंशावतंसों को आज भी दक्षिण की पांगी पर्वतमाला के आसपास देखा जा सकता है। कृष्टोवर का इलाका खाद्य वस्तुओं के लिए आज भी प्रसिद्ध है। यहाँ का फल, घी, मक्खन, दूध और दुम्बा बड़ा लोभनीय है। रामबान से दोदा जनपद तक पहाड़ी रास्ता चरना गया है, वहाँ से कृष्टोवर जाया जा सकता है। दूसरा एक रास्ता बसोली तथा भद्रावा से चन्द्रभागा नदी की ओर चला गया है। नदी पार करके कृष्टोवर। यहाँ की प्राकृतिक शोभा किन्नर देश के माया-कानन की याद दिलाती है।

मैं एक के बाद दूसरी नदी पार करता जा रहा था। पठानकोट से एक रास्ता उत्तर-पूरब से रानीखेत की ओर चला गया है। उसके बाद वही रास्ता दो होकर एक इंग-मुस्लिम पहाड़ी शहर डलहौजी और दूसरा बायें से प्राय: 32 मील आगे जाकर इरावती पार करके चम्पावती में पहुँचा है।

तीसरा एक रास्ता जम्मू से अखनूर, रियासी, राजौरी या पुराना राजापुरी होते हुए पुंच को गया है। अखनूर में दो बने रास्ते का संगम जम्मू और कश्मीर के बीच की एक बहुत बड़ी घाटी है। यह कश्मीर की युद्धविराम-रेखा के समीप है। यहाँ से दक्षिण-पश्चिम छम्ब और जोरियान की सीमान्त घाटियाँ हैं।

चम्पावती पहाड़ी हिन्दू राज्य तथा मन्दिरप्रधान है। इस राज्य की प्राचीन राजधानी भरमौर थी, अब चम्पावती है। यह हिमाचल राज्य का उत्तरी हिस्सा है। यहाँ का मणिमहेश का मेला, चम्पानगरी के लक्ष्मीनारायण का मन्दिर भूरीसिंह अजायबघर—ये बड़े प्रसिद्ध हैं। मणिमहेश के विशाल सरोवर में स्नान करने के लिए साल की खास-खास तिथियों पर बड़ा मेला लगता है। यह सरोवर 'गंडाल' उपत्यका में है। ऊँचाई प्राय: 12 हजार फीट है। ऐसी ही एक उपत्यका पांगी गिरिमाला के बीच में है। लेकिन वह बहुत दूर है। चन्द्रभागा के उत्तरवाले प्रवाह-पथ से 'किलर' नाम के बड़े ही ऊँचे जनपद से वहाँ जाया जाता है। यह जनपद पांगी की मुख्य घाटी है। यहाँ पहाड़ी भालू, जंगली और बड़े-बड़े

सींगों वाले हरिन, कस्तूरी लम्बे रोयेंवाले बकरे, भेड़िये और चीते आदि मिलते हैं। भंडाला से 10-11 मील आगे लांगेयार जनपद जाने पर जम्मू की सीमा है। लेकिन ये अन्तिम इलाके बड़े दुस्साध्य हैं। इन इलाकों में घूमने का सबसे अच्छा समय अगस्त और सितम्बर है। वीरता तथा दुस्साहस से ज्यादा जरूरत धीरज और कष्टसहिष्णुता की पड़ती है। इस अभियान में उतरना पड़ता है साच नाम के दर्रे को पार करके।

हिमाचल राज्य की भौगोलिक स्थिति बड़ी कौतूहलजनक है। उत्तर से दक्षिण आने में पंजाब के एक हलके को पार किए बिना नहीं चल सकता। इसी हलके का नाम काँगड़ा है। यहाँ हिमाचल को जो गगनचुम्बी पर्वतमाला दो भागों में बाँटती है, उसका नाम धौलाधार है। ऐसा सुन्दर और मोहक, ऐसा महिमामंडित और गर्वोन्नत, ऐसी नील जटा से सुशोभित राजर्षि-रूप हिमालय में और नहीं है। इस धौलाधार गिरिमाला के नीचे-नीचे छवि-सी अंकित काँगड़ा उपत्यका मुझे जाने कितनी बार अपने रहस्यलोक में खींच ले गई है। एक-एक करके नूरपुर की पशमीना की हाट, कालीधर की ज्वालामुखी, काँगड़ा की ब्रजेश्वरी, नगरोटा और पालमपुर की अनोखी वनशोभा को पार करता गया हूँ। धौलाधार की एक तरफ जैसे इरावती को पार किया, दूसरी तरफ वैसे ही पार की है विपाशा—उसी विपाशा की चट्टानों से टकराते स्रोत की घूर्णी में घूमा किया है मेरा मन। पृथ्वी बार-बार अचरज की लगती रही। विभिन्न नामों से बँटकर इसी धौलाधार ने पंजाब से हिमाचल राज्य का विच्छेद कराया है और उसी से काँगड़ा उपत्यका बिखर-सी गई है। धौलाधार से एक ओर जैसे निकली है हाथीधार और वीरबंगहाल, दूसरी ओर वैसे ही फैली है पपरोलाधार और सिकन्दरीधार। यहाँ एक बार मुझे ठिठक जाना पड़ा! 'सिकन्दर' शब्द उत्तर हिमालय में खूब प्रचलित है। मंडी से दूर पहाड़ की तरफ बढ़ने में इस सिकन्दरी धार की चोटी बहुत-कुछ जैसे सामने आ खड़ी होती है। मेरा खयाल है, 'सिकन्दर' शब्द का तुर्की माने 'दिग्विजयी' है! उत्तर कश्मीर का एस्सेनी या यासेन, इनका देश या नागर, पामीर, चित्राल आदि अंचलों में प्राचीन काल के दिग्विजयी सम्राट अलेक्जेंडर सिकन्दर नाम से परिचित है। मध्य एशिया के अन्तर्गत सोवियत-शासित वर्तमान समरकन्द नगर से दूर-दक्षिण पूर्व में जिस एक धूसर पर्वत को देखा था, उसका नाम था 'सिकन्दर पीक' या 'अलेक्जेंडर हिल'। मंडी शहर से कुछ मील आगे जाने पर आज भी दबी-दबी जनश्रुति सुनने में आती है—पास के पहाड़ी जंगलों में सम्राट अलेक्जेंडर ने एक किला बनवाया था। जंगल में उसका खँडहर आज भी मौजूद है। आजकल उस किले

में सिर्फ राजबोड़ा साँप चरते फिरते हैं, भयानक सरीसृप, अजगर, काले भालू, पहाड़ी चीते, काले बिच्छू! एक अँगरेज पर्यटक—जी.टी. विगने—एक बार इसकी खोज करने गए थे।

आठवीं सदी में काँगड़ा में चन्द्रवंशी राजत्व था, मगर उसकी कहानी भी अब कोई नहीं सुनते। बल्कि 11वीं सदी के शुरू में महमूद गजनी ने काँगड़ा का किला जीतकर ब्रजेश्वरी मन्दिर को लूटा था (1009 ई.), उसको बहुत लोग याद करते हैं। जिस आदमी ने सत्रह-सत्रह बार एक देश की धन-दौलत लूटी और अपने देश लौट गया, उसको सदा गाली देने की बजाय भारत की गिरी हुई जनता की भीरुता और जनानेपन की आलोचना करना ही वाजिब है। महमूद गजनी की विजय-यात्रा के साथ विश्वविख्यात ऐतिहासिक लेखक अलबरूनी आए थे। उनके-जैसे निरपेक्ष और उदार बुद्धि पर्यवेक्षक ने जो कुछ लिखा है, बीच-बीच में उसे पलटना अच्छा है। उत्तर भारत के हिमालय प्रान्त में सैकड़ों वर्षों तक जो अगणित राजे इस-उस पहाड़ में राज कर गए हैं, रोज सवेरे जगकर उनका नाम नहीं लेना ही उचित है। मध्ययुग में जैसा था कश्मीर, वैसा ही था पंजाब और हिमाचल। प्रजापीड़न, जनशोषण, दुर्नीति, वर्णविद्वेष, भेद-भाव और स्वेच्छाचार और व्यापक अराजकता—यह उत्तर हिमालय के हिन्दू राजाओं का युग-युग का इतिहास है!

पंजाब और हिमाचल के अन्दर से बहती हैं चन्द्रभागा, इरावती, विपाशा और शतद्रु। इन चारों नदियों की धाराएँ आज भी उस युग की कलंक-कथाओं को ढोती चल रही हैं। 19वीं शताब्दी में आकर अँगरेजों ने उन कलंकवालों के माथे पर हाथ फेरकर एक-एक करके उनके हाथों से अधिकार छीन लिया था। और यह शायद अच्छा ही किया था, क्योंकि लाखों-लाख लोग रोज-रोज के जुल्मोसितम से बच गए। काँगड़ा की इस शोभामयी उपत्यका में घूमते हुए डरते-डरते यह सोचने को जी चाहता है कि उत्तर हिमालय के इस भूखंड में हिन्दू-राज्य की चरम गिरावट, दुर्गति, वर्ग-विद्वेष, आपसी लड़ाई और अनाचार के समय एक समय बाहर से पठान और मुगल आ खड़े हुए और फिर हिन्दू-मुसलमानों के आपसी झगड़े, वैर, अराजकता, जाति-वर्ण-विद्वेष और साम्प्रदायिक लड़ाई के चलते बहुत दूर से आकर दोनों के बीच खड़े हो गए अँगरेज। और, अब यहाँ से बोरिया-बसना समेटते वक्त वे दोनों में देश को बाँट गए—खैर, एक समझौते के बाद। लेकिन तत: किम्? पिछला इतिहास क्या फिर घुल उठा है उत्तर हिमालय में? कश्मीर, हिमाचल और पंजाब में क्या फिर उसी इतिहास की पुनरावृत्ति होगी?

हिमाचल राज्य और लाहौल-स्पीति का 'गद्दी' सम्प्रदाय यहाँ की जनता का एक बहुत बड़ा अंश है। मूलत: ये पहाड़ी हैं, जैसे कुमायूँ के गढ़वाली। ये गरमी के डर से समतल में नहीं उतरते और उतरते भी हैं तो स्वस्थ नहीं रहते। कश्मीरियों की तरह ये 'गद्दी' भी मुख्यतया हिन्दू हैं और उनका एक काफी बड़ा अंश ब्राह्मण भी हैं। इनकी जिन्दगी भी बहुत हद तक यायावरों (semi nomads) की तरह पहाड़ों में बीतती है। गर्मियों में ये ज्यादातर लाहौल-स्पीति की ऊँची उपत्यका में रहते हैं—जिसकी ऊँचाई 10 से बढ़ते-बढ़ते 20 हजार फीट तक पहुँच जाती है। ये सदा के स्वच्छन्द हैं। तिब्बत के हूणदेश, लद्दाख के रूपसू और जस्कर इलाके में इनका बेरोक आना-जाना होता रहता है। ये मेरुवर्धन या वारवन उपत्यका या पाँगी पर्वतमाला के नीचे-नीचे जम्मू चले जाते थे और वहाँ से कश्मीर के पर्वत-पहाड़ों में। बर्फीली घाटी में जाकर ये जौ, भुट्टा, चना आदि की खेती करते हैं और सर्दी पड़ने लगती है तो नीचे (5-6 हजार फीट के आसपास) उतर आते हैं। काँगड़ा उपत्यका में इनके बड़े-बड़े उपनिवेश हैं। ये बड़े ही सरल, सत्यवादी और भले होते हैं। राष्ट्र के झगड़े और सामाजिक झमेलों से इन्हें कोई वास्ता नहीं। इनका सबसे बड़ा काम है पशुपालन! भेड़-बकरी के बड़े-बड़े झुंड लेकर ये दुर्गम और बीहड़ पर्वतों में चले जाते हैं। जितनी ही ज्यादा सर्दी, उतना ही ज्यादा ऊन होगा। खास-खास जाति की भेड़-बकरियाँ खास-खास ऊँचाई पर भिन्न-भिन्न कोटि के पशम-पशमीना का उत्पादन करती हैं। लाहौल और स्पीति में ऐसे बहुत-से इलाके हैं, जहाँ गद्दी लोग कुछ कुशल कुत्तों के पहरे में भेड़ों को छोड़कर खुद खेती-बारी के लिए और कहीं चले जाते हैं। तिब्बत, हिमाचल, कुमायूँ या नेपाल, सिक्किम—इन जगहों में भेड़-बकरियों के झुंड के प्रधान पहरेदार कुत्ते ही होते हैं। ये कुत्ते हर भेड़-बकरी पर सजग निगाह रखते हैं। दल से इधर-उधर पाँव बढ़ाने पर भौंक की फटकार पड़ती है। ये बड़े खूँखार होते हैं—नजर और घ्राणशक्ति बड़ी तेज होती है इनकी। पहाड़ी भालू या दूसरे जानवर पास फटकने की हिम्मत नहीं करते। ये ज्यादातर लोमश होते हैं और अधिकांश आकार में बहुत बड़े। उत्तर सिक्किम की जंगली घाटियों अथवा सूने तिब्बत के अँधेरे प्रान्तर में जिन्होंने इनकी भौंक नहीं सुनी, या उनका पहरा देना नहीं देखा, उन्हें इनका स्वभाव समझाना कठिन है।

गद्दी ब्राह्मण खेती करते हैं, शिव और शक्ति की पूजा करते हैं और पशु-बलि का नियम भी पालते हैं। संसार में प्राय: सभी ठंडे मुल्कों में मांस-भोजन का रिवाज है। ये गद्दी भी वैसे ही पशु-बलि देकर महाप्रसाद के रूप में मांस

खाते हैं। सच पूछिए तो लाहौल-स्पीति या काँगड़ा में पशुपालक का मतलब ही गद्दी होता है। गद्दी का मूल शब्द है गदर (भेड़) और उससे 'गदरिया'। उसी का अपभ्रंश है गद्दी।

वास्तव में अखंड भारत में पंजाब प्रदेश भारत का वृहत्तम अंश था। पठान और मुगलकाल में जो राजपूत-गोष्ठी विभिन्न पर्वतखंडों में छितरा गई थी, बाद में उसके बड़े अंश को ही पंजाबी भी कहा गया। जैसे काँगड़ा के पंजाबी राजपूत। जैसे पूर्णिया, कटिहार, दरभंगा, भागलपुर, सन्ताल परगना, मानभूम, सिंहभूम, दलभूम आदि अंचलों के अधिकांश हिस्से के अधिवासियों को अब बंगाली के बदले बिहारी कहते हैं। उसी रूप में बृहत्तर पंजा़ब का एक अंश है जम्मू; क्योंकि जम्मू के अधिवासी मूलत: पंजाबी हैं। इधर पूर्व पंजाब की ओर पंजाब की शेष सीमा अँगरेजों ने ही एक समय (1849 के बाद) तिब्बत तक खींच दी थी—लाहौल-स्पीति जिले में। लेकिन यह हिम-पर्वतमाला से भरा और आबादी से सूना प्रान्त सदा से भारतीय लद्दाख के अन्तर्गत था—10वीं सदी से यह और भी साफ था। लेकिन पांडववर्जित यह विशाल तुषारभूमि—रोटांग के दर्रे से खड़े होकर जिसकी ओर मैं देख रहा हूँ—लद्दाख से क्यों अलग हुई, उसका असली कारण अलेक्जेंडर कनिंघम सन् 1854 में बता गए हैं। उनके शब्द यहाँ अप्रासंगिक न होंगे : 'सन् 1849 की लड़ाई के परिणामस्वरूप (इस युद्ध में अँगरेजों से सिक्खों की हार हुई थी) राजा गुलाबसिंह लद्दाख के शासक बने—वे अगर पिछली प्रतिहिंसा के लिए तिब्बत पर आक्रमण करने के लिए लुभाएँ, तो अपने इलाके और पहाड़ी सामन्त राज्यों में तिब्बती पशमीना का काम-कारबार बन्द हो जाएगा। इसके सिवा चीन के सम्राट को यह समझाना मुश्किल होगा कि भारत और कश्मीर—इन दोनों के शासकों में काफी फर्क है। ऐसी स्थिति में यह उचित है कि लद्दाख और तिब्बत के बीच दोनों तरफ की राष्ट्र-सीमा सही-सही तय हो जाए, जिससे भविष्य में इसके लिए विरोध की गुंजाइश न रहे—ब्रिटिश सरकार की यही कामना है। इस सिद्धान्त के अनुसार सन् 1849 के अगस्त में लद्दाख और तिब्बत के बीच की पुरानी सीमा तथा गुलाबसिंह और ब्रिटिश इलाके की सीमा तय करने के लिए दो अफसरों की बहाली की गई (deputed)। इसकी विशेष आवश्यकता थी। हम नूरपुर (काँगड़ा में पशमीने का बहुत बड़ा केन्द्र) दखल करने के बाद यह देख रहे हैं कि कश्मीर से कोई भी पशम नहीं आ रहा है—आता है पहाड़ी सामन्त राज्य से। युद्ध के बाद यह मैंने ही बता दिया कि लद्दाख के अधीनस्थ इलाके गुलाबसिंह के कब्जे में छोड़कर मानो हमने ही हमारे बीच होड़ का क्षेत्र बना

दिया। क्योंकि शतद्रु के किनारे हमारी तरफ अपना इलाका और उधर पशमीना निर्यात का केन्द्र तिब्बती चानथान इलाका है।'

कनिंघम साहब को आशंका यह थी कि कहीं गुलाबसिंह लाहौल-स्पीति होकर तिब्बती चानथान का सारा कीमती पशम और पशमीना जम्मू से खींच न लें। इसीलिए जैसे-तैसे लद्दाख का पूर्वी हिस्सा (रूपसू समेत) गुलाबसिंह को समझाकर उसके बदले चतुर अँगरेजों ने लद्दाख का स्पीति जिला ले लिया।

लाहौल-स्पीति जिले को पहाड़ी सामन्त राजाओं के जिम्मे न छोड़कर अँगरेजों ने अपने हाथ में रखा, यानी वह पंजाब के साथ जुड़ गया। धौलाधार के नीचे के इस योजक-स्थान का नाम है काँगड़ा उपत्यका। किन्तु इस उपत्यका के उत्तर और पूरब में धौलाधार की उत्तुंग चोटी को पार करने के लिए हिमाचल राज्य में प्रवेश किए बिना कोई उपाय नहीं। काँगड़ा जिले की कुल्लू घाटी उत्तर में शिवराज पर्वत-शिखर के नीचे विपाशा की उपत्यका मनाली के नीचे खत्म हुई है।

मनाली छोटा-सा जनपद है—मील-भर लम्बा होगा। यह दक्षिण से उत्तर को ढलवें से ऊपर उठ गया है। उस जंगली घाटी के देवदारु-वन से दो पहाड़ी धाराएँ—मनाली और शर्वरी—बहती हैं। ये दोनों उपनदियाँ कुल्लू शहर के किनारे विपाशा से जा मिली हैं। कुछ दूर और जाने पर दूसरी एक उपनदी 'पार्वती' ने विपाशा को जलांजलि दी है, मणिकरण के निकट समतल में—जहाँ एक उत्स से उबलता हुआ गंधक-पानी निकलता है।

मनाली से मैं 'रोटांग' (13,326 फीट) दर्रे की ओर जा रहा था। यह शिवराज पर्वत का शिखरलोक है। नीचे की ओर एकान्त वनमय नदी—देवदारु और चीड़ की छाया-तले मनाली और शर्वरी नदी निकली है। उनकी जन्म-कहानी मामूली-सी है। रोटांग के शिखर से झरझराती जलधाराएँ उतरती हैं और एक से दूसरी मिलती हैं—जिनका कोई परिचय नहीं। उसी सम्मिलित धारा को दो-तीन पनचक्कियाँ बिठाकर उपयोग में लाया जा रहा है। पानी के स्रोत के धक्के से पत्थर के एक घर में काठ की चक्की घूमती है और उससे जौ, गेहूँ, भुट्टे की पिसाई होती है। पहाड़ के नीचे अगल-बगल गद्दियों के दो-तीन घर, जिनका आधुनिक काल से कोई नाता ही नहीं। थोड़ी-सी शाक-सब्जी, विभिन्न फल, आटा या चावल, भेड़ या बकरी का दूध या मांस—यही उनका भोजन। पहनने के सूती कपड़े फल बिक्री करके ले आते हैं—जिसकी कीमत आजकल ज्यादा है। घर में वे तकली चलाते हैं। अपने हाथों लोम से कम्बल या जाकेट बना लेते हैं। जीवन-प्रणाली बहुत सहज है।

लोगों के लगाए बाग-बगीचे कहीं नहीं हैं। जैसा-तैसा ही है, जैसा हजारों-हजार साल से रहता आया है। स्तब्ध जंगल, सिर ऊँचा किए शिवराज, कल्प-कल्पान्तर के तपस्वी का आदिसृष्टि का भाष्य मौन हो मानो। मैं मानो अपने अन्तस्तल में उस निस्तब्धता का बीजमंत्र सुन पा रहा था। अरण्य के छाया-मौन में वायु-मर्मर, अचानक कभी किसी चिड़िया या सरीसृप की आवाज और नहीं तो नदी की उल्लास-ध्वनि—और इन्हीं से मिली मेरे कलेजे की धड़कन। यह अपार सन्नाटा जैसे अन्तहीन काल का एक विस्मय, वेदना जगाती हो—अनिर्वचनीय का परम आस्वाद मानो भूखे मन को बार-बार छू जाता हो! यह देवलोक है—सभी कहते हैं। लेकिन दिन की तीखी धूप के बावजूद देवदारु-वन के नीचे छायान्धकार चमक रहा है। उसी में मेरा देह-मन बारम्बार चक्कर खा रहा है! वहाँ के विशाल उद्दंड देवदारु की महिमा को देखकर ही क्या देवलोक कहा जाता है? अरण्य-अटवी की आदिम रहस्यधारा से मिलकर हर लता-पत्ते में, जड़-कोटर में, गुहा-गह्वर में, पत्थर और जलधारा में जो अनादि-अनन्त प्राणलीला नित्य उच्छ्वसित है, उसी को क्या देवलोक कहा जाता है? यह मानो मनाली के आसन पर शिवराजशीर्ष एक स्तवसा बैठा है।

मैं उधर लौट चला, जहाँ बस्ती थी, जिधर मनुष्य की आवाज स्तब्धता को भंग कर रही थी। मनाली मानो हिमालय का एक अन्त:पुर हो। यहाँ का प्रत्येक वन संरक्षित है, फल का हर बगीचा जैसे तसवीर हो। एक सौ साल पहले यहाँ एक ब्रिटिश फौजी कर्मचारी आए—शायद अँगरेज मिस्टर बेनन। वे और उनके सहकर्मी मिस्टर ली—यहाँ स्थानीय दो स्त्रियों से विवाह करके यहीं बस गए। उस बेनन परिवार की यहाँ खासी प्रतिष्ठा है। अब वे बहुत-से स्टेट के मालिक हैं। उनके बहुत-से फलों के बगीचे और गेस्ट-हाउस हैं।

मनाली से एक रास्ता 13 मील आगे नदी पार करके रोटांग की ओर गया है। यह रास्ता मोटर का है। घूमती-घामती यह सड़क ऊँची उपत्यका पर उठ गई है। ऊपर पहाड़ी मैदान है। दर्रे को पार कर जाने से क्षितिज के द्वार खुल जाते हैं चारों ओर। पूरब में स्पीति या पिति की शुभ्र चोटी—जिसके पीछे है तिब्बत का हूण प्रदेश। दक्षिण में हिम-प्रान्तर पार कर जाने पर हिमाचल का बुशहर शहर मिलता है, जिसका मूल नाम किन्नरभूमि है। स्पीति के उत्तर लद्दाख का अंगदेश रूपसू। उत्तर-पश्चिम में लाहौल अंचल, जिसका प्रधान पार्वत्य जनपद है केलंग और जहाँ 'बड़ालाचा' दर्रा पार करने पर लद्दाख की जस्कर उपत्यका मिलती है। लाहौल और स्पीति उपत्यका बलुआहे पत्थरों से भरी है। लेकिन तिब्बत की तरह इस इलाके में भी बीच-बीच में हरी-भरी फसलों के खेत हो

जाते हैं। गद्दी लोग यहाँ खेती करने आते हैं। उनके सिवाय लाहौली यायावर चम्बा हैं। यहाँ तिब्बती-मंगोलीय लहू का सम्मिश्रण हुआ है—भाषा विकृत हो गई है। लाहौल-स्पीति जिले में हिन्दू और बौद्ध संस्कृति का सम्मिलित चेहरा साफ नजर आता है। हिन्दुओं के मन्दिरों में बौद्ध-जैसे अनुष्ठान और बौद्ध गुम्फा में शैव और शाक्त प्रभाव—यहाँ की विशेष विशिष्टता है। शतद्रु की एक उपनदी 'डंकर' के किनारे किलानुमा जो एक बौद्ध गुम्फा नजर आती है, वह स्पीति अंचल का प्रधान परिचय है। यह गुम्फा बहुत-कुछ मानो शाक्तवादी है और काँगड़ा से प्रभावित है। इसीलिए यहाँ पशु-बलि होती है।

लाहौल-स्पीति पंजाब की अन्तिम सीमा है। यह ऊँची उपत्यका साल में ज्यादा दिन तुषार-भूमि बनी रहती है। यहाँ वर्षा बहुत कम ही होती है। पहाड़ी इलाका वनमय नहीं है। लद्दाख का समगोत्री ही है यह इलाका। दिन में तीखी गरमी, रात में शुरू से अन्त तक बर्फीली सर्दी। चमरी और झब्बू का दूध मिलता है और चमरी के दूध का मक्खन उम्दा होता है। रोटांग पास पार करने पर एक-एक करके चन्द्रभागा, इरावती और विपाशा का उत्सस्थल खोजा जा सकता है। इन सबका उत्स एक-एक विशाल चिरस्थायी हिमवाह में है।

रोटांग पास से दस मील उतर आने पर बायें हाथ पड़ता है वशिष्ठ मुनि का आश्रम और रघुनाथ जी का मन्दिर। पंडित नेहरू यहाँ दो-एक बार आए थे। उन्हें यहाँ लाने के लिए 'भुन्तार' नाम के प्रान्तर में हवाई जहाज उतरने योग्य एक जगह तैयार की गई थी। वह कुल्लू से बाहर की ओर है। आजकल हवाई जहाज से दिल्ली-कुल्लू आया-जाया जा सकता है।

मुनि वशिष्ठ राजर्षि थे। एक समय उन्होंने हिमालय के अनेक दुर्गम स्थलों में तपस्या की थी। लेकिन वे वास्तववादी थे, इसलिए उन्होंने अपनी तपस्या के बारह क्षेत्रों में बारह आश्रमों का निर्माण किया था। मनाली का आश्रम उनमें से एक है। लेकिन मनाली से यह तीनेक मील दूर पहाड़ पर है। उस समय राजर्षि ने यह सोचा भी न होगा कि उनके इस पहाड़ी आश्रम के बगल से सड़क बनेगी और बीसवीं सदी में उस पर मोटर दौड़ा करेगी। इन प्राचीन और पत्थरों के कमरों में से एक में ब्राह्मण वशिष्ठ की मूर्ति है—जिसकी आँखें जलती हुई और गोल हैं। मन्दिर गरीब-सा है, और अन्दर अँधेरा-सा। अन्दर चूँकि सामानों की बहुलता नहीं है, इसलिए यह अच्छा लगता है। यह मानो विदुर की विद्या की कुटिया हो। दरिद्रता ही जिसका गहना और सूनापन ही जिसका परम गौरव है। भूखों के लिए यह जगह नहीं है मगर प्यासों का तीरथ है यह। इस आश्रम में प्रवेश करते ही जिज्ञासा की एक परम तृष्णा जगती है। और वह तृष्णा

जनेऊधारी राजर्षि मूर्ति की चमकती आँखें ही जगाती हैं। वह प्यास शायद मिट भी सकती है, अगर उस प्राचीन पत्थर की भूमि पर आत्माभिमान भूलकर कुछ देर लेटा जाए। बाहर तेज धूप और भीतर मीठी-स्निग्ध मुँहचोर हवा पौराणिक पत्थरों की एक प्रकार की जंगली गंध लिये घुमड़ती है। अगल-बगल पंछीमुखर बस्तियाँ—चारों ओर कैसी तो एक महाशान्ति। ऐसी पृष्ठभूमि में उन पैनी दो आँखों के सामने लेटकर अपने सर्वांग को धूल-धूसर कर लेने में बेशक एक अजीब आनन्द है! मैं भी तो एक चिरकाल के चिरतीर्थ-पथ का आश्रमिक हूँ!

मन्दिर के पास ही वशिष्ठ-कुंड। वहाँ गरम पानी के झरने में बहुतेरे लोग नहा जाते हैं। एक दीवार पर मूर्तियाँ खुदी हुई हैं। नीचे छोटा एक गह्वर और ऊपर त्रिमूर्ति के अलावा भी भिन्न-भिन्न मूर्तियाँ खुदी हैं। बड़ी पुरानी हैं ये। दीवाल पर खुदी हुई ये मूर्तियाँ आश्रम के मूल भाष्य को प्रकट करती हैं। यह याद करने में बड़ा अच्छा लगा कि कभी पंडित नेहरू ने इस आश्रम में विश्राम किया था। मन्दिर के पुजारियों ने इस बात को याद रखा है।

लौटते हुए डेढ़ेक मील उतरने पर बायें 'पंजाब हिमालयन इंस्टीट्यूट' का प्रतिष्ठान है। आज ऐसे प्रतिष्ठानों की बड़ी जरूरत है। इसकी प्रतिष्ठा दार्जिलिंग के 'हिमालयन माउंटेनियरिंग इंस्टीट्यूट' का अनुसरण करके की गई है। पहाड़ों की चढ़ाई-उतराई की शिक्षा के केन्द्र हैं ये। राजनीतिक कारण से आज सारा हिमालय जाग उठा है। इन चीजों के उद्‌भव उसी कारण से हुए हैं।

मनाली से एक सड़क नदी पार करके दायें विपाशा उपत्यका की ओर चली गई है। यह रास्ता सँकरा और पथरीला है। इधर-उधर छोटी-छोटी पहाड़ी बस्तियाँ। उन्हीं के अन्दर से टेढ़ी-मेढ़ी होती हुई हरिपुर जनपद, जंगल-पहाड़ों के किनारे-किनारे वह राह प्रसिद्ध नागर जनपद को चली गई है। यह अंचल बहुत-कुछ जाने रास्तों से बाहर है। चूँकि सवारियों की सुविधा नहीं है, इसलिए यह रास्ता पर्यटकों की निगाह में आना नहीं चाहता। परन्तु मात्र 15 मील तय करके नागर के प्राचीन 'राजमहल' में पहुँच जाने से मन के सारे क्षोभ मिट जाते हैं।

'नागर' राजप्रासाद एक क्रोड़पर्वत पर है। इस महल के मालिक कुल्लू के राजा थे। महल का भीतरी भाग बड़ा प्रशस्त और विस्तृत है। इसके तीन ओर के बरामदों से बहुत दूर-दूर की पर्वत-शोभा दिखाई देती है। ये बरामदे ऐसे हैं, मानो पाँच सौ फीट ऊपर से झूल रहे हैं। नीचे ताकने से डर लगता है। दूर पर पपरोलाधार, वीर बंगहाल और धौलाधार की चोटियों के साथ शिवराज का उत्तुंग शिखर दिखाई पड़ता है। मनाली की ऊँचाई साढ़े 6 हजार फीट है। नागर की सबसे ऊँची चोटी भी प्राय: उतनी ही ऊँची है।

राजमहल अब सामानों से सजा-सजाया धर्मशाला-जैसा है। पहाड़ी दुनिया में इतनी दूर आ जाने पर रहने की इतनी अच्छी जगह मिलेगी, यह कल्पना से बाहर की बात थी। पलंग, ड्रेसिंग टेबल, एंटीरूम, डाइनिंगरूम, लाउज, लगभग आधुनिक बाथरूम, दीवार पर तसवीरें, खान-पान के सेट, क्राकरी—सब कुछ का इन्तजाम। बड़ा-सा अँगना पार करने के बाद रसोईघर। 24 घंटे के लिए एक कमरे का किराया 3 रुपया। मेरे नौकर शशांक को सहसा रामराज्य मिल गया।

प्रासाद से सटी जो सड़क है, उसी पर एक काइयाँ मारवाड़ी की दुकान। दरमोल किया तो पता चला, लाला जी ठीक रामराज्य के भाव चीजें नहीं बेचते। कोयला, नमक और चाय-चीनी का भाव सुनकर राजमहल जरा काँटों से भरा-सा लगा। लेकिन विवाद हो, यह सोचकर शशांक ने और-और चीजों की दरें मुझे नहीं बताईं। वह कमर बाँधकर रसोई में जुट गया और मैं महल के फाटक पर सशस्त्र पहरेदारों से कलकत्ते के रामराज्य की गप्प में मशगूल हो गया।

'नागर' की घाटी फलों के लिए प्रसिद्ध है। बेरी, अंगूर, अखरोट, पियर (स्थानीय नासपाती) तो हैं ही, सेब भी बहुत तरह के हैं। उनमें से सुनहले सेब नागर की अपनी विशेषता है। हर गृहस्थ फल के एक-एक बगीचे का मालिक। जैसाकि मालदह जिले में आम के बगीचे की बाबत है। मालदह में ऐसी-ऐसी पुरानी बुढ़िया है, जिसे दुनिया में कहीं कोई नहीं—है केवल एक टुकड़ा आम का बगीचा। उसी से भरण-पोषण और आम के दो महीने रसोई की बला ही नहीं! कुल्लू में भी यही हाल। वहाँ आम लोग मछली-भात-अंडे-मांस खाते हैं। औरतें अहिबात का सिन्दूर लगाती हैं, भीमकाली की पूजा करती हैं, शिव के मन्दिर में मत्था टेकती हैं, महालया में श्राद्ध-तर्पण और दुर्गा-पूजा में साज-सज्जा करती हैं। जो भी हो, फलों के ये बगीचे ही कुल्लू में अर्थनीति की बुनियाद हैं। अगस्त और सितम्बर—साल के ये दो महीने कुल्लू की सैकड़ों मीलों की यह घाटी लाखों-लाख 'सोने के फूलों' से झलमला उठती है।

वन्य और आरण्यक नागर मानो बाहरी दुनिया से अलग-थलग एक एकान्त दुनिया है। यहाँ से निकटतम रेलवे स्टेशन कम-से-कम 200 मील दूर है। नागरिक जीवन के उपकरण और सुख-सुविधा यहाँ सपना है। कभी कोई जरूरत आ पड़े तो कोई उपाय ही नहीं। जरूरी खाद्य-सामग्री के सिवा कुछ भी नहीं मिलता। सवारियों का नाम नहीं। है केवल अन्तहीन पर्वतमाला और हिमशिखरों का नजारा। तीनेक मील उतराई उतरकर 'पांगलीकुल' के बड़े रास्ते पर बस-रूट पर खड़े-भर हो सकते हैं। वह कुल्लू से मनाली जाने का प्रशस्त पथ है। लिहाजा यदि कोई यह कहे कि आधुनिक काल की फैशनपरस्त

शौकीन एक जोड़ी सभ्यता से दूर नागर की सबसे ऊँची चोटी पर वनहंसों की जोड़ी-सी मजे में रह रही है तो यकीन नहीं हो सकता। मगर यह अविश्वसनीय नहीं रहा। नागर के प्रासाद-पथ से एक मील की चढ़ाई चढ़कर मैं जिस बगीचे के फाटक पर जाकर खड़ा हुआ, वह भूतपूर्व बंगाली अभिनेत्री श्रीमती देविका रानी और उनके चित्रकार पति स्वेतलाव रोरिक की इन्द्रपुरी थी। मेरा विश्वास है, संसार के किसी भी देश के किसी भी शिल्पी, कवि या दार्शनिक ने मात्र शान्ति, आनन्द और जीवनपात्र के छलकते हुए माधुर्य की प्यास से ऐसी एकान्त, निभृत और ऊँची वास-भूमि का सपना भी न देखा होगा। जगत्-समाज को वे बाहर छोड़ आए हैं।

मैंने सोचा था, मेरे इस आकस्मिक आविर्भाव से उन्हें चौंका देने से तमाम दिन हँसी का फव्वारा छूटता रहेगा, मगर अपना फूटा कपाल! वे बंगलौर गए हुए थे। नागर के इस बागमहल में मेरा स्थायी निमंत्रण था। मगर अब कब फिर इस पहाड़ में आना होगा, मुझे ही नहीं पता। इस सम्पूर्ण पर्वतशिखर का नाम 'रोरिक इस्टेट' है। चारों ओर से समतल बनाकर उस पर दुमंजिला मकान बनाया गया है। फूलों की क्यारियाँ, फलों का बगीचा, सब्जी के खेत। खास वैज्ञानिक उपाय से पीने का पानी दूर से लाने की व्यवस्था, संसार के विभिन्न देशों के लता-पौधे लगाकर लालन-पालन का इन्तजाम, हर कमरे में भिन्न-भिन्न परिवेश सृष्टि की कोशिश—ये बातें रोरिक-दम्पती द्वारा सार्थक हुई हैं। नीचे के तल्ले में घूम-घूमकर मैंने उनकी चित्रशाला और उनके दूसरे कृतित्व देखे। वहाँ आदमी रखे गए हैं। वही सब देखभाल करते हैं।

बम्बई के फिल्म-निर्माता स्वर्गीय श्री हिमांशु राय देविका रानी के पहले पति थे। और उन्हीं की बहुत-सी फिल्मों में सफल अभिनय करके यह चित्र-तारिका एक दिन यश की उच्चतम चोटी पर पहुँच गई थीं। देविका रानी एक नाते से महाकवि रवीन्द्रनाथ की नतनी होती हैं। और श्री स्वेतलाव रोरिक स्वर्गीय प्रसिद्ध रूसी चित्रकार निकोलस रोरिक के बेटे हैं। सन् 1917 की रूसी क्रान्ति के समय अँगरेजों की मदद से यह धनी परिवार भारत में आ बसा था। स्वेतलाव को कला-रुचि उसी विरासत में मिली। उनके खुले व्यवहार और सौजन्य से मैं मुग्ध था। भूतपूर्व सोवियत प्रधानमंत्री श्री ख्रुश्चेव ने अपनी भारत-यात्रा के समय रोरिक से बातें की थीं और उन्हीं के आमंत्रण पर रोरिक-दम्पती ने रूस-भ्रमण किया तथा सब जगह समादर पाया।

उनके नाम कुछ पंक्तियों की एक चिट्ठी मैंने वहाँ छोड़ दी। मुझे 'कटराई' उतर जाना था। कुल्लू में दशहरा-समारोह आ चला था।

कुल्लू, काँगड़ा, पंजाब-चंडीगढ़

जंगल और पहाड़ मिलाकर छोटा-सा नागर एक जंगली जनपद है। ऐसा सुनसान और एकान्त, ऐसा जनशून्य और निर्जन कि रात को सोते वक्त खौफ हो आता है। जनशून्य यह विशाल नागर प्रासाद क्षुधित पाषाण-सा हो जैसे। दिन में देखा, दीवारों की दरारों में हजारों-हजार बड़ी-बड़ी छिपकलियाँ हैं। बाहर पुलिस चौकी और खानसामा का परिवार, मगर अन्दर के सारे कमरे खाँ-खाँ करते हैं। 2 हजार फीट उतरने पर कहीं गाँवों की झाँकी मिलती है।

उतरने का रास्ता लेकिन बड़ा सँकरा और बड़ा खतरनाक है। पथरीली पतली पगडंडी में बरसात के पानी से टूटी-फूटी, ऊपर से दौड़ती हुई झरनाधारा, बड़े-बड़े गड्ढे—जीपगाड़ी के लिए भी मुश्किल। और फिर उस पतले रास्ते में एक-एक मोड़ ऐसा है कि देखकर गला सूख जाता है। पर दूसरा कोई रास्ता नहीं। सो उसी रास्ते से तीनेक मील किसी तरह उतरकर विपाशा की कठपुलिया पार करके 'पतलीकुल' पहुँचा। यह एक मंडी है—कुल्लू और मनाली का राजपथ। अब जानी-चीन्ही दुनिया में पहुँचा। पतलीकुल से कटराई की दूरी एक मील है। समतल रास्ता। उपत्यका इधर खुली-फैली है। एक ओर एक-एक बस्ती, दूसरी ओर विपाशा का किनारा। कुल्लू, मनाली, कटराई, मणिकरण आदि को मिलाकर काँगड़ा जिला है। पर काँगड़ा या कुल्लू देशप्रसिद्ध घाटी है। सहज ही यह याद नहीं आता कि कुमायूँ या नेपाल में इतनी लम्बी-चौड़ी और चित्र-जैसी घाटी दूसरी देखी भी है या नहीं। रामगंगा-पथ, बागमती का पथ, सरयूसोमेश्वर-पथ—इन्हें भूला नहीं हूँ। लेकिन वे सब ऐसे नहीं हैं। धौलाधार के नीचे-नीचे उस अनोखी 'देवभूमि' को पहरा देने के लिए एक ओर खड़ा है वीर बंगहाल, हाथीधार तो दूसरी ओर धौलाधार। काँगड़ा के उत्तर-पूरब लाहौल-स्पीति और दक्षिण में 'जलोरी' दर्रा पार करने से 'नरकन्दा' का रास्ता मिलता है।

कटराई के टूरिस्ट बँगले में एक रात रह गया। पूर्णिमा में देर न थी। चाँदनी में लिखी हुई विपाशा की तटभूमि को विशाल पुष्पोद्यान बना दिया गया है। इधर चीड़ के जंगल के आसपास सेब का बगीचा। चारों ओर सुनसान, सन्नाटा। बँगले के एक ओर नदी और दूसरी ओर से जो चौड़ा रास्ता उत्तर से दक्षिण को चला गया है—वह बड़ा पुराना है। इसी रास्ते से पंजाबी, अफगानी, यारकन्दी या चनथानी लोग सदा से पशम का व्यवसाय करते आए हैं। लाहौली, लद्दाखी, तिब्बती—छूटे कोई नहीं। यह रास्ता काराकोरम, लेह, उपसी, सूतक, बड़ालाचा

पार करके केलंग पहुँचता है। उसके बाद केलंग से चन्द्रभागा के किनारे-किनारे विपाशा के उत्स से आगे रोटांग होकर शिवराज के नीचे जंगलों में उतर जाता है और फिर वहाँ से मनाली, कटराई, कुल्लू और मंडी होकर एकबारगी काँगड़ा के अन्तिम छोर पर नूरपुर के पशमीना बाजार को पहुँच जाता है। इसी नूरपुर से यह व्यापार तमाम उत्तर-पश्चिम में फैल जाता था।

इस अत्यन्त पुरा, रास्ते से 12 मील दक्षिण जाने पर कुल्लू शहर है—जिसका मूल नाम सुल्तानपुर है। यह बड़ा ही पुराना शहर है। परिव्राजक ह्वेनसांग के समय में इस जनपद का नाम था 'किउलुतो' यानी देवभूमि। महज उस रोज तक भी इसे 'Valley of Gods' कहा जाता था। इस देवभूमि के दोनों ओर ऊँचे गिरिशिखर और बीच में विपाशा तथा उसकी विभिन्न उपनदियों ने विशाल घाटी बना दी है।

प्राचीन काल का शहर कुल्लू अब खासे शहर में बदल गया है। यहाँ-वहाँ निर्माण कार्य चल रहा है। बहुत साल पहले जब यहाँ आया था तो खाद्य-सामग्रियाँ दुष्प्राप्य थीं, अब दुर्मूल्य हैं। अभी दशहरे के दिन थे। काँगड़ा उपत्यका के लोगों के सिवाय बाहर से भी हजारों-हजार लोग पहुँचे थे। हाट-बाजार, नुमाइश, नाच-गान, सिनेमा—इन्हीं सबका मेला। मैदानों में धूल उड़ रही थी और उसी में मंत्रियों के भाषण, देश-संगठन के उपदेश, रेडियो में बम्बइया गीतों का शोर, खरीद-बेची और भात के होटल में घुसने की धकापेल। पुराने और नये शहर के बीच में एक पहाड़ी नदी बहती है। वहाँ जो बेहिसाब भीड़ दिखाई दे रही थी, उससे बंगाल की दुर्गापूजा की याद आ रही थी। सर्कस के स्वाँग को छोड़कर पुरुषों की पोशाक में कहीं रंगीनी नहीं नजर आती। लेकिन कुल्लू में 'रंगीन कुल्लू टोपी' खरीदकर माथे पर न रखी हो, ऐसा भी मर्द कोई नहीं दिखाई दिया। हजारों-हजार स्त्रियों की पोशाकों में ढंग और रंग की जो बाढ़ नजर आती है, वह बड़ी मोहक है। जो विदेशी साहब-मेमें इस 'डशेरा' मेले में पहुँचती हैं, वे भी रंगीन कुल्लू कैप पहन लेती हैं।

पहले से ठीक किया-कराया न हो तो मेले के दिनों वहाँ रहने की जगह का मिलना बहुत कठिन है। मैंने बहुतेरे लोगों को निराश लौटते देखा है।

इस मेले की कुछ खास विशेषताएँ देखीं। श्री रघुनाथजी को चतुर्दोल पर लाया जाता है। पुरोहितगण मंत्र-पाठ करते हैं। कुल्लू के राजा स्वयं इस समारोह में आकर नाना अनुष्ठानों से श्री रघुनाथजी की पूजा करते हैं। मैंने देखा, राजा पगड़ी बाँधे आए, पगड़ी पर मोर का पखना उड़ रहा था—जैसे राजा दुष्यन्त हों! कमर में तलवार, वह झकमक जरूर कर रही थी, पर धार चढ़ाई हुई नहीं

थी। पहनावे में रंगीन रेशमी कपड़े। गले में मुक्तालहरी माला। कुछ दुबले-से, रंग उज्ज्वल श्याम, रघु डकैत-सी मूँछें! कुल मिलाकर यात्रापार्टी के 'बलिराजा' जैसे। आसपास पात्र-मित्र, पार्षद। भीड़ में से एक अमरीकी महिला ने कुछ तसवीरें लीं।

देखने की दूसरी चीज थी, देव-देवियों की मूर्तियों के साथ जुलूस। मूर्तियाँ चाँदी या पीतल की। पाँच-दस मूर्तियों का चेहरा एक ही ढाँचे का। ये मूर्तियाँ बहुतेरे ग्रामों के कुलदेवता की थीं—दूर-दूर से, पहाड़ लाँघकर लोग मेले में ले आए थे। गेंदा-फूल की माला, सिन्दूर, मखमल और एकरंगे से ढकी। बड़ी-बड़ी मूर्ति। मैदान में ही मूर्तियों की पूजा-अर्चना, खान-पान, टट्टी-पेशाब और रात को कम्बल ओढ़कर वहीं सो जाना। औरतें लजीली, विनम्र, भली और बहुत-कुछ प्राण के उत्ताप से खाली। पुरुष निरीह और निर्विरोध। हर स्त्री के माथे पर लाल फीता, सिन्दूर, हाथ में कंगन, गले में मुक्ता की माला, बदन पर लाल, काली या नीली-हरी जाकेट, पहनावे में हाथ का बनाया पशम का घाघरा—जिनमें से किसी की कीमत डेढ़ सौ रुपये से कम नहीं। उन्हीं में से जो थोड़े शौकीन हैं, उनकी पोशाक कम की भी होगी तो लगभग सात सौ रुपये की। अचरज की बात यह कि पत्थर और लत्ता-पत्ते की गरीब गिरस्तीवाले खेतिहरों की तादाद ही ज्यादा; मुश्किल से रोजी चलती है, रोग और गरीबी से गरीब बंगाली-जैसे ही जीर्ण—तिस पर बर्फ गिरने के समय चार महीने बेकार। मगर उत्सव के समय वही जोश! उत्सव और आनन्द ही बड़ा है, शोचनीय गरीबी, अन्नाभाव, स्वास्थ्यहीनता—ये बातें हँसी-खुशी की राह का रोड़ा नहीं होतीं। यह साफ समझ में आता है कि घाटी के खेतिहर लोग गद्दियों से अच्छा पशम खरीदते हैं और उसे खुद ही बुनते हैं। इनके हाथ के काम मशहूर हैं। कुल्लू के शॉल, गुलूबन्द, टोपी, घाघरा, पशमीना चादरों की बड़ी कद्र है। दशहरे के मेले में कुल्लू की अपनी ही बनाई चीजों की माँग ज्यादा होती है। जो भी हो, हिमालय प्रदेश के पेट में होते हुए भी काँगड़ा, कुल्लू, मनाली और लाहौल-स्पीति जब पूर्व पंजाब के अन्तर्गत आते हैं, तो इसका मतलब है कि पंजाब की आधुनिक अर्थनीति का हाथ इसमें ज्यादा है। स्वर्गीय सरदार प्रतापसिंह कैरो की अच्छी प्रशासनिक व्यवस्था से पंजाब की बेकारी और रिफ्यूजी-समस्या खत्म हो गई है। उस अर्थनीति की बड़ी-बड़ी लहरें काँगड़ा घाटी के हर पहाड़ी इलाके में पहुँच रही हैं। पिछले दस-बारह वर्षों में निर्जीव बस्तियों के जनपद और नगर में बदल जाने से जिस प्रबल प्राणमयता का रूप प्रकट हुआ है, वह आश्चर्यजनक है। हिमालय में अत्यन्त एकान्त और गहन लोक में पंजाबियों का व्यापार-वाणिज्य

पहुँच गया है। आज पालमपुर, धर्मशाला, डेरागोपीपुर, काँगड़ा शहर, मुखेरियाँ, नूरपुर—इनकी वह पुरानी शक्ल जाने कहाँ डूब गई हैं। काँगड़ा ही नहीं, गरीब हिमालय राज्य के विभिन्न शहरी इलाकों में भी पंजाब की उस अर्थनीति की लहर पहुँच गई है। जिस प्रकार आज काँगड़ा के उस प्राचीन और पहाड़ी बैजनाथ को देखकर पहचानना मुश्किल है, उसी प्रकार हिमाचल के मंडी, विलासपुर, जोगिन्दरनगर और चम्पा को भी पहचानना कठिन है। इनकी सर्वांगीण उन्नति पंजाब की अर्थनीतिक उन्नति के प्रभाव से हुई है। उत्तर भारत में पंजाब की बराबरी का कोई राज्य नहीं।

हाँ, तो जो कह रहा था : कुल्लू के दशहरा मेला में दूसरी विशेषता जो मुझे देखने में आई, वह है उसका शाक्तमत। सच पूछिए तो दक्षिण हिमालय में शक्ति-पूजा के अलावा दूसरी कोई नीति ही नहीं। शैवों से शाक्तों की होड़ पहले-पहल बंगालियों ने ही मिटाई थी या नहीं, मैं नहीं जानता। लेकिन कश्मीर, हिमाचल, पंजाब, नेपाल, भूटान, असम, यहाँ तक कि पश्चिम पंजाब के भी बहुत अंचलों में यह शाक्तमत सदा से काम करता आया है। मेरा खयाल है, एकमात्र कुमायूँ में ही शैवमत प्रबल है। कुमायूँ में बलिदान की प्रथा कम है।

कुल्लू का हृदय बंगालवालों-सा है। यहाँ दशहरा के मौके पर कुल सात प्रकार की बलि देना आनुष्ठानिक विधि है! जैसे—भैंसा, भेड़ा, बकरा, सूअर, मुर्गा, मछली, केकड़ा। बलिदान के मांस का नाम सम्भवत: महाप्रसाद है। लेकिन भैंसे का मांस स्वादिष्ट और स्वास्थ्यकर होता है या नहीं, यह मैंने कुल्लू में पूछकर नहीं देखा।

लाहौल-स्पीति से कुल्लू-मनाली का सम्पर्क बड़ा घनिष्ठ है। दोनों का स्वार्थ एक ही है, परन्तु दोनों के सामाजिक जीवन में काफी अन्तर है। लाहौल-स्पीति सदा लद्दाख के अन्तर्गत थे, इसलिए ये लद्दाख की अपनी संस्कृति को वहन करते हैं। लाहौल-स्पीति का स्त्रीसमाज बहुपतित्व मानता है। प्रत्येक परिवार माता द्वारा शासित है (matriarchal)। स्त्री मात्र द्रौपदी होती है। सन्तानमात्र का पिता 'युधिष्ठिर'। द्रौपदी ही इस बात का निर्देश देंगी कि किस सन्तान का क्या अधिकारसूत्र है। उन्हें सही पता होता है कि कौन-सी सन्तान किसकी है। वे खूब सतर्क और चतुर होती हैं। पतियों में जो सबसे ज्यादा धनी होते हैं, या परिवार के पालन-पोषण में योग्यतम होते हैं, द्रौपदी उन्हीं का पक्ष लेती है। लिहाजा बहुत बार वे ऊधो का धन माधो के मत्थे मढ़ देती हैं। महाभारत के युधिष्ठिर-जैसे निरभिमानी और निर्विकार व्यक्ति ने भी मात्र एक बार अपने जीवन के अन्तिम दिनों में इस पर असन्तोष प्रकट किया

था। स्वर्गारोहण के रास्ते में सबसे पहले द्रौपदी का पतन हुआ। उस यात्रा में वह सबसे पीछे थीं। देहत्याग से पहले वह एक बार अपनी जगह से चीखी, 'हे धर्मराज, सशरीर स्वर्ग जाने में सबसे पहले मेरा ही शोचनीय पतन क्यों हुआ, आप कह सकते हैं?'

सबसे आगे-आगे चलनेवाले युधिष्ठिर ठिठक गए। कहा, 'हाँ, कह सकता हूँ। तुमसे विवाह के समय हम पाँच भाइयों के साथ यह समझौता था कि तुम सबको एक नजर से देखोगी और एक भाव से अपनाओगी। लेकिन तुम्हारा सबसे ज्यादा आकर्षण तीसरे पांडव के प्रति था।'

'धर्मराज, स्त्री के लिए क्या वह स्वाभाविक नहीं था?'

दुर्गम हिमालय के उस तुषारपात के नीचे हिमायित हो जाने से पहले द्रौपदी की अन्तिम आर्त-पुकार सुनकर धर्मरूपी कुत्ता भी ठिठक गया। युधिष्ठिर ने एक बार उसकी ओर ताककर द्रौपदी के प्रश्न का उत्तर दिया, 'वही तुम्हारे पतन का कारण है।'

पाँच भाई मरी हुई द्रौपदी को छोड़कर आगे बढ़ गए।

लाहौल-स्पीति में सामाजिक गड़बड़ी तब दिखाई दी, जब पाँच-सात या दस भाई दो-तीन या चार स्त्रियों को ले आए। औरतों में आपसी विद्वेष फैला। उससे उत्तराधिकार-सूत्र जटिल हो उठा यानी घर टूटने की नौबत आई।

इसके सिवा एक सवाल और आ पड़ा। एक साथ सहवास का मतलब है विवाह। फलस्वरूप पुत्र कन्यावाली किसी स्त्री को कोई भी पुरुष अगर अपने परिवार में लेता है, तो उसकी सन्तानों को भी अधिकार-सूत्र मिल जाता है। विधवा अगर अपने मरे हुए पति या स्वामी-स्वरूप मृतरक्षक के घर से बाहर-बाहर गणिकावृत्ति भी करे, तो भी वह अपने भूतपूर्व पति या रक्षक की सम्पत्ति से वंचित नहीं होगी। 'A widow, wheather she was a wife by marriage, or only by reputation, is allowed to keep possession of her deceased husband's estate so long as she lives in his house, however immoral her character may be.'—Imperial Gazette.

वास्तविक तथ्य यह है कि लद्दाख की नाईं लाहौल-स्पीति में स्त्रियों की पैदाइश कम होती है। स्त्रियाँ यह जानती हैं, इसलिए बचपन से ही वे चालाक हो जाती हैं। पुरुष चूँकि निरुपाय हैं, इसलिए निरीह होते हैं और औरतों का जुल्म सहने को वे मजबूर होते हैं। जिस देश में स्त्रियाँ कम होती हैं, वहाँ सतीत्व या नारी-चरित्र की सतता का सवाल ही नहीं उठता।

ज्वालामुखी, व्रजेश्वरी, भीमकाली, तारा, कालिका, भवानी—ये पंजाब-हिमाचल की एक-एक अधिष्ठात्री देवी हैं। इनके अलावा हैं चूड़ाधर, वृन्दावनी, त्रिलोकनाथ, चम्पादेवी, लक्ष्मीनारायण आदि प्रसिद्ध तीर्थ। रेणुका या नयनादेवी के आकर्षण से यहाँ बहुत राज्यों के यात्री आते हैं। लेकिन मन्दिर या तीर्थ में देवदर्शन बड़ी बात नहीं। तीर्थ के मानी है तीर्थपथ। एक मन्दिर को केन्द्र किए रहती है जाति, सम्प्रदाय, लोकाचार, संस्कृति। इसलिए तीर्थ-भ्रमण या मेला इस देश का बहुत बड़ा शिक्षास्थल था। सम्राट हर्षवर्धन ने भारतवर्ष को एक संस्कृति और ऐतिह्य में समेटना चाहा था कुम्भ मेला चलाकर—जो चार मेले हरिद्वार, प्रयाग, उज्जयिनी और नासिक में होते हैं : गंगा, यमुना, शिप्रा और गोदावरी।

काली-पहाड़ की गोदी में ज्वालामुखी का मन्दिर है। यह पहाड़ आग्नेय धातुओं से भरा है। यहाँ के पंडे इस पहाड़ के छोटे-बड़े आग उगलनेवाले छेदों को ठाकुर-देवता के नाम से कमाई का साधन बनाए हुए हैं। नतीजा यह होता है कि तीर्थ-यात्री उन पंडों से बहुत-बहुत अजीबोगरीब बातें सुना करते हैं। अब विज्ञान की शिक्षा के परिणामस्वरूप ऐसे तीर्थों का माहात्म्य बहुत घट गया है। पंडे जब किसी कुंड में कोई खास चीज डालकर आग जलाते हुए ज्वालामुखी का नाम सार्थक करते हैं, तो तीर्थयात्रियों को मजा मालूम होता है। भक्ति-गद्गद होने का युग लद गया।

लेकिन भक्ति के नाम पर दूसरों की कमाई के पैसे से चालाक पंडे इतने दिनों से पलते आए थे, सो उनमें अब बुराई और बेईमानी घर कर गई है। सारे भारत के मन्दिर और तीर्थ इस रोग से जर्जर हैं। जो समस्या ज्वालामुखी में है, वही समस्या कलकत्ते के काली घाट में, गुजरात के द्वारका में, पुरी के जगन्नाथ में है। वही समस्या है दक्षिण के रामेश्वर, हिमाचल के केदार-बद्रीनाथ, उज्जयिनी के महाकाल, काशी के विश्वनाथ या अयोध्या के रामचन्द्र में। कहना फिजूल है कि कश्मीर के मार्तंड मन्दिर के पंडा-समाज से गया के गदाधर का फर्क कम ही है। बेईमानी के साथ बुराई—अधिकतर तीर्थस्थानों का महत्त्व यही है। असाधु-जुआरी, गुंडा, ठग, पागल, नशेबाज, गणिका, भिखमंगा—और इन सबसे पंडों की साँठगाँठ। वंशानुक्रम से ये दूसरों के अन्न पर पलनेवाले और आलसी हैं। रोग, बुराई और चकमे से ये सदा जर्जर हैं। सब बुरे ही हैं, यह मैं नहीं कहता, उनमें भले भी हैं। सेवा-सत्कार, आतिथ्य, परदेश में यात्रियों की देखभाल, आहार और आश्रय की व्यवस्था में भी बहुतेरे पंडे सदा तैयार रहते हैं। मगर ऐसे लोगों की संख्या सब जगह कम है।

काँगड़ा के एक से ज्यादा मन्दिरों के पंडों के बारे में उपर्युक्त दुर्गुणों की

बदनामी है। इनका नाम 'योजकी' या 'पूजकी' है—गर्ज कि पुजारी ब्राह्मण। ये लोग बहुत-से तो जाहिर में पंडा और यों हलवाई हैं। देवोत्तर सम्पत्ति इन्हीं के हाथों है। यात्री-यजमानों के पैसे से ये व्यापार भी कर लेते हैं, जुआ भी खेलते हैं। ऐश-मौज में रहते हैं। दिन के जनेऊधारी पुजारी रात को श्रृंगाररस के खिलाड़ी हो उठते हैं। उनको उपकरणों की कमी न हो, इसलिए जुटानेवाले कृपाजीवी लोग मुस्तैद रहते हैं। साल के खास-खास समय में इनका मौसम भी होता है। कालीपूजा, दशहरा, जन्माष्टमी, रामनवमी, होली, शिवरात्रि, अक्षय-तृतीया—ये सर्वभारतीय हैं। प्रत्येक प्रदेश के पंडे अपने-अपने मन्दिर के लिए साल में पर्व के 3-4 दिन निश्चित करते हैं और उनका बदस्तूर प्रचार करते हैं, क्षेत्र तैयार करते हैं। ज्वालामुखी, व्रजेश्वरी, भवानी—कोई भी इसका अतिक्रम नहीं। खास-खास दिन पर पंडों की आमदनी खूब बढ़ जाती है। पंडों के पारिवारिक जीवन के इतिहास का उल्लेख नहीं किया। बहुतों को मालूम है, काँगड़ा के 'पूजकी' समाज की महिलाओं का भी विशेष सुनाम नहीं है।

काँगड़ा के ब्राह्मणों की कई शाखाएँ हैं। एक श्रेणी के ब्राह्मण खेतिहर हैं। गद्दियों में भी ब्राह्मण बहुत हैं, जो भेड़-बकरियाँ लेकर पहाड़-जंगलों में घूमा करते हैं। तीसरी एक श्रेणी के ब्राह्मणों को 'नागराकोटिया' कहते हैं। चौथी श्रेणी को कहते हैं 'बटेरस'। इनमें से गद्दियों का अच्छा सुनाम है। वास्तव में कश्मीर, उत्तर पंजाब और हिमाचल भ्रमण में आनेवाले लोग गद्दियों का नाम-यश जरूर सुनते हैं। ये सदा के शान्तिप्रिय, परिश्रमी और निर्विरोध होते हैं। पठानों के समय में ये दक्षिण पंजाब, उत्तर राजस्थान, पश्चिमोत्तर प्रदेश आदि इलाकों से भागकर हिमालय के दुर्गम अंचलों में जा बसे और सामन्त राजाओं की कृपा से खेती-बारी करने लगे। रिफ्यूजी वाली समस्या अपने देश में नई नहीं है। पिछले छह-सात सौ सालों से पठान, मुगल, अँगरेज, पोर्तुगीज आदि प्रत्येक के समय में एक-एक बार उद्वासितों की समस्या सामने आती रही है। दिग्विजयी सिकन्दर लुटेरे मिहिरकुल का समय भी इससे बरी न रहा। लेकिन मानव-वंश-परम्परा मनुष्यों की दुर्गति और दुर्दशा को बहुत सहज ही भूल जाया करती है। उसे सुख और आनन्द की स्मृति याद रहती है—शिल्प, काव्य साहित्य और संस्कृति की बात को ही वह सिर्फ याद रखती है। सभ्यता की महिमा, कीर्ति-स्तम्भ, उदार करुणा की कहानी, प्रेम का महान बलिदान, मानव-समाज इसी को जपता है। काँगड़ा के सामाजिक इतिहास की अपेक्षा उसकी संस्कृति और चित्रशिल्प (Kangra school of art) के इतिहास को लोगों ने याद रखा है। मानव-समाज में क्लेद बड़ा चुपचाप जमता है, सबके

अजानते जमता है। पाप और अन्याय टेढ़े रास्तों से घुस आता है। छोटी-छोटी बुराइयाँ सुरंगों से बैठती हैं। व्यभिचार, अनाचार, उत्पीड़न, बल के घमंडी का अपराध—ये सब अनदेखे ही एक-एक करके आ जाते हैं। लेकिन जब टूटन की आवाज उठती है, जब विप्लव का डमरू बजता है, जब महाकाल अपनी तुरही में फूँक मारता है, तो मनुष्य का समाज प्रलय की झकझोर से हिल उठता है—एकाएक यह आँधी कैसी?

फिर गद्दियों के प्रसंग पर वापस आ जाऊँ। भुंतार, मणिकरण, आउट आदि पार करके ज्वालामुखी बैजनाथ से परे जाते समय मैंने देखा था, 'गद्दी' शब्द की आड़ में ब्राह्मण और क्षत्रिय तो हैं ही, राजपूतों का दल भी है और उनके साथ 'राठी' भी हैं। सम्भवत: राठौरवंशीय से ही यह राठी है। अब ये अपना पिछला इतिहास भूल गए हैं, भूल गए हैं पूर्ववंश का इतिवृत्त। लेकिन बाद में इन लोगों ने अजाने भूभाग में या अनरौंदे पहाड़ी इलाके में समाजच्युत अवस्था में जिन्दगी बसर की—जैसे आज पूर्वी बंगाल के रिफ्यूजी लोग दंडकारण्य के पहाड़ी प्रान्तर में बसने को मजबूर हो रहे हैं। ये लोग ऐसे अगम्य और दुस्तर तुषार-भूमि के आसपास खेती-बारी करते हैं, जहाँ दूसरे समाज का स्वार्थ नहीं के ही बराबर है। उपेक्षित और छोड़े हुए इलाकों को अपनी करारी मेहनत से ये तैयार कर रहे हैं। इसीलिए जहाँ ऊँचे पहाड़ों की गोद में गद्दियों की बस्ती है, वहाँ और कोई नहीं है! पशुओं को जिन जगहों में वे चराने ले जाते हैं, वहाँ दूसरों के स्वार्थ पर बट्टा नहीं आता। वे सैकड़ों सालों से उद्वासित हैं, मगर कभी किसी के सामने उन्होंने हाथ नहीं पसारा! अपनी मेहनत से उन्होंने अपनी रोटी कमाई है—भीख की झोली लिये राजदरबार में रोते नहीं फिरे! गद्दी पुरुष बड़े भले और निरीह होते हैं। उनकी स्त्रियाँ जैसी सच्चरित्र, वैसी ही भली और विनम्र होती हैं। औरतें वास्तव में खूबसूरत और मर्द सुन्दर होते हैं। दुकान में, हाट-बाजार में, मेले में, पहाड़ों की तराई में बहुत बार उनके आमने-सामने होने का मौका मिला है। उनकी भलमनसी और सचाई देखी है, स्वाभाविक सरलता और व्यवहार की शुचिता देखी है। लोगों की जबानी उनकी सत्यनिष्ठा और नीतिपरायणता की सुनी है। भारत के समतल में वे कम आते हैं। उन्हें मैंने कश्मीर और जम्मू के विभिन्न पहाड़ों में देखा है, हिमाचल के अनेक इलाकों और इस काँगड़ा जिले के नाना स्थानों में देखा है।

मैं हिमाचल राज्य की ओर जा रहा था। इस राज्य का नशा मुझ पर बहुत दिनों से सवार है। मेरे पंजाब-प्रवास के समय एक ऐसा समय था, जब जालंधर-लुधियाना के बाद आधी रात को अम्बाला का नाम लेते सुनता था तो

निंदाई आँखों गठरी लिये ट्रेन से उतर पड़ता था। मैं जानता था कि हिमाचल मुझे खींच ले चला!

लेकिन पहाड़-पर्वत पार करके जब विलासपुर की ओर जा रहा था तो बीच रास्ते में बाधा पड़ी। दो मित्र सामने आ खड़े हुए। पहले थे, वीरभूम के नेता-जैसे मिहिरलाल चट्टोपाध्याय कवि विजयलाल के सहोदर और दूसरे दुलालगोपाल मुखोपाध्याय—हिमाचल सरकार के उन्नयन विभाग के सचिव। तीन ब्राह्मण की यात्रा नास्ति—इस प्रवचन को भूलकर वे बोले, उँहूँ, ना नहीं सुनता। चलिए, चंडीगढ़ घूम आएँ!

लिहाजा दुलाल बाबू की सरकारी गाड़ी से हम कालका पहुँचे—प्राय: दोपहर का समय। पहाड़ी रास्ते की ठंड में धूप बड़ी मीठी थी। पंजाब की सबसे अच्छी ऋतु का आविर्भाव—वह शरत् और हेमन्त। मिहिरलाल का साथ बड़ा आनन्ददायक था। दुलाल बाबू दूरदर्शी थे—हम दोनों की खासी अच्छी तन्दुरुस्ती देखकर उन्होंने डरकर पहले ही काफी खाद्य-सामग्री साथ रख ली थी!

कालका स्टेशन को देखते ही मेरा मन विरस हो उठता है। सन् 1935 में शिमला से उतरकर कालका-अमृतसर-लाहौर होकर क्वेटा जा रहा था। यहीं कालका में मुझ-जैसे निरीह व्यक्ति को पुलिस ने तंग किया। उन्हें शक हुआ, मैं कोई फरार क्रान्तिकारी हूँ! मेरी जेब में दीनबन्धु सी. एफ. एंड्रूज की लिखी एक चिट्ठी थी। उस समय वे अँगरेजों की निगाह में महज एक 'पॉलिटिकल एजीटेटर' थे! पाँच दिनों तक 'चूहा-बिल्ली' को आँखमिचौनी खेलकर अन्त में हैरान होकर शायद दो दिनों तक कालका स्टेशन में ही पड़ा रहा था। उस समय प्रचंड गर्मी के दिन थे।

मगर वह कालका अब नहीं है। स्टेशन काफी बड़ा हो गया है और बहुत दुकान-दौरी है। वह सूनापन अब सपना हो गया है। कालका से काठ-गोदाम की समानता है—स्टेशन से बाहर निकलते ही पहाड़तल्ली! स्टेशन से सटी चिकनी-चौड़ी सड़क चली गई है। पंजाब की सुन्दरता, शोभा, सम्पद और ऐश्वर्य और उसके साथ तसवीर-सी राह-बाट-आँखों को अभिभूत किए देती है!

पहाड़तल्ली का रास्ता उतरकर समतल से मिल गया है। बहुत दिनों से मैं मानो एक पहाड़ी वन्यजीवन बिता रहा था। समतल की शक्ल ही भूल गया था। अभी भी मेरी आँखों में वन्य-स्पर्श था, अभी भी मेरा मन बड़ालाचा, लाहौल और रोटांग में खोया था। भावना शिवराज पर्वत के नीचे देवदारु वन के झरने के आसपास घूम रही थी—मैं मानो अपने को वहाँ से समय से पहले छीन लाया था। मैं फिर तभी सहज हो पाऊँगा, जब शतद्रु के प्रवाह-पथ से गिरि-गहराई से

पर्वतपार के किन्नर राज्य को लौट जाऊँगा!

चंडीगढ़ कालका से सीधे दक्षिण प्राय: बीस मील है। इन दोनों के बीच 'पिनजोर' अंचल में एक एकान्त-सी आधुनिक बस्ती में जो प्राचीन 'मुगल गार्डेन' मिलता है, शोभा और सौन्दर्य में वह मनोहारी है। चारों ओर बड़े-बड़े वृक्षों की छाया, नीचे हरी मुलायम घास—जैसी कि ताजमहल में है! सारे बगीचे में फलों की क्यारियाँ—जो पहले थीं। सामने जलाशय और पानी के खेलों से ही जीवन्त वह बगीचा। जल के मानी ही जीवन है। अजल जल का मतलब जीवन की अजस्रता। मुगल-कीर्तियों में सदा इस जल को अपनाया गया था। चूँकि पानी का इन्तजाम नहीं किया गया, इसीलिए फतेहपुर सीकरी का उतना विशाल 'बुलन्द दरवाजा' आज भी प्यास से हाँ किए हुए 'है'! जलाशय के बिना भारत का कोई भी नगर नहीं बसा। जलाशय सूख जाने से सभ्यता का दम घुटता है। हम उन मुलायम घासों पर लेट पड़े थे।

चंडीगढ़ की सीमा में पहुँचा, तो तीसरा पहर हो चुका था। यह शिवलिंग पर्वतमाला के दक्षिण की समतल उपत्यका है। यह अवश्य पंजाब में पड़ता है, लेकिन उत्तर और पूरब में हिमाचल की पर्वत-श्रेणियों से घिरा है। हिमाचल का दक्षिणी भू-भाग पहाड़ी शिरमूर जिला यहाँ चंडीगढ़ और अम्बाला से मिला है। सामरिक या सुरक्षा की दृष्टि से चंडीगढ़ शहर की मुख्यता सर्वजन विदित है। पंजाब भारत का सबसे शक्तिशाली पहरा है। यहाँ का प्राय: हर बड़ा शहर छावनी है।

हिमालय की तराई सैकड़ों मीलों में फैली है। उत्तर-पश्चिम में कश्मीर और उत्तर-पूर्व में असम और नेफा यानी उत्तरी-पूर्वी सरहदी इलाका। मेरे खयाल में पूरे का क्षेत्रफल दो हजार वर्गमील के करीब होगा। यह तराई कहीं पहाड़ी घाटियों से भरी और कहीं समतल है। इस फैली हुई उपत्यका में हिमालय से हजारों-हजार धाराएँ उतरती हैं—एक-से-एक खतरनाक नद और नदी। बात-की-बात में जिनमें बाढ़ आ जाती है! हजारों-हजार वर्गमील में फैला है घना जंगल, जो जानवर, पक्षी, अजगर आदि के बेरोक विचरने की जगह है। इसके सिवाय बहुत-से मैदान, सूनी उपत्यका, बड़े-बड़े जलाशय, दुर्गम जंगल भी हैं। तराई अंचल में ऐसा ही एक विशाल समतल, पहाड़ की दीवारों से घिरा प्रान्तर एक नया शहर बसाने के लिए चुन लिया गया था! उस नगर के नामकरण के समय सरदार प्रतापसिंह कैरों ने सिक्ख और हिन्दुओं की इष्टदेवी शक्तिस्वरूपा कालिका के नाम पर इसका नाम चंडीगढ़ रखा। चंडीगढ़ के पास ही देवी कालिका या कालका है।

इस विशाल नगर के निर्माण के लिए उन्होंने तमाम दुनिया से जानकारी हासिल की थी। विशेषज्ञों द्वारा अतिआधुनिक ढंग का और विज्ञानसम्मत तरीके से इसका नक्शा बनवाया गया था, जैसे—उत्तर की रोशनी, पश्चिम की हवा, दक्षिण की धूप, ग्रीष्मोत्तर ताप, प्रत्येक घर-बाग का आकार-प्रकार, जीने की सारी सुख-सुविधा, और सबसे अधिक सुन्दर नगर बनाने के पहले उसके सुन्दर दृश्य की परिकल्पना—इन सबके सम्बन्ध में उनके विचार बड़े विचक्षण थे। चंडीगढ़ का नक्शा बनवाने के पहले उन्होंने फ्रांस के प्रसिद्ध नगर-निर्माणविद् ला कर्बुजिए (Le Corbusier) को यहाँ बुलवाया था और इस बड़े काम के लिए लाखों-लाख रिफ्यूजियों को लगाकर ही वे निश्चिन्त नहीं हुए, बल्कि अपनी पार्टी से उन्होंने डिक्टेटर की क्षमता भी ले ली थी। सारे पंजाब में उन्होंने छोटे-बड़े बहुतेरे जनपदों को काफी बड़ा बना दिया, यह तो प्रत्यक्ष है। उसी के साथ-साथ उन्होंने इस नई राजधानी को भी बनवाने का भार लिया था। कल्याण-राज्य की मूल नीति और आदर्श उन्हें मालूम था, इसीलिए पंजाब में रिफ्यूजी की समस्या नाम को नहीं है! हत्यारों द्वारा मारे जाने के पहले शासन में गड़बड़ी की बदनामी से वे नेहरू जी की मृत्यु के बाद पद से हटा दिये गए थे। लेकिन अपने पद से अलग होने से पहले ही उन्होंने लाखों उजड़े हुए लोगों को धनी बना दिया। चंडीगढ़ के पंजाबी लोग ही कहा करते हैं, आज के भारत में उनके-जैसा कीर्तिमान पुरुष दूसरा नहीं है! चंडीगढ़ के विश्वप्रसिद्ध नक्शाकार ला कर्बुजिए फ्रांस के रिवियेरा में तैरते समय सहसा दिल की गति बन्द हो जाने से चल बसे (27.8.65)।

मिहिरलाल की बहन के यहाँ थोड़ी देर के आतिथ्य में गया, तो पता चला, यहाँ बंगाली कर्मचारियों की संख्या बहुत है। इसके सिवा प्रोफेसर, डॉक्टर, इंजीनियर, वकील, लेखापाल आदि अन्य उपजीविका वाले बंगाली भी हैं। यहाँ कई जगह दुर्गा-पूजा होती है। नगर में घूमते हुए रवीन्द्रनाथ और गांधी जी के स्मारकों की निर्माण-कला को देखकर हम चमत्कृत हुए। नगर के बीच में जो विशाल लाल झील छोटे एक समन्दर-सी दिखाई देती है, वह मानो छुरा खाये पंजाब के कलेजे के लहू से ही लाल है। झील का किनारा परिभ्रमण के लिए बहुत अच्छा है। 'निर्जला' नई दिल्ली में ऐसे सुन्दर जलाशय की नितान्त कमी है। जो हो, चंडीगढ़ का विश्वविद्यालय, आवासीय कॉलेज, प्रधान कार्यालय, पूर्ति विभाग का दफ्तर—ये पंजाब के गौरव की वस्तु हैं। जीने की स्वच्छन्दता, अन्न-वस्त्र की प्रचुरता, भविष्य के लिए निश्चित काम, स्वास्थ्य की उन्नति के क्षेत्र—इनकी उपयुक्त व्यवस्था रहने से पंजाब के छात्रों में न तो असन्तोष है, न

राजनीतिक खींचातानी; न तोड़-फोड़ के जुलूस और न कानून तोड़ने की होड़!

बातचीत, भेंट-मुलाकात, शहर घूमना—इन सबमें रात के दस बज गए। उसके बाद सहृदय और मधुरभाषी मिहिरलाल को उनकी बहन के यहाँ पहुँचाकर, खुश-अखलाक दुलाल बाबू के साथ जगमग चंडीगढ़ को छोड़ फिर रात में ही हम हिमाचल के अँधेरे पथ पर निकल पड़े।

बुशहर, रामपुर, महासू

गहन गम्भीर हिमालय के नीचे-नीचे दूर...दूर चला जा रहा था। चारों ओर मानो अनन्त की जिज्ञासा लिये अनादिकाल मेरी ओर देख रहा हो। बीहड़ एक-एक आरण्यक उत्तुंग शृंग—उनका आरम्भ और परिणति का इतिहास मुझे नहीं मालूम।

दक्षिण हिमालय का पूर्वपथ बहुत दिनों तक अपरिचित रहता आया। शतद्रु के दोनों किनारे इस पर्वतमाला ने कहीं फाँक नहीं छोड़ी है। दोनों ओर विशाल गगनचुम्बी प्रकार अथाह गहराई में बहनेवाली शतद्रु की नील धारा के किनारे खड़े। ऊपर से उस गहराई को ताकने में डर लगता है। छमछम करता रहता है अँधेरा—वह जैसे एक वन-विभीषिका हो, जहाँ कल्प-कल्पान्तर में मनुष्य के पैरों का चिह्न नहीं पड़ा। सूरज के उदय और अस्त के समय वह दुरन्त नदी झलमल करती रहती है। उसी के किनारे कीटाणु-कीट-सा मैं बढ़ रहा था।

पहाड़ पर छोटी-छोटी बस्ती—वह भी निरे छोटे कीड़े-सी हिमालय के गले में पड़ी। वहाँ के लोग सदा से ऐसे ही रहते आए हैं। उन पर से भी युग के बाद युग, सभ्यता के बाद सभ्यता गुजर गई है। वे हिले नहीं, खिसके नहीं। क्रान्ति या राजनीतिक उलटफेर के लिए उन्होंने माथापच्ची नहीं की कभी। पहाड़ पर एक कतार से वे जौ या गेहूँ की क्यारियाँ बनाते हैं। घर के सामने पत्थर बटोरकर मन्दिर बनाते हैं, भेड़ों के लोम से पोशाकें बुनते हैं, झरनों से खेत तक पानी ले आते हैं—इसी चौहद्दी में उनका जीवन सीमित है। जरा, व्याधि, विकार, मृत्यु—है उनमें सब, मगर कोई खोज-खबर नहीं लेता। उन्हीं लोगों को देखता हुआ दूर चला जा रहा था।

हिमाचल का उत्तरी हिस्सा जम्मू का क्रोड़-अंश है—जिसके एक ओर है लाहौल-स्पीति; दूसरी ओर पंजाब। इस राज्य के उत्तरी अंश का नाम है

चम्पावती, निचले अंश का मंडी और विलासपुर, दक्षिण का बुशहर, महासू, शिरमूर आदि। दक्षिण हिमाचल के विशाल आकार के ठीक उस पार कुमायूँ में गंगा और यमुना का जन्म हुआ है। सच पूछिए तो हिमाचल राज्य के आसपास ही भारत की सबसे बड़ी छह नदियाँ निकली हैं। जैसे : सिन्धु, विपाशा, चन्द्रभागा, शतद्रु, यमुना और गंगा। हिमाचल के हिमवाह का जल सारे पंजाब को संजीवित करता है—इसलिए पंजाब और हिमाचल—ये दोनों राज्य अंगाँगी हैं।

उत्तर और मध्य हिमाचल जैसे चन्द्रभागा और विपाशा से, वैसे ही दक्षिण हिमाचल शतद्रु द्वारा धुलता है। शतद्रु जहाँ तक तिब्बत में पड़ती है, उसका नाम 'लैंगछेन-खाब-अव' है। लेकिन वहाँ वह धारा धीमी बहती है, बालू-पत्थर में खोई-खोई-सी। उसकी झिर-झिर बहती धारा को झब्बू और चमरी आसानी से पार कर जाते हैं। लेकिन भारत में उतरते ही अनगिनत हिमवाहों की कृपा से यह नदी सैकड़ों धाराओं के पानी से वेगवती हो उठती है। शायद इसीलिए उसका नाम शतद्रु पड़ा। यहाँ आने पर उसके जीवन में ज्वार-सा आ जाता है, प्राण के आवेग से वह मचल उठती है, अपने प्रवाह में वह प्रबल कल्लोल कर उठती है—धारा के दोनों ओर से असंख्य झरने और जलप्रपात का पानी उमड़ता रहता है। और तब वह शतद्रु उन्मत्त होकर पूरब से पश्चिम को दौड़ पड़ती है।

पूरब-पश्चिम शतद्रु के किनारे से जो सड़क विलासपुर और शिमला होकर बुशहर के भूतपूर्व सामन्त राज्य की ओर चली गई है, उसका नाम है 'हिन्दुस्तान-तिब्बत रोड'। यह रास्ता बड़ा पुराना है, जैसा पुराना मंडी-कुल्लू-रोटांग-बेलगवाला रास्ता है। इन दो मुख्य रास्तों से भारत से सिनकियांग और तिब्बत का सदा से वाणिज्य होता आया है। विलासपुर की 3 हजार फीट ऊँची उपत्यका से उठते-उठते यह रास्ता 15 हजार फीट ऊँचा शिपकी दर्रा पार करके तिब्बत को चला गया है। यह रास्ता लोगों की नजर से बाहर बड़ा छिपा-छिपाया था। उस समय के समय की गति मन्थर थी, जीवन निरंकुश था, प्राण-समस्या सरल थी।

एक समय शिमला को केन्द्र बनाकर प्राय: 25 सामन्त-राज्यों को एक सूत्र में गूँथा गया था। उनमें से कोई छोटा, कोई बड़ा था। सबको मिलाकर नाम था 'शिमला हिल स्टेट्स'। अँगरेजों के चले जाने के बाद फिर थोड़ा-बहुत हेर-फेर करके नाम रखा गया—पेपसू। यानी पटियाला एंड ईस्टर्न पंजाब स्टेट्स यूनियन। लेकिन इसमें भी रद्दोबदल हुआ, शायद महाकवि रवीन्द्रनाथ के जातीय संगीत के प्रभाव से। क्योंकि 'जन-गण-मन' गीत में हिमाचल शब्द का उल्लेख है। हिमाचल राज्य में हिमाचल का सभी प्राकृत रूप और पटपरिवर्तन

वर्तमान है। जैसे—सदा हिम से ढके रहनेवाले शिखर, जिनके हिमवाह प्रसिद्ध हैं; हजारों-हजार झरने और प्रपात, आदिम अरण्य का अन्धकार, गिरिखाद की अतल गहराई का भीषण रूप, जीव-जन्तु और रंग-बिरंगे पंछी, डरावने अजगर, किस्म-किस्म के रेंगनेवाले जानवर, जलज जीव, अजीबोगरीब कीड़े-मकोड़े और औषधि-अरण्य की जड़ी-बूटियाँ, शिलाजीत। हिमाचल राज्य में वह आयुर्वेदिक विज्ञान अभी तक नहीं पहुँचा, जिसकी मदद से मृतसंजीवनी का आविष्कार सहजसाध्य है। जिन लता-पत्तों और जड़ियों को हम जहरीला समझते हैं, उनके रस या निर्यास को रासायनिक प्रक्रिया द्वारा अमृत बनाया जा सकता है या नहीं, इसकी जाँच अभी तक नहीं हुई है। साँप के जहर से साँप काटे की दवा बनाना सहज है, यह संसार-प्रसिद्ध वैज्ञानिक सर जेम्स जीन्स कलकत्ते में डॉ. रामभट्टाचार्य के गवेषणागार में देख गए थे।

बुशहर राज्य का दूसरा नाम 'कनवार' या किन्नर देश है। लेकिन चूँकि इसका प्रधान जनपद रामपुर है, इसलिए इस सामन्त राज्य को बहुत-से लोग रामपुर बुशहर कहते थे। शिमला और शिपकी घाटी के बीचोबीच दुर्गम और दुस्तर पहाड़ी स्थान का यह छोटा-सा रामपुर मध्ययुग में खरीद-बेची का बाजार था। उस युग में मोटर के पहियों को इधर लुढ़कने की हिम्मत न थी। लकड़ी के कुन्दों के पुलिये से रस्सी पकड़कर पार होना पड़ता था। भेड़ा, बकरी, पहाड़ी टट्टू या झब्बू पर नमक, ऊन तथा और-और सामग्रियाँ ले आते थे। 19वीं सदी के बीच में लॉर्ड डलहौजी ने आकर बुशहर और तिब्बत की सीमा की निरख-परख की थी।

शतद्रु के दोनों पार की अटूट पर्वतश्रेणी के नीचे-नीचे किन्नरभूमि को रास्ता गया है। महज उस रोज तक शिमला से केवल नरकन्दा तक मोटर का रास्ता था। अब नया युग है। अब बुशहर की अन्तिम सीमा तक गाड़ी जाती है—जहाँ चीनियों की निरर्थक घुड़की से सुर्ख आँखें किए दृढ़ संकल्प लेकर भारतीय जवान तने खड़े हैं। समय बदल गया है। नरकन्दा से थानादार होकर तब रामपुर। विराट पहाड़ के नीचे एक अनचीन्हा-सा अरण्यलोक—जहाँ वैज्ञानिक सभ्यता की झाँकी अभी-अभी उस रोज आई है। रामपुर एक छोटा-मोटा शहर है। सबको यह मालूम है कि रामपुर जमाने से सुन्दर चादरों के लिए प्रसिद्ध है। इन चादरों के ताने-बाने में बारीक पशमीना के साथ जरी के सूते का काम रहता था। उस समय ऐसी चादर की कीमत 10-12 रुपये थी। बंगाल में यह चादर बड़ी लोकप्रिय थी। रामपुर की शोभा बड़ी मनोरम है। साल में यहाँ तीन बार मेला लगता है। एक बार गर्मियों में, एक बार हेमन्त ऋतु में और एक बार

जाड़ों में। इनमें से हेमन्त का 'लोई' मेला सबसे आनन्ददायक है। उस समय आकाश स्वच्छ नील रहता है, नदियाँ तेज प्रवाहवाली हो जाती हैं और लाल-लाल सेब-अनार से रामपुर लाल हो उठता है। अन्तर की उमंग से उस समय किन्नर-किन्नरियाँ नाच में मगन हो उठती हैं।

इस प्रसंग में एक सुन्दर नाच की बात बताऊँ। इस नाच का नाम है—फुलेच नृत्य। यह फुलेच किन्नरों के एक मेले का नाम है। उस मेला का मुख्य उद्देश्य है, स्वर्गीय सगे-सम्बन्धियों के लिए फूल चढ़ाना। लेकिन यह अनुष्ठान शोक में सम्पन्न नहीं होता। यह जीवन के समारोह, संयोग के आनन्द, जोशीली उमंग और प्राणों के आवेग से गरम हो उठता है। जीवन की प्रचुरता वहाँ मौत को नहीं मानती। खान-पान की होड़-सी मच जाती है, पशु-बलि करके वहाँ मांस बाँटा जाता है, और जो मालाएँ मरे हुओं के निमित्त चढ़ाई जाती हैं, उनके लिए छीना-झपटी होती है—कौन किसके गले में डालकर प्यार जताए। इसके सिवाय भी इस मेले की स्वाभाविक परिणति है। मौत जब सामाजिक बाधा-निषेध और नैतिक रोकथाम का अन्त किए देती है, तो फिर जीवन की छोटी-सी आयु में जीवन के पात्र को रस से भरपूर कर लेने में क्या हर्ज है? सो किन्नर-किन्नरियों के पानपात्र देशी मदिरा के गरम फेन से छलक पड़ते हैं और ऐसा खान-पान जब 3-4 दिनों तक लगातार चलता रहता है तो कौन किसके साथ ढलेल हो नाची, कौन किन्नर किसकी ढीली भुजाओं में जा लिपटा—उस अँधेरी रात में इसका लेखा-जोखा कौन ले और लेखा लेने लायक स्थिति भी नहीं रह जाती किसी की। किन्नर देश के सिवाय ऐसा समारोह भारत में और कहीं नहीं होता।

हिन्दू और बौद्धों के ऐसे बेरोक मिलने-जुलने की जगह और कहीं नजर नहीं आती। एक ही मन्दिर में दोनों की पूजा, एक ही मेले में दोनों के आनुष्ठानिक क्रिया-कलाप, एक ही भोज में दोनों का समावेश—यह दृश्य कम देखने में आता है। किन्नरों की यह विशेषता है कि ब्राह्मण का काम लामा करते हैं। किन्नर-चरित्र की एक दूसरी विशेषता है—काली, शक्ति और तंत्र की साधना। 19वीं शताब्दी के आरम्भ तक भी (1816) आदिम व्यवस्था के अनुसार 'कामरू' के भीमकाली मन्दिर में नरबलि का नियम था, लेकिन वहाँ के सामन्त राजा के तत्कालीन वजीर या मंत्री मनसुखदास ने उस जंगली रिवाज को उठा दिया। उस समय एक और बर्बर प्रथा सारे भारत में प्रचलित थी—वह थी सतीदाह की प्रथा, जिसके कारण महाराजा रणजीतसिंह की छहों विधवाओं को आग में जल मरना पड़ा था। कामरू जनपद में एक प्रवाद प्रचलित है। यह जनपद कभी राजा बाणासुर के राज्य में पड़ता था। उस समय वासुदेव कृष्ण

के एक पौत्र प्रद्युम्न ने राजा बाणासुर की सुन्दरी बेटी से ब्याह करना चाहा था। बाणासुर इस पर राजी नहीं हुए। भला ब्राह्मण-कुल की लड़की ग्वाले के घर जाएगी—असम्भव है! सो लड़ाई हुई। उस लड़ाई में बाणासुर को मारकर प्रद्युम्न ने कामरू में अपना राज-पाट बसाया। लेकिन बाणासुर की उस लड़की ऊषा से ब्याह किया श्रीकृष्ण के दूसरे एक पौत्र अनिरुद्ध ने। श्रीमती ऊषा के नाम से ही उखा या ऊखी मठ है। यह गढ़वाल में है।

धीरे-धीरे किन्नरों का 'छोटा कैलास' निकट आने लगा। मानो चारों ओर से विराट का द्वार खुलने लगा। वांगटु जनपद पीछे रह गया—दुनिया की खोज-खबर यहीं खत्म। उसके बाद ही जैसे स्वर्ग का द्वार आ गया—हिमालय का महातोरण। उस तोरण पर जाकर खड़े होने से प्राकृतिक शोभा से परे एक महिमा का अनुभव होता है। जैसे सुन्दर के स्वप्नजाल से घिरा धरती-आकाशमय एक अनोखा मायालोक हो! लगता है, मानो सृष्टि के आदिकल्प में आ पहुँचा। उस विराट की व्यापकता में कुछ इस तरह खो गया हूँ कि अपनी सत्ता की उपलब्धि तक नहीं रही।

सामने की उस उत्तुंग चोटी का नाम 'परीपहाड़' या अप्सरापर्वत है। यहाँ जब चाँदनी रात उतरती है तो उसकी हिमज्योत्स्ना से वायु की शीर्णता आँखों में एक भ्रान्ति भर देती है। लगता है, श्वेत छायाचारिणियाँ शून्य में अपने नृत्य का घाघरा उड़ा रही हैं। इसी के करीब है छोटा कैलास। सामने बहती है उद्दाम शतद्रु, मानो प्रलय-नृत्य में मगन हों भैरव!

अरण्य और शोभा की अमरावती है बीच रास्ते का एक एकान्त-सा जनपद—साराहान। आजकल पंजाब और शिमला से बहुतेरे लोग वन और फूलों के साज से सज्जित उस 'साराहान' में चाँदनी रात बिताने आया करते हैं। साराहान मानो कश्मीर का चन्दनबाड़ी है या नेपाल का मन्दार पुष्पों से भरा वह पारिजात-कानन, जिसका नाम 'पोखरा' है।

साराहान में भी भीमकाली का विशाल मन्दिर है —जहाँ की उपास्य देवी चंडिका हैं। यहाँ हर सौ साल पर एक राजकीय यज्ञ होता है, जिसे 'उद्यापन यज्ञ' कहते हैं। यह यज्ञ लगातार छह महीने तक होता रहता है और छह सौ बकरों की बलि होती है। किन्नर देवता 'शृंगार महेश्वर' के सामने ग्यारह दिनों तक होमकुंड प्रज्वलित रहता है। इस यज्ञ में लामा लोग भी भाग लेते हैं। ऐसे यज्ञों के सिवाय भी किन्नर लोग पर्व-त्योहारों पर देव-मूर्तियों को निकालते हैं। ये मूर्तियाँ पीतल की होती हैं, कुल्लू के दशहरा के उत्सव में जैसा देखा था। वसन्तपंचमी, होली, बैशाख के पहले दिन सावन की पहली वर्षा, जन्माष्टमी—इन सब त्योहारों में

पी-पवाकर गृहस्थ नर-नारियाँ नाचती हैं, भोज करती हैं। यस्मिन देशे यदाचार:।

सारहान पर्यटकमात्र के लिए स्मरणीय है।

बुशहर अंचल दो भागों में बँटा है : उत्तर-पूर्वांचल, जो गहन-गम्भीर हिमालय के एकान्त लोक में है। इसी का नाम 'किन्नर' है। लेकिन बुशहर के बाकी हिस्से—रामपुर और रोहरू तहसील का सम्मिलित नाम 'कोची' है। किन्नर भूतपूर्व 'चीनी' तहसील के अन्तर्गत है। कुछ दिन पहले 'चीनी' का नाम बदलकर 'कल्पा' रखा गया है।

नाम यह क्यों बदला गया, पता नहीं। लेकिन यह बात बहुतों को याद होगी कि कई साल आगे हथियारबन्द चीनियों का एक दल शिपकी दर्रा पार होकर किन्नर देश में घुस आया था। उनका खयाल था, यह तिब्बत का ही कोई हिस्सा है। वे शायद भूल से घुस आए थे। तादाद में वे सौ थे। भारतीय चौकी के जवानों ने उनकी वह 'भूल' तोड़ दी थी। चीनी लोग कहीं फिर यह भूल करें और चीनी नाम से चीन के अधिकार का आविष्कार कर बैठें, शायद हो कि इसीलिए चीनी का नाम कल्पा हो गया। चीन या चीनी शब्द का अर्थ है पत्थर या पथरीला, जिसमें रस नहीं। 'अक्साई-चिन' का मतलब है—पत्थरों का देश। 'क' अक्षर सुनते ही जैसे कृषक याद आ जाता है, उसी तरह 'चिन' शब्द सुनते ही चीनी शासक उछल उठते हैं। लेकिन सोचने की बात यह है कि खाद्यवस्तु में चीनी, मसाले में दालचीनी, नदियों में कालचीनी, बन्दरगाहों में कोचीन, मित्रों में शचीन, भोज्य में चीना बादाम—ये उनके विस्तारवाद में आते हैं या नहीं!

बुशहर के इन दो हिस्सों के बीच की जिस उपत्यका में पर्वतश्रेणियों में अलगाव हुआ है, उसका नाम है 'वम्पा उपत्यका'। यहाँ शतद्रु का सहोदर 'पावर' नद दिखाई देता है। पहाड़ के नीचे-नीचे और भी कुछ नदियाँ बहती हैं जिनके नाम स्पीति, नगली, वम्पा आदि हैं। लेकिन ये सारी अन्तत: शतद्रु के ही राक्षस-ग्रास में कूद पड़ती हैं।

हिमालय की आकाश चूमनेवाली दीवार जहाँ पर 21 हजार फीट ऊँची खड़ी है, कल्पा या चीनी जनपद ठीक उसी के नीचे है। दक्षिण कल्पा हिन्दू है, उत्तर कल्पा बौद्ध। लेकिन दोनों ही एक अध्यात्म-भावना से मिले हुए हैं। जिन देवता का नाम देवादिदेव है, उन्हीं का नाम 'रिमपोच' है। अपार करुणा से बुद्ध जहाँ निमीलित नेत्र हैं, संसार की परम कल्याण-कामना से देवादिदेव वहाँ शिवनेत्र हैं। लद्दाख में मैंने यह गौर किया कि लोग बुद्ध के शरीर जन्म को नहीं स्वीकार करते! शिव की तरह वे भी अशरीरी देवता हैं।

कल्पा की सबसे ऊँची चोटी पर खड़े होने से तिब्बत के कैलास का

शिखर दिखाई पड़ता है। कल्पा से प्राचीन पथ किन्नर पार करके तिब्बत के प्रसिद्ध वाणिज्य-केन्द्र गार्तक होकर दक्षिण की मानसरोवर की ओर चला गया है। यह पथ बड़ा बीहड़, खतरनाक और हिमवाहों से भरा है। लेकिन भारत के तीर्थयात्रियों के लिए रास्ता कभी भी दुस्साध्य नहीं हुआ। पूर्व बुशहर असंख्य ऊँचे हिमवाहों के लिए प्रसिद्ध है। शाम की तरफ उन हिमवाहों से व्याघ्र-विक्रम से पानी शतद्रु की ओर बह आता है। लेकिन इन विभीषिकाओं से तीर्थयात्री कभी डरे नहीं। वे एक-एक करके शिपकी, रानिसो, शिमदांग, खिमोकुल आदि दर्रों को पार करके हिमालय के उस पार तिब्बत पहुँच जाते थे। लेकिन 1957-58 से चीनियों की राजनीतिक इतरता और कूटनीतिक गन्दी चातुरी तथा ढीठ आचरण से तिब्बत-भारत के बीच का सांस्कृतिक, व्यापारिक और आध्यात्मिक सम्बन्ध धीरे-धीरे बन्द हो गया।

उत्तर की तरफ हिमाच्छादित चोटियाँ, नीचे की तरफ आदिम अरण्यलोक, बीच-बीच में देवदारुवन की एकान्त छायावाली छोटी-छोटी घाटी—कुल मिलाकर मर्त्यलोक का बाहरी द्वार। हिमाचल राज्य में घूमते हुए समय-समय पर ऐसा लगा किया है कि मैं महाकाव्य के पन्ने पलट रहा हूँ। चारों ओर अटल गम्भीरता, नील वनराजि, उदार और उदात्त एक कालजयी महिमा—जैसे महातपस्वी की तरह सृष्टि के आदिपर्व से बीज-मंत्र का पाठ कर रही हो! मेरे-जैसे एक तुच्छ कीटाणु-कीट की ओर गोया कोई खयाल ही नहीं। जैसे मैं जा नहीं रहा हूँ, वह मुझे खींचे ले रही हो। भीमकाय शिलातल, जलप्रपात की रहस्यमयी गुहा, जंगल में सिहरती हवा, प्रजापति पतंग का गुंजन—ये मुझे बुला रहे हैं, कहीं स्थिर नहीं रहने देते। उन्मत्त शतद्रु का वह बेपरवा चूर-चूर होना, नरकन्दा-खद्राला-बग्गी के लाल सेबों के बाग, रोहरू जनपद के नीचे-नीचे 'पावर' की वह उन्मत्त गति, पांगी और जंगी के मायाकानन की वह एकान्त-वनस्थली—इन सबसे विदा होने के समय रह-रहकर मेरा मन फफक उठता था। मैं हिमाचल की हर धूल और शतद्रु की बालुकाराशि में मिल गया था। प्रत्येक पेड़-पौधे, लता की जड़-जड़ में मानो मेरा ही रक्त-रस अन्दर-अन्दर संचालित हो! मैंने हिमाचल की रंगीन चिड़ियों और पतंगों के डैनों पर डेरा डाला था, डेरा डाला था देवदारु वन के गर्भ में और भीमकाली की अँधेरी और चित्रित गुफा में। मेरे उत्कंठित प्राण-कीट ने अपनी भूख की ताड़ना से चम्पावती और खाजिहार, काला टोप और लंगेरा, मणिमहेश और शिरमूर को चाटा किया। मैं नहान से धौलाकुआँ, भगानी से रेणुका के उस विशाल सरोवर में दौड़ता फिरा। किसी ने मानो मेरे कान में चुपके से कहा था कि क्षत्रियों का नाश करनेवाले

परशुराम की माता रेणुका के शरीर के विशाल आकार-आयतन से इस झील की उत्पत्ति हुई है। रेणुका से रेबल-सायर—लोम-ऋषि का स्थान। छोटे-छोटे सात द्वीपोंवाला यह रेबल-सायर एक समय बौद्ध-भिक्षु पद्मसम्भव का आश्रम था। बाद में सिक्खों के दसवें गुरु गोविन्द सिंह ने एक आश्रम बनाकर यहाँ कुछ साल बिताए थे। लोम-ऋषि और गुरुगोविन्द सिंह के नाम पर यहाँ साल में दो मेले लगते हैं। महर्षि वेदव्यास के पिता पराशर मुनि ने हिमाचल में जहाँ पर अपने तप का आश्रम बनाया था, वहाँ आज भी वह प्राचीन सरोवर वन की छाया की आड़ में, पर्वत की गोदी में मौजूद है। मंडी से पराशर कोई 22 मील है। पहाड़ी पैदल रास्ता।

'तप्तपानी' की गंधकधारा से आगे योगिन्दर नगर के हाइड्रो-इलेक्ट्रिक प्रतिष्ठान को पार करके मैं बल्थ उपत्यका की ओर जा रहा था। दिगन्त तक फैला हिमालय, नीचे श्यामल समतल, चारों ओर सुदूर विस्तृत प्रान्तर। बहुतों का कहना है, हिमाचल राज्य दूसरा कश्मीर है! शोभा, सौन्दर्य, जंगली प्रकृति, आर्य-हिन्दू और बौद्ध संस्कृति से कश्मीर जैसा ऐश्वर्यशाली है, हिमाचल वैसा ही है अपने वन्यरूप, अरण्यशोभा, चिड़ियों की बोली से गूँजती घाटियों, और भारतीय स्थापत्य से भरा! दोनों का भोजन, सामाजिक तौर-तरीके, भाषा और संस्कृति, शिक्षा और सभ्यता—बहुत-कुछ मिलती-जुलती हैं। उत्तर हिमाचल के चार प्रदेश—हिमालय, कश्मीर, लद्दाख और जम्मू—ये एक सूत्र और एक मन-प्राण में बँधे हैं। इनकी जाति, समाज, संस्कृति और सम्प्रदाय—महज नाम का ही वैचित्र्य होते हैं। ये एक ही बगीचे की पुष्पलताएँ हैं!

सुन्दरनगर से महामाया का मन्दिर और शुकदेव आश्रम को बगल में छोड़ता हुआ आगे बढ़ रहा था। अपने एक समय के पुराने रास्ते से मैं मंडी शहर के उस प्राचीन भूतनाथ और त्रिलोकनाथ तथा श्यामा काली के मन्दिर को देखता जा रहा था। पंजाब की अर्थनीतिक उन्नति से मंडी की शक्ल आज पलट गई है। शहर फैल गया है, बाजार बड़ा हो गया है, मनुष्य की वह मध्ययुगीन गरीबी जाती रही है और जीवन का वह अपचय अब दिखाई नहीं देता। पहाड़ काटकर रास्ता बन रहा है, नदी पर नया पुल बन रहा है, उपत्यका के किनारे-किनारे नया शहर बस रहा है, पहाड़ी इलाके के पास-पास खेती, और सबसे बड़ी बात हुई है सवारियों की अच्छी व्यवस्था—हिमाचल में मानो नये युग की धूम पड़ गई है। जीवन-नदी में नया ज्वार आया है। जहाँ भी जो बुझा-बुझा-सा था, वहीं नये प्राण का आवेग आ गया है। भारत की सक्रियता की हलचल कश्मीर की तरह हिमाचल में भी पहुँची है।

आरण्य हिमाचल की सबसे बड़ी विशेषता यह है कि यह राज्य पशु-पक्षियों और सरीसृपों का उन्मुक्त विचरण-क्षेत्र है। यहाँ के खूबसूरत रंगवाले बाघ बंगाल के सुन्दरवन के बाघ-जैसे ही राजकीय हैं। घाटी के सूने इलाकों में सुन्दर चीते, शाखा सींगोंवाले हिरन, जंगली बकरे, कस्तूरी मृग और पहाड़ी भालुओं की बहुतायत है। राजबोड़ा, गेहुँअन, अजगर, शंखचूड़, कालनाग आदि साँपों का यह अड्डा है। रंग-बिरंग की अनचीन्ही चिड़ियाँ घाटी और वनों में उड़ती फिरती हैं—जिनके नाम मेरी ही तरह बहुतेरे लोग नहीं जानते। लेकिन दु:ख की बात यह है कि सारे भारत में इधर तो पशु-पक्षियों की रक्षा का आन्दोलन चल रहा है और उधर विदेशी यात्रियों को शिकार का लोभ दिखाकर आमंत्रित किया जाता है। भारत सरकार की लगभग सभी प्रचार-पुस्तिका में इस जीवहत्या का प्रलोभन रहता है। इसमें सन्देह नहीं कि विदेशी मुद्रा कमाने की जरूरत है, लेकिन आरण्य भारत की इस अनन्य विशेषता को नष्ट करने की सुयोग-सुविधा देना असंगत है। संसार के सभी देशों में जीव-जन्तु, पक्षी-पतंग आदि सम्पद माने जाते हैं। यह उसकी विचित्रता का ऐश्वर्य होता है। विदेशी मुद्रा के लिए उस परिचय का अन्त कराना दुखदायी है।

भूतपूर्व सामन्त राज्यों में बुशहर, मंडी और चम्पा की तरह और एक प्रधान राज्य था विलासपुर, जो पहाड़ी और जाने की दृष्टि से बीहड़ था। लेकिन अब मोटर से बिलासपुर पहुँचना सहज हो गया है। इधर रेल की लाइनें नहीं हैं। पहले घोड़ा सहारा था या फिर पैदल। विलासपुर शतद्रु के किनारे है। आधुनिक विलासपुर नव-निर्माण से खुशहाल हो उठा है।

पहले विलासपुर का नाम था कोटकाहलुर। यह नाम मध्ययुग में राजा कहलचाँद का दिया हुआ था। आगे चलकर 17वीं शताब्दी में राजा दीपचाँद ने बियासपुर या व्यासपुर की प्रतिष्ठा की, इसलिए कि यहाँ व्यास का एक आश्रम था। उसी बियासपुर से हुआ विलासपुर। अब यह बड़ा शहर शतद्रु नदी के दोनों पार फैला हुआ है। इसी के आसपास छोटे-छोटे सामन्त राजे थे—पहाड़ी जमींदारों-जैसे। जैसे मनगल, सुकेत, मंडी, होशियारपुर, नालागढ़, बाबाल आदि। कहा जाता है, विलासपुर की राजगोष्ठी की उत्पत्ति महाभारत के शिशुपाल से हुई, जो दक्षिण राजस्थान में 'चन्देरी' में राज करते थे। चन्देरी से 'चन्देला' गोष्ठी, जिन्होंने 11वीं शताब्दी में विंध्य प्रदेश में 'खजुराहो' का निर्माण कराया था। इस चाँदगोष्ठी के ग्यानचाँद ने पठानों से परास्त होने के बाद इस्लाम की दीक्षा ली थी। थोड़ी ही दूर पर किरातपुर में उनकी समाधि आज भी है। मजे की बात यह थी कि उनके हिन्दू और मुसलमान, दोनों सम्प्रदाय की स्त्रियाँ थीं।

अपने जीते-जी ही ग्यानचाँद ने अपने मुसलमान बेटे सुल्तानचाँद को गद्दी पर बिठाकर विदाई ली। 11वीं शताब्दी के अन्त तक यह चाँद-वंश विलासपुर पर शासन करता रहा।

शतद्रु के किनारे खड़े होकर विलासपुर को फिर एक बार देखा। वन्य शतद्रु दूर दुर्गम हिमालय के रहस्यमय लोक से नीचे की घाटी में उतरकर फैल गई है। सदा की उद्दंड और सर्वनाशी नदी विलासपुर की घाटी में आकर पालतू-सी हुई है। स्वच्छ, सुनील और स्थिर पानी। वह पानी अब आदमी के उद्यम से बँध गया है। करीब ही है 'भाखड़ा डैम', जहाँ नंगल जनपद के पास 'गोबिन्दसागर' में शतद्रु का पानी जमा होता है। यह विशाल गोबिन्दसागर समतल से सात सौ फीट से भी ज्यादा ऊँचा है। पुराना वह विलासपुर लेकिन आधुनिक गोबिन्दसागर के नीचे खो गया है। भाखड़ा की नींव में जितना माल-मसाला डाला गया है, कहते हैं, उससे दुनिया घूम जाने लायक 8 फीट चौड़ी एक मोटर चलने योग्य सड़क बन जा सकती थी। गोबिन्दसागर की परिधि 65 वर्गमील है और उसकी गहराई यदि खाली होती, तो उसमें एक लाख कमरेवाली एक छह मंजिली इमारत छिपी रह सकती थी। यही नहीं, इस गोबिन्दसागर में शतद्रु का जितना पानी इकट्ठा किया जाता है, उससे सारे भारत की एक साल की जरूरत पूरी हो सकती है। उस जलराशि को वैज्ञानिक कौशल से छोड़ते समय कुल 10 लाख किलोवाट बिजली पैदा की जाती है और जल के उस विशाल भंडार को नहर से ले जाकर कोई 1 करोड़ एकड़ जमीन में खेती की जाती है। अँगरेजों के जमाने में यह बात विश्वास करने योग्य न थी। कहना न होगा कि भाखड़ा डैम का जोड़ दुनिया में कहीं नहीं है। और, चूँकि विदेशियों को भारत की ऐसी योग्यता पर आज भी कुछ सन्देह है, इसलिए उसको देखने आनेवालों में पश्चिमीय लोगों की संख्या ही ज्यादा है।

दोपहर की धूप में ही शिमला की ओर लौटा जा रहा था। पर जाने से पहले मैं 'देवमती' मन्दिर को नहीं भूला। पुराने समय में एक स्त्री अपने मृत स्वामी के साथ चिता में जल नहीं सकी, क्योंकि उसके गर्भ में सन्तान थी। वह बच्चा पैदा हुआ और बड़ा हुआ, तो देवमती ने अपने हाथों चिता रची और उसमें आग लगाकर जल मरी। उन्हीं के नाम से पहाड़ के नीचे एक मन्दिर बना है। इसके सिवाय विलासपुर के निकट आनन्दपुर की पर्वतचोटी पर रंगनाथ शिव और नैना देवी दुर्गा का मन्दिर भी बहुत प्रसिद्ध है। कहा यह जाता है कि नैना नाम का एक चरवाहा बालक था। उसने एक दिन पहाड़ पर गाय चराते हुए यह देखा कि उसकी एक गाय के स्तन से एक सादे पत्थर की मूर्ति पर दूध

टपक रहा है। नैना करीब गया। देखा, वह मूर्ति दशभुजा दुर्गा की थी। यह बात 8वीं सदी की है। होशियारपुर के सामन्त राजा वीरचाँद उस मूर्ति को लिवा लाए और उस पर एक बहुत बड़ा मन्दिर बनवाया। उस मन्दिर की देवी का नाम पड़ा—नैना दुर्गा। आनन्दपुर गोबिन्दसागर की सीमा में ही पड़ता है। यह पहाड़ी हिस्सा नंगल के ही रास्ते में है। आनन्दपुर से राजर्षि वशिष्ठ, वाल्मीकि और गुरु गोबिन्द का नाम जुड़ा है। गुरु गोबिन्द ने अपने शिष्यों को यहीं पहली बार सामरिक दीक्षा दी थी।

उत्तर हिमालय के दक्षिणी प्रदेश की तरफ जा रहा था। जस्कर गिरिमाला पार करके स्पीति और किन्नर देश में पहुँचा। यह उत्तर-पूर्व का हिमगिरिलोक है। अब हिमालय के मूल मेरुदंड के दक्षिण-पश्चिम शिवालिक या शिवलिंग पर्वतमाला की ओर उतर रहा था। जो पर्वतमाला पश्चिम नेपाल के प्रान्त से कुमायूँ, हिमाचल, पूरब और पश्चिम पंजाब होते हुए पीरपंजाल के नीचे खो गई है जाकर, पंजाब शिवालिक रेंज का हृदय है।

दोपहर की धूप तेज होती है, सो चाहे शरत् या हेमन्त ही क्यों न हो, हवा यदि न चले, मेघ न उमड़े तो हिमालय की धूप बड़ी तीखी होती है। एवरेस्ट के हिम-शिखर का पथ भी धूप से तप जाता है और कपाल पर पसीना झलकता है, बशर्ते कि हवा बन्द रहे। हिमालय के आकाश पर धुमैले बादलों के आने का ही मतलब है हवा चलना और आब-हवा का आकस्मिक परिवर्तन। अभियानकारी वैसे धुमैले मेघ देखते ही डर जाते हैं—सादे मेघ देखकर नहीं। धुमैले मेघों की चाल बहुत तेज होती है और उससे बर्फ की आँधी उठती है। वैसे समय में आसमान, धरती—सब उस मेघ-समुद्र में डूब जाते हैं। पर्वतारोहण के हर अभियान की सफलता उन धुमैले बादलों की दया पर निर्भर करती है।

आज मेरे सुनील आकाश पर सादे मेघों का झुंड था। जहाँ तक नजर जाती थी, हरे-नीले पहाड़ी जंगल का फैलाव। नीचे असीम गिरि-गहराई। शतद्रु फिर खो गई। हजारों-हजार मानव-कीट चारों ओर के पहाड़ों में रह रहे हैं, लेकिन दिगन्त तक फैले इन पहाड़ों में उनके अस्तित्व का कोई पता नहीं। सब जैसे अकम्प, मौन—जैसे किसी एक जटाजूटवाले महास्थविर की माला में इस विश्वव्यापी स्तब्धता के बीच कल्प-गणना का जाप चल रहा हो! आँख मूँदकर मैं भी मानो उस जाप का बीज-मंत्र सुन रहा था।

हिमाचल का यह बीजमंत्र-पाठ एक बार जिनके कानों गूँजा, उन दु:खजयी लोगों का मन घर में फिर थिर नहीं रहा। दूर के किसी देवालय के घंटे की तरह किसी सुदूर की पुकार पर बाधा तोड़कर भागे हुए की नाईं ही वे निकल पड़ते

हैं उस ओर, जहाँ आफतें हैं; जो दुस्तर और दुर्गम है, जिधर दुःख है, विपत्ति है, मौत का भय है, अनशन है। और फिर वही वह दुष्ट शक्ति, बाधा-विपत्ति है, जो पर्यटन और आनन्द की राह रोककर खड़ी हो जाती हैं। लेकिन यह पुकार जितनी ही सत्य होती है, उतनी ही शक्तिदायक भी हो उठती है। यह पुकार उन्हें जंगलों में, पहाड़ों की गहन गहराई में, हिमप्रदेश में, प्रचंड आवेगमयी धारा में और विश्वव्यापी अकेलेपन में ले जाती है। उनका मन विपाशा, चन्द्रभागा और शतद्रु के पत्थर-पत्थर में लगा होता है। अपनी कस्तूरी की तेज महक उन्हें कहीं भी स्थिर नहीं रहने देती। उसी आत्म-ताड़ना से उनके मन रोते फिरते हैं। उसी की वेदना देवदारु की चोटी को, चीड़ों की मर्मर ध्वनि को, इरावती के उमगते और वनपाखी के टूटे कंठों को स्पर्श करती है।

मैं हिमाचल से विदाई ले रहा था। घोड़े की टाप-जैसी आकृतिवाले शिमला को केन्द्र बनाकर मैंने शिरमूर और नहान, महासू और मंडी, लूरी और रामपुर, सुन्दरनगर, रेबल और रेणुका का भ्रमण किया। और विदा होते वक्त मैं अपना आचमनी-मंत्र यहाँ के बैलूगंज से मशोबरा, यक्ष पर्वत के शिखर से लोअर शिमला तथा अनानदेले, प्रासपेक्ट पहाड़ से लेकर कुफरी, नलदेरा, तारा देवी और पति वाला के अपने जनपद चाइल तक रख जाऊँगा। सोलन, डगसाइ, कसौली, निपोग—ये मेरे बहुत दिनों के जाने-चीन्हे हैं, जिनसे मैं कभी मिला हुआ था, जिन्होंने मेरे मन को रँग रखा था, जिन्होंने इस हिमाचल के वन-उपवन में मेरे पैरों में काँटे चुभोए थे—पाइनवन के नीचे-नीचे वाइल्ड फ्लावर हॉल के आसपास, युंग नदी के इनारे-किनारे जिन्होंने अपने कलेजे का लहू चुलाया था, मेरे पेशानी का पसीना देखकर जो हँसी से मुखर हो उठते थे, आज वे सब जाने कौन कहाँ तो खो गए! वही शिमला है, काफी बड़ा हो गया, बहुतेरी इमारतें बन गईं, बहुतेरी सड़कें बनीं—लेकिन मेरा वह शिमला नहीं है। वह सदा के लिए खो गया। मैं उसी के लिए अपना आचमनी-मंत्र छोड़ जाऊँ।

इस बार के लिए उत्तर हिमालय में मेरी वासना-वेदना बिखरी रहे, पहाड़ी झरनों में गूँजते रहें मेरे सदा-सदा के सुख-सपनों के जाल! अबकी जैसे मैं फिर मध्य हिमालय की महाभारती पर्वतमाला के जटिल रहस्यपथ पर देवालय के थके घंटे की पुकार सुन रहा हूँ। सो इस बार के लिए हिमाचल राज्य से विदाई लेता हूँ।

❂❂❂